Medizinische Bewertung und Entschädigung
von Verletzungen und Personenschäden

Klaus-Dieter Thomann

Medizinische Bewertung und Entschädigung von Verletzungen und Personenschäden

Gesetzliche Unfallversicherung
Private Unfallversicherung
Haftpflichtrecht
Schwerbehindertenrecht
Dienstrecht
Soziales Entschädigungsrecht
Gesetzliche Rentenversicherung
Private Berufsunfähigkeitsversicherung

Allgemeinverständlicher Leitfaden für Mitarbeiter in gesetzlichen und privaten Versicherungen, Juristen und Ärzte

Bibliografische Information der Deutschen Bibliothek: Die Deutsche Bibliothek verzeichnet diese Publikation in der Deutschen Nationalbibliografie; detaillierte bibliografische Daten sind im Internet über ›http://dnb.ddb.de‹ abrufbar.

Dieses Werk ist urheberrechtlich geschützt. Die dadurch begründeten Rechte, insbesondere die der Übersetzung, des Nachdrucks, des Vortrags, der Entnahme von Abbildungen und Tabellen, der Funksendung, der Mikroverfilmung oder der Vervielfältigung auf anderen Wegen und der Speicherung in Datenverarbeitungsanlagen, bleiben, auch bei nur auszugsweiser Verwertung, vorbehalten. Eine Vervielfältigung dieses Werkes oder von Teilen dieses Werkes ist auch im Einzelfall nur in den Grenzen der gesetzlichen Bestimmungen des Urheberrechtsgesetzes der Bundesrepublik Deutschland vom 9. September 1965 in der jeweils geltenden Fassung zulässig. Sie ist grundsätzlich vergütungspflichtig. Zuwiderhandlungen unterliegen den Strafbestimmungen des Urheberrechtsgesetzes.

Die Wiedergabe von Gebrauchsnamen, Handelsnamen, Warenbezeichnungen usw. in diesem Werk berechtigt auch ohne besondere Kennzeichnung nicht zu der Annahme, dass solche Namen im Sinne der Warenzeichen- und Markenschutz-Gesetzgebung als frei zu betrachten wären und daher von jedermann benutzt werden dürften.

Gender-Hinweis: Zur besseren Lesbarkeit wird bei Begriffen, bei denen es um Personen geht (z. B. Mitarbeiter), auf die weibliche Form verzichtet. Es sind also immer sowohl Frauen als auch Männer gemeint, wenn die männliche Form verwendet wird.

Produkthaftung: Für Angaben über Dosierungsanweisungen, Applikationsformen und Angaben zur Arbeits-/Berufsunfähigkeit, der Invalidität, der MdE, GdS und GdB kann vom Verlag keine Gewähr übernommen werden. Alle Angaben müssen vom jeweiligen Leser im Einzelfall anhand anderer Literaturstellen auf ihre Richtigkeit überprüft werden.

2. Auflage
© 2019 Referenz-Verlag Frankfurt – Verlag der IVM GmbH & Co. KG
Die 1. Auflage erschien unter dem Titel: Personenschäden und Unfallverletzungen (2015)

Umschlag: Marie Hübner-Wolff
Grafik: Angelika Kramer, Marie Hübner-Wolff

Lektorat: Dorothee Kremer

Herstellung & Satz: buch4U Bernhard Heun

ISBN: 978-3-943441-06-2

Druck und Bindung: CPI – Clausen & Bosse, Leck
Printed in Germany

www.referenz-verlag.de

Inhaltsverzeichnis

	Herausgeber und Autor	12
	Abkürzungsverzeichnis	13
1	Einleitung	15
2	Verletzungen – ein Überblick	
2.1	Geschlossene Verletzungen der Haut und der Weichteile	22
2.1.1	Prellung, Kontusion	22
2.1.2	Zerrung, Distorsion	24
2.2	Offene Verletzungen der Haut und der Weichteile – Primäre und sekundäre Wundheilung	26
2.3	Ablederung (Décollement) und schwere Weichteilverletzung mit Gewebetod (Nekrose)	30
2.4	Verbrennungen	32
2.5	Luxationen	37
2.6	Frakturen	40
2.6.1	Die Infektion des Knochens – posttraumatische Osteomyelitis – eine schwerwiegende Komplikation offener Frakturen	41
2.6.2	Frakturformen	41
2.6.3	Heilung von Knochenbrüchen	42
2.6.4	Therapie	42
2.6.5	Komplikationen	45
3	Die Bedeutung von Umwelteinflüssen und Kontextfaktoren für die Heilung von Verletzungen	
3.1	Normaler und verzögerter Heilverlauf	48
3.1.1	Biologischer Heilverlauf	48
3.1.2	Tatsächlicher Heilverlauf: Beeinflusst von Kontextfaktoren	49
3.2	Wovon hängen Heilung, Rekonvaleszenz und Rehabilitation ab? Das Modell der Kontextfaktoren (ICF)	49
3.2.1	Konstitution und Alter	51
3.2.2	Soziale und rechtliche Rahmenbedingungen, „moral hazard"	51
3.2.3	Lebensweise – internistische Erkrankungen	52
3.2.4	Risikofaktor Rauchen	52
3.2.5	Risikofaktor Übergewicht	52
3.2.6	Diabetes und Bluthochdruck, Begleiter der Adipositas	53
3.2.7	Risikofaktor Alkoholmissbrauch	53
3.2.8	Zusammenspiel von Krankheiten und Schwere der Verletzung	53
3.3	Degenerative Veränderungen und entzündliche Erkrankungen der Gelenke, der Wirbelsäule und der Weichteile	54
3.3.1	Verzögerter Heilverlauf bei degenerativen orthopädischen Vorschäden	55
3.3.2	Individuelle Beurteilung im Einzelfall: Große Bedeutung der ärztlichen Originalbefunde	55

3.3.3	Von großer Bedeutung: Vorschäden bei Distorsionen der Halswirbelsäule	56
3.3.4	Rheumatische Erkrankungen bei Distorsionen der Halswirbelsäule	58
3.3.5	Enger Spinalkanal bei Distorsionen der Halswirbelsäule	58
3.4	Die Verletzungen des älteren Menschen – Pflegebedürftigkeit	60
3.5	Psychische Erkrankungen und Befindensstörungen	61

4 Die gestörte Heilung – Komplikationen des Heilverlaufs

4.1	Komplexes regionales Schmerzsyndrom (CRPS) – Morbus Sudeck	66
4.2	Kompartmentsyndrom	69
4.3	Thrombose und Embolie	71
4.4	Verzögerte oder ausbleibende Knochenheilung: Pseudarthrose (Falschgelenk)	73
4.5	Infektionen der Weichteile	77
4.6	Infektionen des Knochens (Osteomyelitis, Ostitis)	79

5 Schädel-Hirn-Traumen und Gesichtsverletzungen

5.1	Schädel-Hirn-Traumen – ein Überblick	84
5.2	Kopfschwartenverletzung (Skalpverletzung)	91
5.3	Schädelprellung (Contusio capitis)	93
5.4	Gehirnerschütterung (Commotio cerebri)	95
5.5	Schädelfrakturen	97
5.6	Intrakranielle Blutung	100
5.6.1	Epidurale Blutung	100
5.6.2	Akute und subakute subdurale Blutung	105
5.6.3	Chronisch subdurales Hämatom	106
5.6.4	Subarachnoidalblutung	109
5.6.5	Intrazerebrale Hämorrhagie – Blutung im Hirngewebe	111
5.7	Offenes Schädel-Hirn-Trauma	114
5.8	Gesichtsverletzungen	116
5.8.1	Nasenbeinbruch	116
5.8.2	Mittelgesichtsfrakturen	116
5.8.3	Orbitabodenfraktur	118
5.8.4	Unterkieferfrakturen	118

6 Verletzungen und Erkrankungen der Wirbelsäule

6.1	Anatomische Übersicht	122
6.2	Typische Frakturen an HWS, BWS und LWS	128
6.3	Distorsion der Halswirbelsäule ohne strukturelle Verletzung	130
6.4	Systematik der strukturellen Wirbelsäulenverletzungen: Verletzungen von Knochen, Bändern und Bandscheiben	138
6.5	Strukturelle Verletzungen der Halswirbelsäule	141
6.5.1	Atlasfraktur – Bruch des 1. Halswirbelkörpers	141
6.5.2	Dens-Frakturen – Brüche des „Zahns" des 2. Halswirbelkörpers	145
6.5.3	Luxationsfraktur des 2. Halswirbelkörpers (Hangman's-fracture)	149
6.5.4	Verletzungen der mittleren und unteren Halswirbelsäule	152

6.6	Strukturelle Verletzungen der Brustwirbelsäule: Frakturen der Brustwirbelsäule		157
6.7	Strukturelle Verletzungen der unteren Wirbelsäule: Frakturen der Lendenwirbelsäule, des Kreuz- und Steißbeins		161
6.7.1	Kreuzbeinbruch – Fraktur des Os sacrum		166
6.7.2	Steißbeinbruch – Fraktur des Os coccygis		169
6.8	Traumatischer Bandscheibenvorfall		171

7 Zervikalsyndrom, Lumbalgie und weitere unfallunabhängige Beschwerden und Erkrankungen der Wirbelsäule

7.1	Zervikalsyndrom	176
7.2	Lumbalgie, Kreuzschmerz, „Hexenschuss", Lumboischialgie	178
7.2.1	Rückenschmerzen – weit verbreitet	178
7.3	Wirbelsäulenerkrankungen: Ein schematischer Überblick	183

8 Verletzungen des knöchernen Thorax und der Lunge

8.1	Rippenfrakturen, Pneumothorax, Hämatothorax	188
8.2	Sternumfraktur – Bruch des Brustbeins	192

9 Verletzungen der oberen Extremitäten

9.1	Anatomie von Schulter und Oberarm	196
9.2	Klavikulafraktur – Fraktur des Schlüsselbeins	200
9.3	Verletzungen des Schultereckgelenks: Akromioklavikulargelenkluxation – Schultereckgelenksprengung	204
9.4	Luxation des Sternoklavikulargelenks	208
9.5	Prellungen und Zerrungen der Schulter und des Oberarms	211
9.6	Schulterluxation	215
9.7	Traumatische Rotatorenmanschettenruptur	220
9.8	Impingementsyndrom der Schulter und degenerative Rotatorenmanschettenruptur – häufige unfallunabhängige Krankheitsbilder in höherem Lebensalter	223
9.9	Degenerative und traumatische Schäden der Bizepssehnen	228
9.9.1	Riss der proximalen, langen Bizepssehne	229
9.9.2	Riss der distalen, kurzen Bizepssehne	230
9.10	Proximale Humerusfrakturen – Brüche des Oberarmkopfs und des körpernahen Oberarms	233
9.11	Humerusfraktur – Oberarmschaftfraktur	238
9.12	Per- und suprakondyläre Frakturen – körperferne Oberarmbrüche mit Beteiligung des Ellenbogengelenks	243
9.12.1	Per- und suprakondyläre Oberarmfraktur beim Kind	247
9.13	Ellenbogengelenkluxation	249
9.14	Speichenköpfchensubluxation (Chassaignac-Lähmung)	253
9.15	Olekranonfraktur – Ellenbogenfraktur (Ellenhakenfraktur)	254
9.16	Radiusköpfchenfraktur – Speichenköpfchenfraktur	257
9.17	Unterarmschaftfraktur	261
9.18	Unterarmluxationsfrakturen	265
9.18.1	Monteggia-Fraktur	265
9.18.2	Galeazzi-Fraktur	265

9.19	Fraktur der distalen Speiche – körperferne Radiusfraktur	268
9.20	Verletzungen der Handwurzel	272
9.20.1	Fraktur des Os navikulare – Kahnbeinbruch	272
9.20.2	Luxationen und Bandverletzungen der Handwurzel	276
9.21	Mittelhandfrakturen (einschließlich der Luxationsfrakturen des 1. Mittelhandknochens: Bennett- und Rolando-Fraktur)	280
9.22	Frakturen der Finger	283
9.23	Luxationen der Fingergelenke	285
9.24	Strecksehnenabriss am Endglied der Finger II–V	288
9.25	Verletzungen von Sehnen an der Hand und den Fingern	290
9.26	Infektionen der Finger und der Hand	291
9.27	Amputationen der Finger	292

10 Verletzungen des Beckens

10.1	Anatomie des Beckens	300
10.2	Frakturen des Beckens	301
10.3	Verletzungen des Hüftgelenks, Acetabulumfrakturen – Brüche der Hüftgelenkpfanne	308

11 Verletzungen der unteren Extremitäten

11.1	Hüftgelenkluxation	314
11.2	Hüftkopffraktur	317
11.3	Schenkelhalsfraktur	322
11.4	Per- und subtrochantäre Frakturen – Brüche des körpernahen Oberschenkels zwischen und unterhalb des großen und kleinen Rollhügels	328
11.5	Femurfraktur – Oberschenkelschaftfraktur	333
11.6	Körperferne Oberschenkelfrakturen	338
11.6.1	Suprakondyläre Frakturen – Brüche oberhalb der Oberschenkelrollen	338
11.6.2	Perkondyläre Oberschenkelfrakturen – Brüche der Oberschenkelrollen	341
11.7	Patellafraktur – Bruch der Kniescheibe	345
11.8	Patellaluxation – Kniescheibenverrenkung	349
11.9	Verletzungen und Erkrankungen der Sehnen des Streckapparats am Kniegelenk	353
11.9.1	Quadrizepssehnenruptur – Riss der Sehne des Schenkelstreckers	353
11.9.2	Patellarsehnenruptur – Riss der Kniescheibensehne	353
11.10	Verletzungen von Kapseln und Bändern des Kniegelenks	358
11.10.1	Verletzungen von Kapseln und Bändern des Kniegelenks, Verletzung des vorderen Kreuzbands	361
11.10.2	Ruptur des hinteren Kreuzbands	364
11.10.3	Verletzungen des medialen und lateralen Seitenbands	368
11.11	Verletzungen und Erkrankungen der Menisken	371
11.12	Tibiakopffraktur – Schienbeinkopfbruch	374
11.13	Unterschenkelschaftbrüche – Frakturen von Tibia und Fibula	380
11.14	Fibulafraktur – Wadenbeinbruch	385
11.15	Pilon-tibiale-Fraktur – Bruch des körperfernen Schienbeins mit Beteiligung des oberen Sprunggelenks	387

11.16	Achillessehnenruptur	391
11.17	Distorsion des oberen Sprunggelenks	395
11.18	Fibulare Bandruptur – Riss der Außenbänder am Sprunggelenk	398
11.19	Frakturen des oberen Sprunggelenks	400
11.20	Talusfraktur – Sprungbeinbruch	407
11.21	Kalkaneusfraktur – Fersenbeinbruch	412
11.22	Brüche der vorderen Fußwurzelknochen – Frakturen von Kahnbein (Os navikulare), Würfelbein (Os cuboideum), Keilbeinen I-III (Ossa cuneiformia)	418
11.23	Luxationen der Fußwurzel und des Mittelfußes	421
11.24	Mittelfußknochenbrüche	426
11.25	Zehenbrüche	428
11.26	Infektionen des Fußes und der Zehen	430
11.27	Amputationen von Zehen und des Fußes	435

12 Die prothetische Versorgung von Amputierten

12.1	Amputationen an den Extremitäten	440
12.2	Amputationen im 20. und 21. Jahrhundert	440
12.3	Ersatz der oberen Extremitäten	441
12.4	Ersatz der unteren Extremitäten	442

13 Verletzungen des Rückenmarks und der peripheren Nerven

13.1	Anatomie des Rückenmarks	446
13.2	Schädigungen der Spinalnerven und des Rückenmarks	449
13.3	Nervenschädigungen der oberen Extremitäten	453
13.3.1	Plexus brachialis	453
13.3.2	Schädigungen des Plexus brachialis	454
13.4	Periphere Nervenläsionen der oberen Extremitäten	455
13.4.1	Schädigung des Nervus axillaris	455
13.4.2	Schädigung des Nervus radialis	455
13.4.3	Schädigung des Nervus ulnaris	455
13.4.4	Schädigung des Nervus medianus	456
13.5	Verletzungen der Rumpfnerven Th1 bis Th12	457
13.6	Nervenschädigungen der unteren Extremitäten	457
13.6.1	Schädigung des Plexus lumbosacralis	457
13.6.2	Schädigung des Nervus ischiadicus	457
13.6.3	Schädigung des Nervus tibialis	458
13.6.4	Schädigung des Nervus peroneus	461

14 Verletzungen der inneren Organe

14.1	Lebensbedrohliche Verletzungen	464
14.2	Wird die Verletzung überlebt, so ist die Prognose gut	464
14.3	Bauchspeicheldrüse	464
14.4	Dünn- und Dickdarm	465
14.5	Milz und Niere	465
14.6	Bauchwand und Zwerchfell	466

15 Seelische Störungen nach entschädigungspflichtigen Ereignisse

15.1	Von zunehmender Bedeutung: Psychische Beschwerden nach Unfällen	470
15.2	Die Definition posttraumatischer Störungen nach der ICD-10	470
15.2.1	Die akute Belastungsreaktion (F43.0)	471
15.2.2	Posttraumatische Belastungsstörung (F43.1)	471
15.2.3	Anpassungsstörung (F43.2)	472
15.2.4	Andauernde Persönlichkeitsänderung nach extremen Belastungen (F62.0)	472
15.3	Die Klassifikation posttraumatischer seelischer Störungen nach dem DSM-IV	473
15.4	Die Posttraumatische Belastungsstörung (PTBS): Eine Frage der Definition	475
15.5	Unfallunabhängige psychische Störungen: Weit verbreitet	476
15.5.1	Depressive Episode (F32)	476
15.5.2	Rezidivierende depressive Episode (F33)	476
15.5.3	Panikstörung (F41.0)	476
15.5.4	Generalisierte Angststörung (F41.1)	476
15.5.5	Angst und depressive Störung gemischt (F41.2)	477
15.5.6	Somatoforme Störungen (F45)	477
15.5.7	Anhaltende somatoforme Schmerzstörung (F45.4)	477

16 Medizinische Texte und Gutachten verstehen

16.1	Die Orientierung am menschlichen Körper	480
16.1.1	Lage- und Richtungsbezeichnungen, Achsen und Ebenen des menschlichen Körpers	480
16.1.2	Die anatomische Normalposition – Ebenen und Achsen	482
16.2	Die Dokumentation von Beweglichkeit und Funktion der Wirbelsäule und der Extremitäten nach der Neutral-Null-Methode	484
16.2.1	Bewegungsmessung nach der Neutral-Null-Methode	487
16.2.2	Die Erhebung der Befunde nach der Neutral-Null-Methode an der Wirbelsäule	489
16.2.3	Die Neutral-Null-Methode: Semiobjektive Werte	490

17 Welche Informationen benötigt der medizinische Gutachter – wie sollte ein freies Gutachten aufgebaut sein

17.1	Erstbefunde haben einen hohen Beweiswert	492
17.2	Atteste können subjektive Aspekte betonen	493
17.3	Entbindung von der Schweigepflicht: Voraussetzung für das Einholen unfallspezifischer Befunde	494
17.4	Gutachten vorbereiten und beauftragen	494
17.5	Die Qualität des Gutachtens	497

18	**Tabellen für die Bewertung dauerhafter Unfallfolgen in der gesetzlichen und privaten Unfallversicherung, im Sozialen Entschädigungsrecht und im Schwerbehindertenrecht**	
18.1	Die Bewertung dauerhafter Unfallfolgen in der gesetzlichen Unfallversicherung – zugleich Anhaltspunkt für die Bewertung von Unfallfolgen in der Haftpflichtversicherung	500
18.2	Einschätzung der Invalidität in der privaten Unfallversicherung	507
18.3	Feststellung des Grades der Schädigungsfolgen und des Grades der Behinderung im Sozialen Entschädigungsrecht und im Schwerbehindertenrecht (SGB IX)	515
18.4	Anhaltspunkte für die Einschätzung der Minderung der Erwerbsfähigkeit bei psychoreaktiven Störungen in der gesetzlichen Unfallversicherung und im Sozialen Entschädigungsrecht	523
19	**Anhang**	
19.1	Verzeichnis wichtiger medizinischer Fachbegriffe	538
19.2	Literatur	545
19.3	Abbildungsverzeichnis	551
19.4	Sachregister	552

Autor

Prof. Dr. med. KLAUS-DIETER THOMANN
Facharzt für Orthopädie und Unfallchirurgie,
Rheumatologie, Sozialmedizin
Institut für Versicherungsmedizin
Sozialmedizinische Untersuchungsstelle
Am Lindenbaum 6a
60433 Frankfurt am Main

Danksagung

Mein Dank gilt allen Mitarbeiterinnen und Mitarbeitern, die das Erscheinen des Buches ermöglicht haben. Frau Dorothee Kremer betreute den Titel als Korrektorin. Die Abbildungen wurden von Frau Angelika Kramer und Frau Marie Hübner gezeichnet. Satz und Layout lag in den Händen von Herrn Bernhard Heun. Gerd Hofmann war im Referenz-Verlag für die Produktion und Koordination verantwortlich.

Prof. Dr. med. Klaus-Dieter Thomann

Abkürzungsverzeichnis

A.	Arterie	DeGPT	Deutschsprachige Gesellschaft für Psychotraumatologie
Abb.	Abbildung		
Abs.	Absatz		
AHB	Anschlussheilbehandlung	DGPM	Deutsche Gesellschaft für Psychotherapeutische Medizin
AO	Arbeitsgemeinschaft für Osteosynthese		
ARDS	Adult Respiratory Distress Syndrom	DGPT	Deutsche Gesellschaft für Psychoanalyse, Psychotherapie, Psychosomatik und Tiefenpsychologie
ASS	Acetylsalicylsäure		
ASSR	Auditory steady state responses / Frühe akustisch evozierte Potentiale	DGUV	Deutsche Gesetzliche Unfallversicherung
AUB	Allgemeine Unfallversicherungsbedingungen	DKPM	Deutsches Kollegium für Psychosomatische Medizin
AWMF	Arbeitsgemeinschaft der Wissenschaftlichen Medizinischen Fachgesellschaften e.V.	DOG	Deutsche Ophthalmologische Gesellschaft
		dpt	Dioptrie
		DSM	Diagnostic and Statistical Manual of Mental Disorders
BERA	Brainstem evoked response audiometry / Ableitung elektrisch ereigniskorrelierter Potentiale des Hörens	DXA	Dual-Energy-X-Ray-Absorptiometrie
		ENG	Elektroneurographie
		EMG	Elektromyographie
BG	Berufsgenossenschaft	ESIN	Elastisch stabile Nagelung
BGH	Bundesgerichtshof	FBA	Finger-Boden-Abstand
BSG	Bundessozialgericht	GCS	Glasgow-Coma-Scale
BVG	Bundesverfassungsgericht	GdB	Grad der Behinderung
BWK	Brustwirbelkörper	GdS	Grad der Schädigungsfolgen
BWS	Brustwirbelsäule	GKV	Gesetzliche Krankenversicherung
C	Cervikal-		
COPD	Chronisch obstruktive Lungenerkrankungen	GUV	Gesetzliche Unfallversicherung
CT	Computertomographie	H-Arzt	Arzt, der zur Behandlung von berufsgenossenschaftlich Versicherten – bei leichten Verletzungen – zugelassen ist
CRPS	Komplexes regionales Schmerzsyndrom		
D-Arzt	Durchgangsarzt		
dB	Dezibel		
dBA	wahrgenommener Schalldruckpegel	HLA	Human Leukocyte Antigen
		HLSG	Hessisches Landessozialgericht
dBHL	Hörschwelle		

Hz	Hertz	PUV	Private Unfallversicherung
HV	Hörverlust	RCT	Randomisierte kontrollierte Studie
HNO	Hals-Nasen-Ohren		
HWS	Halswirbelsäule	RF	Risikofaktor
HWK	Halswirbelkörper	RR	Riva Rocci
ICD-10	International Classification of Diseases, Injuries and Causes of Death	S	Sakral-
		SchwbR	Schwerbehindertenrecht
		SER	Soziales Entschädigungsrecht
ICF	internationale Klassifikation der Funktionsfähigkeit Behinderung und Gesundheit	SGB	Sozialgesetzbuch
		SGG	Sozialgerichtsgesetz
ISG	Iliosakralgelenk	SHT	Schädel-Hirn-Trauma
K-Draht	Kirschner-Draht	SIG	Sakroiliakalgelenk
kHz	Kilohertz	SLAP-Läsion	Schädigung der Gelenklippe der Schultergelenkpfanne
KZ	Konzentrationslager		
L	Lumbal-		
Lig.	Ligament	SWS	Kreuzbein
LWS	Lendenwirbelsäule	TEP	Totalendoprothese
M.	Muskel	Th	Thorakal-
MdE	Minderung der Erwerbsfähigkeit	T-Score	Knochendichte im Vergleich mit Erwachsenen gleichen Geschlechts im Alter von 30 Jahren
MdG	Minderung der Gebrauchsfähigkeit		
MTX	Methotrexat	UV	Unfallversicherung
MRT	Magnetresonanztomographie	V.	Vene
		v. H.	von Hundert
ms	Millisekunde	VersMedV	Versorgungsmedizin-Verordnung
N.	Nervus		
NLG	Nervenleitgeschwindigkeit	VersR	Versicherungsrecht
NSAR	Nichtsteroidale Antirheumatika	WHO	Weltgesundheitsorganisation
NZV	Neue Zeitschrift für Verkehrsrecht	WS	Wirbelsäule
		ZPO	Zivilprozessordnung
OLG	Oberlandesgericht	Z-Score	Knochendichte im Vergleich mit Erwachsenen gleichen Geschlechts und geichen Alters
Op	Operation		
PTBS	Posttraumatische Belastungsstörung		
PTSD	Posttraumatic stress disorder (deutsch: PTBS)		

Teil 1

Einleitung

Ein Unfall ereignet sich überraschend und unvorhergesehen. Wenn alles gut geht werden Rettungswagen und Notarzt alarmiert, wenige Minuten später erhält der Verletze Erste Hilfe, wird rasch in ein Krankenhaus eingeliefert und sofort versorgt. Durch klinische und technische Untersuchungen können lebensbedrohliche Verletzungen, wie innere Blutungen erkannt werden. An die Behandlung im Schockraum, der Intensivstation, durch unfallchirurgische und weitere fachärztliche Spezialisten schließt sich eine ambulante oder stationäre Rehabilitation an. Dank der nahtlosen Verzahnung hochdifferenzierter medizinischer Therapien überleben selbst schwerstverletzte Patienten, die noch vor wenigen Jahren verstorben wären.

Nach Akutbehandlung und Rehabilitation verbleiben gesundheitliche Einschränkungen zurück, die die Lebensqualität und Arbeitsfähigkeit auf Dauer beeinträchtigen können. Die Bewältigung der individuellen Folgen, der körperliche Behinderungen, Schmerzen und des seelisches Leids nimmt dem Verletzten niemand ab. Die persönliche Unterstützung durch Familie, Freunde und soziales Umfeld kann die Bewältigung des Schicksals erleichtern. Existenziellen Risiken werden seit mehr als einem Jahrhundert durch ein dichtes Netz sozialer und privater Sicherungssysteme gemildert. Ziel von Sozialversicherungen, privaten Versicherungen und Gesetzen zum Nutzen geschädigter bzw. behinderter Menschen ist es, finanzielle Verluste und die Beeinträchtigung der Teilhabe auszugleichen.

Entschädigung von Verletzungen: Aufgabe von Juristen und Sachbearbeitern

Während die gesundheitliche Wiederherstellung der Medizin obliegt, werden Entscheidungen über finanzielle Ausgleichsleistungen durch Nichtmediziner, Mitarbeiter in Sozial- und Privatversicherungen, Verwaltungen und Juristen erbracht. Grundlage sind ärztliche Befundberichte und medizinische Gutachten aus denen die Höhe der Minderung der Erwerbsfähigkeit (MdE), die Invalidität, der Grad der Behinderung oder der Schädigungsfolgen abgeleitet werden können. Die Gutachter macht *einen Vorschlag* zur Höhe der MdE, der Invalidität oder dem GdB/GdS. Die *endgültige Entscheidung* obliegt der Gesellschaft, sie ist bewusst der Medizin entzogen. Kann auf der Ebene der Verwaltung/der Versicherung kein Konsens erzielt werden, so wird ein Gericht als „Schiedsrichter" angerufen.

Die Arbeitsteilung ist sinnvoll und notwendig aber nicht unkompliziert. Ärzte und Juristen haben ihre eigene Terminologie. Für die Mediziner steht das Wohl des ihres Patienten im Mittelpunkt, Juristen müssen Entscheidungen fällen, die den individuellen Fall auf Grundlage von Gesetze einordnen und einer rechtlichen Überprüfung standhalten.

Verletzungen verstehen – Dauerfolgen bewerten

Für die juristische Bewertung von Personenschäden im Privatrecht liegen bewährte Standardwerke vor[1], dies gilt in geringerem Maße für rechtliche Einschätzung medizinischer Sachverhalte. Die Handbücher der Begutachtung[2] sind im Allgemeinen sehr me-

---

1   Küppersbusch G, Höher HO (2018) Ersatzansprüche bei Personenschäden, 12 Aufl. München 2016. Luckey J: Personenschaden. München, 2. Aufl..

2   Ludolph L, Schürmann J, Gaidzik PW (Hg.) (2018) Kursbuch der ärztlichen Begutachtung. Loseblattwerk. Landsberg. Schiltenwolf M, Hollo, DF (Hg.) (2012) Begutachtung der Haltungs- und Bewegungsorgane.

dizinisch ausgerichtet. Sozialgerichten und Mitarbeitern in der gesetzlichen Unfallversicherung gibt der Band „Arbeitsunfall und Berufskrankheit", begründet von A. Schönberger, G. Mehrtens und H. Valentin[3], detaillierte Auskunft, allerdings stehen auch hierin rechtliche Aspekte im Vordergrund.

Das vorliegende Buch versucht diese Lücke zu schließen. Es wendet sich vor allem an Nichtmediziner die auf Seiten der Betroffenen, der Versicherungsträger und der Gerichte im weitesten Sinne mit der Bewältigung, Regulierung und Entschädigung befasst sind. Es vermittelt das spezifische Basiswissen, mit dem medizinische Laien in die Lage versetzt werden, eine Verletzung und die sich daraus ergebenden Folgen zu beurteilen. Die Veröffentlichung beruht im Wesentlichen auf dem Werk „Personenschäden und Unfallverletzungen"[4]. Während in dieser Veröffentlichung verschiedene medizinische Fachrichtungen und spezifische juristische Fragestellungen berücksichtigt wurden, beschränkt sich die vorliegende Ausgabe auf die Entstehung, Behandlung und Bewertung der häufigsten unfallchirurgischen Verletzungen. Der Leser erhält einen systematischen Überblick über den normalen und gestörten Heilverlauf der Verletzungen „von Kopf bis Fuß". Das Buch kann als Nachschlagewerk genutzt werden. Die entschädigungsspezifischen Informationen sind in der komprimierten Form nicht über das Internet zugänglich. Der Schwerpunkt liegt auf der Darstellung der organischen Verletzungsfolgen. Wegen der hohen Bedeutung seelischer Störungen und Rückenschmerzen nach Unfällen wird auch auf die posttraumatische Belastungsstörung und Wirbelsäulenleiden eingegangen.

Aktuelle MdE-Bewertungen bereits berücksichtigt

Erstmals berücksichtigt wurden die Vorschläge einer Expertengruppe der Deutschen Gesetzlichen Unfallversicherung zur Überprüfung der MdE-Erfahrungswerte bei Gliedmaßenverlusten. Die Minderung der Erwerbsfähigkeit ist nach den Vorgaben des Sozialgesetzbuches zur gesetzlichen Unfallversicherung (SGB VII § 56, Abs. 2) nach den „verminderten Arbeitsmöglichkeiten auf dem gesamten Gebiet des Erwerbslebens" festzusetzen. Da sich der Arbeitsmarkt seit Einführung der gesetzlichen Unfallversicherung 1884 grundlegend verändert hat und seitdem viele schwere Arbeiten wegfielen hatte eine Arbeitsgruppe der Deutschen Gesellschaft für Unfallchirurgie um den Unfallchirurgen Elmar Ludolph und den Juristen Jürgen Schürmann Vorschläge unterbreitet, die zu erheblichen Reduzierung der MdE-Werte geführt hätten. Die Mitglieder der Kommission empfahlen einem Oberschenkelamputierten statt einer Rente von bisher 70% nur noch eine Rente in Höhe von 40% zu gewähren, ein Oberarmamputierter sollte statt 80% nur noch eine Rente in Höhe von 40%[5]. Die Autoren ließen die immateriellen Folgen der Verletzungen, die nach der Rechtsprechung des BSG zu berücksichtigen sind, außer Acht. Wären die Vorschläge um-

---

6. Aufl., Stuttgart). Thomann KD, Schröter F, Grosser V (Hg.) (2013) Handbuch der orthopädisch-unfallchirurgischen Begutachtung. 2. Aufl., München).

3 Schönberger, A, Mehrtens, G, Valentin, H (Hg.) (2017)Arbeitsunfall und Berufskrankheit. 9. Aufl. Berlin.

4 Thomann, KD (Hg.) (2015) Personenschäden und Unfallverletzungen. Frankfurt/M.

5 Schürmann J, MdE- Gruppe der Kommission „Gutachten" der Deutschen Gesellschaft für Unfallchirurgie (DGU): MdE nach Hilfsmittelversorgung oder Medikation. Trauma-Berufskrankheit 26 2014: 204-210.

gesetzt worden, so wäre damit das gesamte System der Entschädigung in der gesetzlichen Unfallversicherung in Frage gestellt worden. Die Reduzierung hoher MdE-Werte bei Gliedmaßenverluste hätte sich auf die Bewertung wenig schwerer Verletzungsfolgen ausgewirkt. Die MdE-Werte hätten auf breiter Front erheblich reduziert werden müssen. Damit wären die meisten Unfallrenten weggefallen. Offensichtlich waren sich die Autoren der sozialpolitischen Konsequenzen nicht bewusst. Nachdem sowohl Arbeitgeber als auch Versicherte durch die Vorschläge verunsichert wurden, setzte die Deutsche Gesetzliche Unfallversicherung (DGUV) ein unabhängigeres und neutrales Gremium mit unfallchirurgisch-orthopädischen, rehabilitations-, sozial- und arbeitsmedizinischen Experten ein, die von den jeweiligen Fachgesellschaften benannt wurden. Die Gruppe wurde durch Vertreter der gesetzlichen Unfallversicherung ergänzt. Nach einer mehr als zweijährigen Arbeit stellte die Kommission fest:

„… dass die in den bisher verfügbaren Quellen vorhandenen Arbeitsmarktdaten alleine keine valide empirische Grundlage für MdE-Tabellenwerte sein können. Um ihrem Auftrag sowie den Anforderungen des § 56 Abs. 2 Satz 1 SGB VII unter den gegebenen Umständen bestmöglich gerecht zu werden, hat die multiprofessionell zusammengesetzte Expertengruppe ihr vielfältiges Fachwissen über Funktionsstörungen und deren Auswirkungen im Erwerbsleben zugrunde gelegt und darauf aufbauend neue MdE-Eckwerte konsentiert, die jeweils differenziert hergeleitet und – soweit möglich – begründet wurden."[6] Die Vorschläge würden

im Sommer 2018 erstmals der Öffentlichkeit vorgestellt. Ab Januar 2020 werden die neuen Werte verbindlich eingeführt. Im vorliegenden Band sind die überarbeitenden Eckwerten in den MdE-Tabellen (S. 500–507) berücksichtigt worden.

Ob die Vorschläge der Kommission angenommen und auf Dauer Bestand haben werden, muss abgewartet werden. Der Vorsitzende Richter des Unfallsenats des Bundessozialgerichts, W. Spellbrink[7], mahnte eine Verrechtlichung der MdE-Tabellen an. Eine rechtlich verbindliche Festlegung des Verordnungsgebers sei erforderlich, um die „Transparenz des Leistungsgeschehens für den einzelnen Versicherten" sicherzustellen. Eine Forderung, die aus medizinischer Sicht nur begrüßt werden kann. Je klarer die Vorgaben des Gesetzgebers, umso eher kann sich der medizinische Sachverständige auf seine eigentliche Aufgabe, die Feststellung der gesundheitlichen Beeinträchtigungen konzentrieren.

Arbeitsunfähigkeit, Haushaltsführungsschaden, Dauerschaden
Jede Verletzung und die sich daraus ergebenden Folgen sind individuell zu bewerten. Andererseits gleicht sich der Heilverlauf von Verletzung im Regelfall. Spezifische Verletzungen führen zu ähnlichen Ausheilungsergebnissen. Für jede Verletzung werden – ein normaler Heilverlauf vorausgesetzt – konkrete Angaben zur Therapie, möglichen Komplikationen und zur Prognose gegeben. Der Leser bekommt Anhaltspunkte für die

---

6   Konsenspapier der MdE-Expertengruppe nach Überprüfung der MdE-Erfahrungswerte bei Gliedmaßenverlusten. DGUV 2018, S. 22. Vgl. Wich M; Schotysik D: (nach: Wich M, Scholtysik D (2018); Drechsel-Schlund D, Scholtysik D (2019)

7   Vgl. Nusser A, Spellbrink W (2017), Spellbrink W (2018) Vgl. Literaturverzeichnis

Beeinträchtigung der Arbeitsfähigkeit, der Einschätzung von Haushaltsführungs- und Erwerbsschaden im Haftpflichtrecht, der Bewertung des Dauerschadens in der privaten Unfallversicherung, dem Schwerbehindertenrecht sowie den Auswirkungen der Verletzungsfolgen auf die gesetzliche und private Rentenversicherung.

Einschätzungsempfehlungen und Glossar
Im Anhang sind Einschätzungsempfehlungen für bleibende funktionelle Beeinträchtigungen für die jeweiligen Rechtsgebiete abgedruckt. Gleiche gesundheitliche Störungen führen in unterschiedlichen Versicherungszweigen, im Versorgungs- und Schwerbehindertenrecht zu verschiedenen Bewertungen. Die Unterschiede gehen zum Teil auf die historischen Wurzeln der Sicherungssysteme zurück, zu einem anderen Teil lassen sie sich durch den spezifischen Schutzzweck erklären. Die widersprüchlichen Konsequenzen gleicher medizinischer Tatbestände überfordern die Mehrheit der Versicherten, viele Ärzte und Rechtsanwälte. Die Tabellen geben eine Orientierung, ohne die Unterschiede zu erklären. Die Tabellen beruhen auf anerkannten medizinischen Standardwerken und offiziellen Publikationen (Versorgungsmedizin-Verordnung). Für Leser, die sich eingehender mit der Begründung der Einschätzungsempfehlungen befassen möchten, sind die Quellen angegeben.

Die bleibenden Folgen einer Verletzung werden in den Rechtsgebieten unterschiedlich quantifiziert. So drücken Minderung der Erwerbsfähigkeit (MdE) in der gesetzlichen Unfallversicherung, Invalidität in der privaten Unfallversicherung, Grad der Behinderung (GdB) im Schwerbehindertenrecht und Grad der Schädigungsfolgen (GdS) im sozialen Entschädigungsrecht ähnliche, jedoch nicht deckungsgleiche Tatbestände aus. Gleiche gesundheitliche Beeinträchtigungen können ganz unterschiedliche finanzielle Leistungen nach sich ziehen. Ähnlich verwirrend sind die Definitionen der eingeschränkten Arbeitsfähigkeit in der gesetzlichen und privaten Krankenversicherung, der gesetzlichen Rentenversicherung und der privaten Berufsunfähigkeit. Wünschenswert wäre eine Harmonisierung der Begriffe. Wie komplex ein derartiges Unterfangen ist, hat Alexander Hirschberg (2011) in einer sehr lesenswerten Studie beschrieben.

Hinweise zur Benutzung der Tabellen und Einschätzungsempfehlungen

Der vorliegende Band erläutert die häufigsten Verletzungen. Es werden jeweils das Verletzungsbild und die Symptomatik, die Therapie, Komplikationen, der regelhafte Heilverlauf, die Auswirkung im täglichen Leben sowie die Prognose dargestellt. Zugrunde gelegt wird *der zu erwartende „normale Heilverlauf"*.

Die Tabellen und Einschätzungsempfehlungen enthalten für jede Verletzung Angaben zur medizinisch erforderlichen Nachbehandlung, zur Dauer der Arbeitsunfähigkeit, zum Haushaltsführungsschaden und dem zu erwartenden Dauerschaden. Dabei werden folgende Versicherungszweige und Rechtsgebiete berücksichtigt:

- Gesetzliche Unfallversicherung
- Private Unfallversicherung
- Haftpflichtversicherung
- Gesetzliche Rentenversicherung
- Private Berufsunfähigkeitsversicherung
- Schwerbehindertenrecht, Soziales Entschädigungsrecht, Beamtenrecht

Die Tabellen spiegeln das funktionelle Endergebnis einer Verletzung *durchschnittlicher Schwere und den sich daraus ergebenden regelhaften Heilverlauf bei adäquater Therapie* wider. Für die große Mehrheit der Verletzungen kommt den Tabellen eine hohe Plausibilität zu. Die Einschätzungen beruhen auf der wissenschaftlichen Literatur und der ärztlichen Erfahrung. Die Werte für den GdB/GdS wurden der zum Veröffentlichungszeitpunkt gültigen Fassung der Versorgungsmedizin-Verordnung entnommen.

Da jede Verletzung in verschiedenen Schweregraden vorliegen kann und sich der exakte Heilverlauf nicht in jedem Fall voraussehen lässt, geben die Tabellen und Einschätzungsempfehlungen lediglich Anhaltspunkte für die Beurteilung.

Bei *jeder* Verletzung und in jedem Versicherungs- und Entschädigungsfall sind die *medizinischen Primärbefunde* und die sich *anschließenden ärztlichen Untersuchungsergebnisse* für die Bewertung beizuziehen.

Einzelne Fragestellungen wie die Feststellung des Grades der Behinderung (GdB) nach dem Schwerbehindertenrecht oder die Abschätzung des künftigen Behandlungsbedarfs bei Haftpflichtschäden zur Ermittlung künftiger Ersatzansprüche der Sozialversicherungsträger können nach Aktenlage beantwortet werden. Sofern es um finanzielle Entschädigungen oder die Gewährung von Rentenleistungen geht, sind eine sorgfältige Erhebung der Anamnese und die fachärztliche Untersuchung, gegebenenfalls unter Einschluss unterschiedlicher Fachgebiete, unumgänglich.

Vor der Beauftragung des Gutachters sollte der Auftraggeber *alle medizinischen Befundberichte und Originaldokumente*, die über die Verletzung und den Behandlungsverlauf Auskunft geben, einholen. Werden diese Dokumente dem Sachverständigen bereits mit dem Auftrag übersandt, so steigt die Qualität medizinischer Gutachten.

Ein sachliches und qualifiziertes Gutachten findet im Allgemeinen eine hohe Akzeptanz bei allen Beteiligten, es erleichtert die Entschädigung und reduziert die Wahrscheinlichkeit einer gerichtlichen Auseinandersetzung.

Teil 2

Verletzungen – ein Überblick

2.1 Geschlossene Verletzungen der Haut und der Weichteile

2.1.1 Prellung, Kontusion

Verletzungsbild und Symptomatik
Der Begriff „Prellung" umschreibt die Einwirkung einer stumpfen Gewalt auf einen Körperteil, bei dem das Weichteilgewebe geschädigt wird. Meist werden bei einer Prellung kleinere Blutgefäße verletzt, deren Inhalt in das Gewebe austritt und die Haut verfärbt (Hämatom). Die Prellmarke ist die Folge der lokalen Gewebeschädigung. Der geprellte Körperteil lagert Gewebeflüssigkeit ein und schwillt an.

Im Gegensatz zu schwerwiegenden strukturellen Verletzungen heilt die einfache Prellung folgenlos aus. Die Beschwerden können länger anhalten, wenn der geprellte Körperteil zuvor bereits geschädigt war und durch den Unfall ‚aus dem Gleichgewicht' gebracht wurde. Eine Prellung kann eine vorbestehende Arthrose (Gelenkverschleiß) ‚aktivieren' und dadurch hartnäckige Beschwerden verursachen. Besonders unangenehm können sich Prellungen an einer Schulter auswirken, deren Weichteile bereits zuvor degenerativ verändert waren (zum Beispiel durch eine Rotatorenmanschettenruptur oder ein Engpasssyndrom).

Therapie
Schonung, Ruhigstellung, Hochlagerung der Extremität. Kühlende Salbeneinreibungen begünstigen die Abschwellung. Einfache Schmerzmittel wie Paracetamol oder ASS lindern Schmerzen.

Komplikationen
Oberflächliche oder tiefe Gewebeschädigungen (Nekrosen, Décollement [Ablederung]). Bei ausgedehnten Prellungen an den unteren Extremitäten kann die Entstehung einer Thrombose begünstigt werden. Im Rahmen eines Frontalzusammenstoßes können durch den Sicherheitsgurt bei Frauen neben Prellungen der Brust auch Nekrosen des Unterhautgewebes der Brustdrüse entstehen.

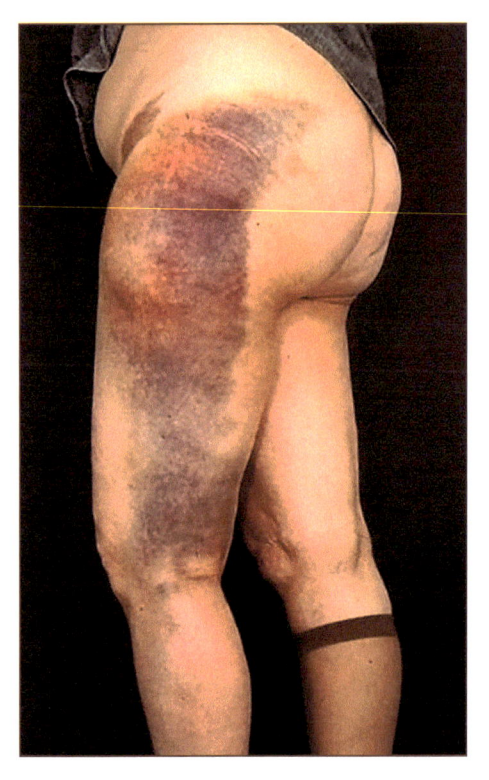

Abb. 2.1:
Prellung nach Sturz auf die linke Hüfte. Das ausgedehnte Hämatom bildet sich innerhalb von vier Wochen vollständig zurück.

Geschlossene Verletzungen der Haut und der Weichteile

Regelhafter Heilverlauf – Auswirkung im täglichen Leben

Die ersten Stunden können sehr schmerzhaft sein: In aller Regel klingen die Beschwerden nach einigen Tagen, maximal nach zwei Wochen, ab. Nur in Ausnahmefällen oder bei sehr ausgeprägten Prellungen ist mit einem längeren Heilverlauf zu rechnen.

Medizinische Prognose (Welche Folgen hinterlässt die Verletzung?)

Die Prellung heilt folgenlos aus.

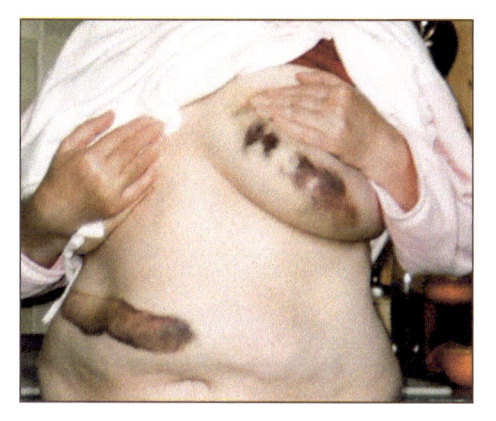

Abb. 2.2:
Das Fahrzeug, in dem sich die 42-jährige Beifahrerin befand, prallte an einen Baum. Deutlich zu erkennen sind die Hämatome als Folge der Gurtverletzung. Die Blutergüsse heilten ab, bei der Probandin entstand eine umschriebene Weichteilnekrose der linken Mamma.

Medizinisch erforderliche Nachbehandlung	
Stationäre Rehabilitation (AHB)	Nicht erforderlich
Dauer und Frequenz der Physiotherapie nach Eintritt der Verletzung	Im Allgemeinen entbehrlich
Dauer und Frequenz der Physiotherapie nach Abschluss der Heilung	Entfällt
Künftige operative Behandlungen	Entfällt
Hilfsmittel, Medikamente	In der akuten Phase Schmerzmittel, abschwellende Medikamente, Salben

Beeinträchtigung der Arbeitsfähigkeit	
Berufliche Anforderung	Durchschnittliche Dauer der Arbeitsunfähigkeit
Leichte, überwiegend sitzende Tätigkeit	0 – 1 Wochen
Leichte bis mittelschwere Arbeit, etwa hälftiger Anteil stehender / gehender Tätigkeit	0 – 2 Wochen
Schwere körperliche Tätigkeiten und Arbeiten, die vorwiegend im Stehen / Gehen verrichtet werden	0 – 3 Wochen

Bewertung des Haushaltsführungsschadens		
Tätigkeit	Beeinträchtigung (in %) bis zum Abschluss der Rekonvaleszenz	Beeinträchtigung auf Dauer (in %)
Leicht: Planung	Keine Beeinträchtigung	Keine Beeinträchtigung auf Dauer
Mittel: Durchschnittliche Hausarbeiten	Stärkere Distorsionen können durchschnittliche Hausarbeiten für zwei bis vier Wochen bis zu 30 % beeinträchtigen.	Keine Beeinträchtigung auf Dauer
Schwer: Großer Hausputz, Gartenarbeit	Stärkere Prellungen können schwere Hausarbeiten für einige Tage zu 100 %, für weitere zwei bis vier Wochen bis zu 30 % beeinträchtigen.	Keine Beeinträchtigung auf Dauer

Bewertung des Dauerschadens	
Versicherungszweig – Rechtsgebiet	Einschätzung des Dauerschadens
Gesetzliche Unfallversicherung: MdE	Kein Dauerschaden
Private Unfallversicherung: Invalidität	Kein Dauerschaden
Haftpflichtversicherung	Kein Dauerschaden
Gesetzliche Rentenversicherung	Keine Bedeutung
Private Berufsunfähigkeitsversicherung	Keine Bedeutung
Schwerbehindertenrecht, soziales Entschädigungsrecht, Beamtenrecht: GdB, GdS	Keine Bedeutung

2.1.2 Zerrung, Distorsion

Verletzungsbild und Symptomatik

Die Begriffe „Zerrung" und „Verdrehung" bzw. „Distorsion" werden für ähnliche Verletzungen gebraucht. Bei der Zerrung wird die Dehnbarkeit eines Gewebes über das physiologische Maß hinaus beansprucht (Muskelzerrung). Tritt eine Rotationskomponente hinzu, so spricht man von einer Verdrehung (Distorsion). Im gezerrten Gewebe können kleine Blutgefäße einreißen. Häufig zeichnet sich unter der Haut ein Bluterguss ab, der verdrehte Körperteil oder Gelenkabschnitt schwillt an. Durch die Zerrung können auch andere Gewebestrukturen (z.B. eine Gelenkkapsel) einreißen. Die durch eine Zerrung verletzten Gewebestrukturen heilen folgenlos aus. Gelegentlich hält die Schwellung der

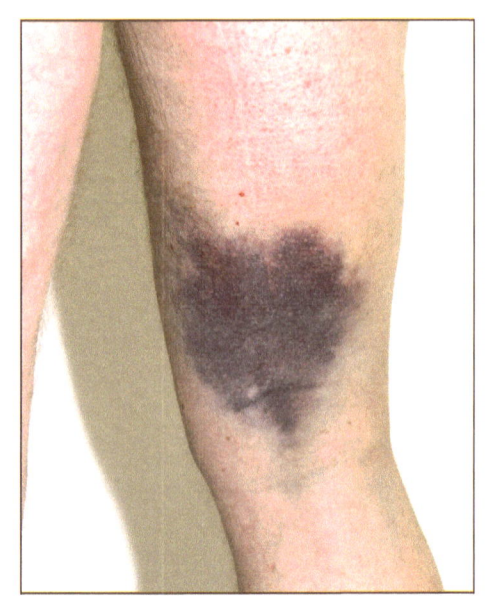

Abb. 2.3:
Muskelfaserriss des dorsalen Oberschenkels. Das Hämatom bildet sich nach zwei bis vier Wochen zurück, die Verletzung heilt folgenlos aus.

gezerrten Weichteile für einen längeren Zeitraum an. Eine vorbestehende Arthrose kann durch eine Distorsion ‚aktiviert' werden. Die Verletzten klagen dann über hartnäckige Beschwerden im gezerrten Gelenk. Häufiger bildet sich nach einer Distorsion ein Gelenkerguss, der über einige Wochen Beschwerden bereiten kann.

Therapie
Schonung, Ruhigstellung, Hochlagerung der Extremität, stabilisierende Verbände. Kühlende Salbeneinreibungen begünstigen die Abschwellung. Einfache Schmerzmittel wie Paracetamol oder ASS lindern Schmerzen.

Komplikationen
Oberflächliche oder tiefe Gewebeschädigungen (Nekrosen), vgl. Décollement, Ablederung, Thrombosen nach Zerrungen der unteren Extremitäten. An den oberen Extremitäten kann selten ein komplexes regionales Schmerzsyndrom entstehen (Morbus Sudeck).

Regelhafter Heilverlauf – Auswirkung im täglichen Leben
Die ersten Stunden können sehr schmerzhaft sein, in aller Regel klingen die Beschwerden nach einigen Tagen, maximal vier bis sechs Wochen ab. Nur in Ausnahmefällen oder bei sehr ausgeprägten Zerrungen mit nachgewiesenen Gewebeschäden ist mit einem längeren Heilverlauf zu rechnen.

Medizinische Prognose (Welche Folgen hinterlässt die Verletzung?)
Distorsionen und Zerrungen heilen folgenlos aus.

> Zerrungen oder Distorsionen sind kein Anlass für eine operative Behandlung. Es ist ein Behandlungsfehler, Patienten mit einer Zerrung in der akuten Phase zu operieren. Gelegentlich werden aus pekuniären Gründen Arthroskopien bei Patienten durchgeführt, die sich vor wenigen Tagen eine Distorsion des Knies oder der Schulter zugezogen haben. Werden zudem noch Glättungen des Knorpels oder Erweiterungen des Raums zwischen Schulterdach und Oberarmkopf durchgeführt, so ist mit bleibenden Schäden zu rechnen. Die derzeitige Gebührenordnung für Krankenhäuser und operativ tätige Ärzte setzt die Schwelle für Operationen herab und begünstigt unnötige Eingriffe.

Medizinisch erforderliche Nachbehandlung	
Stationäre Rehabilitation (AHB)	Nicht erforderlich
Dauer und Frequenz der Physiotherapie nach Eintritt der Verletzung	Im Allgemeinen entbehrlich
Dauer und Frequenz der Physiotherapie nach Abschluss der Heilung	Entfällt
Künftige operative Behandlungen	Entfällt
Hilfsmittel, Medikamente	In der akuten Phase Schmerzmittel, abschwellende Medikamente, Salben, Verbände

Beeinträchtigung der Arbeitsfähigkeit	
Berufliche Anforderung	Durchschnittliche Dauer der Arbeitsunfähigkeit
Leichte Tätigkeiten	0 – 1 Wochen
Leichte bis mittelschwere Arbeit	0 – 3 Wochen
Schwere körperliche Tätigkeiten	0 – 4 Wochen

Bewertung des Haushaltsführungsschadens		
Tätigkeit	Beeinträchtigung (in %) bis zum Abschluss der Rekonvaleszenz	Beeinträchtigung auf Dauer (in %)
Leicht: Planung	Keine Beeinträchtigung	Keine Beeinträchtigung auf Dauer
Mittel: Durchschnittliche Hausarbeiten	Stärkere Distorsionen können durchschnittliche Hausarbeiten für zwei bis vier Wochen bis zu 30 % beeinträchtigen.	Keine Beeinträchtigung auf Dauer
Schwer: Großer Hausputz, Gartenarbeit	Stärkere Prellungen können schwere Hausarbeiten für vier Wochen zu 100 %, für weitere zwei bis vier Wochen bis zu 30 % beeinträchtigen.	Keine Beeinträchtigung auf Dauer

Bewertung des Dauerschadens	
Versicherungszweig – Rechtsgebiet	Einschätzung des Dauerschadens
Gesetzliche Unfallversicherung: MdE	Kein Dauerschaden
Private Unfallversicherung: Invalidität	Kein Dauerschaden
Haftpflichtversicherung	Kein Dauerschaden
Gesetzliche Rentenversicherung	Keine Bedeutung
Private Berufsunfähigkeitsversicherung	Keine Bedeutung
Schwerbehindertenrecht, soziales Entschädigungsrecht, Beamtenrecht: GdB, GdS	Keine Bedeutung

2.2 Offene Verletzungen der Haut und der Weichteile – Primäre und sekundäre Wundheilung

Verletzungsbild und Symptomatik

Die Haut grenzt den Körper von der Außenwelt ab, sie garantiert und erhält die immunologische Individualität. Mit der Durchtrennung der Haut wird die Schranke zwischen Individuum und Umwelt durchbrochen. Krankheitserreger können in den Körper eindringen, gleichzeitig gehen Körperbestandteile verloren (Blutung, Eiweißverlust). Der Körper versucht, die Wunde möglichst rasch zu schließen, um die körperliche Integrität wiederherzustellen. Direkt nach dem Unfall füllen Blut und Gewebeflüssigkeiten die Wunde auf. Das Blut gerinnt, die Gefäße ziehen sich zusammen. Anschließend wandern weiße Blutkörperchen und Gewebezellen in die Wunde ein. Nach dieser etwa vier Tage dauernden Phase sprießen neue Blutgefäße in das Wundgebiet ein. Sie bilden die bindegewebige Grundsubstanz des künftigen Narbengewebes. Später vernetzen sich die Bindegewebsfasern und ziehen die Wunde zusammen. Die Oberfläche der Wunde wird von neuer Haut überzogen. Die einfache Wundheilung ist nach ungefähr 14 Tagen abgeschlossen, die endgültige Narbe nach drei Monaten belastbar.

Die Geschwindigkeit und Qualität der Wundheilung hängt davon ab, ob der Heilungsvorgang ohne oder mit Keimbesiedlung verläuft. Man unterscheidet eine primäre von einer sekundären Wundheilung.

Therapie
Chirurgische Wundversorgung: Die Wunde wird inspiziert, von Fremdkörpern gereinigt und, soweit erforderlich, vorsichtig ausgeschnitten. Die Wundränder werden durch Naht oder Klebepflaster miteinander vereinigt. Stark infizierte Wunden oder Bisswunden werden offen gelassen, um zu verhindern, dass die Wundsekrete sich stauen. Ein Sekretverhalt würde die Entstehung einer Infektion begünstigen. Auch nach einer Operation werden Blut und Wundsekret durch einen Schlauch (Drainage) abgeleitet. Heilt die Wunde primär, dann können bereits nach kurzer Zeit die Fäden gezogen werden. Am Gesicht und an der Schädelkalotte werden die Fäden nach ungefähr fünf Tagen entfernt. An den Extremitäten dauert die Wundheilung etwas länger, die Fäden können nach circa 14 Tagen gezogen werden.

Ausgedehnte und tiefe Wunden sind operativ zu versorgen. Der verletzte Körperteil wird ruhig gestellt, um die Wundheilung zu fördern. Je nach Art der Verletzung und der Komplikationen kann eine zusätzliche medikamentöse Therapie erforderlich werden. Zur Infektionsbekämpfung oder -vorbeugung werden Antibiotika eingesetzt, die sowohl lokal eingebracht als auch systemisch verabreicht werden können (oral, parenteral, durch Infusionen oder Injektionen). Bei bettlägerigen und schwer verletzten Patienten (Ruhigstellung einer Extremität) ist eine zeitweilige Herabsetzung der Blutgerinnung erforderlich, um eine Thrombose zu vermeiden. Im Allgemeinen wird hierzu Heparin subkutan verabreicht.

Primäre Wundheilung:	Sekundäre Wundheilung:
Die Wunde heilt ohne Infektion aus. Die Wundränder schließen aneinander an und hinterlassen nur eine schmale Narbe. Die Dauer der Wundheilung ist vorhersehbar, sie beträgt je nach Lokalisation zwischen ein bis drei Wochen.	Die Wunde wird von Bakterien besiedelt. Die Heilung verzögert sich in Abhängigkeit von der Art der Wunde, der Keimbesiedlung und der immunologischen Verfassung des Verletzten. Mit einer sekundären Wundheilung ist bei klaffenden, tiefen, geklammerten und verschmutzten Wunden zu rechnen. Bei herabgesetzter Abwehrkraft des Verletzten, sei es durch hohes Alter oder chronische Krankheiten (Diabetes mellitus), muss eher mit einer Sekundärheilung gerechnet werden. Der Heilungsprozess kann mehrere Wochen andauern. Dringen die Bakterien bis zum Knochen vor, so können sie eine Osteitis (Osteomyelitis, Knochenmarkentzündung) hervorrufen.

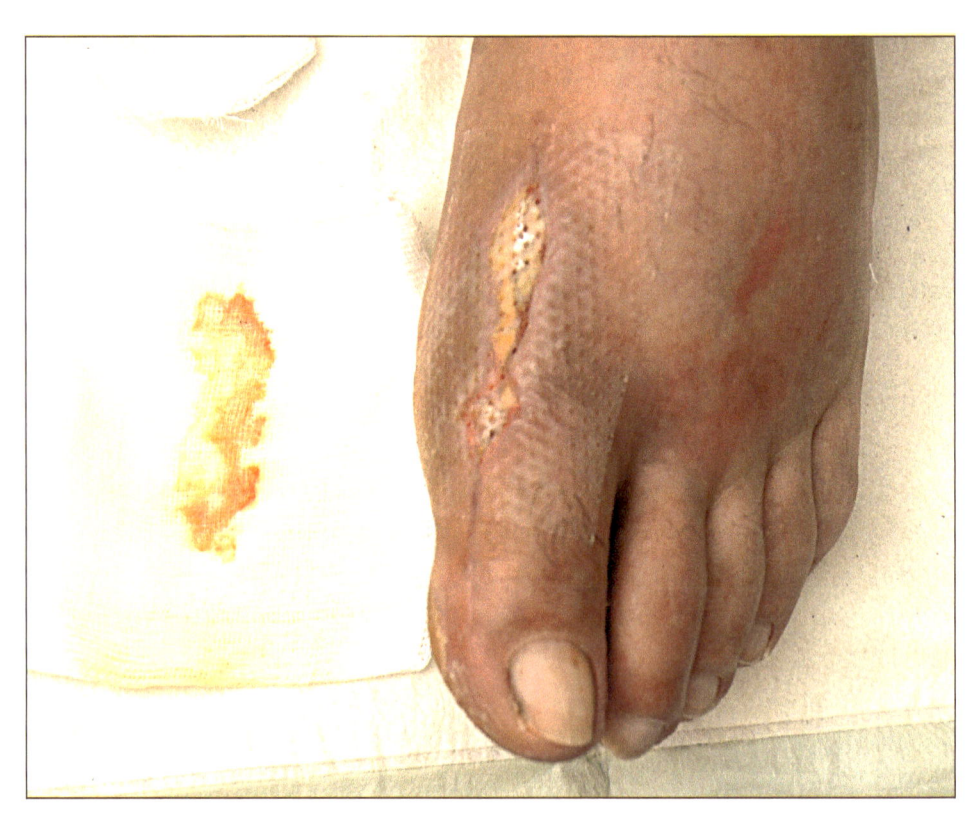

Abb. 2.4:
Infizierte Wunde nach Operation am linken Vorfuß. Der Patient ist Diabetiker. Eine Blutzuckererkrankung erhöht das Risiko für die Entstehung von Infektionen bei offenen Wunden und Operationen.

Komplikationen
Nekrose des umgebenden Gewebes, Infektionen des Knochens (Osteomyelitis), Störungen des Stoffwechsels und der nervalen Versorgung, komplexes regionales Schmerzsyndrom (M. Sudeck).

Regelhafter Heilverlauf – Auswirkung im täglichen Leben
Einfache Schnittverletzungen und Platzwunden heilen innerhalb von 14 Tagen unter Hinterlassung einer Narbe ab. Funktionelle Störungen sind nicht zu erwarten. Infizierte Wunden können zur Abheilung mehrere Wochen benötigen. Die Beeinträchtigung im täglichen Leben hängt vom Ausmaß und der Schwere der offenen Verletzung ab.

Medizinische Prognose (Welche Folgen hinterlässt die Verletzung?)
Kleinere primär heilende Wunden hinterlassen keine funktionellen Dauerschäden. Größere oder infizierte Wunden können funktionell oder kosmetisch störende Narben verursachen. In diesen Fällen ist eine individuelle Beurteilung erforderlich.

Offene Verletzungen der Haut und der Weichteile

Medizinisch erforderliche Nachbehandlung	
Stationäre Rehabilitation (AHB)	Nur in Ausnahmefällen bei ausgedehnten offenen Weichteilverletzungen oder Komplikationen erforderlich (Infektionen, CRPS)
Dauer und Frequenz der Physiotherapie nach Eintritt der Verletzung	Im Allgemeinen entbehrlich, nach ausgedehnten Verletzungen können ein bis zwei Serien von je sechs physiotherapeutischen Behandlungen erforderlich sein.
Dauer und Frequenz der Physiotherapie nach Abschluss der Heilung	Entfällt
Künftige operative Behandlungen	Entfällt
Hilfsmittel, Medikamente	In der akuten Phase Schmerzmittel, abschwellende Medikamente, Verbände

Beeinträchtigung der Arbeitsfähigkeit	
Berufliche Anforderung	Durchschnittliche Dauer der Arbeitsunfähigkeit
Leichte Tätigkeiten	0 – 1 Wochen
Leichte bis mittelschwere Arbeit	0 – 2 Wochen
Schwere körperliche Tätigkeiten	2 – 4 Wochen

Bewertung des Haushaltsführungsschadens		
Tätigkeit	Beeinträchtigung (in %) bis zum Abschluss der Rekonvaleszenz	Beeinträchtigung auf Dauer (in %)
Leicht: Planung	Keine Beeinträchtigung	Keine Beeinträchtigung auf Dauer. Komplikationen sind in jedem Einzelfall zu beurteilen.
Mittel: Durchschnittliche Hausarbeiten	Größere Wunden können durchschnittliche Hausarbeiten für einige Tage zu 100 %, für weitere zwei bis vier Wochen bis zu 30 % beeinträchtigen.	Keine Beeinträchtigung auf Dauer. Komplikationen sind in jedem Einzelfall zu beurteilen.
Schwer: Großer Hausputz, Gartenarbeit	Größere Wunden können schwere Hausarbeiten für vier Wochen zu 100 %, für weitere zwei bis vier Wochen bis zu 50 % beeinträchtigen.	Keine Beeinträchtigung auf Dauer. Komplikationen sind in jedem Einzelfall zu beurteilen.

Bewertung des Dauerschadens	
Versicherungszweig – Rechtsgebiet	Einschätzung des Dauerschadens
Gesetzliche Unfallversicherung: MdE	Kein Dauerschaden
Private Unfallversicherung: Invalidität	Kein Dauerschaden
Haftpflichtversicherung	Kein Dauerschaden
Gesetzliche Rentenversicherung	Keine Bedeutung
Private Berufsunfähigkeitsversicherung	Keine Bedeutung
Schwerbehindertenrecht, soziales Entschädigungsrecht, Beamtenrecht: GdB, GdS	Keine Bedeutung

2.3 Ablederung (Décollement) und schwere Weichteilverletzung mit Gewebetod (Nekrose)

Verletzungsbild und Symptomatik
Wirkt eine starke Gewalt tangential auf einen Körperteil ein, dann kann diese das Weichgewebe von den darunterliegenden Strukturen ablösen, ohne dass eine offene Wunde entsteht. Das Décollement beeinträchtigt die Durchblutung des abgescherten Gewebes. Zwischen den gelösten Weichteilen und dem Knochen können sich ausgedehnte Hämatome bilden, die den Stoffwechsel zusätzlich verschlechtern. Typische Décollementverletzungen entstehen durch Verkehrsunfälle mit Überrolltraumen oder als Folge von Motorradunfällen mit tangentialer Gewalteinwirkung. Bei schwerwiegender Störung der Gefäß- und Nährstoffversorgung bildet sich eine Nekrose (Gewebetod) aus, welche die Weichteile einer ganzen Extremität erfassen kann.

Therapie
Je nach dem Ausmaß der Ablederungsverletzung wird eine chirurgische Therapie erforderlich: Mit der operativen Entlastung soll die Durchblutung verbessert werden. Der innerhalb des Weichgewebes befindliche Bluterguss wird kontinuierlich drainiert. Bei kleineren Verletzungen reichen unter Umständen eine oder mehrere Punktionen aus. Besteht die Gefahr der Keimbesiedlung mit Gasbandbakterien, dann wird

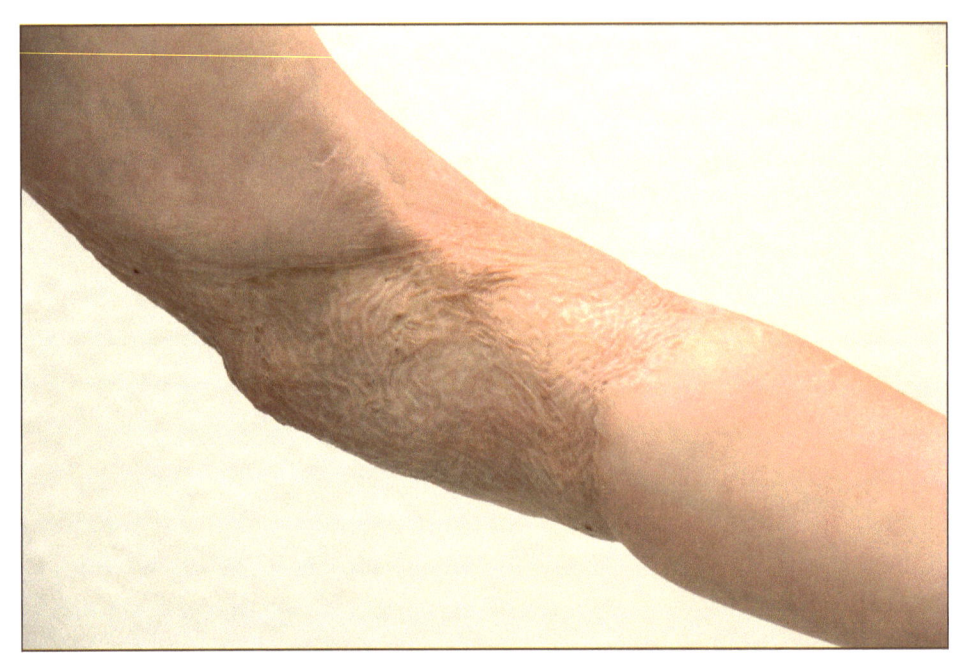

Abb. 2.5:
Ausgedehnte Narbenbildung und Verlust des Unterhautfettgewebes: Die Arbeiterin wurde mit ihrem linken Ärmel von einer Walze erfasst. Sie zog sich dabei eine ausgedehnte Ablederungsverletzung am linken Ellenbogen zu. Es bedurfte mehrfacher Hauttransplantationen, um die große Wunde zur Ausheilung zu bringen.

Sauerstoffüberdruckbehandlung (hyperbare Therapie) eingeleitet. Um möglichst viel gesundes Gewebe zu erhalten, werden abgestorbene Weichteile erst abgetragen, nachdem diese deutlich zu erkennen sind. Große Weichteildefekte können nur durch ausgedehnte plastisch-chirurgische Eingriffe gedeckt werden. Hierzu gehören Hauttransplantationen und die Übertragung ganzer Gewebeblöcke, die Muskulatur, Unterhautgewebe und Haut enthalten. Die darin befindlichen Blutgefäße werden an den lokalen Blutstoffwechsel angeschlossen (gefäßgestielte Transplantate). Eine bevorzugte Entnahmeregion ist die Rücken-Schulterblattpartie, aus dieser Region wird der Latissimus-dorsi-Lappen gewonnen, der an die Stelle des Gewebedefektes transplantiert wird. Die weitere Therapie richtet sich nach dem Ausmaß der Verletzung (intensivmedizinische Behandlung, Schmerztherapie, ambulante Betreuung).

Komplikationen
Oberflächliche oder tiefe Substanzschädigungen können gravierende funktionelle Beeinträchtigungen hinterlassen. An den Extremitäten können Schwellungen oder trophische Störungen verbleiben. Eine ernste Komplikation ist das komplexe regionale Schmerzsyndrom (CRPS, M. Sudeck).

Regelhafter Heilverlauf – Auswirkung im täglichen Leben
Der Heilverlauf hängt vom Ausmaß und der Schwere der Ablederungsverletzung ab. Allgemeingültige Aussagen sind nicht möglich.

Medizinische Prognose (Welche Folgen hinterlässt die Verletzung?)
Die Prognose ist vom Ausmaß und der Schwere der Ablederungsverletzung abhängig. Allgemeingültige Aussagen sind nicht möglich.

Medizinisch erforderliche Nachbehandlung	
Stationäre Rehabilitation (AHB)	Je nach Schwere und Ausmaß erforderlich
Dauer und Frequenz der Physiotherapie nach Eintritt der Verletzung	Dauer, Frequenz und Art der Physiotherapie hängen von der Verletzung ab.
Dauer und Frequenz der Physiotherapie nach Abschluss der Heilung	Nach Defektheilung eines ausgedehnten Décollements kann eine wiederholte Physiotherapie erforderlich sein. Einzelfallprüfung notwendig
Künftige operative Behandlungen	Im Einzelfall nicht auszuschließen: Narbenkorrekturen, Hauttransplantationen, weitere plastische Eingriffe
Hilfsmittel, Medikamente	Kompressionsstrümpfe für Arme oder Beine, Orthesen für den Rumpf, Hautpflegepräparate

Beeinträchtigung der Arbeitsfähigkeit	
Berufliche Anforderung	Durchschnittliche Dauer der Arbeitsunfähigkeit
Leichte Tätigkeiten	Einzelfallprüfung
Leichte bis mittelschwere Arbeit	Einzelfallprüfung
Schwere körperliche Tätigkeiten	Einzelfallprüfung

Bewertung des Haushaltsführungsschadens		
Tätigkeit	Beeinträchtigung (in %) bis zum Abschluss der Rekonvaleszenz	Beeinträchtigung auf Dauer (in %)
Leicht: Planung	Keine Beeinträchtigung	Keine Beeinträchtigung auf Dauer. Komplikationen sind in jedem Einzelfall zu beurteilen.
Mittel: Durchschnittliche Hausarbeiten	Größere Wunden können durchschnittliche Hausarbeiten für zwei Wochen zu 100%, für weitere zwei bis vier Wochen bis zu 30% beeinträchtigen.	Keine Beeinträchtigung auf Dauer. Komplikationen sind in jedem Einzelfall zu beurteilen.
Schwer: Großer Hausputz, Gartenarbeit	Größere Wunden können schwere Hausarbeiten für vier Wochen zu 100%, für weitere zwei bis vier Wochen bis zu 50% beeinträchtigen.	Keine Beeinträchtigung auf Dauer. Komplikationen sind in jedem Einzelfall zu beurteilen.

Bewertung des Dauerschadens	
Versicherungszweig – Rechtsgebiet	Einschätzung des Dauerschadens
Gesetzliche Unfallversicherung: MdE	Keine Beeinträchtigung auf Dauer bei kleineren Ablederungen, Komplikationen sind im Einzelfall zu beurteilen.
Private Unfallversicherung: Invalidität	Einzelfallprüfung
Haftpflichtversicherung	Einzelfallprüfung unter Berücksichtigung des Berufs und der Lebensumstände, Orientierung an der MdE
Gesetzliche Rentenversicherung	Keine Auswirkungen
Private Berufsunfähigkeitsversicherung	Im Allgemeinen keine Auswirkungen, Komplikationen sind im Einzelfall zu beurteilen.
Schwerbehindertenrecht, soziales Entschädigungsrecht, Beamtenrecht: GdB, GdS	Ein GdB/GdS ist nicht zu erwarten. Komplikationen sind im Einzelfall zu beurteilen.

2.4 Verbrennungen

Verletzungsbild und Symptomatik

Die Haut ist gegenüber thermischen Einflüssen empfindlich. Der Gewebeschaden hängt von der Temperatur und Dauer der Einwirkung ab. Verbrennungen werden in vier Stufen eingeteilt:

Entscheidend für die Prognose der Verbrennung ist das Ausmaß der geschädigten Körperoberfläche. Verbrennungen, die 30% und mehr der Körperoberfläche umfassen, werden als „schwer" eingestuft. Ältere Menschen sind bereits bei prozentual geringeren Verbrennungen vital gefährdet. Die prozentuale Oberfläche des Körpers wird nach der ‚Neunerregel' (s. S. 34) eingeteilt.

Therapie

Die Verbrennung 1. Grades bedarf keiner spezifischen Therapie. Kühlende Salben können die Beschwerden lindern. Die Therapie der übrigen Verbrennungen richtet sich vor allem nach ihrem Ausmaß. Bereits bei ausgedehnten Verbrennungen 2. Grades kann sich durch den Plasmaverlust eine Verbrennungskrankheit mit nachfolgendem Schock entwickeln. Diese kann unbehandelt zum Tode führen.

> **Verbrennung 1. Grades:**
>
> Die oberflächliche Hautschicht rötet sich nach Einwirkung von Wärme oder ultravioletten Strahlen (Sonnenbrand). Die Haut schwillt an, schmerzt und ist empfindlich.
>
> **Verbrennung 2. Grades:**
>
> Die Verbrennung zerstört die Haut zum Teil. Dabei bleiben die Hautanhangsgebilde (Schweiß- und Talgdrüsen) erhalten. Bei einer Verbrennung 2. Grades bilden sich Blasen, die sich mit klarer oder blutig geröteter Flüssigkeit füllen. Unter der abgehobenen Hautschicht befindet sich eine glatte, hellrosa scheinende Unterhaut. Die Umgebung schwillt an.
>
> **Verbrennung 3. Grades:**
>
> Die Verbrennung bezieht alle Hautschichten ein und zerstört auch die Hautanhangsgebilde. Die verbrannte Haut verschorft, sie verfärbt sich dunkel (bräunlich-schwärzlich). Mit den geschädigten Hautnerven geht auch die Oberflächensensibilität verloren, das Gefühl in den tiefen Gewebeschichten bleibt jedoch erhalten.
>
> **Verbrennung 4. Grades:**
>
> Die einwirkende Hitze zerstört auch das unter der Haut befindliche Gewebe. In die Verbrennung können Muskulatur, Nerven, Gefäße und Knochen einbezogen sein.

Schwer Brandverletzte sollten in speziellen Verbrennungszentren behandelt werden. Die lokale Therapie der Wunden ist sehr aufwendig: Das abgestorbene Gewebe (Nekrose) wird nach und nach vorsichtig abgetragen, Hautdefekte werden vorübergehend mit Kunsthaut oder endgültig mit Hauttransplantationen gedeckt. Mit einer konsequenten Asepsis sollen Infektionen vermieden werden. Narbenstränge (Keloide), die die Funktion von Gelenken, Mund, Auge und anderen Körperteilen beeinträchtigen, bedürfen plastisch-chirurgischer Eingriffe. Auch bei entstellenden Narben ist mit weiteren kosmetischen Operationen zu rechnen.

Komplikationen

Bei ausgedehnten Verbrennungen besteht die Gefahr des Nierenversagens. Der Tod kann in Folge eines Hirn- und Lungenödems eintreten. Bei Verbrennungen 3. – 4. Grades können bleibende Narben die Funktion von Extremitäten oder der Sinnesorgane beeinträchtigen.

Regelhafter Heilverlauf – Auswirkung im täglichen Leben

Verbrennungen geringen Ausmaßes 1. und 2. Grades heilen innerhalb von ein bis vier Wochen ab, sie hinterlassen keine Dauerschäden. Der Heilverlauf bei Verbrennungen 3. oder 4. Grades hängt vom Ausmaß und der Schwere der Verbrennung ab. Allgemein gültige Aussagen sind nicht möglich.

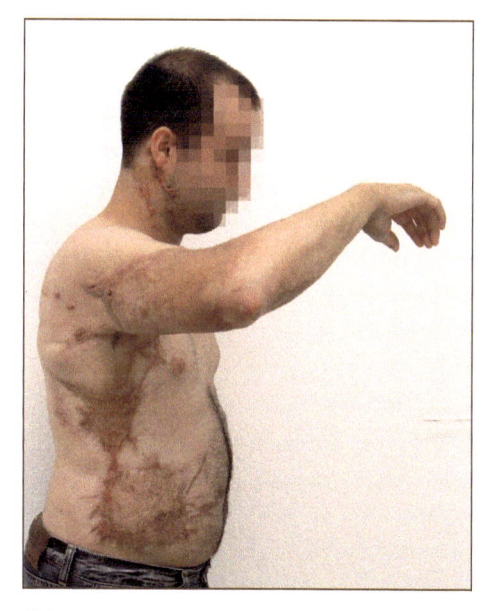

Abb. 2.6:
Folgen einer Verpuffung. Beim großflächigen Verkleben von Teppichboden entzündete sich der Kleber. Der 35-jährige Bodenleger zog sich Verbrennungen von 25 % der Körperoberfläche zu. Die Narben des rechten Oberkörpers und der Achsel schränken die Beweglichkeit des rechten Arms ein.

Medizinische Prognose (Welche Folgen hinterlässt die Verletzung?)

Verbrennungen 1. und 2. Grades hinterlassen keine Dauerschäden. Die Folgen von Verbrennungen 3. und 4. Grades hängen von der Ausdehnung der Verbrennung ab.

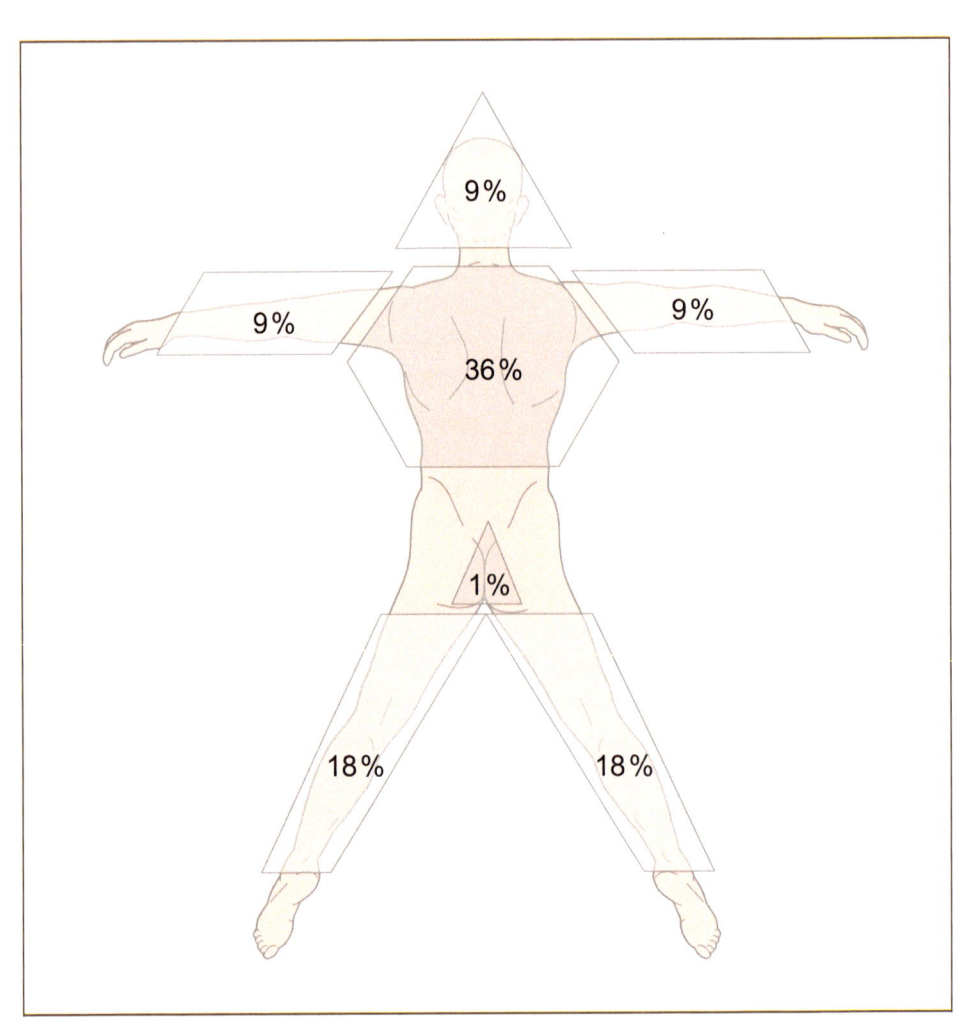

Abb. 2.7:
Die 9er-Regel: Die Körperoberfläche eines Arms beträgt ungefähr 9%, die eines Beins 18%. Überschlägig kann die verbrannte Körperoberfläche bei großflächigen Verbrennungen rasch abgeschätzt werden. Das Ausmaß der Verbrennung bestimmt die Prognose.

Verbrennungen

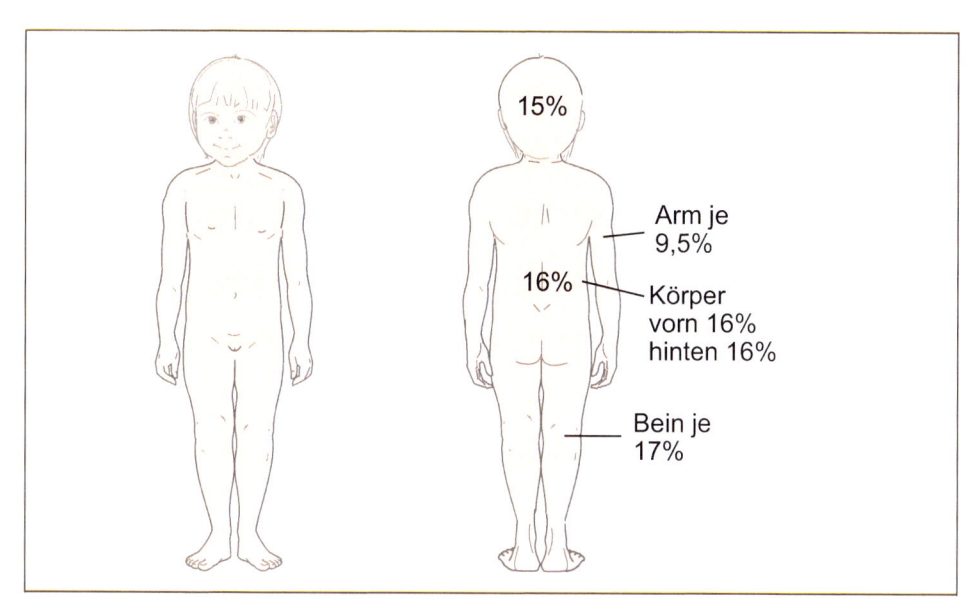

Abb. 2.8:
Die kindlichen Proportionen unterscheiden sich von denen des Erwachsenen: Schema zur Abschätzung der betroffenen Hautoberfläche bei einem über fünfjährigen Kind.

Kopf: 15%
Arm je 9,5%
Körper vorn 16% hinten 16%
Bein je 17%

Medizinisch erforderliche Nachbehandlung	
Stationäre Rehabilitation (AHB)	Bei ausgedehnten und lebensbedrohlichen Verbrennungen erforderlich
Dauer und Frequenz der Physiotherapie nach Eintritt der Verletzung	Nach kleineren Verbrennungen entbehrlich. Bei ausgedehnten Verbrennungen hängen Dauer, Frequenz und Art der Physiotherapie von der Verletzung ab.
Dauer und Frequenz der Physiotherapie nach Abschluss der Heilung	Nur nach schwersten Verbrennungen mit Kontrakturen erforderlich. Einzelfallprüfung notwendig
Künftige operative Behandlungen	Funktionsbeeinträchtigende Narbenkeloide können plastische Eingriffe erforderlich machen.
Hilfsmittel, Medikamente	Kompressionsstrümpfe für Arme oder Beine, Orthesen für den Rumpf, Hautpflegepräparate

Beeinträchtigung der Arbeitsfähigkeit	
Berufliche Anforderung	Durchschnittliche Dauer der Arbeitsunfähigkeit
Leichte Tätigkeiten	Im Allgemeinen keine oder eine nur kurze Arbeitsunfähigkeit von ein bis zwei Wochen. Bei ausgedehnten Verbrennungen Einzelfallprüfung
Leichte bis mittelschwere Arbeit	Im Allgemeinen keine oder eine nur kurze Arbeitsunfähigkeit von zwei bis vier Wochen. Bei ausgedehnten Verbrennungen Einzelfallprüfung
Schwere körperliche Tätigkeiten	Im Allgemeinen keine oder eine nur kurze Arbeitsunfähigkeit von zwei bis sechs Wochen. Bei ausgedehnten Verbrennungen Einzelfallprüfung

Verletzungen – ein Überblick

Bewertung des Haushaltsführungsschadens		
Tätigkeit	Beeinträchtigung (in %) bis zum Abschluss der Rekonvaleszenz	Beeinträchtigung auf Dauer (in %)
Leicht: Planung	Im Allgemeinen keine Beeinträchtigung. Bei ausgedehnten Verbrennungen Einzelfallprüfung	keine dauerhafte Beeinträchtigung
Mittel: Durchschnittliche Hausarbeiten	Im Allgemeinen keine Beeinträchtigung. Bei ausgedehnten Verbrennungen Einzelfallprüfung	keine dauerhafte Beeinträchtigung
Schwer: Großer Hausputz, Gartenarbeit	Bei kleinflächigen Verbrennungen keine Beeinträchtigung nach vollständiger Abheilung. Bei ausgedehnten Verbrennungen ist eine Einzelfallprüfung erforderlich.	Bei ausgedehnten Verbrennungen ist eine Begutachtung empfehlenswert.

Bewertung des Dauerschadens	
Versicherungszweig – Rechtsgebiet	Einschätzung des Dauerschadens
Gesetzliche Unfallversicherung: MdE	
Ausdehnung des Narbenareals	**MdE**
Kleine fleckförmige Areale an Rumpf und Gliedmaßen bis zu 5% der Körperoberfläche	< 10 v.H.
Areale entsprechend 9% der Körperoberfläche (Ausdehnung ein Arm, halbes Bein)	10 v.H.
Areale 9–18% der Körperoberfläche (z. B. Rumpfvorderseite + ein Arm)	20 v.H.
Areale 18–27% der Körperoberfläche (beide Arme, ein Bein)	30 v.H.
Areale größer als 27% der Körperoberfläche	40 v.H.
Private Unfallversicherung: Invalidität	
Ausdehnung des Narbenareals	**Invalidität**
Kleinere Areale an Armen und Beinen nach tief zweit- oder drittgradiger Schädigung von 9% der Körperoberfläche	$1/20$ bis $1/15$ Arm-/Beinwert
Areale von 18% der Körperoberfläche	$2/20$ bis $3/20$ Arm-/Beinwert
Areale am Rumpf von 9% der Körperoberfläche	Invalidität 5%
Areale im Gesicht/Kopf von 1%	Invalidität 5%
Haftpflichtversicherung	Individuelle Bewertung unter Berücksichtigung des Berufs und der Lebensumstände, Orientierung an der MdE
Gesetzliche Rentenversicherung	Eine rentenrelevante Leistungseinschränkung kommt nur nach sehr ausgedehnten und lebensbedrohlichen Verbrennungen in Betracht.
Private Berufsunfähigkeitsversicherung	Zu berücksichtigen sind die Folgen ausgedehnter und lebensbedrohlicher Verbrennungen und die Beeinträchtigung der Hauttrophik bei Arbeiten in Nässe, anhaltender Kälte und mit hautreizenden Stoffen. Im Zweifel ist eine dermatologische Begutachtung erforderlich
Schwerbehindertenrecht, soziales Entschädigungsrecht, Beamtenrecht: GdB, GdS	Ein möglicher GdB/GdS ergibt sich aus den funktionellen Folgen schwerer Verbrennungen und ist im Einzelfall zu ermitteln.

2.5 Luxationen

Verletzungsbild und Symptomatik

Gelenkverrenkungen treten vor allem an sehr beweglichen Gelenken auf, deren Stabilität lediglich durch Kapseln, Bänder, Sehnen und Muskeln gesichert wird. So sind Luxationen der Schulter oder der Kniescheibe relativ häufig. Je nachdem, ob bei der Entstehung der Gelenkverrenkung ein frischer Unfall, ein früheres Trauma bzw. andere, die Luxation begünstigende anatomische Veränderungen (Fehlanlage des Gelenks [Dysplasie]) vorliegen, wird zwischen drei Formen der Luxation unterschieden:

Akute, traumatische Luxation:

Ein akutes Unfallereignis bewirkt die Fehlstellung der Gelenkflächen. Bei der Erstluxation werden in der Regel Gelenkkapseln und Bänder zerrissen. Die Verletzung ist sehr schmerzhaft. Um die Fehlstellung einzurenken, bedarf es fast immer medizinischer Hilfe. Oft ist eine Narkose erforderlich, um das Gelenk einzurenken.

Rezidivierende (wiederholte) Luxation:

Das Unfallereignis wirkt auf ein Gelenk ein, das bereits früher ausgerenkt war. Um eine erneute Luxation hervorzurufen, bedarf es nur einer leichten Gewalteinwirkung. Der Weg für die Fehlstellung der Gelenke ist bereits „gebahnt". Die Schmerzen sind geringer als bei der Erstluxation. Oft gelingt es dem Betroffenen, das Gelenk selbst wieder einzurenken.

Habituelle (gewohnheitsmäßige) Luxation:

Durch eine Vielzahl vorangegangener Luxationen ist die Gefahr weiterer Verrenkungen sehr hoch. Die Gelenkkapsel ist lax und die Bänder sind überdehnt. Die Gelenkflächen bieten keinen ausreichenden Halt mehr. Das Gelenk ist bereits vor dem auslösenden Ereignis instabil. Alltägliche Bewegungen sind in der Lage, eine Fehlstellung der Gelenkenden hervorzurufen. Häufig ist die habituelle Luxation an der Schulter. Wird der Arm im Schultergelenk zurückgeführt und nach innen gedreht, eine typische Bewegung beim Anziehen eines Jacketts, so reicht dies bereits aus, um den Oberarmkopf zu luxieren. Die Person, deren Gelenk bereits viele Male ausgerenkt war, kann dieses meist ohne fremde Hilfe reponieren.

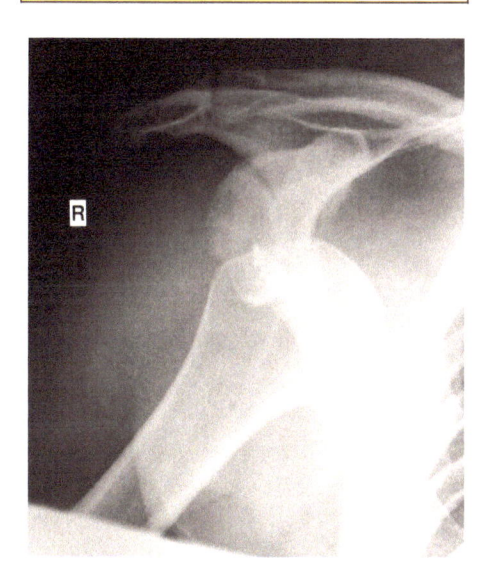

Abb. 2.7a:
Der 62-jährige Proband erlitt eine traumatische Erstluxation beim Handball. Die Gelenkpfanne ist leer, der Oberarmkopf befindet sich unterhalb der Pfanne.

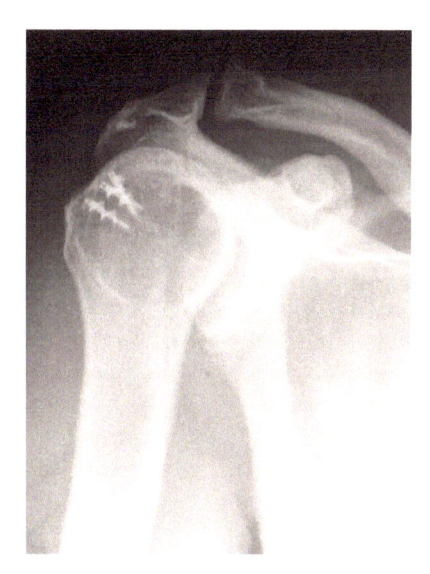

Abb. 2.7b:
Die Schulter wurde in Narkose reponiert. Die Stellung von Kopf und Pfanne ist nun wieder normal.

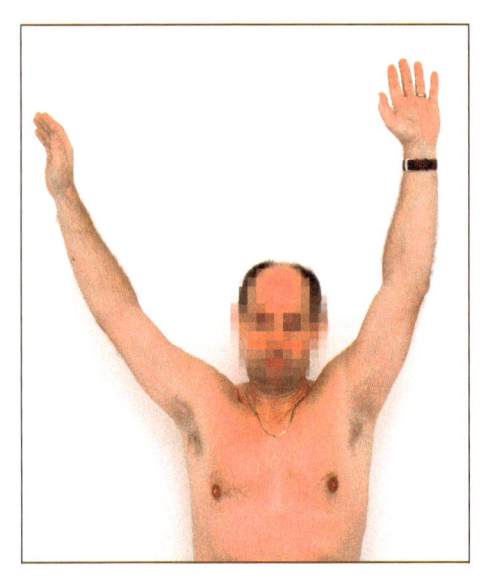

Abb. 2.7c:
Bewegungseinschränkung der rechten Schulter: Folge einer traumatischen Erstluxation ein Jahr zuvor.

Therapie
Jede Erstluxation ist so rasch wie möglich zu reponieren. Bei den häufigen Schulter- und Kniescheibenluxationen gelingt dies meist ohne operative Maßnahmen in Schmerzausschaltung. Danach wird das betroffene Gelenk in einem Verband ruhig gestellt. Hierdurch wird einerseits der Schmerz bekämpft, andererseits soll die Ruhigstellung den Weichteilen ausreichende Zeit zur Heilung geben. Ist die Luxation konservativ nicht zu beseitigen, dann muss die Fehlstellung operativ eingerichtet werden. Eine Operation ist auch bei Luxationen indiziert, die von ausgedehnten Zerreißungen der umgebenden Kapseln und Bänder begleitet werden (Kniegelenkluxation). Darüber hinaus können Nervenschäden und Gefäßzerreißungen operative Eingriffe erfordern. Ausgedehnte Weichteilschäden bedürfen der Entlastung und Ruhigstellung durch stabilisierende Schienen und Apparate (Orthesen).

Zum Erhalt der Gelenkbeweglichkeit ist eine längerfristige Physiotherapie erforderlich. Diese kann sich über viele Monate erstrecken.

Komplikationen
Durch die Luxation können Gefäße und Nerven geschädigt werden. Das Gelenk kann einsteifen. Gelegentlich tritt auch ein komplexes regionales Schmerzsyndrom auf. Erkennt ein Arzt die Luxation nicht, so liegt ein schwerer Diagnose- und Behandlungsfehler vor. Wird eine Schulterluxation übersehen, so tritt häufig eine Nekrose des Oberarmkopfs auf. Der abgestorbene Oberarmkopf kann nun nur entfernt, das Schultergelenk endoprothetisch ersetzt werden.

Regelhafter Heilverlauf – Auswirkung im täglichen Leben
Bei der unkomplizierten Erstluxation ist die Belastbarkeit des Gelenks für mehrere Wochen eingeschränkt. Je nach Lokalisation ist für vier bis sechs Wochen ein Spezialverband oder eine Orthese zu tragen. Bewegungen, die eine erneute Luxation begünstigen, sind zu vermeiden. Manche Gelenke müssen nach einer Luxation entlastet oder stabilisiert werden. So ist das verletzte Bein nach einer Hüftluxation für mindestens zwei Wochen mit Hilfe von Gehstützen zu entlasten, danach kann die Belastung unter Berücksichtigung des Befundes und der Beschwerden langsam gesteigert werden.

Bei der rezidivierenden oder habituellen Luxation ist meist nur eine kurze Ruhigstellung nötig. Zu erwägen ist eine operative Stabilisierung des Gelenks, um weiteren Luxationen vorzubeugen. Der dazu erforderliche Eingriff ist allerdings nicht dem letzten ‚Unfall', sondern der Erstluxation zuzurechnen. Wegen der unterschiedlichen Folgen und Heilungstendenzen der jeweiligen Luxation lassen sich keine allgemeingültigen Aussagen treffen.

Medizinische Prognose (Welche Folgen hinterlässt die Verletzung?)

Nach einer habituellen oder rezidivierenden Luxation verbleiben keine unfallbedingten Dauerschäden. Die Folgen der Erstluxation hängen von der Lokalisation und den Begleitverletzungen ab.

Medizinisch erforderliche Nachbehandlung	
Stationäre Rehabilitation (AHB)	Nicht erforderlich. Eine Ausnahme sind Luxationen mit weiteren Begleitverletzungen, z. B. eine Hüftluxation mit ausgedehnter Weichteilverletzung.
Dauer und Frequenz der Physiotherapie nach Eintritt der Verletzung	Nach einer unkomplizierten Erstluxation 10 – 20 krankengymnastische Behandlungen, bei Komplikationen, ausgeprägten Muskelatrophien, Zerreißungen der Gelenkkapsel oder Kontrakturen kann auch ein höherer Behandlungsbedarf bestehen.
Dauer und Frequenz der Physiotherapie nach Abschluss der Heilung	Nur in Ausnahmefällen bei Komplikationen erforderlich (erneute Luxation, posttraumatische Funktionsbeeinträchtigung)
Künftige operative Behandlungen	Eine verbliebene Instabilität (rezidivierende Luxation) ist eine Indikation für eine operative Stabilisierung.
Hilfsmittel, Medikamente	In der akuten Phase Schmerzmittel, abschwellende Medikamente, stabilisierende Bandagen (z. B. am Knie)

Beeinträchtigung der Arbeitsfähigkeit
Je nach Ort der Luxation und den Folgen: Nähere Informationen sind bei den jeweiligen Gelenken angegeben.

Bewertung des Haushaltsführungsschadens
Je nach Ort der Luxation und den Folgen: Nähere Informationen sind bei den jeweiligen Gelenken angegeben.

Bewertung des Dauerschadens
Je nach Ort der Luxation und den Folgen: Nähere Informationen sind bei den jeweiligen Gelenken angegeben.

2.6 Frakturen

Verletzungsbild und Symptomatik
Traumatische Knochenbrüche sind fast immer Folge einer erheblichen Gewalteinwirkung. Die Belastungsfähigkeit der Knochen überschreitet die Beanspruchung des Bewegungsapparats im täglichen Leben, bei der Arbeit und beim Sport bei Weitem. Allerdings können auch auf den ersten Blick geringfügige Unfälle zu ausgedehnten Frakturen führen. Als Beispiel sei ein Sturz bei fixiertem Fuß genannt, bei dem das Gewicht des Körpers sich gegenüber dem Unterschenkel verdreht. Neben Bandverletzungen des Kniegelenks können ausgedehnte Spiralbrüche des ansonsten sehr belastbaren Oberschenkelschaftes entstehen.

Alterstypische Frakturen
Je nach Lebensalter treten unterschiedliche Brüche gehäuft auf. Im Kindes- und Wachstumsalter sind gelenknahe Frakturen mit Beteiligung der Wachstumsfugen nicht selten. Im mittleren Erwachsenenalter spielen Unfälle mit hoher Gewalteinwirkung die Hauptrolle. Männer sind überdurchschnittlich häufig in Rasanztraumen in Folge von Verkehrsunfällen (Motorrad, Auto) verwickelt. Eine wichtige Rolle spielen zudem verletzungsträchtige Sportarten und Arbeitsunfälle. Im höheren Lebensalter reichen wiederum geringere Traumen aus, um einen Knochenbruch zu verursachen.

Die häufigste Fraktur des Menschen ist der körperferne, handgelenksnahe Speichenbruch, der mit dem Alter zunimmt. Eine typische Verletzung des höheren Alters ist der Bruch des Oberarmkopfs und die Fraktur unterhalb des Oberarmkopfs (subkapitale Humerusfraktur). Ältere Menschen sind häufig von einem Schenkelhalsbruch betroffen. Der Schenkelhals weist eine anatomische und biomechanische Besonderheit auf. Die Last des gesamten Oberkörpers und des Beckens wird vom Schenkelhals, der relativ grazil gebaut ist, auf die Beine übertragen. Nimmt die Festigkeit des Knochens durch die altersbedingte Reduzierung des Knochenkalksalzgehalts ab, so kann der Schenkelhals diese Aufgabe nicht mehr übernehmen. Kleine Stürze, ein Ausrutschen auf der Treppe oder glattem Boden reichen schon aus, damit der Schenkelhals bricht.

Pathologische Frakturen
Mit dem Alter nehmen die Brüche der Wirbelkörper zu. Bei einer Osteoporose oder bei hoch betagten Personen reicht unter Umständen das Anheben einer Last von 10 bis 15 kg aus, um einen Wirbelkörper sintern zu lassen. Fehlt ein adäquates Trauma, so wird von einem krankhaften Knochenbruch (pathologische Fraktur) gesprochen. Pathologische Frakturen sind Begleiterkrankungen von Knochentumoren, vor allem von Metastasen und der eben erwähnten Osteoporose. Bei der Beurteilung von Personenschäden sollte immer an die Möglichkeit einer pathologischen Fraktur gedacht werden. Die ärztlichen Originalunterlagen zum Unfallereignis und der nachfolgenden Behandlung ermöglichen es, unfallbedingte Brüche von pathologischen Frakturen abzugrenzen.

Einteilung der Frakturen
Geschlossene Frakturen
Unterschieden wird zwischen geschlossenen und offenen Frakturen. Bei einer geschlossenen Fraktur bleibt der Weichteil-

mantel intakt. Haut, Unterhautgewebe und Muskulatur schützen das Gewebe vor dem Eintritt von Krankheitserregern (Bakterien), die eine Wundinfektion verursachen können.

Innerhalb der geschlossenen Frakturen wird wiederum zwischen Brüchen unterschieden, bei denen keine Weichteilschädigung eingetreten ist, und Frakturen, bei denen die Weichteile stark in Mitleidenschaft gezogen wurden. Die Heilungstendenz ist umso ungünstiger, je stärker die Integrität des Weichgewebes beeinträchtigt wurde.

Offene Frakturen
Bei den offenen Frakturen wird zwischen erstgradig, zweitgradig und drittgradig offenen Frakturen unterschieden.

Einteilung der offenen Frakturen	
erstgradig offene Fraktur	Verletzungen der Haut in der Nähe der Fraktur
zweitgradig offene Fraktur	Es besteht eine direkte Verbindung zwischen der verletzten Haut und dem Knochenbruch. Der Knochen ist von außen nicht sichtbar.
drittgradig offene Fraktur	Die Weichteile sind so stark geschädigt, dass der Knochen von außen sichtbar ist.

2.6.1 Die Infektion des Knochens – posttraumatische Osteomyelitis – eine schwerwiegende Komplikation offener Frakturen

Mit dem Grad der offenen Frakturen nimmt auch die Wahrscheinlichkeit der Keimbesiedlung zu. Infekte des Knochens sind weitaus gefährlicher als Infekte der Weichteile. Die Weichteile sind gut durchblutet, Infektionen der Weichteile heilen nach operativer Behandlung praktisch immer aus. Wird der Knochen von Bakterien besiedelt, so kann eine Osteitis oder Osteomyelitis (Knochenentzündung, Knochen- und Knochenmarkentzündung) entstehen. Der Knochenstoffwechsel ist wesentlich träger als der der Weichteile. Krankheitskeime können sich im Knochen abkapseln und noch nach Jahrzehnten das Wiederaufbrechen der Osteomyelitis auslösen. Trotz verbesserter therapeutischer Möglichkeiten bleibt nach infizierten Knochenbrüchen, aus denen sich eine Osteitis entwickelt hatte, immer ein geringes Restrisiko einer Neuerkrankung (Rezidiv) bestehen. Die Abb. 10.8 auf S. 81 dokumentiert den typischen Befund einer Osteomyelitis, die noch mehr als ein halbes Jahrhundert nach Eintritt der Kriegsverletzung aktiv ist.

2.6.2 Frakturformen

Die Frakturen können auch nach der Form des Bruchs eingeteilt werden. Meiselbrüche sind häufige Bruchformen des Speichenköpfchens und des Schienbeinkopfes (Abb. a). Querfrakturen entstehen bei direkter Krafteinwirkung. Betroffen sind die langen Röhrenknochen, der Oberarm und der Oberschenkelschaft (Abb. b). Schrägfrakturen können sowohl durch eine direkte als auch eine indirekte Gewalt verursacht werden (Abb. c). Spiralfrakturen (Abb. d) sind meist das Ergebnis bei einer unphysiologischen Rotation des Knochens unter hoher Last. Der oben beschriebene Drehsturz bei fixiertem Fuß entspricht diesem Unfallmechanismus. Stückfrakturen (Abb. e) und Trümmerbrüche (Abb. f) entstehen bei schweren Traumata. Nur bei Kindern werden Grünholzfrakturen beobachtet. Das Periost, die Knochenhaut, ist bei Kindern kräftig ausgebildet, der Kno-

Verletzungen – ein Überblick

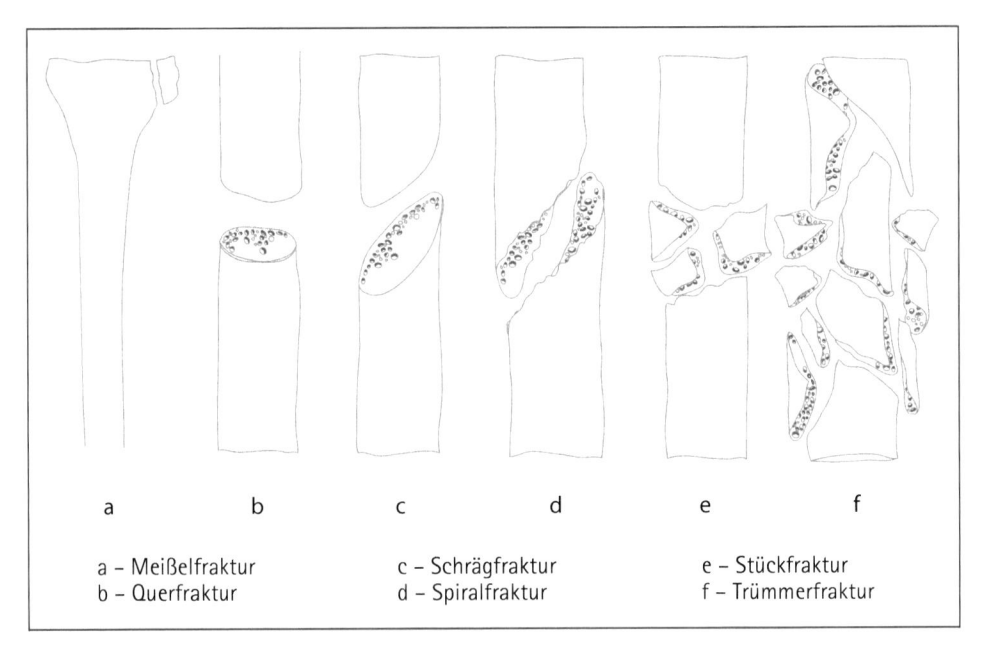

Abb. 2.8:
Knochenbrüche: Einteilung nach der Form der Fraktur.

a – Meißelfraktur
b – Querfraktur
c – Schrägfraktur
d – Spiralfraktur
e – Stückfraktur
f – Trümmerfraktur

chen elastischer als beim Erwachsenen. Die Biomechanik dieses Bruchs entspricht der Abknickung eines frischen Haselnusszweigs im Frühjahr. Die Rinde bleibt erhalten, das Innere des Holzes ist gebrochen. Grünholzfrakturen haben eine gute Prognose, sie heilen nach kurzer Ruhigstellung aus. Bei Kindern kann die Fraktur das Längenwachstum stimulieren. Eine abschließende Beurteilung der Unfallfolgen ist deshalb erst nach mehreren Jahren möglich.

2.6.3 Heilung von Knochenbrüchen

Die Fraktur geht mit einer Blutung einher. Das Hämatom legt die Grundlage für die Heilung des Bruchs. In das Hämatom wachsen knochenbildende Zellen ein. Diese werden als Osteoblasten bezeichnet. Sie bilden die Grundsubstanz, aus der sich der bindegewebige Kallus entwickelt. Der Kallus ist die Vorstufe des neuen Knochens. Die Knochenhaut, das Periost, unterstützt die Bruchheilung. Voraussetzung für eine ungestörte Knochenbruchheilung ist die Ruhigstellung der Bruchfragmente. Können sich die gebrochenen Knochen gegeneinander bewegen, so bleibt die Heilung aus, es entwickelt sich ein Falschgelenk (Pseudarthrose).

2.6.4 Therapie

Man unterscheidet zwischen einer nichtoperativen (konservativen) und einer operativen Frakturbehandlung.

Unverschobene Brüche mit guter Heilungstendenz sind eine Domäne der konservativen Therapie. Zum Einsatz kommen Gipsverbände, Schienen und Orthesen, die den gebrochenen Extremitätenabschnitt und die angrenzenden Gelenke ruhig stellen. So kann zum Beispiel ein unverschobener Speichenbruch mit gutem Erfolg konservativ behandelt werden.

Operative Knochenbruchbehandlung – Osteosyntheseverfahren	
K-Draht-Osteosynthese (benannt nach dem Anfangsbuchstaben des Chirurgen Martin Kirschner, der von 1879 – 1942 lebte) Abb. 17.40, S. 277	Fixierung von Bruchfragmenten durch stabile Drähte. Der gebrochene Extremitätenabschnitt ist nach der K-Draht-Osteosynthese durch einen Gipsverband, eine Schiene oder Orthese so lange ruhig zu stellen, bis die Fragmente durch Kallus miteinander vereinigt sind (vorläufige Bruchheilung). Minimalinvasives Verfahren. Wird häufig bei kindlichen Frakturen angewandt, da eine Verletzung der Wachstumsfuge vermieden werden kann.
Schraubenosteosynthese Abb. 17.44, S. 286	Stabilisierung der Fraktur durch eine oder mehrere Schrauben. In der Regel ist hierbei eine zusätzliche Ruhigstellung im Gipsverband oder einer Orthese erforderlich.
Plattenosteosynthese Abb. 19.11, S. 333	Stabilisierung der Fraktur-Enden durch eine Metallplatte und mehrere Schrauben. Plattenosteosynthesen sind im Allgemeinen bewegungsstabil. Der Verletzte ist in der Lage, die angrenzenden Gelenke zu bewegen, er darf allerdings die Extremität nicht belasten.
Innere Schienung – Marknagel – Dynamische Nägel Dieses Verfahren wird auch als Küntscher-Nagelung bezeichnet. Gerhard Küntscher (1900 – 1972) entwickelte die Marknagelung und setzte sie erstmals erfolgreich während des Zweiten Weltkriegs ein. Abb. 19.12, S. 335	Bevorzugtes Verfahren bei langen Röhrenknochen. Die Bruchfragmente werden durch einen kräftigen Nagel, der den Hohlraum des Röhrenknochens ausfüllt, stabilisiert. Um zu vermeiden, dass sich die beiden Knochenenden um den Marknagel drehen, werden heute meist im proximalen und distalen Anteil des Nagels und des Knochens Querschrauben eingebracht (Verriegelungsnagel). Osteosynthesen mit einem kräftigen Nagel, der den Markraum ausfüllt, sind belastungsstabil, die Patienten können das Bein nach der Operation belasten. Je nach Verletzung können auch dünnere dynamische Nägel zum Einsatz kommen, diese dürfen allerdings nicht belastet werden.
Zuggurtung Abb. 19.12 b, c, S. 335	Bei der Zuggurtung werden die Bruchfragmente mit K-Drähten und Drahtschlingen fixiert. Die Nägel und Drähte werden so eingebracht, dass die gebrochenen Knochenenden aneinander angenähert werden. Am häufigsten kommen Zuggurtungen im Bereich der Kniescheibe und des Ellenhakens zum Einsatz.
Fixateur externe – Äußerer Spannrahmen	Im Gegensatz zu allen anderen Osteosyntheseverfahren erfolgt die Stabilisierung außerhalb des Körpers über ein Stangensystem, das einem Stabilbaukasten entnommen sein könnte. Der Operateur schraubt zwei lange Schrauben mit einem scharfen Gewinde in einem gewissen Abstand durch die Haut in den Knochen. Die überstehenden Schrauben werden mit einem sehr stabilen Stabsystem verbunden. Damit werden die Bruchfragmente sicher fixiert. Der Fixateur externe ist besonders gut zur Primärversorgung polytraumatisierter Patienten und zur Stabilisierung infizierter Frakturen geeignet. Sofern keine Infektion vorliegt, wird der Fixateur externe zumeist im Laufe der Behandlung gegen ein Osteosynthesematerial ausgetauscht, bei dem eine exaktere anatomische Konstruktion möglich ist.

Operative Knochenbruchbehandlung – Osteosyntheseverfahren	
Fixateur interne Abb. 14.27, S. 164	Stab-/Schraubensystem, mit dem gebrochene Wirbelkörper operativ behandelt werden. Das Grundprinzip des Fixateur interne entspricht dem Fixateur externe. Der gebrochene Wirbelkörper wird durch ein Schrauben-Stabsystem überbrückt. Oberhalb und unterhalb des gebrochenen Wirbelkörpers werden Schrauben durch die Wirbelbögen in den benachbarten Wirbelkörper verankert. An diese Schrauben wird dann ein Stabsystem fixiert. Ist der gebrochene Wirbelkörper, der mit einem Fixateur interne versorgt worden ist, stärker zusammengedrückt, so muss im Rahmen eines Zweiteingriffs eine zusätzliche Stabilisierung von ventral erfolgen, um den Raum zwischen den benachbarten Wirbelkörpern wieder auszufüllen. Hierzu werden die Bandscheiben entfernt, danach wird der verletzte Wirbelkörper durch körpereigenen Knochen, Knochenersatzstoffe und/oder einen Wirbelkörperersatz überbrückt.
Vertebroplastie	Einbringung von Knochenzement in einen gebrochenen Wirbelkörper, um diesen zu stabilisieren und die Schmerzen zu lindern
Kyphoplastie	Einbringung von Knochenzement in einen Wirbelkörper. Im Unterschied zur Vertebroplastie wird der Knochenzement von einer Hülle umgeben, die sich im Wirbelkörper ausdehnt (Ballonkyphoplastie).

Liegen *Verletzungen von Gelenken, großen Blutgefäßen oder Nerven* vor, so ist eine operative Bruchbehandlung unverzichtbar. Der Operateur legt die Fraktur frei, kann Blutgefäße nähen und den Verlauf der Nerven inspizieren. Die betroffenen Gelenkflächen können unter Sicht exakt eingerichtet (reponiert) werden.

Einfache Brüche der Wirbelkörper ohne eine Verletzung des Rückenmarks oder der austretenden Wirbelnerven können konservativ behandelt werden, sofern keine wesentliche Fehlstellung entsteht. Ist der Wirbelkörper jedoch stärker keilförmig nach ventral gesintert, so verändert sich das Profil der Wirbelsäule. An der Stelle des Bruchs bildet sich ein lokalisierter Rundrücken (Gibbus) aus. Bei derartigen Verletzungen wird heute die operative Behandlung mit Wiederaufrichtung des Wirbelkörpers bevorzugt.

Brüche der Wirbelkörper mit Verletzungen des Rückenmarks oder der austretenden Nervenwurzeln sind ebenfalls operativ zu behandeln. Der Operateur legt die verletzten Nerven frei und kann dabei Knochenstücke, die die Nerven geschädigt haben, entfernen. Sofern der Eingriff zeitnah zum Trauma erfolgt, kann sich die Lähmung wieder zurückbilden.

Das *Osteosynthesematerial* kann nach vollständigem Abschluss der Bruchheilung entfernt werden. Bei langen Röhrenknochen (Oberarm, Oberschenkel) ist eine Metallentfernung im Allgemeinen nach etwa 12 bis 18 Monaten möglich. In jedem Fall ist individuell zu entscheiden, ob das Metall entfernt wird oder verbleiben soll. Dabei ist der Wunsch des Patienten, das Lebensalter und der gesundheitliche Zustand des Patienten zu berücksichtigen. Flache Implantate (z. B. dünne Platten im Bereich des Oberarmkopfs oder der Speiche) können verbleiben, das Gleiche gilt auch für Platten, die am Oberarm anliegen. Eine Metallentfernung könnte unter Umständen zu einer Nervenschädigung führen. An der Wirbelsäule kann der Fixateur interne bei ausreichender Stabilität entfernt werden. Dagegen werden Ersatzmaterialien, die Wirbelkörper überbrücken, und Knochenzement, der bei einer Vertebroplastie oder Kyphoplastie eingebracht wurde, auf Dauer belassen.

> **Konservative Therapie**
>
> Bei konservativer Therapie können oberflächlich liegende Nerven gedrückt und geschädigt werden. Das Risiko steigt, wenn der Nerv nicht gut in die Weichteile eingebettet ist. Besonders gefährdet sind diejenigen Regionen, in denen der Nerv über Knochenvorsprünge läuft und nur von Haut und einem schwach ausgeprägten Unterhautgewebe bedeckt wird. Eine derartige anatomische Situation liegt zum Beispiel am Ellenbogen und am seitlichen Schienbeinkopf vor. Ein Gipsverband, der nach ellengelenkbogennahen Brüchen oder bei kniegelenknahen Frakturen angelegt wird, kann den Nerv komprimieren. Am Ellenbogen ist meist der Nervus ulnaris betroffen, am Kniegelenk der Nervus peroneus. Im schlimmsten Fall verbleibt eine Teillähmung der Hand (Krallenhand) oder eine Fußheberlähmung.

2.6.5 Komplikationen

Gelegentlich entwickelt sich nach einer Fraktur ein komplexes regionales Schmerzsyndrom (CRPS, Morbus Sudeck). Ein zu enger Gips oder ein einschnürender Verband können dieses Krankheitsbild begünstigen oder auslösen. Oftmals ist es schwer zu entscheiden, ob das CRPS Folge der Primärverletzung, eine unabwendbare Komplikation der Heilbehandlung oder eines Behandlungsfehlers (enger Verband, Unterlassen ärztlicher Kontrolluntersuchungen) ist.

Bei unzureichender Ruhigstellung, großen knöchernen Defekten oder schlechter biologischer Regenerationsfähigkeit kann die Bruchheilung ausbleiben und sich eine Pseudarthrose bilden.

> **Operative Therapie**
>
> Die operative Therapie hat den Vorteil der exakten Einrichtung der Bruchfragmente und der Fixierung durch Implantate. Die exakte anatomische Wiederherstellung wird mit dem Risiko einer möglichen Infektion erkauft. Der operative Eingriff macht aus einer geschlossenen Fraktur einen offenen Bruch. Die Operationswunde kann zur Eintrittspforte von Krankheitserregern werden. Auch bei einer streng aseptischen Operation und Beachtung aller Vorsichtsmaßregeln muss bei einem geringen Prozentsatz der Patienten mit dem Auftreten von Infektionen gerechnet werden.

Die Entzündungen (Ostitis, Osetomyelitis) müssen ohne Zeitverzögerungen nach wissenschaftlichen Richtlinien behandelt werden. In aller Regel ist ein Zweiteingriff mit Entfernung infizierten Gewebes, der Einbringung von lokalen Antibiotikaträgern und eine systemisch-antibiotische Therapie erforderlich. Oftmals ist es erforderlich, das Osteosynthesematerial zu entfernen und den Bruch von außen zu stabilisieren (Orthese, Gipsschienen, Fixateur externe). Die Behandlung kann sich über Monate hinziehen.

Ausgedehnte Knocheninfektionen werden am effektivsten in großen Spezialkliniken, den berufsgenossenschaftlichen Unfallkliniken und den Universitätskliniken behandelt. Das weiter oben erwähnte komplexe regionale Schmerzsyndrom tritt auch nach operativen Behandlungen auf. Nicht immer heilt die Fraktur aus, Pseudarthrosen bedürfen einer Revisionsoperation. Die Heilungschance nimmt zu, wenn gleichzeitig körpereigener Knochen übertragen wird.

Regelhafter Heilverlauf – Auswirkungen auf das tägliche Leben
Die Heilungszeiten der verschiedenen Knochen unterscheiden sich deutlich, verwiesen sei hier auf die Tabelle Seite 136. Frakturen wirken sich je nach Lokalisation und Schwere der Verletzung unterschiedlich aus. In den folgenden Kapiteln werden die wichtigsten Knochenbrüche und ihre Auswirkungen beschrieben. Die Leser erhalten Informationen zur Dauer der Arbeitsunfähigkeit, dem Haushaltsführungsschaden und der Bewertung des Dauerschadens im Rahmen der gesetzlichen und privaten Unfallversicherung, im Haftpflichtrecht, dem sozialen Entschädigungsrecht und dem Schwerbehindertenrecht.

# Teil 3

Die Bedeutung von Umwelteinflüssen und Kontextfaktoren für die Heilung von Verletzungen

3.1 Normaler und verzögerter Heilverlauf

3.1.1 Biologischer Heilverlauf

Der Heilverlauf von Verletzungen, die im Rahmen von Unfällen entstanden sind, hängt vor allem von deren Schwere und Ausdehnung ab. Die Heilung der organischen Wunde unterliegt biologischen Gesetzmäßigkeiten. Eine Gesichtswunde heilt rascher als eine Wunde an der Hand oder am Fuß. Eine oberflächliche Verletzung der Schleimhaut im Mund ist bereits nach zwei Tagen ausgeheilt. Die Fäden, mit denen die Wundränder einer Kopfplatzwunde genäht wurden, können nach vier Tagen entfernt werden, befand sich die Wunde am Unterschenkel, so sollte zwölf bis 14 Tage abgewartet werden. Die Heilungstendenz eines handgelenknahen Speichenbruchs ist viel besser als die eines Kahnbeinbruchs an der Hand. Auch dieser heilt noch immer viel rascher als ein Sprungbeinbruch, bei dem der Verletzte den Fuß unter Umständen für sechs Monate entlasten muss.

Überblick über die durchschnittliche Dauer der Heilung ausgewählter Verletzungen	
Allgemeine Verletzungen	**Heilungsdauer**
Wunde an Schleimhäuten	Stunden bis wenige Tage
Einfache Wunde an den Extremitäten	2 Wochen
Wunde Zehen	10 – 20 Tage
Subkutanes Hämatom	1 – 6 Wochen
Distorsion	4 – 6 Wochen
Décollement	6 Wochen – 6 Monate: Defektheilung
Verletzungen an den oberen Extremitäten	**Heilungsdauer**
Radiusfraktur	3 – 4 Wochen
Subcapitale Oberarmfraktur	4 – 5 Wochen
Oberarmschaftbruch	6 – 8 Wochen
Suprakondyläre Oberarmfraktur	4 – 6 Wochen
Unterarmschaftfraktur	8 – 10 Wochen
Navikularefraktur	12 – 16 Wochen
Verletzungen an den unteren Extremitäten	**Heilungsdauer**
Fibulare Bandruptur (Außenbandriss am Sprunggelenk)	3 – 6 Wochen
Sprunggelenkfraktur, unkompliziert	4 – 6 Wochen
Unterschenkelbruch	8 Wochen
Tibiakopffraktur	8 – 12 Wochen
Sprungbeinbruch	6 Monate
Mittelfußfraktur	6 – 8 Wochen

Das Modell der Kontextfaktoren

3.1.2 Tatsächlicher Heilverlauf: Beeinflusst von Kontextfaktoren

Eine Wunde oder ein Knochenbruch heilt nicht bei jedem Menschen gleich schnell und ohne Komplikation ab. Das Gleiche gilt auch für Behinderungen, die nach Krankheiten oder Verletzungen verbleiben. Der eine Mensch ist in der Lage, trotz einer Behinderung ein zufriedenes Leben zu führen, eine andere Person verzweifelt an der verbliebenen Beeinträchtigung. Nicht jeder Mensch hat so viel Kraft wie der querschnittgelähmte Politiker Dr. Wolfgang Schäuble oder der Autorennfahrer Niki Lauda, der trotz einer schwersten Entstellung des Gesichts und einer Nierentransplantation öffentlich auftrat und eine wichtige Funktion im Wirtschaftsleben einnahm. Beide Persönlichkeiten wurden nur als Beispiel angeführt, sie sind nicht der Maßstab, an dem die Bewältigung von Behinderungen gemessen werden kann.

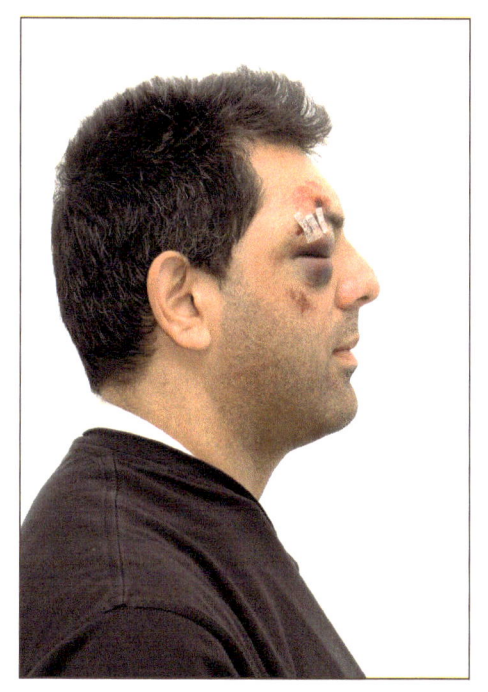

Abb. 3.1:
Platzwunde des Lids und Prellung der Augenhöhle durch Fahrradsturz. Verletzungen des Gesichts heilen rasch aus. Die Schwellung ist nach drei bis vier Wochen vollständig abgeklungen. Der Verletzte trug keinen Helm.

3.2 Wovon hängen Heilung, Rekonvaleszenz und Rehabilitation ab? Das Modell der Kontextfaktoren (ICF)

Sozialmedizinische Forschungsergebnisse haben ergeben, dass die Rahmenbedingungen (Kontextfaktoren) neben der biologischen Konstitution und der organischen Gesundheit eine wesentliche Rolle für die Heilung und die Bewältigung möglicher gesundheitlicher Dauerfolgen spielen. Die Kontextfaktoren sind oftmals wesentlicher als die Verletzung und die verbleibende Funktionsstörung. Diese Erkenntnis hat sich in der Praxis niedergeschlagen. Um die Folgen von Verletzungen und Krankheiten zu beurteilen und die Voraussetzungen zu ihrer wirksamen Beeinflussung zu schaffen, hat die Weltgesundheitsorganisation ein Modell entwickelt, das einerseits die Verletzung/Erkrankung, andererseits die Umwelteinflüsse und die persönliche Disposition abbildet. Die internationale Klassifikation der Funktionsfähigkeit, Behinderung und Gesundheit (ICF) wurde im Jahre 2001 verabschiedet. Danach ist eine „Person *funktional gesund*, wenn – vor dem Hintergrund ihrer Kontextfaktoren –

1. ihre körperlichen Funktionen (einschließlich des mentalen Bereichs) und Körperstrukturen denen eines gesunden Menschen entsprechen (Konzepte der Körperfunktionen und -strukturen),

2. sie all das tut oder tun kann, was von einem Menschen ohne Gesundheitsproblem erwartet wird (Konzept der Aktivitäten),
3. sie ihr Dasein in allen Lebensbereichen, die ihr wichtig sind, in der Weise und dem Umfang entfalten kann, wie es von einem Menschen ohne gesundheitliche Beeinträchtigung der Körperfunktionen oder -strukturen oder der Aktivität erwartet wird (Konzept der Partizipation [Teilhabe] an den Lebensbereichen)." (ICF 2010, VI).

die Körperfunktion und die Aktivitäten (der Verletzte kann nicht auftreten), damit ist auch die Teilhabe am sozialen Leben beeinträchtigt (mit einem gebrochenen Knöchel kann man nicht wandern oder Fußball spielen).

Bleibt eine Behinderung bestehen, dann nimmt die Bedeutung der Kontextfaktoren zu. Unterschieden werden Einflüsse der Umwelt und der betroffenen Person. Ungünstige gesellschaftliche Kontextfaktoren (Armut in den Entwicklungsländern) können dazu führen, dass ein Beinamputierter nicht mit einer

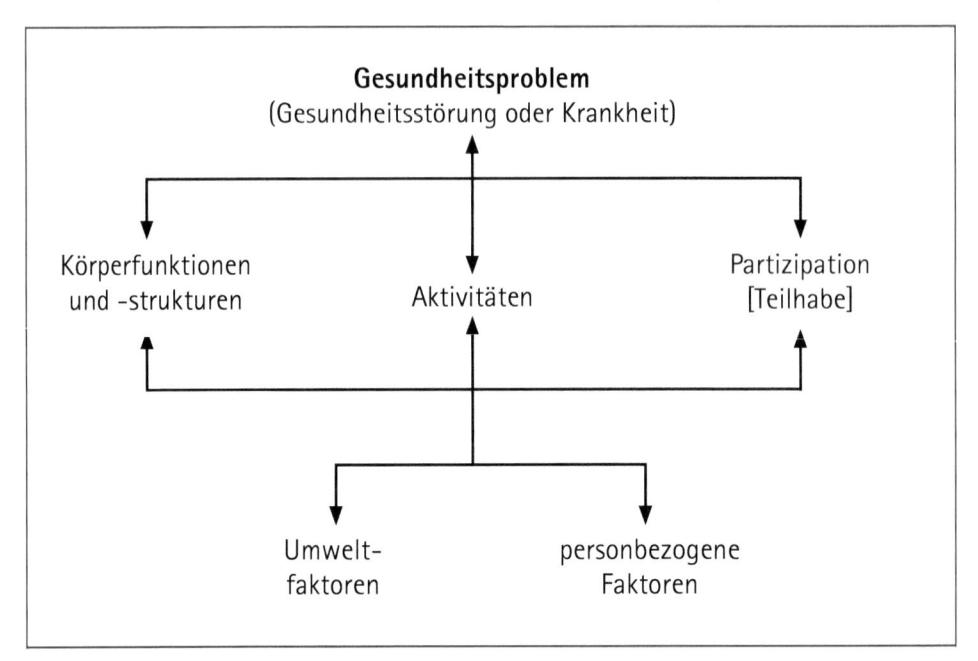

```
                    Gesundheitsproblem
              (Gesundheitsstörung oder Krankheit)
                ↙           ↓           ↘
   Körperfunktionen      Aktivitäten      Partizipation
   und -strukturen                        [Teilhabe]
                ↓           ↓           ↓
               Umwelt-          personbezogene
               faktoren         Faktoren
```

Die WHO geht davon aus, dass die verbliebenen Folgen einer Verletzung (Behinderung) nur ein Glied in einer Kette unterschiedlicher Faktoren sind, die eine gelungene Teilhabe am gesellschaftlichen Leben ermöglichen oder verhindern.

Das abstrakte Modell lässt sich an dem einfachen Beispiel eines Knöchelbruchs erläutern: Das „gesundheitliche Problem" (Bruch des Sprunggelenks) beeinträchtigt

Prothese versorgt wird und damit außerstande ist, seinen Lebensunterhalt selbst zu verdienen. Unter günstigen sozioökonomischen Bedingungen gewinnen die persönlichen Kontextfaktoren an Bedeutung. Fehlende Motivation oder der Wunsch, eine höhere Entschädigung durch eine Versicherung zu erlangen, können die Teilhabe beeinträchtigen. So kann die mangelnde Bereitschaft eines jüngeren Unterschenkelamputierten, seine frühere Bürotätigkeit wiederaufzunehmen, ihre Ursache in derartigen „persönlichen Kontextfaktoren" haben.

Bei der ersten Beschäftigung mit der ICF erschließt sich die Bedeutung der Kontextfaktoren nicht. Je mehr man sich mit unterschiedlichen Heilverläufen gleichartiger Verletzungen beschäftigt, umso eher leuchtet dieses Konzept ein. Subjektive Beschwerden und ungewöhnliche Funktionsstörungen, die nicht auf organische Gesundheitsfolgen zurückzuführen sind, lassen sich häufig durch subjektive Kontextfaktoren erklären. Zu erwähnen sind seelische Störungen, mangelnde Motivation und moral hazard. Auf den folgenden Seiten werden einige der äußeren und inneren Einflüsse auf den Heilverlauf und die Rehabilitation skizziert.

dereingliederung hängen nicht nur von den biologischen Gegebenheiten, sondern auch von den sozialen und juristischen Rahmenbedingungen ab (Ericson RV et al. 2004). Nach selbst verschuldeten Unfällen wird die Arbeit früher aufgenommen als nach fremd verschuldeten (Don AS et. al 2009). Je besser die soziale Absicherung im Krankheitsfall und je höher die erwarteten Entschädigungen nach einem durch Dritte verursachten Unfall, umso mehr verzögert sich die vollständige Wiedereingliederung. In der Medizin hat sich hierfür der Fachbegriff „sekundärer Krankheitsgewinn" eingebürgert. In der Versicherungswissenschaft wird von einem „moralischen Risiko" (moral hazard) gesprochen.

3.2.1 Konstitution und Alter

Neben der Lokalisation und der Schwere der Verletzung spielen Konstitution und Alter des geschädigten Menschen eine wichtige Rolle. Mit dem Alter nimmt die Regenerationsfähigkeit des Gewebes ab. Verletzungen, von denen Kinder oder jüngere Menschen nach kurzer Zeit genesen, können für ältere Menschen tödlich sein. Besonders gut lässt sich dies am Beispiel der Verbrennungen zeigen. Jüngere Menschen und Kinder überleben auch eine Verbrennung von mehr als 40 % der Körperoberfläche. Ein 60-Jähriger befindet sich bereits in Lebensgefahr, wenn 20 % seiner Körperoberfläche verbrannt sind. Die Letalität (Sterblichkeit) in dieser Altersgruppe beträgt bei einer Verbrennung von einem Fünftel der Körperoberfläche annähernd 40 %.

3.2.2 Soziale und rechtliche Rahmenbedingungen, „moral hazard"

Die Dauer der Rehabilitation und der Zeitpunkt der sozialen und beruflichen Wie-

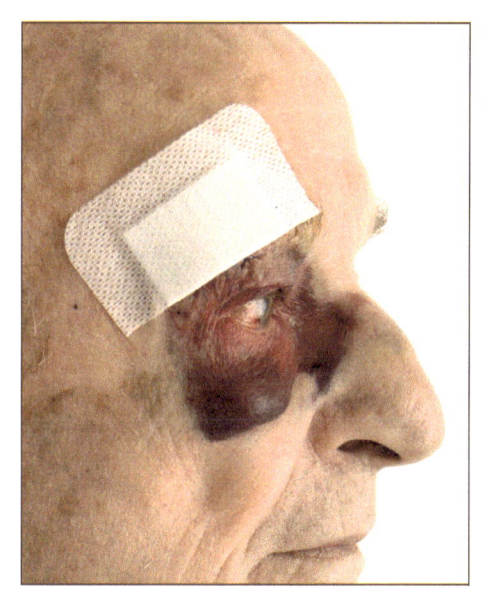

Abb. 3.2:
Bei älteren Menschen können relativ geringfügige Verletzungen gravierende Folgen haben. Monokelhämatom des rechten Auges: Der 85-jährige Mann stürzte auf das Gesicht. Er war 20 Minuten lang bewusstlos (Commotio cerebri) und entwickelte danach ein mehrere Wochen anhaltendes Durchgangssyndrom, währenddessen eine intensive pflegerische Betreuung erforderlich war. Erfreulicherweise verblieb kein Dauerschaden.

3.2.3 Lebensweise – internistische Erkrankungen

Es entspricht der allgemeinen Lebenserfahrung, dass die Verletzung eines Gesunden rascher heilt als die eines Kranken. Aber auch die Lebensweise beeinflusst die biologischen Heilungszeiten, die Rekonvaleszenz und die Rehabilitation.

3.2.4 Risikofaktor Rauchen

Regelmäßiger Nikotingenuss verschlechtert die Durchblutung und damit die Sauerstoff- und Nährstoffversorgung aller Organe einschließlich der Muskulatur und der Haut. Rauchen begünstigt die Entstehung der arteriellen Verschlusskrankheit, die sich in späteren Stadien zum Beispiel in der sogenannten Schaufensterkrankheit (Durchblutungsstörung der Beine) oder in der koronaren Herzkrankheit manifestiert. Die herabgesetzte Durchblutung der Haut und des Unterhautgewebes verzögert die Wundheilung und begünstigt Infektionen. Bei einer fortgeschrittenen arteriellen Verschlusskrankheit wird die Mobilisierung nach einer Fraktur im Bereich der unteren Extremitäten (z.B. Schenkelhalsbruch) mehr Zeit in Anspruch nehmen als bei einem Gesunden.

Chronische Lungenerkrankungen können sich durch eine unfallbedingte Beeinträchtigung des Allgemeinzustandes oder eine längere Bettruhe verschlechtern. Zu erwähnen sind die Lungenblähung (Lungenemphysem), Erkrankungen der Atemwege, die den Luftaustausch einschränken, zum Beispiel die „Raucherbronchitis" (chronisch obstruktive Lungenerkrankungen, COPD) oder das Asthma bronchiale. Die Lebenserwartung von Rauchern ist bis zu zehn Jahre geringer als die von Nichtrauchern.

3.2.5 Risikofaktor Übergewicht

In den vergangenen Jahren hat die Zahl der übergewichtigen Menschen erheblich zugenommen. Die Überlebensrate polytraumatisierter Adipöser ist deutlich niedriger als die Normalgewichtiger.

Das Traumamanagement Übergewichtiger ist kompliziert, alle Risiken sind erhöht, erwähnt seien Thrombosen, Embolien, Infektionen, kardiale Notfälle und Narkosekomplikationen. Da die operativen Zugänge

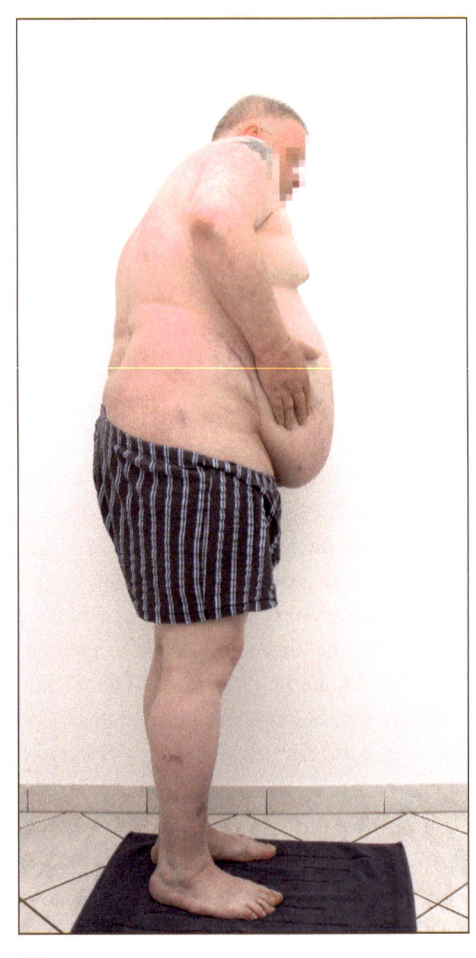

Abb. 3.3:
Adipositas erhöht die Risiken einer Verletzung und die Komplikationen der Therapie. Der 50-jährige Proband erlitt eine komplexe Beckenverletzung. Er musste sich 18 Operationen unterziehen.

bei Adipösen größer als bei normalgewichtigen Patienten sein müssen, sind die Operationswunden ausgedehnter. Sekundäre Komplikationen wie Dekubitalulcera treten bei polytraumatisierten Übergewichtigen häufiger auf. Die Rehabilitation gestaltet sich verzögert.

3.2.6 Diabetes und Bluthochdruck, Begleiter der Adipositas

Eine häufige Begleiterkrankung der Adipositas ist der Diabetes mellitus. Mit der Blutzuckerkrankheit steigt das Risiko von Infektionen bei primär offenen Verletzungen und nach Operationen. Die Gefahr von Durchblutungsstörungen ist weitaus höher als bei Gesunden. Gefürchtet ist die Entwicklung von chronischen Ulcera besonders im Bereich der Füße.

Diabetes und Adipositas gehen oft mit einem Bluthochdruck einher, hierdurch wächst die Gefahr zerebraler Zwischenfälle. Schlaganfälle können sowohl durch einen Verschluss als auch eine Ruptur von Hirngefäßen entstehen. So kann sich der Heil- und Behandlungsverlauf auch nach anfänglich scheinbar unproblematischen Verletzungen, wie zum Beispiel einem Unterschenkelbruch, verzögern und durch zerebrale Komplikationen gekennzeichnet sein.

Weniger gefährlich ist das Untergewicht, sieht man von schweren Grundkrankheiten (Tumoren) oder psychiatrischen Erkrankungen (Anorexia nervosa – Magersucht) ab.

3.2.7 Risikofaktor Alkoholmissbrauch

Auch der regelmäßige Konsum von Alkohol kann den Heilverlauf erheblich beeinträchtigen. Nicht selten entwickeln Menschen mit einem hohen Alkoholkonsum nach einer schweren Verletzung ein akutes Entzugssyndrom (Delirium tremens). Dieses Alkoholentzugssyndrom wird nicht nur beim manifest Alkoholkranken gesehen, sondern kann auch bei sozial unauffälligen „Genusstrinkern" auftreten. Der Entzug begünstigt die Entstehung weiterer Komplikationen. Nach Überwindung des Entzugssyndroms können die mit dem chronischen Alkoholkonsum einhergehenden Beeinträchtigungen der feinen Nervenendigungen an den Extremitäten (Polyneuropathie) und Gleichgewichtsstörungen die Mobilisierung und Wiedereingliederung erschweren.

3.2.8 Zusammenspiel von Krankheiten und Schwere der Verletzung

Weitere Risikofaktoren für einen verzögerten Heilungsverlauf sind schwere Schilddrüsenerkrankungen, Blutgerinnungsstörungen, Herzerkrankungen wie die Herzinsuffizienz und ein überstandener Herzinfarkt.

Schwere Verletzungen (Weichteilquetschungen mit Zerfall von Muskulatur) können die Ausscheidung der Nieren herabsetzen. Aus einer vor dem Unfall noch kompensierten Nierenerkrankung (terminale Niereninsuffizienz) kann sich ein akutes Nierenversagen entwickeln. Ein möglicher Zusammenhang lässt sich fast immer durch eine sorgfältige Prüfung der Krankenunterlagen bestätigen oder ausschließen.

Der mit schweren Verletzungen verbundene Blutverlust verstärkt eine vorbestehende Blutarmut (Anämie). Auch Erkrankungen anderer Blutbestandteile können den Heilungsverlauf nach Verletzungen ungünstig beeinflussen.

Frakturen der unteren Extremitäten, Lähmungen und längere Bettruhe wirken sich negativ auf Krampfaderleiden (Varikosis) aus. Die Gefahr eines venösen Gefäßverschlusses wächst vor allem bei einer anlagebedingten Abbaustörung von Blutgerinnungsbestandteilen, vorausgegangenen Thrombosen und einem postthrombotischen Syndrom.

3.3 Degenerative Veränderungen und entzündliche Erkrankungen der Gelenke, der Wirbelsäule und der Weichteile

Im Gegensatz zu hohem Übergewicht und chronischem Alkohol- und Nikotinabusus erhöhen die degenerativen Leiden des Bewegungsapparates nicht die Sterblichkeit nach Verletzungen, ihre Bedeutung liegt vielmehr in der Verzögerung des Heilverlaufs. Die Symptome eines Verschleißes der Gelenke und der Wirbelsäule gehören zu den häufigsten behandlungsbedürftigen Leiden in einer Allgemeinpraxis. Die Gelenkabnutzung nimmt mit dem Lebensalter zu.

Ob eine Arthrose behandlungsbedürftig wird, hängt nicht nur vom objektiven Verschleiß, sondern auch vom subjektiven Krankheitsgefühl ab. Die Einschränkung der Beweglichkeit eines Hüftgelenks kann von einem Betroffenen als normale Begleiterscheinung des Alters oder als eine gravierende Erkrankung wahrgenommen werden. Manche Arthrosen bereiten keine Beschwerden, man spricht dann von einer „ruhenden Arthrose". Äußere Einflüsse, etwa eine stär-

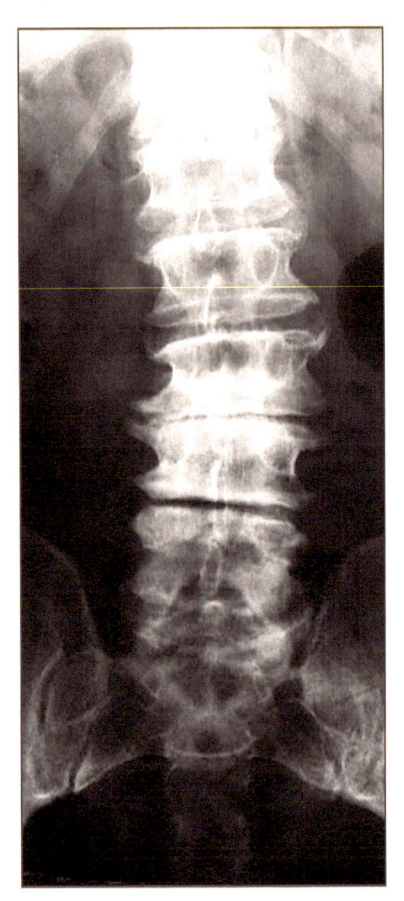

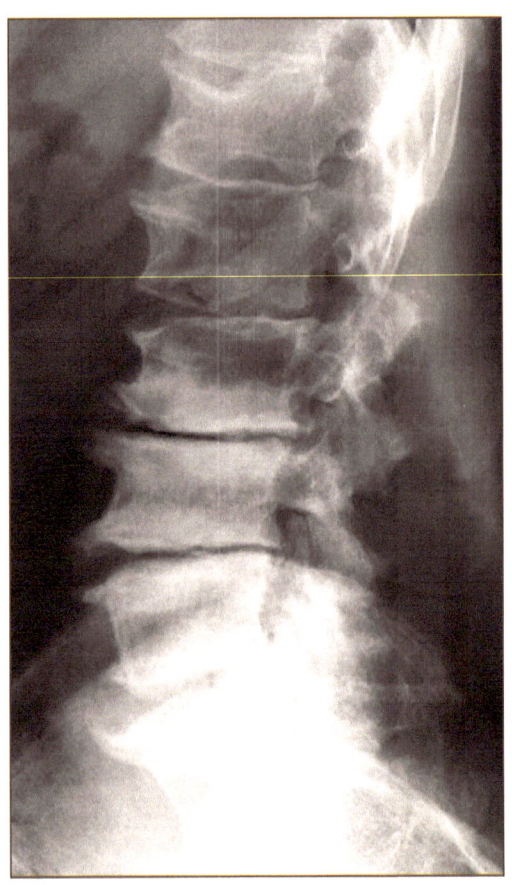

Abb. 3.4 + 3.5:
Ausgeprägter Verschleiß der Wirbelsäule. Die Bandscheiben sind verschmälert, die Wirbelkörper lagern vermehrt Kalk ein (Sklerose der Grund- und Deckplatten der Wirbelkörper). Die Beweglichkeit der Wirbelsäule ist herabgesetzt, die starke Abnutzung kann, muss jedoch keine Schmerzen verursachen.

kere Prellung oder eine Zerrung, können den ruhenden Gelenkverschleiß in eine „aktivierte Arthrose" überführen. Das zuvor nur bewegungseingeschränkte Gelenk schwillt an und schmerzt. Die mit dem Begriff der „Aktivierung" bezeichnete Veränderung des Zustands erklärt auch den verzögerten Heilverlauf nach geringfügigen Unfällen. Während eine Prellung oder Zerrung bei einem gelenkgesunden Menschen innerhalb von zwei bis vier Wochen ausheilt, können die Beschwerden bei einer aktivierten Arthrose für zwei bis drei Monate anhalten. Bei der Beurteilung des Schadensfalls wird man allerdings zwischen der vorbestehenden Arthrose und der durch den Unfall ausgelösten zeitweiligen Verschlechterung differenzieren müssen. War die Arthrose bereits vor dem Unfall vorhanden, so wird der Vorzustand nach einiger Zeit wieder erreicht. Operative Eingriffe sind nach einer Gelenkprellung oder Zerrung ohne schwerwiegende anatomische Verletzungsfolgen nicht erforderlich.

3.3.1 Verzögerter Heilverlauf bei degenerativen orthopädischen Vorschäden

Besondere Probleme bereiten häufig Zerrungen oder Prellungen der Schulter. Für die Funktion der Schulter sind neben den knöchernen Strukturen vor allem die Muskeln und Sehnen der schulterumgreifenden Muskulatur von Bedeutung. Die unterhalb des Schulterdachs verlaufende sehnige Rotatorenmanschette spielt eine besondere Rolle. Mit zunehmendem Alter bilden sich Risse in dieser Sehnenplatte. Diese werden oft erst nach einem Unfall mit Hilfe der Kernspintomographie diagnostiziert, ohne dass ein Zusammenhang mit einem Unfall bestünde.

Chronische orthopädische Erkrankungen, schwere Wirbelsäulenfehlbildungen, frühere operative Eingriffe an der Wirbelsäule oder den Gelenken, ruhende Infektionen der Knochen (Osteomyelitis, Osteitis) oder der Weichteile (Erysipel) können den Krankheitsverlauf nach Unfällen ebenfalls verlängern. Bei den genannten Erkrankungen ist jeweils im Einzelfall der Zusammenhang zwischen dem Unfall und den vorgetragenen Beschwerden zu prüfen.

Verzögerte Heilverläufe werden auch bei Menschen beobachtet, die an entzündlich-rheumatischen Krankheiten wie der rheumatoiden Arthritis und der Bechterewschen Erkrankung leiden. Hierbei spielen neben der erhöhten Verletzlichkeit des Gewebes durch die Grunderkrankung auch die Nebenwirkungen der Therapie eine Rolle. Patienten mit chronisch entzündlichen Erkrankungen werden häufig mit zellwachstumshemmenden Medikamenten (z.B. Methotrexat, MTX) und/oder Kortison behandelt. Beide Stoffgruppen setzen die Regenerationsfähigkeit des Gewebes herab und beeinträchtigen damit die normale Heilung.

3.3.2 Individuelle Beurteilung im Einzelfall: Große Bedeutung der ärztlichen Originalbefunde

Da die Heilung bei degenerativen Vorschäden und entzündlichen Erkrankungen nicht vorausgesagt werden kann und das Zusammenspiel zwischen Abnutzung, Krankheit und Unfall jeweils neu bewertet werden muss, wird man in jedem Fall individuell beurteilen müssen. Eine mathematisch exakte Bewertung ist nicht möglich. Die Festlegung, nach welchem Zeitraum der Vorzustand anzunehmen ist, sollte unter Bewertung der Schwere des Unfalls, der Beschwerden und Funktionsbeeinträchtigungen des Geschädigten, der Vorschäden und der funktionellen Beeinträchtigungen erfolgen. Differieren die Bewertungen der Parteien erheblich, so sollten weitere medizinische Unterlagen zugezogen werden. Hierzu gehören die Auf-

Fallgeschichte:
Schulterzerrung mit verzögertem Heilverlauf

Der 67-jährige Fahrer eines Mittelklassewagens wird in einen Auffahrunfall mit erheblicher Gewalteinwirkung verwickelt. Das Heck ist deutlich eingedrückt, die Fahrgastsicherheitszelle bleib jedoch intakt. Noch am Tag des Unfalls stellt er sich bei einem Chirurgen mit Beschwerden in der Halswirbelsäule und beiden Schultern vor. Der Arzt dokumentiert eine leichte Bewegungseinschränkung der HWS, die Muskulatur sei verspannt gewesen. Der ältere Herr habe beide Arme nur bis zum rechten Winkel abspreizen können und über Schulterschmerzen geklagt. Die Röntgenaufnahme der Halswirbelsäule zeigte einen normalen Verschleiß. Nach einer Woche sind die Beschwerden in der Halswirbelsäule und linken Schulter abgeklungen, in der rechten Schulter klagt der Betroffene immer noch über Schmerzen. Die nun angefertigte Röntgenaufnahme ergibt eine ausgeprägte Arthrose der rechten Schulter. Der rechte Oberarmkopf steht höher, der Raum zwischen Schulterdach und Oberarmkopf ist verschmälert. Der Chirurg veranlasst eine Krankengymnastik. Als sich nach weiteren sechs Wochen keine Besserung eingestellt hat, überweist der Arzt den Patienten zu einer Kernspintomographie. Diese ergibt einen breiten Riss der Rotatorenmanschette. Die Muskeln des dazugehörigen M. supraspinatus und M. infraspinatus haben sich zurückgebildet. Der Patient wird ein halbes Jahr später operiert. Dabei können die Sehnen nicht mehr genäht werden. Der Operateur entfernt lediglich einen Knochensporn und erweitert den Raum zwischen Schulterdach und Oberarmkopf. Der Anspruchsteller macht die Arthrose und den Riss der Rotatorenmanschette gegenüber dem Haftpflichtversicherer geltend.

Wie ist der Fall medizinisch zu beurteilen?
Bei einem gesunden Geschädigten wären die Folgen der leichteren Gewalteinwirkung auf die rechte Schulter innerhalb weniger Tage abgeklungen. Bei dem 67-jährigen Fahrer „aktivierte" der Unfall die vorbestehende Arthrose der rechten Schulter. Allerdings war der Unfall weder geeignet, eine Arthrose zu verursachen noch die Rotatorenmanschette zu zerreißen. Bei der Beurteilung der Folgen des Unfalls wird man eine längere Heilungszeit nach der Schulterzerrung annehmen können. Im konkreten Fall erscheint es akzeptabel, die vom Probanden geklagten Beschwerden für drei Monate dem Unfall zuzurechnen. Danach waren die organischen Folgen der Zerrung ausgeheilt. Schmerzen und Funktionsbeeinträchtigungen, die nach diesem Zeitraum noch bestanden, sind dem Grundleiden zuzurechnen. Mit der Operation wurden nicht die Unfallfolgen (Zerrung) behandelt, sondern die unfallunabhängige Arthrose (Abtragung eines Knochensporns) und die damit verbundene Einengung des Raums zwischen Schulterdach und Oberarmkopf.

zeichnungen des erstbehandelnden Arztes, Computerausdrucke der Behandlungskartei des Hausarztes bzw. der Fachärzte, Krankenhausentlassungsberichte, bildgebende Befunde und ein Vorerkrankungsverzeichnis der Krankenkasse.

3.3.3 Von großer Bedeutung: Vorschäden bei Distorsionen der Halswirbelsäule

Zahlenmäßig spielen Beschwerden der Wirbelsäule nach Auffahrunfällen eine große Rolle. Aus ärztlicher Sicht bereitet die Beurteilung schwerer Wirbelsäulenverlet-

Degenerative Veränderungen und entzündliche Erkrankungen

zungen kaum Schwierigkeiten. Brüche der Hals- oder Brustwirbelkörper bei Frontalzusammenstößen oder Luxationsfrakturen der HWS im Rahmen von Überschlägen lassen sich dem Unfall eindeutig zuordnen. Viel problematischer ist die Bewertung von Beschwerden der Wirbelsäule bei geringer Gewalteinwirkung. Biomechanische Untersuchungen ergaben, dass in aller Regel unterhalb einer Beschleunigung des geschädigten Fahrzeuges von 10 km/h bis 15 km/h (Delta V 10 km – 15 km) keine relevanten körperlichen Verletzungen zu erwarten sind. Selbst bei höheren Geschwindigkeiten sind organische Verletzungen der Halswirbelsäule bei modernen Kraftwagen selten.

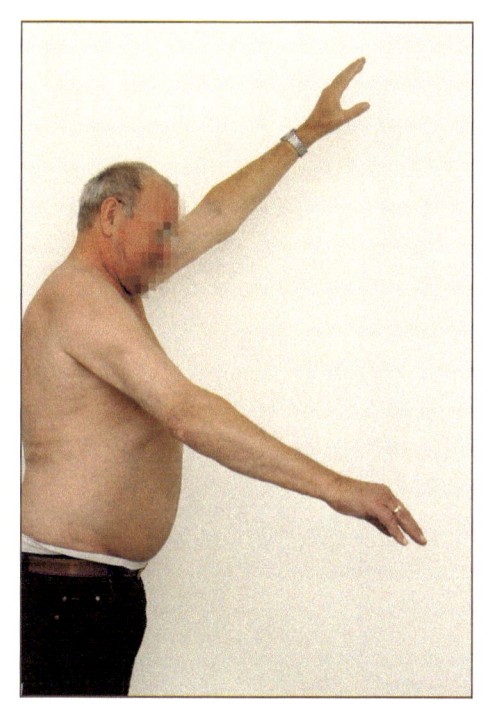

Abb. 3.9:
Die Heilung einer Schulterprellung kann sich bei einer Arthrose und einer vorbestehenden Schädigung der Rotatorenmanschette verzögern.

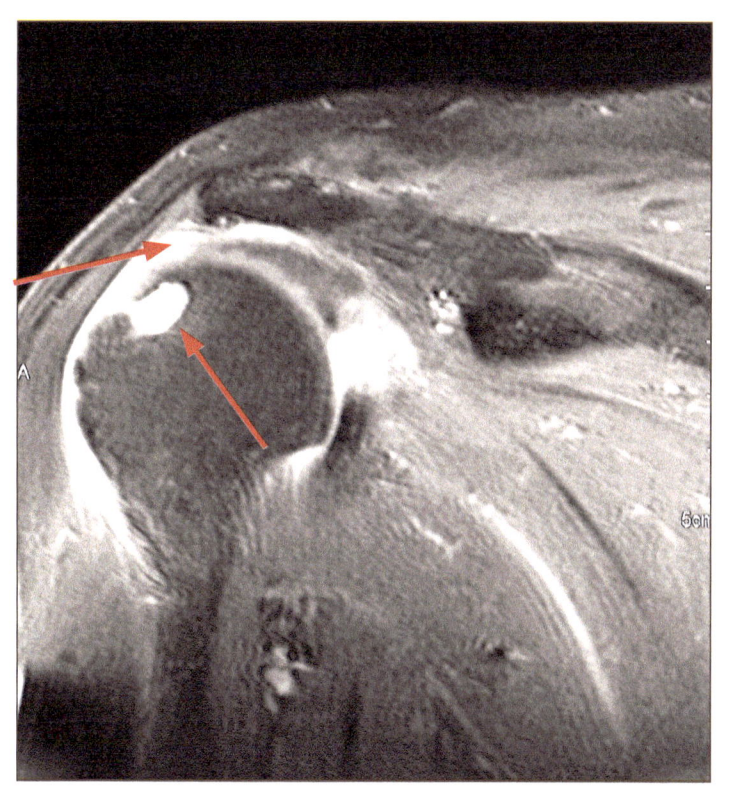

Abb. 3.10:
Eine Schulterprellung heilt im Allgemeinen innerhalb von einer bis vier Wochen folgenlos aus. Lag bereits zum Unfallzeitpunkt eine Arthrose oder eine (bisher symptomlose) Rotatorenmanschettenruptur vor, so können die Beschwerden länger anhalten. Die Abgrenzung zwischen Unfallfolgen und unfallunabhängigen Veränderungen (in der privaten Unfallversicherung „Krankheiten und Gebrechen") kann sich schwierig gestalten.
Die Kernspintomographie der rechten Schulter lässt ausgeprägte degenerative Veränderungen erkennen:

- Zyste im Oberarmkopf
- Riss der Rotatorenmanschette
- Verkleinerung des Abstandes zwischen Oberarmkopf und Schulterdach

3.3.4 Rheumatische Erkrankungen bei Distorsionen der Halswirbelsäule

Allerdings können stärkere Abnutzungen der Wirbelsäule oder entzündlich-rheumatische Leiden die Verletzlichkeit (Vulnerabilität) der Halswirbelsäule erhöhen. Erwähnt seien einsteifende degenerative Veränderungen und die Bechterewsche Erkrankung. Während ein Wirbelsäulengesunder den Überschlag in einem Kraftwagen mit hoher Wahrscheinlichkeit unbeschadet übersteht, ist das Risiko der Entstehung einer Querschnittlähmung im Halsmarkbereich bei einem Bechterewkranken deutlich erhöht. In den fortgeschrittenen Stadien der Erkrankung verknöchert die Halswirbelsäule. Der durch das Unfallereignis beschleunigte Kopf kann die verknöcherte Halswirbelsäule brechen und das Halsmark schädigen.

Auch Menschen, die an einem fortgeschrittenen Stadium der rheumatoiden Arthritis mit einer Verschiebung der Halswirbelkörper leiden, sind besonders gefährdet (atlantoaxiale Dislokation). Bestand bereits vor dem Unfall eine Verschiebung des 1. Halswirbelkörpers (Atlas) gegenüber dem 2. Halswirbelkörper (Axis,) so reicht eine relativ geringe Gewalteinwirkung aus, um das Halsmark zu schädigen. Je nach Stärke der einwirkenden Gewalt können neurologische Schäden bis hin zu einer Querschnittlähmung entstehen.

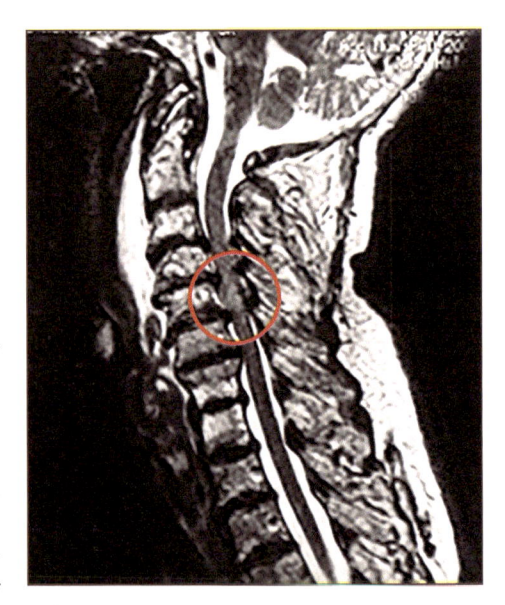

Abb. 3.11:
MRT der Halswirbelsäule: In Höhe des 4.–6. Halswirbelkörpers wird der Spinalkanal stark eingeengt, das Rückenmark ist dadurch geschädigt: Cervikale Myelopathie.

3.3.5 Enger Spinalkanal bei Distorsionen der Halswirbelsäule

Eine erhöhte Verletzlichkeit kann auch bei einem engen Spinalkanal vorliegen. Diese meist bei älteren Menschen auftretende anatomische Einengung des Rückenmarkkanals kann dazu führen, dass sich eine Distorsion der Halswirbelsäule direkt auf das Rückenmark auswirkt. Normalerweise befindet sich zwischen Rückenmark und der Auskleidung des Wirbelkanals ein flüssigkeitsgefüllter Reserveraum. Das von der Gehirnflüssigkeit

---

Strukturelle Schädigungen entstehen nach geringfügigen Unfällen an der Halswirbelsäule oder den Bandscheiben nur selten. Der Zusammenhang zwischen geringfügigen Unfällen und Bandscheibenschäden ist seit mehreren Jahrzehnten intensiv erforscht worden. Dabei ergab sich, dass geringfügige Traumen nicht oder nur in extremen Ausnahmefällen in der Lage sind, Bandscheiben zu schädigen. Diese Erkenntnis ist im Rahmen einer prospektiven wissenschaftlichen Studie noch einmal bestätigt worden (Carregee EJ 2006).

Die Ausnahme: Organische HWS-Verletzung nach geringfügigem Trauma

Eine 45 Jahre alte Pressereferentin erleidet einen Auffahrunfall mit geringer Beschleunigung. Die Geschwindigkeitsänderung betrug 9 km/h. Der zum Unfallzeitpunkt elf Jahre alte Kleinwagen wies eine Verformung des hinteren Stoßfängers und eine geringe Verformung des Hecks auf. Bereits ein halbes Jahr vor dem Unfallereignis befand sich die Geschädigte in neurochirurgischer Behandlung. Eine zu diesem Zeitpunkt angefertigte Kernspintomographie ergab Bandscheibenvorfälle mit einer Verschiebung der Wirbelkörper nach dorsal in Höhe der Segmente C4/C5 und C5/C6. Die Anspruchsstellerin suchte nach dem Unfall ihren Internisten auf. Sie klagte über Schmerzen in der Halswirbelsäule und den Armen. Der Arzt stellte eine Arbeitsunfähigkeitsbescheinigung aus und empfahl der Patientin, sich zu schonen. Aus der Dokumentation geht hervor, dass die Patientin zwei Tage nach dem Unfall unter Kopfschmerzen litt. Elf Tage nach dem Unfall wurde ein Kribbeln in beiden Füßen bei der Vorneigung des Kopfs dokumentiert (Lhermitte-Phänomen). Der Internist veranlasste eine erneute Kernspintomographie, die eine „kleinere Kontusion auf Höhe HWK 3/4" ergab. Im Vergleich zu den Voraufnahmen sei der „kontusionelle Befund jedoch neu aufgetreten". Der neurologische Befund war unauffällig, sensomotorische Defizite bestanden nicht, der Seiltänzer- und Finger-Nasen-Versuch waren ungestört, die Muskeleigenreflexe konnten lebhaft ausgelöst werden. Der Neurochirurg leitete eine Kortisontherapie ein. Vier Wochen nach dem Unfall ließen sich Folgen der Halsmarkveränderung auch neurologisch nachweisen, der Reflex nach Babinski war beidseits schwach auslösbar, die Muskeleigenreflexe waren verstärkt. Eine kernspintomografische Kontrolluntersuchung bestätigte die Diagnose einer wahrscheinlich unfallbedingten Schädigung des Halsmarks, der Radiologe sprach von einer „Contusio spinalis mit resorptiv hyperämischer Komponente und einer begleitenden Schwellung". Daraufhin wurde die Kortison-Stoßtherapie wiederholt.

Zwei Monate nach dem Unfall war die Beschwerdesymptomatik rückläufig. Drei Monate nach dem Unfall hatten sich die kernspintomografischen Veränderungen zurückgebildet, zu diesem Zeitpunkt war die Beweglichkeit der Halswirbelsäule frei. Kurze Zeit später nahm die Patientin ihre Arbeit wieder auf. Im Rahmen einer neurologischen Untersuchung wurde ein Dauerschaden durch das Unfallereignis ausgeschlossen.

Der dokumentierte Fall illustriert die seltene Ausnahme einer zeitweiligen organischen Schädigung nach geringfügiger Gewalteinwirkung. Auf Grund der vorliegenden Befunde wurde ein Zusammenhang zwischen dem Unfall und der „bewegungsabhängigen Myelonreizung mit nachfolgendem Ödem des Rückenmarks" bejaht. Man spricht auch von einem „Kneifzangenmechanismus", da das im engen Spinalkanal befindliche Rückenmark durch eine rasche Bewegung geschädigt werden kann.

Bei einem Probanden mit einem ausreichend weiten Spinalkanal wäre das Rückenmark nicht verletzt worden. Da bereits zum Unfallzeitpunkt eine absolute Enge des Nervenkanals bestand, reichte eine leichte, unwillkürliche und von der Anspruchsstellerin nicht kontrollierbare Bewegung aus, um die Symptomatik hervorzurufen.

(Liquor) umgebene Rückenmark verschiebt sich bei einer auf die Halswirbelsäule einwirkenden Gewalt im Wirbelkanal und entgeht damit einer Verletzung. Ist der Reserveraum dagegen so stark eingeengt, dass jede stärkere Beschleunigung zu einer mechanischen Reizung des Rückenmarks führt, so können in sehr seltenen Fällen auch bei

Geschwindigkeitsänderungen unter 10 km/h organische Schädigungen entstehen (Verschlechterung einer zervikalen Myelopathie). Die unfallbedingte Schädigung des Rückenmarks lässt sich auf einer Kernspintomographie nachweisen (s. S. 58). Ein unauffälliges Kernspintomogramm und ein normaler neurologischer und elektrophysiologischer Befund schließen eine organische Verletzung aus.

3.4 Die Verletzungen des älteren Menschen – Pflegebedürftigkeit

Auf ältere Menschen wirken sich Verkehrsunfälle besonders gravierend aus. Oftmals sind die langfristigen Folgen des Unfalls weitaus schwerwiegender als die eigentliche körperliche Verletzung. Neurologische Leiden wie die Parkinsonsche Erkrankung oder Demenzen sind häufige Krankheiten des Alters. Neben diesen spezifischen Leiden spielen unbemerkt gebliebene Hirndurchblutungsstörungen eine große Rolle. Diese können den Gleichgewichtssinn, die Gangsicherheit und die kognitiven Fähigkeiten beeinträchtigen. Trotz der vorliegenden neurologischen Defizite kommen die Betroffenen über einen langen Zeitraum in ihrer gewohnten häuslichen Umgebung relativ gut zurecht. Solange der Gesundheitszustand befriedigend und die sozialen Bindungen intakt sind, können alte Menschen weitgehend selbstbestimmt leben. Ihr Zustand ist allerdings labil.

Ein leichter Unfall, ein Sturz auf glattem Boden, der Anstoß durch einen langsam rückwärts fahrenden Pkw auf einem Parkplatz reichen aus, um einen Bruch der Speiche, des Schienbeinkopfs oder des Schenkelhalses zu verursachen. Selbst bei optimaler Behandlung führt der Weg oftmals nicht mehr in die häusliche Umgebung zurück. Der vorher bewusstseinsklare alte Mensch verliert im Krankenhaus die Orientierung. Die Narkose wirkt sich ungünstig aus und kann einen länger anhaltenden Verwirrtheitszustand (Durchgangssyndrom) nach sich ziehen. Ohne die tägliche Orientierung in der bekannten Umgebung nehmen die in-

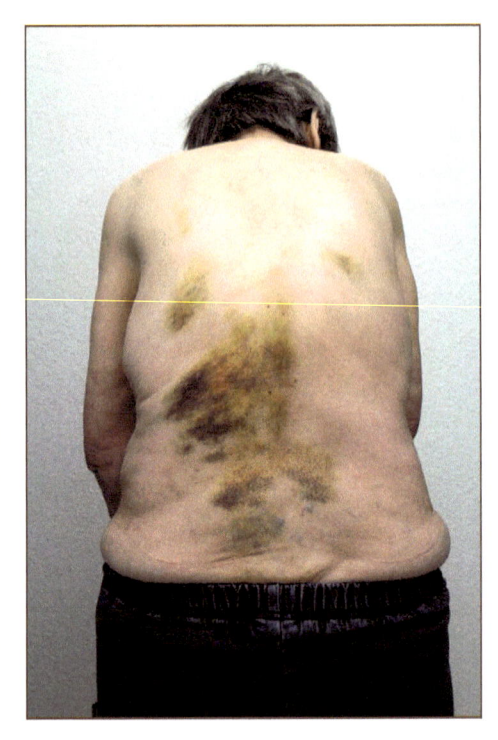

Abb. 3.13:
Die 86-jährige Kundin eines Lebensmittelgroßmarkts wurde von einem ausparkenden Pkw leicht angefahren. Bei dem Sturz zog sie sich multiple Prellungen und Frakturen der Rippen 6–10 rechts zu. Die Verletzung hätte bei einem jüngeren Menschen keine dauerhaften Konsequenzen. Es bleibt abzuwarten, ob die hochbetagte Verletzte nach einem stationären Aufenthalt von zehn Tagen in ihre häusliche Umgebung zurückkehren kann oder ob der Unfall das labile Gleichgewicht der alten Dame stört und eine Pflegebedürftigkeit auslöst.

tellektuellen Fähigkeiten weiter ab. Der Verletzte wird pflegebedürftig.

Sofern ein direkter Zusammenhang zwischen Unfall und Pflegebedürftigkeit besteht, sind die damit in Verbindung stehenden Kosten dem Verursacher oder Haftpflichtversicherer zuzurechnen. Allerdings ist zu prüfen, wie lange die betroffene Person ohne den Unfall in der Lage gewesen wäre, sich selbst zu versorgen, und ob nicht zu einem späteren Zeitpunkt auch ohne den Unfall Pflegebedürftigkeit eingetreten wäre (überholende Kausalität).

3.5 Psychische Erkrankungen und Befindensstörungen

Während bei älteren Menschen der Heilverlauf durch eine Beeinträchtigung der hirnorganischen Funktionen verzögert wird, spielen im Erwerbsalter vor allem psychische Erkrankungen oder subjektive Missempfindungen bei der verzögerten Wiedereingliederung eine Rolle. Der Bruch eines Unterschenkels heilt nach operativer Versorgung bei einem psychisch stabilen Menschen ebenso rasch wie bei einer Person, bei der eine Neurose diagnostiziert wurde. Die geringfügige Distorsion der Halswirbelsäule oder nur das Gefühl, eine Distorsion der Halswirbelsäule erlitten zu haben, kann das subjektive Befinden einer Person, die an einer unfallunabhängigen somatoformen Störung, einer Depression oder einem chronischen Schmerzsyndrom leidet, über Wochen beinträchtigen. Oftmals werden vorbestehende Krankheitssymptome und Missempfindungen mit dem Unfallereignis in Zusammenhang gebracht. Der Unfall kann bewusst oder unbewusst dazu dienen, die Ursache für die seelische Störung nach außen zu verlagern und „die Schuld" für Missempfindungen und eine depressive Stimmungslage einer dritten Person zuzuweisen. Weit verbreitete seelischen Störungen werden im Kapitel 23.5, S. 476–477 erläutert.

> Aufgabe des begutachtenden Chirurgen und Orthopäden ist es, ausschließlich die organischen Unfallfolgen zu beschreiben und deren funktionelle Auswirkungen zu bewerten. Werden darüber hinaus Beschwerden vorgetragen, die sich weder durch das Unfallereignis noch die objektiven Befunde erklären lassen, dann sollte eine psychiatrische Zusatzbegutachtung erwogen werden. Bei Verdacht auf kognitive Störungen, eine wesentliche Aggravation oder Simulation ist eine zusätzliche neuropsychologische Begutachtung zu empfehlen.

Ausgewählte Faktoren, die den normalen Heilverlauf und die Wiedereingliederung beeinträchtigen können

Persönliche Kontextfaktoren

Fehlender/niedriger Bildungsabschluss	Geringe soziale Unterstützung
Unstete Berufsbiographie mit häufigen Arbeitsplatzwechseln	Höheres Lebensalter
Partnerschaftskonflikte	Wechsel der Lebensphasen
Erwartung von Vorteilen aus einem Unfall/einer Verletzung („Moral hazard")	Gebrechlichkeit, instabile körperliche Gesundheit

Soziale Aspekte

Niedriger sozioökonomischer Status	Instabiler Arbeitsplatz
Arbeitslosigkeit	Ungünstige wirtschaftliche Rahmenbedingungen

Ernährungszustand und Lebensweise

Rauchen	Alkohol
Adipositas	Bewegungsmangel
Extremes Untergewicht	

Psychische Leiden

Somatoforme Störungen	Schizophrenien und bipolare Störungen
Depressionen	Medikamentenabusus
Schmerzsyndrome	Suchterkrankungen

Degenerative Veränderungen und entzündliche Erkrankungen der Gelenke, der Wirbelsäule und der Weichteile

Arthrosen	Implantationen von Endoprothesen
Spondylosen	Infektionen
Osteochondrosen	Ruhende Osteomyelitis (Osteitis)
Spondyarthrosen	Erysipel
Bandscheibenvorfall, -vorwölbung	Rheumatoide Arthritis
Zustand nach operativen Eingriffen an Wirbelsäule und Gelenken	M. Bechterew

Internistische Erkrankungen

Arterielle Hypertonie	Lungenemphysem
Diabetes mellitus	Chronisch obstruktive Lungenerkrankungen (COPD)
Schilddrüsenerkrankungen	Asthma bronchiale
Entzündliche Darmerkrankungen	Krebsleiden

Ausgewählte Faktoren, die den normalen Heilverlauf und die Wiedereingliederung beeinträchtigen können	
Blutgerinnungsstörungen	Immundefekte
Koronare Herzkrankheit	Anämien
Herzinsuffizienz	Varikosis
Zustand nach Herzinfarkt	Arterielle Durchblutungsstörungen
Zustand nach Eingriffen an den Herzgefäßen	Vorangegangene Thrombosen
Lebererkrankungen	Postthrombotisches Syndrom
Terminale Niereninsuffizienz – Akutes Nierenversagen	Gicht
Neurologische Erkrankungen	
Zerebrale Prozesse	Parkinson'sche Erkrankung
Multiple Sklerose	Demenzen

Teil 4

Die gestörte Heilung –
Komplikationen des Heilverlaufs

4.1 Komplexes regionales Schmerzsyndrom (CRPS), Morbus Sudeck

Krankheitsbild und Symptomatik

Sowohl nach schweren Verletzungen als auch nach scheinbaren Bagatellverletzungen kann eine Komplikation auftreten, die sich zuerst durch eine Heilungsverzögerung, eine entzündliche Schwellung des betroffenen Körperteils und Schmerzen zu erkennen gibt.

Der Hamburger Chirurg Paul Sudeck (1866–1945) beschrieb dieses Krankheitsbild Anfang des 20. Jahrhunderts. Es ist insbesondere durch Ernährungsstörungen im Bereich der verletzten Extremität gekennzeichnet. Haut, Unterhautgewebe, die Weichteile und der Knochen entzünden sich. Die Haut des betroffenen Körperteils verändert die Farbe, wird rötlich, livide oder weiß, spannt und glänzt. Die verletzte Extremität ist anfänglich überwärmt, später kühl, die Haut ist feucht, später trocken. Das Gewebe wird nicht mehr ausreichend mit Sauerstoff versorgt und bildet sich zurück, die Haut wird dünner, der Knochen entkalkt sich, die Gelenkkapseln können schrumpfen. Die Ursache des komplexen regionalen Schmerzsyndroms ist nur unzureichend bekannt. Man geht von einem Zusammenspiel zwischen lokalen entzündlichen Veränderungen des sympathischen, peripheren und zentralen Nervensystems aus. Auch psychische Faktoren können die Entwicklung eines komplexen regionalen Schmerzsyndroms begünstigen.

Häufiger als der voll ausgebildete Morbus Sudeck sind leichte Störungen des Heilver-

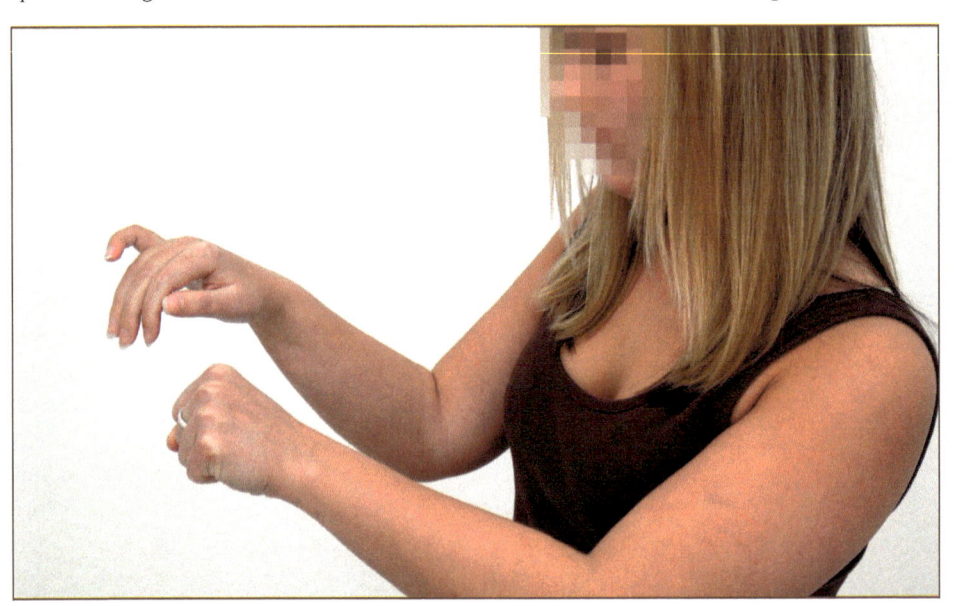

Abb. 4.1:
Komplexes regionales Schmerzsyndrom, Morbus Sudeck: Das 16-jährige Mädchen brach sich den rechten Unterarm. Die Verletzung wurde operiert. Nach der Metallentfernung an Elle und Speiche frakturierte der Unterarm bei einfachem Abstützen erneut. Beide Knochen wurden wiederum verplattet. Danach entwickelte sich ein komplexes regionales Schmerzsyndrom der rechten Hand. Die Finger der rechten Hand können nicht zur Faust geschlossen werden, sie sind versteift.

> ## Budapest-Kriterien zur klinischen Diagnose des CRPS
>
> 1. Anhaltender Schmerz, der durch das Anfangstrauma nicht mehr erklärt wird.
> 2. In der Anamnese mindestens ein Symptom aus 3 der 4 folgenden Kriterien:
>   a Hyperalgesie; Hyperästhesie
>   b Asymmetrie der Hauttemperatur; Veränderung der Hautfarbe
>   c Asymmetrie beim Schmitzen; Ödem
>   d Reduzierte Beweglichkeit; Dystonie; Tremor: „Paresen" (im Sinne von Schwäche); Veränderungen von Haar- und Nagelwachstum
> 3. Zum Zeitpunkt der Untersuchung mindestens ein Symptom aus 2 der 4 folgenden Kategorien
>   a Hyperalgesie auf spitze Reize, Allodynie; Schmerz bei Druck auf Gelenke, Knochen, Muskeln
>   b Asymmetrie der Hauttemperatur; Veränderung der Hautfarbe
>   c Asymmetrie im Schwitzen; Ödem
>   d Reduzierte Beweglichkeit, Dystonie, Tremor, Paresen (im Sinne von Schwäche); Veränderungen von Haar- oder Nagelwachstum
> 4. Es gibt keine andere Diagnose, die die Schmerzen erklärt.
>
> *Quelle: Harden et al (2010), AWMF-Leitlinie: Diagnostik und Therapie*

laufs. In den letzten Jahren hat sich zunehmend der Begriff des komplexen regionalen Schmerzsyndroms (CRPS) durchgesetzt (engl.: Complex regional pain syndrom).

Bereits bei einer mäßigen Heilverzögerung und ungewöhnlichen Schwellung des betroffenen Körperteils kann von einem komplexen regionalen Schmerzsyndrom gesprochen werden. Leichtere Formen des CRPS bilden sich folgenlos zurück. Komplexe regionale Schmerzsyndrome, die in das Vollbild einer Sudeckschen Dystrophie einmünden, sind die Ausnahme.

Das komplexe regionale Schmerzsyndrom wird in zwei Typen eingeteilt. Beim Typ 1 liegt ein Trauma ohne Nervenverletzung vor, bei einem komplexen regionalen Schmerzsyndrom Typ 2 wurden durch das Trauma auch Nerven geschädigt.

Das komplexe regionale Schmerzsyndrom tritt häufiger an der oberen als an der unteren Extremität auf. Auch nach einer scheinbar harmlosen Speichenfraktur kann sich ein Morbus Sudeck entwickeln.

Therapie

Die Therapie des komplexen regionalen Schmerzsyndroms richtet sich nach der Schwere und dem Stadium der Erkrankung.

Einengende Verbände sind abzulegen, die betroffene Extremität ist vorsichtig zu lagern. Alle schmerzhaften Manipulationen sollten vermieden werden. Bewährt hat sich eine der konkreten Situation angepasste Physiotherapie. Hierzu gehören vorsichtige krankengymnastische Übungen, Ergotherapien, in späteren Stadien auch eine Lymphdrainage. Nervenblockaden können das Krankheitsbild günstig beeinflussen. Die analgetische Behandlung und die Physiotherapie müssen meist über mehrere Monate kontinuierlich fortgesetzt werden. Ziel ist die möglichst weitgehende Wiederherstellung der Funktion der betroffenen Extremität. Bewährt hat sich die enge Zusammenarbeit zwischen behandelndem Orthopäden bzw. Chirurgen, Anästhesisten und Physiotherapeuten.

Medizinisch erforderliche Nachbehandlung	
Stationäre Rehabilitation (AHB)	Bei einem Vollbild der Sudeckschen Erkrankung häufig erforderlich
Dauer und Frequenz der Physiotherapie nach Eintritt der Verletzung	Das CRPS bedarf einer sehr intensiven physiotherapeutischen Behandlung, die sich über mehrere Monate erstrecken kann. Anfangs kann eine tägliche Therapie erforderlich sein.
Dauer und Frequenz der Physiotherapie nach Abschluss der Heilung	Im Verlauf der Rekonvaleszenz sinkt der Therapiebedarf deutlich: Längerfristig kann eine wiederholte Physiotherapie erforderlich sein, z. B. 10–20 Einheiten pro Jahr.
Künftige operative Behandlungen	Nicht erforderlich
Hilfsmittel, Medikamente	Anfänglich Analgetika, abschwellende Medikamente, Antidepressiva zur Schmerzdistanzierung

Beeinträchtigung der Arbeitsfähigkeit	
Berufliche Anforderung	Durchschnittliche Dauer der Arbeitsunfähigkeit
Kann nur im Einzelfall beurteilt werden	

Bewertung des Haushaltsführungsschadens		
Tätigkeit	Beeinträchtigung (in %) bis zum Abschluss der Rekonvaleszenz	Beeinträchtigung auf Dauer (in %)
Leicht: Planung	Individuelle Beurteilung erforderlich	Individuelle Beurteilung erforderlich
Mittel: Durchschnittliche Hausarbeiten	Individuelle Beurteilung erforderlich	Individuelle Beurteilung erforderlich
Schwer: Großer Hausputz, Gartenarbeit	Individuelle Beurteilung erforderlich	Individuelle Beurteilung erforderlich

Bewertung des Dauerschadens	
Versicherungszweig – Rechtsgebiet	Einschätzung des Dauerschadens
Gesetzliche Unfallversicherung: MdE	Begutachtung erforderlich
Private Unfallversicherung: Invalidität	Begutachtung erforderlich
Haftpflichtversicherung	Individuelle Bewertung unter Berücksichtigung des Berufs und der Lebensumstände, Orientierung an der MdE
Gesetzliche Rentenversicherung	Individuelle Prüfung bei Versicherten, die vor 1961 geboren sind
Private Berufsunfähigkeitsversicherung	Die Voraussetzung für eine Berufsunfähigkeit von 50 % kann je nach funktioneller Beeinträchtigung unter Berücksichtigung des Berufsbildes vorliegen.
Schwerbehindertenrecht, soziales Entschädigungsrecht, Beamtenrecht: GdB, GdS	Feststellung unter Berücksichtigung der dauerhaften Funktionsbeeinträchtigungen

4.2 Kompartmentsyndrom

Verletzungsbild und Symptomatik

Das Kompartmentsyndrom ist eine Komplikation von schweren Extremitätenverletzungen.

Die Muskeln verlaufen in von Faszien und Muskelhäuten ausgekleideten Räumen (Kompartment). Werden die Weichteile so stark geschädigt, dass es zu einer Einblutung oder zu einer sehr starken Schwellung der Muskulatur im Kompartment kommt, steigt der Gewebedruck an. Der arterielle Blutdruck reicht nicht mehr aus, um das Gewebe zu durchbluten. Infolge des Sauerstoffmangels wird die Muskulatur geschädigt und stirbt ab. Das Kompartmentsyndrom ist eine typische Komplikation nach schweren Gewalteinwirkungen, Unfällen im Verkehr, beim Reiten oder bei Stürzen. Im Kindesalter wird es nach ellenbogengelenknahen Oberarmbrüchen beobachtet und dann nach dem Erstbeschreiber, dem Chirurgen Richard Volkmann (1830–1889), benannt. Die Volkmannsche Kontraktur kann eine Gebrauchsstörung des betroffenen Armes und der Hand hinterlassen.

In der akuten Phase der Erkrankung klagen die Patienten über heftige Schmerzen in der verhärteten und geschwollenen Extremität. Die Komplikation kann mit sensiblen Störungen und Lähmungen einhergehen. Das Kompartmentsyndrom wird klinisch diagnostiziert. Die Verdachtsdiagnose lässt sich durch die Messung des Gewebedrucks erhärten. Während der normale Druck im Gewebe weniger als 10 mm Hg beträgt, werden bei einem Kompartmentsyndrom 30–40 mm Hg gemessen.

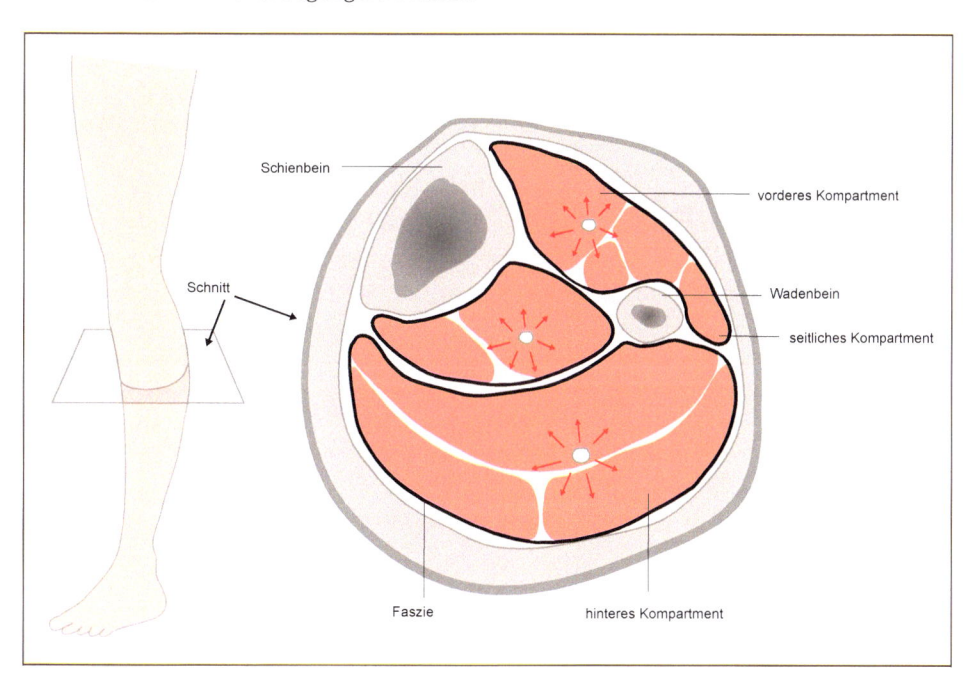

Abb. 4.2:
Steigt der Druck in der Muskulatur, die von festen Muskelhäuten (Faszien) umgeben ist, so kann sich ein Kompartmentsyndrom entwickeln. Am häufigsten entsteht das Kompartmentsyndrom am Unterschenkel.

Therapie

Um zu verhindern, dass die betroffene Muskulatur dauerhaft geschädigt wird, ist eine rasche Druckentlastung erforderlich. Hierfür müssen die Faszien gespalten werden. Am Unterschenkel ist es erforderlich, alle vier Muskellogen zu eröffnen. Das Bein darf danach nicht hochgelagert werden, um die Durchblutung nicht zu verschlechtern. Nach der Normalisierung des Gewebedrucks müssen die Weichgewebe und die Haut in einem Zweiteingriff verschlossen werden. Häufig ist hierzu eine Hauttransplantation erforderlich. Auch nach einem erfolgreich therapierten Kompartmentsyndrom ist mit einer Funktionsbeeinträchtigung der betroffenen Extremität zu rechnen. Zu berücksichtigen sind zudem kosmetische Beeinträchtigungen durch ausgedehnte Narbenbildungen.

Medizinisch erforderliche Nachbehandlung	
Stationäre Rehabilitation (AHB)	Je nach Schwere und Substanzdefekt erforderlich
Dauer und Frequenz der Physiotherapie nach Eintritt der Verletzung	Mit der Notwendigkeit einer wochenlangen bis mehrmonatigen Physiotherapie (z. B. zwei bis drei Mal pro Woche) ist zu rechnen.
Dauer und Frequenz der Physiotherapie nach Abschluss der Heilung	Nach Abschluss der Rekonvaleszenz kann eine gelegentliche Physiotherapie bis zu zwei Jahre nach der Verletzung erforderlich sein.
Künftige operative Behandlungen	Im Allgemeinen nicht erforderlich
Hilfsmittel, Medikamente	Anfangs Schmerzmittel und abschwellende Medikamente, Kompressionsstrumpf

Beeinträchtigung der Arbeitsfähigkeit	
Berufliche Anforderung	Durchschnittliche Dauer der Arbeitsunfähigkeit
Leichte, überwiegend sitzende Tätigkeit	1–3 Monate
Leichte bis mittelschwere Arbeit, etwa hälftiger Anteil stehender/gehender Tätigkeit	3–6 Monate
Schwere körperliche Tätigkeiten und Arbeiten, die vorwiegend im Stehen/Gehen verrichtet werden	Mindestens drei Monate, bei ausgeprägten Gewebeschäden kann eine dauerhafte Arbeitsunfähigkeit für schwere und stehende Tätigkeiten bestehen bleiben.

Bewertung des Haushaltsführungsschadens		
Tätigkeit	Beeinträchtigung (in %) bis zum Abschluss der Rekonvaleszenz	Beeinträchtigung auf Dauer (in %)
Leicht: Planung	Bei ausgeprägtem Kompartmentsyndrom an der unteren Extremität: 100 % für zwei Wochen nach Entlassung aus stationärer Behandlung, dann abgestuft je nach Befund	Keine Beeinträchtigung zu erwarten
Mittel: Durchschnittliche Hausarbeiten	100% für sechs Wochen, dann abgestuft je nach Befund	Keine Beeinträchtigung zu erwarten
Schwer: Großer Hausputz, Gartenarbeit	100% für zwölf Wochen, dann abgestuft je nach Befund	Begutachtung erforderlich

Bewertung des Dauerschadens	
Versicherungszweig – Rechtsgebiet	Einschätzung des Dauerschadens
Gesetzliche Unfallversicherung: MdE	10 v. H. – 20 v. H., Begutachtung erforderlich
Private Unfallversicherung: Invalidität	1/20 – 4/20 Beinwert, Begutachtung erforderlich
Haftpflichtversicherung	Individuelle Bewertung unter Berücksichtigung des Berufs und der Lebensumstände, Orientierung an der MdE
Gesetzliche Rentenversicherung	In der Regel keine Bedeutung
Private Berufsunfähigkeitsversicherung	Die Voraussetzung für eine 50 % Berufsunfähigkeit kann je nach funktioneller Beeinträchtigung unter Berücksichtigung des Berufsbildes vorliegen.
Schwerbehindertenrecht, soziales Entschädigungsrecht, Beamtenrecht: GdB, GdS	Feststellung unter Berücksichtigung der dauerhaften Funktionsbeeinträchtigungen

4.3 Thrombose und Embolie

Krankheitsbild und Symptomatik

Der Begriff „Thrombose" umschreibt die lokale Blutgerinnung in einem oder mehreren Blutgefäßen. Die Thrombose ist eine relativ häufige Komplikation nach Verletzungen. Die Thrombose beeinträchtigt die Blutzirkulation. Entsteht eine Thrombose im Bereich der unteren Extremitäten, dann schwillt das Bein an, die Venen treten hervor, die Haut verfärbt sich livide. Die Thrombose wird durch eine gestörte Blutströmung, eine Gefäßwandschädigung und eine Änderung der Zusammensetzung des Blutes begünstigt. Nach schweren Verletzungen ist die Gerinnungsfähigkeit des Blutes erhöht.

Akutes Risiko: Embolie

Unter dem Begriff der Embolie wird die Verschleppung eines Blutpfropfes auf dem Blutweg verstanden. Löst sich zum Beispiel von einer Oberschenkelthrombose ein Blutgerinnsel, dann wird dieses mit dem Blutstrom in die rechte Herzkammer transportiert und von dort in die Lungenstrombahn ausgeworfen. Je nach Größe kann das Ge-

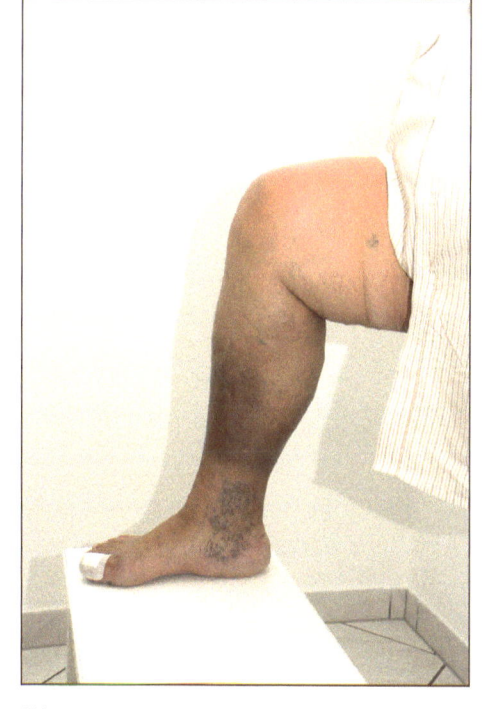

Abb. 4.3:
Der 50-jährige Lkw-Fahrer hatte sich eine schwere Distorsion des rechten Kniegelenks zugezogen. Als Komplikation entwickelte sich eine Thrombose des rechten Beins. Es verblieb eine venöse Durchblutungsstörung (postthrombotisches Syndrom).

Die gestörte Heilung – Komplikationen des Heilverlaufs

> **Thrombose und Lungenembolie werden begünstigt durch:**
> - Verletzungen
> - Verbrennungen
> - Operationen
> - Ruhigstellung (z. B. im Gipsverband oder einer Orthese)
> - Krampfaderleiden
> - Übergewicht
> - Die Einnahme hormoneller Verhütungsmittel
> - Bösartige Erkrankungen
> - Gerinnungsstörungen

rinnsel einen kleineren oder größeren Teil der Lungenstrombahn verschließen und – im schlimmsten Fall – einen Sekundentod verursachen. Im medizinischen Sprachgebrauch wird hierfür der Begriff der „foudroyanten Lungenembolie" verwendet.

Eine Lungenembolie, die nur einen kleinen Teil der Lungenstrombahn verschließt, wird konservativ behandelt. Die Patienten werden heparinisiert, später nehmen sie für einige Wochen bis Monate blutverdünnende Medikamente (Cumarinderivate, Marcumar, Falithrom) ein.

Bei ausgeprägten Lungenembolien kann versucht werden, den verschleppten Thrombus in der Lunge mittels einer Fibrinolyse aufzulösen. Wurden große Mengen thrombotischen Materials in die Lungenstrombahn eingeschleppt und liegt eine schwerwiegende Lungenembolie mit Zeichen eines Schocks vor, so ist die operative Entfernung des Thrombus aus der Lunge erforderlich. Dieser Eingriff ist risikoreich. Kleinere Lungenembolien verursachen Atembeschwerden und Luftnot, sie heilen meist folgenlos aus, können allerdings auch Dauerschäden (Ventilationsstörung) hinterlassen.

Bei einem angeborenen Mangel an blutverflüssigenden Faktoren (z. B. Antithrombin III) ist die Thromboseneigung erhöht. Um die Gefahr der Entstehung einer Thrombose zu reduzieren, werden nach Unfällen, Operationen oder nach Anlage von ruhig stellenden Verbänden an den Extremitäten Medikamente zur Thromboseprophylaxe verabreicht. Hierbei hat sich die subkutane Injektion eines niedermolekularen Heparins bewährt. Eine Einnahme des Medikaments ist nicht möglich, da das Heparin im Magen-Darm-Kanal inaktiviert würde. Die Dosis hängt einerseits vom Ausmaß der Thrombosegefahr, andererseits vom Körpergewicht ab. Mobile und leicht verletzte Patienten sind in der Lage, sich die Spritzen nach Anleitung selbst zu verabreichen.

Hat sich ein venöses Gefäß durch eine Thrombose verschlossen, dann besteht ebenfalls die Möglichkeit, den Blutpfropf durch eine Fibrinolyse aufzulösen. Voraussetzung ist allerdings, dass die Thrombose

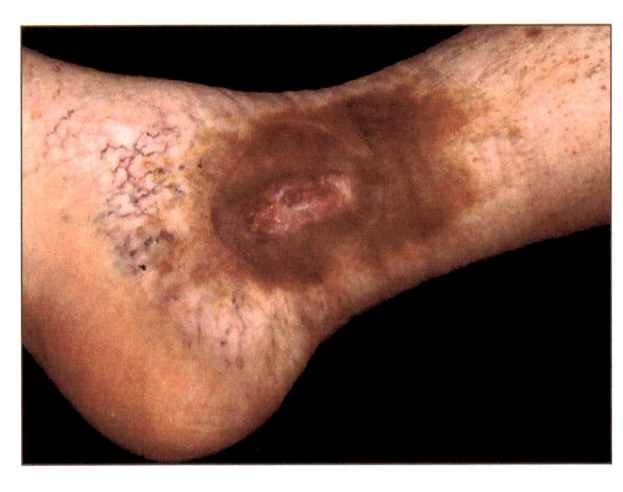

Abb. 4.4:
Arterielle und venöse Durchblutungsstörungen beeinträchtigen die Wundheilung: Chronisches Geschwür nach leichter Weichteilverletzung (Ulcus cruris).

frisch, d.h. allenfalls wenige Tage alt ist. Kommt eine derartige Therapie wegen Risikofaktoren (z.B. Zustand nach Schlaganfall) nicht in Frage, so kann der Thrombus operativ entfernt werden. Nach einer Thrombose kann ein postthrombotisches Syndrom verbleiben.

Spätrisiko: Postthrombotisches Syndrom, Ulcus cruris
Das in einer Vene geronnene Blut hemmt den Rückfluss zum Herzen, die betroffene Extremität schwillt an. Wird die Thrombose nicht rechtzeitig entdeckt und behandelt oder rekanalisiert sie sich nicht spontan, so kann sich ein postthrombotisches Syndrom entwickeln. Das Bein (der Arm) schwillt an, im Laufe der Zeit bildet sich ein Umgehungskreislauf, der äußerlich durch Krampfadern erkennbar wird. Die Patienten klagen über ein Spannungsgefühl, Schmerzen und eine verminderte Belastbarkeit. Der gestörte venöse Rückfluss begünstigt die Entstehung von Stauungsdermatosen (Hautveränderungen) und Unterschenkelgeschwüren (Ulcus cruris).

4.4 Verzögerte oder ausbleibende Knochenheilung: Pseudarthrose (Falschgelenk)

Verletzungsbild und Symptomatik
Die meisten Knochenbrüche heilen innerhalb von drei Monaten (s. S. 48) stabil aus. Zwar sind die Verletzten zu diesem Zeitpunkt noch nicht beschwerdefrei, die Extremität ist jedoch wieder belastbar.

Ist der Bruch nach Abschluss von vier Monaten nicht vollständig überbrückt, so geht man von einer verzögerten Heilung aus. Manche Knochen benötigen jedoch länger bis zur Ausheilung (z.B. Sprungbein). Heilt der Bruch auch nach sechs bis acht Monaten nicht oder hat sich nur eine narbige, fibröse Verbindung zwischen den Bruchfragmenten ausgebildet, so spricht man von einer Falschgelenkbildung oder Pseudarthrose.

Ursachen für die Falschgelenkbildung können z.B. Mikrobewegungen im Bruchbereich sein. Bei intakter biologischer Knochenheilung „reiben" die Bruchfragmente aneinander, ohne Anschluss zu finden. Der Knochen bildet ein narbiges Gewebe (Kallus) das den Bruchspalt überbrücken soll. Wegen der Mikrobewegungen bleibt die Überbrückung aus, die instabilen Bruchfragmente verdicken sich durch die überschließende Kallusbildung. Dieser Zustand wird als *hypertrophe Pseudarthrose* beschrieben. Bei dieser Form der Falschgelenkbildung ist die biologische Vitalität des Knochens ungestört, die Vereinigung der Knochenenden wurde durch äußere Faktoren verhindert.

Sind die Ernährung und die Durchblutung eines Extremitätenabschnitts gestört, dann ist der Knochen nicht in der Lage, ausreichenden Kallus zu produzieren. Der frakturnahe Knochen bildet sich zurück, die Bruchfragmente finden keinen Anschluss. Weder auf dem Röntgenbild noch bei intraoperativer Betrachtung lässt sich eine Kallusbildung erkennen. In diesem Fall spricht man von einer *atrophischen Pseudarthrose*. Begünstigt wird die Entstehung der atrophischen Pseudarthrose durch arterielle Durchblutungsstörungen, hohes Alter und schwere Traumatisierung mit Beeinträchtigung der Gefäßversorgung.

Therapie

Die Erfolgsaussichten der Behandlung einer hypertrophen Pseudarthrose, bei der Kallus im Übermaß gebildet wurde, sind günstig. Der Kallus wird angefrischt, die Fraktur wird durch operative Verfahren ruhig gestellt (Platte, Marknagel). Indem der Operateur die Frakturenden unter Druck bringt, erhöhen sich die Chancen der Ausheilung. Eine Knochenübertragung ist bei der hypertrophen Pseudarthrose in der Regel nicht notwendig.

Viel schwieriger ist die Behandlung der atrophischen Pseudarthrose. Da die biologische Reaktionsfähigkeit des Knochens herabgesetzt ist, wird versucht, den Knochen zur Regeneration anzuregen. Dies gelingt in aller Regel nur durch eine Knochentransplantation. Schwammknochen (Spongiosa) wird z. B. aus dem Beckenkamm entnommen und an die von narbigem Gewebe befreiten Knochenenden angelagert. Zusätzlich muss die ehemalige Fraktur durch eine Osteosynthese stabilisiert werden. Unter Umständen sind weitere Maßnahmen zur Verbesserung der Blutversorgung erforderlich.

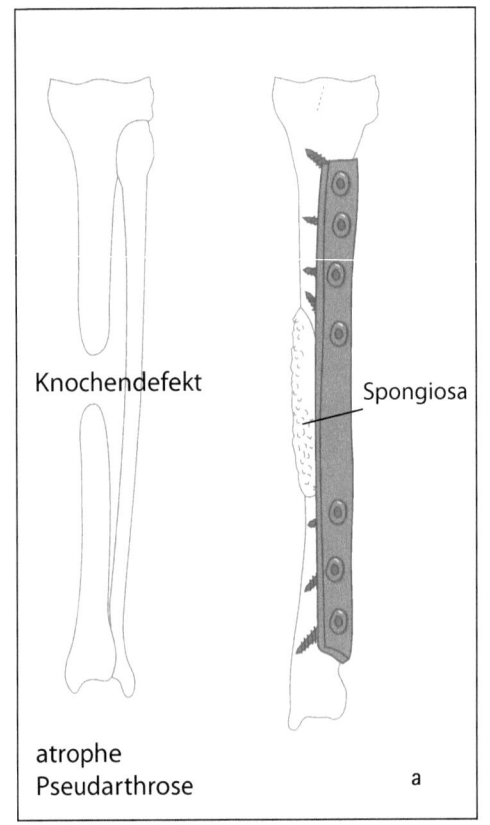

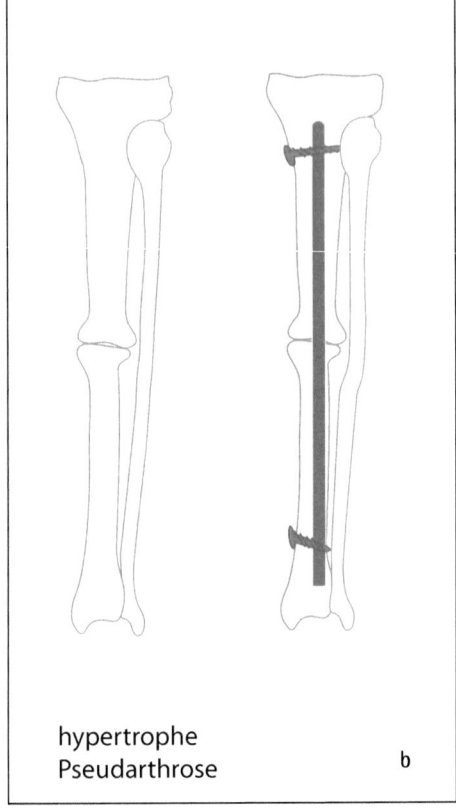

Abb. 4.5:
Eine ausbleibende Knochenbruchheilung kann verschiedene Ursachen haben. Die Abb. a zeigt eine atrophe Pseudarthrose, die durch eine Knochentransplantation und Stabilisierung mit einer Platte zur Ausheilung gebracht wird. Abb. b: Die Prognose der hypertrophen Pseudarthrose ist günstiger, meist reicht die konsequente Stabilisierung aus, um das straffe Falschgelenk auszuheilen.

Verzögerte oder ausbleibende Knochenheilung

Bei gezielter Behandlung ist auch bei der Pseudarthrose eine günstige Prognose zu stellen. Bis zur endgültigen Heilung können allerdings viele Monate vergehen.

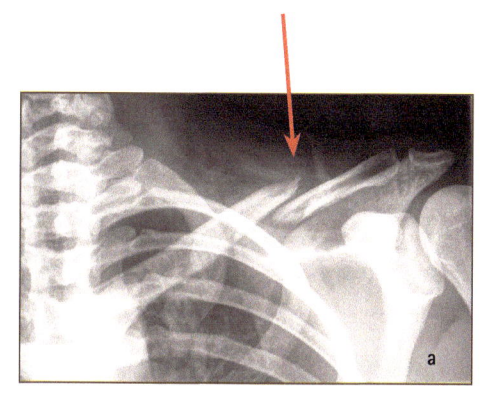

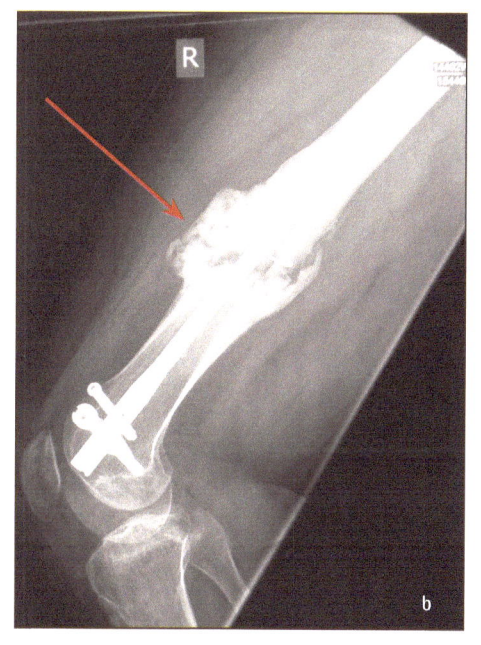

Abb. 4.6:
Die 20 Jahre alte Reiterin war von einem Pferd gestürzt und hatte sich einen Schlüsselbeinbruch zugezogen. Die Verletzung heilte nicht aus und es entwickelte sich eine Pseudarthrose ohne erkennbare Kallusbildung (a). Auch bei dem 25-jährigen Motorradfahrer blieb die vollständige Konsolidierung aus (b). Die Knochenneubildung ist gut, man spricht von einer hypertrophen Pseudarthrose. Als Therapie kommt ein weiterer operativer Eingriff mit Implantation eines stabileren größeren Nagels in Frage. Alternativ bestünde die Möglichkeit, noch einige Monate abzuwarten, da der Proband das Bein belasten darf.

Medizinisch erforderliche Nachbehandlung	
Stationäre Rehabilitation (AHB)	Eine AHB kann nach einem Zeiteingriff (Wechsel des Marknagels, der Platte mit Knochentransplantation) indiziert sein.
Dauer und Frequenz der Physiotherapie nach Eintritt der Verletzung	Eine Krankengymnastik erhält die Funktion der Gelenke, sinnvoll kann eine Ultraschalltherapie oder Magnetfeldtherapie zur Anregung es Knochenwachstums sein.
Dauer und Frequenz der Physiotherapie nach Abschluss der Heilung	Eine begleitende Physiotherapie kann bis zum völligen Abschluss der Knochenbruchheilung erforderlich sein (1–2 Behandlungen pro Woche).
Künftige operative Behandlungen	Weiterer Eingriff bei ausbleibender Konsolidierung zur Anregung der Knochenbruchheilung, Metallentfernung nach völliger Ausheilung
Hilfsmittel, Medikamente	Gelegentlich stabilisierende Orthese, Kompressionsstrumpf, Einlagenversorgung

Beeinträchtigung der Arbeitsfähigkeit

Berufliche Anforderung	Durchschnittliche Dauer der Arbeitsunfähigkeit
Leichte, überwiegend sitzende Tätigkeit	Ist die Pseudarthrose belastungsstabil versorgt (z. B. Marknagel im Oberschenkel oder Schienbein), so ist der Patient trotz des Falschgelenks arbeitsfähig. Individuelle Beurteilung erforderlich
Leichte bis mittelschwere Arbeit, etwa hälftiger Anteil stehender / gehender Tätigkeit	Vgl. leichte Tätigkeit
Schwere körperliche Tätigkeiten und Arbeiten, die vorwiegend im Stehen / Gehen verrichtet werden	Für körperlich schwere Arbeiten ist bis zur Ausheilung der Pseudarthrose Arbeitsunfähigkeit anzunehmen. Zu prüfen sind eine zeitlich begrenzte Berufsunfähigkeit in der privaten BU-Versicherung und eine Zeitrente in der GRV. Im Einzelfall können Maßnahmen zur Teilhabe am Arbeitsleben sinnvoll sein: Weiterqualifikation, Umschulung ... etc.

Bewertung des Haushaltsführungsschadens

Tätigkeit	Beeinträchtigung (in %) bis zum Abschluss der Rekonvaleszenz	Beeinträchtigung auf Dauer (in %)
Leicht: Planung	Im Allgemeinen keine Beeinträchtigung	Nach Ausheilung keine Beeinträchtigung zu erwarten
Mittel: Durchschnittliche Hausarbeiten	Je nach Befund: Gehfähigkeit?	Nach Ausheilung keine Beeinträchtigung zu erwarten
Schwer: Großer Hausputz, Gartenarbeit	100 % bis zur Ausheilung der Pseudarthrose	Nach Ausheilung kann eine Beeinträchtigung verbleiben, z. B. 10 – 20 %. Begutachtung erforderlich

Bewertung des Dauerschadens

Versicherungszweig – Rechtsgebiet	Einschätzung des Dauerschadens
Gesetzliche Unfallversicherung: MdE	Nach Ausheilung 10 v. H. – 20 v. H., je nach Lokalisation, Begleitverletzungen der Gelenke und funktionellem Befund
Private Unfallversicherung: Invalidität	1/20 – 4/20 Beinwert
Haftpflichtversicherung	Individuelle Bewertung unter Berücksichtigung des Berufs und der Lebensumstände, Orientierung an der MdE
Gesetzliche Rentenversicherung	Nach Ausheilung meist keine rentenrelevante Auswirkung.
Private Berufsunfähigkeitsversicherung	Die Voraussetzung für eine 50 % Berufsunfähigkeit kann bis zur Ausheilung je nach funktioneller Beeinträchtigung unter Berücksichtigung des Berufsbildes vorliegen. Im Allgemeinen keine dauerhafte Berufsunfähigkeit
Schwerbehindertenrecht, soziales Entschädigungsrecht, Beamtenrecht: GdB, GdS	Nach vollständiger Ausheilung kein GdB/GdS, bei bleibenden Funktionsbeeinträchtigungen kann ein GdB/GdS von 10 – 20 vorliegen.

4.5 Infektionen der Weichteile

Verletzungsbild und Symptomatik

Eine Infektion geht mit den typischen Zeichen der Entzündung einher. Das betroffene Gewebe ist gerötet, heiß und schmerzt. Bei jeder Durchtrennung der Haut, durch die die Grenze zwischen Umwelt und Körper eröffnet wird, können Bakterien in den Körper eintreten und eine Entzündung hervorrufen. Die meisten Entzündungen in den Weichteilen verlaufen gutartig. Im Rahmen der sekundären Wundheilung wandern weiße Blutkörperchen und Fresszellen in das entzündete Gewebe ein und reinigen die Wunde. Am Ende heilt die Wunde narbig aus.

Als problematisch sind Infektionen vor allem anzusehen, sofern sie sich in geschlossenen Räumen ausbreiten (z.B. Hohlhandphlegmone, Phlegmone der Sehnenscheiden, bakterielle entzündliche Erkrankung der Schleimbeutel).

Therapie

Hohlhandphlegmone und Phlegmone der Sehnenscheiden bedürfen dringend einer chirurgischen Sanierung. Die betroffenen Körperareale werden eröffnet, das umliegende Gewebe wird chirurgisch gereinigt und das entzündliche Sekret über Drainagen abgeleitet. Die Behandlung wird durch eine systemische und lokale Antibiose unterstützt.

Bei rechtzeitiger und konsequenter Therapie ist die Prognose günstig.

Besteht die Infektion jedoch über einen längeren Zeitraum, so können auch Funktionsbeeinträchtigungen zurückbleiben (z.B. Bewegungseinschränkung von Fingergelenken und/oder des Handgelenks bei einer Hohlhand- bzw. Sehnenscheidenphlegmone). Je nach verbliebener Beeinträchtigung schließt sich nach Ausheilung der Infektion eine Physiotherapie an, mit der eine Verbesserung der Funktion angestrebt wird.

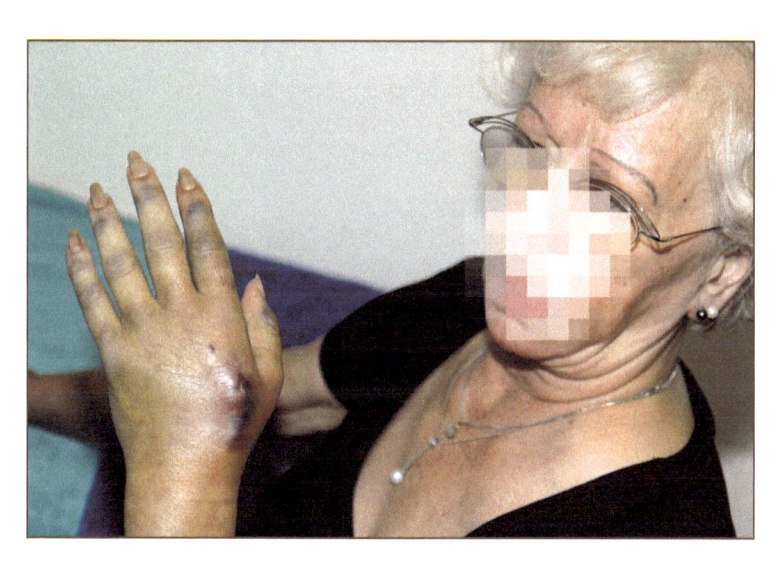

Abb. 4.7:
Phlegmenöse Entzündung der Hand. Die Abwehrlage der 68-jährigen Patientin war durch einen langjährigen Alkohol- und Nikotinabusus herabgesetzt. Eine operative Behandlung war dringend erforderlich.

Die gestörte Heilung – Komplikationen des Heilverlaufs

Medizinisch erforderliche Nachbehandlung	
Stationäre Rehabilitation (AHB)	Nach operativen Behandlungen ausgedehnter Weichteilinfektionen der Hand oder des Fußes kann eine AHB erforderlich sein.
Dauer und Frequenz der Physiotherapie nach Eintritt der Verletzung	Einfache Infektionen, die komplikationslos abheilen, bedürfen keiner Physiotherapie. Sind operative Eingriffe erforderlich, so kann eine ein- bis dreimalige Behandlung pro Woche bis zur Abheilung erforderlich sein.
Dauer und Frequenz der Physiotherapie nach Abschluss der Heilung	Nur in Ausnahmefällen bei erheblichen funktionellen Beeinträchtigungen erforderlich
Künftige operative Behandlungen	Im Allgemeinen nicht erforderlich
Hilfsmittel, Medikamente	Anfangs Antibiotika, Schmerzmittel und abschwellende Medikamente, ggf. zeitweise Orthesen

Beeinträchtigung der Arbeitsfähigkeit	
Berufliche Anforderung	Durchschnittliche Dauer der Arbeitsunfähigkeit
Leichte, überwiegend sitzende Tätigkeit	Je nach Lokalisation 0 – 1 – 3 Wochen, bei ausgedehnten Infektionen der Hand bis zu drei Monaten
Leichte bis mittelschwere Arbeit, etwa hälftiger Anteil stehender / gehender Tätigkeit	Je nach Lokalisation 0 – 1 – 3 Wochen, bei ausgedehnten Infektionen an Hand und Fuß bis zu drei Monaten. Individuelle Beurteilung erforderlich
Schwere körperliche Tätigkeiten und Arbeiten, die vorwiegend im Stehen / Gehen verrichtet werden	Je nach Lokalisation 0 – 1 – 3 Wochen, bei ausgedehnten Infektionen bis zu drei Monaten und mehr, in diesen Fällen ist eine frühzeitige Begutachtung zu empfehlen, um medizinische und berufliche Rehabilitationsmaßnahmen zu prüfen.

Bewertung des Haushaltsführungsschadens		
Tätigkeit	Beeinträchtigung (in %) bis zum Abschluss der Rekonvaleszenz	Beeinträchtigung auf Dauer (in %)
Leicht: Planung	Je nach Infektion und Auswirkung	Nach Ausheilung keine Beeinträchtigung zu erwarten
Mittel: Durchschnittliche Hausarbeiten	Je nach Infektion und Auswirkung	Nach Ausheilung keine Beeinträchtigung zu erwarten. Bei komplexen Dauerschäden Begutachtung erforderlich
Schwer: Großer Hausputz, Gartenarbeit	Je nach Infektion und Auswirkung	Nach Ausheilung keine Beeinträchtigung zu erwarten. Bei komplexen Dauerschäden Begutachtung erforderlich

Bewertung des Dauerschadens	
Versicherungszweig – Rechtsgebiet	Einschätzung des Dauerschadens
Gesetzliche Unfallversicherung: MdE	Einfache Infektionen hinterlassen keine MdE. Funktionsstörungen nach ausgedehnten Prozessen können eine MdE von 10 v. H. – 20 v. H. begründen.
Private Unfallversicherung: Invalidität	Individuelle Prüfung einer möglichen Invalidität. Abzustellen ist auf den Sitz der Infektion, z. B. Finger, Hand, Fuß, Bein ... etc. Begutachtung erforderlich
Haftpflichtversicherung	Individuelle Bewertung unter Berücksichtigung des Berufs und der Lebensumstände, Orientierung an der MdE
Gesetzliche Rentenversicherung	Nach Ausheilung meist keine rentenrelevante Auswirkung
Private Berufsunfähigkeitsversicherung	Die Voraussetzung für eine Berufsunfähigkeit von 50 % kann in ausgewählten Fällen bei starken Funktionsstörungen von Hand oder Fuß unter Berücksichtigung des Berufsbildes vorliegen.
Schwerbehindertenrecht, soziales Entschädigungsrecht, Beamtenrecht: GdB, GdS	Nur in Ausnahmefällen verbleibt ein GdB / GdS. Ggf. Feststellung unter Berücksichtigung der dauerhaften Funktionsbeeinträchtigungen

4.6 Infektionen des Knochens (Osteomyelitis, Ostitis)

Die Infektion des Knochens ist eine gravierende Komplikation. Die häufigste Ursache einer Knocheninfektion ist der offene Knochenbruch. Durch die Hautöffnung können Krankheitskeime in das Gewebe eintreten. Die Verletzung beeinträchtigt die Durchblutung und begünstigt hierdurch die Entstehung einer Infektion. Auch bei primär geschlossenen Frakturen und schweren Weichteilschäden ist die Wahrscheinlichkeit der Entstehung einer Osteomyelitis erhöht. Begünstigt wird die Osteomyelitis durch höheres Alter, eine Blutzuckerkrankheit und eine unzureichende Durchblutung, z. B. als Folge einer arteriellen Verschlusskrankheit. Raucher sind häufiger von einer Osteomyelitis betroffen. Schließlich können sich primär geschlossene Frakturen, die operativ behandelt wurden, entzünden. Die Krankheitskeime gelangen durch die Operation in die Wunde und breiten sich im Knochen aus. Die Keimbesiedlung erfolgt meist durch Staphylokokken, Pseudomonas aeruginosa oder E. coli.

Die Infektion kann hochakut und dramatisch mit Fieber und ausgeprägten Lokalsymptomen, starker Überwärmung, Rötung und Schmerzen beginnen.

Auch andere Verlaufsformen mit verzögertem Beginn kommen vor. Gelegentlich schwillt die verletzte Extremität erst Wochen oder Monate nach der offenen Verletzung oder der Operation an. Der Entzündungsherd kann die Haut durchbrechen, dabei entleert sich ein eitriges Exsudat. Auch nach Abfluss des Eiters bleibt eine kleine Öffnung (Fistel) bestehen, durch die trübe Flüssigkeit abfließt.

Therapie

Die Osteomyelitis bedarf einer gezielten und sehr intensiven Therapie. An erster Stelle steht die chirurgische Sanierung. Das abgestorbene Knochengewebe ist restlos zu entfernen. Danach wird die Fraktur stabilisiert. Da Metallteile, die sich in der Nähe des Entzündungsherdes befinden, das Weiterschwelen der Infektion begünstigen, werden Osteosyntheseplatten und Nägel entfernt. Bewährt hat sich die Stabilisierung durch einen äußeren Festhalter (Fixateur externe, s. S. 43). Dabei werden Knochennägel in größerem Abstand von der ursprünglichen Verletzung in den Knochen eingebohrt und über einen äußeren Rahmen stabil fixiert. Im betroffenen Knochenabschnitt verbleibt dann kein Fremdmaterial.

Um die Infektion zur Ruhe zu bringen, werden im Allgemeinen lokale Antibiotikaträger (z.B. Kugelketten oder mit Antibiotika getränkte Schwämme bzw. resorbierbare Fliesmaterialien) eingebracht. Hierdurch gelingt es, eine sehr hohe Antibiotikakonzentration am Ort der Infektion zu erreichen, ohne den Gesamtorganismus zu belasten. Ergänzend erhält der Patient für einen begrenzten Zeitraum eine systemische antibiotische Behandlung, sei es Tabletten oder Infusionen. Bei ausgedehnten Knochenentzündungen werden weitere Eingriffe nach Sanierung des Infekts erforderlich. Konnten die Knochenenden nicht zur Vereinigung gebracht werden, so wird sich nach Beruhigung des Infekts eine Knochentransplantation (Spongiosa, Schwammknochen) anschließen. Die weitere Therapie ähnelt der Behandlung der Pseudarthrose.

Durch die konsequente und radikale Therapie gelingt es heute in fast allen Fällen, eine neu aufgetretene Osteomyelitis zum Ausheilen zu bringen. Allerdings besteht auch nach einer überwundenen Knocheninfektion die Gefahr eines Wiederaufflackerns des Infekts bei herabgesetzter Abwehrlage. Ein Rezidiv kann sich auch noch vier oder fünf Jahrzehnte nach der ursprünglichen Infektion ausbilden. Derartige Beispiele sind von Kriegsverletzten bekannt, die z.B. Schussverletzungen im Zweiten Weltkrieg erlitten. Viele Jahrzehnte später erkrankten sie an einer Grippe, die die allgemeine Abwehrlage so weit herabsetzte, dass die im Körper befindlichen Keime eine akute Knochenentzündung verursachten.

Die konkreten Folgen einer Osteomyelitis können nur im Einzelfall beurteilt werden. Bei rascher und konsequenter Therapie und vollständiger Sanierung des ursprünglichen Herdes ist die Gefahr eines Wiederaufflackerns als gering einzuschätzen.

Infektionen des Knochens

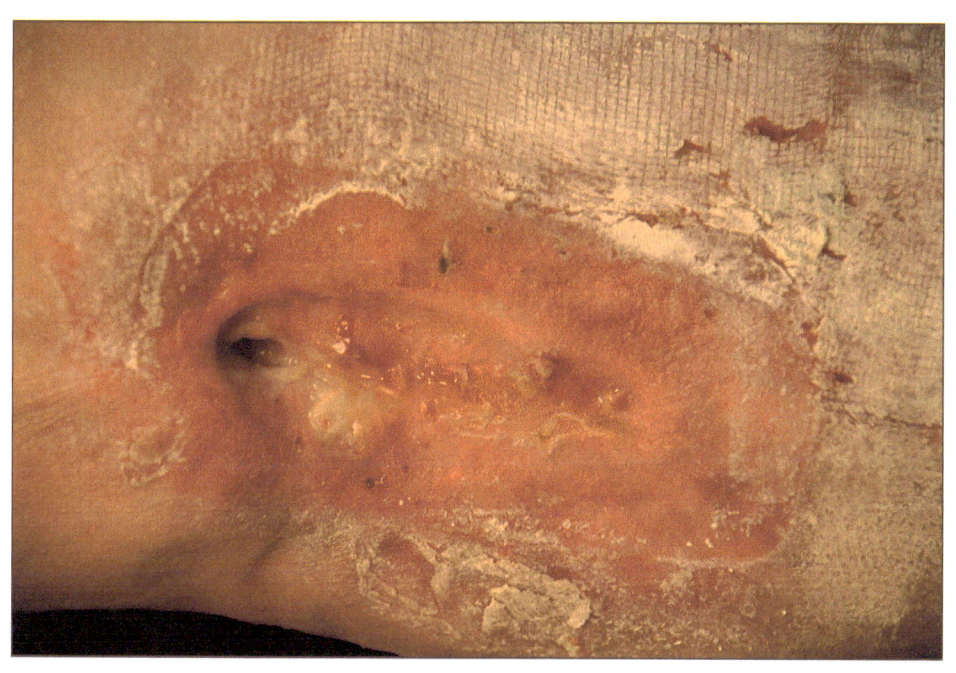

Abb. 4.8 a:
Während des Zweiten Weltkrieges erlitt der damals 19-jährige Soldat eine Granatsplitterverletzung mit offener Fraktur des rechten Unterschenkels. Der Knochenbruch heilte, allerdings verblieb eine Osteomyelitis, aus der sich seit Jahrzehnten eitriges Sekret entleert (a).

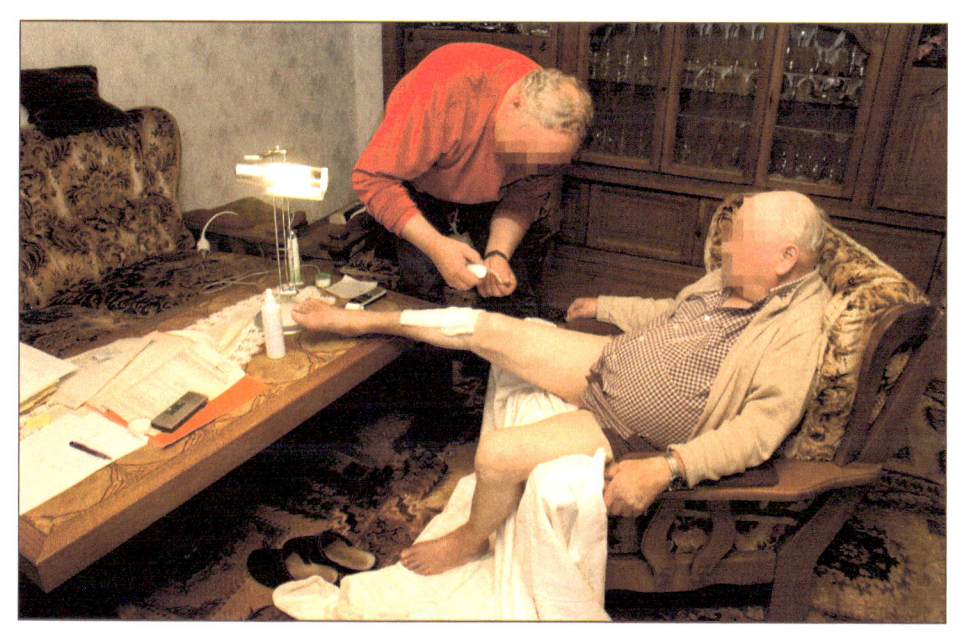

Abb. 4.8 b:
Zum Zeitpunkt der Photographie war der Proband 87 Jahre alt, er wurde von seinem Sohn gepflegt (b).

Die gestörte Heilung – Komplikationen des Heilverlaufs

Medizinisch erforderliche Nachbehandlung	
Stationäre Rehabilitation (AHB)	Nach operativen Eingriffen kann eine AHB erforderlich sein.
Dauer und Frequenz der Physiotherapie nach Eintritt der Verletzung	Mit der Notwendigkeit einer wochenlangen bis mehrmonatigen Physiotherapie (z. B. 1- 2 Mal pro Woche) ist zu rechnen.
Dauer und Frequenz der Physiotherapie nach Abschluss der Heilung	Nach Beruhigung des Infektes kann eine gelegentliche Physiotherapie erforderlich sein.
Künftige operative Behandlungen	Können bei Rezidiven erforderlich werden
Hilfsmittel, Medikamente	Antibiotika, auch nach Entlassung über mehrere Wochen bis Monate, Orthesen, Kompressionsstrümpfe

Beeinträchtigung der Arbeitsfähigkeit	
Berufliche Anforderung	Durchschnittliche Dauer der Arbeitsunfähigkeit
Kann nur im Einzelfall beurteilt werden	

Bewertung des Haushaltsführungsschadens		
Tätigkeit	Beeinträchtigung (in %) bis zum Abschluss der Rekonvaleszenz	Beeinträchtigung auf Dauer (in %)
Leicht: Planung	Je nach Infektion und Auswirkung	Keine Beeinträchtigung zu erwarten
Mittel: Durchschnittliche Hausarbeiten	Je nach Infektion und Auswirkung	Je nach Ort und funktionellen Folgen der Osteomyelitis. Begutachtung erforderlich
Schwer: Großer Hausputz, Gartenarbeit	Je nach Infektion und Auswirkung	Je nach Ort und funktionellen Folgen der Osteomyelitis. Begutachtung erforderlich

Bewertung des Dauerschadens	
Versicherungszweig – Rechtsgebiet	Einschätzung des Dauerschadens
Kann nur im Einzelfall beurteilt werden	

Teil 5

Schädel-Hirn-Traumen
und Gesichtsverletzungen

5.1 Schädel-Hirn-Traumen – ein Überblick

Anatomie

Das Gehirn lässt sich in vier Abschnitte unterteilen (Abb. 5.1):

Das Großhirn mit der motorischen und sensiblen Hirnrinde, das Zwischen- und Mittelhirn, den Hirnstamm, der in das verlängerte Mark (Medulla oblongata) übergeht, und das Kleinhirn. Das Großhirn besteht aus zwei Hirnhälften, die voneinander durch eine senkrecht verlaufende Ausziehung der harten Hirnhaut (Falx) getrennt sind. In einem 90°-Winkel zur Falx spannt sich waagerecht zwischen Groß- und Kleinhirn in Höhe des Zwischenhirns das Tentorium, eine bindegewebige Membran, aus (Abb. 5.2). Unterhalb des Tentoriums liegen die Medulla oblongata und das Kleinhirn (Abb. 5.1).

Das Hirngewebe macht etwa 88 % des Schädelinhaltes aus. Der Liquor, das Gehirnwasser, nimmt 9 % des Volumens in Anspruch. Die letzten 3 % entfallen auf das zirkulierende Blut. Ebenso wie andere Gewebe des Körpers kann das Gehirn bei einem Trauma anschwellen. Da der Raum, der zur Verfügung steht, durch die Schädelknochen limitiert wird, kann eine zunehmende Hirnschwellung fatale Konsequenzen haben. Bereits bei einer unfallbedingten Zunahme des Hirnvolumens von mehr als 6 % steigt der Hirndruck an. Eine Volumenzunahme einer der Hirnhälften, des Mittelhirns oder des Kleinhirns geht zu Lasten anderer Gehirnanteile, des Liquors oder der Durchblutung.

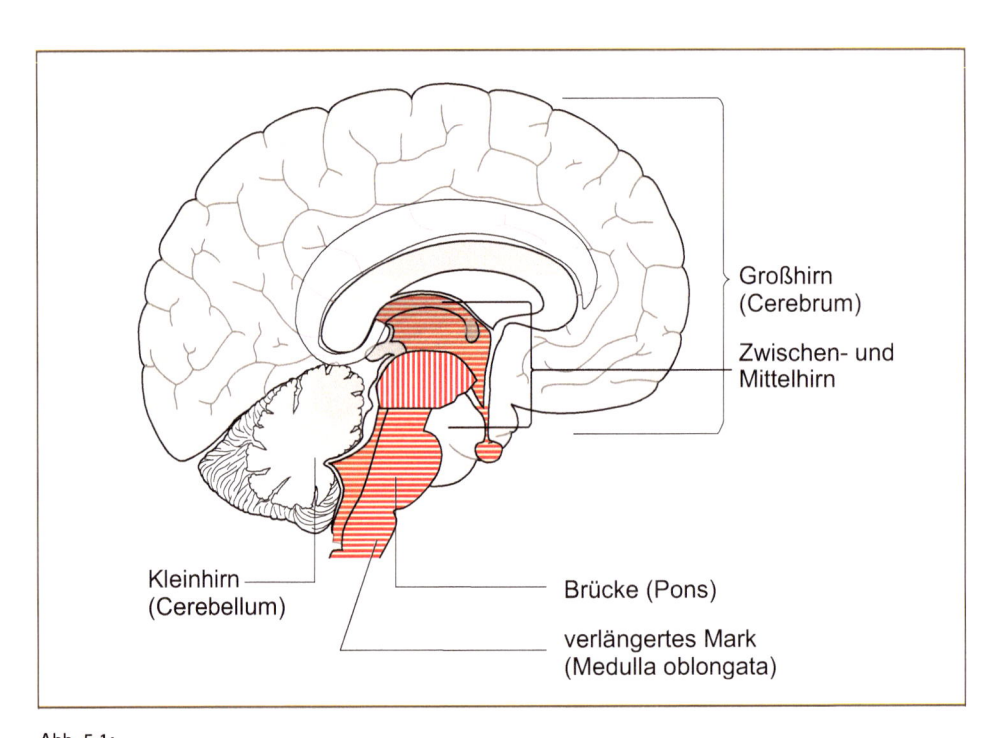

Abb. 5.1:
Der anatomische Aufbau des Gehirns.

Anatomie

Sichel (Falx cerebri)
Zelt (Tentorium)

Sichel (Falx cerebri)
Zelt (Tentorium)

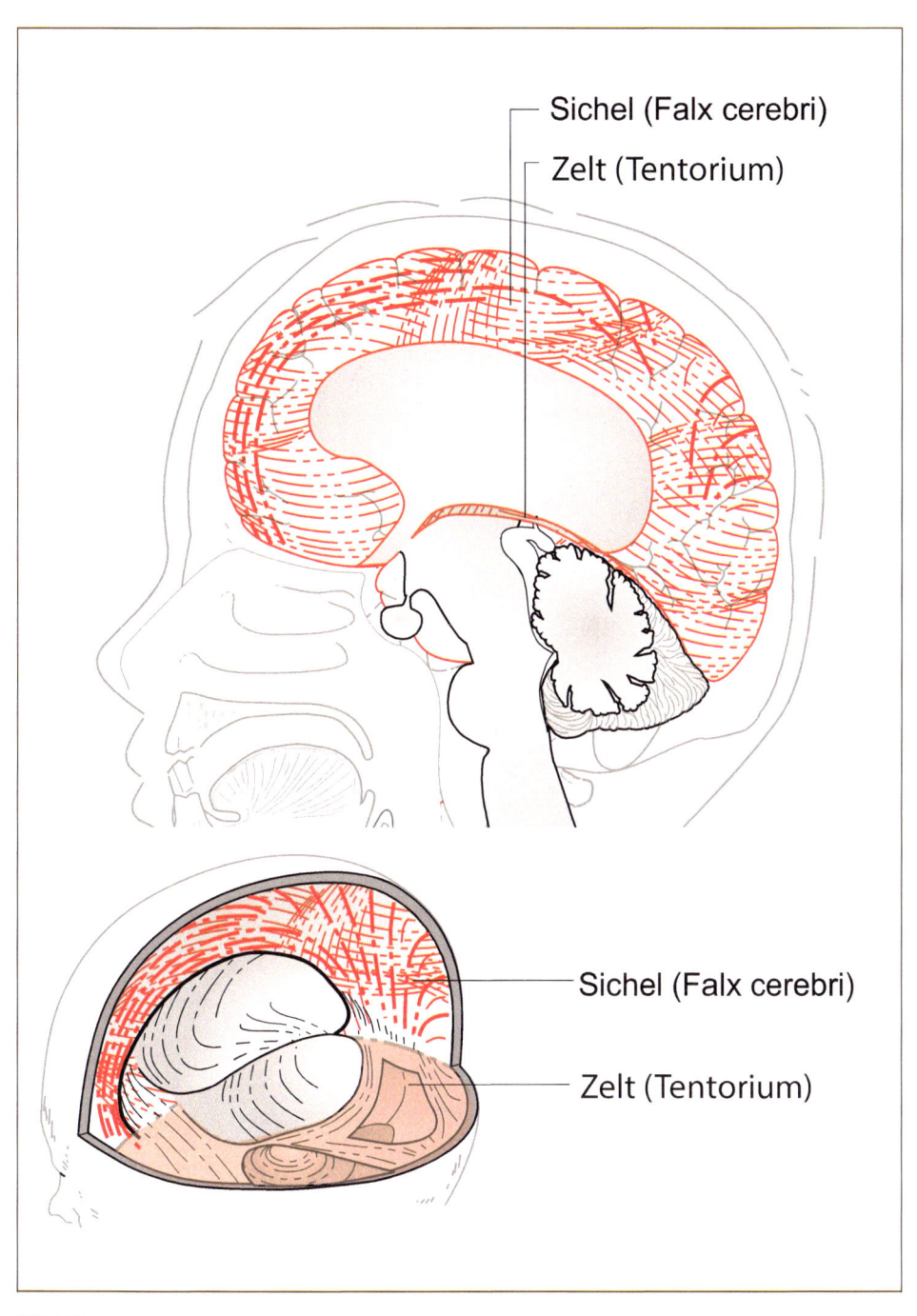

Abb. 5.2:
Die Sichel (Falx) verläuft zwischen rechter und linker Großhirnhemisphäre. Groß- und Kleinhirn werden vom Zelt (Tentorium) getrennt.

Einteilung der Schädel-Hirn-Traumen nach Dauer der Bewusstlosigkeit

Schädel-Hirn-Traumen können nach verschiedenen Klassifikationen eingeteilt werden. Ein allgemeingültiges Schema hat sich allerdings nicht durchsetzen können. Nimmt man die Dauer der Bewusstlosigkeit als Grundlage, dann lassen sich Hirnverletzungen in drei Kategorien einteilen:

Einteilung der Schädel-Hirn-Traumen nach Dauer der Bewusstlosigkeit

Leichtes Schädel-Hirn-Trauma	Mittelschweres Schädel-Hirn-Trauma	Schweres Schädel-Hirn-Trauma
Die Verletzung führt zu einer kurz anhaltenden Bewusstlosigkeit, die bis zu einer Stunde dauern kann. Alle Symptome bilden sich innerhalb weniger Tage vollständig zurück. Typische Zeichen sind Kopfschmerzen, Erbrechen und eine Erinnerungslücke, die das Unfallereignis mit einbezieht. Das Trauma kann von einem Schock und Atemstörungen begleitet sein. Das klinische Bild entspricht dem einer Commotio cerebri (Gehirnerschütterung).	Die Bewusstlosigkeit und eine Bewusstseinstrübung erstrecken sich über einen Zeitraum bis zu 24 Stunden. Begleiterscheinungen sind Atemstörung, zeitweilige Lähmungserscheinungen und Sprachstörungen. Die Folgen des mittelschweren Schädel-Hirn-Traumas bilden sich oft vollständig zurück.	Die Bewusstlosigkeit dauert länger als 24 Stunden. Auch Schädel-Hirn-Traumen, bei denen sich Zeichen einer Hirnstammschädigung nachweisen lassen, werden dieser Gruppe zugeordnet.

Einteilung der Schädel-Hirn-Traumen nach der Schwere der Verletzung

Verletzung	Neurologischer Befund	langfristige Folgen
Schädelprellung	keine neurologischen Ausfälle	Ausheilung nach wenigen Tagen
(Commotio cerebri) Gehirnerschütterung	kurzfristige Bewusstlosigkeit, retrograde Amnesie	Ausheilung nach wenigen Tagen
mittelschweres SHT	Bewusstlosigkeit bis 24 h, zeitweise Lähmung, Atemstörungen, Sprechstörungen	im Allgemeinen nach einigen Wochen vollständige Rückbildung
schweres SHT – strukturelle Hirnschädigung	Lokalsymptome:	Remission u. U. mit neurologischen Ausfällen
	Mittelhirnsyndrom	lokale Defektsyndrome organisches Psychosyndrom
	Bulbärhirnsyndrom	generalisiertes Defektsyndrom apallisches Syndrom
	Hirntod	

Verletzungsbild und Symptomatik

Schädel-Hirn-Traumen sind für den größten Anteil der tödlichen Verkehrsunfälle verantwortlich. Die Schwere der Schädel-Hirn-Verletzung und der weitere Verlauf hängen von der Art des Traumas und dem körperlichen Zustand des Betroffenen ab. Mit zunehmendem Alter nimmt die Fähigkeit des Gehirns ab, sich von den Folgen einer Verletzung zu erholen.

Glasgow-Coma-Scale (GCS)

Bei der primären Beurteilung von Schädel-Hirn-Verletzungen wird international der Glasgow-Coma-Scale verwendet. Dieses Schema beruht auf der Fähigkeit des Verletzten, Signale wahrzunehmen und zu reagieren. Berücksichtigt werden die motorische Reaktion einschließlich der Fähigkeit, die Augen auf Ansprache zu öffnen, sowie die Fähigkeit, sich verbal zu artikulieren.

Verletzte, die Zeichen einer strukturell-lokalen Hirnschädigung aufweisen, sind als schwer verletzt anzusehen. Typische Zeichen der strukturellen Hirnschädigung sind Differenzen der Pupillenweite, Halbseitenlähmungen, eine Liquorrhoe (Austritt von Hirnwasser), Schädelbrüche, bei denen sich Fragmente in das Hirninnere vorwölben (Impressionsfrakturen), sowie eine zunehmende Verschlechterung des Befindens.

Lebensgefährlicher Anstieg des Hirndrucks

Neben den lokalen Schädigungen durch die direkte Zerstörung von Gehirngewebe oder intrazerebrale Blutungen spielt insbesondere der posttraumatische Druckanstieg im Schädelinneren eine entscheidende Rolle für die Schwere der Schädigung und der Prognose. Das Hirngewebe reagiert in gleicher Weise wie andere Körperteile auf eine direkte oder indirekte Gewalteinwirkung: Es schwillt an. Wird ein Teil der Körperoberfläche verletzt – zum Vergleich sei eine schwere Prellung des Armes herangezogen – so nimmt der Umfang zu, der Patient klagt über Schmerzen. Die Schmerzen werden allerdings längerfristig nur dann als unerträglich empfunden, wenn sich der Körperteil in einem engen Verband (z.B. Gips) befindet und das Gewebe sich nicht ausdehnen kann. In diesem Fall kann sich ein Kompartmentsyndrom oder eine Sudecksche Dystrophie (CRPS) entwickeln. Ohne einengenden Verband bleibt die Schwellung folgenlos. Sobald der

Glasgow-Coma-Scale (GCS)

Entsprechend der erreichten Punktzahl ergeben sich folgende Einteilungen:

GCS 13 – 15	Leichtes Schädel-Hirn-Trauma
GCS 9 – 12	Mäßiges Schädel-Hirn-Trauma
GCS > 9	Schweres Schädel-Hirn-Trauma

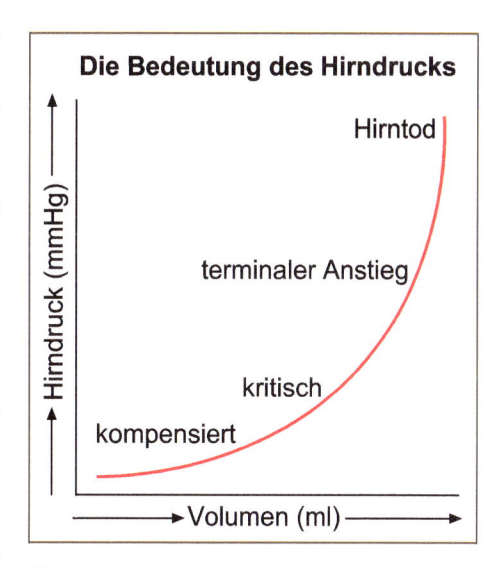

Abb. 5.3:
Der erhöhte Hirndruck kann tödliche Konsequenzen haben.

Schädel-Hirn-Traumen und Gesichtsverletzungen

Körper die Flüssigkeit resorbiert hat, verschwindet die Schwellung.

Die Folgen einer Schwellung des Gehirns können fatal sein. Mit der Einlagerung von Flüssigkeit in das Gehirngewebe steigt der Druck im Schädelinneren an. Einblutungen in das Gehirn können die Symptomatik noch verstärken. Das Gehirn kann sich nicht wie das Gewebe am Unterarm ausdehnen. Der umgebende Liquor (Hirnwasser) nimmt lediglich einen Raum von 9% des Schädelinneren ein. Das Gehirn verfügt somit nur über einen sehr begrenzten Reserveraum.

Schlechte Prognose: Einklemmung des Hirngewebes

Nimmt das Volumen darüber hinaus zu, so verlagert sich das Gehirn in Richtung der großen Schädelöffnung (Foramen magnum) nach unten. Zwischen dem Groß- und Kleinhirn spannt sich eine feste bindegewebige Platte, das Tentorium, aus (Abb. 5.2 S. 85). Schwillt das Großhirn oberhalb des Tentoriums an, so kann es sich im Tentoriumschlitz und unter die Falx cerebri einklemmen. Liegen die Verletzung oder das Hirnödem vorwiegend unterhalb des Tentoriums, so verlagert sich Gehirngewebe in das Foramen magnum. Der zunehmende Hirndruck beeinträchtigt die Blut- und Sauerstoffversorgung des Gehirns. Steigt der Druck weiter an, so kommt die Durchblutung des Gehirns vollständig zum Erliegen. Der zerebrale Kreislaufstillstand führt zum Hirntod.

Wird das schwere Hirnödem überlebt, so können sich als Folge der Einklemmungen sekundäre Hirnstammsyndrome entwickeln. Es handelt sich um schwere und komplexe Schädigungsmuster, die im Rahmen des apallischen Syndroms gesehen werden. Hierzu gehören spezielle Bewegungsmuster der Arme und Beine mit ma-

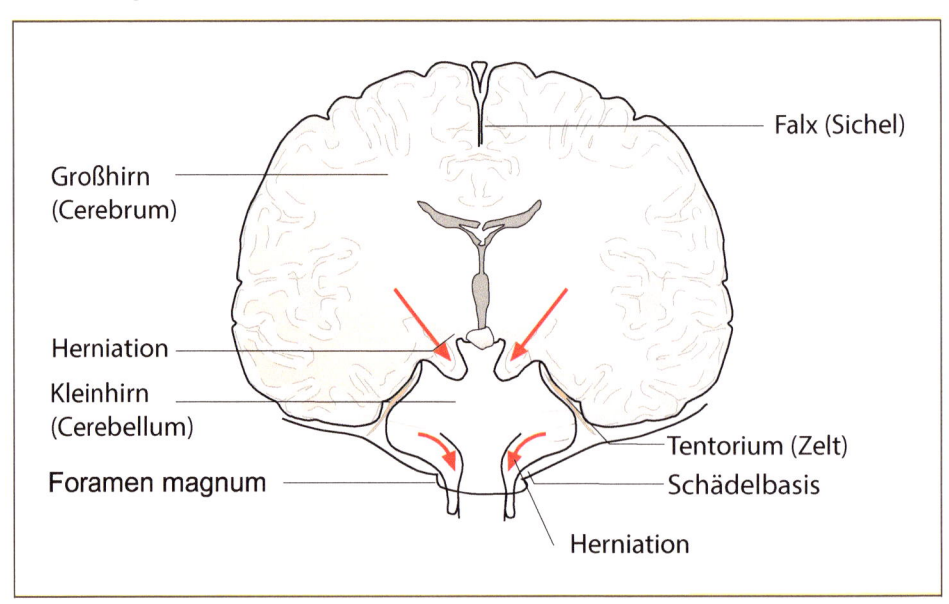

Abb. 5.4:
Nimmt der Hirndruck zu, so versucht das Gewebe auszuweichen. Teile der Basis des Großhirns können sich im Tentorium einklemmen, das Kleinhirn wird in Richtung des Foramen magnum, der großen Öffnung, durch die das Rückenmark aus dem Schädel tritt, gedrückt.

ximaler Beugung und Streckung, Streckkrämpfe oder eine Streckstarre der Arme mit einer Einwärtsdrehung der Hände, eine starke Erhöhung des Muskeltonus, eine Steigerung des Reflexniveaus, unregelmäßige Augenbewegungen sowie weite Pupillen, eine rasche Atmung und Beschleunigung der Herzschlagfolge, Bluthochdruck, unverhältnismäßig starkes Schwitzen und eine Erhöhung der Körpertemperatur.

Der Bewusstseinszustand – Kriterium für die Schwere des Schädel-Hirn-Traumas

Ein wichtiges Kriterium der Schwere der Schädel-Hirn-Verletzung ist der Bewusstseinszustand. Der bewusstlose Patient ist nicht ansprechbar, er kann jedoch, je nach Tiefe der Bewusstlosigkeit, noch auf Schmerzreize hin Abwehrbewegungen ausführen. Die Bewusstlosigkeit weist auf eine Schädigung der Hirnrinde oder des Stammhirns hin. Beim leichten bis mittelschweren Schädel-Hirn-Trauma erwacht der Verletzte aus seiner Bewusstlosigkeit. Dabei verbessert sich der Bewusstseinszustand nicht schlagartig, der Verletzte klart erst nach und nach auf. Der Zustand zwischen Bewusstlosigkeit und wiedererlangtem vollen Bewusstsein wird als „Durchgangssyndrom" bezeichnet.

Das Durchgangssyndrom

Das Durchgangssyndrom ist eine vorübergehende Bewusstseinsstörung, bei der noch einzelne Gehirnfunktionen beeinträchtigt sind. Es können Störungen der Orientierung, des logischen Denkens oder der Affektlage auftreten. Das Bewusstsein ist getrübt. Zwar gelingt es, mit dem Verletzten Kontakt aufzunehmen, die Antworten sind jedoch nicht der Situation adäquat. Die Verletzten sind verwirrt, zeitweilig erregt oder auch delirant. Oft sind sie müde und haben ein erhöhtes Schlafbedürfnis. Zusätzlich lassen sich häufig Störungen des vegetativen Nervensystems nachweisen.

Therapie

Die Therapie des Schädel-Hirn-Verletzten richtet sich einerseits auf die Behandlung der konkreten Schädigung (z.B. Impressionsfraktur der Schädeldecke, intrazerebrale Blutung), andererseits wird versucht, sekundäre Folgen der Hirnschädigung, insbesondere die Hirndrucksteigerung, zu verhindern oder in ihren Auswirkungen abzuschwächen.

An erster Stelle steht die orientierende klinische Untersuchung. Der Notarzt wird offene Hirnverletzungen lediglich abdecken und eine unter Umständen unterbrochene Sauerstoffversorgung durch eine Beatmung wiederherstellen. Der Patient wird intubiert. Es wird ein direkter Venen-

Anatomische Einteilung der Schädel-Hirn-Traumen
Verletzung der Kopfschwarte
Schädelprellung
Geschlossene und offene Schädelfrakturen
Schädeldachfrakturen
Eindrückbrüche des Schädels
Schädelbasisfrakturen
Geschlossenes Schädel-Hirn-Trauma
Commotio cerebri
Contusio cerebri
• Intrakranielle Hämatome
• Epidurales Hämatom
• Subdurales Hämatom
• Intrazerebrales Hämatom
• Raumfordernde Kontusion
• Generalisiertes Hirnödem
• Offenes Schädel-Hirn-Trauma
• Schussverletzungen

zugang geschaffen. Danach wird der Verletzte in leicht erhöhter Position des Kopfes möglichst rasch in eine Klinik der Maximalversorgung transportiert. Die Überlebenschance hängt wesentlich von der Zeit und Qualität der Erst- und der definitiven Versorgung ab. Man spricht von der „golden hour". Innerhalb einer Stunde sollte der Verletzte in eine Spezialklinik verlegt und dort unmittelbar behandelt worden sein. Lebensbedrohliche Blutungen werden gestillt, die Primärschädigung lokalisiert und behandelt (z.B. neurochirurgisches Anheben der eingedrückten Schädelkalotte, Versorgung der Begleitverletzungen).

Ein besonderes Augenmerk der Ärzte gilt der Entwicklung des Hirndrucks. Durch eine medikamentöse Behandlung wird versucht, den Hirndruck zu reduzieren. Unter Umständen wird eine Sonde in das Gehirn eingeführt, mit der der Hirndruck kontinuierlich gemessen wird. Übersteigt der Hirndruck die kritische Grenze von 45–50 mm Hg, dann kann es erforderlich werden, die Schädeldecke und die Dura (harte Hirnhaut) weiträumig zu öffnen. Nachdem der Hirndruck zurückgegangen ist, wird der Defekt plastisch geschlossen.

Sobald sich der Zustand stabilisiert hat, die Primärverletzung versorgt und die sekundären Folgen behandelt wurden, kann der Verletzte in eine neurologische Klinik verlegt werden, in der die Nachbehandlung und Rehabilitation durchgeführt wird. Die stationäre Rehabilitation kann sich über Monate erstrecken. Der weitere Verlauf hängt von der Schwere der Verletzung und den Sekundärveränderungen ab.

Komplikationen

Das schwere Schädel-Hirn-Trauma begünstigt die Entstehung vielfältiger Komplikationen, die zur dauerhaften Beeinträchtigung kognitiver Leistungen und hirnorganischen Störungen führen können.

Regelhafter Heilverlauf – Auswirkung im täglichen Leben

Während das leichte Schädel-Hirn-Trauma vollständig ausheilt und das mittelschwere Schädel-Hirn-Trauma im Allgemeinen keine wesentlichen Folgen hinterlässt, verbleiben nach einem schweren Schädel-Hirn-Trauma häufig Beeinträchtigungen der kognitiven Funktionen, des Affekts und des Antriebs bestehen. Der schwer Hirnverletzte ist je nach Befund über viele Monate – unter Umständen lebenslang – auf fremde Hilfe und Betreuung angewiesen.

Medizinische Prognose (Welche Folgen hinterlässt die Verletzung?)

Die Prognose der schweren Schädel-Hirn-Verletzung ist zu Beginn der Verletzung ungewiss. Der Verletzte kann weitgehend gesunden, im Extremfall kann ein apallisches Syndrom verbleiben. Jeder Einzelfall ist individuell zu beurteilen.

Einschätzung des Grades der Schädigungsfolgen (GdS), des Grades der Behinderung (GdB) nach den Versorgungsmedizinischen Grundsätzen	
Hirnschäden mit geringer Leistungsbeeinträchtigung	30 – 40 v. H.
Hirnschäden mit mittelschwerer Leistungsbeeinträchtigung	50 – 60 v. H.
Hirnschäden mit schwerer Leistungsbeeinträchtigung	70 – 100 v. H.

Quantitative Bewertung des Dauerschadens

Die Dauerfolgen, die Höhe der MdE, der Invalidität und eines möglichen Haushaltsführungsschadens sind im Rahmen einer neurologischen Begutachtung zu bewerten. Je nach Befund kann eine zusätzliche neuropsychologische Zusatzbegutachtung erforderlich werden.

Einen Anhaltspunkt für die zu erwartende Invalidität bzw. MdE geben die vom Bundesministerium für Arbeit und Soziales herausgegebenen „Versorgungsmedizinischen Grundsätze". Nach Lehmann (Lehmann R 1998) kann der Invaliditätsgrad in Anlehnung an den GdS/GdB bewertet werden.

5.2 Kopfschwartenverletzung (Skalpverletzung)
Klassifikation nach ICD-10: S08.0

Verletzungsbild und Symptomatik

Verletzungen der Kopfschwarte sind häufig. Zu unterscheiden sind geschlossene und offene Verletzungen. Geschlossene Blutergüsse (Hämatome) werden ausschließlich analgetisch behandelt, eine operative Eröffnung oder Punktion ist in aller Regel nicht erforderlich und sollte wegen der Möglichkeit der Infektion vermieden werden.

Bei den offenen Kopfschwartenverletzungen unterscheidet man zwischen Platz-, Riss- und Quetschwunden. Wegen der ausgeprägten Blutung wird die Schwere der offenen Verletzungen der Kopfschwarte häufig überschätzt. Platz- und Risswunden werden meist genäht. Der Arzt muss ausschließen, dass eine Verletzung des Schädeldachs vorliegt. Der Bewusstseinszustand des Patienten sollte sorgfältig dokumentiert und überwacht werden, um

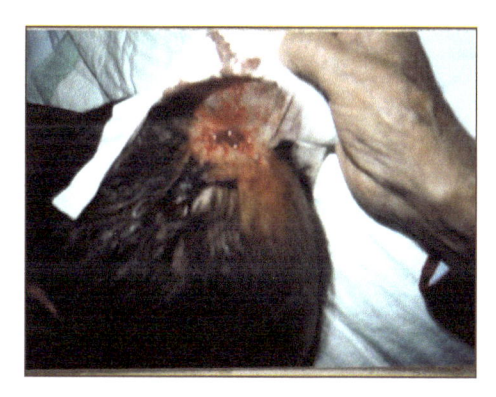

Abb. 5.5 a:
Kopfplatzwunden bluten stark, heilen jedoch sehr rasch und folgenlos ab.

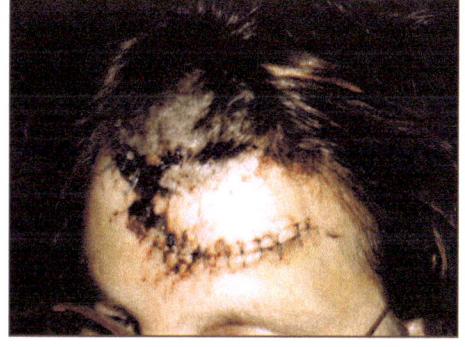

Abb. 5.5 b:
Die ausgedehnte Skalpierungsverletzung – ohne Schädel-Hirn-Verletzung – entstand im Rahmen eines schweren Autounfalls. 14 Tage nach dem Unfall ist die Wunde weitgehend verheilt, die Fäden sind noch nicht gezogen.

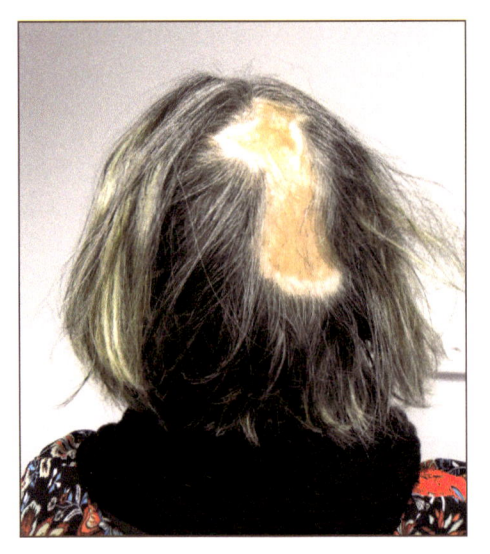

Schädel-Hirn-Traumen und Gesichtsverletzungen

Abb. 5.5 c:
Die 40 Jahre alte Produktionsarbeiterin trug ihre langen Haare bei der Arbeit offen. Die Haare wurden von einer rotierenden Walze erfasst und hineingezogen. Dabei entstand eine ausgedehnte Skalpierungsverletzung. Die Aufnahmen zeigen das Ausheilungsergebnis nach einem wochenlangen Krankenhausaufenthalt und mehreren Hauttransplantationen.

keine intrakranielle Schädigung zu übersehen. Zur diagnostischen Abklärung sind Röntgenaufnahmen und ggf. auch eine Computertomographie erforderlich.

Therapie
Chirurgische Wundversorgung, Naht.

Komplikationen
Bei offenen Verletzungen besteht die Gefahr der Infektion. Als Komplikation ist auch eine übersehene Schädel-Hirn-Verletzung anzusehen.

Regelhafter Heilverlauf – Auswirkung im täglichen Leben
Kleinere Verletzungen der Kopfschwarte heilen am behaarten Kopf rasch und ohne Hinterlassung einer Dauerschädigung aus. Während der Wundheilung sind stärkere Anstrengungen zu vermeiden. Die Haare sollten nicht gewaschen werden. Die Fäden können bereits nach wenigen Tagen gezogen werden.

Medizinische Prognose (Welche Folgen hinterlässt die Verletzung?)
Eine Dauerschädigung ist zumeist nicht zu erwarten, sieht man von Verletzungen im Gesichtsbereich (Stirn) ab. Hier können unter Umständen störende Narben verbleiben.

Die seltene voll ausgebildete Skalpierungsverletzung (Abb. 5.5c) kann den Verletzten erheblich beeinträchtigen.

Medizinisch erforderliche Nachbehandlung	
Stationäre Rehabilitation (AHB)	Nur in sehr seltenen Ausnahmefällen bei ausgedehnten Skalpierungsverletzungen oder organischen Begleitverletzungen bzw. posttraumatischen seelischen Störungen erforderlich
Dauer und Frequenz der Physiotherapie nach Eintritt der Verletzung	Keine Indikation
Dauer und Frequenz der Physiotherapie nach Abschluss der Heilung	Entfällt
Künftige operative Behandlungen	Nach Skalpierungsverletzungen können plastische Eingriffe erforderlich sein (vgl. Abb. 5.5.c).
Hilfsmittel, Medikamente	Schmerzmittel, abschwellende Medikamente, ausgedehnter Haarverlust kann durch eine Perücke verdeckt werden.

Beeinträchtigung der Arbeitsfähigkeit

Berufliche Anforderung	Durchschnittliche Dauer der Arbeitsunfähigkeit
Leichte bis mittelschwere Tätigkeiten	0–2 Wochen, nur in Ausnahmefällen länger
Schwere körperliche Tätigkeiten und Arbeiten, mit thermischen und Schmutzbelastungen	0–3 Wochen, nur in Ausnahmefällen länger

Quantitative Bewertung des Haushaltsführungsschadens

Tätigkeit	Beeinträchtigung (in %) bis zum Abschluss der Rekonvaleszenz	Beeinträchtigung auf Dauer (in %)
Leicht: Planung	Ein bis zwei Tage 100 %, danach keine Beeinträchtigung	Keine Beeinträchtigung auf Dauer
Mittel: Durchschnittliche Hausarbeiten	Ein bis zwei Tage 100 %, danach zwei Tage 50 %, keine weitere Beeinträchtigung	Keine Beeinträchtigung auf Dauer
Schwer: Großer Hausputz, Gartenarbeit	Ein bis zwei Tage 100 %, danach zwei Tage 50 %, eine weitere Woche 30 %, danach keine weitere Beeinträchtigung	Keine Beeinträchtigung auf Dauer

Bewertung des Dauerschadens

Versicherungszweig – Rechtsgebiet	Einschätzung des Dauerschadens
Gesetzliche Unfallversicherung: MdE	Kein Dauerschaden, Ausnahme Skalpierungsverletzung, individuelle Beurteilung
Private Unfallversicherung: Invalidität	Kein Dauerschaden, Ausnahme Skalpierungsverletzung, individuelle Beurteilung
Haftpflichtversicherung	Kein Dauerschaden, Skalpierungsverletzung, siehe GUV
Gesetzliche Rentenversicherung	Keine Bedeutung
Private Berufsunfähigkeitsversicherung	Keine Bedeutung
Schwerbehindertenrecht, soziales Entschädigungsrecht, Beamtenrecht: GdB, GdS	Keine Bedeutung, bei ausgedehnter Skalpierungsverletzung kann ein GdB/GdS von 10–20 verbleiben.

5.3 Schädelprellung (Contusio capitis)

Klassifikation nach ICD-10: S 09.05

Verletzungsbild und Symptomatik

Als Schädelprellung werden alle stumpfen Verletzungen des Kopfs bezeichnet, die nicht mit einer Bewusstlosigkeit einhergehen. Nach einer Schädelprellung können Kopfschmerzen auftreten, der Verletzte kann kurze Zeit unter Übelkeit und Erbrechen leiden. Das Beschwerdebild klingt nach einigen Stunden, spätestens nach wenigen Tagen vollständig ab.

Therapie

Eine spezifische Therapie ist nicht erforderlich. Wichtig ist der Ausschluss von

Frakturen und intrakranieller Verletzungen, ggf. durch Röntgen, Computer- oder Kernspintomographie. Unter Umständen ist auch eine neurologische Untersuchung sinnvoll, um weitere Schäden auszuschließen. Kopfschmerzen können symptomatisch mit Analgetika behandelt werden.

Komplikationen
Komplikationen treten nach einer Schädelprellung nicht auf.

Regelhafter Heilverlauf – Auswirkung im täglichen Leben
Die Folgen der Schädelprellung klingen innerhalb weniger Tage folgenlos ab.

Medizinische Prognose (Welche Folgen hinterlässt die Verletzung?)
Dauerschäden sind nicht zu erwarten.

Medizinisch erforderliche Nachbehandlung	
Stationäre Rehabilitation (AHB)	Nicht erforderlich
Dauer und Frequenz der Physiotherapie nach Eintritt der Verletzung	Nicht erforderlich
Dauer und Frequenz der Physiotherapie nach Abschluss der Heilung	Entfällt
Künftige operative Behandlungen	Entfällt
Hilfsmittel, Medikamente	Für ein bis zwei Tage Schmerzmittel, falls erforderlich

Beeinträchtigung der Arbeitsfähigkeit	
Berufliche Anforderung	Durchschnittliche Dauer der Arbeitsunfähigkeit
Leichte, überwiegend sitzende Tätigkeit	0 – 1 Woche
Leichte bis mittelschwere Arbeit, etwa hälftiger Anteil stehender/gehender Tätigkeit	0 – 1 Woche
Schwere körperliche Tätigkeiten und Arbeiten, die vorwiegend im Stehen/Gehen verrichtet werden	0 – 1 Woche

Quantitative Bewertung des Haushaltsführungsschadens		
Tätigkeit	Beeinträchtigung (in %) bis zum Abschluss der Rekonvaleszenz	Beeinträchtigung auf Dauer (in %)
Leicht: Planung	Im Allgemeinen keine Beeinträchtigung, bei stärkeren subjektiven Beschwerden ein bis zwei Tage 100 %, danach keine Beeinträchtigung	Keine Beeinträchtigung auf Dauer
Mittel: Durchschnittliche Hausarbeiten	Bei stärkeren subjektiven Beschwerden ein bis sieben Tage 100 %, danach keine Beeinträchtigung	Keine Beeinträchtigung auf Dauer
Schwer: Großer Hausputz, Gartenarbeit	Bei stärkeren subjektiven Beschwerden ein bis zwei Wochen 100 %, danach keine Beeinträchtigung	Keine Beeinträchtigung auf Dauer

Bewertung des Dauerschadens	
Versicherungszweig – Rechtsgebiet	Einschätzung des Dauerschadens
Gesetzliche Unfallversicherung: MdE	Kein Dauerschaden
Private Unfallversicherung: Invalidität	Kein Dauerschaden
Haftpflichtversicherung	Kein Dauerschaden
Gesetzliche Rentenversicherung	Keine Bedeutung
Private Berufsunfähigkeitsversicherung	Keine Bedeutung
Schwerbehindertenrecht, soziales Entschädigungsrecht, Beamtenrecht: GdB, GdS	Keine Bedeutung

5.4 Gehirnerschütterung (Commotio cerebri)

Klassifikation nach ICD-10: S06.0

Verletzungsbild und Symptomatik

Das klassische Zeichen der Gehirnerschütterung ist die Bewusstlosigkeit.

Die Gehirnerschütterung wird als leichtes Schädel-Hirn-Trauma bezeichnet, sofern die Bewusstlosigkeit nicht länger als eine Stunde dauert. Typisch ist eine Erinnerungslücke nach dem Trauma, häufig ist die Gehirnerschütterung auch von einer retrograden Amnesie begleitet. Hierunter versteht man eine Erinnerungslücke, die vor das Unfallereignis zurückreicht, jedoch nur Sekunden oder Minuten vor dem Unfall umfassen muss. Im Rahmen der Gehirnerschütterung können vegetative Regulationsstörungen auftreten. Die Verletzten fühlen sich, nachdem sie das Bewusstsein wiedererlangt haben, müde und abgeschlagen. Der Blutdruck kann reduziert, der Herzschlag verlangsamt sein. Manche Patienten klagen noch einige Tage nach dem Unfall über Kopfschmerzen und Kreislaufbeschwerden, über eine Schwäche der Muskulatur und über Sehstörungen mit verschwommenem Sehen und Doppelbildern. Daneben können auch Reflexdifferenzen vorliegen. Diese Störungen bilden sich innerhalb kurzer Zeit zurück.

Bewusstlosigkeit – Hauptkriterium der Gehirnerschütterung

Voraussetzung für die Diagnose einer Gehirnerschütterung ist die Bewusstlosigkeit, die mit einer Erinnerungslücke (Amnesie) einhergeht. War der Verletzte nicht bewusstlos und kann er sich an das Trauma erinnern, dann kann eine Commotio cerebri ausgeschlossen werden. In den meisten Fällen dürfte es sich um eine Schädelprellung gehandelt haben.

Die Unterscheidung spielt bei der Beurteilung von Ansprüchen Haftpflichtgeschädigter und Unfallversicherter eine wichtige Rolle.

Therapie

Die Commotio wird symptomatisch behandelt, der Verletzte ist ärztlich zu überwachen, um eine mögliche Verschlechterung seines Zustandes als Folge einer bisher nicht bekannten schwereren Schädel-Hirn-Verletzung rasch zu erkennen. Sinnvoll ist eine kurzfristige stationäre Aufnahme zur

Komplikationen

Bei der einfachen Commotio cerebri sind keine Komplikationen zu erwarten. Allerdings kann die Commotio cerebri mit weiteren, schwerwiegenden Verletzungen kombiniert sein, die anfänglich übersehen wurden, so zum Beispiel intrakraniellen Blutungen. Verschlechtert sich die Bewusstseinslage, so muss an eine zunehmende Hirnschwellung oder Blutung gedacht werden.

Regelhafter Heilverlauf – Auswirkung im täglichen Leben

Die wesentlichen Symptome der Commotio cerebri sind nach ungefähr drei Tagen abgeklungen. Leichtere Befindensstörungen können noch für einige Wochen verbleiben.

Medizinische Prognose (Welche Folgen hinterlässt die Verletzung?)

Die Commotio cerebri hinterlässt keine gesundheitlichen Folgen.

Medizinisch erforderliche Nachbehandlung	
Stationäre Rehabilitation (AHB)	Nicht erforderlich
Dauer und Frequenz der Physiotherapie nach Eintritt der Verletzung	Im Allgemeinen entbehrlich
Dauer und Frequenz der Physiotherapie nach Abschluss der Heilung	Entfällt
Künftige operative Behandlungen	Entfällt
Hilfsmittel, Medikamente	Für ein bis zwei Tage Schmerzmittel, falls erforderlich

Beeinträchtigung der Arbeitsfähigkeit	
Berufliche Anforderung	Durchschnittliche Dauer der Arbeitsunfähigkeit
Für alle beruflichen Tätigkeiten	Einige Tage bis drei Wochen

Quantitative Bewertung des Haushaltsführungsschadens		
Tätigkeit	Beeinträchtigung (in %) bis zum Abschluss der Rekonvaleszenz	Beeinträchtigung auf Dauer (in %)
Leicht: Planung	Ein bis zwei Tage 100 %, danach zwei Tage 50 %, keine weitere Beeinträchtigung	Keine Beeinträchtigung auf Dauer
Mittel: Durchschnittliche Hausarbeiten	Bis zu einer Woche 100 %, eine weitere Woche 30 %, danach keine weitere Beeinträchtigung	Keine Beeinträchtigung auf Dauer
Schwer: Großer Hausputz, Gartenarbeit	Bis zu zwei Wochen 100 %, eine weitere Woche 50 %, danach keine weitere Beeinträchtigung	Keine Beeinträchtigung auf Dauer

Bewertung des Dauerschadens	
Versicherungszweig – Rechtsgebiet	Einschätzung des Dauerschadens
Gesetzliche Unfallversicherung: MdE	Kein Dauerschaden
Private Unfallversicherung: Invalidität	Kein Dauerschaden
Haftpflichtversicherung	Kein Dauerschaden
Gesetzliche Rentenversicherung	Keine Bedeutung
Private Berufsunfähigkeitsversicherung	Keine Bedeutung
Schwerbehindertenrecht, soziales Entschädigungsrecht, Beamtenrecht: GdB, GdS	Keine Bedeutung

5.5 Schädelfrakturen
Klassifikation nach ICD-10: S02.-

Verletzungsbild und Symptomatik
Die Entstehung einer Schädelfraktur setzt eine erhebliche Gewalteinwirkung voraus. Schädelbrüche können, müssen jedoch nicht mit einer Gehirnschädigung einhergehen, andererseits können auch schwerwiegende Verletzungen des Gehirns ohne einen Schädelbruch entstehen. Am häufigsten sind Risse des Schädeldachs und längsverlaufende Frakturen. Diese können Blutgefäße, die an der Schädelwand verlaufen (Arteria meningea media) verletzen.

Hierdurch entsteht eine Blutung zwischen harter Hirnhaut und Schädeldecke (epidurales Hämatom). Bei 90% derartiger intrazerebraler Blutungen liegt eine Schädelfraktur vor.

Offene Schädel-Hirn-Verletzung
Dehnt sich die Bruchlinie in eine Schädelhöhle aus (z.B. Stirnhöhle), so entsteht eine Verbindung zwischen intra- und extrakraniellem Raum. Einerseits kann Liquor ausfließen, andererseits können Kei-

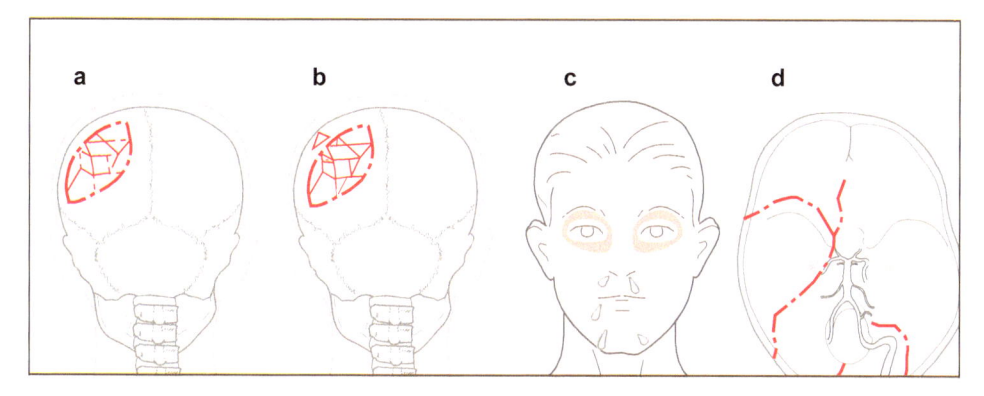

Abb. 5.6:
Einteilung der Schädelfrakturen:
a: Geschlossene Fraktur, b: Offene Fraktur, c: Mögliche Symptome eines Schädelbasisbruchs: Brillenhämatom, Austritt von Liquor aus der Nase, d: Typische Frakturlinien eines Schädelbasisbruchs.

me, z.B. aus dem Nasenraum, in das Gehirn eindringen und einen Hirnabszess verursachen. Von den linearen Brüchen unterscheidet man Eindruckbrüche (Impressionsfrakturen), bei denen durch eine isolierte Gewalteinwirkung Teile der Schädelkalotte gegen das Schädelinnere verschoben werden. Wird die harte Hirnhaut (Dura mater) eröffnet, dann ist eine offene Schädel-Hirn-Verletzung entstanden.

Schädelbasisfraktur

Starke Gewalteinwirkungen auf den Schädel können einen Bruch der Schädelbasis erzeugen. Das typische Symptom der Schädelbasisfraktur ist die Ausbildung eines Blutergusses um beide Augen, der als Brillenhämatom beschrieben wird. Zudem kann der Patient aus Nase, Mund oder Ohr bluten. Tritt Liquor aus der Nase oder den Ohren aus, so liegt eine offene Schädelbasisfraktur vor, die die Gefahr einer Infektion des Gehirns birgt.

Therapie

Die Therapie hängt vom Frakturtyp ab. Zur Standarddiagnostik gehören Röntgenaufnahmen und eine Computertomographie, bei zusätzlichem Verdacht auf eine strukturelle Hirnschädigung ist eine Kernspintomographie unverzichtbar.

Lineare Brüche der Schädelkalotte ohne intrazerebrale Blutung bedürfen lediglich der Beobachtung, die Verletzten sollten sich bis zur Ausheilung nicht stärker körperlich belasten. Geschlossene Schädelbasisbrüche werden ebenfalls lediglich klinisch beobachtet.

Impressionsfrakturen und Lochbrüche werden operativ behandelt, um eine weitere Gehirnschädigung und eine mögliche Infektion zu vermeiden. Der Schussbruch gilt als Sonderform der Impressionsfraktur. Offene Verletzungen mit Austritt von Liquor müssen einer operativen Behandlung zugeführt werden. Bei intrakraniellen Blutergüssen ist eine unmittelbare Entlastung erforderlich. Sofern lediglich Liquor aus Nase oder Ohr austritt, kann abgewartet werden, da der Körper das ‚Liquorleck' selbsttätig schließen kann. Der Verletzte ist antibiotisch zu behandeln. Ein operativer Eingriff ist allerdings erforderlich, sofern die Liquorrhoe anhält.

Komplikationen

In Folge offener Schädelfrakturen können Infektionen des Gehirns mit schwerwiegenden Auswirkungen auftreten. Wichtigste Komplikation der Spaltbrüche sind intrazerebrale Blutungen (epidurale Blutung). Bleibt der Defekt in der harten Hirnhaut bei Schädelbasisfrakturen bestehen, so kann sich eine aufsteigende Infektion aus Nase oder Ohr entwickeln.

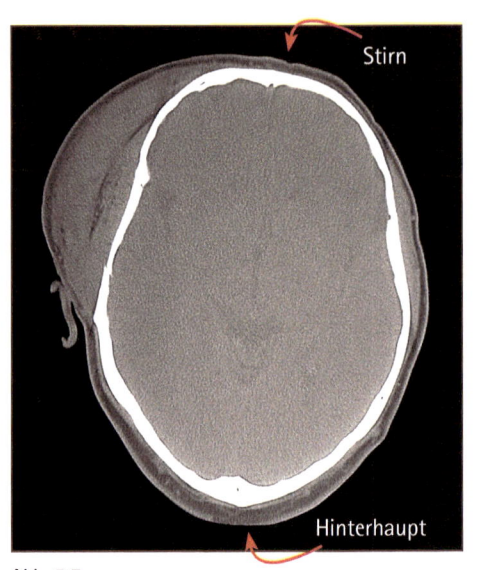

Abb. 5.7:
Folgen eines Fahrradsturzes auf einen Bordstein. Der Radfahrer trug keinen Helm. Er stürzte auf die rechte Kopfseite. Die Computertomographie lässt ein ausgedehntes Hämatom der Kopfschwarte und eine geschlossene Impressionsfraktur des Schläfenbeins erkennen.

Schädelfrakturen

Regelhafter Heilverlauf – Auswirkung im täglichen Leben

Der Heilverlauf ist abhängig von der Schwere der Verletzung und dem Auftreten von Komplikationen. Für einige Wochen ist eine Betreuung erforderlich. Bleiben Komplikationen aus, so ist mit einer vollständigen Wiederherstellung zu rechnen.

Medizinische Prognose (Welche Folgen hinterlässt die Verletzung?)

Die Prognose hängt ab von der Hirnschädigung und möglichen Komplikationen und kann nur im Einzelfall eingeschätzt werden.

Medizinisch erforderliche Nachbehandlung	
Stationäre Rehabilitation (AHB)	Nur bei begleitenden Hirnverletzungen und nach offenen Frakturen erforderlich. Eine Indikation kann sich aus seelischen Begleitreaktionen und weiteren Verletzungen ergeben.
Dauer und Frequenz der Physiotherapie nach Eintritt der Verletzung	Im Allgemeinen keine Indikation
Dauer und Frequenz der Physiotherapie nach Abschluss der Heilung	Entfällt
Künftige operative Behandlungen	Nur erforderlich, sofern primär Teile der Schädeldecke entfernt werden mussten, z. B. Impressionsfrakturen. In diesen Fällen kann eine plastische Deckung notwendig werden.
Hilfsmittel, Medikamente	Kurzfristig Schmerzmittel, abschwellende Medikamente

Beeinträchtigung der Arbeitsfähigkeit	
Berufliche Anforderung	Durchschnittliche Dauer der Arbeitsunfähigkeit
Leichte, überwiegend sitzende Tätigkeit	1 – 4 Wochen
Leichte bis mittelschwere Arbeit, etwa hälftiger Anteil stehender / gehender Tätigkeit	2 – 6 Wochen
Schwere körperliche Tätigkeiten und Arbeiten, die vorwiegend im Stehen / Gehen verrichtet werden	3 – 8 Wochen

Quantitative Bewertung des Haushaltsführungsschadens unkomplizierter Schädelfrakturen ohne Hirnbeteiligung		
Tätigkeit	Beeinträchtigung (in %) bis zum Abschluss der Rekonvaleszenz	Beeinträchtigung auf Dauer (in %)
Leicht: Planung	Bei unkomplizierten Brüchen ohne Hirnverletzung zwei Wochen 100 %, keine weitere Beeinträchtigung	Keine Beeinträchtigung auf Dauer
Mittel: Durchschnittliche Hausarbeiten	Bei unkomplizierten Brüchen ohne Hirnverletzung bis zu vier Wochen 100 %, keine weitere Beeinträchtigung	Keine Beeinträchtigung auf Dauer
Schwer: Großer Hausputz, Gartenarbeit	Bei unkomplizierten Brüchen ohne Hirnverletzung bis zu acht Wochen 100 %, keine weitere Beeinträchtigung	Keine Beeinträchtigung auf Dauer

Schädel-Hirn-Traumen und Gesichtsverletzungen

Bewertung des Dauerschadens	
Versicherungszweig – Rechtsgebiet	Einschätzung des Dauerschadens
Gesetzliche Unfallversicherung: MdE	Ohne Begleitverletzungen kein Dauerschaden zu erwarten
Private Unfallversicherung: Invalidität	Im Allgemeinen keine Invalidität. Begleitverletzungen sind zu berücksichtigen
Haftpflichtversicherung	Kein Dauerschaden
Gesetzliche Rentenversicherung	Keine Bedeutung
Private Berufsunfähigkeitsversicherung	Keine Bedeutung
Schwerbehindertenrecht, soziales Entschädigungsrecht, Beamtenrecht: GdB, GdS	Keine Bedeutung

5.6 Intrakranielle Blutungen

Klassifikation nach ICD-10: S06.-

Intrazerebrale Blutungen werden nach der Lokalisation und der Genese eingeteilt		
Bezeichnung	Ort der Blutung	Klassifikation nach ICD-10
Epidurale Blutung	Zwischen knöchernem Schädeldach und harter Hirnhaut (Dura)	S06.4
Traumatische subdurale Blutung	Zwischen harter Hirnhaut und weicher Hirnhaut – Gehirnoberfläche	S06.5
Traumatische subarachnoidale Blutung	Zwischen weicher Hirnhaut und Gehirnoberfläche	S06.6
Intrazerebrale Blutung: Blutungen im Gehirngewebe	Innerhalb der Gehirnsubstanz	S06.8
Kombinierte Blutungen	Außerhalb und innerhalb der Gehirnsubstanz	S06.8
Chronisch subdurales Hämatom (nach Trauma)	Das chronisch subdurale Hämatom entwickelt sich einige Tage bis Wochen nach einem Trauma zwischen harter Hirnhaut und weicher Hirnhaut – Gehirnoberfläche	S06.5

5.6.1 Epidurale Blutung

Verletzungsbild und Symptomatik

Die harte Hirnhaut (Dura) liegt dem Schädeldach unmittelbar an. Sie ist zugleich die Knochenhaut (Periost) des inneren Schädels. Die anatomisch enge Verbindung zum Knochen verliert sich im Spinalkanal. Hier umkleidet die Dura zwar auch das Rückenmark. Zwischen Dura und Wirbelkörpern befindet sich aber der Epiduralraum. Im Verlauf der Mittellinie des inneren Schädeldachs trennt eine Ausziehung der Dura die linke von der rechten Hirnhälfte. Man spricht von der Hirnsichel (Falx cerebri). Entlang der Mittellinie verläuft der Sinus sagittalis, der das venöse Blut aus dem Gehirn abführt.

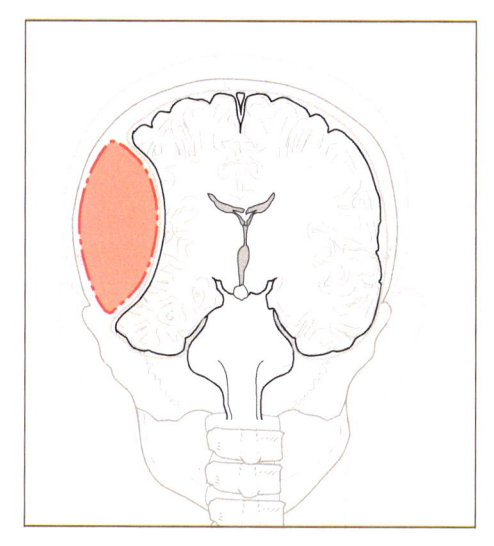

Abb. 5.8:
Epidurale Blutung: Das Hämatom befindet sich zwischen Schädeldecke und harter Hirnhaut (Dura).

Das epidurale Hämatom wird fast immer durch eine Verletzung der Arteria meningea media verursacht. Diese Arterie versorgt die harte Hirnhaut mit Sauerstoff. Sie verläuft von der Schädelbasis in einem Knochenkanal des Schläfenbeins. Bei Verletzungen des knöchernen Schädels im Bereich der seitlichen Hirnhemisphäre, insbesondere des Schläfenbeins, kommt es häufig zu einer Zerreißung dieser Arterie. Das austretende Blut löst die Dura von der Schädelkalotte ab und verdrängt sie in Richtung des Gehirns. Man spricht von einer intrakraniellen Raumforderung.

Direkt nach dem Unfall sind Verletzte, die eine epidurale Blutung erleiden, häufig noch bewusstseinsklar. Die Blutung benötigt einige Zeit, um sich auszudehnen. Wenn sich die harte Hirnhaut von der Schädeldecke ablöst, verdrängt sie Gehirngewebe, das sich in direkter Nachbarschaft der Blutungsquelle befindet. Der Bluterguss dehnt sich immer weiter aus und erhöht damit den Druck im Gehirn. Nach einem symptomfreien Intervall entsteht eine Bewusstseinsstörung oder Bewusstlosigkeit. Auf der Seite, auf der das epidurale Hämatom entsteht, weitet sich die Pupille (Mydriasis), zugleich kann eine Halbseitenlähmung der anderen Körperhälfte auftreten, da die Nervenstränge im unteren Halsmark auf die Gegenseite kreuzen (Abb. 5.10).

Nicht immer sind alle Symptome voll ausgeprägt. Gelegentlich tritt auch nur eine Bewusstseinsstörung oder eine Pupillenerweiterung auf. Im weiteren Verlauf der Blutung kann sich die Herzfrequenz verlangsamen und der Blutdruck ansteigen.

Eine ausgeprägte klinische Symptomatik entwickelt sich häufig nach ungefähr acht bis zehn Stunden. Wird das epidurale

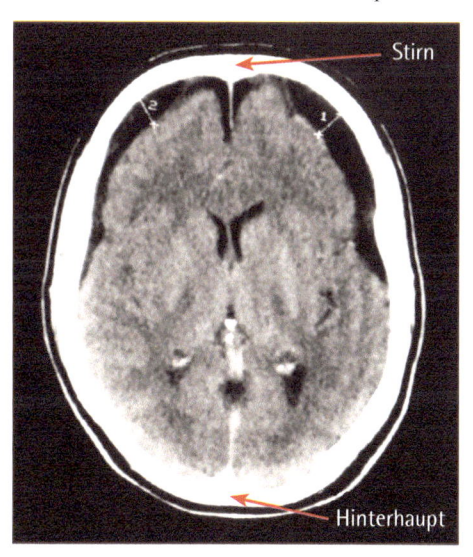

Abb. 5.9:
Epidurale Blutung: Das Hämatom ist als dunkler Saum zwischen Schädeldecke und Gehirn im oberen Anteil der Computertomographie zu erkennen.

Hämatom durch eine venöse Blutung ausgelöst oder ist die Blutungsintensität gering, dann kann die klinische Symptomatik mit deutlicher Verzögerung auftreten.

Eine Sonderform der Blutung zwischen Hirnhaut und Schädeldecke ist das späte, subakute oder chronische epidurale Hämatom. Dieses kann verzögert nach Tagen oder Wochen auftreten. Hauptsymptom der verzögerten Blutung sind Kopfschmerzen.

Therapie
Bereits die radiologische Diagnose einer Fraktur der Schädelkalotte lässt an die Möglichkeit einer epiduralen Blutung denken. Bei entsprechender klinischer Symptomatik ist eine weitere, computertomographische Diagnostik erforderlich. Unter Umständen ist das CT kurzfristig zu wiederholen. Nachdem die Diagnose gesichert ist, kommt es darauf an, das Gehirngewebe möglichst rasch zu entlasten. Hierfür ist eine Trepanation der Schädelkalotte erforderlich (osteoklastische Kraniotomie). Das Hämatom wird ausgeräumt, die Blutungsquelle lokalisiert und ausgeschaltet. Sofern sich die neurologischen Symptome nicht vollständig zurückbilden, sollte der Patient in eine spezialisierte neurologische Klinik verlegt werden. Geringfügige Blutungen werden konservativ behandelt. Der Patient verbleibt in stationärer Behandlung. In regelmäßigen Abständen werden Computertomographien angefertigt, um den Rückgang des Hämatoms zu überwachen. Der Patient wird entlassen, sobald sich das Hämatom resorbiert und der neurologische Befund normalisiert hat. Wird erkennbar, dass die Blutung zunimmt, ist eine operative Entlastung indiziert.

Bleiben neurologische Ausfälle bestehen, ist eine spezialisierte weitere stationäre Therapie angezeigt (Frührehabilitation). Ein Defekt in der Schädelkalotte ist unter Umständen später operativ zu decken.

Komplikationen
War die Blutung sehr ausgeprägt oder wurde sie nicht rechtzeitig erkannt und operativ behandelt, können neurologische Ausfälle verbleiben. Diese sind abhängig von der primären Schädigung der betroffenen Hirnhemisphäre oder den sekundären Folgen der Hirnödembildung bzw. des Mittelhirnsyndroms. Hierbei sind alle Schweregrade bis hin zum apallischen Syndrom denkbar. Nach einer Trepanation kann sich ein Infekt entwickeln.

Regelhafter Heilverlauf – Auswirkung im täglichen Leben
Bei frühzeitiger Diagnose und rascher operativer Behandlung ist eine vollständige Wiederherstellung zu erwarten. Sofern eine neurologische Schädigung eingetreten ist, sind die Auswirkungen im täglichen Leben individuell zu beurteilen.

Medizinische Prognose (Welche Folgen hinterlässt die Verletzung?)
Die Prognose des frühzeitig operierten subduralen Hämatoms ist sehr gut. Mit Ausnahme eines kleinen Schädelkalottendefekts sind keine weiteren funktionellen Beeinträchtigungen zu erwarten. Zu berücksichtigen sind mögliche Folgen einer primären oder sekundären Hirnschädigung.

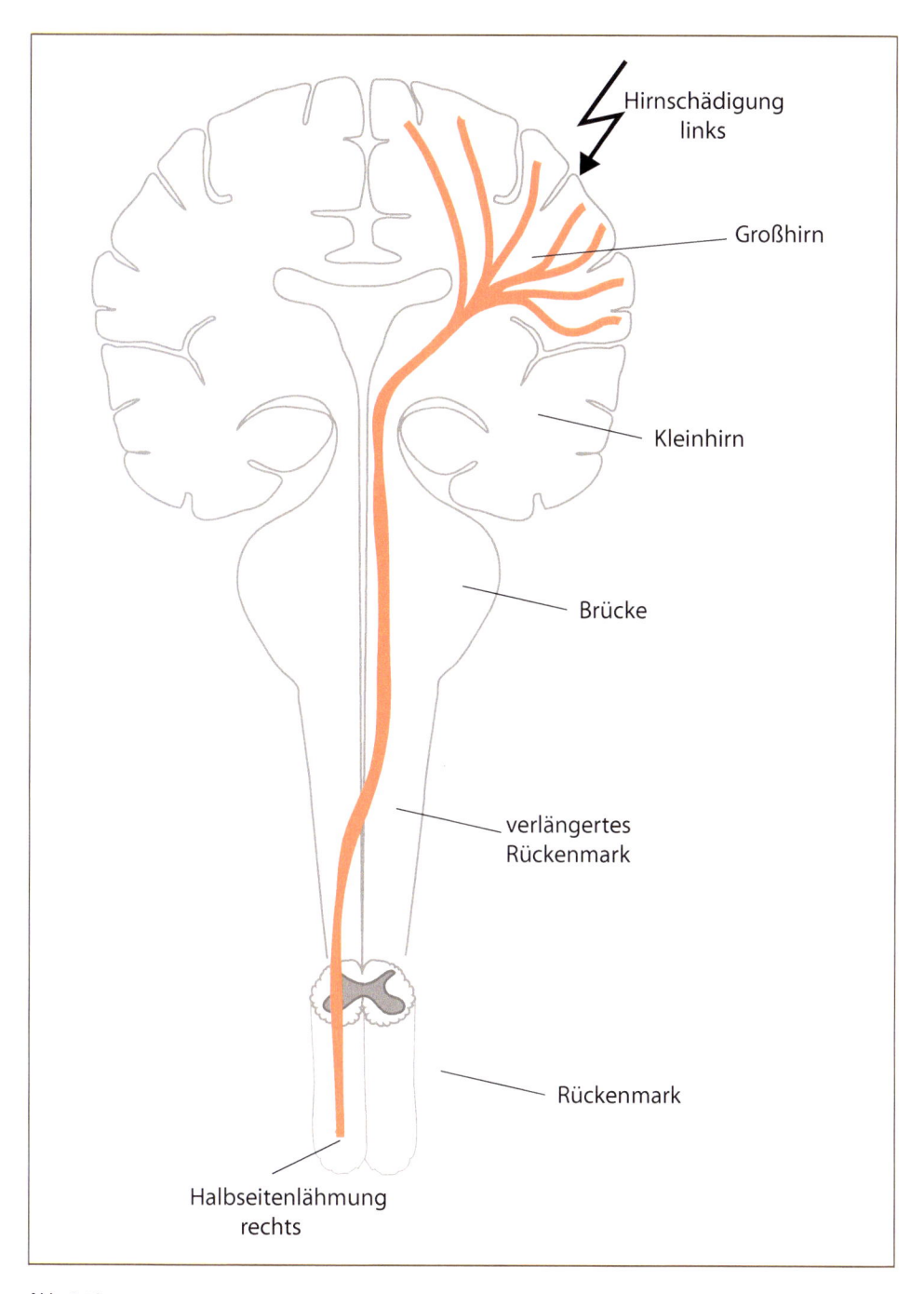

Intrakranielle Blutung, Lähmung der gegenseitigen Körperhälfte

Abb. 5.10:
Blutungen oder Schädigungen des Gehirns, die nur eine Seite betreffen, können eine Lähmung der gegenseitigen Körperhälfte verursachen. Dieses scheinbar paradoxe Phänomen hängt mit dem Verlauf der Nervenbahnen auf dem Weg vom Großhirn zu den Nerven, die die Muskeln versorgen, zusammen. Im Hirnstamm kreuzen die Nervenbahnen auf die Gegenseite.

Medizinisch erforderliche Nachbehandlung bei Fehlen neurologischer Symptome

Stationäre neurologische Rehabilitation	Nur bei bleibenden neurologischen Ausfällen, seelischen Begleitreaktionen und weiteren Verletzungen indiziert
Dauer und Frequenz der Physiotherapie nach Eintritt der Verletzung	Im Allgemeinen keine Indikation
Dauer und Frequenz der Physiotherapie nach Abschluss der Heilung	Entfällt
Künftige operative Behandlungen	Nicht erforderlich
Hilfsmittel, Medikamente	Kurzfristig Schmerzmittel, abschwellende Medikamente

Beeinträchtigung der Arbeitsfähigkeit ohne neurologische Begleitverletzungen

Berufliche Anforderung	Durchschnittliche Dauer der Arbeitsunfähigkeit
Leichte, überwiegend sitzende Tätigkeit	4 – 8 Wochen
Leichte bis mittelschwere Arbeit, etwa hälftiger Anteil stehender / gehender Tätigkeit	4 – 8 Wochen
Schwere körperliche Tätigkeiten und Arbeiten, die vorwiegend im Stehen / Gehen verrichtet werden	4 – 16 Wochen

Quantitative Bewertung des Haushaltsführungsschadens ohne neurologische Symptome

Tätigkeit	Beeinträchtigung (in %) bis zum Abschluss der Rekonvaleszenz	Beeinträchtigung auf Dauer (in %)
Leicht: Planung	Bei unkompliziertem epiduralem Hämatom nach Klinikentlassung zwei Wochen 100 %, keine weitere Beeinträchtigung	Bei unkompliziertem Verlauf keine Beeinträchtigung auf Dauer
Mittel: Durchschnittliche Hausarbeiten	Bei unkompliziertem epiduralem Hämatom nach Klinikentlassung vier Wochen 100 %, zwei weitere Wochen 50 %, keine weitere Beeinträchtigung	Bei unkompliziertem Verlauf keine Beeinträchtigung auf Dauer
Schwer: Großer Hausputz, Gartenarbeit	Bei unkompliziertem epiduralem Hämatom nach Klinikentlassung acht Wochen 100 %, acht weitere Wochen 50 %, keine weitere Beeinträchtigung	Bei unkompliziertem Verlauf keine Beeinträchtigung auf Dauer

Bewertung des Dauerschadens bei Fehlen neurologischer Ausfälle

Versicherungszweig – Rechtsgebiet	Einschätzung des Dauerschadens
Gesetzliche Unfallversicherung: MdE	Kein Dauerschaden
Private Unfallversicherung: Invalidität	Keine Invalidität
Haftpflichtversicherung	Kein Dauerschaden
Gesetzliche Rentenversicherung	Keine Bedeutung
Private Berufsunfähigkeitsversicherung	Keine Bedeutung
Schwerbehindertenrecht, soziales Entschädigungsrecht, Beamtenrecht: GdB, GdS	Keine Bedeutung

5.6.2 Akute und subakute subdurale Blutung

Verletzungsbild und Symptomatik
Zwischen der harten Hirnhaut und der Hirnoberfläche verlaufen die Brückenvenen. Durch eine Gewalteinwirkung auf den Schädel wird das Gehirn in Relation zur Schädelkalotte beschleunigt, hierbei können die Brückenvenen zerreißen. Die subdurale Blutung ist häufig mit Frakturen des Schädels oder einer Verletzung der Hirnsubstanz verbunden. Die Symptome des akuten Subduralhämatoms entsprechen im Wesentlichen denen des epiduralen Hämatoms. Im Vordergrund steht die Bewusstseinsstörung, die allerdings oft direkt beim Unfallereignis oder nur mit kurzer Verzögerung auftritt. Die Erweiterung der Pupille der verletzten Gehirnhemisphäre und die Halbseitensymptomatik der Gegenseite sind häufige Symptome des subduralen Hämatoms. Dringlich ist eine rasche diagnostische Klärung durch eine neurologische und computertomographische Untersuchung. Das subdurale Hämatom verdrängt die Hirnsubstanz sichelförmig.

Therapie
Nach Trepanation des Schädels (osteoklastische Kraniotomie) wird die Dura eröffnet. Der Operateur saugt den Bluterguss ab und stillt die Blutung. Sofern ein intrazerebrales Hämatom vorhanden ist, wird er dieses ebenfalls entlasten. Im Anschluss daran verschließt der Neurochirurg die Dura und setzt den entnommenen Knochendeckel wieder ein. Um einen Anstieg des Hirndrucks frühzeitig zu erkennen, kann es erforderlich sein, eine Hirndrucksonde einzusetzen.

Je nach der klinischen Symptomatik schließt sich nach primärer Wundheilung und Stabilisierung des Allgemeinzustandes des Verletzten ein Aufenthalt in einer neurologischen Rehabilitationsklinik an.

Komplikationen
War die Blutung sehr ausgeprägt, wurde zusätzlich Gehirnsubstanz geschädigt oder wurde die Verletzung nicht rechtzeitig erkannt und operativ behandelt, können neurologische Ausfälle verbleiben. Diese sind abhängig von der primären Schädigung der betroffenen Hirnhemisphäre oder den sekundären Folgen des Hirnödems mit den sich daraus ergebenden Folgen (z. B. Mittelhirnsyndrom). Die subdurale Blutung kann vielfältige neurologische psychiatrische Folgen – bis hin zum apallischen Syndrom – hinterlassen. Nach einer Trepanation kann sich ein Infekt entwickeln.

Regelhafter Heilverlauf – Auswirkung im täglichen Leben
Eine Beurteilung ist nur im konkreten Fall, je nach Ausmaß der Blutung und Hirnschädigung, möglich.

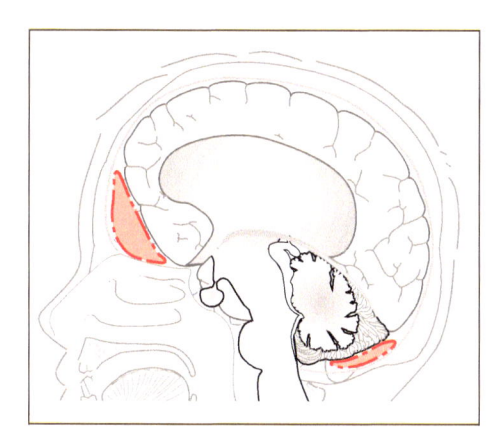

Abb. 5.11:
Subdurale Blutung: Das Hämatom sammelt sich zwischen harter Hirnhaut und Hirngewebe. Wenn innerhalb von Tagen oder einigen Wochen Blut aus den Venen nachsickert (5.12 a-c), spricht man von einem chronisch subduralen Hämatom.

Schädel-Hirn-Traumen und Gesichtsverletzungen

Medizinische Prognose (Welche Folgen hinterlässt die Verletzung?)	Eine Beurteilung ist nur im individuellen Fall möglich.

Medizinisch erforderliche Nachbehandlung	
Stationäre neurologische Rehabilitation	Eine neurologische Rehabilitation kann je nach Symptomatik indiziert sein.
Dauer und Frequenz der Physiotherapie nach Eintritt der Verletzung	Je nach dem Ausmaß der neurologischen Ausfälle kann eine längerfristige Krankengymnastik, Ergotherapie und Logopädie erforderlich werden.
Dauer und Frequenz der Physiotherapie nach Abschluss der Rekonvaleszenz	Bei bleibenden neurologischen Ausfällen kann eine erhaltende Physiotherapie notwendig sein.
Künftige operative Behandlungen	Nicht erforderlich
Hilfsmittel, Medikamente	Ggf. neurologische Medikation

Beeinträchtigung der Arbeitsfähigkeit	
Berufliche Anforderung	Durchschnittliche Dauer der Arbeitsunfähigkeit
Kann nur im Einzelfall beurteilt werden	

Quantitative Bewertung des Haushaltsführungsschadens		
Tätigkeit	Beeinträchtigung (in %) bis zum Abschluss der Rekonvaleszenz	Beeinträchtigung auf Dauer (in %)
Leicht: Planung	Keine allgemeine Aussage möglich	Begutachtung erforderlich
Mittel: Durchschnittliche Hausarbeiten	Keine allgemeine Aussage möglich	Begutachtung erforderlich
Schwer: Großer Hausputz, Gartenarbeit	Keine allgemeine Aussage möglich	Begutachtung erforderlich

Bewertung des Dauerschadens	
Versicherungszweig – Rechtsgebiet	Einschätzung des Dauerschadens
Kann nur im Einzelfall beurteilt werden	

5.6.3 Chronisch subdurales Hämatom

Verletzungsbild und Symptomatik

Beim chronisch subduralen Hämatom bluten Gefäße zwischen der Gehirnhemisphäre und der harten Hirnhaut. Im Gegensatz zum akuten subduralen Hämatom ist die anfängliche unfallbedingte Blutung allerdings geringfügig. Bedeutung bekommt die Blutung erst im Laufe der Zeit, wenn immer weiter kleine Mengen Blutes unterhalb der harten Hirnhaut austreten oder neu gebildete kleine Blutgefäße, die in den alten Bluterguss einspießen, zu bluten beginnen. Bildlich vorgestellt lässt sich das chronisch subdurale Hämatom mit einem tropfenden Wasserhahn vergleichen, der nach und nach ein Gefäß mit Wasser füllt.

Chronisch subdurales Hämatom

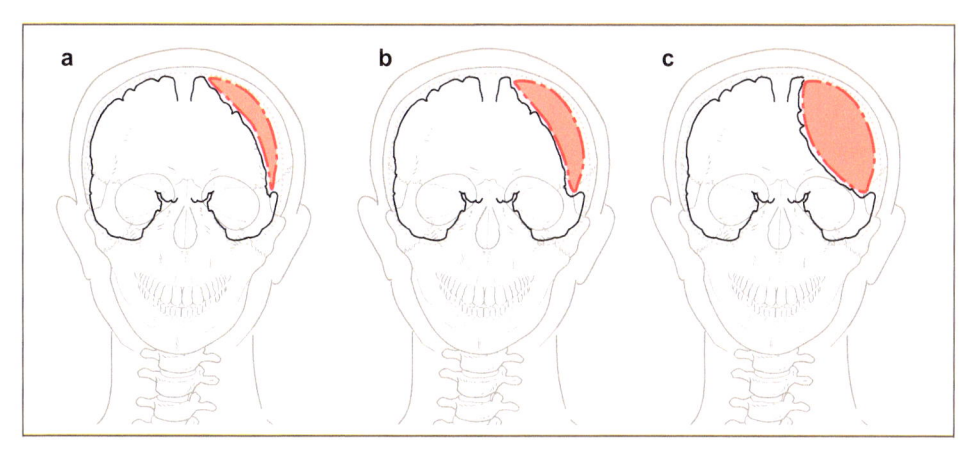

Abb. 5.12:
Wenn innerhalb von Tagen oder einigen Wochen Blut aus den Venen nachsickert (a–c), spricht man von einem chronisch subduralen Hämatom.

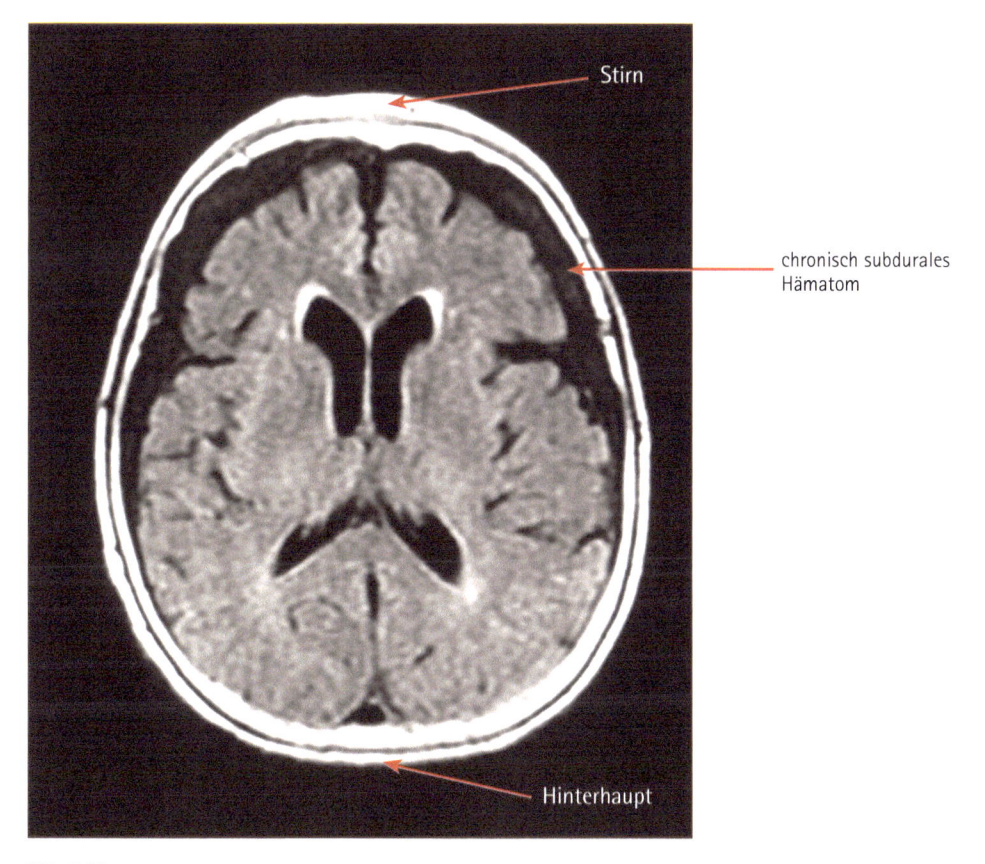

Abb. 5.13:
14 Tage nach einem Sturz auf den Schädel trübte die 78-jährige Frau ein und wurde bewusstlos. Die Computertomographie zeigt ein chronisch subdurales Hämatom als Folge des Unfalls.

Ursache des chronischen subduralen Hämatoms sind geringfügige Schädel-Hirn-Traumen, teils Bagatelltraumen, bei denen nach acht Wochen Kopfschmerzen und Verwirrungszustände auftreten. Die Blutung kann auch von Müdigkeit, Lähmungen und Sprachstörungen begleitet sein. Die Diagnose wird computertomographisch gesichert. Die Hämatome, die in beiden Hirnhälften auftreten können, entwickeln zum Teil eine erhebliche Größe.

Das chronisch subdurale Hämatom tritt vor allem in höherem Alter auf. Betroffen sind häufig Alkoholkranke. Zwischen dem Unfallereignis und der Diagnose eines chronischen subduralen Hämatoms können Wochen vergehen.

Therapie

Im Gegensatz zum akuten Subduralhämatom ist eine Bohrlochtrepanation ausreichend. Nach computertomographischer Lokalisation des Hämatoms werden kleine Bohrlöcher angelegt, durch die das Blut nach Eröffnung der Dura abfließen kann. Der Raum, in dem sich das Hämatom befand, wird so lange gespült, bis klares Wasser abfließt. Es wird dann noch eine Drainage für 24 bis 48 Stunden eingelegt.

Komplikationen

Wird die Blutung erst verzögert diagnostiziert, können Hirnschäden verbleiben. Mit der Trepanation ist die Möglichkeit eines Infekts gegeben.

Regelhafter Heilverlauf – Auswirkung im täglichen Leben

Bei frühzeitiger Diagnose und Drainage sind keine bleibenden Auswirkungen zu erwarten.

Medizinische Prognose (Welche Folgen hinterlässt die Verletzung?)

Bei rascher Drainage sind keine bleibenden Folgen zu erwarten.

Medizinisch erforderliche Nachbehandlung	
Stationäre neurologische Rehabilitation	Eine stationäre Rehabilitation kann je nach neurologischer Symptomatik indiziert sein.
Dauer und Frequenz der Physiotherapie nach Eintritt der Verletzung	Je nach dem Ausmaß der neurologischen Ausfälle kann eine längerfristige Krankengymnastik, Ergotherapie und Logopädie erforderlich werden.
Dauer und Frequenz der Physiotherapie nach Abschluss der Rekonvaleszenz	Bei bleibenden neurologischen Ausfällen kann eine erhaltende Physiotherapie notwendig sein.
Künftige operative Behandlungen	Nicht erforderlich
Hilfsmittel, Medikamente	Ggf. neurologische Medikation

Beeinträchtigung der Arbeitsfähigkeit	
Berufliche Anforderung	Durchschnittliche Dauer der Arbeitsunfähigkeit
Kann nur im Einzelfall beurteilt werden	

Quantitative Bewertung des Haushaltsführungsschadens		
Tätigkeit	Beeinträchtigung (in %) bis zum Abschluss der Rekonvaleszenz	Beeinträchtigung auf Dauer (in %)
Leicht: Planung	Keine allgemeine Aussage möglich	Keine allgemeine Aussage möglich
Mittel: Durchschnittliche Hausarbeiten	Keine allgemeine Aussage möglich	Keine allgemeine Aussage möglich
Schwer: Großer Hausputz, Gartenarbeit	Keine allgemeine Aussage möglich	Keine allgemeine Aussage möglich

Bewertung des Dauerschadens	
Versicherungszweig – Rechtsgebiet	Einschätzung des Dauerschadens
Kann nur im Einzelfall beurteilt werden	

5.6.4 Subarachnoidalblutung

Krankheitsbild und Symptomatik

Bei der Subarachnoidalblutung dehnt sich das Hämatom zwischen der weichen Hirnhaut und dem Hirngewebe aus. Der Subarachnoidalblutung liegt zumeist eine anatomische Fehlbildung der Gefäße zugrunde. Infolge von Anomalien der Hirngefäße kann sich die Wand des Blutgefäßes aussacken. Diese Fehlbildung bleibt bis zur Ruptur ohne Symptome (Aneurysma). Bei einem Blutdruckanstieg, zum Beispiel als Folge einer körperlichen Anstrengung, kann die Arterie dem erhöhten Druck nicht mehr standhalten, sie reißt. Infolge der

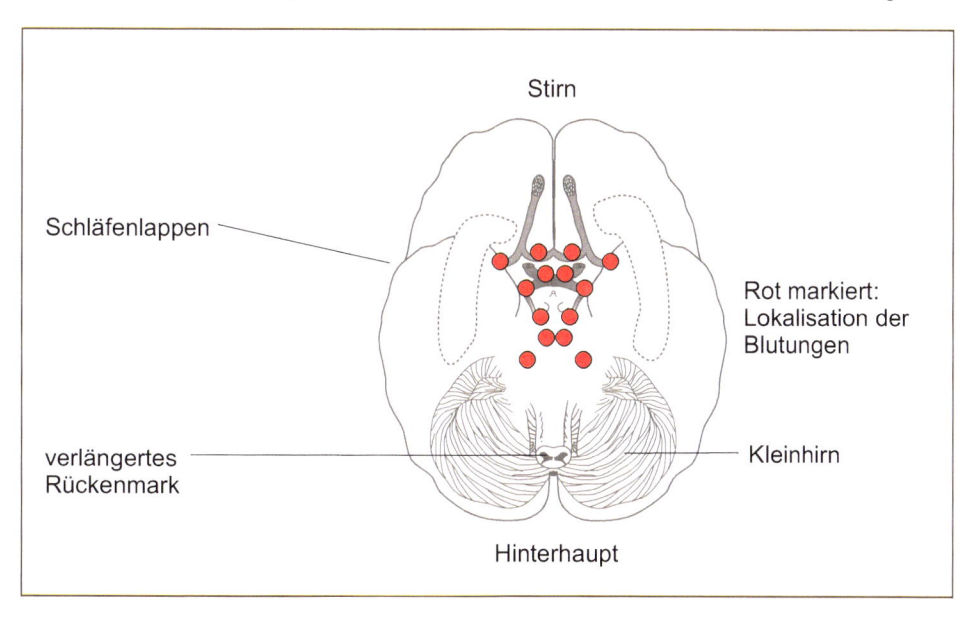

Abb. 5.14:
Die häufigste Ursache von Subarachnoidalblutungen sind Gefäßanomalien an der Schädelbasis (Aneurysmen). Die roten Kreise weisen auf typische Lokalisationen der Aneurysmen hin.

Blutung steigt der Hirndruck mit den weiter oben beschriebenen Folgen (s. S. 87). Der Patient wird bewusstlos, häufig verläuft die Subarachnoidalblutung tödlich. Traumatische Subarachnoidalblutungen sind das Ergebnis einer schweren Schädel-Hirn-Verletzung.

Therapie
Durch eine sofortige operative Therapie wird versucht, das Leben des Kranken zu retten. Der Eingriff ist wegen der ungünstigen Lokalisation schwierig. Die Blutung wird gestillt, das Aneurysma verschlossen.

Wird ein Aneurysma zufällig bei einer Kernspin- oder Computertomographie entdeckt, so muss der Patient über diesen Befund aufgeklärt werden. Je nach dem Risiko der akuten Blutung wird eine prophylaktische Ausschaltung der Gefäßanomalie empfohlen werden. Dabei kommen auch neuroradiologische Verfahren zur Anwendung. In das betroffene Gefäß wird ein Katheter eingeführt, es wird dann aus dem Blutkreislauf ausgeschaltet.

Komplikationen
Wird die Blutung überlebt, können Hirnschäden verbleiben.

Regelhafter Heilverlauf – Auswirkung im täglichen Leben
Eine Vorhersage ist nicht möglich.

Medizinische Prognose (Welche Folgen hinterlässt die Verletzung?)
Die Prognose ist auf den Einzelfall abzustellen.

Medizinisch erforderliche Nachbehandlung	
Stationäre neurologische Rehabilitation	Eine stationäre neurologische Rehabilitation ist im Allgemeinen indiziert.
Dauer und Frequenz der Physiotherapie nach Eintritt der Verletzung	Je nach dem Ausmaß der neurologischen Ausfälle kann eine längerfristige Krankengymnastik, Ergotherapie und Logopädie erforderlich werden.
Dauer und Frequenz der Physiotherapie nach Abschluss der Rekonvaleszenz	Bei bleibenden neurologischen Ausfällen kann eine erhaltende Physiotherapie notwendig sein.
Künftige operative Behandlungen	Nicht erforderlich
Hilfsmittel, Medikamente	Ggf. neurologische Medikation, Hilfsmittel je nach neurologischem Befund, z. B. zur Lagerung und Kontrakturprophylaxe

Beeinträchtigung der Arbeitsfähigkeit	
Berufliche Anforderung	Durchschnittliche Dauer der Arbeitsunfähigkeit
Kann nur im Einzelfall beurteilt werden	

Quantitative Bewertung des Haushaltsführungsschadens

Tätigkeit	Beeinträchtigung (in %) bis zum Abschluss der Rekonvaleszenz	Beeinträchtigung auf Dauer (in %)
Leicht: Planung	Keine allgemeine Aussage möglich	Keine allgemeine Aussage möglich
Mittel: Durchschnittliche Hausarbeiten	Keine allgemeine Aussage möglich	Keine allgemeine Aussage möglich
Schwer: Großer Hausputz, Gartenarbeit	Keine allgemeine Aussage möglich	Keine allgemeine Aussage möglich

Bewertung des Dauerschadens

Versicherungszweig – Rechtsgebiet	Einschätzung des Dauerschadens
Kann nur im Einzelfall beurteilt werden	

5.6.5 Intrazerebrale Hämorrhagie – Blutung im Hirngewebe

Verletzungsbild und Symptomatik

Das traumatische intrazerebrale Hämatom entsteht meist im Rahmen einer schweren Gewalteinwirkung. Die Verletzung des Gehirngewebes geht mit einer Blutung einher. Die Patienten verlieren das Bewusstsein. Als Folge des erhöhten Hirndrucks kann sich ein Mittelhirnsyndrom ausbilden. Ist das Trauma weniger schwer und nimmt die Blutung nur langsam zu, können die Symptome unspezifisch sein. Die Patienten klagen zum Beispiel über Sprachstörungen und eine Beeinträchtigung des Antriebs, erst später verlieren sie das Bewusstsein. Ist die Blutung auf eine Hirnhemisphäre begrenzt, kann sich eine Lähmung der gegenüberliegenden Körperhälfte ausbilden.

Therapie

Bei Verdacht auf eine intrazerebrale Blutung ist eine eingehende und unverzügliche klinische und bildgebende Untersuchung dringend erforderlich. Zumeist ist eine operative Behandlung unumgänglich. Das Hämatom wird abgesaugt und die Blutung gestillt. Mit der erhöhten Lagerung des Kopfs und einer medikamentösen Therapie wird versucht, den Hirndruck zu senken. Die Entwicklung des Hirndrucks kann mit einer intrazerebralen Sonde beobachtet werden. Die Verletzten bedürfen einer intensivmedizinischen Überwachung.

Komplikationen

Je nach Lokalisation und Ausdehnung des Hämatoms ist mit schwerwiegenden neurologischen Ausfällen und Pflegebedürf-

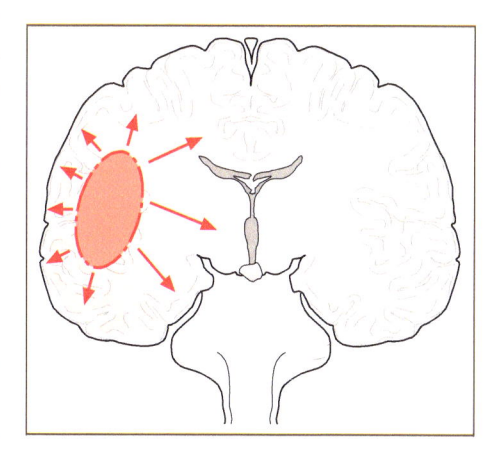

Abb. 5.15:
Schematische Lokalisation einer intrazerebralen Blutung. Die Blutung verdrängt und schädigt das Hirngewebe, der Hirndruck steigt an.

Schädel-Hirn-Traumen und Gesichtsverletzungen

tigkeit (Abb. 5.16) bis hin zum apallischen Syndrom zu rechnen. Bei offenen Hirnverletzungen oder nach operativen Entlastungen können Infekte auftreten.

Regelhafter Heilverlauf – Auswirkung im täglichen Leben
Die Beurteilung ist auf den Einzelfall abzustimmen.

Medizinische Prognose (Welche Folgen hinterlässt die Verletzung?)
Die Beurteilung ist auf den Einzelfall abzustimmen.

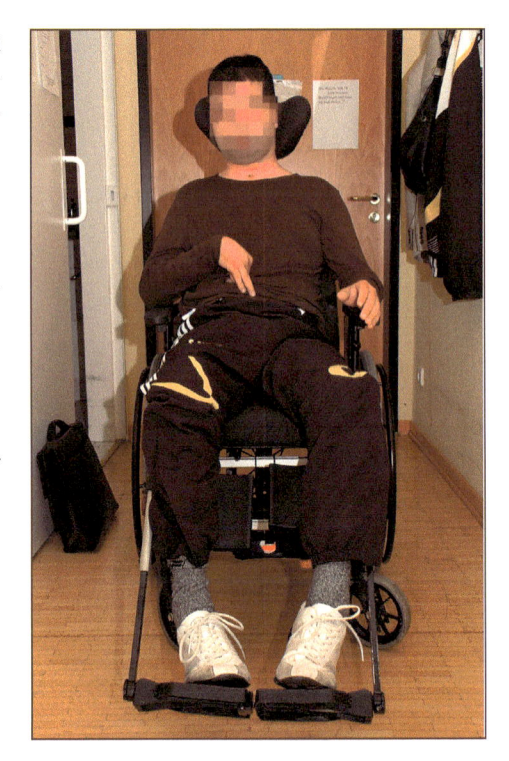

Abb. 5.16 a, b:
Der 32 Jahre alte Transportarbeiter, Vater von drei Kindern, wurde von einem rückwärtsfahrenden Lkw erfasst. Er zog sich eine Hirnquetschung zu. Nach mehrwöchigem Koma verblieb eine hochgradige geistige Behinderung und eine rechts betonte spastische Lähmung. Deutlich erkennbar ist die „Pfötchenstellung" der rechten Hand und die Innendrehung der Füße. Der Proband ist geh- und stehunfähig und bedarf einer 24-stündigen Pflege. Die Schnittbilduntersuchung des Gehirns ist auf der gegenüberliegenden Seite abgedruckt (c, d).

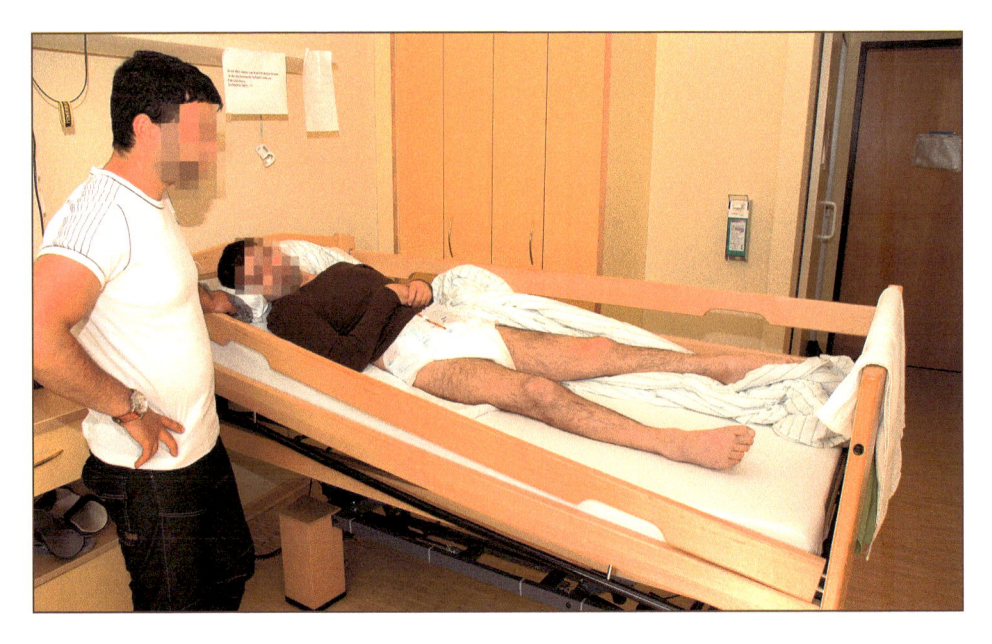

Intrazerebrale Hämorrhagie

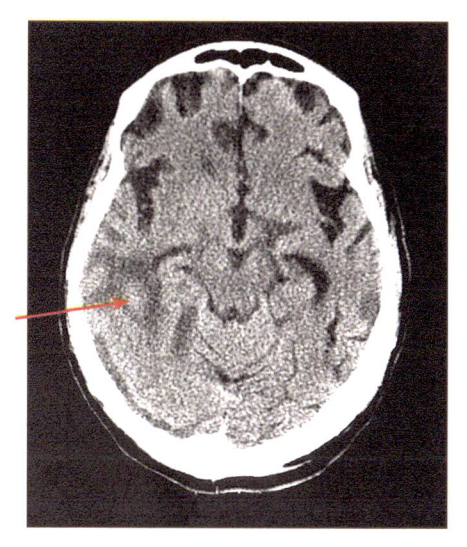

Abb. 5.16 c:
Computertomographie eines Verletzten mit schwerer intrazerebraler Blutung (→) der rechten Hirnhemisphäre.

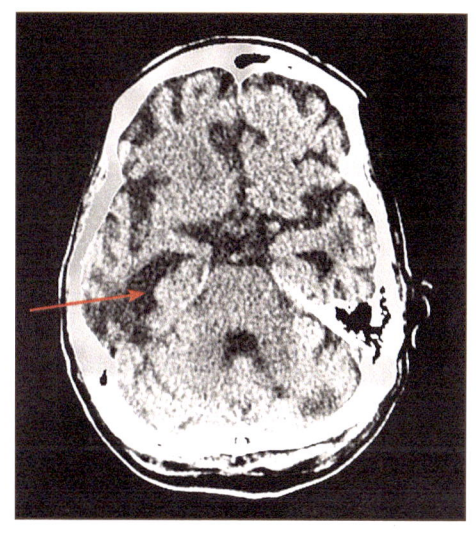

Abb. 5.16 d:
Sechs Monate später ist ein ausgedehnter Defekt (→) der Hirnsubstanz zu erkennen.

Medizinisch erforderliche Nachbehandlung	
Stationäre neurologische Rehabilitation	Eine stationäre neurologische Rehabilitation ist indiziert.
Dauer und Frequenz der Physiotherapie nach Eintritt der Verletzung	Je nach dem Ausmaß der neurologischen Ausfälle kann eine längerfristige Krankengymnastik, Ergotherapie und Logopädie erforderlich werden.
Dauer und Frequenz der Physiotherapie nach Abschluss der Rekonvaleszenz	Bei bleibenden neurologischen Ausfällen kann eine erhaltende Physiotherapie notwendig sein.
Künftige operative Behandlungen	Nicht erforderlich
Hilfsmittel, Medikamente	Ggf. neurologische Medikation, Hilfsmittel je nach neurologischem Befund, z. B. zur Lagerung und Kontrakturprophylaxe

Beeinträchtigung der Arbeitsfähigkeit	
Berufliche Anforderung	Durchschnittliche Dauer der Arbeitsunfähigkeit
Kann nur im Einzelfall beurteilt werden	

Quantitative Bewertung des Haushaltsführungsschadens		
Tätigkeit	Beeinträchtigung (in %) bis zum Abschluss der Rekonvaleszenz	Beeinträchtigung auf Dauer (in %)
Leicht: Planung	Eine Beurteilung ist nur im Einzelfall möglich.	Eine Beurteilung ist nur im Einzelfall möglich.
Mittel: Durchschnittliche Hausarbeiten	Eine Beurteilung ist nur im Einzelfall möglich.	Eine Beurteilung ist nur im Einzelfall möglich.
Schwer: Großer Hausputz, Gartenarbeit	Eine Beurteilung ist nur im Einzelfall möglich.	Eine Beurteilung ist nur im Einzelfall möglich.

Bewertung des Dauerschadens	
Versicherungszweig – Rechtsgebiet	Einschätzung des Dauerschadens
Kann nur im Einzelfall beurteilt werden	

5.7 Offenes Schädel-Hirn-Trauma

Klassifikation nach ICD-10: S01.-

Verletzungsbild und Symptomatik

Beim offenen Schädel-Hirn-Trauma sind neben der Haut die Schädelkalotte und die harte Hirnhaut verletzt. Durch die offene Wunde ist eine Verbindung zwischen Außenwelt und Gehirn entstanden, die Krankheitserregern einen Weg in das Gehirn bahnen kann. Hierdurch besteht die Gefahr einer Hirnhautentzündung (Meningitis), der Entzündung des Gehirns (Enzephalitis) oder eines Empyems bzw. Abszesses.

Offene Schädel-Hirn-Traumen sind Folge von Impressionsfrakturen, Schussfrakturen sowie Schädelbasisfrakturen. Als typisches Zeichen des offenen Schädel-Hirn-Traumas tritt Gehirnflüssigkeit aus (Liquorrhoe). Hinweise für ein offenes Schädel-Hirn-Trauma können Blutungen oder eine Liquorrhoe aus dem Ohr, der Nase oder dem Mund sein. Auch Hämatome im Bereich der Augenhöhlen und schwere Gesichtsverletzungen weisen auf die Möglichkeit einer offenen Schädel-Hirn-Schädigung hin.

Therapie

Nach diagnostischer Klärung ist der operative Verschluss der harten Hirnhaut erforderlich. Die Verletzten sind antibiotisch abzuschirmen. Später können sich weitere Eingriffe zur Rekonstruktion der Schädelkalotte anschließen.

Komplikationen

Entzündungen des Gehirns und der umgebenden Häute: Meningitis, Enzephalitis und weitere entzündliche Komplikationen.

Regelhafter Heilverlauf – Auswirkung im täglichen Leben

Nach Verschluss der Dura ist die Diagnose günstig. Zu berücksichtigen sind allerdings die auslösenden bzw. die Begleitverletzungen. Bei Schädigungen des Gesichtsschädels ist häufiger das Riech- und Geschmacksvermögen beeinträchtigt.

Medizinische Prognose (Welche Folgen hinterlässt die Verletzung?)

Eine Beurteilung ist nur im Einzelfall möglich.

Offenes Schädel-Hirn-Trauma

Medizinisch erforderliche Nachbehandlung	
Stationäre neurologische Rehabilitation	Eine stationäre neurologische Rehabilitation kann je nach Ausfällen indiziert sein.
Dauer und Frequenz der Physiotherapie nach Eintritt der Verletzung	Ob eine Physiotherapie erforderlich ist, hängt von den neurologischen Begleitverletzungen ab.
Dauer und Frequenz der Physiotherapie nach Abschluss der Rekonvaleszenz	Bei bleibenden neurologischen Ausfällen kann eine erhaltende Physiotherapie notwendig sein.
Künftige operative Behandlungen	Anfänglich verbliebene Defekte des Schädels können eine plastische Deckung erfordern.
Hilfsmittel, Medikamente	Ggf. neurologische Medikation

Beeinträchtigung der Arbeitsfähigkeit	
Berufliche Anforderung	Durchschnittliche Dauer der Arbeitsunfähigkeit
Kann nur im Einzelfall beurteilt werden	

Quantitative Bewertung des Haushaltsführungsschadens		
Tätigkeit	Beeinträchtigung (in %) bis zum Abschluss der Rekonvaleszenz	Beeinträchtigung auf Dauer (in %)
Leicht: Planung	Eine Beurteilung ist nur im Einzelfall möglich.	Eine Beurteilung ist nur im Einzelfall möglich.
Mittel: Durchschnittliche Hausarbeiten	Eine Beurteilung ist nur im Einzelfall möglich.	Eine Beurteilung ist nur im Einzelfall möglich.
Schwer: Großer Hausputz, Gartenarbeit	Eine Beurteilung ist nur im Einzelfall möglich.	Eine Beurteilung ist nur im Einzelfall möglich.

Bewertung des Dauerschadens	
Versicherungszweig – Rechtsgebiet	Einschätzung des Dauerschadens
Kann nur im Einzelfall beurteilt werden	

5.8 Gesichtsverletzungen

Klassifikation nach ICD-10: S01-
Weitere Kodierung je nach anatomischem Ort der Verletzung

Verletzungsbild und Symptomatik
Nach Einführung des Sicherheitsgurts sind Autofahrer vor Verletzungen des Gesichts relativ gut geschützt, häufiger sind Motorradfahrer (Abb. 5.19), Radfahrer und Fußgänger von schweren Gesichtsverletzungen betroffen.

Haut und Weichteile des Gesichts werden sehr gut durchblutet. Hieraus erklärt sich einerseits die günstige Heilungstendenz, andererseits auch die ausgeprägte Schwellneigung des Gesichts nach einem Trauma. Werden die Verletzten frühzeitig und durch spezialisierte Chirurgen behandelt, ist die Prognose im Allgemeinen günstig. Schwere Gesichtsverletzungen werden interdisziplinär durch plastische Chirurgen, Mund-, Kiefer- und Gesichtschirurgen, Neurochirurgen, HNO- und Augenärzte versorgt.

5.8.1 Nasenbeinbruch

Klassifikation nach ICD-10: S02.2

Es handelt sich hierbei um eine häufige Verletzung, meistens als Folge der Einwirkung stumpfer Gewalt.

5.8.2 Mittelgesichtsfrakturen

Klassifikation nach ICD-10: S02.- Weitere Kodierung je nach anatomischem Ort der Verletzung.

Das Gesichtsskelett wird vom Unterkiefer und dem Mittelgesicht gebildet, das sich von der Stirn bis zur Zahnreihe des Oberkiefers ausdehnt. Der Unterkiefer ist über die Kiefergelenke mit der Schädelkalotte verbunden. Bei ausreichend starker Gewalteinwirkung kann das Mittelgesicht vom restlichen Schädel abgetrennt werden. Eingebürgert hat sich die Einteilung der Mittelgesichtsfrakturen nach Le Fort.

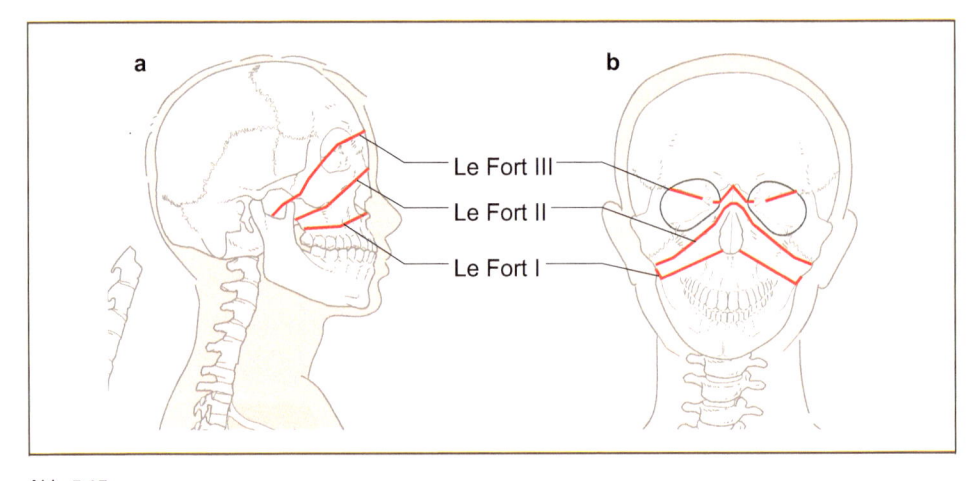

Abb. 5.17:
Mittelgesichtsfrakturen werden nach Le Fort eingeteilt.

Mittelgesichtsfrakturen

Einteilung der Frakturen nach Le Fort

Die Fraktur Le Fort I beschreibt eine waagerechte Frakturlinie, die von der Nasenöffnung bis zum seitlichen Oberkiefer läuft. Der Oberkiefer ist an der Basis abgesprengt.
Eine Fraktur nach Le Fort II liegt vor, wenn die Fraktur schräg verläuft, oberhalb der Nase beginnt und sich bis zur seitlichen Begrenzung des Oberkiefers ausdehnt. Bei dieser Verletzung ist der gesamte Oberkiefer einschließlich der Nase vom restlichen Schädel abgetrennt. Le Fort III ist durch eine Bruchlinie gekennzeichnet, die oberhalb der Nasenwurzel waagrecht durch die Augenhöhlen verläuft und beide Jochbeine einbezieht. Hierdurch ist das gesamte Mittelgesicht einschließlich der knöchernen Nase vom Gesichtsschädel abgetrennt. Die Absprengung des Mittelgesichts nach Le Fort I bis Le Fort III stört das fein aufeinander abgestimmte Zusammenspiel von Ober- und Unterkiefer. Ober- und Unterkiefer passen nicht mehr zusammen. Man spricht von einer Okklusionsstörung. Klinische Zeichen der Mittelgesichtsverletzungen sind ausgedehnte Hämatome, Schwellungen und Asymmetrien des Gesichts.

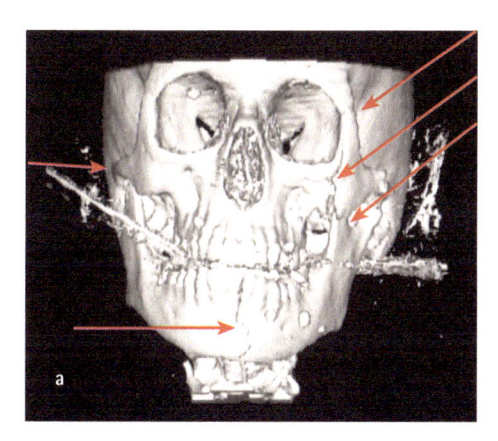

Abb. 5.18:
Computertomographie eines zwölfjährigen Mädchens, das im Rahmen eines Verkehrsunfalls eine schwere Verletzung des Gesichtsschädels erlitt (Le Fort III).

a: CT-Rekonstruktion des Gesichtsschädels.
b: Das Mittelgesicht (Oberkiefer) ist vom Rest des Schädels abgetrennt.
c: Zusätzlich ist der Unterkiefer gebrochen.

Die Pfeile markieren die Bruchlinien.

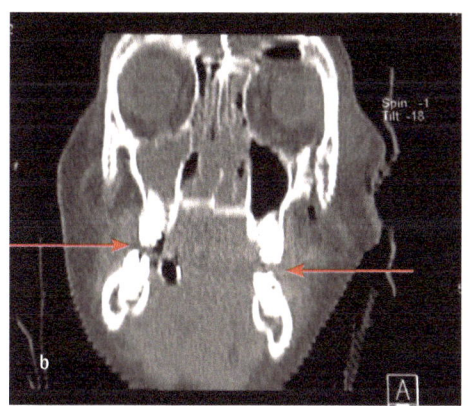

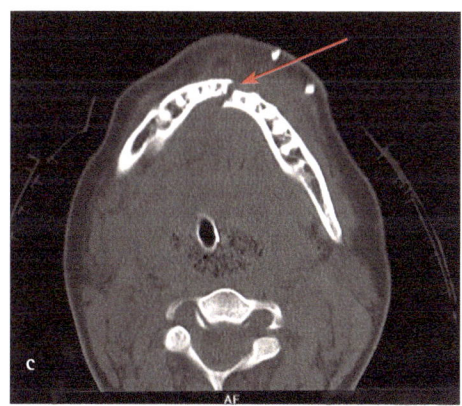

5.8.3 Orbitabodenfraktur

Klassifikation nach ICD-10: S02.3

Der isolierte Bruch des Augenbodens entsteht als Folge einer Gewalteinwirkung auf den Augapfel. Der Augenboden ist sehr dünn, durch den erhöhten Druck tritt Weichgewebe der Augenhöhle in die Kieferhöhle aus.

Ein typisches Zeichen der Orbitabodenfraktur sind Störungen der Augenbeweglichkeit. Durch die unterschiedliche Position beider Augäpfel können Doppelbilder auftreten.

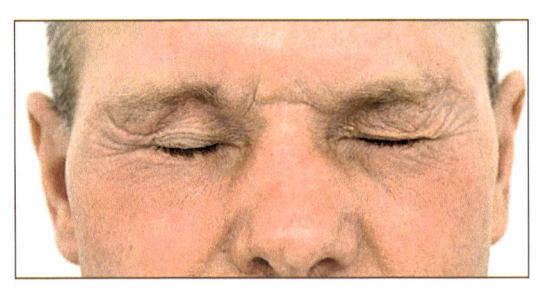

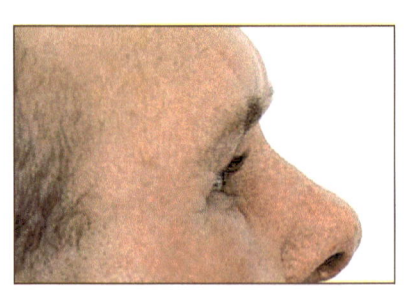

Abb. 5.19 a + b:
Der 45-jährige Motorradfahrer kollidierte in einer Kurve mit einem Holztransporter. Er trug einen Integralhelm und schlug mit dem Kopf auf die Ladung auf. Das Visier wurde dabei zerstört, der Fahrer erlitt eine Orbitabodenfraktur (Bruch der Augenhöhle) und eine intrazerebrale Blutung. Trotz operativer Behandlung steht das rechte Auge tiefer in der Augenhöhle (a, b).

5.8.4 Unterkieferfrakturen

Klassifikation nach ICD-10: S02.6-

Frakturen des Unterkiefers entstehen durch die Einwirkung stumpfer oder spitzer Gewalt. Sie führen zu einer Schlussstörung des Unterkiefers mit dem Oberkiefer.

Therapie der Gesichtsschädelverletzungen
Alle schwerwiegenden Gesichtsfrakturen mit knöcherner Beteiligung bedürfen einer spezifisch fachärztlichen Behandlung durch plastische Chirurgen, HNO- und Augenärzte sowie Mund-, Kiefer- und Gesichtschirurgen. Die einfache Nasenbeinfraktur lässt sich geschlossen einrichten. Mittelgesichtsfrakturen werden nach Reposition mit Platten, Drahtschienen und Gummizügen versorgt und frühfunktionell behandelt. Orbitabodenfrakturen müssen unter Umständen angehoben werden, um Doppelbilder zu vermeiden. Unterkieferfrakturen werden meist mit einer Plattenosteosynthese stabilisiert. Auch eine konservative Behandlung durch Immobilisierung von Ober- und Unterkiefer ist möglich.

Komplikationen
Bleibende Okklusionsstörungen, Beeinträchtigung der Gesichtsästhetik, Narbenbildungen, Infektionen.

Regelhafter Heilverlauf – Auswirkung im täglichen Leben
Trotz der Schwere der Verletzung ist der Heilverlauf in aller Regel relativ günstig. Über mehrere Wochen kann eine deutliche Beeinträchtigung im täglichen Leben bestehen.

Medizinische Prognose (Welche Folgen hinterlässt die Verletzung?)
Je nach Schwere der Verletzung und Versorgung.

Medizinisch erforderliche Nachbehandlung

Stationäre Rehabilitation (AHB)	Nur bei Begleitverletzungen erforderlich. Eine Indikation kann sich aus seelischen Begleitreaktionen und weiteren Verletzungen ergeben.
Dauer und Frequenz der Physiotherapie nach Eintritt der Verletzung	Eine Indikation kann im Einzelfall gegeben sein.
Dauer und Frequenz der Physiotherapie nach Abschluss der Heilung	Entfällt
Künftige operative Behandlungen	Je nach verbliebenen Funktionsstörungen und kosmetischen Beeinträchtigungen können mund-, kiefer-, gesichtschirurgische Eingriffe oder plastische Operationen erforderlich sein.
Hilfsmittel, Medikamente	Kurzfristig Schmerzmittel, abschwellende Medikamente, kieferorthopädische Versorgung, Aufbissschienen

Beeinträchtigung der Arbeitsfähigkeit

Berufliche Anforderung	Durchschnittliche Dauer der Arbeitsunfähigkeit
Alle beruflichen Tätigkeiten	Je nach Schwere der Verletzungen, Therapie und funktionellen Einschränkungen 1 – 16 Wochen

Quantitative Bewertung des Haushaltsführungsschadens

Tätigkeit	Beeinträchtigung (in %) bis zum Abschluss der Rekonvaleszenz	Beeinträchtigung auf Dauer (in %)
Leicht: Planung	Bei unkomplizierten Brüchen zwei Wochen 100 %; keine weitere Beeinträchtigung	Keine Beeinträchtigung auf Dauer
Mittel: Durchschnittliche Hausarbeiten	Bei unkomplizierten Brüchen vier Wochen 100 %; keine weitere Beeinträchtigung	Keine Beeinträchtigung auf Dauer
Schwer: Großer Hausputz, Gartenarbeit	Bei unkomplizierten Brüchen acht Wochen 100 %, acht Wochen 50 %; keine weitere Beeinträchtigung	Keine Beeinträchtigung auf Dauer

Bewertung des Dauerschadens

Versicherungszweig – Rechtsgebiet	Einschätzung des Dauerschadens
Gesetzliche Unfallversicherung: MdE	Je nach Funktionsstörung kann eine MdE verbleiben, die jedoch selten höher als 10 v. H. beträgt.
Private Unfallversicherung: Invalidität	Ein Invaliditätsgrad von 5 – 10 % außerhalb der Gliedertaxe kann verbleiben.
Haftpflichtversicherung	Orientierung an der GUV
Gesetzliche Rentenversicherung	Keine Bedeutung
Private Berufsunfähigkeitsversicherung	Keine Bedeutung
Schwerbehindertenrecht, soziales Entschädigungsrecht, Beamtenrecht: GdB, GdS	Je nach funktioneller Einschränkung kann ein GdB/GdS von 10 festgestellt werden.

Teil 6

Verletzungen und
Erkrankungen der Wirbelsäule

6.1 Anatomische Übersicht

Der Mensch unterscheidet sich von den anderen Wirbeltieren durch den aufrechten Gang. Das Prinzip eines den Körper stabilisierenden Achsenorgans hat sich seit Millionen von Jahren in der Evolution bewährt. Der Besuch eines naturkundlichen Museums, in dem Saurierskelette ausgestellt sind, lässt uns erkennen, dass die Evolution dieses Bauprinzip nicht verlassen, sondern immer weiter verfeinert hat.

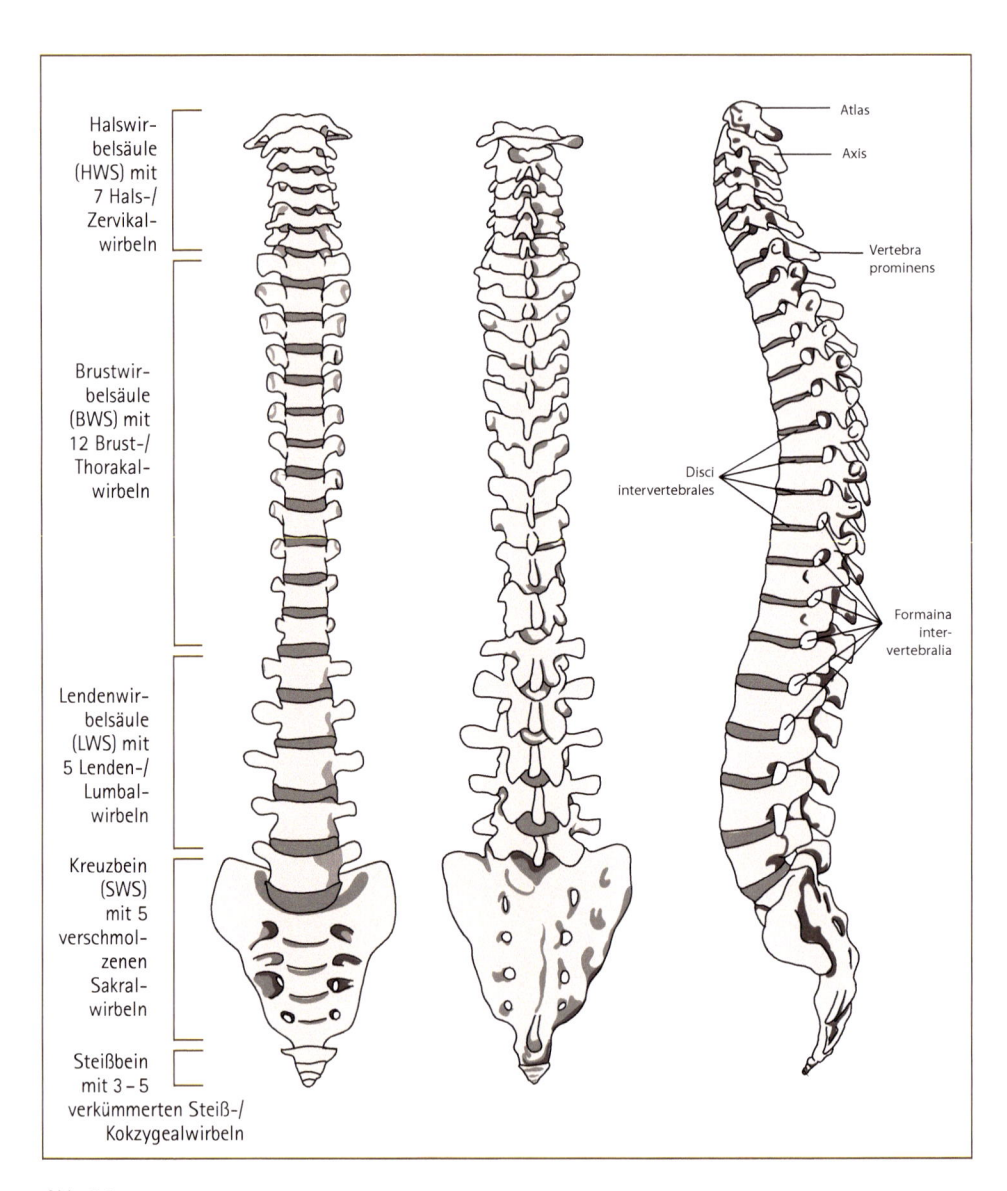

Abb. 6.1:
Schematischer Aufbau der Wirbelsäule. Abbildung von ventral, dorsal und der Seite.

Anatomische Übersicht

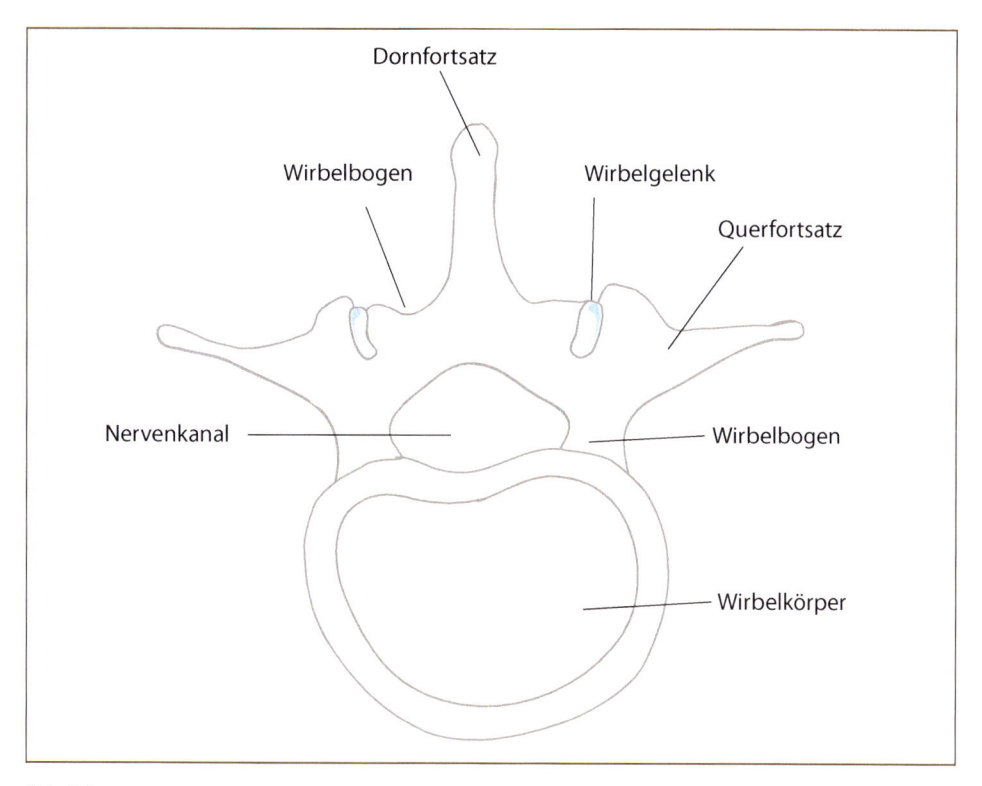

Abb. 6.2:
Lendenwirbelkörper; Ansicht von kranial (oben).

In der Ansicht von vorne (in Pfeilrichtung, sagittal) besteht die Wirbelsäule im Wesentlichen aus zwei Bauelementen: den Wirbelkörpern und den sich nach dorsal anschließenden Wirbelbögen mit den Quer- und Dornfortsätzen. Die Stabilität der Wirbelsäule gegenüber Druckkräften beruht im Wesentlichen auf den Wirbelkörpern. Jeder einzelne Wirbelkörper (mit Ausnahme der oberen Halswirbel, des Kreuz- und Steißbeins) ist nach dem gleichen Plan gebaut. Er besteht im vorderen, zum Körperinneren gewandten Anteil aus einem Knochenblock mit einer ovalen Begrenzung und einer fast planen Grund- und Deckplatte (Abb. 6.2). Die Wirbelkörper sind an den oberen und unteren Begrenzungen mit den Bandscheiben verbunden (Abb. 6.3). Beide bilden die tragenden Teile der Wirbelsäule. Die Wirbelkörper übernehmen die Last und ermöglichen im Zusammenspiel mit den übrigen Strukturen die aufrechte Haltung. Die Wirbelkörper sind in einer Leichtbauweise aufgebaut. Ihre äußere, knöcherne Begrenzung, die Kortikalis, ist fest, ihr Inneres ist von einem Schwammknochen, der Spongiosa, ausgefüllt.

Die sich nach dorsal an die Wirbelkörper anschließenden Wirbelbögen, Quer- und Dornfortsätze sichern die Wirbelkörper im Zusammenspiel mit Bändern und Muskulatur gegen Scherbewegungen. Die dorsalen Strukturen haben die Funktion einer Zuggurtung, die die aufrechte Haltung der Wirbelsäule ermöglicht.

In der seitlichen Ansicht weist die Wirbelsäule eine S-Form auf. Im Bereich der

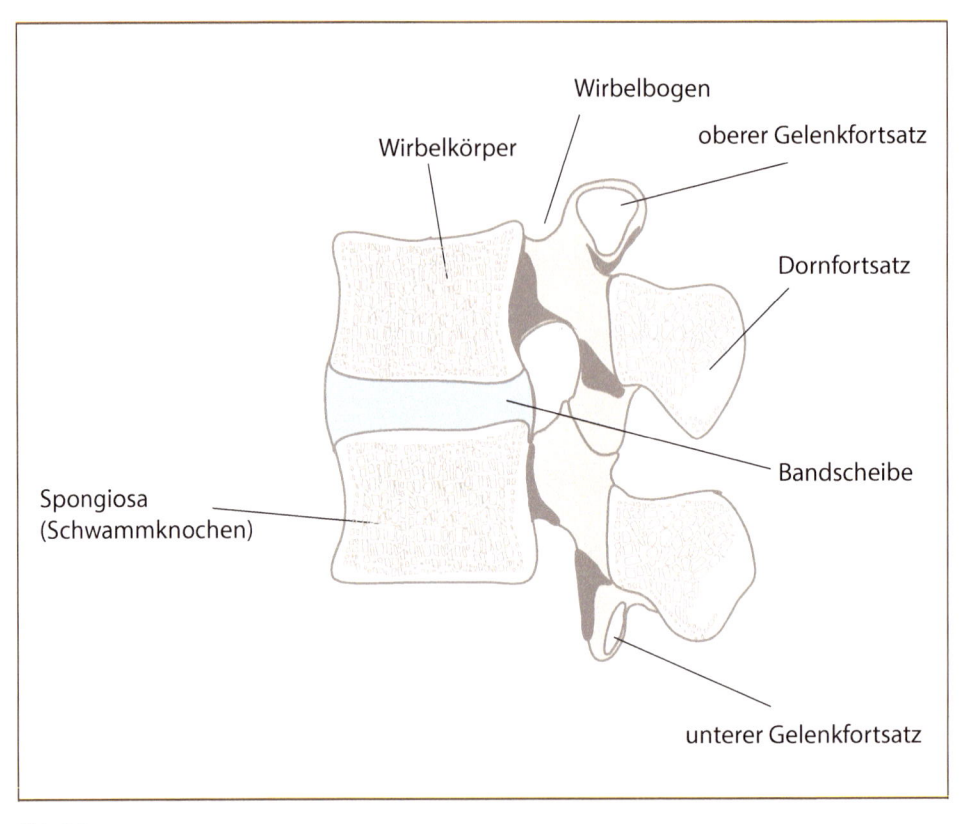

Verletzungen und Erkrankungen der Wirbelsäule

Abb. 6.3:
Die Beweglichkeit der Wirbelkörper zueinander beruht auf den Bandscheiben und den Wirbelgelenken.

Halswirbelsäule besteht eine Hohlschwingung (Lordose), diese geht in Höhe der Brustwirbelsäule in eine Rundrückenbildung (Kyphose) über, um in der Lendenwirbelsäule und dem Kreuzbein erneut in eine Lordose einzumünden (Abb. 6.5). Die S-förmige Konstruktion und die elastischen Bandscheiben, die aus einer gallertartigen Masse bestehen, die von einem fibrösen Ring eingefasst ist, wirken als Stoßdämpfer und schützen das Zentralnervensystem vor Erschütterungen. Das Rückenmark verläuft im Wirbelkanal. Trotz der guten Beweglichkeit ist es vor Gewalteinwirkung von dorsal durch die überlappenden kleinen Wirbelgelenke und die Dornfortsätze gesichert.

Die Bandscheiben – biologische Stoßdämpfer

Sind Wirbelkörper und Bandscheiben die Grundbausteine, so bilden jeweils zwei Wirbelkörper mit der Zwischenwirbelscheibe und je zwei Wirbelgelenken eine Bewegungseinheit. Die Bandscheiben sichern den Abstand zwischen den Wirbelgelenken. Es handelt sich dabei um ein dynamisches System, das vielfältigen Veränderungen im Laufe des Lebens unterworfen ist. Da die Bandscheiben als biologische Stoßdämpfer altern, wölbt sich immer wieder Gewebe aus dem eigentlichen Bandscheibenraum vor, durch kleine Risse im faserigen Ring der Bandscheibe (Anulus fibrosus) kann sogar Gewebe austreten. Der computertomographisch oder kernspintomographisch erkennbare Bandscheibenvorfall und die Bandscheibenvorwölbung rufen zumeist keine Beschwerden hervor, beide bleiben ‚klinisch stumm'. Nur wenn die austretenden Nervenwurzeln, das Rückenmark oder andere im Spinalkanal verlaufende Nerven bei einer Bewegung, durch eine Last oder erhöhte Muskelspannung unter Druck geraten, treten Schmerzen auf. Diese können von Nervenwurzelreizungen begleitet werden. Ein typisches Beispiel einer derartigen Nervenreizung ist „der Ischias" oder Schmerzen, die von der Halswirbelsäule in den Arm ausstrahlen (Zervikobrachialgie). Wissenschaftliche Untersuchungen erga-

> **Der bildtechnisch nachgewiesene Bandscheibenvorfall ohne klinische Symptome ist keine Krankheit.**
>
> Ein Bandscheibenvorfall oder eine Bandscheibenvorwölbung, die in einer Computer- oder Kernspintomographie nachgewiesen wurde, ist keine Krankheit. Jeder Mensch macht im Laufe seines Lebens eine Vielzahl von Bandscheibenvorfällen durch, ohne dass sich hieraus eine Symptomatik entwickelt. Eine Leistungseinschränkung kann nicht lediglich aus dem bildtechnischen Befund abgeleitet werden.

ben, dass Beschwerden und Schmerzen nur in Ausnahmefällen auf einen neu entstandenen Bandscheibenvorfall zurückgeführt werden können (Wiesel SM et al. 1984, Carragee EJ et al. 2006b). Meistens

Abb. 6.4:
MRT der Wirbelsäule. Erkennbar sind geringfügige Protrusionen (Bandscheibenvorwölbungen der unteren HWS und der oberen LWS). Die leichten Vorwölbungen sind ohne klinische Bedeutung.

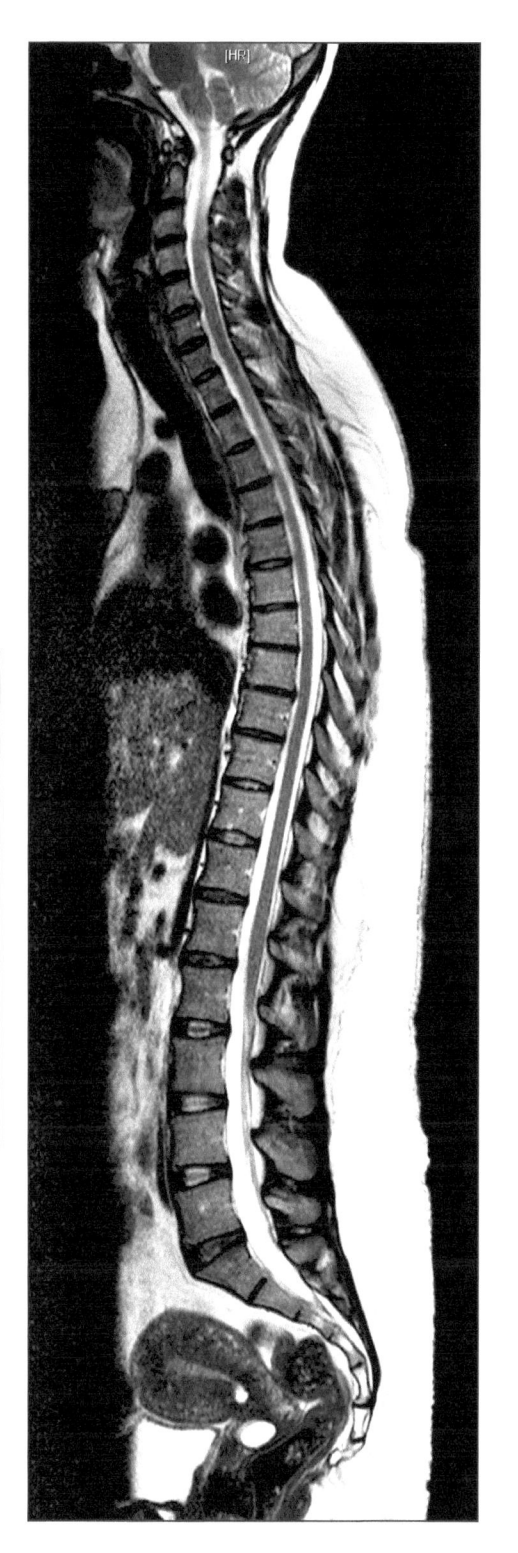

bestehen die Bandscheibenveränderungen bereits seit einem früheren Zeitpunkt und der Schmerz tritt erst auf, nachdem der Nerv in Kontakt mit der Bandscheibe oder einem Knochenauswuchs kommt. Die große Mehrheit aller Bandscheibenvorfälle bereitet keine Beschwerden, bleibt unerkannt und bildet sich, ohne dass der Mensch jemals davon Kenntnis genommen hätte, wieder zurück.

Der Bandscheibenring ist gegen äußere Belastungen außerordentlich resistent. Zerreißt die Bandscheibe bei einem Unfall, dann müssen zugleich Begleitverletzungen im Bereich der kleinen Wirbelgelenke (Bandzerreißung, Luxation) vorliegen. Bandscheibenverletzungen können auch in Kombination mit Frakturen entstehen.

> Der Nachweis eines Bandscheibenvorfalls nach einem Unfall ist kein Beweis für einen ursächlichen (kausalen) Zusammenhang. Traumatische Bandscheibenvorfälle sind nur zu erwarten, wenn zugleich weitere schwerwiegende Begleitverletzungen eingetreten sind: Brüche der Wirbelkörper, Zerreißungen von Bändern an der Wirbelsäule und Luxationen der kleinen Wirbelgelenke.

Der Aufbau der Wirbelsäule

Die Wirbelsäule wird in vier Abschnitte eingeteilt: Sie besteht aus sieben Halswirbelkörpern, zwölf Brustwirbelkörpern, fünf Lendenwirbelkörpern und den Kreuz- sowie Steißbeinwirbeln, die miteinander verwachsen sind. Jeder der Wirbelsäulenabschnitte zeichnet sich durch anatomische Besonderheiten aus.

Die Halswirbelsäule ist sehr gut beweglich. Der 1. Halswirbel, der Atlas, besitzt keinen Wirbelkörper. Der Wirbelkörper wird durch den Zahn (Dens) des 2. Halswirbelkörpers ersetzt, der im vorderen Anteil des ringförmigen 1. Halswirbelkörpers

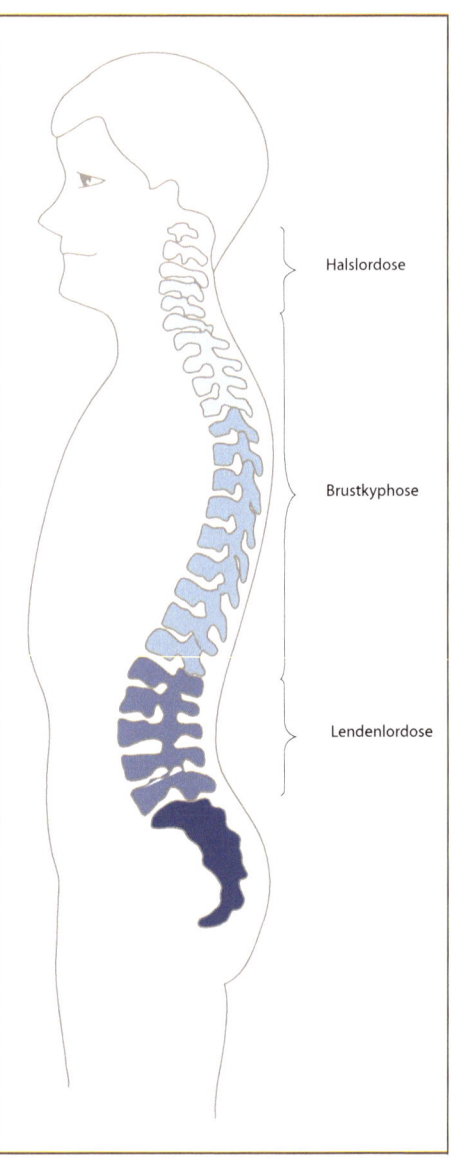

Abb. 6.5:
In seitlicher Ansicht ist die Wirbelsäule S-förmig aufgebaut. Die Halswirbelsäule wölbt sich nach ventral (Lordose), die Brustwirbelsäule nach dorsal (Kyphose), die Lendenwirbelsäule wieder nach ventral (Lordose). Je nach der Konstitution treten vielfältige Normvarianten auf, die nur in Extremfällen eine pathologische Bedeutung haben.

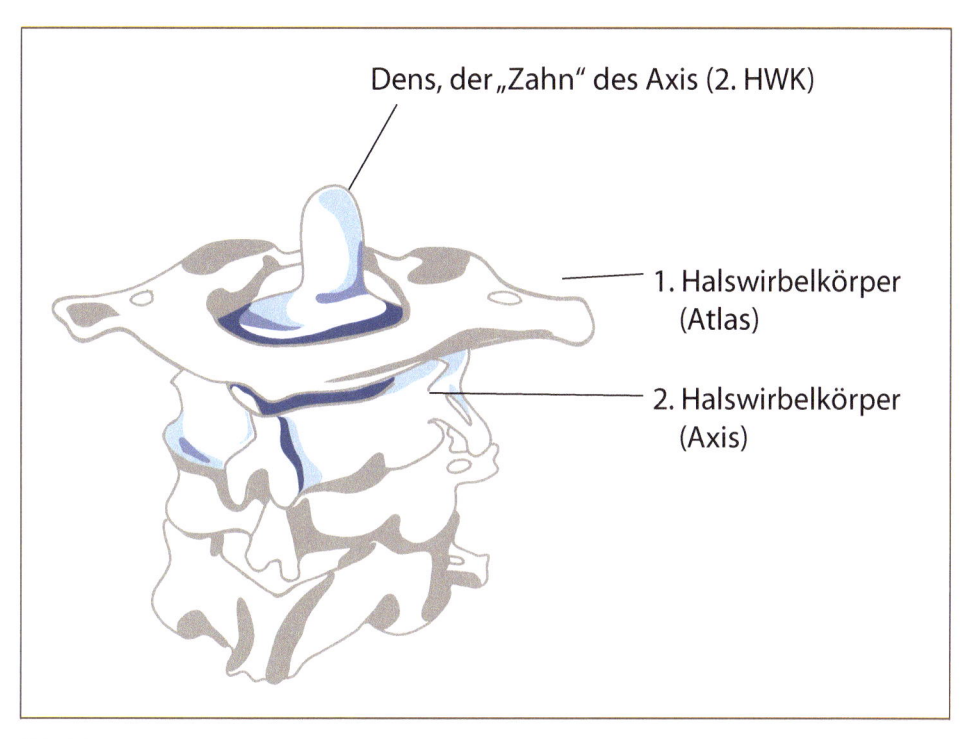

Anatomische Übersicht

Abb. 6.6:
Als einziger Wirbel besitzt der 1. HWK, der als Atlas bezeichnet wird, keinen Wirbelkörper. Der Atlas ist ringförmig angelegt. Den Platz des Wirbelkörpers nimmt der Zahn (Dens) des 2. HWK ein. Diese Konstruktion ermöglicht eine bessere Drehung des Kopfs, da die Rotation des 1. Halswirbels gegenüber dem 2. Halswirbelkörper nicht durch die Verbindung Bandscheibe-Wirbelkörper behindert wird.

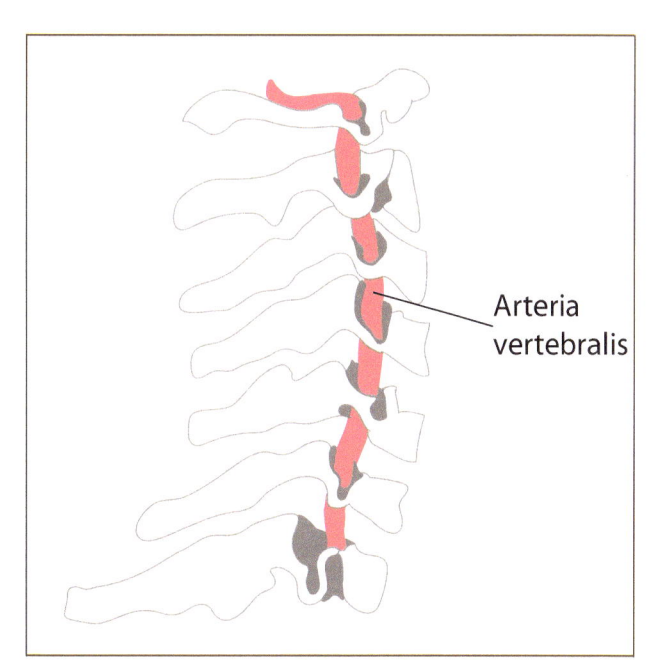

Abb. 6.7:
Durch die Querfortsätze der HWS verläuft die Arteria vertebralis. Im Rahmen von Unfällen oder therapeutischen Praktiken (Chirotherapie) können die Arterienwände geschädigt werden (Gefäßdissektion). Allerdings können sich die inneren Gefäßschichten auch ohne äußere Einwirkung ablösen, so dass in jedem Einzelfall zu prüfen ist, ob ein äußeres Ereignis für die Gefäßschädigung verantwortlich gemacht werden kann.

wird durch Bänder (Ligamentum transversum) gesichert. Der 1. Halswirbelkörper übernimmt die Last des Schädels auf zwei Gelenkflächen. Das Bewegungssystem Hinterhaupt – 1. Wirbelkörper – 2. Wirbelkörper ermöglicht weitaus größere Bewegungen als alle anderen Wirbelsegmente. Der zahnförmige knöcherne Auswuchs des 2. Wirbelkörpers (Dens axis) ist auf Grund seiner anatomischen Konstruktion relativ verletzungsanfällig (Densfraktur).

Gegenüber den anderen Wirbelkörpern weist die Halswirbelsäule eine weitere Besonderheit auf. Durch die Querfortsätze der Halswirbelsäule verläuft die Arteria vertebralis in den Foramina transversaria. Kurz vor dem Eintritt in das Foramen magnum des Schädels verlässt sie die Atlasbögen (1. Halswirbel), wendet sich nach medial und vereinigt sich an der Schädelbasis mit der gegenseitigen Arterie zur Arteria basilaris. Aus diesem Gefäß gehen Arterien zur Versorgung des Innenohrs, des Kleinhirns und die Arteria cerebri posterior ab. Ansonsten entspricht der Bauplan des 3. bis 7. Halswirbelkörpers im Wesentlichen dem der übrigen Wirbelkörper.

Die Brustwirbelsäule ist deutlich weniger beweglich als die Halswirbelsäule. Die zwölf Rippenpaare sind mit den Brustwirbelkörpern verbunden. Jede Rippe bildet mit den hinteren Anteilen zweier benachbarter Wirbelkörper ein Gelenk. Die Rippen sind ventral knorpelig mit dem Brustbein verbunden. Die Stabilität der Brustwirbelsäule geht auf Kosten ihrer Beweglichkeit.

Demgegenüber ist die Lendenwirbelsäule wiederum besser beweglich. Die Wirbelkörper nehmen nach kaudal an Größe zu. Die kleinen Wirbelgelenke sind kräftig ausgebildet. Die Lendenwirbelsäule geht in die Kreuzbeinwirbel über. Die Deckplatte des Kreuzbeins ist kräftig ausgebildet, dasselbe gilt für die Gelenkfortsätze. Der Übergang von der Lendenwirbelsäule zum Kreuzbein wird durch starke Bänder zusätzlich stabilisiert (Ligamentum iliolumbale). Das Kreuzbein selbst lässt keine Bewegung zu. An das Kreuzbein schließen sich die kleinen Steißbeinwirbelkörper an.

6.2 Typische Frakturen an HWS, BWS und LWS

Lässt man funktionelle Störungen der Wirbelsäule als Verletzungsfolge außer Acht („Schleudertrauma"), dann ergibt sich, dass Verletzungen der Brust- und Lendenwirbelsäule deutlich öfter entstehen als strukturelle Verletzungen der Halswirbelsäule.

An der Halswirbelsäule sind die Verletzungen des 5. und 6. Halswirbelkörpers am häufigsten. An der Brustwirbelsäule sind der 11. und 12. Wirbelkörper am stärksten von knöchernen Verletzungen betroffen, an der Lendenwirbelsäule der 1. Lendenwirbelkörper. Nach einer älteren Statistik von A. Lob entfallen fast 50% aller Brüche der Wirbelsäule auf den Abschnitt zwischen dem 12. Brust- und dem 3. Lendenwirbelkörper (Lob A 1973). Häufige Ursache sind Stürze oder Rasanztraumen im Kraftverkehr.

In höherem Alter können Wirbelkörperbrüche auch ohne Unfallereignis auftreten. Hier reichen unter Umständen raschere Vorneigungen des Oberkörpers oder plötzliche, unbedachte Bewegungen aus, um einen Wirbelkörper einbrechen zu lassen. Auch das Anheben einer nicht sonder-

Typische Frakturen an HWS, BWS und LWS

lich schweren Last (Gießkanne) kann einen Zusammendrückbruch herbeiführen. Man spricht in diesem Fall von einer Spontanfraktur oder pathologischen Fraktur. Die meisten pathologischen Frakturen lassen sich auf eine Osteoporose zurückführen.

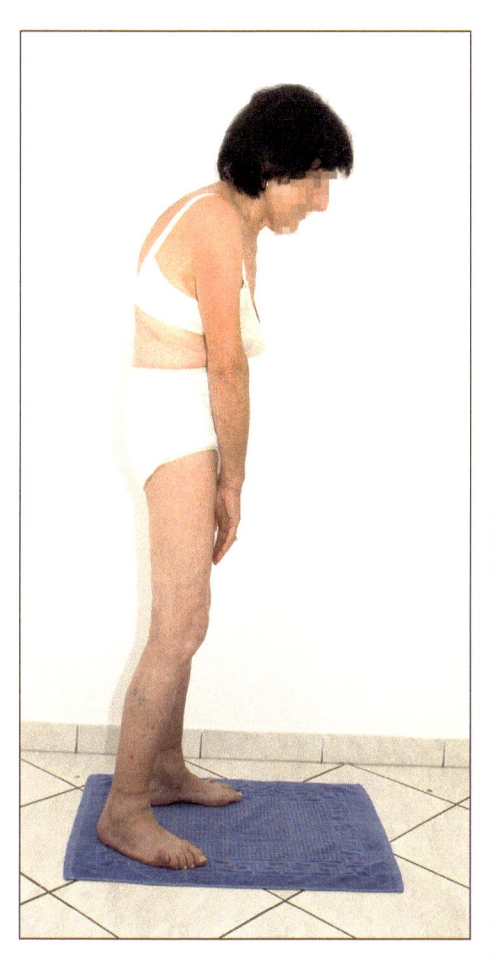

Abb. 6.8a:
Die 67-jährige Probandin berichtete, sie sei in den letzten Jahren 10 cm kleiner geworden. Der Befund ist typisch: Die Dame hat einen Rundrücken entwickelt. Durch die Höhenminderung der Wirbelkörper als Folge der osteoporotischen Brüche ist der Oberkörper kürzer geworden, die normalen Beine erscheinen im Vergleich dazu überproportioniert lang.

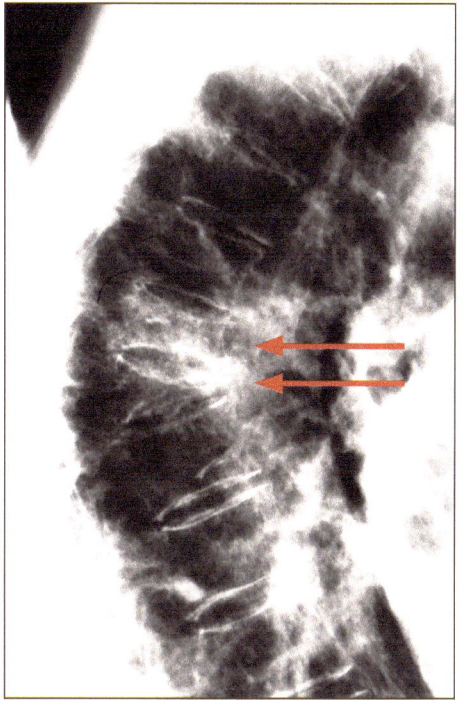

Abb. 6.8b:
Das Röntgenbild zeigt osteoporotische Frakturen des 7. und 8. Brustwirbelkörpers, die eine starke Knickbildung verursacht haben (Gibbus).

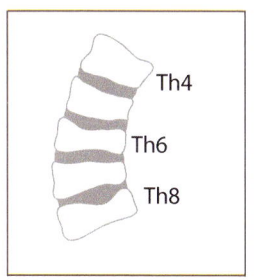

Abb. 6.8 c:
Die Zeichnung dokumentiert den typischen Befund eines ähnlichen Falles.

6.3 Distorsion der Halswirbelsäule ohne strukturelle Verletzung („Schleudertrauma")

Klassifikation nach ICD-10: S13.4

Verletzungsbild und Symptomatik

Zerrungen und Distorsionen der Halswirbelsäule nach Auffahrunfällen sind häufig Anlass für eine längere Arbeitsunfähigkeit, ohne dass dabei organische Verletzungen vorliegen müssen. Wie bei jeder anderen Zerrung können auch bei einer Distorsion der Halswirbelkörper Muskeln, Bänder oder Kapseln überdehnt werden, ohne dass hierbei die Wirbelkörper oder Bandscheiben geschädigt werden. Distorsionen der Halswirbelsäule, die nicht zu einer gravierenden organischen Strukturverletzung geführt haben, heilen folgenlos innerhalb von einigen Tagen bis wenigen Wochen ab.

Die Ursachen für eine längerfristige Arbeitsunfähigkeit nach einem Auffahrunfall ohne nachgewiesene organische Verletzung sind ungeklärt. Wahrscheinlich werden in den meisten Fällen vorbestehende Beschwerden bewusst oder unbewusst dem Unfall zugeordnet (s. S. 606–607). Der gesetzlichen Unfall-, Kranken- und Rentenversicherung entstehen durch die Arbeitsunfähigkeit Kosten, die bei unverschuldeten Unfällen an den Haftpflichtversicherer des Unfallverursachers weitergeleitet werden (Ersatzansprüche). Von den Betroffenen werden darüber hinaus Schadenersatzansprüche geltend gemacht. Gelegentlich wird auch eine bleibende Invalidität in der privaten Unfallversicherung vorgetragen.

Entstehung des Begriffs „Schleudertrauma"

Im Jahr 1953 wurde von den Neurologen Gay und Abbott (Gay JR et al. 1953) ein Beschwerdebild beschrieben, das als

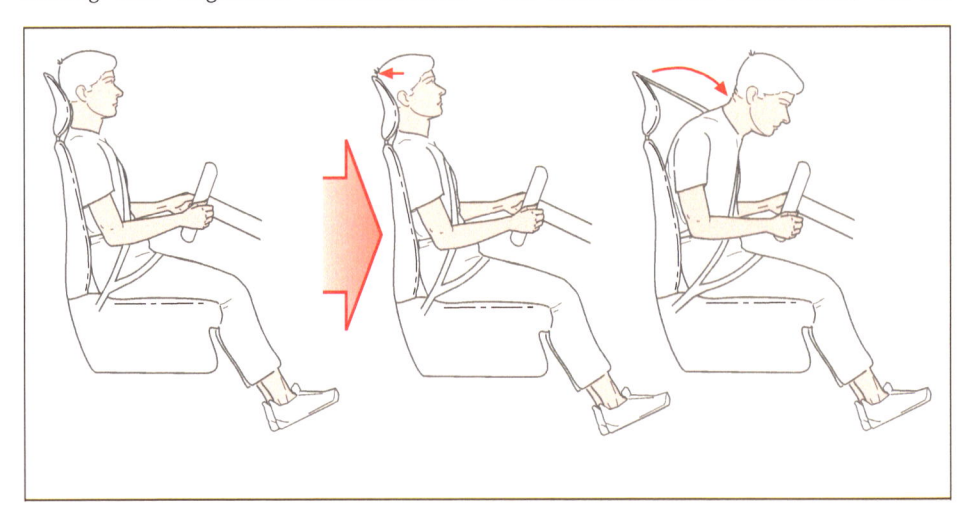

Abb. 6.9:
Bei einem Heckanstoß bewegt sich der Kopf anfänglich nach hinten in Richtung der Kopfstütze, danach kommt es zu einer Bewegung nach vorne. Aus dieser Bewegungsdynamik wurde der Begriff „Schleudertrauma" abgeleitet.

„Whiplash-Injury" in die Geschichte einging. Wörtlich lässt sich der Begriff mit „Peitschenschlagverletzung" übersetzen. Im deutschen Sprachraum hat sich dafür der Begriff „Schleudertrauma" durchgesetzt.

Gay und Abbott beschrieben den Mechanismus des unerwarteten Heckaufpralls, nachdem die Fahrerin oder der Fahrer über anhaltende Beschwerden in der HWS klagten. Die Autoren nahmen an, dass der Unfall eine Zerrung der Halsweichteile verursacht hatte. Die Nervenärzte interessierten sich dabei weniger für die Patienten, die eine strukturelle Verletzung erlitten hatten, sie konzentrierten sich vielmehr auf diejenigen Personen, die längere Zeit über Beschwerden klagten, obwohl bei ihnen keine wesentliche organische Verletzung nachweisbar war. Gay und Abbott konnten keine organische Ursache für die anhaltenden Beschwerden ausmachen.

Nach sorgfältiger Auswertung der Untersuchungsergebnisse wiesen sie nach, dass die gesundheitlichen Beeinträchtigungen und das Krankheitsverhalten nicht auf eine organische Verletzung, sondern eine psychische Reaktion zurückzuführen waren. Nach ihren Erkenntnissen spielten soziale Einflüsse und die Möglichkeit, eine finanzielle Kompensation für das Unfallereignis zu erhalten, eine wichtige Rolle. Die Veröffentlichung von Gay und Abbott knüpft damit an frühere Publikationen zur „traumatischen Neurose" an. Der Begriff traumatische Neurose umschreibt anhaltende Beschwerden und ein Verhalten, das medizinisch nicht durch eine organische Schädigung erklärt werden kann. In den letzten 50 Jahren sind über 10.000 wissenschaftliche Arbeiten zum Problem des Schleudertraumas veröffentlicht worden, ohne dass hierdurch die Genese der nach einem Heckunfall auftretenden Beschwerden eindeutig aufgeklärt werden konnte. In der wissenschaftlichen Literatur hat sich zunehmend die Ansicht durchgesetzt, dass neben Entschädigungsansprüchen unfallunabhängige seelische Störungen bei der Beschwerdeausgestaltung eine wichtige Rolle spielen. Die Tatsache, dass vielen HWS-Beschwerden nach

---

Beschwerden der HWS nach einem Unfall sind sorgfältig abzuklären

Klagt ein Patient nach einem ernsthaften Unfall über Beschwerden in der Halswirbelsäule, so ist eine mögliche Verletzung durch den behandelnden Arzt mit allen diagnostischen Mitteln abzuklären. An erster Stelle steht die Befragung und Untersuchung, einschließlich einer neurologischen Abklärung, Röntgenaufnahmen unter Einschluss von Funktionsaufnahmen in Vor- und Rückneigung sowie eine Computer- und Kernspintomographie. Werden Frakturen oder Bandzerreissungen an der HWS übersehen, so können sich schwere gesundheitliche Beeinträchtigungen ausbilden, die bei sorgfältiger Diagnose vermeidbar gewesen wären (Behandlungsfehler).

Wurden organische Verletzungen ausgeschlossen, so wird der Arzt allenfalls eine Schonung von wenigen Tagen empfehlen. Die Arbeitsunfähigkeit sollte ebenfalls lediglich für einige Tage attestiert werden. Eine spezifische Therapie oder gar die Ruhigstellung in einer Halskrause ist kontraindiziert. Der Patient sollte alle Aktivitäten des täglichen und beruflichen Lebens wieder aufnehmen. Die Verordnung einer Halskrause, starker Schmerz- oder Beruhigungsmittel sowie umfangreicher Physiotherapie ist kontraindiziert, da sonst bei dem Patienten der Eindruck entstehen kann, ernsthaft geschädigt worden zu sein.

Einteilung der HWS-Verletzungen nach Erdmann (Erdmann H 1973, Seite 75)

Symptome	Schweregrad I	Schweregrad II	Schweregrad III
a) Annähernd schmerzfreies Intervall	häufig vorhanden (12–16 Stunden)	seltener vorhanden (4–8 Stunden)	nicht vorhanden
b) Schluckschmerzen, Schmerzen im Mundbodenbereich oder in den Rectusmuskeln des Halses	selten (3–4 Tage lang)	häufig (3–4 Tage lang)	?
c) Totale Haltungsinsuffizienz der Kopfhaltemuskulatur	nicht vorhanden	fehlt als Sofortphänomen; bisweilen nachträglich	als Sofortphänomen immer vorhanden
d) „Steifer Hals" bzw. schmerzhafte Bewegungseinschränkung für Kopf und Hals, tastbar bei manueller Prüfung	häufig, meist erst als Sekundärsymptom, Dauer 1–2 Wochen	meist vorhanden, meist als Primärphänomen, seltener im Intervall	immer vorhanden, Dauer länger als 2 Monate
e) Schmerzen paravertebral zwischen den Schulterblättern („Kralle")	gelegentlich (bei etwa 15%)	häufiger (bei etwa 30%)	?
f) Primäre Parästesien in den Händen, gelegentlich auch den Unterarmen	selten	häufiger, aber meist ohne motorische Lähmungen	?
g) Positive Verletzungsmerkmale im Röntgenbild der HWS 1. primäre 2. sekundäre (nach 3–6 Wochen)	 fehlen fehlen	 fehlen bisweilen vorhanden	 vorhanden vorhanden
h) Prostration, Bettlägerigkeit	fehlt oft (meist nur 2–3 Tage)	meist vorhanden (ca. 10–14 Tage)	immer vorhanden (4–6 Wochen)
i) Dauer der unfallbedingten Arbeitsunfähigkeit	1–3 Wochen (fehlt gelegentlich ganz)	2–4 Wochen	über 6 Wochen

Unfällen keine organische Verletzung zugrunde liegt, darf allerdings nicht zu dem Fehlschluss führen, mögliche HWS-Verletzungen zu bagatellisieren.

Klassifikation des „Schleudertraumas"

Verschiedene Ärzte haben eigene Klassifikationssysteme für Beschleunigungsverletzungen der Halswirbelsäule entwickelt.

1973 schlug Erdmann vor, die Verletzungen der HWS in drei Schweregrade einzuteilen. Die Einteilung wird zum Teil bis heute verwendet. Beim Schweregrad 1 sind lediglich subjektive Beschwerden vorhanden, beim Schweregrad 2 können röntgenologische Veränderungen nachweisbar sein, beim Schweregrad 3 sind strukturelle Verletzungen der Halswirbelkörper auch radiologisch nachweisbar.

Krämer (Krämer J 2006) schloss sich der Einteilung von Erdmann an. Er differenziert die Beschleunigungsverletzung der Halswirbelsäule ebenfalls in drei Schweregrade. Im Schweregrad 1 lassen sich keine radiologischen Veränderungen erkennen, im Schweregrad 2 sind Einrisse in den Wirbelgelenkkapseln, den Bändern und Bandscheiben erkennbar, der Schweregrad 3 ist kompletten Bandscheibenrissen und Rupturen am dorsalen Bandapparat, Frakturen und Luxationen vorbehalten.

Internationale Beachtung hat die Einteilung des „Schleudertraumas" der Quebec Task Force (Spitzer WO et al. 1995) gefunden. Danach werden Beschwerden und Störungen nach einem „Schleudertrauma" („whiplash associated disorders") in fünf Stufen (0–4) eingeteilt: Bei Grad 0 bestehen weder subjektive Beschwerden noch klinisch auffällige Befunde. Grad 1 ist lediglich durch subjektive Nackenschmerzen charakterisiert, funktionelle Einschränkungen bestehen nicht. Beim Grad 2 ist die Muskulatur verspannt und die Beweglichkeit der Halswirbelsäule eingeschränkt. Grad 3 ist durch zusätzliche neurologische Störungen charakterisiert. Erst in der 4. Stufe können auch radiologische Veränderungen, Frakturen oder Bandscheibenzerreißungen nachgewiesen werden.

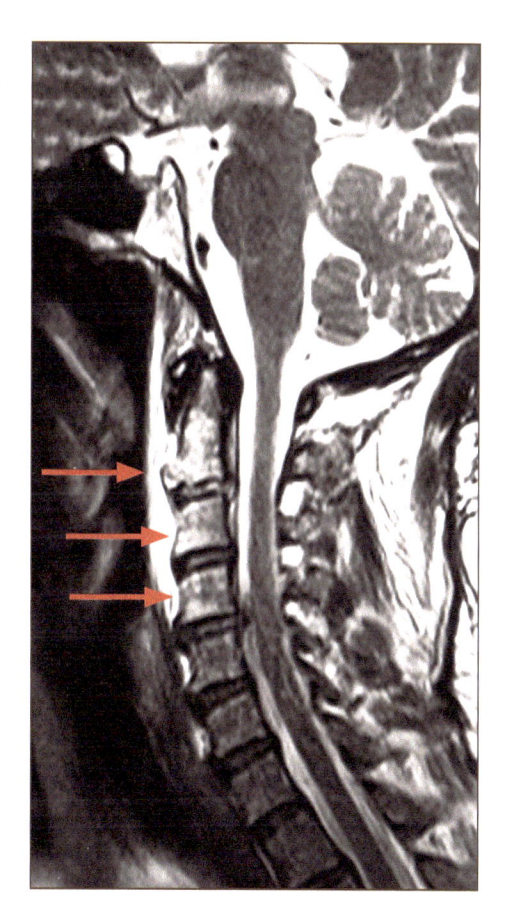

Abb. 6.10:
Folge eines Überschlags mit einem Pkw: Die 58 Jahre alte angeschnallte Beifahrerin zog sich einen Abbruch der vorderen Kante des 2. HWK (→) zu. Deutlich erkennbar sind zudem Aufhellungen im 2., 3. und 4. HWK als Zeichen einer Knochenprellung (bone bruise). Die Knochenprellung heilt nach einigen Monaten völlig aus. Der Kantenabbruch wurde konservativ behandelt. Anlässlich einer Begutachtung zwei Jahre nach dem Unfall schilderte die Probandin, dass sie den Kopf gelegentlich etwas schlechter drehen könne. Es ließ sich eine leichte Bewegungseinschränkung der HWS nachweisen.

Einteilung des „Schleudertraumas" nach der Quebec Task Force	
0	Keine Beschwerden, keine klinischen Zeichen
1	HWS-Beschwerden in Form von Schmerzen, Steifigkeitsgefühl oder Überempfindlichkeit
2	HWS-Beschwerden und muskuloskelettale Zeichen (Bewegungseinschränkung, lokaler Druckschmerz)
3	HWS-Beschwerden und neurologische Zeichen (Reflexdifferenzen, Gefühlsstörungen, Lähmungen)
4	HWS-Beschwerden und HWS-Fraktur oder -Dislokation

Organische HWS-Beschwerden nach adäquatem Unfallereignis

Die Symptomatik und der Verlauf einer *organischen* Distorsionsverletzung der Halswirbelsäule entsprechen der anderer Distorsionen. Die Verletzten klagen direkt im Zusammenhang mit dem Unfall oder kurz danach über starke Beschwerden. Die Beweglichkeit der Halswirbelsäule ist eingeschränkt. Unter Umständen wird der Kopf mit den Händen abgestützt. Wenn strukturelle Verletzungen fehlen, sind keine gravierenden neurologischen Symptome nachweisbar. Gelegentlich können Parästhesien (Kribbelgefühle, Sensibilitätsstörungen) auftreten. Nach einer kurzen Schonung klingen die Folgen der Zerrung innerhalb von wenigen Tagen bis maximal drei Wochen folgenlos ab. Für einen kurzen Zeitraum können subjektive Beschwerden durch leichte Schmerzmittel und muskelentspannende Medikamente behandelt werden.

Strukturelle Verletzungen, Frakturen und Bandzerreißungen bedürfen einer differenzierten orthopädisch-unfallchirurgisch-neurochirurgischen Therapie. Je nach Typ der Verletzung kann eine längere Ruhigstellung in einer Orthese oder eine operative Behandlung notwendig sein. Die Therapie der strukturellen HWS-Verletzungen wird auf den Seiten 141–156 erläutert.

Subjektive HWS-Beschwerden ohne adäquates Unfallereignis

Nach Verkehrsunfällen werden häufig Beschwerden in der Halswirbelsäule geäußert, ohne dass ein Zusammenhang zur Schwere des Unfallereignisses erkennbar wäre). In den Verkehrsunfallanzeigen der Polizei findet sich gelegentlich der Hinweis auf „ein HWS", in den juristischen Schriftwechseln wird immer wieder von einem „Schleudertrauma" gesprochen. Oft äußern die Betroffenen anfänglich weder gegenüber dem Unfallverursacher noch gegenüber der Polizei Beschwerden. Aus späteren Schilderungen kann dann entnommen werden, dass Schmerzen oder Funktionsstörungen erst nach zwölf oder 24 Stunden aufgetreten seien. Nicht selten wird zuerst der Anwalt aufgesucht, erst danach der Arzt. Dabei mögen auch Ratschläge mancher Anwälte eine Rolle spielen, möglichst häufig einen Arzt zu konsultieren, um Schmerzensgeldansprüche begründen zu können (Jäger L et al. 2014).

Im Gegensatz zu organisch verursachten Beschwerden, die von Tag zu Tag nachlassen, berichten Probanden, bei denen eine organische Verletzung ausgeschlossen werden konnte, dass ihre Schmerzen und Funktionseinschränkungen nach dem Ereignis über einen längeren Zeitraum, über Wochen bis Monate zunehmen. Die geäußerten Beschwerden sind vielfältig, sie reichen von Schmerzen in der Halswirbelsäule über Bewegungseinschränkungen, Schwindel, Muskelverspannungen, Kopfschmerzen, Interesselosigkeit bis hin zu kognitiven Störungen. Die Symptomatik lässt sich durch den Verletzungsmechanismus naturwissenschaftlich nicht erklären.

„Einen „zervikalen Schwindel" im engeren Sinne gibt es nicht. Es existiert keine klinisch einwandfrei zuzuordnenden Symptomatik, ebenso wenig eine neurootologische Untersuchungsmethode zum Nachweis einer Schädigung von Rezeptoren an der oberen HWS mit Auswirkung auf das Gleichgewichtssystem. Ein sogenannter „Zervikalnystagmus" kommt teilweise auch beim Gesunden vor und ist damit nicht beweisend. Häufig werden uncharakteristische Beschwerden nur unter der semantisch unscharfen Bezeichnung „Schwindel" subsumiert. Behauptete Schädigungen des Hirnstamms oder anderer zentraler Strukturen müssen durch entsprechende neurologische Ausfälle und auch radiologisch nachgewiesen sein. Sonstige neuro-otologische Befunde sind immer kritisch hinsichtlich ihrer Abhängigkeit vom Unfallgeschehen zu diskutieren.

Von medizinischen Außenseitern wurden vielfältige Theorien entwickelt, aus denen sich angeblich eine organische Genese der Beschwerden ableiten lässt. Eine besondere Rolle spielen einzelne Vertreter der Neurootologie (Claussen CF et al. 1999). Diese Sichtweise wird auch in dem von M. Graf et al. herausgegebenen Band „Beschleunigungsverletzung der Halswirbelsäule. HWS-Schleudertrauma" vertreten (Graf M et al. 2008).

In der internationalen wissenschaftlichen Diskussion (Ericson RV et al. 2004) hat sich die These durchgesetzt, dass es sich bei anhaltenden HWS-Beschwerden nach leichten Unfällen um ein gesellschaftlich legitimiertes Leiden handelt, bei dem die Tatsache des Versichertseins und die Möglichkeit, hieraus Ansprüche abzuleiten, als Grundvoraussetzung anhaltender Beschwerden gelten können. Die Chronifizierung wird durch das geltende Recht, die Rollen von Anwälten und Versicherungen und die Entschädigungspraxis begünstigt. Besonders langwierige Verfahren sind bei Rechtsschutzversicherten zu erwarten.

Therapie

Angesichts der Vielzahl ungünstiger Entwicklungen nach Ruhigstellung einer leichten Distorsion wird heute routinemäßig von einer Stabilisierung der Halswirbelsäule nach geringfügigen Distorsionen abgesehen.

Ist eine organische Distorsion ohne gravierende strukturelle Verletzung (z.B. MRT-Befund) gesichert, dann kann für wenige Tage ein Watteverband oder eine weiche Zervikalstütze angelegt werden. Wichtig ist die primäre medizinisch-organische Abklärung, hierzu gehören die körperliche Untersuchung einschließlich der Erhebung des neurologischen Befunds und – zum Ausschluss einer schweren knöchernen Verletzung oder einer Verschiebung einzelner Wirbelkörper – die Anfertigung von Röntgenaufnahmen. Ergeben sich hierbei Hinweise für eine Verletzung, so sollte sich eine weitere Diagnostik anschließen. Mit einer Kernspintomographie lassen sich relevante strukturelle Verletzungen ausschließen. Ist der Befund unauffällig, so sollte in jedem Fall von einer Stabilisierung durch eine Schanzkrawatte oder durch eine intensive Physiotherapie abgesehen werden, um beim Betroffenen nicht den Eindruck zu erzeugen, verletzt worden zu sein.

In den wissenschaftlichen Leitlinien zur Behandlung von Patienten, die nach Auffahrunfällen über Beschwerden in der HWS klagen, betont die Deutsche Gesellschaft für Neurologie (2005) die Bedeutung eines raschen Abschlusses laufender Entschädigungsverfahren: „Rechtsstreitigkeiten sollen so früh wie möglich beigelegt und eine Rückkehr in den Beruf so bald wie möglich angestrebt werden." Dieser Empfehlung sollte immer dann gefolgt werden, wenn organische Verletzungen durch das Unfallereignis ausgeschlossen werden konnten.

Komplikationen

Komplikationen treten bei der organischen Distorsion der Halswirbelsäule nicht auf. In gewisser Weise kann man neurotische Fehlentwicklungen nach leichten Distorsionen als eine Komplikation ansehen.

Regelhafter Heilverlauf – Auswirkung im täglichen Leben

Die organische Distorsion kann Beschwerden hervorrufen, die innerhalb von wenigen Tagen bis maximal drei Wochen abklingen. Die Folgen der Distorsion können die berufliche Belastbarkeit und die Haushaltsführung für kurze Zeit beeinträchtigen.

Medizinische Prognose (Welche Folgen hinterlässt die Verletzung?)

Die organische Distorsion der Halswirbelsäule ohne relevante strukturelle Schäden heilt folgenlos aus.

Die Prognose subjektiver Beschwerden nach einem „Schleudertrauma" ohne organisches Korrelat ist unsicher, sie hängt von der Krankheitsvorgeschichte, den prämorbiden Anteilen der Persönlichkeit (unfallunabhängigen seelischen Störungen) und den äußeren Gegebenheiten ab. Chronische Beschwerden nach geringfügigen Auffahrunfällen stehen häufig mit vorbestehenden Angststörungen, Depressionen und somatoformen Störungen im Zusammenhang. Eine bedeutende Rolle spielen der Wunsch nach Entschädigung sowie die Behandlung durch Ärzte und die Beratung durch Anwälte, die auf „Schleudertrauma-Beschwerden" spezialisiert sind. Offene juristische Auseinandersetzungen begünstigen die Chronifizierung von HWS-Beschwerden nach Verkehrsunfällen. Da das Ergebnis eines Rechtsstreits nicht absehbar ist und die Klägerinnen und Kläger sich mit der Zeit mehr und mehr in Beschwerden und Krankheit hineinleben, sollte im Interesse aller Beteiligten versucht werden, unnötige Gerichtsverfahren zu vermeiden. Dies gilt allerdings nicht für nachgewiesene Betrugsfälle, bei denen der Unfall willkürlich verursacht wurde und die Beschwerden simuliert werden.

Distorsion der Halswirbelsäule ohne strukturelle Verletzung

Medizinisch erforderliche Nachbehandlung	
Stationäre Rehabilitation (AHB)	Nicht erforderlich
Dauer und Frequenz der Physiotherapie nach Eintritt der Verletzung	Im Allgemeinen entbehrlich, bei subjektivem Leidensdruck eine Serie à sechs Therapieeinheiten (z. B. manuelle Therapie, Krankengymnastik, Massage)
Dauer und Frequenz der Physiotherapie nach Ablauf von 4 Wochen	Entfällt
Künftige operative Behandlungen	Entfällt
Hilfsmittel, Medikamente	Ggf. für ein bis zwei Tage leichte Analgetika, z. B. Ibuprofen, keine Ruhigstellung der HWS, nachdem organische Verletzungen ausgeschlossen wurden

Beeinträchtigung der Arbeitsfähigkeit	
Berufliche Anforderung	Durchschnittliche Dauer der Arbeitsunfähigkeit
Leichte, überwiegend sitzende Tätigkeit	0 – 1 Woche
Leichte bis mittelschwere Arbeit, etwa hälftiger Anteil stehender / gehender Tätigkeit	0 – 1 Woche
Schwere körperliche Tätigkeiten und Arbeiten, die über Kopf verrichtet werden	0 – 2 Wochen

Bewertung des Haushaltsführungsschadens		
Tätigkeit	Beeinträchtigung (in %) bis zum Abschluss der Rekonvaleszenz	Beeinträchtigung auf Dauer (in %)
Leicht: Planung	Keine Beeinträchtigung	Keine Beeinträchtigung
Mittel: Durchschnittliche Hausarbeiten	Keine Beeinträchtigung	Keine Beeinträchtigung
Schwer: Großer Hausputz, Gartenarbeit	Für bis zu zwei Wochen nach dem Unfallereignis kann eine Einschränkung bis zu 50 % vorliegen.	Keine Beeinträchtigung

Bewertung des Dauerschadens	
Versicherungszweig – Rechtsgebiet	Einschätzung des Dauerschadens
Gesetzliche Unfallversicherung: MdE	Kein Dauerschaden
Private Unfallversicherung: Invalidität	Kein Dauerschaden
Haftpflichtversicherung	Kein Dauerschaden
Gesetzliche Rentenversicherung	Keine Bedeutung
Private Berufsunfähigkeitsversicherung	Keine Bedeutung
Schwerbehindertenrecht, soziales Entschädigungsrecht, Beamtenrecht: GdB, GdS	Keine Bedeutung

6.4 Systematik der strukturellen Wirbelsäulenverletzungen: Verletzungen von Knochen, Bändern und Bandscheiben

Die strukturellen Wirbelsäulenverletzungen werden nach ihrer klinischen Wertigkeit in unterschiedliche Frakturtypen eingeteilt. Die Einteilung ermöglicht es dem Arzt, die Behandlung auf die Schwere der Verletzung abzustimmen. Im Jahre 1983 entwickelte Francis Denis ein Drei-Säulen-Modell der Wirbelsäule. Denis teilte die Wirbelsäule in Pfeilrichtung in drei Abschnitte ein:

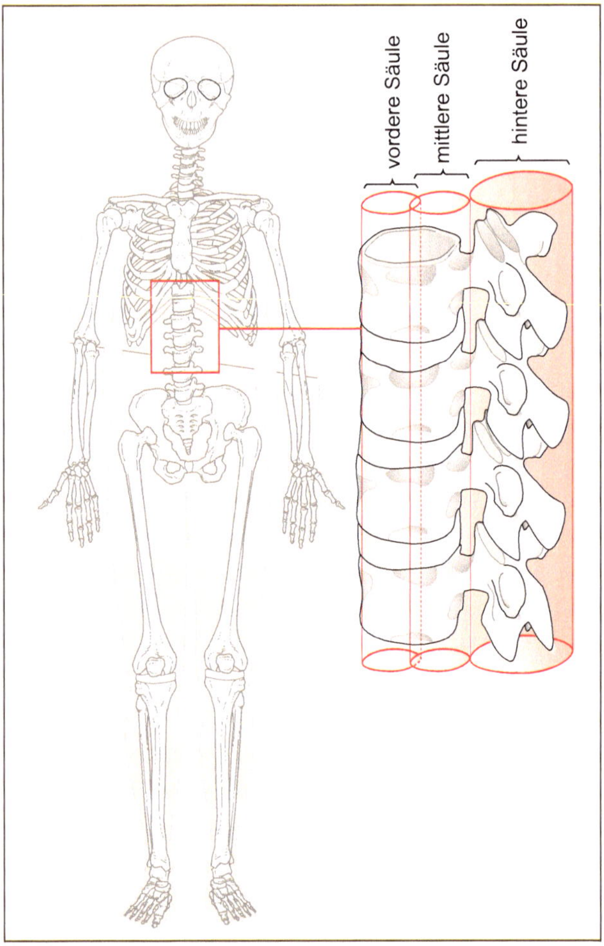

Die vordere Säule besteht aus dem ventralen Anteil des Wirbelkörpers einschließlich des vorderen fibrösen Bandscheibenrings und dem festen vorderen Längsband.

Die mittlere Säule umfasst die Wirbelkörperhinterwand, den dorsalen Anteil des Bandscheibenrings und das hintere Längsband.

Die hintere Säule besteht aus dem Wirbelbogen, den Bogenwurzeln, den Quer- und Dornfortsätzen, den Wirbelgelenken und den damit verbundenen Bändern.

Wird im Rahmen eines Unfalls nur die vordere Säule betroffen, dann bleibt die Stabilität der Wirbelsäule erhalten. Das Gleiche gilt auch für Frakturen der Dorn- und Querfortsätze. Neurologische Ausfälle sind bei derartigen Frakturen in aller Regel nicht zu erwarten. Ist neben der vorderen Säule auch die mittlere Säule betroffen, so ist die Fraktur instabil. Knöcherne Fragmente der Wirbelkörperhinterkante können sich in den Spinalkanal verschieben und eine Schädigung des Rückenmarks bzw. der im Wirbelkanal verlaufenden Nerven verursachen. Sind alle drei Säulen betroffen, so ist die Fraktur hochgradig instabil. Damit wächst die Gefahr neurologischer Begleitverletzungen (z. B. Querschnittlähmung).

Abb. 6.11:
Drei-Säulen-Modell der Wirbelsäule nach Denis.

Einteilung der Wirbelkörperbrüche

Die Brüche der Wirbelkörper werden je nach Frakturtyp und möglichen neurologischen Folgen nach Fritz Magerl in drei verschiedene Verletzungstypen (A, B, C) (Müller ME et al 1992) eingeteilt.

Typ A:

Die Wirbelbrüche, die lediglich den vorderen Anteil des Wirbelkörpers betreffen, werden als Verletzungen Typ A bezeichnet. Hierbei bleiben die dorsalen Verbindungen zwischen den Wirbelkörpern und die Bandscheiben intakt, das Rückenmark ist nicht gefährdet. Bei Verletzungen vom Typ A kann es sich um Kompressions-, Spalt- oder Berstungsbrüche handeln.

Typ B:

Sind die Bandstrukturen im vorderen und hinteren Anteil der Wirbelsäule durch ausgeprägte Scherkräfte verletzt worden, so spricht man von einer Typ-B-Verletzung. Dieser Verletzungstyp ist besonders gefährlich, da die Verschiebung der instabilen Wirbelkörper das Rückenmark verletzen kann.

Typ C:

Sind neben der Zerreißung der Bänder und Bandscheiben auch die Wirbelgelenke oder Wirbelbögen verletzt, so wird von einer Typ-C-Verletzung gesprochen.

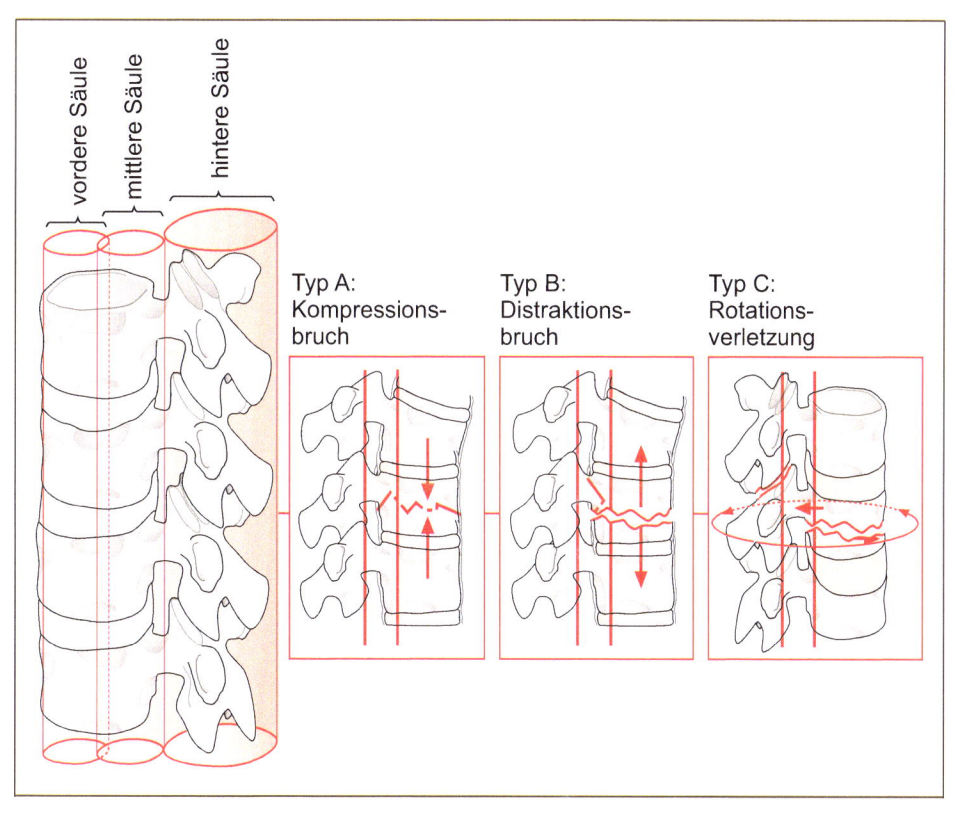

Abb. 6.12:
Je nach Ausmaß und Schwere der Verletzungen werden Frakturen der Wirbelkörper in drei Kategorien eingeteilt.

Verletzungen und Erkrankungen der Wirbelsäule

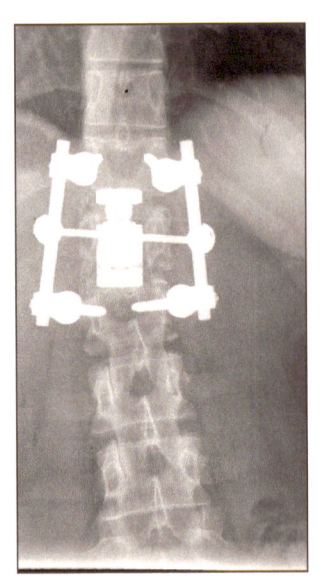

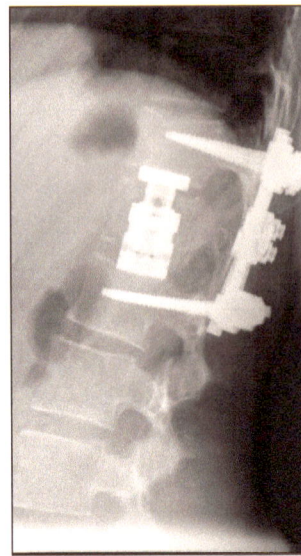

Abb. 6.13a (linkes Bild):
Die 27-jährige Probandin hatte sich bei einem Sturz eine instabile Fraktur des 1. LWK zugezogen. Ein Stück der Wirbelhinterkante hatte den Spinalkanal eingeengt. Damit bestand eine Indikation zur operativen Stabilisierung mit einem Fixateur von TH 12 auf L 2. Aufnahme in der Frontalebene.

Abb. 6.13b (rechts Bild):
Seitliche Aufnahme: Sehr gute Wiederherstellung des Wirbelsäulenprofils.

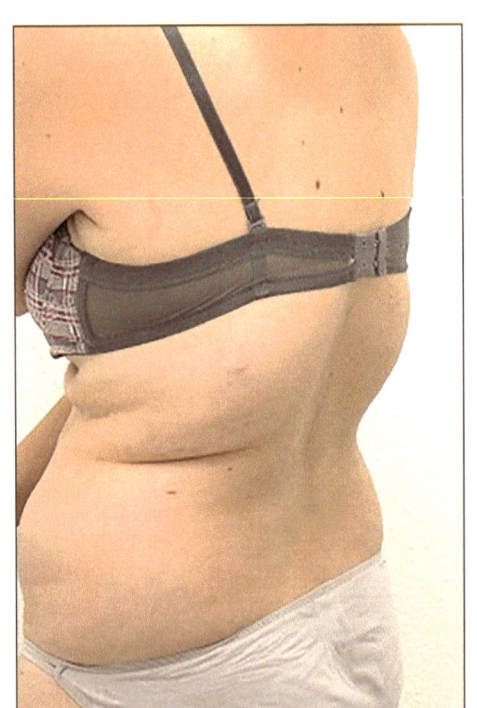

Abb. 6.13c:
Lokalbefund der Wirbelsäule.

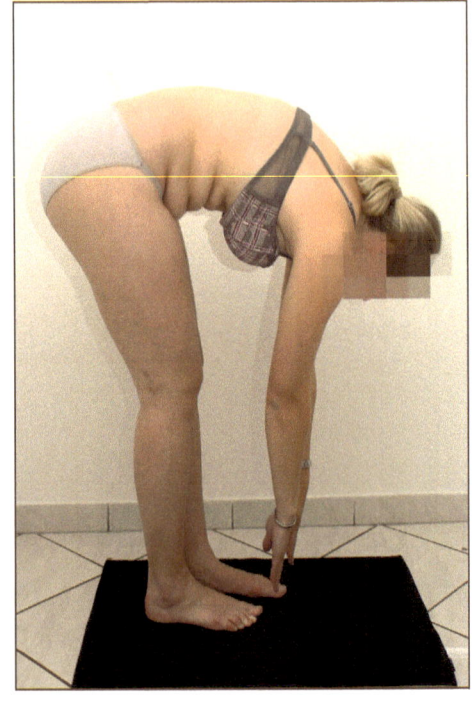

Abb. 6.13d:
Trotz der Versteifung des Übergangs von der Brust zur Lendenwirbelsäule erreicht die Probandin bei der Vorneigung mit den Fingerspitzen fast den Boden.

> **Indikationen für die operative Behandlung von Wirbelsäulenverletzungen**
>
> Je gravierender die statischen Auswirkungen einer Wirbelsäulenverletzung sind und je instabiler die Fraktur ist, umso eher ist eine Indikation für eine operative Behandlung gegeben.
>
> Die operative Therapie der Wirbelsäulenverletzungen hat mehrere Vorteile:
>
> - Stabilisierung des verletzten Wirbelsäulenabschnitts
> - Wiederherstellung der anatomischen Strukturen
> - Entlastung von Nervengewebe
> - Rasche Schmerzlinderung
>
> Als absolute Indikationen für eine Operation gelten:
>
> - Zunahme neurologischer Ausfälle bei nachgewiesener Rückenmarks- oder Nervenkompression
> - Verletzung der Bänder mit Beeinträchtigung der Stabilität
> - Verschiebung der betroffenen Wirbelfragmente
>
> Eine relative Indikation zum operativen Eingriff besteht bei:
>
> - Inkomplettem neurologischem Defizit ohne Besserungstendenz
> - Erheblicher Deformität und statischer Beeinträchtigung der Wirbelsäule
> - Therapeutisch nicht beeinflussbaren organisch verursachten Schmerzen
> - Kontraindikationen für eine längere Ruhigstellung

6.5 Strukturelle Verletzungen der Halswirbelsäule

Klassifikation nach ICD-10: S12.0

6.5.1 Atlasfraktur – Bruch des 1. Halswirbelkörpers

Verletzungsbild und Symptomatik

Der Atlas ist ringförmig ausgebildet und verfügt nicht über einen Wirbelkörper. Der Dens des 2. Wirbelkörpers (Axis) nimmt den vorderen Teil der ringförmigen Öffnung des Atlas ein (Abb. 6.6). Der 1. und 2. Wirbelkörper sind gelenkig miteinander verbunden.

Wird der Schädel mit hoher Gewalt vom Schädeldach in Richtung des Körpers (axial) gestaucht, so wirken die Gelenke (Kondylen) des Hinterhauptes auf die Gelenkflächen des Atlas ein und sprengen dessen knöchernen Ring. Bei einer stärkeren Verschiebung der Bruchfragmente reißen auch die Bandverbindungen (Ligamentum transversum atlantis), die das Rückenmark vor einer Verlagerung des Axis schützen. Sowohl die Zerreißung der Bänder als auch die Fraktur des Atlas führen zu einer lebensbedrohenden Instabilität. Sofern noch keine neurologischen Störungen aufgetreten sind, klagen die betroffenen Patienten über heftige Nacken- und Kopfschmerzen. Ein Hämatom kann Schluckstörungen hervorrufen.

Therapie

Brüche des Atlas werden konservativ durch eine Extension des Kopfes behandelt. Hierbei wird ein metallener Ring um die Schädelka-

Verletzungen und Erkrankungen der Wirbelsäule

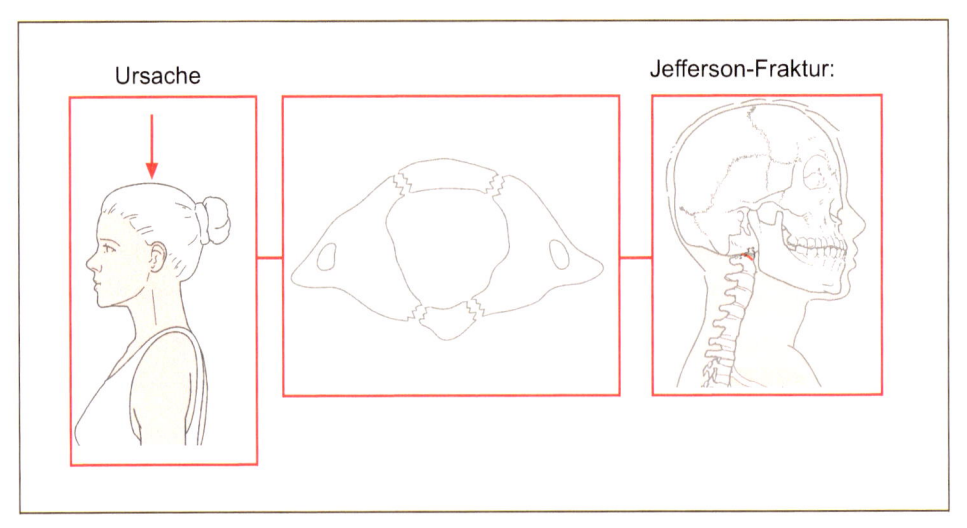

Abb. 6.14:
Brüche des 1. Halswirbelkörpers entstehen häufig durch eine axiale Stauchung des Schädels.

lotte gelegt und mit Schrauben fixiert. Über ein spezielles Extensionssystem, das sich an den Schultern abstützt, wird der Kopf in Längsrichtung gezogen. Durch den Längszug reponieren sich die Bruchfragmente. Die weitere Extension kann bei Bettlägerigen über einen Rollenzug erfolgen. Nachdem sich die Knochenfragmente durch eine knorpelige Masse (Kallus) miteinander verbunden haben, wird eine Hals-Kopforthese, ein Halo-Fixateur externe oder ein Minerva-Gips für sechs Wochen angelegt.

Bei veralteten Brüchen des Atlas kann auch eine operative Versorgung erforderlich werden, die die obere Halswirbelsäule und das Hinterhaupt einbezieht.

Komplikationen
Im Rahmen der Verletzung können neurologische Ausfälle unterschiedlichen Schweregrades auftreten. Die Bohrlöcher der Extension können sich bakteriell infizieren. Allerdings lässt sich diese Komplikation durch eine chirurgische Wundreinigung und eine lokalantibiotische Behandlung gut beherrschen.

Regelhafter Heilverlauf – Auswirkung im täglichen Leben
Die Verletzten sind für sechs Wochen auf eine vollständige Versorgung angewiesen. Auch nach Abnahme der Extensionsvorrichtung bzw. des Minerva-Gipses bedürfen die Betroffenen für einige Wochen einer regelmäßigen Unterstützung im Haushalt.

Medizinische Prognose (Welche Folgen hinterlässt die Verletzung?)
Sofern keine neurologischen Ausfälle bestehen, ist die Prognose günstig. Gelenkinkongruenzen und Begleitverletzungen können die Beweglichkeit der Halswirbelsäule einschränken und Beschwerden bei der Drehung des Kopfs hervorrufen.

Atlasfrakturen

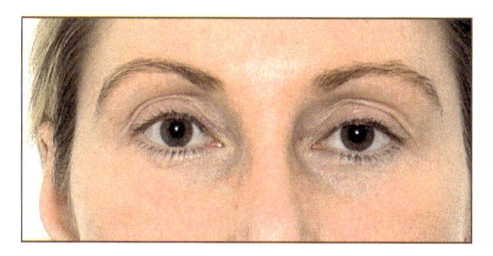

Abb. 6.15a:
Ungewöhnliche Folge eines Atlasbruchs: Bei einem Sturz auf den Kopf zog sich die 30-jährige Inlineskaterin einen Bruch der Kondylen des Schädels und des 1. Halswirbelkörpers zu. Dabei wurde auch der Hirnnerv, der für die Bewegung des rechten Augapfels nach außen zuständig ist (N. abducens), geschädigt.

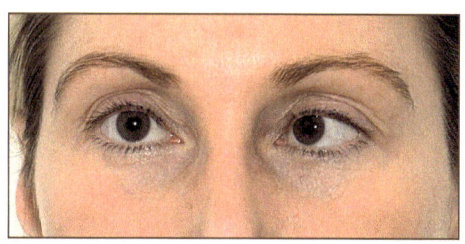

Abb. 6.15b:
Blick nach rechts: Durch die Lähmung des N. abducens ändert sich die Position des rechten Auges nicht.

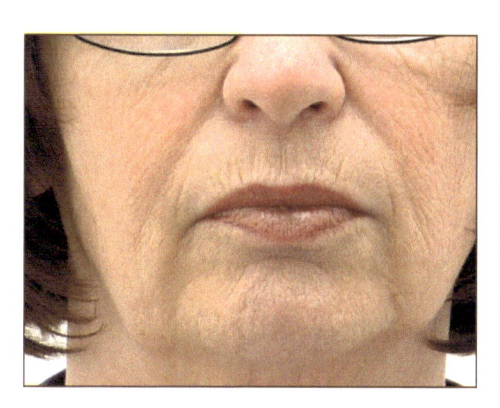

Abb. 6.16a:
Die 57-jährige Probandin hatte sich bei einem Überschlag eine Fraktur des Atlas zugezogen. Dabei wurde der Zungennerv verletzt (XII Hirnnerv: N. hypoglossus). Bei geschlossenem Mund ist keine Abweichung zu erkennen.

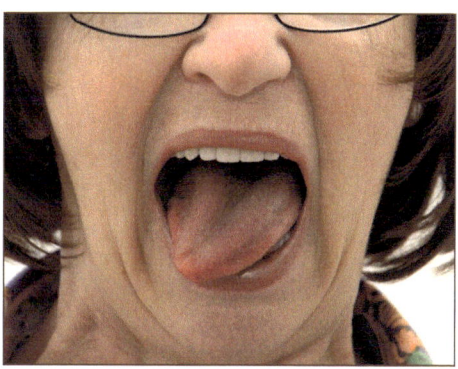

Abb. 6.16b:
Wird die Zunge herausgestreckt, so erkennt man die Lähmung des rechtseitigen N. hypoglossus, die Zunge weicht zur gelähmten Seite nach rechts ab.

Medizinisch erforderliche Nachbehandlung	
Stationäre Rehabilitation (AHB)	Kann nach einer operativen oder konservativen Therapie erforderlich sein
Dauer und Frequenz der Physiotherapie nach Eintritt der Verletzung	Nach Freigabe der Bewegungen der HWS drei Mal wöchentlich über eine Zeitraum von sechs bis zwölf Wochen
Dauer und Frequenz der Physiotherapie nach Abschluss der Heilung	Für weitere drei bis sechs Monate kann eine ein- bis zweimalige Krankengymnastik oder manuelle Therapie pro Woche erforderlich sein.
Künftige operative Behandlungen	Sind nicht zu erwarten
Hilfsmittel, Medikamente	In der akuten Phase Schmerzmittel, ggf. Ruhigstellung der HWS bis zur knöchernen Stabilisierung in einer Orthese

Verletzungen und Erkrankungen der Wirbelsäule

Beeinträchtigung der Arbeitsfähigkeit	
Berufliche Anforderung	Durchschnittliche Dauer der Arbeitsunfähigkeit
Leichte, überwiegend sitzende Tätigkeit	6–12 Wochen
Leichte bis mittelschwere Arbeit, etwa hälftiger Anteil stehender/gehender Tätigkeit	3–4 Monate
Schwere körperliche Tätigkeiten und Arbeiten, die über Kopf verrichtet werden	4–6 Monate, stärkere Einschränkungen der Beweglichkeit der HWS können Überkopfarbeiten auf Dauer ausschließen.

Bewertung des Haushaltsführungsschadens		
Tätigkeit	Beeinträchtigung (in %) bis zum Abschluss der Rekonvaleszenz	Beeinträchtigung auf Dauer (in %)
Leicht: Planung	100 % während des Tragens der Orthese/des Fixateurs, zwei Wochen nach Abnahme 50 %, dann keine Beeinträchtigung	Keine dauerhafte Beeinträchtigung
Mittel: Durchschnittliche Hausarbeiten	100 % während des Tragens der Orthese/des Fixateurs, zwei Wochen nach Abnahme 100 %, zwei weitere Wochen 75 %, zwei Wochen 50 %, vier Wochen 30 %, danach 10 % bis 20 %	Keine dauerhafte Beeinträchtigung
Schwer: Großer Hausputz, Gartenarbeit	100 % während des Tragens der Orthese/des Fixateurs, acht Wochen nach Abnahme 100 %, weitere acht Wochen 50 %, danach 20 %	10 % bis 20 %

Bewertung des Dauerschadens	
Versicherungszweig – Rechtsgebiet	Einschätzung des Dauerschadens
Gesetzliche Unfallversicherung: MdE	10 v. H. bis 20 v. H.
Private Unfallversicherung: Invalidität	Invalidität außerhalb der Gliedertaxe: 10 % – 20 %
Haftpflichtversicherung	Orientierung an der GUV
Gesetzliche Rentenversicherung	Im Allgemeinen keine Bedeutung
Private Berufsunfähigkeitsversicherung	Die Voraussetzung für eine Berufsunfähigkeit von 50 % kann in ausgewählten Fällen erfüllt sein, sofern Überkopfarbeiten zum Kernbereich des Berufs gehören (Stuckateur, Verputzer, Elektriker). Einzelfallprüfung in Kenntnis des Berufsbildes erforderlich
Schwerbehindertenrecht, soziales Entschädigungsrecht, Beamtenrecht: GdB, GdS	10–20

6.5.2 Dens-Frakturen – Brüche des „Zahns" des 2. Halswirbelkörpers

Klassifikation nach ICD-10: S12.1

Verletzungsbild und Symptomatik

Brüche des Dens des 2. Halswirbelkörpers (Axis) sind relativ häufig. Etwa 10% aller knöchernen Verletzungen der Halswirbelsäule betreffen den Dens. Die Patienten klagen über Nackenschmerzen, gelegentlich haben sie Beschwerden beim Schlucken. Wegen der mit der Verletzung einhergehenden Schmerzen und der Instabilität unterstützen die Verletzten ihren Kopf gelegentlich mit beiden Händen.

> Dens-Frakturen entstehen bei starker Gewalteinwirkung. Die Dens-Frakturen werden nach Anderson in drei Gruppen eingeteilt.
>
> - Bei Typ 1 ist nur die Dens-Spitze betroffen,
> - verläuft die Bruchlinie an der Basis des Dens, so wird von einem Typ 2 gesprochen,
> - Typ 3 bezeichnet eine Fraktur, die auch den Wirbelkörper betrifft.
>
> Da die obere Halswirbelsäule und der Dens gut durchblutet werden, sind die Heilungschancen günstig.

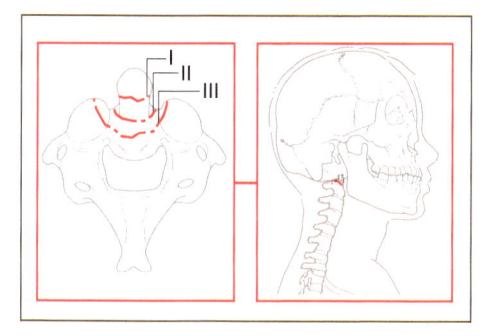

Abb. 6.17:
Einteilung der Dens-Frakturen nach Anderson. Die Bestimmung des Frakturtyps ist maßgeblich für die Einleitung einer konservativen oder operativen Therapie.

Therapie

Unverschobene oder nur geringfügig verschobene Frakturen des Dens werden konservativ behandelt. Kopf und Halswirbelsäule können in einer stabilisierenden Orthese, einem Halo-Fixateur oder einem Spezialgipsverband (Minerva-Gips, Orthese) ruhig gestellt werden. Lässt sich eine stärkere Verschiebung nachweisen, so wird die Verletzung mittels eines Längszuges (Crutchfield-Extension) gerichtet. Gezogen wird über die Schädelkalotte. Die Extensionsvorrichtung wird über Schrauben, die durch einen Metallring in den äußeren Schädelknochen gedreht werden (Halo-up-Ring), am Kopf befestigt. Nach der Reposition wird die Verletzung nun weiter konservativ immobilisiert oder operativ stabilisiert. Bei konservativer Behandlung ist die stabilisierende Kopf-Schulter-Orthese für drei bis sechs Monate zu tragen. Nach operativer Behandlung heilt die Verletzung rascher, innerhalb von sechs bis acht Wochen, aus. Es reicht, wenn Halswirbelsäule und Kopf während dieser Zeit in einer Orthese ruhig gestellt werden. Die Verschraubung des Dens ist technisch schwierig. Sie ist allerdings biomechanisch günstiger als eine Versteifungsoperation des 1. und 2. Halswirbelkörpers von dorsal (Op nach Magerl).

Ist es zu einer Falschgelenkbildung des Dens gekommen, so ist eine stabilisierende Operation erforderlich. Der 1. und 2. Halswirbelkörper werden von dorsal miteinander verschraubt oder durch eine Drahtcerclage und einen Knochenblock gesichert. Nachteilig ist die mit diesem operativen Eingriff verbundene Aufhebung der Beweglichkeit zwischen dem 1. und 2. Halswirbelkörper.

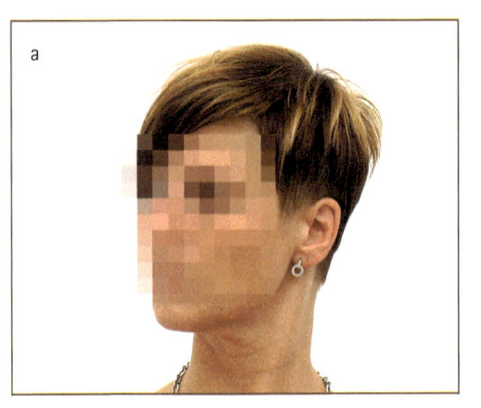

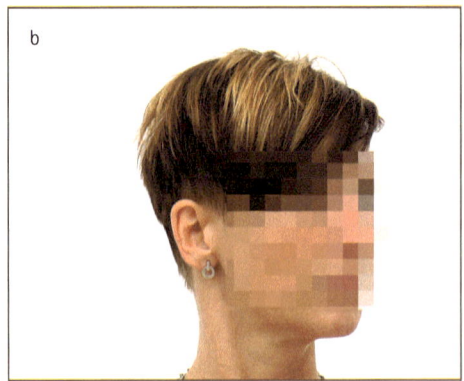

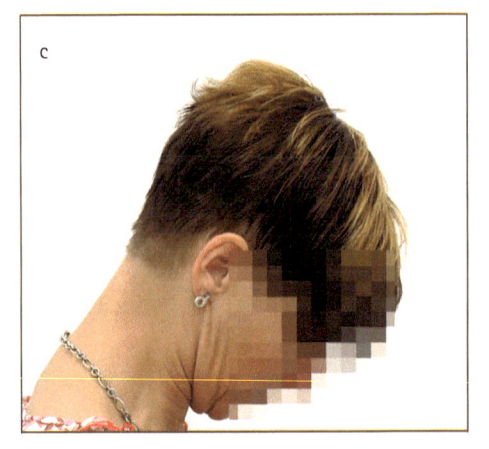

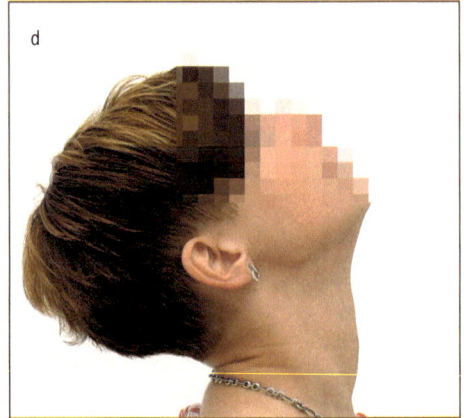

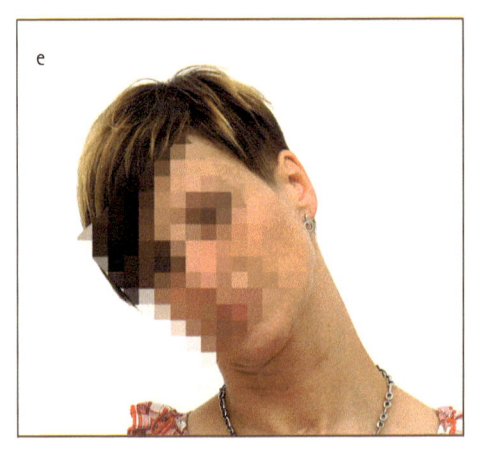

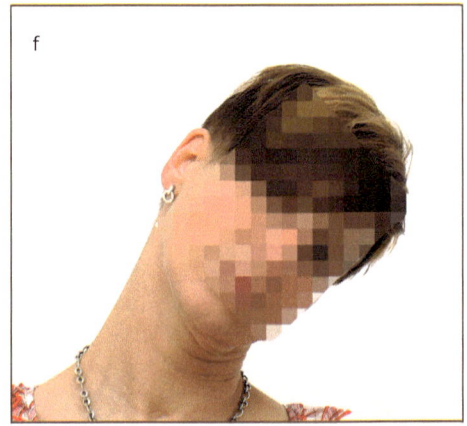

Verletzungen und Erkrankungen der Wirbelsäule

Abb. 6.18:
Auf dem Weg zur Arbeit erlitt die 30-jährige Angestellte einen Frontalzusammenstoß. Sie zog sich neben einer Commotio cerebri einen Bruch des Brustbeins und des Dens zu. Die Verletzung wurde konservativ mit gutem Erfolg behandelt. Trotz der schweren strukturellen HWS-Verletzung ist die Beweglichkeit der HWS nur gering eingeschränkt (a – f).

Komplikationen

Die Fraktur kann das Rückenmark schädigen und neurologische Ausfälle verursachen. Im Rahmen der operativen Behandlung können neurologische Komplikationen und Infekte auftreten. Sowohl nach konservativer als auch nach operativer Behandlung kann die knöcherne Heilung ausbleiben, man spricht dann von einer Pseudarthrose (Falschgelenk).

Regelhafter Heilverlauf – Auswirkung im täglichen Leben

Während der konservativen Behandlung ist der Patient sehr stark beeinträchtigt. Die konservative Behandlung kann sich bis zu neun Monaten ausdehnen. Patienten, deren Halswirbelsäule und Kopf in einer Orthese oder einem Kopf-Hals-Schultergips immobilisiert wurden, sind auf fremde Hilfe angewiesen. Auch in den ersten Wochen nach Abnahme der Orthese ist eine häusliche Unterstützung erforderlich. Die operative Behandlung kürzt den Heilverlauf deutlich ab. Zu berücksichtigen sind mögliche Komplikationen.

Medizinische Prognose (Welche Folgen hinterlässt die Verletzung?)

Sofern die Verletzung knöchern ausheilt und keine neurologischen Ausfälle auftreten, ist die Prognose als gut einzuschätzen. Bei günstigem Verlauf verbleibt eine geringe bis mäßige Bewegungseinschränkung der Halswirbelsäule.

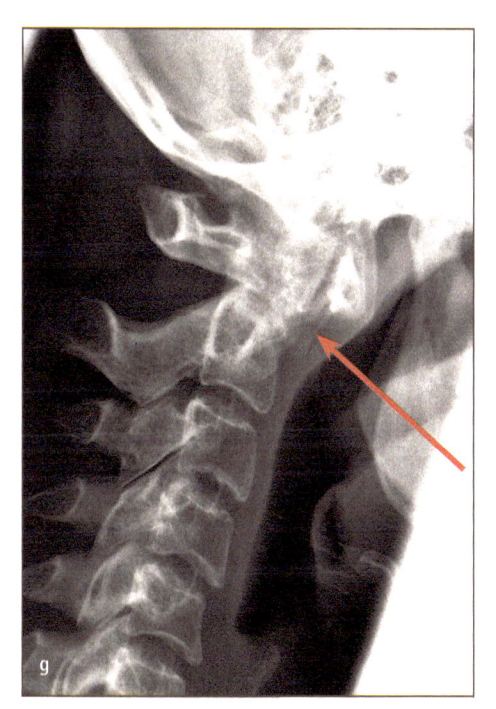

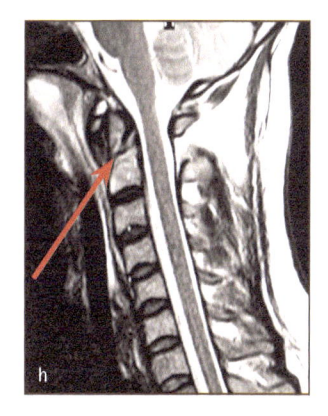

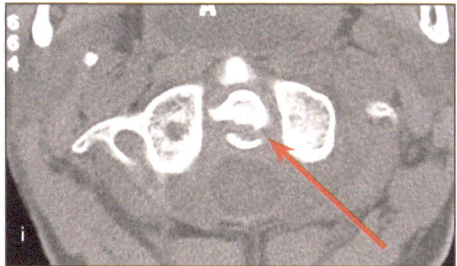

Abb. 6.19:
Der „Zahn" des 2. Halswirbelkörpers hat sich verschoben, die Fehlstellung des Dens lässt sich sowohl auf einer konventionellen Röntgenaufnahme (g), einer Kernspintomographie (h) als auch auf der Computertomographie (i) gut erkennen. Die Pfeile bezeichnen die Bruchlinien.

Verletzungen und Erkrankungen der Wirbelsäule

Medizinisch erforderliche Nachbehandlung	
Stationäre Rehabilitation (AHB)	Kann nach einer operativen oder konservativen Therapie erforderlich sein
Dauer und Frequenz der Physiotherapie nach Eintritt der Verletzung	Nach Freigabe der Bewegungen der HWS drei Mal wöchentlich über einen Zeitraum von sechs bis zwölf Wochen
Dauer und Frequenz der Physiotherapie nach Abschluss der Heilung	Für weitere drei bis sechs Monate kann eine ein- bis zweimalige Krankengymnastik oder manuelle Therapie pro Woche erforderlich sein.
Künftige operative Behandlungen	Sind nicht zu erwarten
Hilfsmittel, Medikamente	In der akuten Phase Schmerzmittel, ggf. Ruhigstellung der HWS bis zur knöchernen Stabilisierung in einer Orthese

Beeinträchtigung der Arbeitsfähigkeit	
Berufliche Anforderung	Durchschnittliche Dauer der Arbeitsunfähigkeit
Leichte, überwiegend sitzende Tätigkeit	6–12 Wochen
Leichte bis mittelschwere Arbeit, etwa hälftiger Anteil stehender/gehender Tätigkeit	3–4 Monate
Schwere körperliche Tätigkeiten und Arbeiten, die über Kopf verrichtet werden	4–6 Monate, stärkere Einschränkungen der Beweglichkeit der HWS können Überkopfarbeiten auf Dauer ausschließen.

Bewertung des Haushaltsführungsschadens		
Tätigkeit	Beeinträchtigung (in %) bis zum Abschluss der Rekonvaleszenz	Beeinträchtigung auf Dauer (in %)
Leicht: Planung	100 % während des Tragens der Orthese/des Fixateurs, zwei Wochen nach Abnahme 50 %, dann keine Beeinträchtigung	Keine dauerhafte Beeinträchtigung
Mittel: Durchschnittliche Hausarbeiten	100 % während des Tragens der Orthese/des Fixateurs, zwei Wochen nach Abnahme 100 %, zwei weitere Wochen 75 %, zwei Wochen 50 %, vier Wochen 30 %, danach 10 % bis 20 %	Keine dauerhafte Beeinträchtigung
Schwer: Großer Hausputz, Gartenarbeit	100 % während des Tragens der Orthese/des Fixateurs, acht Wochen nach Abnahme 100 %, weitere acht Wochen 50 %, danach 20 %	10 % bis 20 %

Bewertung des Dauerschadens	
Versicherungszweig – Rechtsgebiet	Einschätzung des Dauerschadens
Gesetzliche Unfallversicherung: MdE	Unter 10 v. H., 10 v. H. bis 20 v. H.
Private Unfallversicherung: Invalidität	Invalidität außerhalb der Gliedertaxe: 5% – 10% – 20%
Haftpflichtversicherung	Orientierung an der GUV
Gesetzliche Rentenversicherung	Im Allgemeinen keine Bedeutung
Private Berufsunfähigkeitsversicherung	Die Voraussetzung für eine Berufsunfähigkeit von 50% kann in ausgewählten Fällen erfüllt sein, sofern Überkopfarbeiten zum Kernbereich des Berufs gehören (Stuckateur, Verputzer, Elektriker). Einzelfallprüfung in Kenntnis des Berufsbildes erforderlich
Schwerbehindertenrecht, soziales Entschädigungsrecht, Beamtenrecht: GdB, GdS	10 – 20

6.5.3 Luxationsfraktur des 2. Halswirbelkörpers (Hangman's-fracture)

Klassifikation nach ICD-10: S13.11

Verletzungsbild und Symptomatik

Die Bezeichnung „Hangman's-fracture" weist bereits auf den Entstehungsmechanismus der Verletzung hin: Der Erhängte stirbt durch die rasche Überstreckung des Kopfs nach hinten und den gleichzeitigen Fall des Körpers nach unten. Die einwirkende Gewalt zerbricht den 2. Wirbelkörper am Atlasbogen und zerreißt die Bandscheibe zwischen dem 2. und 3. Halswirbelkörper. Der Schädel wird mit den beiden oberen Halswirbelkörpern beim Erhängen abrupt nach vorne gezogen und damit vom Rest der Halswirbelsäule abgeschert. Die Verletzung schädigt das Rückenmark irreversibel.

Eine traumatische Fraktur des 2. Halswirbelkörpers mit Zerreißung des Bandscheibenraumes kann unfallbedingt entstehen, wenn ein nicht angeschnallter Autofahrer bei einem Aufprall mit dem Kopf gegen die Windschutzscheibe schlägt. Auch andere Unfälle, bei denen der Kopf rasch gewaltsam in der Halswirbelsäule überstreckt wird (z.B. Sturz vom Pferd, Salto beim Kunstturnen), können eine Hangman's-fracture erzeugen.

Wird die Verletzung überlebt, dann ist die klinische Symptomatik im Wesentlichen von der Fraktur und den Begleitverletzungen geprägt. Die Patienten klagen meist über Nackenschmerzen, Schluckstörungen und Atemnot. Etwa 10 bis 20% der Luxationsfrakturen des 2. Halswirbelkörpers gehen mit neurologischen Ausfällen einher. Diese können von Gefühlsstörungen im Dermatom C2 bis zu einer Tetraplegie (Vierextremitätenlähmung) reichen. Die Verletzung wird radiologisch und computertomographisch gesichert, die Kernspintomographie lässt Rückschlüsse auf Begleitverletzungen des Rückenmarks und der Weichteile zu.

Therapie

Stabile Frakturen des 2. Halswirbelkörpers ohne Zerreißung der Bandscheibe zwischen 2. und 3. Halswirbelkörper werden konser-

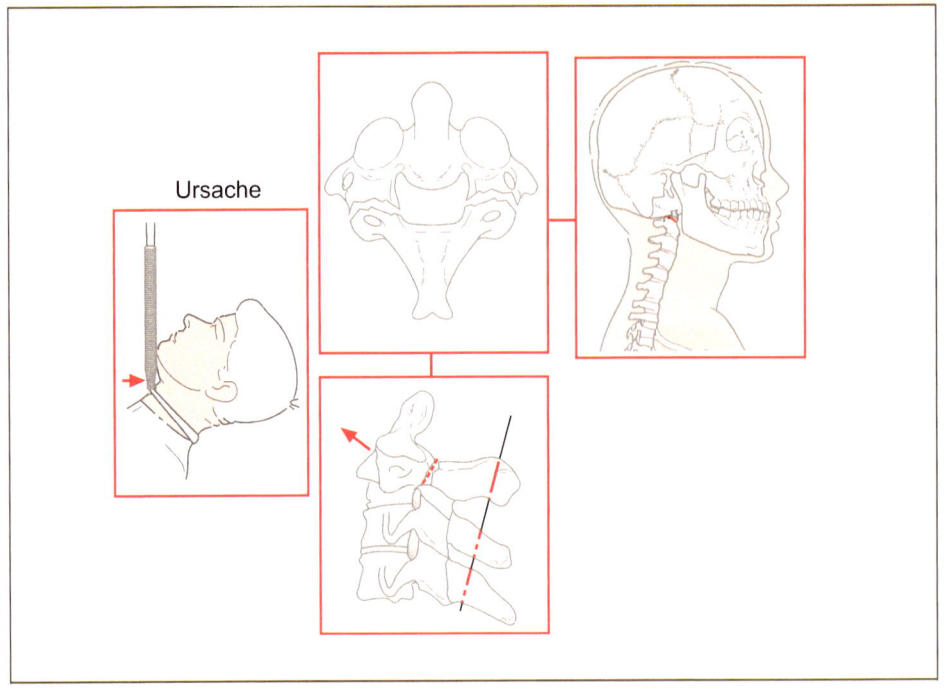

Verletzungen und Erkrankungen der Wirbelsäule

Abb. 6.20:
Die Fraktur des Bogens des 2. Halswirbelkörpers wird auch als „Hangman's-fracture" bezeichnet. Durch die gewaltsame Überstreckung des Kopfs zerreißt die Bandscheibe C2/C3. Der Tod durch Erhängen tritt als Folge dieser Verletzung ein.

vativ behandelt. Den Verletzten wird eine spezielle Orthese oder ein Minerva-Gips für ungefähr drei Monate angelegt. Instabile Brüche mit Beteiligung der Bandscheibe werden je nach Symptomatik konservativ durch Orthese oder Gips behandelt oder operativ versorgt. Die Ruhigstellung muss über drei Monate erfolgen. Verschobene Brüche, bei denen der 2. und 3. Halswirbelkörper luxiert sind, sind operativ einzurichten und osteosynthetisch zu stabilisieren.

Komplikationen

Die voll ausgebildete Hangman's-fracture mit Zerstörung des Rückenmarks ist fast ausnahmslos tödlich. Die Komplikationen hängen vor allem von den neurologischen Begleitverletzungen ab. Auch im Rahmen des operativen Eingriffs können Nervenschäden und weitere operationstypische Komplikationen wie Infekte auftreten. Je nach der Schwere der Verletzung, der Art des operativen Eingriffs und dem Gesundheitszustand des Verletzten sind auch Störungen der Hirndurchblutung mit zerebralen Komplikationen denkbar.

Regelhafter Heilverlauf – Auswirkung im täglichen Leben

Je nach Schwere der Fraktur sind Halswirbelsäule und Kopf bis zu drei Monate ruhig zu stellen. Während dieser Zeit ist der Verletzte auf eine umfassende Betreuung angewiesen. Auch in den ersten Wochen nach Abnahme der Orthese oder des Gipses ist eine Unterstützung durch Dritte erforderlich.

Luxationsfraktur des 2. Halswirbelkörpers

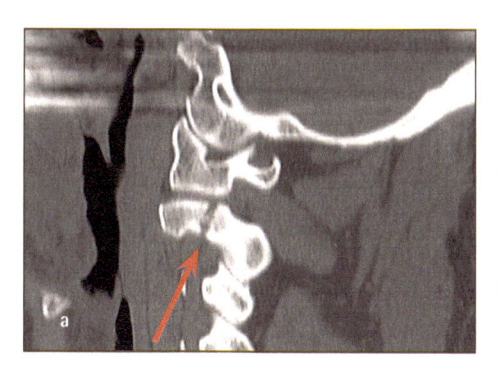

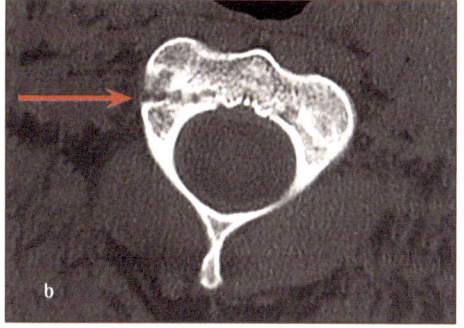

Abb. 6.21:
Bruch des Bogens des 2. Halswirbelkörpers. Die Fraktur ist Folge eines Überschlags mit einem Pkw: Die Computertomographien lassen die Frakturen auf dem seitlichen (a) und horizontalen (b) Schnitt gut erkennen.

Medizinische Prognose (Welche Folgen hinterlässt die Verletzung?)

Die Prognose hängt von den neurologischen Begleitverletzungen ab. Auf orthopädisch-unfallchirurgischem Fachgebiet ist mit einer Bewegungseinschränkung der oberen Halswirbelsäule zu rechnen. Fehlen neurologische Ausfälle, so ist die Prognose günstig.

Medizinisch erforderliche Nachbehandlung	
Stationäre Rehabilitation (AHB)	Kann nach einer operativen oder konservativen Therapie erforderlich sein
Dauer und Frequenz der Physiotherapie nach Eintritt der Verletzung	Nach Freigabe der Bewegungen der HWS dreimal wöchentlich über einen Zeitraum von sechs bis zwölf Wochen
Dauer und Frequenz der Physiotherapie nach Abschluss der Heilung	Für weitere drei bis sechs Monate kann eine ein- bis zweimalige Krankengymnastik oder manuelle Therapie pro Woche erforderlich sein.
Künftige operative Behandlungen	Sind nicht zu erwarten
Hilfsmittel, Medikamente	In der akuten Phase Schmerzmittel, ggf. Ruhigstellung der HWS bis zur knöchernen Stabilisierung in einer Orthese

Beeinträchtigung der Arbeitsfähigkeit	
Berufliche Anforderung	Durchschnittliche Dauer der Arbeitsunfähigkeit
Leichte, überwiegend sitzende Tätigkeit	2 – 4 Monate
Leichte bis mittelschwere Arbeit, etwa hälftiger Anteil stehender / gehender Tätigkeit	4 – 6 Monate
Schwere körperliche Tätigkeiten und Arbeiten, die über Kopf verrichtet werden	5 – 8 Monate, stärkere Einschränkungen der Beweglichkeit der HWS können Überkopfarbeiten auf Dauer ausschließen.

Bewertung des Haushaltsführungsschadens		
Tätigkeit	Beeinträchtigung (in %) bis zum Abschluss der Rekonvaleszenz	Beeinträchtigung auf Dauer (in %)
Leicht: Planung	100% während des Tragens der Orthese/des Fixateurs, zwei Wochen nach Abnahme 50%, dann keine Beeinträchtigung	Keine dauerhafte Beeinträchtigung
Mittel: Durchschnittliche Hausarbeiten	100% während des Tragens der Orthese/des Fixateurs, zwei Wochen nach Abnahme 100%, zwei weitere Wochen 75%, zwei Wochen 50%, vier Wochen 30%, danach 10% bis 20%	Keine dauerhafte Beeinträchtigung
Schwer: Großer Hausputz, Gartenarbeit	100% während des Tragens der Orthese/des Fixateurs, acht Wochen nach Abnahme 100%, weitere acht Wochen 50%, danach 20%	10% bis 20%

Bewertung des Dauerschadens	
Versicherungszweig – Rechtsgebiet	Einschätzung des Dauerschadens
Gesetzliche Unfallversicherung: MdE	10 v. H. bis 20 v. H.
Private Unfallversicherung: Invalidität	Invalidität außerhalb der Gliedertaxe: 10% – 20%
Haftpflichtversicherung	Orientierung an der GUV
Gesetzliche Rentenversicherung	Im Allgemeinen keine Bedeutung
Private Berufsunfähigkeitsversicherung	Die Voraussetzung für eine Berufsunfähigkeit von 50% kann in ausgewählten Fällen erfüllt sein, sofern Überkopfarbeiten zum Kernbereich des Berufs gehören (Stuckateur, Verputzer, Elektriker). Einzelfallprüfung in Kenntnis des Berufsbildes erforderlich
Schwerbehindertenrecht, soziales Entschädigungsrecht, Beamtenrecht: GdB, GdS	10 – 20

6.5.4 Verletzungen der mittleren und unteren Halswirbelsäule

Klassifikation nach ICD-10: S12.2-

Verletzungsbild und Symptomatik

Die Verletzungen der mittleren und unteren Halswirbelsäule sind häufiger als die Verletzungen des 1. und 2. Halswirbelkörpers.

Nach schwerer Gewalteinwirkung und klinischen Zeichen einer komplexen Halswirbelsäulenverletzung sind eingehende klinische, neurologische und radiologische Untersuchungen erforderlich. Die Fehldeutung einer schweren strukturellen HWS-Verletzung als „harmloses Schleudertrauma" ist als ein gravierender Diagnosefehler anzusehen. Allerdings ist zu berücksichtigen, dass Verletzte, die einen schweren Unfall selbst verschuldet haben, das Ereignis gegenüber dem erstbehandelnden Arzt unter Umständen bagatellisieren (nächtlicher Unfall in al-

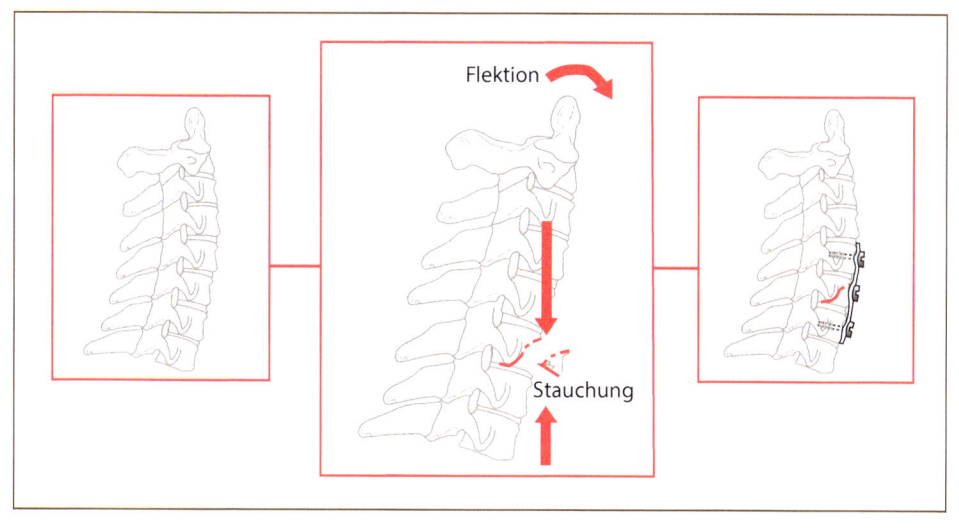

Abb. 6.22:
Instabile Frakturen der mittleren und unteren Halswirbelsäule werden meist operativ versorgt: Die Fraktur des 6. HWK wurde mit einer Platte versorgt, zusätzlich wurde eine Knochentransplantation durchgeführt, um die Heilung zu unterstützen.

koholisiertem Zustand nach Besuch einer Disco). Die Abklärung der Verletzung erfordert die Anfertigung von Röntgenaufnahmen, Computer- und Kernspintomographien. Sofern neurologische Ausfälle bestehen, ist eine absolute Operationsindikation gegeben. Dies gilt auch, wenn sich der neurologische Zustand nach der Verletzung verschlechtert. Die klinische Symptomatik nach Frakturen der Halswirbelsäule wird vor allem durch die neurologischen Begleitverletzungen bestimmt, diese können von gering ausgeprägten sensiblen Störungen bis hin zu einer Vier-Extremitätenlähmung reichen.

Therapie

Die Behandlung richtet sich nach dem Typ der Verletzung. Stabile Verletzungen des Typs A (s. S. 139) werden für einige Wochen mit einer stabilisierenden Orthese der Halswirbelsäule (feste Zervikalstütze) versorgt. Sofern bei einer Verletzung des Typs B neurologische Ausfälle fehlen und keine gravierende Instabilität vorliegt, ist die Behandlung mit einem Zugsystem möglich. Die Halswirbelsäule wird nach Anlage einer Crutchfield-Klammer oder eines Halo-up-Ringes vorsichtig einem Längszug ausgesetzt. Im Anschluss daran kann eine andere, die Halswirbelsäule stabilisierende Orthese angelegt werden.

Liegen neurologische Störungen vor, so ist die Verletzung operativ einzurichten und osteosynthetisch zu stabilisieren. Der Operateur entfernt das zerstörte Bandscheibengewebe und überbrückt den Defekt mit körpereigenem Knochen (zum Beispiel aus dem Beckenkamm) oder einem Wirbelkörperersatz (Cage). Die betroffenen Wirbelkörper werden dann mit einer Platte und Schrauben stabilisiert. Bis zur vollständigen stabilen Ausheilung kann es erforderlich sein, die Halswirbelsäule in einer Zervikalstütze ruhig zu stellen.

Komplikationen

Die Komplikationen hängen vor allem von den neurologischen Begleitverletzungen ab

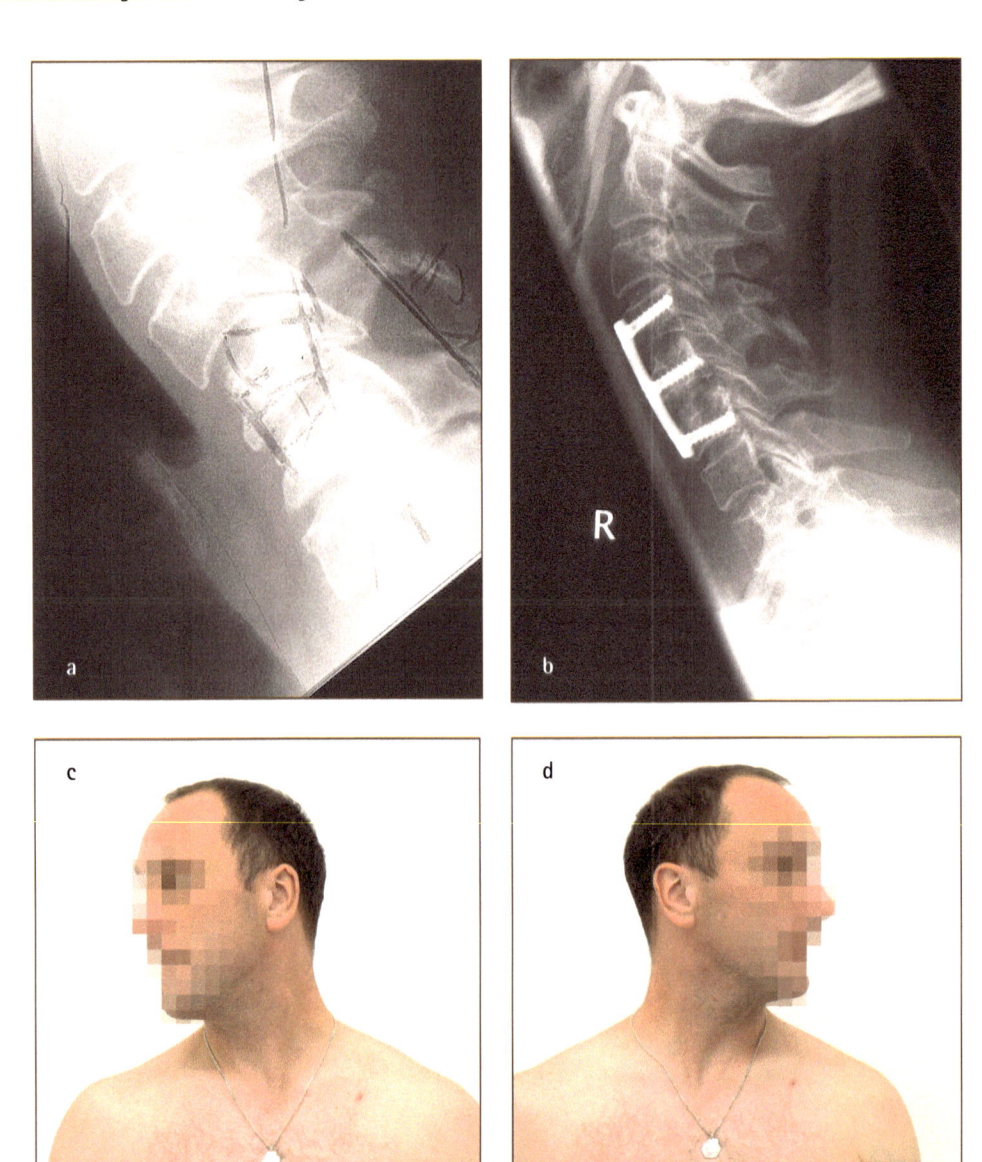

Verletzungen und Erkrankungen der Wirbelsäule

Abb. 6.23:
Auf einen Pkw, in dem sich der 30 Jahre alte Beifahrer befand, fuhr ein Lastzug auf, dessen Fahrer eingeschlafen war. Der Proband erlitt eine schwere Luxationsfraktur der Halswirbelkörper C 5 und C 6 (a) ohne neurologische Ausfälle. Die Verletzung wurde operativ reponiert und mit einer Platte von C 4 – C 6 stabilisiert (b). Trotz der relativ langstreckigen Versteifung ist die HWS gut beweglich (c, d).

und können von sensiblen Störungen bis zu einer Vier-Extremitätenlähmung reichen. Auch im Rahmen des operativen Eingriffs können Nervenschäden und weitere operationstypische Komplikationen wie Infekte auftreten. Je nach der Schwere der Verletzung, der Art des operativen Eingriffs und dem Gesundheitszustand des Verletzten sind auch Störungen der Hirndurchblutung mit zerebralen Komplikationen denkbar.

Regelhafter Heilverlauf – Auswirkung im täglichen Leben

Der Heilverlauf ist vor allem von den Begleitverletzungen geprägt. Während der Ruhigstellung der Halswirbelsäule ist eine Unterstützung im Haushalt erforderlich. Diese kann je nach Alter, Beschwerden und Beweglichkeit auch während der mehrwöchigen Rekonvaleszenz erforderlich sein. Sofern die Verletzung mit gravierenden neurologischen Ausfällen einhergegangen ist, schließt sich eine mehrmonatige stationäre Rehabilitation in einem Querschnittszentrum an. Bleibende Lähmungen können eine dauerhafte Pflegebedürftigkeit begründen.

Medizinische Prognose (Welche Folgen hinterlässt die Verletzung?)

Die Prognose kann nur im Einzelfall beurteilt werden, sie hängt vor allem von den Begleitverletzungen ab. Sofern keine neurologischen Ausfälle bestehen, ist die Prognose günstig. Auf orthopädisch-unfallchirurgischem Fachgebiet verbleibt eine leichte bis mäßige Bewegungseinschränkung der Halswirbelsäule.

Medizinisch erforderliche Nachbehandlung	
Stationäre Rehabilitation (AHB)	Kann nach einer operativen oder konservativen Therapie erforderlich sein
Dauer und Frequenz der Physiotherapie nach Eintritt der Verletzung	Nach Freigabe der Bewegungen der HWS drei Mal wöchentlich über einen Zeitraum von sechs bis zwölf Wochen
Dauer und Frequenz der Physiotherapie nach Abschluss der Heilung	Für weitere drei bis sechs Monate kann eine ein- bis zweimalige Krankengymnastik oder manuelle Therapie pro Woche erforderlich sein.
Künftige operative Behandlungen	Sind nicht zu erwarten
Hilfsmittel, Medikamente	In der akuten Phase Schmerzmittel, ggf. Ruhigstellung der HWS bis zur knöchernen Stabilisierung in einer Orthese

Beeinträchtigung der Arbeitsfähigkeit	
Berufliche Anforderung	Durchschnittliche Dauer der Arbeitsunfähigkeit
Leichte, überwiegend sitzende Tätigkeit	2–3 Monate
Leichte bis mittelschwere Arbeit, etwa hälftiger Anteil stehender/gehender Tätigkeit	3–5 Monate
Schwere körperliche Tätigkeiten und Arbeiten, die über Kopf verrichtet werden	3–6 Monate, stärkere Einschränkungen der Beweglichkeit der HWS können Überkopfarbeiten auf Dauer ausschließen.

Bewertung des Haushaltsführungsschadens		
Tätigkeit	Beeinträchtigung (in %) bis zum Abschluss der Rekonvaleszenz	Beeinträchtigung auf Dauer (in %)
Leicht: Planung	Bei günstigem Verlauf 100 % Beeinträchtigung während der ersten zwei Wochen nach Entlassung aus stationärer Behandlung, für zwei weitere Wochen 50 % Beeinträchtigung, dann keine Beeinträchtigung	Keine dauerhafte Beeinträchtigung
Mittel: Durchschnittliche Hausarbeiten	Bei günstigem Verlauf 100 % für sechs Wochen nach der Entlassung, für weitere sechs Wochen 50 %, dann keine Beeinträchtigung	Keine dauerhafte Beeinträchtigung
Schwer: Großer Hausputz, Gartenarbeit	Bei günstigem Verlauf 100 % für zwölf Wochen nach der Entlassung, für weitere zwölf Wochen 50 %, danach 20 %	10 % bis 20 %

Bewertung des Dauerschadens	
Versicherungszweig – Rechtsgebiet	Einschätzung des Dauerschadens
Gesetzliche Unfallversicherung: MdE	10 v. H. bis 20 v. H.
Private Unfallversicherung: Invalidität	Invalidität außerhalb der Gliedertaxe: 10 % (– 20 %)
Haftpflichtversicherung	Orientierung an der GUV
Gesetzliche Rentenversicherung	Im Allgemeinen keine Bedeutung
Private Berufsunfähigkeitsversicherung	Die Voraussetzung für eine Berufsunfähigkeit von 50 % kann in ausgewählten Fällen erfüllt sein, sofern Überkopfarbeiten zum Kernbereich des Berufs gehören (Stuckateur, Verputzer, Elektriker). Einzelfallprüfung in Kenntnis des Berufsbildes erforderlich
Schwerbehindertenrecht, soziales Entschädigungsrecht, Beamtenrecht: GdB, GdS	10 (– 20)

6.6 Strukturelle Verletzungen der Brustwirbelsäule: Frakturen der Brustwirbelsäule

Klassifikation nach ICD-10: S22.0

Verletzungsbild und Symptomatik

Die Brustwirbelsäule ist im Vergleich zur Hals- und Lendenwirbelsäule deutlich weniger beweglich. Sie gewinnt eine zusätzliche Stabilität durch die Rippen und den Brustkorb, die die Wirbelsäule von vorne abstützen. Verletzungen der oberen Brustwirbelsäule sind häufig Folge einer unfallbedingten und forcierten Beschleunigung des Oberkörpers nach ventral. Ein typisches Beispiel ist der Frontalzusammenstoß zweier Kraftfahrzeuge mit hoher Gewalteinwirkung. Im Moment des Aufpralls wird der Körper maximal beschleunigt. Die vorderen Anteile der Wirbelkörper können dem Druck nicht standhalten und werden eingedrückt. Ein entsprechender Verletzungsmechanismus kann auch bei Motorradunfällen und Stürzen aus großer Höhe vorliegen. Im Allgemeinen geht die Verletzung des Kraftfahrers an der Brustwirbelsäule nicht mit neurologischen Komplikationen einher. Eher sind diese bei einem Sturz aus großer Höhe oder direkter Gewalteinwirkung zu erwarten.

Therapie

Stabile Frakturen der oberen Brustwirbelsäule, die den 1. bis 9. BWK betreffen und bei denen keine neurologischen Ausfälle vorliegen, werden konservativ behandelt. Bei neurologischen Ausfällen, ausgeprägten Fehlstellungen, einer winkelförmigen Abknickung nach ventral (Gibbus) oder wesentlichen seitlichen Abweichungen kann eine operative Aufrichtung erforderlich werden. Diese kann entweder durch einen Fixateur interne von dorsal oder durch einen zweizeitigen Eingriff von dorsal und ventral erfolgen. Bei dem Eingriff von vorne überbrückt ein Platzhalter (Cage), der mit eigenem Knochen oder Knochenersatzmaterial aufgefüllt wird, den durch die Verletzung entstandenen Knochendefekt. Im Laufe der Zeit heilt der Platzhalter ein, eine Brücke aus körpereigenem Knochen stabilisiert den verletzten Abschnitt der Wirbelsäule.

Stabile Brüche der unteren Brustwirbelsäule, des 10. bis 12. BWK, werden ebenfalls konservativ behandelt, sofern die Statik nicht wesentlich beeinträchtigt wurde. Die konservative Therapie besteht in einer anfänglichen Bettruhe und nach Rückgang der Schmerzen in der Anlage einer Orthese (Dreipunktmieder, früher ein Gipskorsett) für acht bis zwölf Wochen.

Komplikationen

Im Rahmen der Verletzung können sich neurologische Ausfälle entwickeln, die bis zu einer Querschnittlähmung reichen können. Auch der operative Eingriff selbst kann eine Nervenschädigung verursachen. Bei operativer Behandlung ist auch an die Gefahr einer Infektion zu denken. Bei ventralem Vorgehen können Lungenkomplikationen oder z. B. eine Zwerchfelllähmung auftreten.

Regelhafter Heilverlauf – Auswirkung im täglichen Leben

Sofern keine neurologischen Ausfälle vorliegen, ist die Prognose als günstig anzusehen, die Frakturen heilen im Allgemeinen innerhalb von drei Monaten aus. Bei operativer Behandlung kann das von dorsal ein-

Verletzungen und Erkrankungen der Wirbelsäule

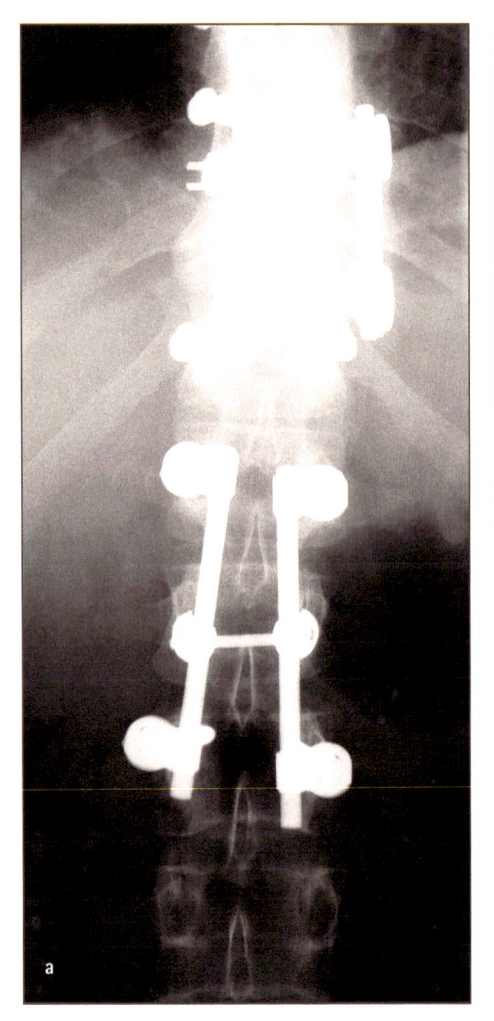

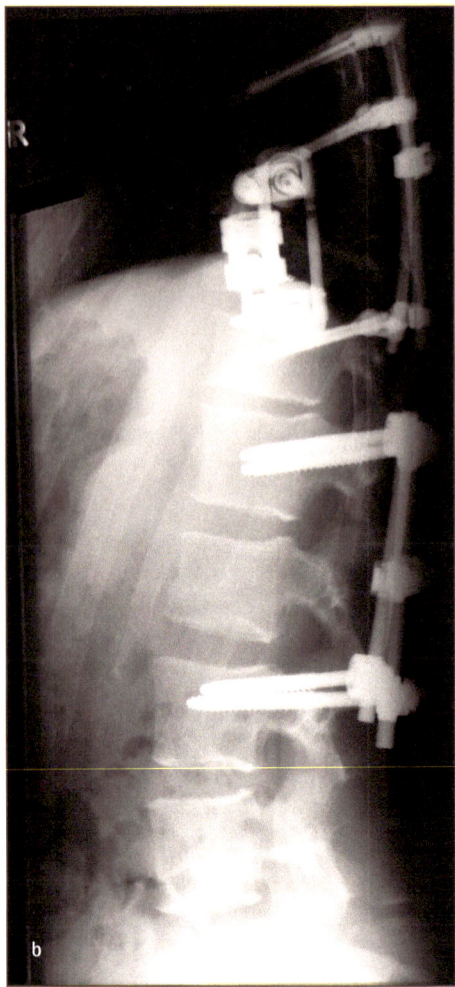

Abb. 6.24:
Der 25-jährige Disco-Besucher fuhr nachts gegen einen Baum. Er zog sich Brüche des 8. und 11. Brustwirbelkörpers und des 2. Lendenwirbels zu. Obwohl die Frakturen instabil waren, entwickelten sich keine neurologischen Ausfälle. Die Verletzungen wurden mit je einem Fixateur interne an der BWS und LWS versorgt (a, b). Der 11. Brustwirbelkörper wurde entfernt und durch einen Platzhalter ersetzt. Die Beweglichkeit von BWS und LWS ist stark herabgesetzt (c, d).

gebrachte Metall nach etwa ein bis zwei Jahren entfernt werden, sofern die Gefahr einer Instabilität ausgeschlossen ist. Implantate, die von ventral implantiert wurden, verbleiben auf Dauer im Körper.

Medizinische Prognose (Welche Folgen hinterlässt die Verletzung?)

Die Prognose ist günstig, sofern keine bleibenden neurologischen Störungen vorliegen. Eine gewisse Beeinträchtigung der Belastbarkeit für das Heben und Tragen sowie Überkopfarbeiten kann verbleiben.

Frakturen der Brustwirbelsäule

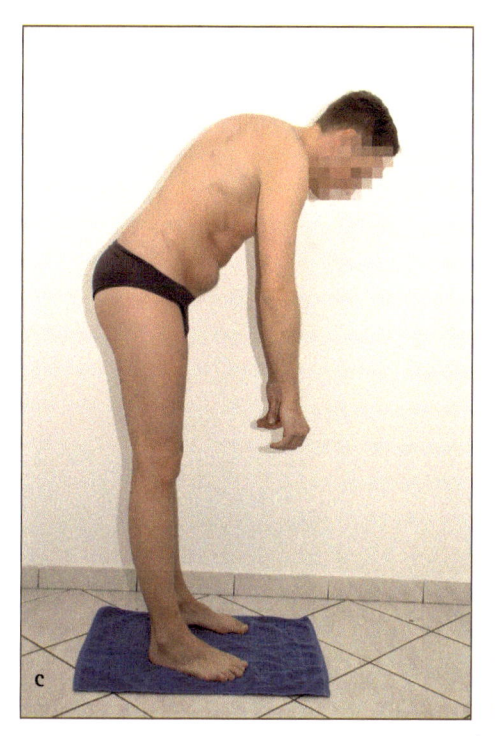

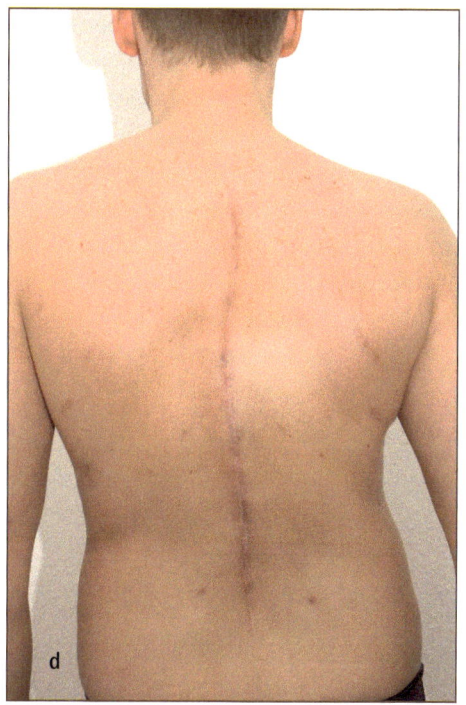

Medizinisch erforderliche Nachbehandlung	
Stationäre Rehabilitation (AHB)	Kann nach einer operativen oder konservativen Therapie erforderlich sein
Dauer und Frequenz der Physiotherapie nach Eintritt der Verletzung	Nach Freigabe der Bewegungen der BWS zweimal wöchentlich über einen Zeitraum von sechs bis zwölf Wochen
Dauer und Frequenz der Physiotherapie nach Abschluss der Heilung	Für weitere drei bis sechs Monate kann ein ein- bis zweimalige Krankengymnastik pro Woche erforderlich sein.
Künftige operative Behandlungen	Ggf. Entfernung von Osteosynthesematerial
Hilfsmittel, Medikamente	In der akuten Phase Schmerzmittel, bei konservativer Therapie Versorgung mit einer Orthese

Beeinträchtigung der Arbeitsfähigkeit	
Berufliche Anforderung	Durchschnittliche Dauer der Arbeitsunfähigkeit
Leichte, überwiegend sitzende Tätigkeit	1 – 3 Monate
Leichte bis mittelschwere Arbeit, etwa hälftiger Anteil stehender/gehender Tätigkeit	2 – 6 Monate
Schwere körperliche Tätigkeiten und Arbeiten, die vorwiegend im Stehen/Gehen verrichtet werden, z. T. Arbeiten in Zwangshaltung der WS	3 – 8 Monate

Verletzungen und Erkrankungen der Wirbelsäule

Bewertung des Haushaltsführungsschadens			
Tätigkeit	Beeinträchtigung (in %) bis zum Abschluss der Rekonvaleszenz	Beeinträchtigung auf Dauer (in %)
Leicht: Planung	Bei günstigem Verlauf 50% Beeinträchtigung während der ersten zwei Wochen nach Entlassung aus stationärer Behandlung, für zwei weitere Wochen 30% Beeinträchtigung, dann keine Beeinträchtigung	Keine dauerhafte Beeinträchtigung
Mittel: Durchschnittliche Hausarbeiten	Konservative Therapie: 100% während des Tragens des immobilisierenden Mieders. Nach Miederabnahme 100% für zwei Wochen, anschließend sechs Wochen 50%. Bei operativer Behandlung und günstigem Verlauf 100% für acht Wochen nach der Entlassung, für weitere acht Wochen 50%	10%
Schwer: Großer Hausputz, Gartenarbeit	100% für sechs Monate, weitere sechs Monate 50%	10% bis 30% je nach Funktionsbeeinträchtigung

Bewertung des Dauerschadens	
Versicherungszweig – Rechtsgebiet	Einschätzung des Dauerschadens
Gesetzliche Unfallversicherung: MdE	10 v. H. (bis 20 v. H.)
Private Unfallversicherung: Invalidität	Invalidität außerhalb der Gliedertaxe: 10% (– 20%)
Haftpflichtversicherung	Orientierung an der GUV
Gesetzliche Rentenversicherung	Im Allgemeinen keine Bedeutung
Private Berufsunfähigkeitsversicherung	Die Voraussetzung für eine Berufsunfähigkeit von 50% kann in ausgewählten Fällen erfüllt sein, sofern Zwangshaltungen der WS zum Kernbereich des Berufs gehören. Einzelfallprüfung in Kenntnis des Berufsbildes erforderlich
Schwerbehindertenrecht, soziales Entschädigungsrecht, Beamtenrecht: GdB, GdS	10 (– 20)

6.7 Strukturelle Verletzungen der unteren Wirbelsäule: Frakturen der Lendenwirbelsäule, des Kreuz- und Steißbeins

Klassifikation nach ICD-10: S32.0

Verletzungsbild und Symptomatik

Die Brüche der unteren Brust- und oberen Lendenwirbelsäule sind häufig. Typische Unfallmechanismen sind z.B. der Sturz auf das Gesäß – auch aus geringer Höhe, z.B. beim Schlittenfahren – und die rasche und abrupte unfallbedingte Vorwärtsbeschleunigung des Oberkörpers bei einem Frontalzu-

Typ A

Typ B

Typ C

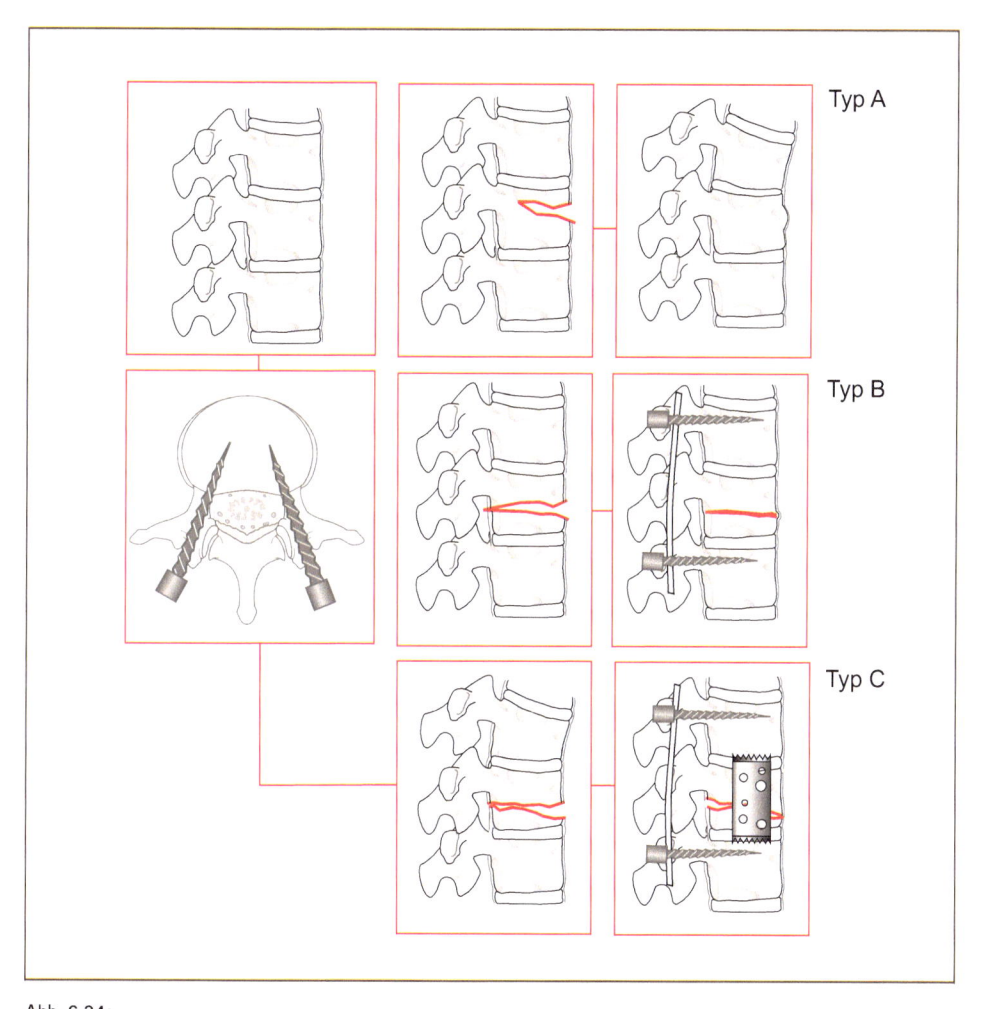

Abb. 6.24:
Brüche der Brust- und Lendenwirbelsäule werden je nach Frakturtyp und Stabilität konservativ oder operativ behandelt. Zur operativen Stabilisierung werden Platten und Stabsysteme verwendet (Fixateur interne). Häufig werden zusätzlich Knochen transplantiert und/oder ein Wirbelkörperersatz eingebracht.

Verletzungen und Erkrankungen der Wirbelsäule

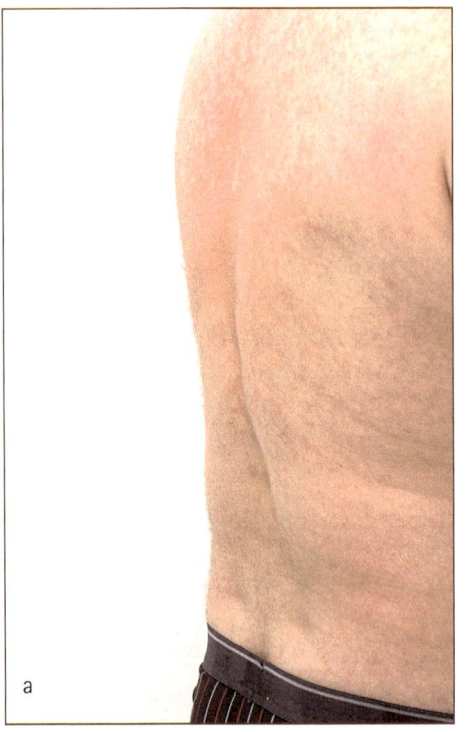

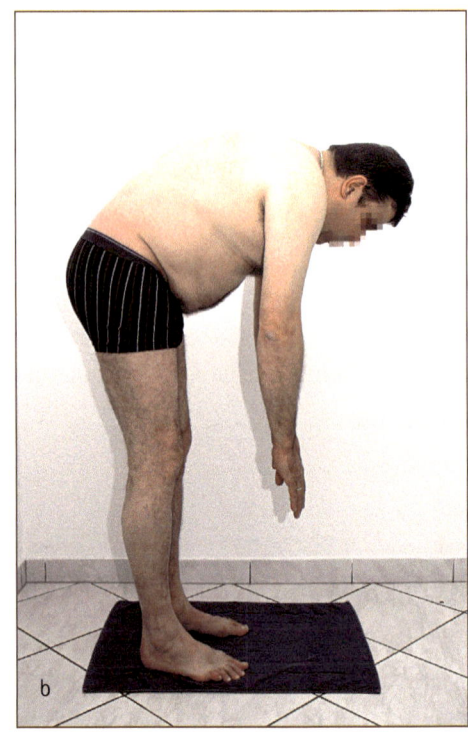

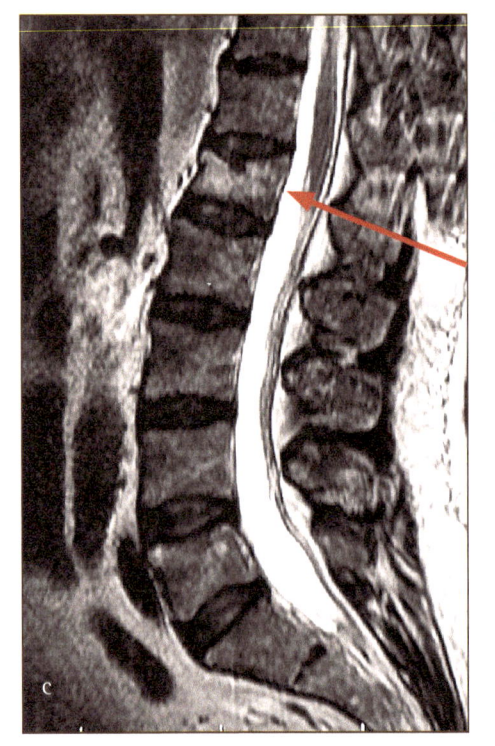

Abb. 6.25:
Die stabile LWK-1-Fraktur war das Ergebnis eines Sturzes auf das Gesäß. Auf der MRT ist eine Höhenminderung des 1. LWK zu erkennen (c). Die Fraktur konnte konservativ behandelt werden. Es verblieb keine wesentliche Einschränkung der Beweglichkeit der Lendenwirbelsäule (a, b).

sammenstoß. Ist die Belastbarkeit des Wirbelkörpers durch Krankheit oder hohes Alter stark herabgesetzt (Osteoporose), so kann der Wirbel schon beim Anheben einer schweren Last einbrechen.

Auch andere Verletzungsmechanismen, Stürze, Fahrrad- und Motorradunfälle können Brüche der Lendenwirbelkörper verursachen. Isolierte Frakturen der Querfortsätze der Lendenwirbel (Abb. 6.26) sind Folge einer direkten Gewalteinwirkung. Obwohl häufig Pseudarthrosen verbleiben, sind keine wesentlichen Dauerfolgen zu erwarten.

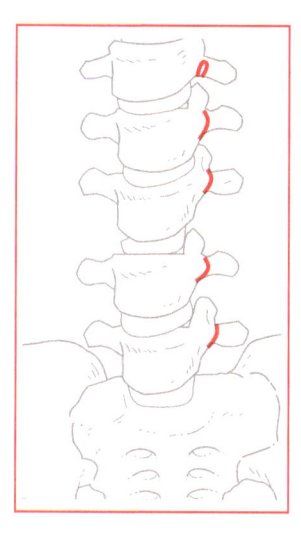

Abb. 6.26:
Brüche der Querfortsätze hinterlassen keine wesentlichen Beeinträchtigungen.

Therapie

Die Behandlung des Lendenwirbelkörperbruchs hängt von der damit verbundenen statischen Beeinträchtigung ab. Zu berücksichtigen sind eine mögliche Instabilität und neurologische Ausfälle. Stabile Lendenwirbelkörperbrüche, die nur mit einer leichten Höhenminderung des Wirbelkörpers einhergehen, werden konservativ behandelt. Die Patienten werden mit einem Reklinationsmieder oder Dreipunktmieder versorgt, das sechs bis zwölf Wochen getragen wird.

Besteht die Gefahr einer Instabilität oder ist die Wirbelsäule durch die Verletzung stärker abgeknickt, so ist eine operative Behandlung indiziert. Bei starkem Höhenverlust ist neben der dorsalen Stabilisierung (Fixateur interne) auch ein ventraler Eingriff erforderlich. Um die Belastungsfähigkeit der Wirbelsäule wiederherzustellen, wird Knochen z. B. aus dem Beckenkamm in den verletzten Wirbelkörper transplantiert. Zusätzlich werden meist kleine Metallkörbchen (Cage) oder ein künstlicher Wirbelkörper als Platzhalter und Stabilisator eingebracht. Der Wirbelkörperersatz verbleibt im Körper, der Fixateur interne kann nach ein bis zwei Jahren entfernt werden.

Komplikationen

Verletzungen der Lendenwirbelsäule können in Höhe der oberen beiden Lendenwirbelkörper mit einer Querschnittlähmung einhergehen. Das Rückenmark endet etwa auf Höhe des 2. Lendenwirbelkörpers. In dieser Höhe kann ein Konus-Kauda-Syndrom mit Blasen- und Mastdarmlähmung auftreten. Frakturen, die darunterliegen, führen in aller Regel nicht mehr zu einer vollständigen Querschnittlähmung, können jedoch Lähmungen im Bereich der Beine und Störungen der Blase, des Mastdarms und des Sexualzentrums nach sich ziehen.

Bei operativer Behandlung besteht die Möglichkeit der Infektion und der intraoperativen Nervenschädigung. Bei ventralem Zugang können im Bauchraum befindliche Organe, Gefäße und Nerven verletzt werden.

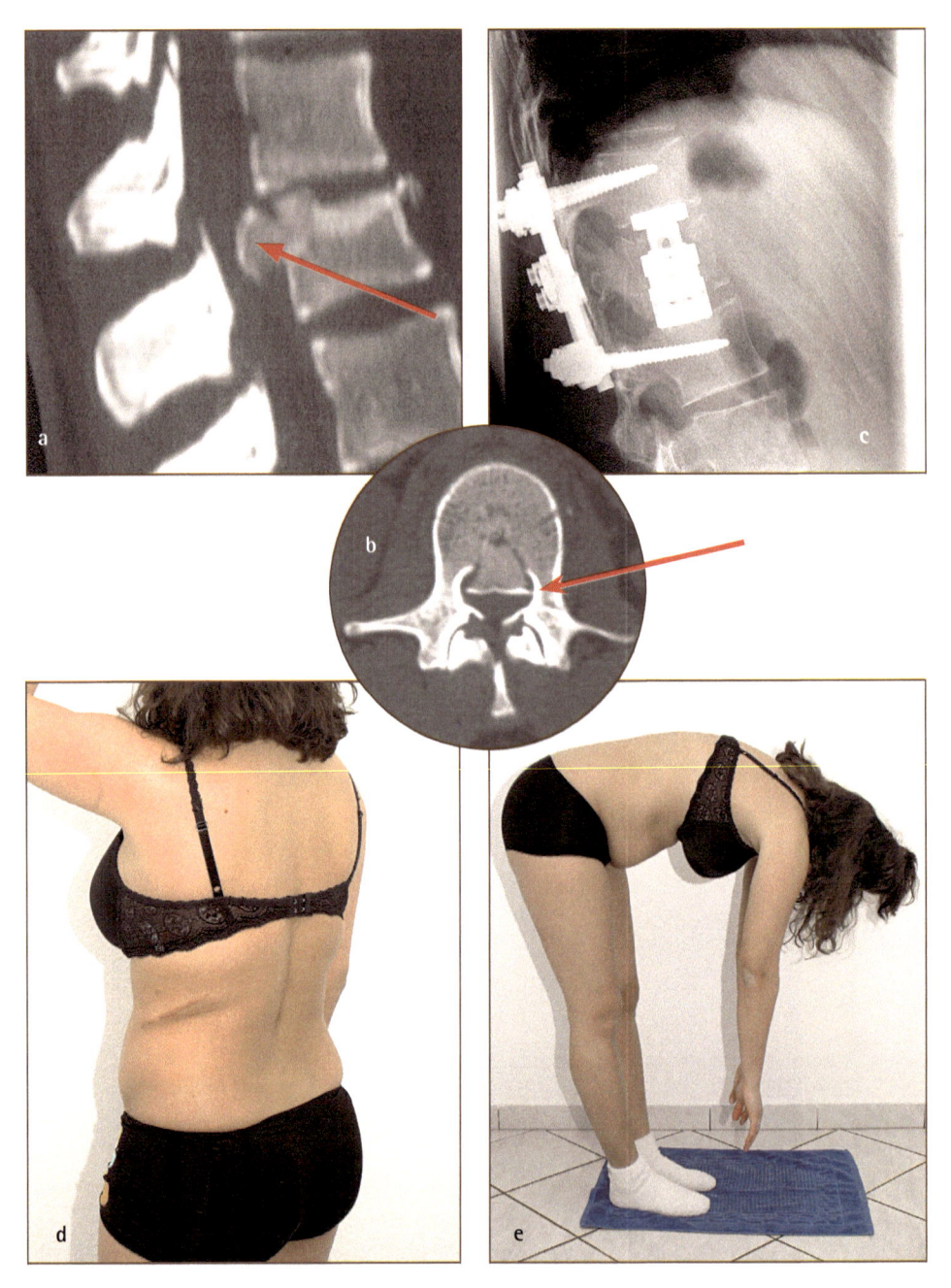

Verletzungen und Erkrankungen der Wirbelsäule

Abb. 6.27:
Der Bruch des 1. Lendenwirbelkörpers entstand bei einem Sturz von einer Leiter. Die gebrochene Hinterkante des Wirbelkörpers verlagerte sich in den Spinalkanal und schädigte das Ende des Rückenmarks, den Konus. Die Einengung des Spinalkanals lässt sich sowohl auf dem Röntgenbild als auch auf der Computertomographie (a, b) gut erkennen. Die Verletzung wurde operativ versorgt (c). Die Funktion der Wirbelsäule ist trotz des Ersatzes des 1. Lendenwirbelkörpers und der Einbringung eines Fixateur interne von Th 12 auf L 2 gut (d, e). Allerdings verblieb eine Gefühlsstörung der Oberschenkel (Reithosenanästhesie) und eine Blasen- und Mastdarmstörung. Die anfängliche Lähmung beider Beine bildete sich nach einigen Tagen zurück.

Regelhafter Heilverlauf – Auswirkung im täglichen Leben

Die Frakturen der Lendenwirbelsäule benötigen bei unkompliziertem Verlauf ungefähr zwölf Wochen bis zur knöchernen Ausheilung. Bei konservativer Behandlung sind die Beeinträchtigungen als Folge des Unfalls und des Tragens des Mieders zu berücksichtigen.

Während der ersten sechs Wochen nach dem Unfallereignis ist eine Hilfe im Haushalt erforderlich. Ab der siebten ist bei komplikationslosem Verlauf nur noch für mittlere und schwere Arbeiten eine Unterstützung notwendig. Die Beweglichkeit von Brust- und Lendenwirbelsäule ist während der Tragezeit des Mieders herabgesetzt. Auch nach Ablegen des Mieders muss noch für einige Wochen mit einer starken Bewegungseinschränkung gerechnet werden.

Medizinische Prognose (Welche Folgen hinterlässt die Verletzung?)

Die Prognose der Frakturen der Lendenwirbelsäule ist gut, sofern die Verletzung stabil und ohne schwerwiegende Fehlstellung ausheilt. Die Beweglichkeit der Lendenwirbelsäule kann eingeschränkt bleiben, die Belastbarkeit für schwere Arbeiten abnehmen. Wesentliche Einschränkungen im täglichen Leben sind bei unkompliziertem Verlauf dagegen nicht zu erwarten.

Medizinisch erforderliche Nachbehandlung	
Stationäre Rehabilitation (AHB)	Kann nach einer operativen oder konservativen Therapie erforderlich sein
Dauer und Frequenz der Physiotherapie nach Eintritt der Verletzung	Nach Freigabe der Bewegungen der LWS zweimal wöchentlich über einen Zeitraum von sechs bis zwölf Wochen
Dauer und Frequenz der Physiotherapie nach Abschluss der Heilung	Für weitere drei bis sechs Monate kann eine ein- bis zweimalige Krankengymnastik pro Woche erforderlich sein.
Künftige operative Behandlungen	Ggf. Entfernung von Osteosynthesematerial
Hilfsmittel, Medikamente	In der akuten Phase Schmerzmittel, bei konservativer Therapie Versorgung mit einer Orthese

Beeinträchtigung der Arbeitsfähigkeit	
Berufliche Anforderung	Durchschnittliche Dauer der Arbeitsunfähigkeit
Leichte, überwiegend sitzende Tätigkeit	1 – 3 Monate
Leichte bis mittelschwere Arbeit, etwa hälftiger Anteil stehender / gehender Tätigkeit	2 – 6 Monate
Schwere körperliche Tätigkeiten und Arbeiten, die vorwiegend im Stehen / Gehen verrichtet werden, z.T. Arbeiten in Zwangshaltung der WS	3 – 8 Monate, stärkere Einschränkungen der Beweglichkeit und ausgeprägte statische Veränderungen können schwere Arbeiten auf Dauer beeinträchtigen.

Bewertung des Haushaltsführungsschadens		
Tätigkeit	Beeinträchtigung (in %) bis zum Abschluss der Rekonvaleszenz	Beeinträchtigung auf Dauer (in %)
Leicht: Planung	Bei günstigem Verlauf 50% Beeinträchtigung während der ersten zwei Wochen nach Entlassung aus stationärer Behandlung, für zwei weitere Wochen 30% Beeinträchtigung, dann keine Beeinträchtigung	Keine dauerhafte Beeinträchtigung
Mittel: Durchschnittliche Hausarbeiten	Konservative Therapie: 100% während des Tragens des immobilisierenden Mieders. Nach Miederabnahme 100% für zwei Wochen, anschließend sechs Wochen 50%. Bei operativer Behandlung und günstigem Verlauf 100% für acht Wochen nach der Entlassung, für weitere acht Wochen 50%	10%
Schwer: Großer Hausputz, Gartenarbeit	100% für sechs Monate, weitere sechs Monate 50%	10% bis 30% je nach Funktionsbeeinträchtigung

Bewertung des Dauerschadens	
Versicherungszweig – Rechtsgebiet	Einschätzung des Dauerschadens
Gesetzliche Unfallversicherung: MdE	10 v. H. bis 20 v. H.
Private Unfallversicherung: Invalidität	Invalidität außerhalb der Gliedertaxe: 10% – 20%
Haftpflichtversicherung	Orientierung an der GUV
Gesetzliche Rentenversicherung	Im Allgemeinen keine Bedeutung
Private Berufsunfähigkeitsversicherung	Die Voraussetzung für eine Berufsunfähigkeit von 50% kann in ausgewählten Fällen erfüllt sein, sofern Zwangshaltungen der WS zum Kernbereich des Berufs gehören. Einzelfallprüfung in Kenntnis des Berufsbildes erforderlich
Schwerbehindertenrecht, soziales Entschädigungsrecht, Beamtenrecht: GdB, GdS	10 – 20

6.7.1 Kreuzbeinbruch, Fraktur des Os sacrum

Klassifikation nach ICD-10: S32.1

Verletzungsbild und Symptomatik

Brüche des Kreuzbeins können mit Verletzungen des Beckenrings einhergehen. Zerreißt die Symphyse oder bricht der vordere Beckenring (Sitz- und Schambeinfrakturen), so kann das Kreuzbein durch das Aufklappen des Beckens in Längsrichtung so stark belastet werden, dass vertikale Frakturen entstehen (Abb. 6.28, senkrechte Linie). Dabei sind Verletzungen der Verbindung zwischen den Darmbeinen und dem Kreuzbein, den Kreuzbein-Darmbeinfugen nicht selten. Instabile Brüche des Kreuzbeins, bei denen zusätzlich eine Instabilität des vorderen Beckenrings besteht, werden operativ behandelt (s. S. 302).

Horizontale Brüche des körperfernen Anteils des Kreuzbeins (Abb. 6.25, waagrechte Linie) können z.B. durch einen Sturz auf das Gesäß entstehen.

Therapie

Sofern neurologische Ausfälle fehlen, wird der einfache Kreuzbeinbruch konservativ behandelt. Eine spezifische Ruhigstellung ist nicht möglich, dem Patienten wird empfohlen, alle schmerzhaften Bewegungen zu vermeiden. Besonders unangenehm ist das Sitzen, da das Kreuzbein hierbei belastet wird. Innerhalb weniger Wochen klingen die Beschwerden ab. Die Fraktur ist nach Ablauf von spätestens zwölf Wochen knöchern verheilt. Instabile Brüche des Kreuzbeins bedürfen der operativen Behandlung. Zur Anwendung kommen im Allgemeinen Schrauben, die nach Abschluss der knöchernen Heilung entfernt werden.

Komplikationen

Komplikationen sind nur dann zu erwarten, wenn es sich um eine Komplexverletzung des Beckens mit Beeinträchtigung nervaler Strukturen handelt oder wenn eine Instabilität oder Arthrose im Kreuzbein-Darmbeingelenk als Folge einer schweren Beckenverletzung auftritt.

Regelhafter Heilverlauf – Auswirkung im täglichen Leben

Bei stabilen konservativ behandelten Frakturen klagen die Patienten für ein bis drei Wochen über erhebliche Beschwerden bei den Aktivitäten des täglichen Lebens. Während dieser Zeit kann eine Unterstützung im täglichen Leben (Einkaufen, Hausarbeit) erforderlich werden. Danach klingen die Beschwerden relativ rasch ab. Eine belastungsadaptierte Aufnahme aller zuvor ausgeübten Tätigkeiten ist dann innerhalb eines kurzen Zeitraums möglich.

Medizinische Prognose (Welche Folgen hinterlässt die Verletzung?)

Der isolierte Kreuzbeinbruch ohne neurologische Ausfälle heilt folgenlos ab. Bei vertikalen Frakturen kann in seltenen Fällen eine Instabilität verbleiben. Eine posttraumatische Arthrose des Kreuzbein-Darmbeingelenks kann Beschwerden verursachen. Bei Nervenschäden können motorische und sensible Ausfälle im Bereich des Beckens und der unteren Extremitäten verbleiben.

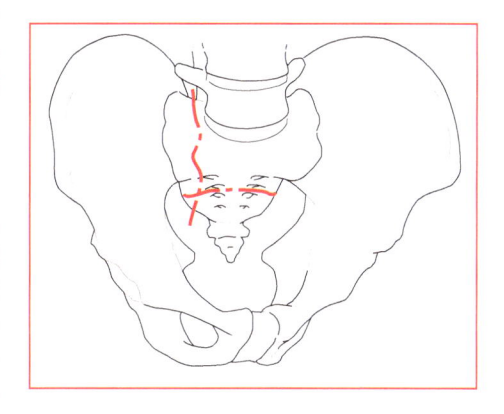

Abb. 6.28:
Bei Brüchen des Kreuzbeins können Nerven, die durch das Kreuzbein hindurchtreten, verletzt werden. Kreuzbeinbrüche werden meist konservativ behandelt.

Verletzungen und Erkrankungen der Wirbelsäule (Kreuzbeinbruch)

Medizinisch erforderliche Nachbehandlung	
Stationäre Rehabilitation (AHB)	Bei einfachen Frakturen meist nicht erforderlich, ausgenommen sind Kombinations- und Komplexverletzungen und Frakturen mit neurologischen Ausfällen
Dauer und Frequenz der Physiotherapie nach Eintritt der Verletzung	Bei einfachen Frakturen entbehrlich
Dauer und Frequenz der Physiotherapie nach Abschluss der Heilung	Nur bei Komplexverletzungen zu erwarten, Einzelfallprüfung
Künftige operative Behandlungen	Ggf. Metallentfernung bei operativ behandelten Kreuzbeinfrakturen
Hilfsmittel, Medikamente	In der akuten Phase Schmerzmittel, abschwellende Medikamente

Beeinträchtigung der Arbeitsfähigkeit	
Berufliche Anforderung	Durchschnittliche Dauer der Arbeitsunfähigkeit
Leichte, überwiegend sitzende Tätigkeit	1 – 3 Monate
Leichte bis mittelschwere Arbeit, etwa hälftiger Anteil stehender / gehender Tätigkeit	2 – 4 Monate
Schwere körperliche Tätigkeiten und Arbeiten, die vorwiegend im Stehen / Gehen verrichtet werden	3 – 6 Monate

Bewertung des Haushaltsführungsschadens		
Tätigkeit	Beeinträchtigung (in %) bis zum Abschluss der Rekonvaleszenz	Beeinträchtigung auf Dauer (in %)
Leicht: Planung	Keine Beeinträchtigung	Keine dauerhafte Beeinträchtigung
Mittel: Durchschnittliche Hausarbeiten	100 % für vier Wochen, 50 % für die sich anschließenden vier Wochen, 20 % für weitere vier Wochen	Keine dauerhafte Beeinträchtigung
Schwer: Großer Hausputz, Gartenarbeit	100 % für zwölf Wochen, 50 % für weitere acht Wochen, 20 % für die folgenden acht Wochen	Keine dauerhafte Beeinträchtigung

Bewertung des Dauerschadens	
Versicherungszweig – Rechtsgebiet	Einschätzung des Dauerschadens
Gesetzliche Unfallversicherung: MdE	0 v. H. – 10 v. H.
Private Unfallversicherung: Invalidität	0 % – 5 % – 10 %
Haftpflichtversicherung	Orientierung an GUV
Gesetzliche Rentenversicherung	Keine Bedeutung, sofern keine neurologischen Ausfälle vorliegen
Private Berufsunfähigkeitsversicherung	Keine Bedeutung, sofern keine neurologischen Ausfälle vorliegen
Schwerbehindertenrecht, soziales Entschädigungsrecht, Beamtenrecht: GdB, GdS	0 – 10

6.7.2 Steißbeinbruch – Fraktur des Os coccygis

Klassifikation nach ICD-10: S32.2

Verletzungsbild und Symptomatik
Der Steißbeinbruch ist Folge eines Sturzes auf das Gesäß. Die Patienten klagen nach der Verletzung über heftige Schmerzen im Gesäß und vor allem dem Steißbein. Beim isolierten Steißbeinbruch fehlen neurologische Ausfälle. Dem Verletzten fällt es schwer zu sitzen, da das Steißbein hierbei unter Druck kommt.

Therapie
Eine spezifische Behandlung des Steißbeinbruchs ist nicht möglich. Der Verletzte sollte anfänglich nicht sitzen und alle Körperhaltungen vermeiden, durch die das Steißbein belastet wird. Um das Steißbein zu entlasten, kann ein Lochkissen oder ein Schwimmring auf den Sitz gelegt werden, das Steißbein wird dadurch von Druck entlastet.

Nach ein bis zwei Wochen klingen die Beschwerden deutlich ab. Restbeschwerden können noch nach sechs bis acht Wochen vorhanden sein.

Komplikationen
Verschiebt sich das körperferne Fragment des Steißbeins nach hinten, können beim Sitzen stärkere Beschwerden auftreten. Wird dieser Befund auch radiologisch bestätigt, ist eine manuelle Reposition zu empfehlen. In Ausnahmefällen kann sich ein Falschgelenk ausbilden.

Regelhafter Heilverlauf – Auswirkung im täglichen Leben
Nach Abklingen der akuten Schmerzen, ein bis zwei Wochen nach dem Unfallereignis, bereitet das Sitzen noch Beschwerden. Übliche Haushaltsarbeiten können nach dem Ablauf von zwei Wochen wieder ausgeführt werden.

Medizinische Prognose (Welche Folgen hinterlässt die Verletzung?)
Der Steißbeinbruch heilt folgenlos aus.

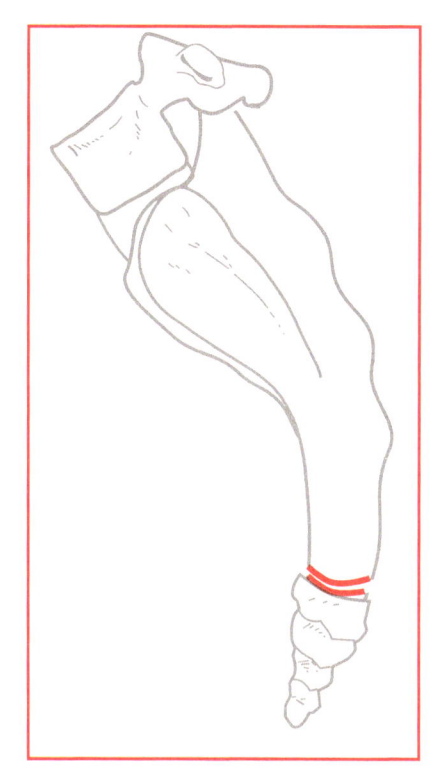

Abb. 6.29:
Bruch des Steißbeins.

Verletzungen und Erkrankungen der Wirbelsäule

Medizinisch erforderliche Nachbehandlung	
Stationäre Rehabilitation (AHB)	Nicht erforderlich
Dauer und Frequenz der Physiotherapie nach Eintritt der Verletzung	Im Allgemeinen entbehrlich
Dauer und Frequenz der Physiotherapie nach Abschluss der Heilung	Entfällt
Künftige operative Behandlungen	Entfällt
Hilfsmittel, Medikamente	In der akuten Phase Schmerzmittel

Beeinträchtigung der Arbeitsfähigkeit	
Berufliche Anforderung	Durchschnittliche Dauer der Arbeitsunfähigkeit
Leichte Tätigkeit	0 – 4 Wochen
Leichte bis mittelschwere Arbeit	0 – 4 Wochen
Schwere körperliche Tätigkeiten	0 – 4 Wochen

Bewertung des Haushaltsführungsschadens		
Tätigkeit	Beeinträchtigung (in %) bis zum Abschluss der Rekonvaleszenz	Beeinträchtigung auf Dauer (in %)
Leicht: Planung	Keine Beeinträchtigung	Keine dauerhafte Beeinträchtigung
Mittel: Durchschnittliche Hausarbeiten	Zwei Wochen 50 %, keine weitere Beeinträchtigung	Keine dauerhafte Beeinträchtigung
Schwer: Großer Hausputz, Gartenarbeit	Zwei Wochen 100 %, vier weitere Wochen 50 %, danach keine weitere Beeinträchtigung	Keine dauerhafte Beeinträchtigung

Bewertung des Dauerschadens	
Versicherungszweig – Rechtsgebiet	Einschätzung des Dauerschadens
Gesetzliche Unfallversicherung: MdE	Kein Dauerschaden
Private Unfallversicherung: Invalidität	Kein Dauerschaden
Haftpflichtversicherung	Kein Dauerschaden
Gesetzliche Rentenversicherung	Keine Bedeutung
Private Berufsunfähigkeitsversicherung	Keine Bedeutung
Schwerbehindertenrecht, soziales Entschädigungsrecht, Beamtenrecht: GdB, GdS	Keine Bedeutung

6.8 Traumatischer Bandscheibenvorfall

Klassifikation nach ICD-10: S33.0 (LWS)

Verletzungsbild und Symptomatik

Der traumatische Bandscheibenvorfall geht im Allgemeinen mit Frakturen im Bereich der Wirbelkörper oder kompletten Zerreißungen der Bandstrukturen zwischen zwei Wirbelkörpern einher (diskoligamentäre Verletzung). Wird ein Bandscheibenvorfall nach einem Unfall ohne bildtechnisch nachweisbare Begleitverletzungen diagnostiziert, so kann ein Zusammenhang mit dem Unfall mit sehr hoher Wahrscheinlichkeit ausgeschlossen werden. Anders ist die Situation, wenn im Kernspintomogramm an den benachbarten Wirbelkörpern ein Knochenmarködem (bone bruise) und Risse an Bändern und Ödemen der umgebenden Weichteile nachgewiesen werden (vgl. Abb 6.10, S. 133). Derartige Begleitverletzungen legen eine traumatische Genese nahe. Das traumatische Knochenmarködem ist vom Bandscheibenverschleiß mit Ödemen an den Grund- und Deckplatten abzugrenzen. Derartige Veränderungen sind Folge einer aktivierten Osteochondrose (degenerativer Umbau der Bandscheibe).

> Ein traumatischer Bandscheibenvorfall kann nur durch einen schweren Unfall oder eine gravierende Gewalteinwirkung entstehen.

Kein traumatischer Bandscheibenvorfall ohne Begleitverletzung

Der Zusammenhang zwischen Unfallereignis und Bandscheibenvorfall wird seit mehr als 50 Jahren intensiv diskutiert. Bereits 1973 wies Lob darauf hin, dass das Unfallereignis schwer genug gewesen sein müsse, um Rissbildungen im Bereich der Bandscheibe zu verursachen. Zudem sei zu fordern, dass in direktem Zusammenhang mit dem Unfall eine klinische Symptomatik auftrete und sich das Röntgenbild nach dem Unfall im Bereich der betroffenen Zwischenwirbelscheibe verändere. Lob stand zu diesem Zeitpunkt weder eine Computer- noch Kernspintomographie zur Verfügung. Unter Einsatz der genannten neuen bildgebenden Verfahren lassen sich traumatische Schäden im Bereich der Bandscheibenräume sicher nachweisen. Fehlen eindeutige Verletzungszeichen (Zerreißung von Bandscheibengewebe, Ödeme im Bereich des angrenzenden Knochens, Frakturen, Einblutungen der kleinen Wirbelgelenke oder der Bänder), dann steht der bildtechnisch nachgewiesene Bandscheibenvorfall nicht mit dem angeschuldigten Unfallereignis in Zusammenhang.

Neuere Arbeiten haben zudem den Zusammenhang zwischen neu diagnostizierten Bandscheibenvorfällen und akuten Rückenschmerzen relativiert. In einer prospektiven Studie wiesen E. J. Carragee und Mitarbeiter nach, dass der akut aufgetretene Rückenschmerz bei zuvor beschwerdefreien Probanden in der Regel nicht mit einem neu aufgetretenen Bandscheibenvorfall in Zusammenhang steht, sondern dass Bandscheibenveränderungen und -vorfälle bereits lange Zeit vor dem ersten Auftreten des Rückenschmerzes vorhanden waren, ohne das Befinden zu beeinträchtigen (Carragee EJ et al. 2006). Ein Zusammenhang

Die Bandscheibe ist belastbarer als der Wirbelkörper. Wirkt eine schwere Gewalt auf das Achsenorgan ein, so entstehen (Ein-)Brüche der Wirbelkörper, bevor die Bandscheiben strukturell geschädigt werden. Vollständige Zerreißungen der Bandscheibe und des Bandscheibenrings gehen mit einer Zerreißung der vorderen und hinteren Längsbänder und einer Verschiebung der Wirbelkörper einher.

Geringe Traumen, bei denen Verletzungen der Knochen und Weichteile ausgeschlossen wurden, sind nicht in der Lage, einen unfallbedingten Bandscheibenschaden zu verursachen.

zwischen leichteren Unfallereignissen und der Entstehung von Bandscheibenvorfällen wurde von der gleichen Forschergruppe in einer weiteren Untersuchung ausgeschlossen (Carragee EJ et al. 2006 b).

In der „Leitlinie zur bandscheibenbedingten Ischialgie" der zuständigen medizinischen Fachgesellschaften heißt es explizit: „Die traumatische Zerstörung einer nicht degenerativ veränderten Bandscheibe ist kaum denkbar." (Deutsche Gesellschaft für Orthopädie und Orthopädische Chirurgie, 2002).

Therapie

Der traumatische Bandscheibenvorfall geht mit einer Zerreißung der Bandstrukturen zwischen zwei Wirbelkörpern und meist mit zusätzlichen Frakturen einher. Je nach dem klinischen Verletzungsbild, Ergebnissen des konventionellen Röntgens, von CT und MRT wird entweder eine operative oder eine

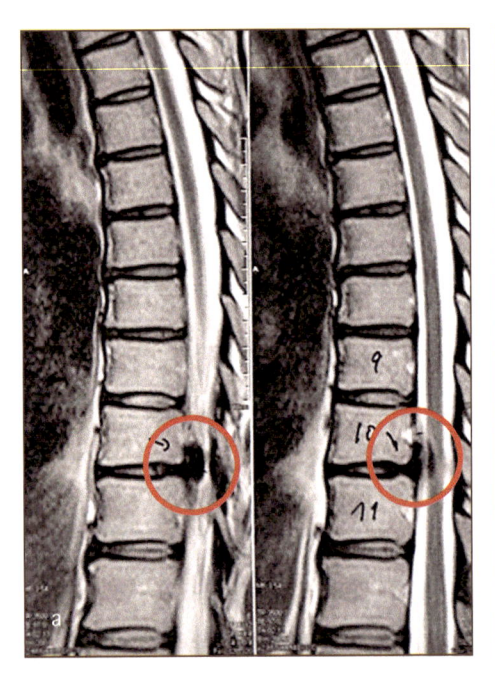

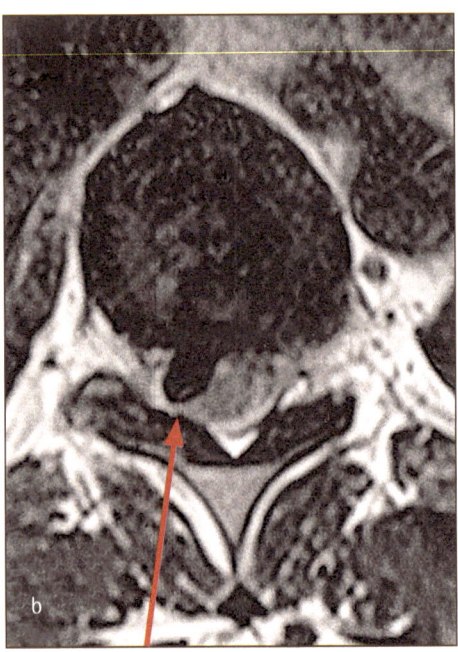

Abb. 6.30:
Die Kernspintomographie der Brustwirbelsäule lässt einen ausgedehnten Bandscheibenvorfall erkennen. Da frische Verletzungszeichen fehlen, kann ein Zusammenhang mit einem Sturz auf das Gesäß ausgeschlossen werden. Senkrechte Schnittführung (a), waagrechte Schnittführung (b).

konservative Behandlung erforderlich sein. Während isolierte traumatische Bandscheibenvorfälle außerordentlich selten vorkommen, können Distorsionen oder Prellungen der Wirbelsäule Spinalnerven irritieren und eine vorübergehende klinische Symptomatik hervorrufen. So lässt sich z.B. das Auftreten von ausstrahlenden Beschwerden im Bereich der Halswirbelsäule in einen oder beide Arme mit dem Nachweis sensibler Dermatome oder passagerer motorischer Störungen durch eine Nervenwurzelreizung erklären.

Der nach dem Unfall erstmals nachgewiesene Bandscheibenvorfall oder die Einengung des Nervenaustrittslochs bestand dann zwar bereits vor dem Unfallereignis, der Nerv kann durch den Unfall jedoch gezerrt worden sein. Begünstigend können sich hierbei degenerative Veränderungen, wie z.B. Bandscheibenvorwölbungen oder -vorfälle bzw. Einengungen der Nervenaustrittslöcher, auswirken. Ein Dauerschaden entsteht durch derartige vorübergehende Nervenwurzelreizungen nicht.

Reizungen der Nervenwurzeln – Schmerzen in Arm oder Bein

Zerrungen und Prellungen der Wirbelsäule können vorübergehende Nervenwurzelreizungen mit Ausstrahlungen in Arme oder Beine verursachen. Allerdings entstehen die meisten Nervenwurzelreizungen ohne einen Unfall. Tritt eine Nervenwurzelreizung neu in direktem zeitlichem Zusammenhang mit einem Unfall auf und wird danach durch CT oder MRT ein Bandscheibenvorfall oder eine Einengung des Nervenaustrittslochs nachgewiesen, so sind diese Veränderungen zwar unfallunabhängig, die Nervenreizung kann jedoch durch den Unfall infolge einer Zerrung oder Kompression des Nervs verursacht worden sein. Nervenwurzelreizungen klingen in aller Regel innerhalb von zwei bis zwölf Wochen ab.

Ort der Nervenwurzelreizung	Klinische Bezeichnung
HWS	Zervikobrachialgie
BWS	Intercostalneuralgie
LWS	Lumboischialgie

Teil 7

Zervikalsyndrom, Lumbalgie
und weitere unfallunabhängige
Beschwerden und Erkrankungen
der Wirbelsäule

7.1 Zervikalsyndrom

Klassifikation nach ICD-10: M54.2

Symptomatik
„Zervikalsyndrom" ist ein Sammelbegriff für „Beschwerden an der Halswirbelsäule". Subjektive Beschwerden, die von der Halswirbelsäule ausgehen und in die Schultermuskulatur bzw. die Arme ausstrahlen können, werden als Zervikalsyndrom bezeichnet. Verspannungen, Einschränkungen der Beweglichkeit und Schmerzen sind die Kardinalsymptome des Zervikalsyndroms. Ebenso vielfältig wie die Symptomatik sind die Ursachen.

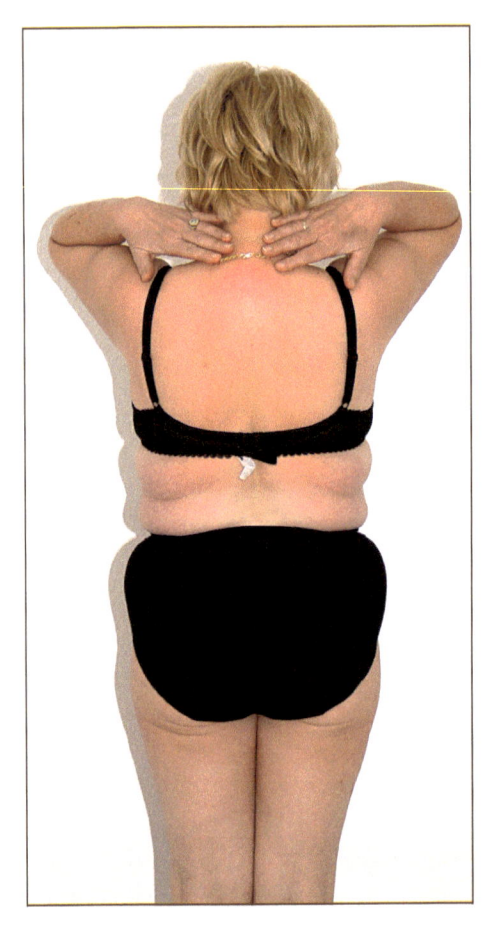

Funktionelle Ursachen des Zervikalsyndroms:
Beschwerden in der Halswirbelsäule sind sehr häufig mit Verspannungen im Bereich der Schulter- und Nackenmuskulatur verbunden. Als Auslöser kommen u. a. eine allgemeine Anspannung bei persönlicher oder beruflicher Belastung, negativ empfundener Stress (Disstress), klimatische Einflüsse wie Zugluft und Kälte, Bewegungsmangel, einseitige Arbeit (Computer) und ungewohnte Tätigkeiten in Betracht. Das Zervikalsyndrom kann als Begleitsymptom nicht-organischer Krankheitsbilder, von somatoformen Störungen, Depressionen und anderen seelischen Leiden auftreten. Es ist nur selten Folge einer organischen Verletzung. Nach einem Auffahrunfall wird das Zervikalsyndrom häufig als Folge eines HWS-Schleudertraumas fehlgedeutet.

Organische Ursachen des Zervikalsyndroms:
Durch eine Abnutzung der Bandscheibenräume und eine Einengung der Nervenaustrittslöcher der Halswirbelsäule steht den Nerven, die die Muskulatur und die Haut versorgen, weniger Platz zur Verfügung. Abrupte Bewegungen, eine Erhöhung der Muskelspan-

Abb. 7.1:
Beschwerden der HWS sind sehr häufig unspezifisch. Beruflicher Stress, persönliche Probleme und seelische Störungen können sich in organisch empfundenen Schmerzen der HWS äußern. Bei der Untersuchung lässt sich meist nur eine verspannte Muskulatur, manchmal auch eine Bewegungseinschränkung der HWS nachweisen. Langandauernde Fehlinnervationen der Schulter-Nackenmuskulatur begünstigen die Entstehung einer Fehlstellung der HWS. Aus der Hohlschwingung der HWS entwickelt sich eine Fehlstreckhaltung und im Laufe der Zeit eine Kyphose (Ausbiegung nach dorsal).

nung sowie vielfältige andere Auslöser können radikuläre Schmerzen (Schmerzen, die von einer Nervenwurzel ausgehen) hervorrufen. Die betroffenen Patienten klagen über Schmerzen im Bereich der Halswirbelsäule, die sich in die Arme entlang der sensiblen Versorgungsgebiete der Haut (Dermatome) ausdehnen können. Ist der Nerv stärker beeinträchtigt, dann kann die Motorik einzelner Muskeln gestört sein. Entsprechend der Dermatome können sich auch Gefühlsstörungen im Bereich des Arms oder der Hand ausbilden.

Unspezifische Beschwerden der HWS nach Bagatellunfällen: Spielt der rechtliche Kontext eine Rolle?

„Praxistipp:
Der sichere Weg bei der Geltendmachung von Schmerzensgeldansprüchen wegen eines HWS-Syndroms nach einem Auffahrunfall verlangt es, dass der Verletzte - trotz gegenteiliger Bestrebungen der Gesundheitsreform – so oft wie möglich zum Arzt geht und jede ihm angebotene Möglichkeit von Heilbehandlungsmaßnahmen wahrnimmt.
Er sollte ferner den Arbeitgeber, Arbeitskollegen, Familie und Freunde über seine Beschwerden informieren, damit er sie als Zeugen benennen kann." (Jaeger et al. 2014)

Aus juristischer Sicht mag der „Praxistipp" sinnvoll sein, medizinisch ist er nicht ungefährlich:
Es besteht die Gefahr, dass Menschen, die unter somatoformen Störungen, Depressionen oder chronischen Schmerzerkrankungen leiden, durch derartige Ratschläge „konditioniert" werden und sich im Laufe des Entschädigungsverfahrens mehr und mehr in Schmerzen und Funktionsstörungen hineinleben.

Therapie

Die Behandlung des Zervikalsyndroms richtet sich nach der vermuteten Ursache. Bei muskulären oder durch eine äußere Überlastung ausgelösten Halswirbelsäulenbeschwerden ist eine muskelauflockernde Behandlung angezeigt. Hierzu gehören Massagen, Wärmebehandlungen oder manuelle Therapien. Hilfreich ist oft eine Extensionsbehandlung. Die Krankengymnastik versucht, das Bewegungsverhalten zu verändern. Empfehlenswert ist eine mäßige sportliche Betätigung zum Ausgleich einer einseitigen, z. B. sitzenden Körperbelastung. Nervenwurzelreizerscheinungen, die auf eine organische Kompression zurückgehen, bilden sich im Allgemeinen innerhalb von sechs bis zwölf Wochen weitgehend zurück.

Klingen die Beschwerden nach mehreren Wochen einer symptomatischen Behandlung nicht ab, so kann eine bildtechnische und fachärztliche Abklärung (Neurologe, Orthopäde) erforderlich sein. Unter Umständen ist es angezeigt, weitere technische Untersuchungen (Röntgen, CT, MRT) anzufertigen.

Es ist nicht erforderlich, jedes Zervikalsyndrom bildtechnisch abzuklären. Die Korrelation zwischen den bildgebenden Befunden, den Ursachen der Symptomatik und den Beschwerden ist nur sehr gering. Eine Indikation für die Anfertigung von technischen Untersuchungen ist immer dann gegeben, wenn der Verdacht auf ernsthafte Erkrankungen besteht: Tumore, entzündliche Prozesse, Verletzungsfolgen, gravierende neurologische oder orthopädische Leiden und motorische Nervenlähmungen.

Lediglich bei therapieresistenten organischen Beschwerden, die auf eine massive Nervenwurzeleinengung oder einen Bandscheibenvorfall zurückzuführen sind, kann eine operative Behandlung erforderlich werden.

7.2 Lumbalgie, Kreuzschmerz, „Hexenschuss", Lumboischialgie

Klassifikation nach ICD-10: M54.5

7.2.1 Rückenschmerzen – weit verbreitet

Der akute Rückenschmerz im Bereich der Lendenwirbelsäule gehört zu den häufigsten Beschwerde- und Krankheitsbildern, wegen denen ein Arzt aufgesucht wird.

Nach Daten des Bundes-Gesundheitssurvey gaben 39% der Frauen und 31% der Männer an, in den vorausgegangenen sieben Tagen von Rückenschmerzen geplagt worden zu sein (Abb. 7.2). Etwa 20% aller Befragten litten nach ihren Angaben im letzten Jahr vor der Befragung unter „chronischen Rückenschmerzen", d.h. Schmerzen, die mindestens drei Monate angehalten und sich täglich oder nahezu täglich bemerkbar gemacht hätten.[1] In der Gruppe der 40- bis 50-jährigen Frauen gaben im Jahre 2009 mehr als 30% aller Befragten an, unter „chronischen Rückenschmerzen" zu leiden (Robert Koch-Institut 2009, 2013).

Wenn mehr als 25% der Bevölkerung unter wiederkehrenden oder sogar täglichen Rückenschmerzen leidet, dann wird verständlich, dass auch ein Viertel aller

---

1 Robert Koch-Institut, Statistisches Bundesamt (Hg.): Gesundheitsberichterstattung des Bundes: Gesundheit in Deutschland. Berlin 2006, S. 34–35.

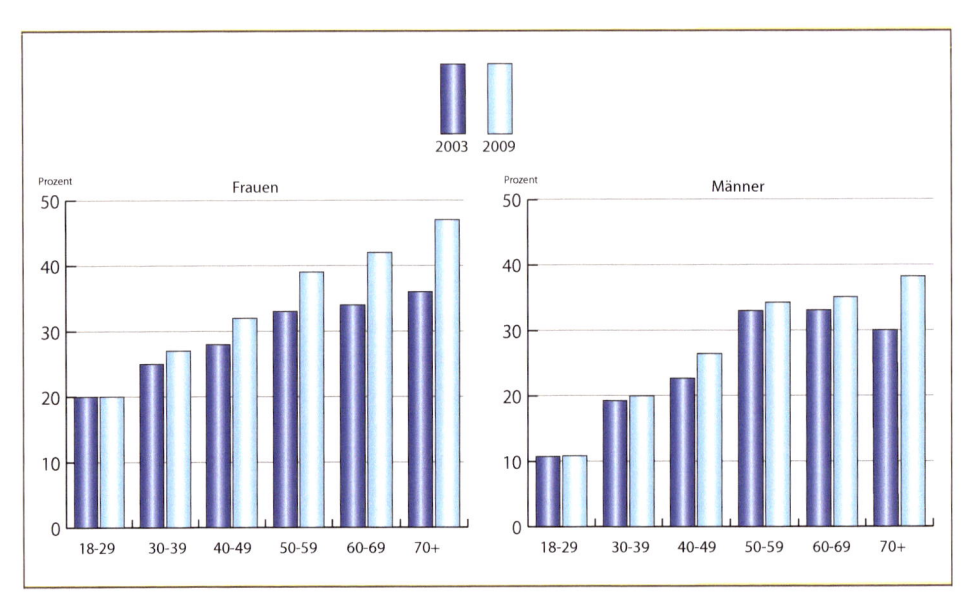

Abb. 7.2:
Können Beschwerden der Wirbelsäule auf einen geringfügigen Verkehrsunfall zurückgeführt werden? Die epidemiologischen Daten lassen Zweifel aufkommen:
Prozentualer Anteil der Männer und Frauen in der deutschen Bevölkerung, die mindestens drei Monate fast täglich unter Rückenschmerzen litten. Die Zahlen beziehen sich auf die Jahre 2003 und 2009
(Quelle: Gesundheitsberichterstattung des Bundes, Heft 53 – 2013, S. 13).

Menschen, die in einen geringfügigen Unfall verwickelt werden, derartige Beschwerden vortragen. Ließ sich vor dem Unfall zumeist keine spezielle Ursache ergründen, so erscheint es nun plausibel, die Beschwerden auf den Unfall zurückzuführen. Der Anwalt, der die Interessen des Geschädigten zu vertreten hat, fragt routinemäßig, ob in Zusammenhang mit dem Unfall gesundheitliche Beschwerden aufgetreten seien. Wird die Frage bejaht, dann wird der Anwalt gegenüber dem Haftpflichtversicherer geltend machen, dass sein Mandant „nicht unerheblich verletzt" worden sei.

Symptomatik
Der Rückenschmerz kann sich in vielfältiger Weise äußern: Verspannungen, Bewegungs- oder Ruheschmerzen, Beschwerden nach längerem Liegen im Bett, nach Sitzen, beim Autofahren, bei Vorneigung des Oberkörpers, etwa beim Zähneputzen oder der morgendlichen Toilette, Schmerzen im Becken, teils lokal begrenzt, teils ausstrahlend in ein Bein. Manche Menschen klagen über zeitweilige oder dauernde Einschränkungen der Beweglichkeit, sie seien unfähig, kleinere Lasten zu heben und sich vorneigen zu können. Die Schmerzen werden individuell sehr unterschiedlich beschrieben, ohne dass dafür ein organisches Korrelat besteht: Die Schmerzen seien kalt, heiß, ziehend, gering, stark, reißend, bohrend, vernichtend ... Die Schmerzstärke kann subjektiv auf einer Skala zwischen 1 und 10 angegeben werden. 1 bezeichnet einen gerade wahrnehmbaren Schmerz, 10 einen Vernichtungsschmerz, der das Leben unerträglich macht. Akute Nervenwurzelreizungen können über Tage, unter Umständen einige Wochen, extreme Schmerzen verursachen, eine Angabe auf der Schmerzskala von 8–10 ist in diesen Fällen als organisch zu interpretieren. Werden dauerhaft derartig hohe Werte angegeben, so sind diese – nach Ausschluss von Tumoren oder extremer Pathologien – meist auf eine seelische Störung (z.B. somatoforme Schmerzstörung) zurückzuführen.

Die Ursache des Lumbalsyndroms lässt sich bei mehr als zwei Dritteln aller Betroffenen auch nach intensivster fachärztlicher Untersuchung und unter Einsatz aller modernen technischen Verfahren nicht eindeutig klären. Meistens handelt es sich um ein Zusammenspiel unterschiedlicher Faktoren. Zu berücksichtigen sind abnutzende Veränderungen im Bereich der Lendenwirbelsäule, Höhenminderung der Bandscheiben, Ausziehungen der knöchernen Wirbelkörper, Einengung der Nervenaustrittslöcher, Bandscheibenvorfälle und Bandscheibenvorwölbungen sowie funktionelle Störungen im Bereich der Lendenwirbelsäule, z.B. durch Blockierungen der kleinen Wirbelgelenke. Immer wieder werden auch Verkantungen und Blockierungen der Kreuzbein-Darmbein-Gelenke für die Entstehung des Lumbalsyndroms verantwortlich gemacht.

Bei der organisch verursachten Lumboischialgie werden die austretenden Nervenwurzeln an der Lendenwirbelsäule von Bandscheibengewebe oder knöchernen Anbauten bedrängt. Der Nerv entzündet sich und schwillt an. Dadurch kommt es zu einer weiteren Raumeinengung. Der dadurch entstehende Schmerz kann außerordentlich heftig sein und mehrere Wochen anhalten. Bei der konservativen Therapie kommt es darauf an, die Phase der akuten Entzündung zu überbrücken. Zeitweilig können sehr starke zentral wirksame Schmerzmittel und invasive lokale Behandlungen (wirbelsäulennahe Injektionen mit Lokalanästhetika und Kortison – periradikuläre Therapien) erforderlich sein.

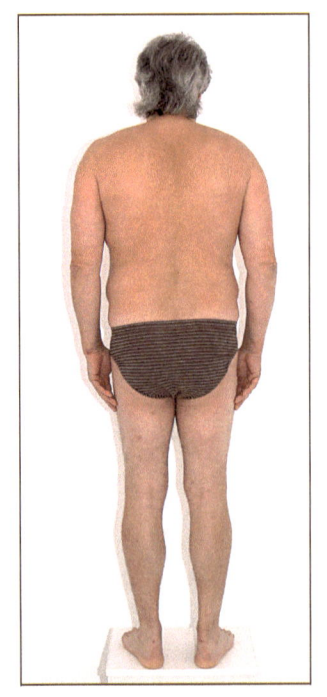

Unfallunabhängige Beschwerden der Wirbelsäule

a

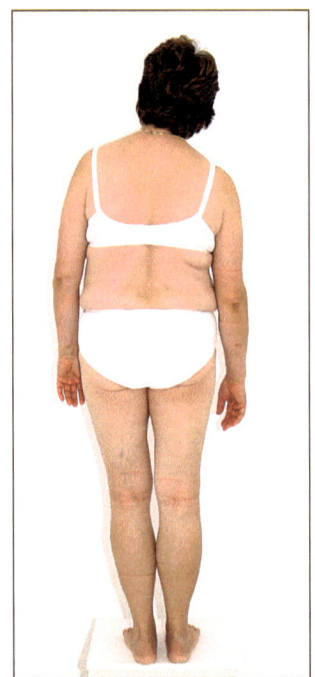

b

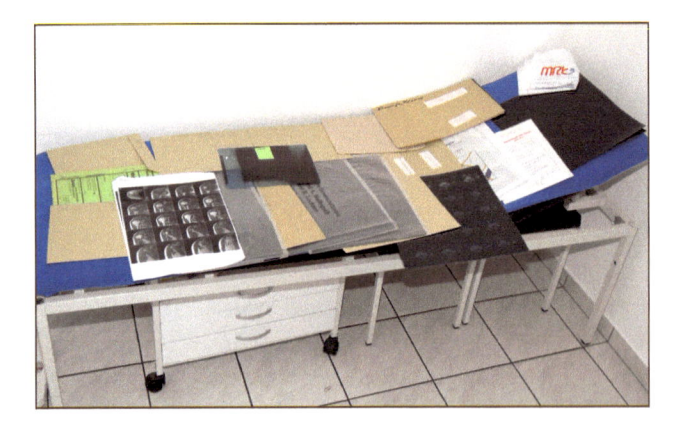

c

Abb. 7.3:
Rückenschmerzen sind weit verbreitet. Nicht selten werden Unfälle dafür verantwortlich gemacht. Zwei Beispiele: Der 50-jährige Proband klagt über anhaltende Schmerzen in der Lendenwirbelsäule nach einer LWS-Prellung (a). Der Untersuchungsbefund ist unauffällig, die Beweglichkeit der Wirbelsäule frei, die Muskulatur kräftig entwickelt.

Die 55-jährige Verkäuferin wurde für die Berufsgenossenschaft untersucht. Sie war, nachdem sie während der Arbeit auf glattem Boden ausgerutscht war, mehrere Monate arbeitsunfähig ohne dass ein krankhafter organischer Befund erhoben werden konnte. Die Durchführung vielfältiger bildtechnischer Untersuchungen, ohne Feststellung eines krankheitswertigen Befundes deutet auf eine somatoforme Störung oder medizinisch nicht zu erklärende Ursachen der vorgetragenen Beschwerden hin (c).

Die Abbildung wurde in den Zeiten der analogen Bildgebung aufgenommen. In der Gegenwart bringen die Probanden häufig eine Vielzahl von elektronischen Datenträgern (CDs) mit zur Untersuchung.

Chronifizierung: Psychische und soziale Aspekte

Bei der Chronifizierung von Rückenbeschwerden spielen weniger die organischen Veränderungen als vielmehr Depressionen, seelische Erkrankungen (somatoforme Störungen) und andere psychosoziale Variablen eine Rolle. Bedeutsamer als krankhafte pathologisch-anatomische Ursachen sind ungünstige Kontextfaktoren: niedriger Sozialstatus, schwierige wirtschaftliche Verhältnisse, geringe soziale Unterstützung und eine instabile familiäre Situation. Auch Ansprüche im Rahmen von Haftpflichtauseinandersetzungen, Anträge auf Anerkennung einer Berufskrankheit der Lendenwirbelsäule (BK 2108) und Rentenanträge begünstigen die Chronifizierung von Schmerzen.

Das chronische Lumbalsyndrom ist nur in seltenen Fällen auf einen Unfall zurückzuführen. Nach schweren strukturellen Verletzungen im Bereich der Lendenwirbelsäule (operativ oder konservativ behandelte Frakturen), die knöchern stabil ausgeheilt sind, bleiben zwar funktionelle Einschränkungen, in der Regel jedoch keine anhaltenden Schmerzen bestehen. Dagegen können knöchern nicht stabil verheilte Frakturen, die eine Pseudarthrose hinterlassen haben, sehr starke bewegungsabhängige Schmerzen verursachen. Eine Besserung ist nur durch eine operative Therapie zu erwarten.

Therapie

Die Behandlung des Lumbalsyndroms richtet sich nach der vermuteten Ursache.

Bei einem akuten Rückenschmerz können eine kurzfristige Entlastung und Bettruhe für wenige Tage sinnvoll sein. Zu vermeiden ist eine längere Immobilisierung. Der Patient sollte immer wieder motiviert werden, sich zu bewegen, soweit dies seine Schmerzen zulassen. In der akuten Phase sind alle Bewegungen und Körperhaltungen zu vermeiden, die Schmerzen auslösen. Im Vordergrund der Behandlung steht die Schmerzlinderung. Diese wird mit einer oralen Medikation, Infusionen oder auch einer kurzfristigen Injektionsbehandlung (Verabreichung von systemischen Analgetika und Lokalanästhesien) erreicht. Hilfreich kann eine Physiotherapie sein. Hierzu gehören Krankengymnastik, Massagen, Bewegungsbäder im warmen Wasser, Thermopackungen und elektrotherapeutische Verfahren. Alle privaten und beruflichen Tätigkeiten sind so rasch wie möglich wieder aufzunehmen, um eine Chronifizierung zu vermeiden.

Sofern radikuläre Schmerzen (Schmerzen im Verlauf eines Wirbelsäulennervs) vorliegen, die sich trotz einer konservativen Therapie nicht ausreichend lindern lassen und bei denen eine gravierende Nervenwurzelkompression als Folge eines Bandscheibenvorfalls vorliegt oder Nervenaustrittslöcher eingeengt sind, ist auch an eine operative Behandlung zu denken. Ein derartiger Eingriff ist jedoch nur ausnahmsweise erforderlich.

Liegt dem Lumbalsyndrom eine Spinalkanalstenose (Einengung des Rückenmarkkanals) oder eine Instabilität zugrunde, so kann eine operative Therapie erforderlich werden. Hierfür stehen unterschiedliche Verfahren zur Verfügung. Bei der Spinalkanalstenose wird der Wirbelkanal erweitert, Instabilitäten können durch eine Versteifungsoperation beseitigt werden. Gelegentlich wird auch eine künstliche Bandscheibe implantiert.

Umfangreiche Informationen zu den gesicherten Erkenntnissen der Behandlung des unspezifischen akuten und chronischen Rückenschmerzes können der „Nationalen Behandlungsleitlinie Kreuzschmerz" entnommen werden, die über das Internet heruntergeladen werden kann.

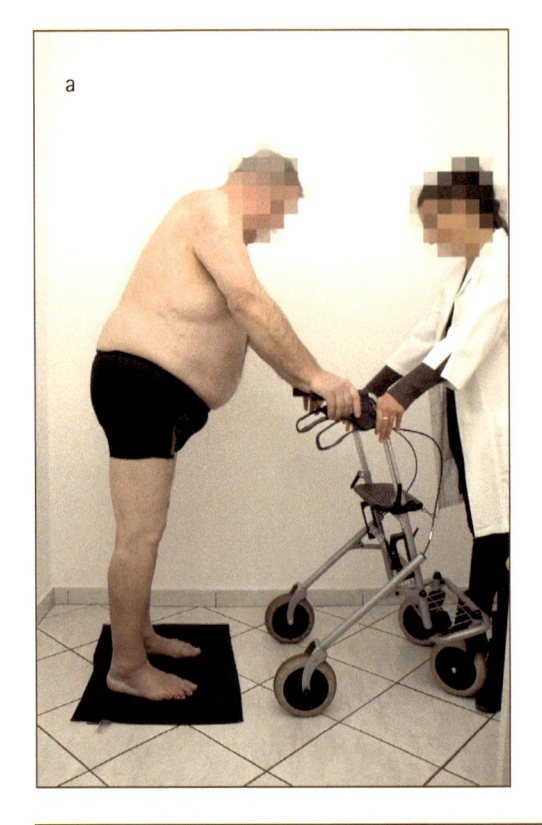

Unfallunabhängige Beschwerden der Wirbelsäule

Abb. 7.4:
Pathologisch anatomische Veränderungen können Funktionseinschränkungen der Wirbelsäule und anhaltende Rückenschmerzen hervorrufen. Der 70 Jahre alte Proband schildert, er könne nur 100 m mit Gehwagen laufen (a). Die Aufnahmen zeigen eine Einengung des Spinalkanals von Th 12-L3 und ein Wirbelgleiten L4-L5. Die seitlichen Röntgenaufnahmen der Wirbelsäule, für die Kontrastmittel in den Spinalkanal eingebracht wurde (Myelographie), wurden in Normalposition (b), in Vorneigung (c) und Rückneigung (d) angefertigt.

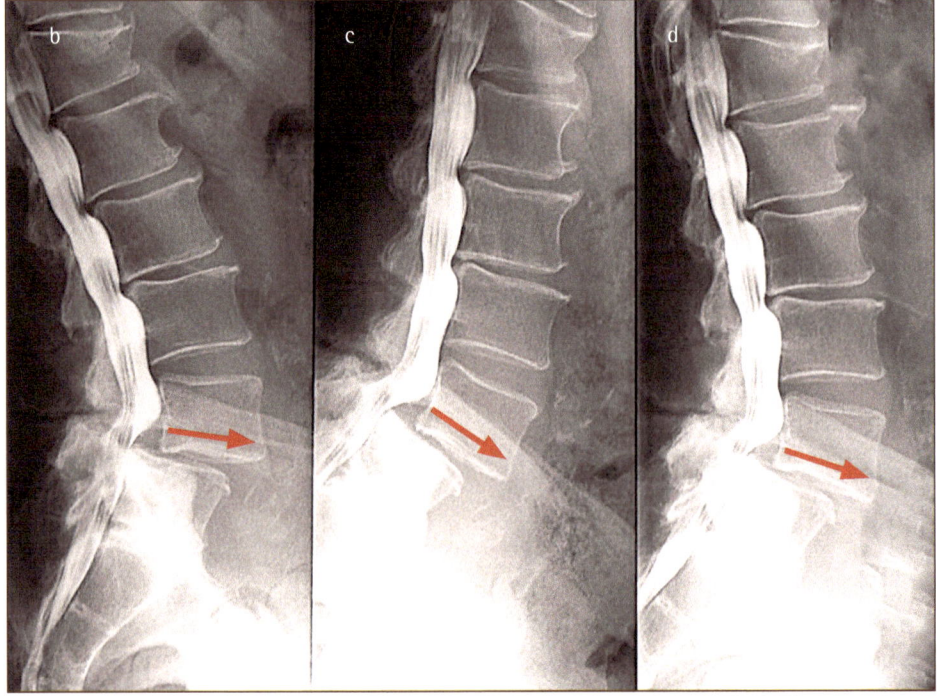

7.3 Wirbelsäulenerkrankungen: Ein schematischer Überblick

Die folgende Tabelle enthält eine Übersicht über wichtige Rückenerkrankungen und deren versicherungsmedizinische Relevanz. Berücksichtigt werden sowohl funktionelle als auch pathologisch-anatomisch eindeutig definierbare Krankheitsbilder.

Überblick über wichtige Rückenerkrankungen

Definition	Ursachen	Versicherungsmedizinische Bedeutung
Halswirbelsäule		
Zervikalsyndrom – Unspezifische Beschwerden der Halswirbelsäule	Vielfältige Auslöser: Degenerative Veränderungen, Muskelverspannungen, Nervenreizungen, psychosomatische und soziale Einflüsse, Stress, „Mobbing"	Sehr hoch, häufig kein organisches Korrelat. Oft werden HWS-Beschwerden nach einem geringfügigen Unfall beklagt.
Akuter Schiefhals – Tortikollis – Akute Schiefhaltung der Halswirbelsäule und des Kopfes	Blockierungen der Wirbelgelenke, Nervenreizungen. Gelegentlich Begleiterscheinung entzündlicher Erkrankungen, Angina tonsillaris, Abszesse an der HWS	Gering, der akute Schiefhals ist sehr schmerzhaft, heilt jedoch nach wenigen Tagen folgenlos aus. Alle anderen ernsthaften Erkrankungen, bei denen der Schiefhals nur ein Symptom ist, bedürfen einer konsequenten Therapie.
Zervikobrachialgie – Von der Halswirbelsäule ausstrahlende Schmerzen in einen oder beide Arme	Vielfältige Auslöser (Wechselwirkung zwischen organischen, psychosomatischen und sozialen Faktoren): Degenerative Veränderungen, Bandscheibenvorfall, Muskelverspannungen, Nervenreizungen, Distorsionen bei vorbestehenden Vorfällen, psychosomatische und soziale Einflüsse, Stress, „Mobbing"	Sehr hoch, oft werden Zervikobrachialgien einem geringfügigen Unfall zugeordnet. Nach MRT oder CT mit Nachweis eines Bandscheibenvorfalls (unrichtige) Annahme eines „traumatischen Bandscheibenvorfalls"
„Schleudertrauma" – Unspezifische Beschwerden nach Autounfällen im Bereich der Halswirbelsäule	Distorsionen, Gefühl, gesundheitlich geschädigt zu sein, „Moral hazard", Entschädigungswünsche, unfallunabhängige Psychosomatosen, gesellschaftliche Konvention	Sehr hoch. Entwicklung zu Beginn nicht absehbar. Vorbestehender Gesundheitszustand (mögliche seelische Instabilität) und gesellschaftliches Umfeld entscheidend
Brustwirbelsäule		
Thorakalsyndrom – Unspezifische Beschwerden der Brustwirbelsäule	Vielfältige Auslöser: Degenerative Veränderungen, Fehlhaltungen, Rundrücken, Osteoporose, Muskelverspannungen, Nervenreizungen, psychosomatische und soziale Einflüsse, Stress, „Mobbing"	Geringer als bei Beschwerden der Hals- und Lendenwirbelsäule. Das Thorakalsyndrom ist seltener Anlass für Ansprüche nach einem Unfallereignis.

Unfallunabhängige Beschwerden der Wirbelsäule

Überblick über wichtige Rückenerkrankungen

Definition	Ursachen	Versicherungsmedizinische Bedeutung
Interkostalneuralgie Von der Brustwirbelsäule im Verlauf eines Zwischenrippennervs ausstrahlende Schmerzen	Mechanische Reizung eines Spinalnervs durch mechanische Reizung	Gering
Rundrücken bei Osteoporose Zunehmende Krümmung der Brustwirbelsäule bei keilförmiger Verformung von Wirbelkörpern	Knochenkalksalzminderung meist im Rahmen des Alterungsprozesses, Stoffwechselstörungen, geringfügige Unfallereignisse, Anheben von Lasten	Relativ geringfügige Unfallereignisse und das Anheben von Lasten können osteoporotische Frakturen verursachen. In der PUV ist die Mitwirkung durch die Osteoporose bei der Bemessung der Invalidität zu berücksichtigen.
Lendenwirbelsäule		
Akute Lumbalgie (Hexenschuss) Akuter, zum Teil sehr heftiger Schmerz in der Lendenwirbelsäule, meist mit Fehlhaltung verbunden	Vielfältige Ursachen kommen in Betracht, mechanische Auslösung, Bandscheibenverlagerung, Blockierungen der Wirbelgelenke, muskuläre Verspannungen, Infekte, Distorsion, „Verheben" etc.	Gering, sofern die Beschwerden nach einigen Tagen abklingen, hoch, wenn der Anlass versichert war (Arbeitsunfall, Haftpflichtfall, PUV). Bedeutung steigt bei subjektiver Überschätzung des Beschwerdebildes („Katastrophisieren"), bei psychisch oder sozial bedingter Fehlinterpretation.
Muskulär bedingte Beschwerden der Lendenwirbelsäule Beschwerden als Folge von Muskelverspannungen	Mangelnde Bewegung und Belastung, Kälte, „Zug", Fehlhaltungen, einseitig sitzende Tätigkeit, Nervenreizungen, psychosomatische und soziale Einflüsse, Stress, „Mobbing"	Von relativer Bedeutung bei Überschätzung alltäglicher Beschwerden und passiver Lebensgestaltung. Von Relevanz bei somatoformer Beschwerdeausgestaltung und bei zeitlichem Zusammentreffen zwischen Beschwerden und Versichertenstatus (Arbeitsunfall, Berufskrankheit, Haftpflichtfall, PUV).
Degenerativer Rückenschmerz Beschwerden als Folge von Abnutzungen der Bandscheiben oder der kleinen Wirbelgelenke	Alterungsprozess, mangelnde Bewegung und Belastung, Fehlhaltungen, einseitig sitzende Tätigkeit, Nervenreizungen, psychosomatische und soziale Einflüsse, Stress, „Mobbing". Distorsionen oder Prellungen können einen etwas längeren zeitlichen Heilverlauf benötigen.	Hoch, insbesondere, wenn alltägliche Beschwerden überschätzt werden. Begünstigt durch passive Lebensgestaltung. Von Relevanz bei somatoformer Beschwerdeausgestaltung, Depressionen und materiellen Vorteilen, die sich aus dem Status des Versichertseins (auch Haftpflicht) ergeben.
Lumboischialgie Von der Lendenwirbelsäule in ein oder beide Beine ausstrahlende Schmerzen	Vielfältige Auslöser: Degenerative Veränderungen, Bewegungen, die den Spinalnerv reizen, entzündliche Nervenveränderungen (Neuritis), vorbestehender Bandscheibenvorfall, Muskelverspannungen, psychosomatische und soziale Einflüsse, Stress, „Mobbing"	Hoch, Wechselwirkung zwischen organischen und psychosomatischen Einflüssen. Von besonderer Relevanz bei somatoformer Beschwerdeausgestaltung, Depressionen und materiellen Vorteilen, die sich aus dem Status des Versichertseins (auch Haftpflicht) ergeben.

Überblick über wichtige Rückenerkrankungen

Definition	Ursachen	Versicherungsmedizinische Bedeutung
Bandscheibenvorfall und Bandscheibenvorwölbung		
Vorwölbungen oder Austritt von Bandscheibengewebe über oder durch den bindegewebigen Ring der Bandscheibe (Anulus fibrosus)	Natürlicher Alterungsprozess, Degeneration	Sehr hoch, da die Diagnose bildtechnisch gesichert wird und bei dem Versicherten den Eindruck hervorruft, durch einen Unfall auf Dauer geschädigt worden zu sein, während die behandelnden Ärzte häufig einen Zusammenhang zwischen dem Vorfall (Vorwölbung) und einem Unfall annehmen und diesen attestieren.
		Von besonderer Relevanz bei Depressionen, somatoformer Beschwerdeausgestaltung, sozialen Konflikten und einem zeitlichen Zusammenhang zwischen versichertem Unfall und bildtechnischer Diagnose. Für die PUV durch Leistungsausschluss nur in Ausnahmefällen von Bedeutung.
Becken		
Reizzustand der Kreuzbein-Darmbeingelenke (Ileosakralgelenke) Schmerzen und Funktionsstörungen, die von den Kreuzbein-Darmbeingelenken ausgehen	Degenerative Veränderungen, Blockierungen, Entzündungen	Gering bis mäßig, allenfalls von Relevanz bei Depressionen, somatoformer Beschwerdeausgestaltung und nach versicherten Unfällen
Entzündliche Erkrankungen der Wirbelsäule und der Ileosakralgelenke (z. B. Morbus Bechterew) Entzündlicher Prozess der Wirbelsäule und der Kreuzbein-Darmbeingelenke, meist im Rahmen einer Bechterewschen Erkrankung	Entzündlicher Prozess unklarer Genese	Von Bedeutung in der Renten- und Berufsunfähigkeitsversicherung
		Bechterewkranke erleiden häufiger schwere Frakturen der Halswirbelsäule mit neurologischer Symptomatik (Tetraplegie). In der PUV ist bei entsprechenden Schädigungen eine Mitwirkung und ggf. eine Vorinvalidität in Abzug zu bringen.
Aufbau- und Wachstumsstörungen der Wirbelsäule		
Skoliose Seitliche Ausbiegung der Wirbelsäule	Meist unbekannt („idiopathische Skoliose"), jugendliche Wachstumsstörung	Von geringer Bedeutung. Nur selten wird eine unfallunabhängige Skoliose als Unfallschaden vorgetragen. Bildtechnisch ist eine sichere Differenzierung möglich.

Überblick über wichtige Rückenerkrankungen

Definition	Ursachen	Versicherungsmedizinische Bedeutung
Wirbelgleiten (Spondylolisthese) Vorverschiebung einzelner Wirbelkörper (meist Folge einer im Wachstumsalter erworbenen unfallunabhängigen Unterbrechung des Wirbelbogens: Spondylolyse)	Im Kindesalter erworben, ohne Beschwerden zu verursachen. Eine Verschiebung der Wirbelkörper kann auch im Erwachsenenalter infolge einer Bandscheibenabnutzung entstehen. Man spricht von einer „Pseudospondylolisthese" (Abb. 7.4). Ein traumatisches Wirbelgleiten setzt eine sehr schwere Gewalteinwirkung voraus (z. B. Sturz aus großer Höhe).	Das unfallunabhängige Wirbelgleiten macht nur einem kleineren Teil der Betroffenen Beschwerden. Der radiologisch oft eindrucksvolle Befund kann allerdings bei subjektiver Überschätzung, Depressionen, somatoformer Beschwerdeausgestaltung oder fälschlicher Annahme einer unfallbedingten Gesundheitsstörung Bedeutung bekommen. Die sehr seltene traumatische Spondylolisthese hinterlässt eine dauerhafte Beeinträchtigung.
Morbus Scheuermann Verformung der Wirbelkörper im Jugendalter, meist die Brustwirbelsäule betreffend: „Rundrücken"	Wachstumsstörung der noch weichen Wirbelkörper mit Verformung der Grund- und Deckplatten im Jugendalter	In der Haftpflicht- und privaten Unfallversicherung kaum von Bedeutung. Allerdings kommen immer wieder Fehldiagnosen vor, in denen die krankheitsbedingte Verformung einzelner Wirbelkörper als Unfallfolge interpretiert wird.
Fehlhaltungen: Rundrücken, Hohlkreuz, „Streckhaltung" Abweichung von der „Norm" der Wirbelsäulenform in Pfeilrichtung	Individuelle Faktoren, Wachstumsstörungen, M. Scheuermann, Osteoporose, Einstellung der Halswirbelsäule beim Röntgen der HWS	Gering, allerdings wird auf Röntgenaufnahmen der Halswirbelsäule häufig eine Streckhaltung nach Unfallereignissen beschrieben. Die „Streckhaltung" ist meist Folge der Einstellung der Halswirbelsäule durch den Röntgenassistenten. Eine Verletzung lässt sich hieraus nicht ableiten.

Teil 8

Verletzungen des knöchernen Thorax und der Lunge

8.1 Rippenfrakturen (Klassifikation nach ICD-10: S22.-)

Pneumothorax (Klassifikation nach ICD-10: S27.0)

Hämatothorax (Klassifikation nach ICD-10: S27.1)

Verletzungsbild und Symptomatik

Rippenfrakturen entstehen häufig bei Stürzen auf den angewinkelten Arm oder bei einer direkten Gewalteinwirkung auf den Thorax. Bei schweren Unfällen und mehreren Rippenbrüchen klagen die Betroffenen sofort über heftige Schmerzen. Liegen Rippenstückfrakturen oder ausgedehnte Rippenserienfrakturen vor, so kann ein instabiler Thorax entstehen. Bei dem Versuch, einzuatmen dehnt sich der ganze Brustkorb nicht mehr aus, die mehrfach gebrochenen Rippen machen die Atembewegung nicht mit. Dadurch kann sich die Lunge beim Einatmen nicht ausdehnen, der Verletzte leidet unter Atemnot (Dyspnoe). Durchstechen die gebrochenen Rippen das Rippenfell oder liegt eine offene Thoraxverletzung vor, so kann die Lunge kollabieren. Man spricht von einem Pneumothorax. Blutet es zusätzlich in den Brustkorb ein, liegt ein Hämatopneumothorax vor. Die Verletzung kann lebensbedrohlich sein, die Patienten bedürfen einer intensivmedizinischen Behandlung.

Wichtigstes Ziel der Therapie ist es, die Lunge wieder zu entfalten. Hierzu wird ein Schlauch in den Raum zwischen dem zusammengefallenen Lungengewebe und der Thoraxwand eingebracht. Mit dem

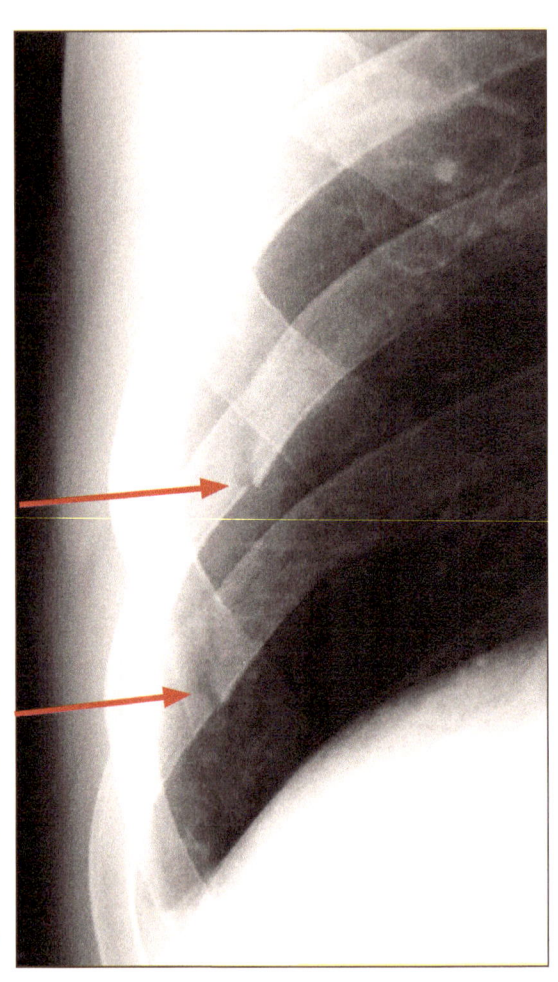

Abb. 8.1:
Rippenbrüche werden anfangs oft übersehen. Die Verletzten klagen nach einem Sturz über Schmerzen im Brustkorb. Solange die Lunge unverletzt bleibt, ist der Befund unspezifisch. Eine erste nach dem Unfall angefertigte Röntgenaufnahme ist häufig ohne krankhaften Befund. Wenn die Beschwerden nach einigen Wochen nicht abklingen, ist eine erneute Röntgenkontrolle indiziert. Der Bruch wird besser sichtbar, da die Ränder der Bruchfragmente sich nun darstellen und Kallus erkennbar wird:
Frakturen der linken 8. und 9. Rippe.

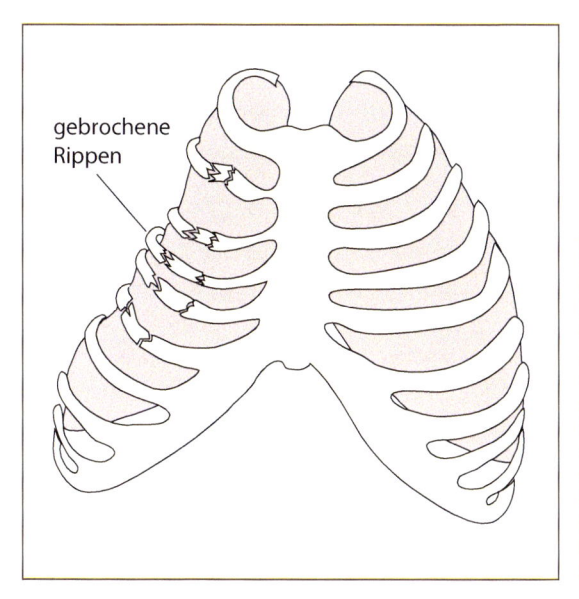

Pneumothorax

Abb. 8.2:
Beim Einatmen dehnt sich der Brustkorb aus. Die Lunge erweitert sich, damit strömt Atemluft in die Lunge. Das Zusammenspiel zwischen Rippen, Rippenfell und Lunge ist mit einem Blasebalg zu vergleichen. Luft strömt ein, wenn der Blasebalg gedehnt wird. Brechen mehrere Rippen, so kann der Brustkorb instabil werden. Auf der Zeichnung ist der vom Patienten aus gesehene rechte Brustkorb durch die Rippenserienbrüche instabil. Beim Einatmen dehnen sich die gesunden linken Rippen aus, dagegen fällt der rechte Brustkorb ein, die rechte Lunge wird nicht mehr ausreichend belüftet.

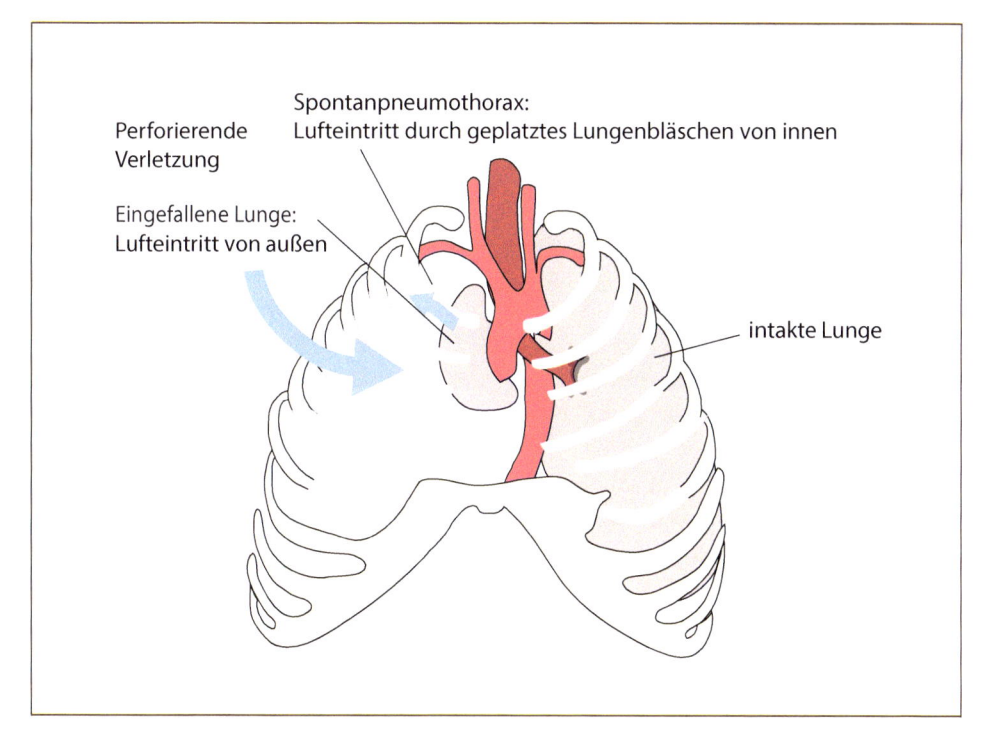

Abb. 8.3:
Das Lungengewebe kann man sich als einen gefüllten Luftballon vorstellen, der von vielen kleinen Kammern (Lungenbläschen) gefüllt ist. Über das Rippenfell ist die Lunge mit den Rippen verbunden. Tritt Luft in den Raum zwischen Rippenfell und Lunge ein, so fällt die Lunge zusammen. Man spricht von einem Pneumothorax. Die Luft kann sowohl von außen, durch eine offene Verletzung, als auch von innen, beim Platzen von Lungenbläschen, in den Zwischenraum eintreten. Der Pneumothorax wird durch eine spezielle Drainage (Bühlau-Drainage) behandelt, gelegentlich sind zusätzliche operative Eingriffe erforderlich.

Schlauch wird ein Unterdruck erzeugt, der so lange aufrechterhalten wird, bis die Lunge wieder vollständig entfaltet ist und an der Thoraxwand anliegt (Bülau-Drainage). Nachdem der lebensbedrohliche Zustand überwunden ist, verläuft die weitere Heilung im Allgemeinen meist ohne Probleme.

Häufiger sind allerdings isolierte Rippenfrakturen oder Brüche zweier benachbarter Rippen. Gelegentlich treten erst Stunden nach der Verletzung Schmerzen auf. Brüche einzelner Rippen werden oft auf einer ersten Röntgenaufnahme nicht erkannt, die Fraktur wird als eine Thoraxprellung fehlgedeutet. Die Diagnose wird erst einige Wochen später gestellt, da die Verletzten nicht beschwerdefrei sind und deshalb erneut geröntgt werden. Auf einer zweiten Röntgenaufnahme zeigt sich dann eine kräftige Kallusbildung, die beweisend für die stattgehabte Fraktur ist.

Therapie
Patienten mit einem instabilen Thorax bedürfen einer operativen Behandlung, gelegentlich kann auch eine Beatmung erforderlich werden. Isolierte Rippenfrakturen oder unkomplizierte Rippenserienfrakturen werden konservativ behandelt. Erleichterung schafft gelegentlich ein Rippenverband oder ein dachziegelartiger Klebeverband. Viele Patienten verspüren hierdurch jedoch keine Linderung ihrer Beschwerden. Sinnvoll ist eine analgetische Behandlung. Die Schmerzen nehmen nach ein bis zwei Wochen deutlich ab, nach vier Wochen sind sie weitgehend verschwunden.

Komplikationen
Bei ausgedehnten Rippenserienfrakturen kann eine Beeinträchtigung der Lungenfunktion verbleiben.

Selten bilden sich Pseudarthrosen der betroffenen Rippen. Eine Komplikation der frischen Rippenserienfraktur ist der Pneumothorax oder der Hämatopneumothorax (siehe oben). Die Prognose dieser anfänglich schweren Verletzung ist günstig.

Regelhafter Heilverlauf – Auswirkung im täglichen Leben
Während der ersten ein bis zwei Wochen ist der Verletzte durch die Schmerzen erheblich beeinträchtigt. Nach erfolgter Behandlung der Komplikationen bessern sich auch bei schweren Verletzungen des Thorax die Beschwerden und Funktionsbeeinträchtigungen innerhalb von drei bis sechs Wochen. Die körperliche Belastbarkeit ist bis zum vollständigen Abheilen der Rippenfrakturen eingeschränkt.

Medizinische Prognose (Welche Folgen hinterlässt die Verletzung?)
Rippenfrakturen heilen fast immer ohne eine messbare Funktionsbeeinträchtigung ab. Bei ausgedehnten Rippenserienfrakturen wird empfohlen, im Rahmen einer Begutachtung eine Lungenfunktionsprüfung durchzuführen, um mögliche Beeinträchtigungen der Lungenfunktion zu objektivieren.

Rippenfrakturen

Medizinisch erforderliche Nachbehandlung	
Stationäre Rehabilitation (AHB)	Bei einfachen Rippenfrakturen nicht erforderlich, nach Polytraumen und Behandlung eines instabilen Thorax kann bei gesundheitlich beeinträchtigten Personen eine AHB indiziert sein.
Dauer und Frequenz der Physiotherapie nach Eintritt der Verletzung	Bei einfachen Frakturen ggf. eine Serie à sechs Atemtherapien, nach Behandlung eines instabilen Thorax können bis zu 20 Therapien notwendig sein.
Dauer und Frequenz der Physiotherapie nach Abschluss der Heilung	Nicht erforderlich
Künftige operative Behandlungen	Nicht erforderlich
Hilfsmittel, Medikamente	In der akuten Phase schmerz- und hustenstillende Mittel, Gerät zur Unterstützung der Atmung, ggf. mit Sauerstoffzusatz

Beeinträchtigung der Arbeitsfähigkeit	
Berufliche Anforderung	Durchschnittliche Dauer der Arbeitsunfähigkeit
Leichte, überwiegend sitzende Tätigkeit	1 – 2 Wochen (Serienfrakturen – 8 Wochen)
Leichte bis mittelschwere Arbeit, etwa hälftiger Anteil stehender / gehender Tätigkeit	2 – 3 Wochen (Serienfrakturen – 12 Wochen)
Schwere körperliche Tätigkeiten und Arbeiten, die vorwiegend im Stehen / Gehen verrichtet werden	2 – 4 Wochen (Serienfrakturen – 16 Wochen)

Bewertung des Haushaltsführungsschadens		
Tätigkeit	Beeinträchtigung (in %) bis zum Abschluss der Rekonvaleszenz	Beeinträchtigung auf Dauer (in %)
Leicht: Planung	Nach Entlassung aus stationärer Behandlung: Komplexverletzungen des Thorax zwei Wochen 100 %, zwei weitere Wochen 50 %, keine weitere Beeinträchtigung. Isolierte Rippenfrakturen: Keine Beeinträchtigung	Keine dauerhafte Beeinträchtigung
Mittel: Durchschnittliche Hausarbeiten	Nach Entlassung aus stationärer Behandlung: Komplexverletzungen des Thorax sechs Wochen 100 %, vier weitere Wochen 50 %, vier Wochen 20 %, meist keine weitere Beeinträchtigung. Isolierte Rippenfrakturen: 50 % für eine Woche, keine weitere Beeinträchtigung	Keine dauerhafte Beeinträchtigung
Schwer: Großer Hausputz, Gartenarbeit	Nach Entlassung aus stationärer Behandlung: Komplexverletzungen des Thorax zwölf Wochen 100 %, vier weitere Wochen 50 %, danach keine weitere Beeinträchtigung zu erwarten. Isolierte Rippenfrakturen: 100 % für drei Wochen, drei Wochen 50 %, keine weitere Beeinträchtigung	Keine dauerhafte Beeinträchtigung

Bewertung des Dauerschadens	
Versicherungszweig – Rechtsgebiet	Einschätzung des Dauerschadens
Gesetzliche Unfallversicherung: MdE	Kein Dauerschaden
Private Unfallversicherung: Invalidität	Kein Dauerschaden
Haftpflichtversicherung	Kein Dauerschaden
Gesetzliche Rentenversicherung	Keine Bedeutung
Private Berufsunfähigkeitsversicherung	Keine Bedeutung
Schwerbehindertenrecht, soziales Entschädigungsrecht, Beamtenrecht: GdB, GdS	Keine Bedeutung

8.2 Sternumfraktur – Bruch des Brustbeins

Klassifikation nach ICD-10: S22.2

Verletzungsbild und Symptomatik
Frakturen des Brustbeins entstehen durch starke lokale Gewalteinwirkung. Geeignete Mechanismen sind z.B. der Frontalaufprall eines Kraftfahrzeugs oder der ungeschützte Sturz auf das Brustbein. Meistens entsteht ein Eindrückbruch. Unter Umständen sind die betroffenen Anteile des Brustbeins leicht gegeneinander verschoben. Bei starker Gewalteinwirkung müssen innere Verletzungen ausgeschlossen werden.

Therapie
Brüche des Brustbeins werden in aller Regel konservativ behandelt, nur offene und stark verschobene Brustbeinbrüche bedürfen einer operativen Behandlung.

Komplikationen
Der Brustbeinbruch heilt meist komplikationslos aus. Bei offenen Frakturen ist die Möglichkeit eines Infektes gegeben.

Regelhafter Heilverlauf – Auswirkung im täglichen Leben
Nach einem Brustbeinbruch bestehen für drei bis sechs Wochen Schmerzen beim Atmen, die Lungenfunktion ist hierbei schmerzbedingt beeinträchtigt. Nach Ausheilung der Fraktur verbleibt in aller Regel keine Beeinträchtigung der Lungenfunktion.

Medizinische Prognose (Welche Folgen hinterlässt die Verletzung?)
Die Prognose des Brustbeinbruchs ist gut, eine wesentliche Beeinträchtigung der Lungenfunktion ist nicht zu erwarten.

Sternumfraktur

Medizinisch erforderliche Nachbehandlung	
Stationäre Rehabilitation (AHB)	Sofern keine schwerwiegenden Begleitverletzungen vorliegen, nicht erforderlich
Dauer und Frequenz der Physiotherapie nach Eintritt der Verletzung	Ggf. eine Serie à sechs Atemtherapien
Dauer und Frequenz der Physiotherapie nach Abschluss der Heilung	Nicht erforderlich
Künftige operative Behandlungen	Nicht erforderlich
Hilfsmittel, Medikamente	In der akuten Phase schmerzstillende Mittel

Beeinträchtigung der Arbeitsfähigkeit	
Berufliche Anforderung	Durchschnittliche Dauer der Arbeitsunfähigkeit
Leichte, überwiegend sitzende Tätigkeit	4 – 6 Wochen
Leichte bis mittelschwere Arbeit	6 – 12 Wochen
Schwere körperliche Tätigkeiten	8 – 16 Wochen

Bewertung des Haushaltsführungsschadens		
Tätigkeit	Beeinträchtigung (in %) bis zum Abschluss der Rekonvaleszenz	Beeinträchtigung auf Dauer (in %)
Leicht: Planung	Keine Beeinträchtigung	Keine dauerhafte Beeinträchtigung
Mittel: Durchschnittliche Hausarbeiten	100 % für drei Wochen, weitere drei Wochen 50 %, anschließende vier Wochen 20 %	Keine dauerhafte Beeinträchtigung
Schwer: Großer Hausputz, Gartenarbeit	Für bis zu sechs Wochen nach dem Unfallereignis kann eine Einschränkung von 100 % vorliegen, anschließend für sechs Wochen 50 %, weitere zwölf Wochen 20 %.	Keine dauerhafte Beeinträchtigung

Bewertung des Dauerschadens	
Versicherungszweig – Rechtsgebiet	Einschätzung des Dauerschadens
Gesetzliche Unfallversicherung: MdE	Kein Dauerschaden
Private Unfallversicherung: Invalidität	Kein Dauerschaden
Haftpflichtversicherung	Kein Dauerschaden
Gesetzliche Rentenversicherung	Keine Bedeutung
Private Berufsunfähigkeitsversicherung	Keine Bedeutung
Schwerbehindertenrecht, soziales Entschädigungsrecht, Beamtenrecht: GdB, GdS	Keine Bedeutung

Teil 9

Verletzungen der oberen Extremitäten

9.1 Anatomie von Schulter und Oberarm

Die obere Extremität zeichnet sich durch eine Besonderheit aus:

Der ganze Arm ist auf die Funktion der Hand abgestellt. Der Säugling macht seine ersten Erfahrungen mit dem Mund und den Händen. Das Kind beginnt seine Umgebung „zu begreifen". Erst nachdem die Hand die Gegenstände „begriffen" hat, ist das Gehirn in der Lage, „Begriffe" zu bilden und in Worten auszudrücken. „Begriffenes" und die daraus abgeleiteten Wörter sind die Grundlage abstrakten Denkens. In der Großhirnrinde sind wichtige Teile dafür vorgesehen, die vielfältigen Informationen der Hand zu verarbeiten und zu integrieren. Die Hand ist ebenso ein Sinnesorgan wie das Auge. Ein Glasauge kann den Verlust eines Auges nicht ersetzen. Ebenso wenig ist es möglich, den Verlust der Hand durch eine Prothese zu ersetzen, mag sie technisch noch so weit entwickelt sein.

Die große Bedeutung der Hand als Sinnesorgan spiegelt sich im Steuerungszentrum des Gehirns für Motorik und Sensibilität (Motorcortex) wider. Die Zellen, die die Funktion und das Gefühl der Hand steuern, nehmen fast ein Drittel der für den Körper zuständigen Hirnwindung ein. Man kann die Repräsentation der unterschiedlichen Körperregionen im

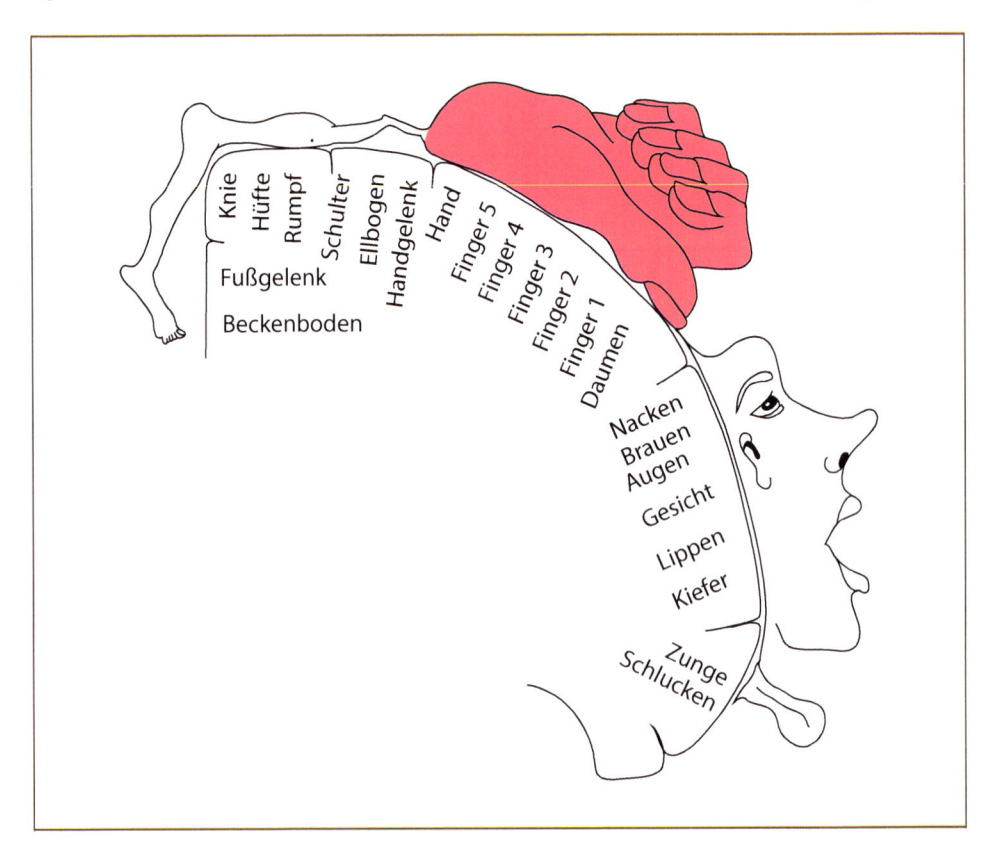

Abb. 9.1:
Der „Homunculus" veranschaulicht die große Bedeutung der Hand als Sinnesorgan.

Motorcortex graphisch mit einem „Homunculus" darstellen.

Da der Arm auf die Funktion der Hand abgestellt ist, wirken sich Funktionsstörungen von Schulter, Ellenbogen und Handgelenk auf die Greif- und Sinnesfunktion der Hand aus. Verletzungen des Arms können somit gravierende Auswirkungen auf die Lebensgestaltung haben.

Aufbau und Funktion der Schultern und des Oberarms

Die Schulter ist das beweglichste Gelenk des Körpers. Es kann bis zu einem Winkel von knapp 180° abgespreizt und vorgeführt werden. Zusätzlich ist es möglich, den Oberarmkopf in der Schulter bis zu einem Winkel von 70° nach innen und außen zu drehen. Der Oberarm ist nicht knöchern mit dem Rumpf verbunden. Die Schulter wird muskulär geführt. Die einzige knöcherne Verbindung zum Rumpf besteht über das Schlüsselbein mit dem Schultereckgelenk und dem Brustbein (Sternoklavikulargelenk).

Der Oberarmkopf ist rund-oval, die Gelenkpfanne ist im Vergleich mit dem Oberarmkopf relativ klein, sie nimmt nur etwa ein Fünftel des Oberarmkopfs ein. Die Gelenkpfanne (Cavitas glenoidalis) wird durch eine knorpelige Gelenklippe (Labrum) vergrößert. Zum Halt des Oberarmkopfs im Schultergelenk trägt ein Unterdruck bei.

Die Gelenkpfanne ist Teil des Schulterblattes. Das Schulterblatt ist ein dreieckiger Knochen, die längste Seite verläuft parallel zur Wirbelsäule. Der obere Rand befindet

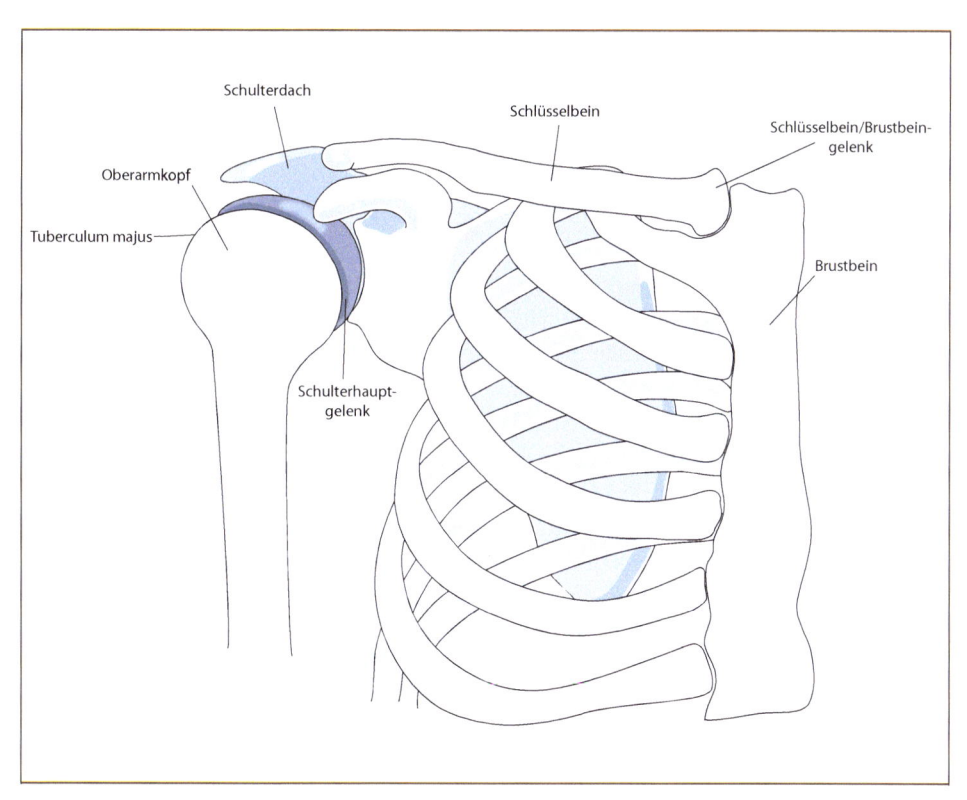

Abb. 9.2:
Knöchernes Schultergelenk mit Schlüsselbein.

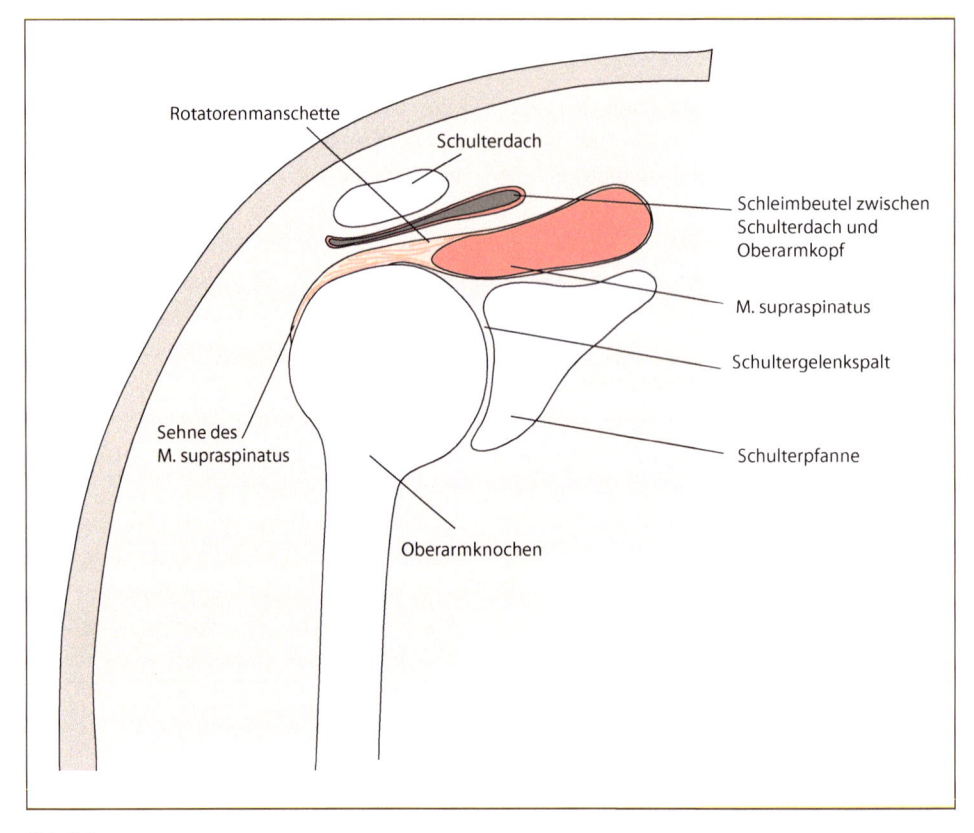

Abb. 9.3:
Die Rotatorenmanschette verläuft zwischen Oberarmkopf und Schulterdach: Schnitt durch das Schultergelenk.

sich relativ waagrecht unterhalb der Schulter. Von hinten zeichnet sich bei nicht allzu muskelkräftigen Menschen die Schulterblattgräte (Spina scapulae) ab. Das Schulterblatt wird durch Muskeln, die an der vorderen (ventralen) Seite des Schulterblattes ansetzen, sowie weitere Muskeln, die auf der dorsalen Seite inserieren, fixiert. Dadurch ist es den großen Muskeln, die von außen oberhalb und unterhalb der Schulterblattgräte ansetzen, möglich, den Arm im Schultergelenk abzuspreizen und zu rotieren. Der Muskel, der oberhalb der Gräte beginnt, ist besser unter dem Namen Musculus supraspinatus bekannt, der Muskel der unterhalb der Schulterblattgräte ansetzt, wird als Musculus infraspinatus bezeichnet. Am äußeren Rand der Schulter setzt der Musculus teres minor an. Der Supraspinatusmuskel sowie der Deltamuskel heben den Arm bei der Abspreizung an.

Die „Wetterecke der Schulter": Der Raum zwischen Schulterdach und Oberarmkopf

Der Supraspinatusmuskel ermöglicht es, den Arm fast bis zu einem Winkel von 180° abzuspreizen. Dies ist an eine anatomische Besonderheit gebunden: Die Sehne des Musculus supraspinatus verläuft zwischen Schulterdach und Oberarmkopf, sie setzt dann an der Außenseite des Oberarmkopfs, am großen Höcker (Tuberculum majus) an. Die Sehne des Musculus supraspinatus bildet mit anderen, den Oberarmkopf umgreifenden Sehnen die Rotatorenmanschette. Die große Beweglichkeit des

Oberarmkopfs wird durch diesen komplizierten anatomischen Aufbau „erkauft":

Da der Raum zwischen Schulterdach und Oberarmkopf relativ eng ist, kann die Rotatorenmanschette durch Reizungen, entzündliche Prozesse und mechanischen Verschleiß im Laufe der Zeit degenerieren und spontan reißen. Der Verschleißprozess hängt von unterschiedlichen Faktoren ab. Begünstigt wird die Degeneration durch ganz unterschiedliche Faktoren: extreme Belastungen wie Wurfsportarbeiten, aber auch das Gegenteil, mangelnde Bewegung, häufiges Sitzen, Arbeit am Schreibtisch, fehlendes Tragen, Rauchen.

Wie bereits erwähnt, wird die Schulter von vorne (ventral) durch das Schlüsselbein fixiert. Dieses setzt an der Schulterhöhe (Akromion) an. Das Gelenk zwischen Schulterhöhe und seitlichem Schlüsselbein wird als Akromioklavikulargelenk bezeichnet.

Der zentrale Anteil des Schlüsselbeins ist mit dem oberen Anteil des Brustbeins (Sternoklavikulargelenk) verbunden. Das Schlüsselbein wird sowohl am Sternoklavikulargelenk als auch am Akromioklavikulargelenk durch Bänder gesichert, es wird zusätzlich durch Bandverbindungen am Rabenschnabelfortsatz fixiert. Zerreißen die Bänder, so luxiert das Schlüsselbein an der Schulterhöhe nach oben (Schultereckgelenksprengung).

An der vorderen Facette des Oberarmkopfs verläuft die lange Bizepssehne, die am oberen Pfannenrand der Schulter ansetzt. Auch die lange Bizepssehne verläuft zwischen Schulterdach und Oberarmkopf. Sie ist somit vielfältigen mechanischen und auch entzündlichen Prozessen ausgesetzt. Die Ro-

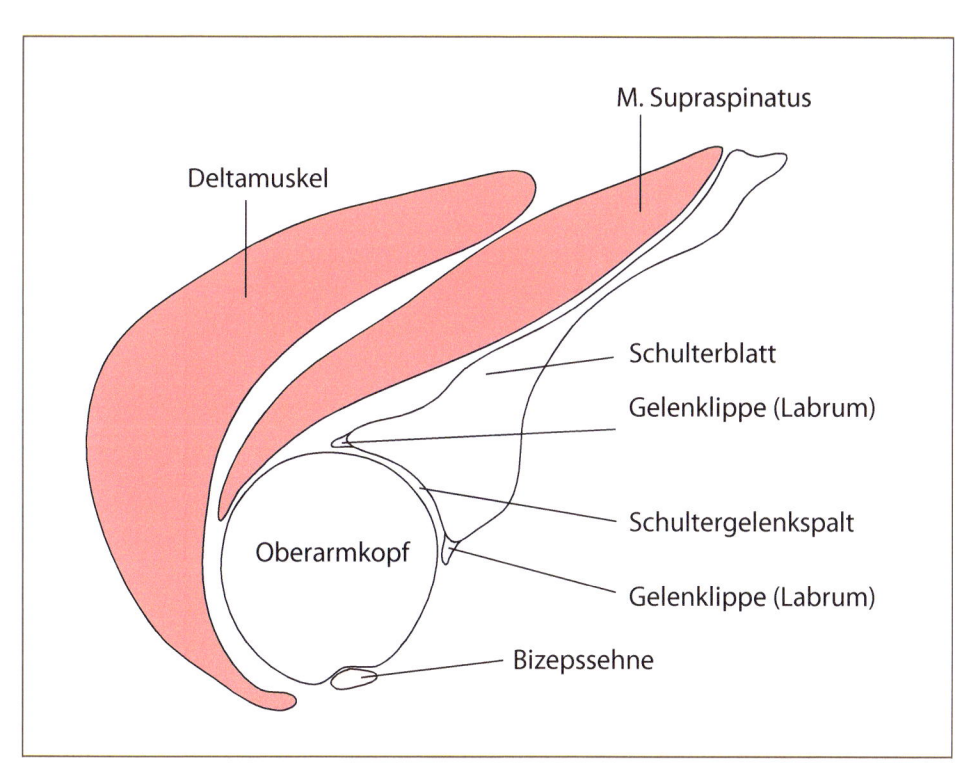

Abb. 9.4:
Querschnitt durch die Schulter mit Einzeichnung der Gelenklippe der Bizepssehne und des Deltamuskels.

tatorenmanschette und der Oberarmkopf werden durch Schleimbeutel vor mechanischen Beeinträchtigungen geschützt (Bursa subakromialis, Bursa subdeltoidea). Die Schleimbeutel können sich entzünden und zu einer Schultersteife (Frozen shoulder) beitragen.

Die gute Beweglichkeit der Schulter geht zu Lasten der Stabilität. Während der Oberschenkelkopf im Hüftgelenk durch eine große knöcherne Pfanne im Becken gesichert wird und Verrenkungen der Hüfte nur bei schweren Unfällen vorkommen, kann der Oberarmkopf bereits bei leichteren Gewalteinwirkungen (ungeschützter Sturz auf die Schulter) aus der flachen Schulterpfanne luxieren.

9.2 Klavikulafraktur – Fraktur des Schlüsselbeins

Klassifikation nach ICD-10: S42.0

Verletzungsbild und Symptomatik

Das Schlüsselbein verbindet die Schulter mit dem Brustkorb. Körpernah bildet es mit dem Brustbein das Sternoklavikulargelenk. An der Schulter ist es mit dem Akromioklavikulargelenk verbunden. Schlüsselbeinbrüche entstehen bei Erwachsenen meist durch direkte Gewalteinwirkung, bei Kindern oft durch einen Sturz auf die ausgestreckte Hand. Die auf das Schlüsselbein einwirkende Last ist so groß, dass es durch eine Überbiegung zum Bruch kommt. In ungefähr drei Viertel aller Fälle ist der mittlere Anteil des Schlüsselbeins betroffen. Durch den Muskelzug verschieben sich die Fragmente gegeneinander. Der körpernahe Teil des Schlüsselbeins wird durch den Zug des Muskels des Kopfnickers nach oben gezogen, das laterale Fragment verschiebt sich nach vorne. Klinisch ist die Fehlstellung deutlich zu erkennen, die Schulter erscheint schmaler, sie steht höher.

Therapie

Sofern keine Komplikationen wie Gefäß- und Nervenschäden auftreten und die seitlichen Bandverbindungen intakt geblieben sind, wird die Klavikulafraktur konservativ behandelt. Dazu wird für drei bis vier Wochen ein Rucksackverband angelegt, der das zentrale Fragment nach unten ziehen soll. Eine exakte Ruhigstellung ist mit diesem Verband jedoch nicht möglich. Eine Indikation für eine operative Therapie (meist Verplattung) ist bei Gefäß- und Nervenverletzungen, lateral gelegenen Frakturen mit Zerreißungen der Bänder (Abb. 9.5), bei offenen Frakturen und der Ausbildung eines Falschgelenks (Pseudarthrose) gegeben.

Komplikationen

In einem kleinen Prozentsatz heilt der Schlüsselbeinbruch nicht aus, es bildet sich ein Falschgelenk. In Folge der mangelnden Stabilisierung wird die Kraftentfaltung des Arms beeinträchtigt. Pseudarthrosen können sowohl nach konservativer als auch nach operativer Behandlung entstehen. Selten engt ein überschießender Kallus (Knochenneugewebe) den Raum zwischen Schlüsselbein und Brustkorb so stark ein, dass hierdurch die Durchblutung des Arms (Arteria subclavia) beeinträchtigt wird.

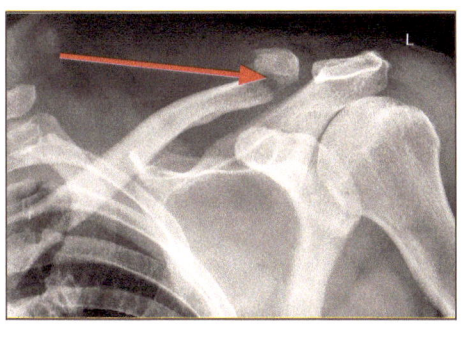

Klavikulafraktur – Bruch des Schlüsselbeins

a

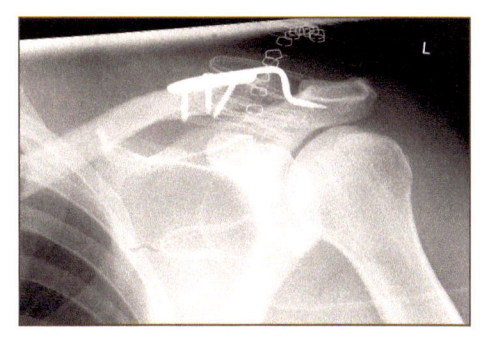

b

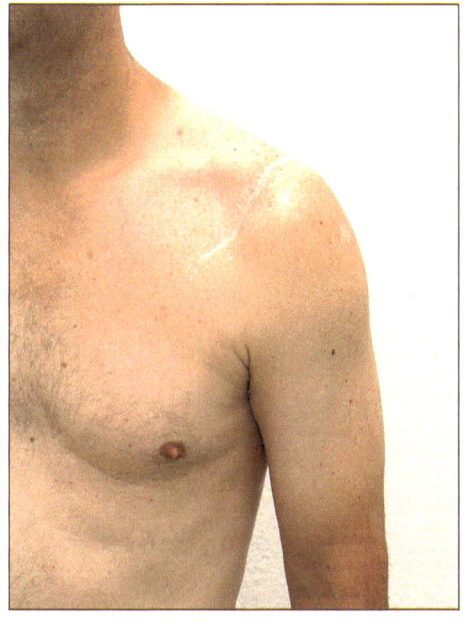

c

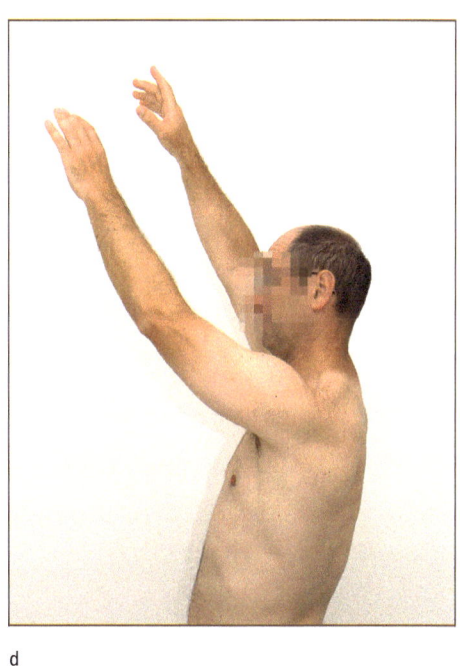

d

Abb. 9.5:
Der 46-jährige Rollerfahrer stürzte auf die linke Schulter. Er zog sich eine laterale Schlüsselbeinfraktur zu (a), die mit einer Hakenplatte stabilisiert wurde (b). Die Abb. c und d zeigen das Ausheilungsergebnis.

Regelhafter Heilverlauf – Auswirkung im täglichen Leben

Die Klavikulafraktur heilt meist mit einer leichten Verkürzung des Schlüsselbeins aus. Die anfänglichen Schmerzen gehen während des Tragens des Rucksackverbands rasch zurück. Die Haushaltsführung ist während drei bis vier Wochen deutlich beeinträchtigt. Für weitere vier bis zwölf Wochen können noch keine schweren und Überkopfarbeiten ausgeführt werden.

Medizinische Prognose (Welche Folgen hinterlässt die Verletzung?)

Die Prognose ist als günstig einzustufen, das Schlüsselbein heilt unter leichter Verdickung und Verkürzung aus. Gelegentlich bleibt die Beweglichkeit der Schulter leicht beeinträchtigt.

Medizinisch erforderliche Nachbehandlung	
Stationäre Rehabilitation (AHB)	Nicht erforderlich
Dauer und Frequenz der Physiotherapie nach Eintritt der Verletzung	Anfänglich Ruhigstellung im Rucksackverband, anschließend Pendelübungen. Nachdem der Bruch ausreichend stabil ist, sechs- bis zwölfmal krankengymnastische Behandlungen. Die vorsichtige Krankengymnastik nach operativer Therapie kann nach Freigabe durch den Operateur erfolgen.
Dauer und Frequenz der Physiotherapie nach Abschluss der Heilung	Nach Erreichung des normalen Bewegungsausmaßes ist eine weitere Physiotherapie nicht erforderlich. Nach einer Verplattung kann gelegentlich nach der Metallentfernung noch eine Serie von sechs Behandlungen erforderlich sein.
Künftige operative Behandlungen	Nach operativer Therapie wird das Metall nach der Konsolidierung im Allgemeinen entfernt.
Hilfsmittel, Medikamente	Rucksackverband, schmerzstillende und abschwellende Medikamente für einige Tage

Beeinträchtigung der Arbeitsfähigkeit	
Berufliche Anforderung	Durchschnittliche Dauer der Arbeitsunfähigkeit
Leichte, überwiegend sitzende Tätigkeit	3 – 6 Wochen
Leichte bis mittelschwere Arbeit	4 – 12 Wochen
Schwere körperliche Tätigkeiten und Arbeiten, die zum Teil über Kopf verrichtet werden	6 – 16 Wochen

Bewertung des Haushaltsführungsschadens

Tätigkeit	Beeinträchtigung (in%) bis zum Abschluss der Rekonvaleszenz	Beeinträchtigung auf Dauer (in%)
Leicht: Planung	100% während der ersten Woche des Tragens des Rucksackverbands, eine weitere Woche 50%	Keine dauerhafte Beeinträchtigung
Mittel: Durchschnittliche Hausarbeiten	100% während des Tragens des Rucksackverbands, eine weitere Woche nach Abnahme des Verbands 100%, zwei Wochen 50%, weitere acht Wochen 30%, danach im Allgemeinen keine weitere Beeinträchtigung	Keine dauerhafte Beeinträchtigung
Schwer: Großer Hausputz, Gartenarbeit	100% während des Tragens des Rucksackverbands, 100% zehn Wochen nach Abnahme des Verbands, 50% für weitere sechs Wochen	Im Allgemeinen keine dauerhafte Beeinträchtigung, nach Ablauf der in der linken Spalte genannten Zeiten ist eine Beeinträchtigung von 20% bis zum Ende des ersten Unfalljahrs gerechtfertigt.

Bewertung des Dauerschadens

Versicherungszweig – Rechtsgebiet	Einschätzung des Dauerschadens
Gesetzliche Unfallversicherung: MdE	Unter 10 v.H. – 10 v.H.
Private Unfallversicherung: Invalidität	1/20 bis 2/20, in Ausnahmefällen 3/20 Armwert
Haftpflichtversicherung	Siehe GUV
Gesetzliche Rentenversicherung	Keine Bedeutung
Private Berufsunfähigkeitsversicherung	Bei komplikationslosem Heilverlauf keine Bedeutung
Schwerbehindertenrecht, soziales Entschädigungsrecht, Beamtenrecht: GdB, GdS	0 – 10, je nach Funktionsstörung der Schulter

9.3 Verletzungen des Schultereckgelenks: Akromioklavikulargelenkluxation – Schultereckgelenksprengung

Klassifikation nach ICD-10: S43.1

Verletzungsbild und Symptomatik

Das Schlüsselbein ist lateral mit der Schulterhöhe (Akromion) gelenkig verbunden. Das Schultereckgelenk wird durch die Gelenkkapsel und durch Bänder gesichert. Zwischen Akromion und Klavikula spannt sich das Ligamentum akromioklavikulare aus. Zusätzlich wird das Schlüsselbein nach kaudal durch weitere Bandverbindungen an den Rabenschnabelfortsatz fixiert (Lig. korakoklavikulare). Bei einem Sturz auf die Schulter mit abgespreiztem Arm oder durch direkte Gewalteinwirkung können Kapsel und Bänder reißen. Das Schlüsselbein verliert dann den seitlichen Halt und verschiebt sich nach oben. Die Verletzung kann klinisch durch den Hochstand des Schlüsselbeins diagnostiziert werden. Bei der vollständigen Zerreißung aller Bänder lässt sich das seitliche Schlüsselbein wie eine Klaviertaste nach unten drücken (Klaviertastenphänomen).

Man unterscheidet verschiedene Schweregrade der Verletzung, die nach Tossy oder Rockwood eingeteilt werden. Die Einteilung nach Rockwood umfasst sechs Schweregrade und berücksichtigt auch Begleitverletzungen.

Die in Deutschland häufiger verwendete Einteilung nach Tossy kennt drei Abstufungen:

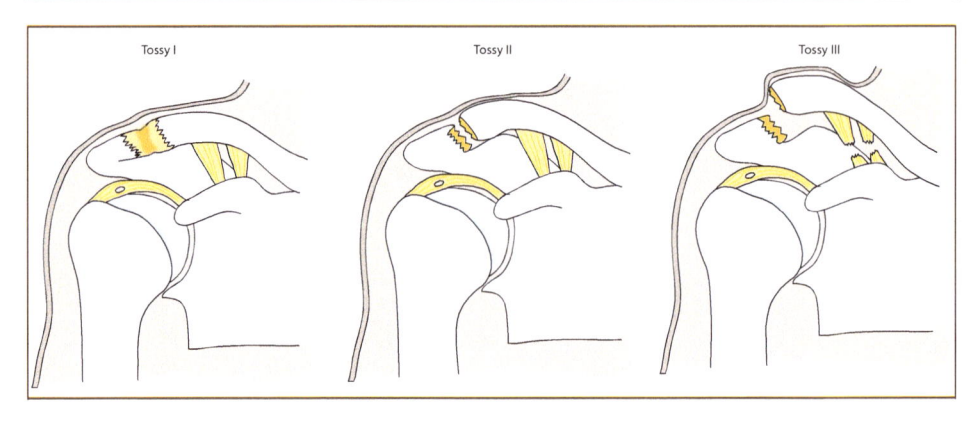

Verletzungen des Schultereckgelenks, Einteilung nach Tossy	
Tossy I	Dehnung der Bänder (Ligg. akromioklavikulare und korakoklavikulare)
Tossy II	Zerreißung des Bandes zwischen Schulterecke und Schlüsselbein (Lig. akromioklavikulare, Überdehnung des Lig. korakoakromiale). Dadurch steht das seitliche Schlüsselbein höher (Subluxation).
Tossy III	Luxation des Schultereckgelenks durch Zerreißung aller Bänder, die das Schlüsselbein im Schultereckgelenk fixieren.

Abb. 9.6: Verletzungen des Schultereckgelenks, Einteilung nach Tossy.

Therapie

Überdehnungen des Schultereckgelenks (Tossy I) und Teilzerreißungen der Bänder (Tossy II) können konservativ mit stabilisierenden Verbänden (zwei bis drei Wochen) behandelt werden. Bei vollständiger Luxation des Schlüsselbeins (Tossy III) wird meist die operative Behandlung empfohlen. Das Schlüsselbein wird reponiert und mittels einer Hakenplatte (z.B. Balser-Platte) oder einer Zuggurtung (Abb. 9.7) fixiert und frühzeitig mobilisiert. Das Metall kann nach einigen Wochen entfernt werden.

Komplikationen

Folgende Komplikationen können auftreten: Schädigung des Plexus brachialis, bleibende Instabilität des Schultereckgelenks, Rezidiv nach anfänglich günstigem Ergebnis, Arthrose des Schultereckgelenks, Begünstigung eines Engpasssyndroms (Impingementsyndrom), postoperative Infektion.

Regelhafter Heilverlauf – Auswirkung im täglichen Leben

Während der Ruhigstellung im Verband ist der betroffene Arm bewegungsunfähig, nur die Hand kann eingesetzt werden. Auch nach operativer Versorgung ist der Verletzte für ungefähr zwei Wochen teilweise auf eine häusliche Unterstützung angewiesen. Die Beweglichkeit des Armes ist für einige Wochen eingeschränkt.

Medizinische Prognose (Welche Folgen hinterlässt die Verletzung?)

Konservativ behandelte Verletzungen Typ Tossy I–II heilen mit einem leichten Hochstand des Schlüsselbeins ohne wesentliche Bewegungseinschränkung aus. Bei nicht ope-

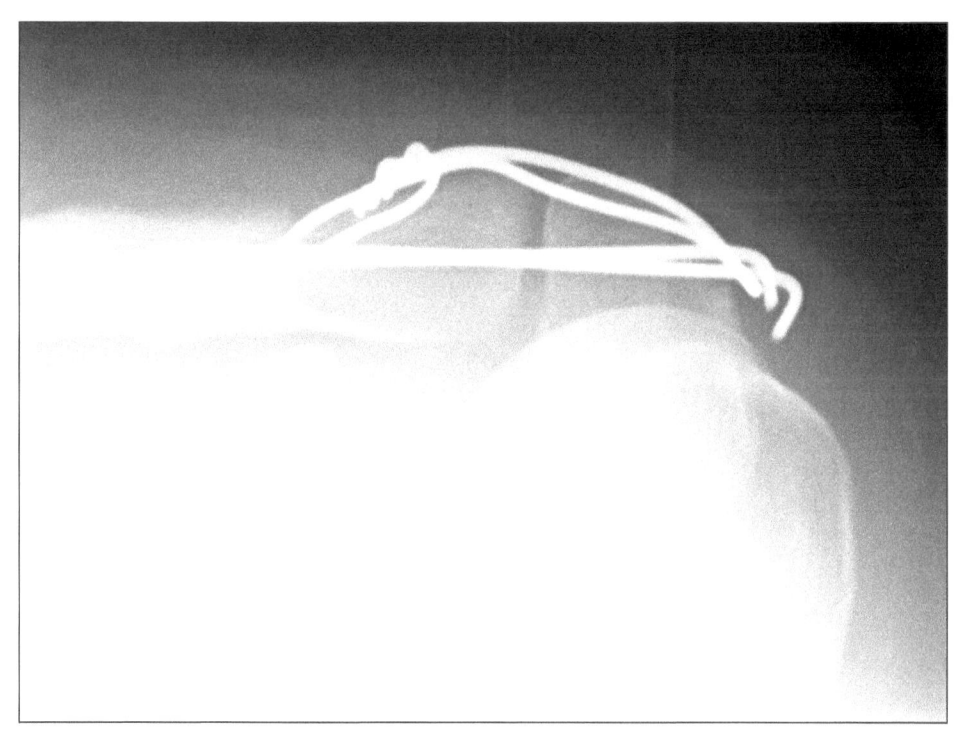

Abb. 9.7a: Schultereckgelenkverletzung Tossy III, mit Zuggurtung versorgt.

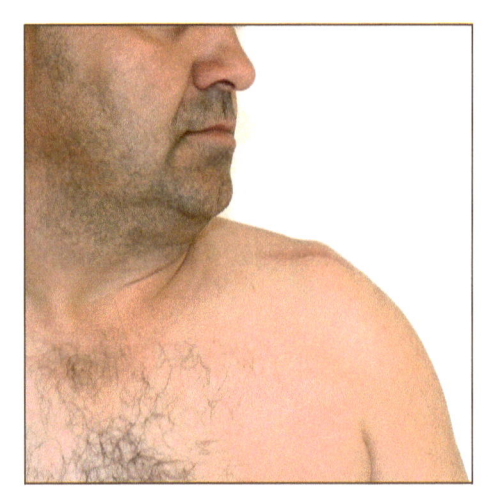

Verletzungen der oberen Extremitäten

rierten Verletzungen Typ Tossy III steht das seitliche Schlüsselbein deutlich höher, nach operativer Versorgung können eine leichte Bewegungseinschränkung und eine geringe Stufenbildung verbleiben. Die Beweglichkeit der Schulter kann endgradig beeinträchtigt sein, die Kraft des Arms leicht vermindert.

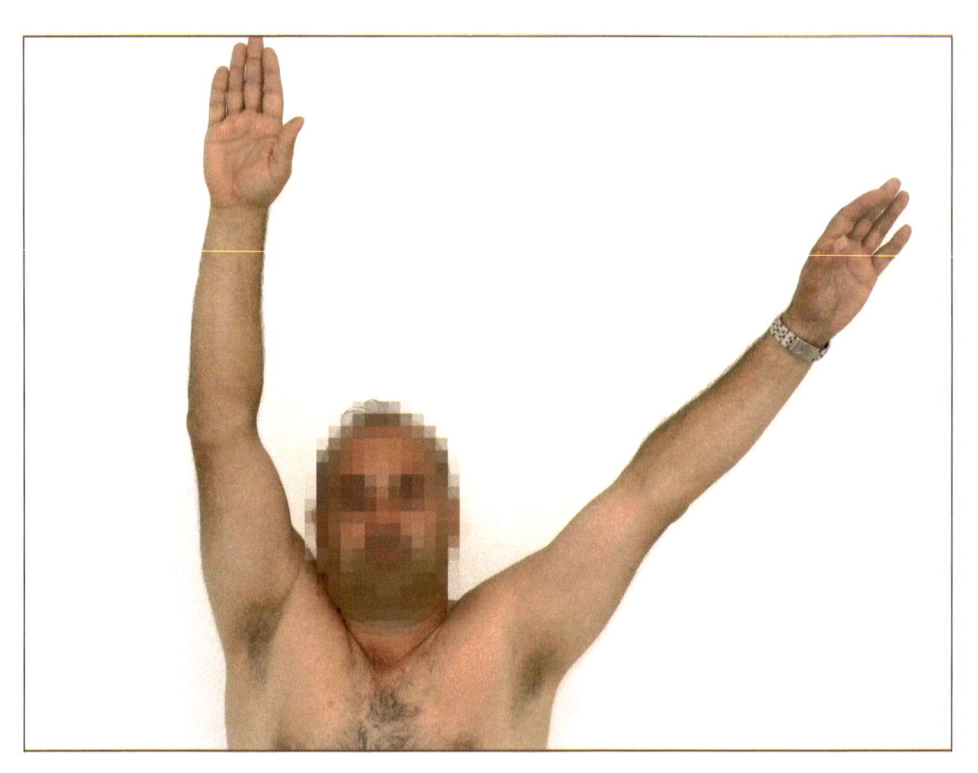

b

c

Abb. 9.7:
Luxation des Schultereckgelenks. Das Schulterdach wurde mit dem Schlüsselbein durch zwei Nägel (K-Drähte) und eine Drahtschlinge (a) stabilisiert (Zuggurtung). Klinischer Befund nach Metallentfernung (b). Das Schlüsselbein steht etwas höher als die Schulterecke (Akromion). Die Beweglichkeit der linken Schulter ist geringfügig herabgesetzt (c). Die kräftige Muskulatur des Arms spricht für eine gute Funktion des verletzten Arms.

Verletzungen des Schultereckgelenks

Medizinisch erforderliche Nachbehandlung	
Stationäre Rehabilitation (AHB)	Nicht erforderlich
Dauer und Frequenz der Physiotherapie nach Eintritt der Verletzung	Nach Freigabe der Beweglichkeit 10–20 Physiotherapien (Krankengymnastik)
Dauer und Frequenz der Physiotherapie nach Abschluss der Heilung	Eine gelegentliche Physiotherapie kann bis zu zwölf Monate nach Schultereckgelenksprengung dauern.
Künftige operative Behandlungen	Sind nur bei einer starken Verschlechterung nach primärer operativer Versorgung oder unbefriedigender konservativer Therapie mit ausgeprägtem Hochstand des seitlichen Schlüsselbeins zu erwägen
Hilfsmittel, Medikamente	Schmerzstillende und abschwellende Medikamente für einige Tage

Beeinträchtigung der Arbeitsfähigkeit (Tossi III)	
Berufliche Anforderung	Durchschnittliche Dauer der Arbeitsunfähigkeit
Leichte, überwiegend sitzende Tätigkeit	2–6 Wochen
Leichte bis mittelschwere Arbeit	4–8 Wochen
Schwere körperliche Tätigkeiten und Arbeiten, die zum Teil über Kopf verrichtet werden	6–16 Wochen, bei bleibender Instabilität oder sehr hoher Belastung kann eine berufliche Neuorientierung erforderlich werden.

Bewertung des Haushaltsführungsschadens		
Tätigkeit	Beeinträchtigung (in %) bis zum Abschluss der Rekonvaleszenz	Beeinträchtigung auf Dauer (in %)
Leicht: Planung	Tossy I und II keine Beeinträchtigung Nach operativer Behandlung einer Tossy-III-Verletzung 100 % für eine Woche	Keine dauerhafte Beeinträchtigung
Mittel: Durchschnittliche Hausarbeiten	Tossy I keine Beeinträchtigung, Tossy II eine Woche 100 %, zwei Wochen 50 %, danach keine weitere Beeinträchtigung Tossy II drei Wochen 100 %, drei Wochen 50 %, weitere vier Wochen 20 % Tossy III drei Wochen 100 %, drei Wochen 50 %, weitere sechs Wochen 30 %	Keine dauerhafte Beeinträchtigung
Schwer: Großer Hausputz, Gartenarbeit	Tossy I zwei Wochen 100 %, zwei Wochen 50 % Tossy II drei Wochen 100 %, drei Wochen 50 %, weitere vier Wochen 20 % Tossy III zwölf Wochen 100 %, sechs Wochen 50 %, weitere sechs Wochen 30 %	Nach einer Tossy-III-Verletzung kann eine Beeinträchtigung von 10 % verbleiben.

Bewertung des Dauerschadens	
Versicherungszweig – Rechtsgebiet	Einschätzung des Dauerschadens
Gesetzliche Unfallversicherung: MdE	Unter 10 v. H. – 10 v. H.
Private Unfallversicherung: Invalidität	1/20 bis 2/20, in Ausnahmefällen 3/20 Armwert
Haftpflichtversicherung	Siehe GUV
Gesetzliche Rentenversicherung	In der Regel keine Bedeutung
Private Berufsunfähigkeitsversicherung	In Ausnahmefällen von Bedeutung: Handwerker in Gefahrenberufen (Dachdecker, Gerüstbauer), Begünstigung von Folgeluxationen, Beeinträchtigung von Überkopfarbeiten
Schwerbehindertenrecht, soziales Entschädigungsrecht, Beamtenrecht: GdB, GdS	0 – 10, je nach Funktionsstörung der Schulter

9.4 Luxation des Sternoklavikulargelenks
(Gelenk zwischen Brustbein und Schlüsselbein)

Klassifikation nach ICD-10: S43.2

Verletzungsbild und Symptomatik

Die sternoklavikulare Luxation ist selten. Nur bei einer sehr schweren Gewalteinwirkung kann das mediale Schlüsselbein aus dem Schlüsselbein-Brustbeingelenk luxieren. Die Verletzung entsteht nicht selten infolge eines Frontalzusammenstoßes bei angelegtem Gurt. Die Verletzten überleben derartige Unfälle nur, weil sie angeschnallt waren. Sternoklavikulare Luxationen können auch bei Motorrad- oder Fahrradstürzen (Bergabfahrt) oder einem Fall aus großer Höhe entstehen. Der klinische Erstbefund ist charakteristisch:
  Der mittlere Teil des Schlüsselbeins verschiebt sich nach ventral, parallel zum Brustbein, und ist deutlich prominent. Jede Bewegung des Arms schmerzt.

Therapie
Es besteht sowohl eine konservative als auch operative Therapieoption.

Wünschenswert ist es, das mittlere Schlüsselbeinende wieder in die anatomisch korrekte Position zu bringen. Eine derartige bleibende Reposition ist konservativ nicht möglich. Das mittlere Ende des Schlüsselbeins befindet sich am Ende des „langen Hebels Arm". Mit jeder Bewegung des Arms verschiebt sich das Schlüsselbein. Die Fehlstellung bleibt bestehen. Bei der operativen Behandlung wird das zentrale Teil des Schlüsselbeins zeitweilig osteosynthetisch fixiert (Schlauben, Platten, Bänder). Die Ergebnisse sind nicht überzeugend. Sobald das fixierende Material entfernt wird, setzt die ungeschützte Hebelwirkung ein. Meist luxiert das Schlüsselbein erneut. Danach steht das Schlüsselbein ungefähr 1 bis 2 cm aus dem Brustbein-Schlüsselbeingelenk nach vorne heraus (Abb. 9.8). Die Patienten klagen über Reibegeräusche und Schmerzen, wenn sie den betroffenen Arm bewegen und belasten.

Komplikationen

Zu achten ist auf Begleitverletzungen. Bei einer Luxation des Schlüsselbeins in das Mediastinum (Mittelfell) können Gefäße und Nerven verletzt werden. Nach operativer Stabilisierung kann ein Infekt auftreten. Rezidive sind häufig.

Regelhafter Heilverlauf – Auswirkung im täglichen Leben

Nach operativer Behandlung wird der Arm ruhig gestellt. Während dieser Zeit kann eine Hilfe bei den Verrichtungen des täglichen Lebens erforderlich sein.

Medizinische Prognose (Welche Folgen hinterlässt die Verletzung?)

Auch nach operativer Behandlung verbleibt eine Verdickung des sternoklavikularen Gelenks. Längerfristig entsteht eine Arthrose. Bei bleibender Fehlstellung kann die Belastbarkeit des Armes leicht herabgesetzt sein. Vor allem Frauen klagen über die kosmetischen Auswirkungen.

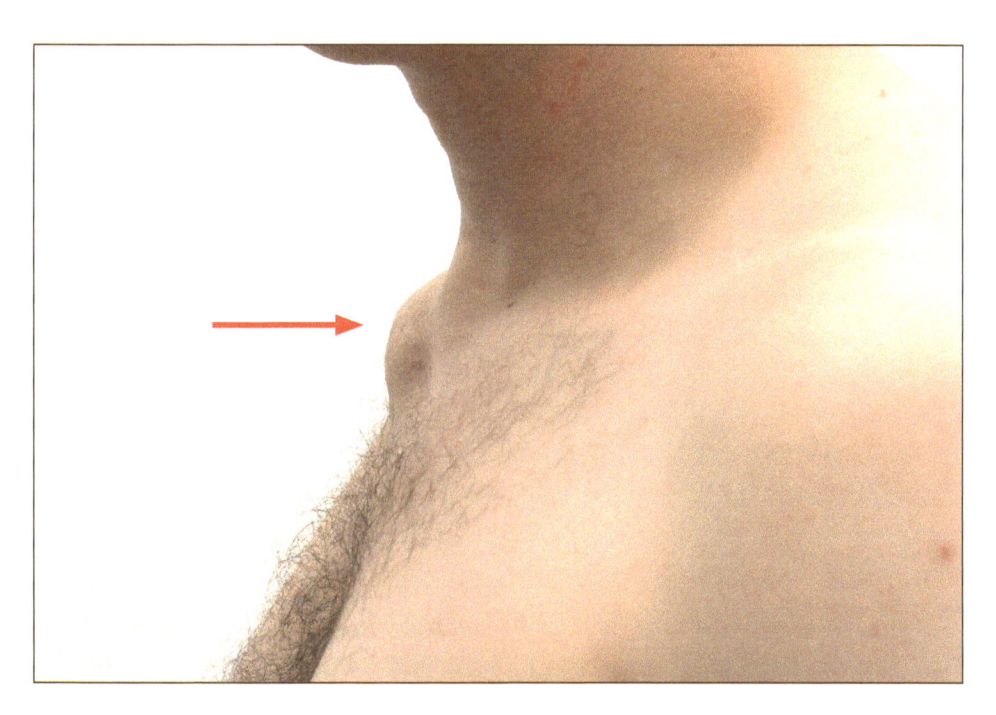

Abb. 9.8a:
Die Luxation des Schlüsselbein-Brustbein-Gelenks kann bis heute operativ nicht erfolgreich behandelt werden. Im Falle des 30-jährigen Verletzten verblieb eine Vorwölbung des rechten Sternoklavikulargelenks. Die Instabilität beeinträchtigt die Funktion des rechten Arms.

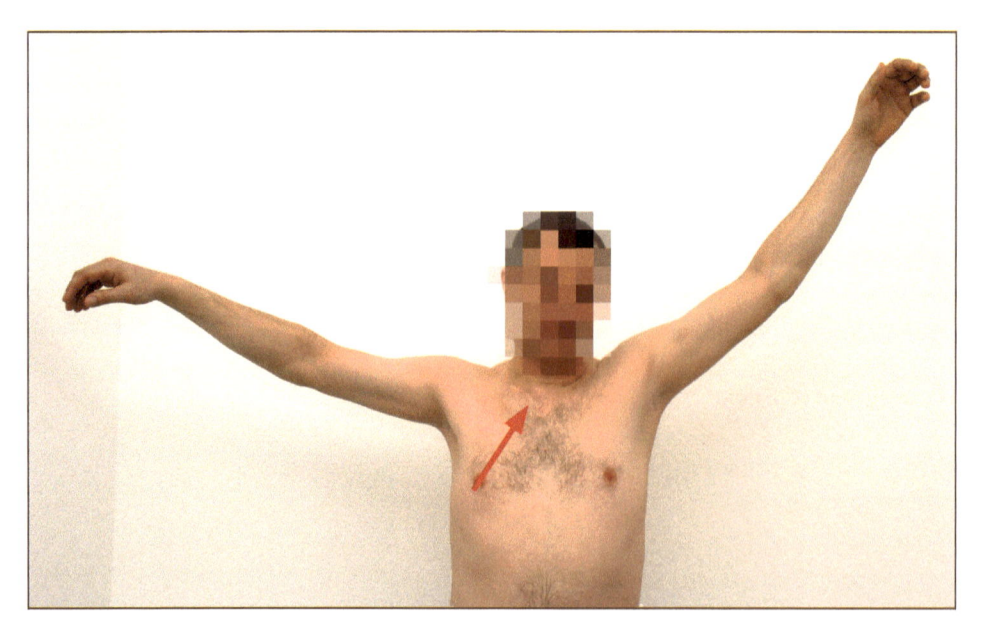

Verletzungen der oberen Extremitäten

Abb. 9.8b:
Die sternoklavikulare Luxation bereitet vor allem bei starkem Abspreizen und Vorführen des Arms Beschwerden. Die Probanden klagen über Geräusche im Gelenk. Allerdings ist die passive Beweglichkeit des betroffenen Arms meist frei. Die Abbildung gibt nicht die maximale Beweglichkeit im rechten Schultergelenk wieder. Der Pfeil zeigt auf die Narbe. Es gelang durch den operativen Eingriff nicht, das Sternoklavikulargelenk zu stabilisieren.

Medizinisch erforderliche Nachbehandlung	
Stationäre Rehabilitation (AHB)	Nicht erforderlich
Dauer und Frequenz der Physiotherapie nach Eintritt der Verletzung	Eine Physiotherapie verbessert den Befund nicht, ggf. eine oder zwei Serien, um den Verletzten im bestmöglichen Einsatz des gleichseitigen Arms zu schulen.
Dauer und Frequenz der Physiotherapie nach Abschluss der Heilung	Nicht erforderlich
Künftige operative Behandlungen	Nicht indiziert
Hilfsmittel, Medikamente	Schmerzstillende und abschwellende Medikamente für einige Tage

Beeinträchtigung der Arbeitsfähigkeit	
Berufliche Anforderung	Durchschnittliche Dauer der Arbeitsunfähigkeit
Leichte, überwiegend sitzende Tätigkeit	2–6 Wochen
Leichte bis mittelschwere Arbeit	4–8 Wochen
Schwere körperliche Tätigkeiten und Arbeiten, die zum Teil über Kopf verrichtet werden	6–16 Wochen, bei bleibender Instabilität oder sehr hoher Belastung kann eine berufliche Neuorientierung erforderlich werden.

Bewertung des Haushaltsführungsschadens		
Tätigkeit	Beeinträchtigung (in %) bis zum Abschluss der Rekonvaleszenz	Beeinträchtigung auf Dauer (in %)
Leicht: Planung	100 % für eine Woche	Keine dauerhafte Beeinträchtigung
Mittel: Durchschnittliche Hausarbeiten	100 % zwei Wochen, 50 % für weitere zwei Wochen, danach zwei Wochen 20 %, anschließend keine weitere Beeinträchtigung	Keine dauerhafte Beeinträchtigung
Schwer: Großer Hausputz, Gartenarbeit	Sechs Wochen 100 %, sechs weitere Wochen 50 %, weitere sechs Wochen 30 %	Je nach Befund kann eine Beeinträchtigung von 10 % verbleiben.

Bewertung des Dauerschadens	
Versicherungszweig – Rechtsgebiet	Einschätzung des Dauerschadens
Gesetzliche Unfallversicherung: MdE	10 v. H.
Private Unfallversicherung: Invalidität	1/20 – 3/20 Armwert
Haftpflichtversicherung	Siehe GUV
Gesetzliche Rentenversicherung	Im Allgemeinen keine Auswirkungen
Private Berufsunfähigkeitsversicherung	In Ausnahmefällen von Bedeutung: Handwerker, die über Kopf arbeiten oder in Gefahrenberufen (Dachdecker, Gerüstbauer) tätig sind
Schwerbehindertenrecht, soziales Entschädigungsrecht, Beamtenrecht: GdB, GdS	10

9.5 Prellungen und Zerrungen der Schulter und des Oberarms

Klassifikation nach ICD-10: S40.0

Verletzungsbild und Symptomatik

Der Begriff „Prellung" umschreibt die Einwirkung einer stumpfen Gewalt auf einen Körperteil, bei dem das Weichteilgewebe geschädigt wird. Typische Begleiterscheinungen sind die Hautverfärbung als Zeichen eines Blutergusses und Prellmarken, die den Ort der Gewalteinwirkung markieren (s. S. 110–111). Das Weichgewebe schwillt an. Im Gegensatz zu schwerwiegenden strukturellen Verletzungen heilt die einfache Prellung folgenlos aus. Bei stärkerer Gewalteinwirkung können oberflächliche Gewebenekrosen entstehen, die sich nach Ausheilung zum Beispiel durch eine Vertiefung im Unterhautfettgewebe erkennen lassen. Bei einer Zerrung wird das Weichteilgewebe über das physiologische Maß hinaus gedehnt.

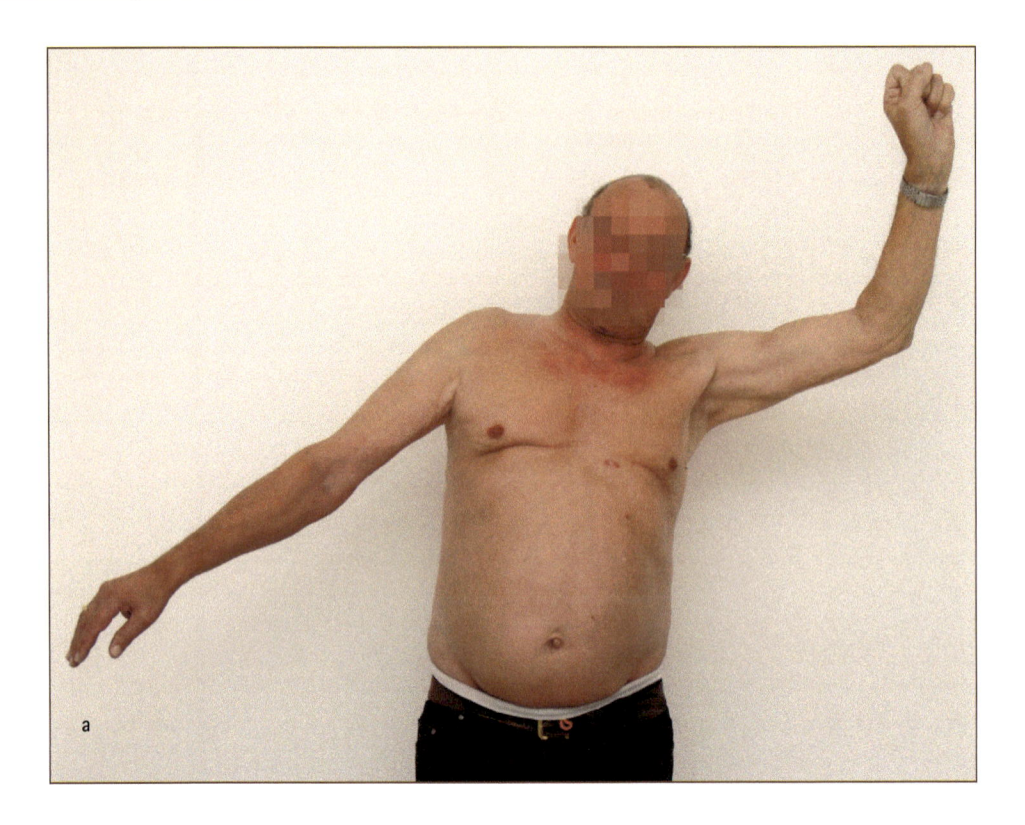

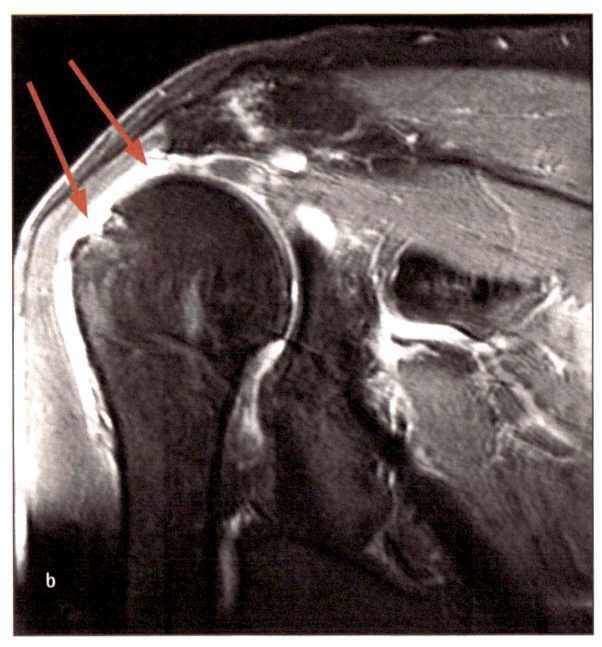

Abb. 9.9:
Der 71-jährige Proband stürzte auf die Schulter. Eine frische strukturelle Verletzung konnte ausgeschlossen werden. In der Folge entwickelte sich eine Schultersteife (a). Die Ruptur der Rotatorenmanschette (b, rote Pfeile) ist nicht Folge des Unfalls. Die Abgrenzung unfallunabhängiger degenerativer Schäden von den Folgen der Prellung kann sich schwierig gestalten.

An der Schulter können Prellungen und Zerrungen für einen längeren Zeitraum Beschwerden verursachen. Die Ursachen hierfür liegen in der Anatomie und dem Zusammenspiel der Verletzung mit Alterungsprozessen. Das eigentliche Schulterhauptgelenk ist klein. Der Oberarmkopf wird durch ein fein abgestimmtes Zusammenspiel unterschiedlicher Weichteilstrukturen im Gelenk gehalten (zentriert). Zunehmendes Lebensalter und mangelnde körperliche Tätigkeit (Computer) begünstigen die Entstehung degenerativer Veränderungen des Weichteilmantels der Schulter.

Eine wichtige Rolle spielt die den Oberarmkopf umgreifende Sehnenplatte, die Rotatorenmanschette. Im Laufe des Lebens verlieren die Sehnen ihre biologische Regenerationsfähigkeit. Stoffwechselprodukte lagern sich in der Sehne ab, die Sehne kann ohne die Einwirkung einer Gewalt reißen (Rotatorenmanschettenruptur). Im Alter von über 70 Jahren weisen ungefähr 50 % aller Personen partielle oder komplette Rupturen der Rotatorenmanschette auf. Die Kraft des Armes nimmt zwar durch den Sehnendefekt ab, die Funktion der Schulter ist aber häufig nur wenig beeinträchtigt. Die Schulter ist lange in der Lage, den Rotatorenmanschettenschaden zu kompensieren. Eine Prellung oder Zerrung kann das labile Gleichgewicht zwischen Oberarmkopf, Schulterpfanne und den Weichteilen der Schulter stören (Habermayer 2010, Weber 2007). Die eigentlich harmlose Prellung oder Zerrung wird zum Ausgangspunkt lang anhaltender Schmerzen und Funktionsstörungen. Die kausale Bewertung der Funktionsstörung ist häufig strittig.

Therapie
Die Behandlung richtet sich nach der Schwere der Prellung oder Zerrung, den Beschwerden und Funktionsbeeinträchtigungen. In den meisten Fällen reicht eine Schonung für wenige Tage aus. Einreibungen mit Salben lindern die Schulterbeschwerden. Bei sehr starken Schmerzen kann die Einnahme von Analgetika oder schmerz- und entzündungshemmenden Präparaten empfohlen werden (z. B. Diclofenac). Wurde durch die Verletzung ein unfallunabhängiges Engpasssyndrom aktiviert (s. S. 199), so kann eine vorsichtige physiotherapeutische Behandlung mit Eisanwendungen, geführten Bewegungen und manueller Therapie sinnvoll sein. Das durch die Prellung aktivierte Engpasssyndrom lässt sich mit einer Mischinjektion von Kortison und einem Lokalanästhetikum günstig beeinflussen. Zu prüfen ist allerdings, ob die Behandlung durch die Prellung oder das unfallunabhängige Schulterleiden erforderlich wurde.

Komplikationen
Schulterprellungen und -zerrungen heilen im Allgemeinen folgenlos ab. Gelegentlich kann sich eine vorbestehende Schadensanlage nach einer geringfügigen Verletzung manifestieren. Häufig klagen Probanden, bei denen ein unfallunabhängiger Schaden der Rotatorenmanschette bestand, nach einer Prellung oder Zerrung über anhaltende Schmerzen. Allerdings sind weder eine Prellung noch eine leichtere Zerrung in der Lage, eine Rotatorenmanschettenruptur zu verursachen. Im Einzelfall ist zu prüfen, ob die Prellung zu einer bleibenden Verschlechterung der Schulterfunktion geführt hat.

Regelhafter Heilverlauf – Auswirkung im täglichen Leben
Die Folgen einer Prellung oder Zerrung klingen innerhalb von wenigen Tagen bis maximal vier Wochen folgenlos ab. Während der ersten Tage kann die Beweglichkeit der Schulter schmerzhaft eingeschränkt sein.

Medizinische Prognose (Welche Folgen hinterlässt die Verletzung?)

Die Prellungen und Zerrungen der Schulter heilen meist folgenlos ab. Sofern anhaltende Beschwerden und Funktionsbeeinträchtigungen vorgetragen werden, ist eine Zusammenhangsprüfung unumgänglich. Eine Beurteilung eines möglichen Zusammenhangs ist nur nach Vorlage/Einholung aller medizinischen Primärbefunde und Kopien der Originale der Behandlungsdokumentation möglich.

> Klagen Versicherte oder Anspruchsteller nach Prellungen und Zerrungen der Schulter über anhaltende Beschwerden, so sind die vorgebrachten Klagen ernst zu nehmen. Meist wird eine Zusammenhangsbegutachtung erforderlich. Die Vorbereitung der Begutachtung ist aufwändig: Es ist unverzichtbar, dass der Auftraggeber, die Versicherung oder das Gericht dem Gutachter alle ärztlichen Primärbefunde ab dem Unfallereignis bis zur Begutachtung zur Verfügung stellt. Der medizinische Sachverständige ist nur dann in der Lage, die funktionellen Folgen des Unfallereignisses von einer möglichen Vorschädigung abzugrenzen oder – in der privaten Unfallversicherung – den Anteil der Mitwirkung „durch Gebrechen und Krankheiten" an der dauerhaften Schädigung zu bestimmen.

Medizinisch erforderliche Nachbehandlung	
Stationäre Rehabilitation (AHB)	Nicht erforderlich
Dauer und Frequenz der Physiotherapie nach Eintritt der Verletzung	Ggf. eine bis zwei Serien à sechs Physiotherapien (Krankengymnastik, manuelle Therapie)
Dauer und Frequenz der Physiotherapie nach Abschluss der Heilung	Nicht erforderlich
Künftige operative Behandlungen	Nicht erforderlich
Hilfsmittel, Medikamente	Schmerzstillende Mittel für wenige Tage

Beeinträchtigung der Arbeitsfähigkeit – unkomplizierte Rippenfrakturen	
Berufliche Anforderung	Durchschnittliche Dauer der Arbeitsunfähigkeit
Leichte, überwiegend sitzende Tätigkeit	1 – 2 Wochen
Leichte bis mittelschwere Arbeit	1 – 3 Wochen
Schwere körperliche Tätigkeiten und Arbeiten, die zum Teil über Kopf verrichtet werden	1 – 4 Wochen

Bewertung des Haushaltsführungsschadens

Tätigkeit	Beeinträchtigung (in %) bis zum Abschluss der Rekonvaleszenz	Beeinträchtigung auf Dauer (in %)
Leicht: Planung	Keine Beeinträchtigung	Keine dauerhafte Beeinträchtigung
Mittel: Durchschnittliche Hausarbeiten	Je nach Einzelfall, z. B. zwei Wochen 100 %, zwei weitere Wochen 50 %, danach keine weitere Beeinträchtigung	Keine dauerhafte Beeinträchtigung
Schwer: Großer Hausputz, Gartenarbeit	Bei stärkeren Funktionsbeeinträchtigungen: vier Wochen 100 %, zwei weitere Wochen 50 %, keine weitere Beeinträchtigung	Keine dauerhafte Beeinträchtigung

Bewertung des Dauerschadens

Versicherungszweig – Rechtsgebiet	Einschätzung des Dauerschadens
Gesetzliche Unfallversicherung: MdE	I. A. keine Bedeutung, ggf. Einzelfallprüfung
Private Unfallversicherung: Invalidität	I. A. keine Bedeutung, ggf. Einzelfallprüfung
Haftpflichtversicherung	I. A. keine Bedeutung, ggf. Einzelfallprüfung
Gesetzliche Rentenversicherung	Keine Bedeutung
Private Berufsunfähigkeitsversicherung	Keine Bedeutung
Schwerbehindertenrecht, soziales Entschädigungsrecht, Beamtenrecht: GdB, GdS	Keine Bedeutung

9.6 Schulterluxation

Klassifikation nach ICD-10: S43.0

Verletzungsbild und Symptomatik

Traumatische Luxation
Die Schulter ist das beweglichste Gelenk des menschlichen Körpers. Der große Oberarmkopf gelenkt mit einer kleinen Gelenkpfanne, die im Vergleich mit dem Kopf nur ein Fünftel der Fläche aufweist.

Wird die Belastbarkeit der Strukturen zum Beispiel durch einen Sturz auf den abgespreizten und außengedrehten Arm überschritten, so kann der Kopf aus der Schulterpfanne luxieren. Meist verschiebt sich der Kopf nach vorne. In relativ seltenen Fällen gleitet der Kopf nach hinten oder unten. Bei der Erstluxation zerreißt die Gelenkkapsel, Schädigungen der Rotatorenmanschette (Risse) sind möglich. Staucht sich der Oberarmkopf in die Gelenkpfanne ein, dann entsteht ein Eindrückbruch (Impressionsfraktur), der als Hill-Sachs-Läsion bezeichnet wird. Im Rahmen der Luxation kann der vordere Pfannenrand geschädigt werden (Bankart-Läsion). Nicht selten wird der Nervus axillaris bei einer Luxation in Mitleidenschaft gezogen. Hierdurch wird die Sensibilität über

Verletzungen der oberen Extremitäten

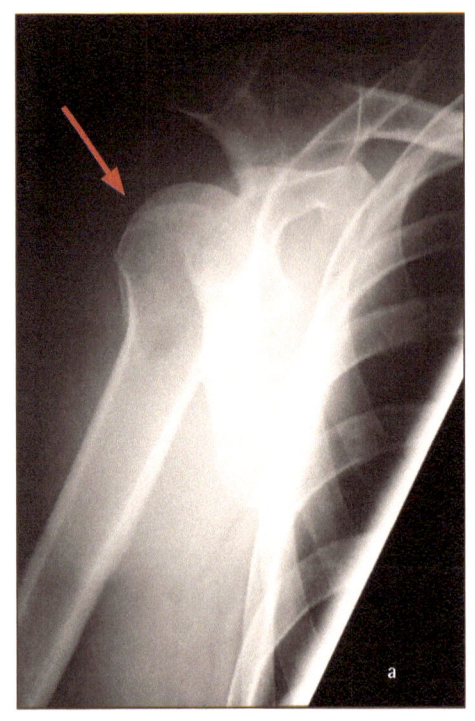

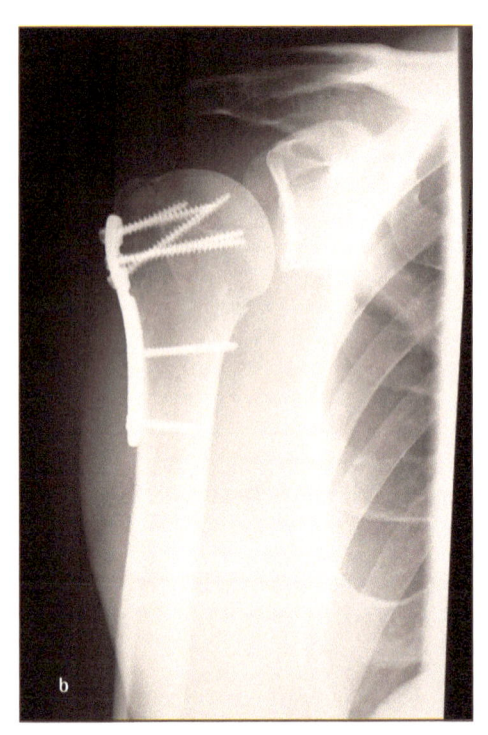

Abb. 9.10:
Röntgenbild einer traumatischen Luxation der rechten Schulter mit Fraktur des großen Oberarmhöckers. Die Fehlstellung des Oberarmkopfs ist gut zu erkennen, die Fraktur des Tuberculum majus wurde durch ein CT gesichert, sie ist auf dem Bild nur schlecht zu erkennen (Pfeil). Die rechte Aufnahme dokumentiert den Befund nach Reposition und Plattenosteosynthese.

der seitlichen und hinteren Schulter gestört. Gelegentlich können auch motorische Lähmungen entstehen. Neben der akuten traumatischen Erstluxation unterscheidet man Verrenkungen, die ohne eine ausreichende Gewalteinwirkung entstehen.

Zur Stabilität der Schulter tragen mehrere anatomische Strukturen und Faktoren bei:
- eine kräftige Gelenkkapsel, die durch Bänder verstärkt wird,
- die knorpelige Vergrößerung der Gelenkpfanne, das Labrum (Gelenklippe),
- die Rotatorenmanschette, die aus den Sehnen der Musculi supraspinatus, infraspinatus, teres minor und subscapularis gebildet wird,
- die Bizepssehne,
- ein negativer Gelenkinnendruck,
- die Rückneigung der Gelenkpfanne.

Rezidivierende Luxation
Die Stabilität der Schulter war bereits vor der erneuten Verrenkung durch eine frühere Luxation beeinträchtigt. Um eine erneute Luxation hervorzurufen, bedarf es nur einer leichten Gewalteinwirkung. Der Weg für die Fehlstellung der Gelenke war bereits ‚gebahnt'. Die Schmerzen sind geringer als bei der Erstluxation. Oft gelingt es dem Betroffenen, das Gelenk selbst wieder einzurenken.

Habituelle Luxation
Durch eine Vielzahl von vorangegangenen Schulterluxationen besteht eine hohe Bereitschaft für eine erneute Verrenkung. Die Ge-

lenkkapsel ist ausgeweitet, die Gelenkflächen bieten keinen ausreichenden Halt mehr. Das Gelenk ist bereits vor dem ‚Unfall' labil. Alltägliche Bewegungen sind in der Lage, eine Fehlstellung der Gelenkenden hervorzurufen (gewohnheitsmäßige Verrenkung). Wird der Arm im Schultergelenk zurückgeführt und nach innen gedreht, eine typische Bewegung beim Anziehen eines Jacketts, so reicht dies bereits aus, um den Oberarmkopf luxieren zu lassen. Auch die habituelle Luxation kann mit Schmerzen verbunden sein. Der Betroffene kennt die Verrenkung bereits, er ist meist ohne Hilfe in der Lage, das Gelenk einzurenken.

Therapie

Die Schulterluxation ist so rasch wie möglich in Schmerzausschaltung zu reponieren. An der Schulter gelingt dies meist ohne einen operativen Eingriff. Danach wird die Schulter für ein bis zwei Wochen in einem Desault- oder Gilchrist-Verband ruhig gestellt. Besteht der Verdacht auf eine schwerere Binnenverletzung, so wird sich an die kernspintomographische Untersuchung eine operative Sanierung anschließen (z. B. Rekonstruktion der Gelenklippe, Naht oder Refixation der gerissenen Rotatorenmanschette). Sowohl nach konservativer als auch nach operativer Therapie bleibt die Funktion der Schulter beeinträchtigt. Zu vermeiden sind maximale Belastungen und insbesondere forcierte Drehungen des Oberarmkopfs, die erneute Luxationen hervorrufen können. Unmittelbar an die Operation schließt sich eine passive Bewegungstherapie an, die später durch eine aktive Krankengymnastik ergänzt wird. Eine Physiotherapie ist auch bei konservativer Therapie indiziert.

Komplikationen

Verletzung des Labrums und der Rotatorenmanschette, Schädigung des Nervus axillaris, Entstehung einer rezidivierenden oder habituellen Luxation, Begünstigung eines Engpasssyndroms (Impingementsyndrom).

Regelhafter Heilverlauf – Auswirkung im täglichen Leben

Bei der unkomplizierten Erstluxation werden die Schulter und der betroffene Arm in einem Spezialverband ruhig gestellt. Während der Ruhigstellung im Verband ist der betroffene Arm bewegungsunfähig, nur die Hand kann eingesetzt werden. Auch nach operativer Ver-

Typische Begleitverletzungen der Schulterluxation	
Primäre Verletzung	Medizinische Bezeichnung der Folgen
Schädigung der Kapsel und der umgebenden Muskulatur	Möglicher Übergang in eine rezidivierende Luxation
Ruptur der Rotatorenmanschette	Funktionsstörung der Mm. supraspinatus, intraspinatus, teres minor, subscapularis
Verletzung der Gelenklippe	SLAP-Läsion
Umschriebener Eindrückbruch des Oberarmkopfs	Hill-Sachs-Läsion
Anbruch, Absprengung der Gelenkpfanne	Bankart-Verletzung
Nervenschädigung	Sensible/motorische Schädigung des N. axillaris

sorgung ist der Verletzte für ungefähr zwei bis vier Wochen auf eine zeitweilige häusliche Unterstützung angewiesen. Die Beweglichkeit und Belastbarkeit der Schulter sind für mehrere Wochen, unter Umständen einige Monate, eingeschränkt. Bewegungen, die eine erneute Luxation begünstigen, zum Beispiel die Abspreizung und gleichzeitige Rotation der Schulter, sind zu vermeiden.

Bei der rezidivierenden oder habituellen Luxation ist meist nur eine kurze Ruhigstellung nötig. Zu erwägen ist eine operative Stabilisierung der Schulter, um weiteren Luxationen vorzubeugen. Der dazu erforderliche Eingriff ist allerdings nicht dem letzten ‚Unfall', sondern der Erstluxation zuzurechnen.

Medizinische Prognose (Welche Folgen hinterlässt die Verletzung?)

Sofern keine wesentlichen Begleitverletzungen vorliegen, kann eine traumatische Schulterluxation weitgehend folgenlos ausheilen. Häufiger ist allerdings mit einer leichten Bewegungseinschränkung und Verminderung der Belastbarkeit zu rechnen. Wurden die Rotatorenmanschette und weitere anatomische Strukturen geschädigt, dann verbleibt im Allgemeinen auch nach operativer Rekonstruktion eine stärkere Funktionsbeeinträchtigung.

Bei einer rezidivierenden oder habituellen Schulterluxation ist durch eine weitere Verrenkung keine zusätzliche dauerhafte Schädigung zu erwarten.

Medizinisch erforderliche Nachbehandlung der Erstluxation	
Stationäre Rehabilitation (AHB)	Nicht erforderlich
Dauer und Frequenz der Physiotherapie nach Eintritt der Verletzung	Bis zu 20 Physiotherapien (Krankengymnastik)
Dauer und Frequenz der Physiotherapie nach Abschluss der Heilung	Eine gelegentliche Physiotherapie kann bis zu zwölf Monate nach der Erstluxation erforderlich sein.
Künftige operative Behandlungen	Folgen der Erstluxation weitere Verrenkungen nach, so kann eine operative Stabilisierung erforderlich sein.
Hilfsmittel, Medikamente	Schmerzstillende und abschwellende Medikamente für einige Tage

Beeinträchtigung der Arbeitsfähigkeit – Erstluxation	
Berufliche Anforderung	Durchschnittliche Dauer der Arbeitsunfähigkeit
Leichte, überwiegend sitzende Tätigkeit	1 – 3 Wochen
Leichte bis mittelschwere Arbeit	2 – 6 Wochen
Schwere körperliche Tätigkeiten und Arbeiten, die zum Teil über Kopf verrichtet werden	3 – 16 Wochen

Bewertung des Haushaltsführungsschadens (Erstluxation)

Tätigkeit	Beeinträchtigung (in %) bis zum Abschluss der Rekonvaleszenz	Beeinträchtigung auf Dauer (in %)
Leicht: Planung	100 % während des Tragens des Gilchrist-Verbands, nach Abnahme eine Woche 50 %, danach keine weitere Beeinträchtigung	Keine dauerhafte Beeinträchtigung
Mittel: Durchschnittliche Hausarbeiten	100 % während des Tragens des Gilchrist-Verbands, für zwei weitere Wochen nach Abnahme 100 %, vier Wochen 50 %	Keine dauerhafte Beeinträchtigung
Schwer: Großer Hausputz, Gartenarbeit	100 % während des Tragens des Gilchrist-Verbands, für sechs weitere Wochen nach Abnahme 100 %, sechs Wochen 50 %	Eine Beeinträchtigung von 10 % kann verbleiben.

Bewertung des Dauerschadens
Schulterluxation: Normalverlauf (traumatische Schulterluxation mit Hill-Sachs-Läsion)

Versicherungszweig – Rechtsgebiet	Einschätzung des Dauerschadens
Gesetzliche Unfallversicherung: MdE	Unter 10 v. H. – 10 v. H.
Private Unfallversicherung: Invalidität	1/14 bis 3/20 Armwert
Haftpflichtversicherung	Siehe GUV
Gesetzliche Rentenversicherung	In der Regel keine Bedeutung
Private Berufsunfähigkeitsversicherung	In Ausnahmefällen von Bedeutung: Handwerker in Gefahrenberufen (Dachdecker, Gerüstbauer), Begünstigung von Folgeluxationen, Beeinträchtigung von Überkopfarbeiten
Schwerbehindertenrecht, soziales Entschädigungsrecht, Beamtenrecht: GdB, GdS	0 – 10, je nach Funktionsstörung der Schulter

Bewertung des Dauerschadens
Schulterluxation: Ungünstiger Verlauf (Entwicklung einer unbehandelten oder erfolglos operierten habituellen Luxation nach traumatischer Erstluxation)

Versicherungszweig – Rechtsgebiet	Einschätzung des Dauerschadens
Gesetzliche Unfallversicherung: MdE	20 v. H.
Private Unfallversicherung: Invalidität	2/20 – 5/20 Armwert
Haftpflichtversicherung	Siehe GUV
Gesetzliche Rentenversicherung	In der Regel keine Bedeutung
Private Berufsunfähigkeitsversicherung	Individuelle Prüfung bei Handwerkern, Beeinträchtigung des betroffenen Arms bei Rückführung, Rotation und Überkopfarbeiten
Schwerbehindertenrecht, soziales Entschädigungsrecht, Beamtenrecht: GdB, GdS	10 (in Abständen von einem Jahr oder mehr) 20 – 30 (häufige Ausrenkung) 40 (ständige Ausrenkung)

9.7 Traumatische Rotatorenmanschettenruptur

Klassifikation nach ICD-10: S46.0

Verletzungsbild und Symptomatik
Eine traumatische Rotatorenmanschettenruptur kann einerseits im Rahmen einer Schulterluxation, andererseits durch eine exzentrische Belastung der Rotatorenmanschette entstehen (Leitlinie 2004). Im letzteren, relativ seltenen Fall wird die vorgespannte Sehne einem plötzlichen und starken Zug ausgesetzt, hierbei kann sie aus ihrer knöchernen Verankerung ausreißen oder im Verlauf rupturieren.

> Aus eigener gutachterlicher Praxis sei folgender Fall geschildert:
> Ein Skifahrer blieb beim Aussteigen aus dem Lift mit einem Arm im Sitz hängen. Der Ellenbogen verhakte sich im Sitz des Lifts, so dass der Skifahrer am hängenden Arm mit seinem ganzen Körpergewicht mehrere Meter mitgeschleift wurde. Der Zug, der auf die Rotatorenmanschette einwirkte, war so groß, dass diese riss.

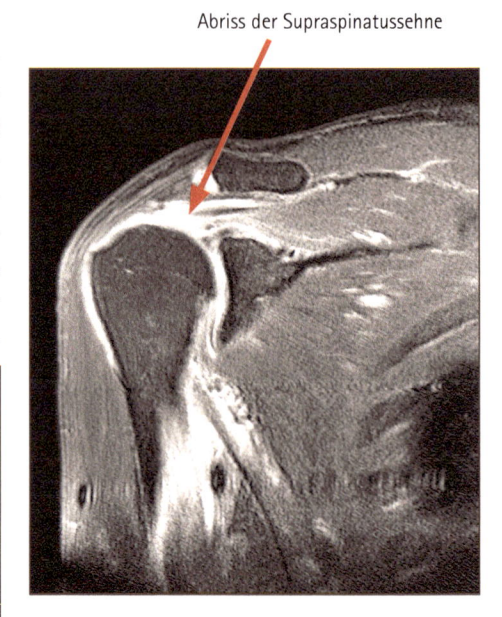

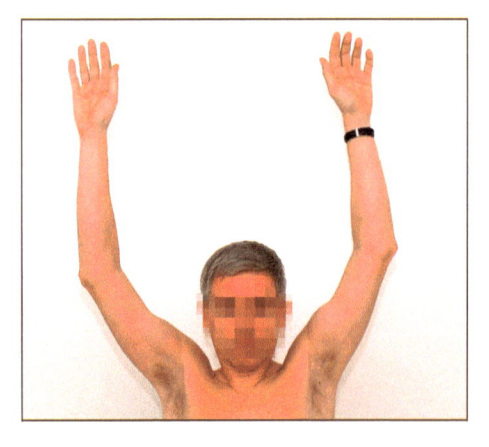

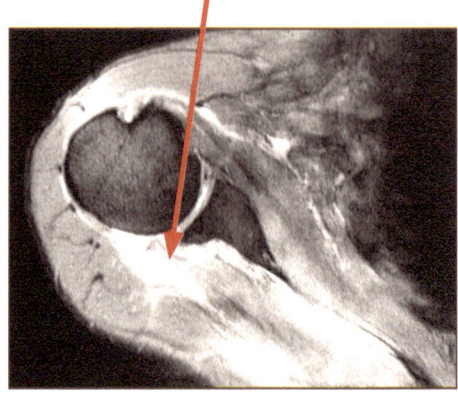

Abb. 9.11:
Traumatischer Abriss der rechten Rotatorenmanschette und Verletzung des M. subscapularis (a, b). Die Verletzung wurde operativ behandelt. Ein Jahr nach dem Unfall (c): Sehr gutes Ergebnis, es verblieb nur eine leichte Bewegungseinschränkung und Muskelminderung des rechten Arms.

Dagegen reißt die Rotatorenmanschette weder bei einem Sturz auf den ausgestreckten Arm noch bei einer Anspreizung des Arms oder bei einer Stauchung des Oberarmkopfs, bei der dieser an die Unterfläche des Schulterdachs gedrückt wird. Andere ungeeignete Unfallmechanismen sind direkte Anpralltraumen und die alleinige aktive Kraftanstrengung.

Die Diagnose der frischen Rotatorenmanschettenruptur wird unter Berücksichtigung klinischer, radiologischer, sonografischer und kernspintomographischer Befunde gestellt. Intraoperativ lassen sich Einblutungen im Schultergelenk und den Schleimbeuteln nachweisen. Die Sehnenränder können bei der frischen Ruptur im Rahmen eines Eingriffs gut adaptiert werden.

Das typische klinische Bild der frischen traumatischen Rotatorenmanschettenruptur zeichnet sich durch einen vollständigen oder weitgehenden Funktionsverlust der Schulter aus. Man spricht von einem „Drop-Arm-Zeichen" oder einer Pseudoparalyse. In der subakuten Phase bleibt die Beweglichkeit erheblich beeinträchtigt, die Schulter schmerzt auch nachts. Ab der zweiten Woche kann sich die Beweglichkeit bessern, in anderen Fällen entsteht eine schmerzhafte Schultersteife. Je nach auslösendem Ereignis und Verletzungsbild können mehr oder weniger ausgeprägte äußere Zeichen einer Schädigung vorliegen (Hämatome, Prellmarken, andere äußere Verletzungszeichen).

Therapie

Bei ausgedehnten frischen Rotatorenmanschettenrupturen ist die operative Rekonstruktion in einem Schulterzentrum angezeigt. Postoperativ wird der Arm für ungefähr drei Wochen in einer Spezialorthese in Abspreizstellung ruhig gestellt. Es schließt sich eine passive, später auch aktive Krankengymnastik für zwei bis vier Monate an.

> Um traumatische von degenerativen Schäden der Rotatorenmanschette abzugrenzen, sind folgende Daten/Dokumente zu erheben, beizuziehen und auszuwerten:
>
> 1. Anamnese/Vorerkrankungen/Vorbehandlungen der Schulter
> 2. Unfallhergang
> 3. Verhalten des Verletzten nach Unfall, Schmerzverlauf
> 4. Klinischer Erstbefund
> 5. Ärztliche Folgedokumente: Kopie der Karteikarte, Computerausdruck der Behandlungsdokumentation
> 6. Sonographie (zeitnah zum Unfall)
> 7. Bildtechnische Befunde: Röntgen, Sonographie, Kernspintomographie (zeitnah zum Unfall)
> 8. Überprüfen, ob bereits vor dem Unfall bildtechnische Befunde angefertigt wurden: Röntgen, CT, MRT, Sonographie
>
> Falls eine operative Behandlung erfolgte:
> 9. Op-Bericht: Makroskopischer intraoperativer Befund (unfallnahe OP)
> 10. Feingewebliche Untersuchung, Histologie
>
> Ist eine kausale Bewertung der Entstehung der Funktionsstörung erforderlich (Haftpflichtversicherung, private Unfallversicherung), so sollten dem Gutachter die genannten Befunde zur Verfügung gestellt werden.

Komplikationen

Mögliche Komplikationen sind Nervenverletzungen, mangelhaftes Operationsergebnis, Entwicklung eines sekundären Engpasssyndroms, Gelenkinfekt und eine bleibende Bewegungseinschränkung der Schulter.

Regelhafter Heilverlauf – Auswirkung im täglichen Leben

Da der betroffene Arm auch nach operativer Behandlung in abgespreizter Stellung fixiert wird, ist der Verletzte für diese Zeit auf eine zeitweilige häusliche Unterstützung angewiesen. Die Beweglichkeit und Belastbarkeit der Schulter sind für mehrere Wochen, unter Umständen einige Monate, eingeschränkt. Postoperativ sind kraftvolle Bewegungen, die die Rotatorenmanschette stärker belasten, für mindestens drei bis sechs Monate zu vermeiden.

Medizinische Prognose (Welche Folgen hinterlässt die Verletzung?)

Auch nach operativer Rekonstruktion der Rotatorenmanschette sind eine Einschränkung der Beweglichkeit und Minderung der Kraft zu erwarten. Die Ergebnisse hängen einerseits von der unfallbedingten Schädigung, andererseits vom operativen Vorgehen ab. Eine allgemeingültige Aussage ist nicht möglich.

Medizinisch erforderliche Nachbehandlung	
Stationäre Rehabilitation (AHB)	Im Allgemeinen nicht erforderlich
Dauer und Frequenz der Physiotherapie nach Eintritt der Verletzung	Anfänglich Ruhigstellung mittels Orthese in Abspreizung des Arms zur Entlastung der Rotatorenmanschette. Nach Freigabe durch den Operateur vorsichtige Physiotherapie, ca. acht Wochen drei Therapien pro Woche, weitere sechs Wochen je zwei Behandlungen pro Woche
Dauer und Frequenz der Physiotherapie nach Abschluss der Heilung	Nach Erreichung eines annähernd normalen Bewegungsausmaßes kann gelegentlich eine Physiotherapie während des ersten Jahres nach der Verletzung erforderlich sein, z. B. eine Behandlung pro Woche.
Künftige operative Behandlungen	Bei komplikationslosem Verlauf nicht erforderlich
Hilfsmittel, Medikamente	Orthese zur Abspreizung des Arms nach Op, Briefträgerkissen, schmerzstillende und abschwellende Medikamente für einige Tage

Beeinträchtigung der Arbeitsfähigkeit	
Berufliche Anforderung	Durchschnittliche Dauer der Arbeitsunfähigkeit
Leichte, überwiegend sitzende Tätigkeit	3 – 8 Wochen
Leichte bis mittelschwere Arbeit	4 – 12 Wochen
Schwere körperliche Tätigkeiten und Arbeiten, die zum Teil über Kopf verrichtet werden	8 – 16 Wochen, bleibende Einschränkungen der Beweglichkeit und Belastbarkeit der Schulter können Überkopfarbeiten und schwere handwerkliche Arbeiten auf Dauer ausschließen.

Bewertung des Haushaltsführungsschadens		
Tätigkeit	Beeinträchtigung (in %) bis zum Abschluss der Rekonvaleszenz	Beeinträchtigung auf Dauer (in %)
Leicht: Planung	Nach Entlassung aus stationärer Behandlung drei Wochen 100 %, danach keine weitere Beeinträchtigung	Keine dauerhafte Beeinträchtigung
Mittel: Durchschnittliche Hausarbeiten	Nach Entlassung aus stationärer Behandlung sechs Wochen 100 %, danach sechs Wochen 50 %, weitere drei Monate 30 %	Bei unkompliziertem Verlauf bis zu 10 %
Schwer: Großer Hausputz, Gartenarbeit	Für zwölf bis 16 Wochen 100 %, weitere zwölf Wochen 50 %, anschließend zwölf Wochen 30 %	Bei unkompliziertem Verlauf bis zu 20 %

Bewertung des Dauerschadens	
Versicherungszweig – Rechtsgebiet	Einschätzung des Dauerschadens
Gesetzliche Unfallversicherung: MdE	Unter 10 v. H. – 10 v. H. – 20 v. H.
Private Unfallversicherung: Invalidität	2/20 bis 5/20 Armwert
Haftpflichtversicherung	Siehe GUV
Gesetzliche Rentenversicherung	Im Allgemeinen keine Bedeutung
Private Berufsunfähigkeitsversicherung	Eine Einschränkung kann sich bei Handwerkern ergeben, die häufig über Kopf bzw. mit stark abgespreizten Armen arbeiten und schwere Lasten heben müssen.
Schwerbehindertenrecht, soziales Entschädigungsrecht, Beamtenrecht: GdB, GdS	0 – 10 – 20, je nach Funktionsstörung der Schulter

9.8 Impingementsyndrom der Schulter und degenerative Rotatorenmanschettenruptur – häufige unfallunabhängige Krankheitsbilder in höherem Lebensalter

Impingementsyndrom – Engpasssyndrom der Schulter (Klassifikation nach ICD-10: M75.4)

Degenerative Rotatorenmanschettenruptur (Klassifikation nach ICD-10: M75.1)

Symptomatik der unfallunabhängigen Erkrankung

Schultergelenkbeschwerden sind in der Allgemeinbevölkerung weit verbreitet. Die Häufigkeit nimmt mit dem Alter zu. Im Gegensatz zu den Gelenken der unteren Extremität, bei denen Beschwerden meist auf eine Arthrose, einen Verschleiß von Knorpel und Umbauten des Knochens zurückzuführen sind, gehen die Beschwerden der Schulter, zumindest in

Stadien der degenerativen Veränderungen der Rotatorenmanschette

In den 70er-Jahren teilte der Chirurg Charles S. Neer die Veränderungen der Supraspinatussehne in drei Stufen ein:

Stadium I	Die Sehne schwillt ödematös an, gelegentlich liegen Einblutungen vor. Bei jüngeren Menschen sind diese Veränderungen rückbildungsfähig.
Stadium II	Im Alter zwischen 25 bis 40 Jahren entzünden sich Sehnen und Schleimbeutel, sie verdicken sich und vernarben.
Stadium III	Bei über 40-jährigen Probanden entwickelt sich ein chronisch entzündlicher Reizzustand. Auf dieser Grundlage kann die Sehnenplatte ohne einen Unfall einreißen. Zudem bilden sich knöcherne Anbauten am Oberarmkopf und dem Schulterdach.

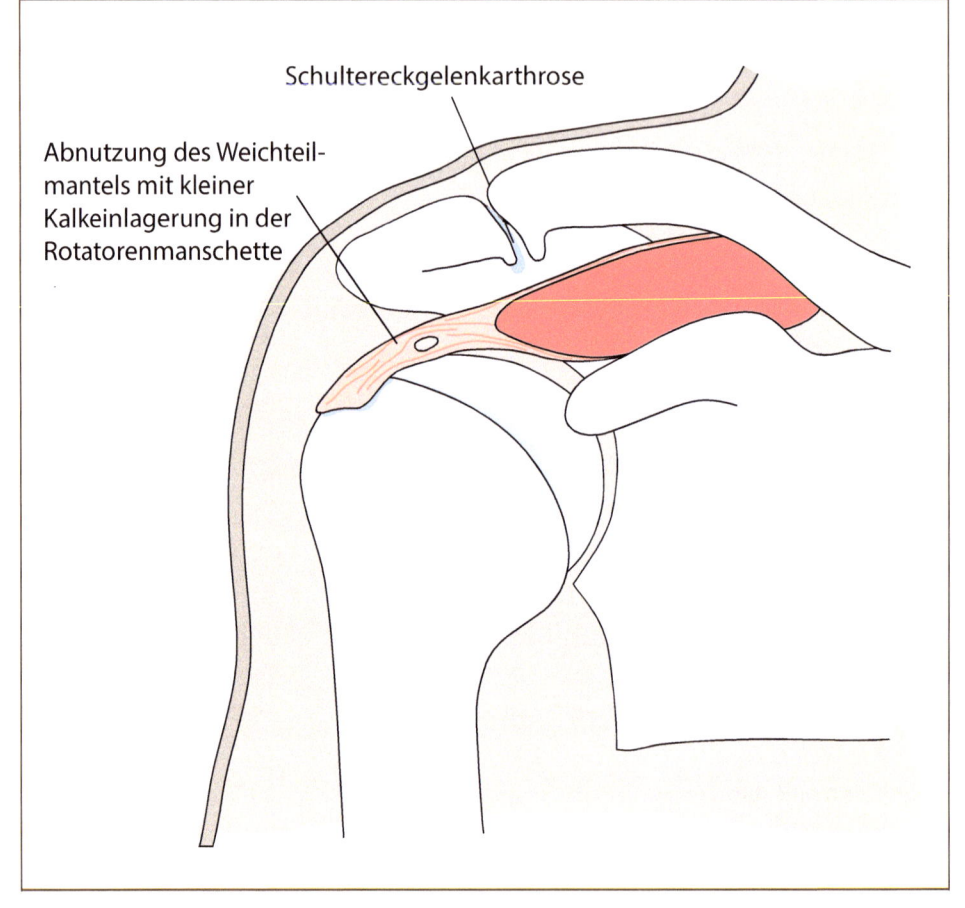

Abb. 9.12:
Degenerative Veränderungen der Rotatorenmanschette.

Impingementsyndrom der Schulter

a

b

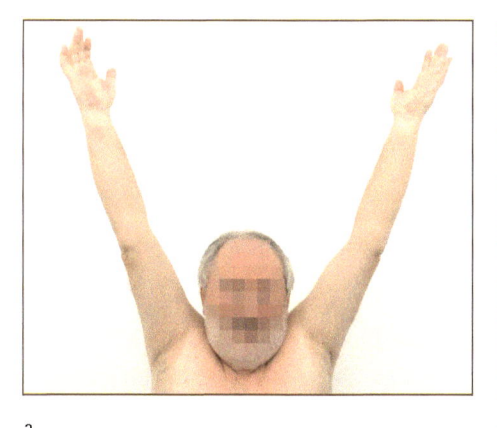

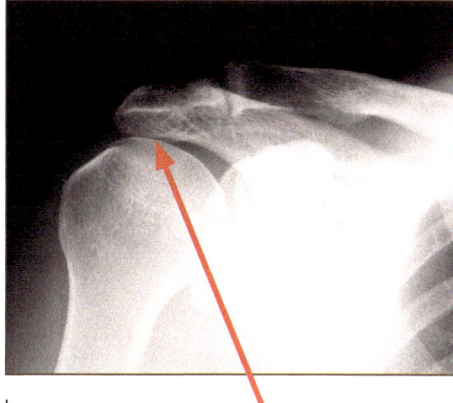

Einengung des Raums zwischen Schulterdach und Oberarmkopf

alte Ruptur der Rotatorenmanschette

Abb. 9.13:
Der 70-jährige Proband (a) hatte sich eine Prellung der rechten Schulter zugezogen. Nach dem Sturz wurden sogleich eine Röntgenaufnahme und eine Kernspintomographie angefertigt. Diese ergaben eine deutliche Arthrose des rechten Schultereckgelenks mit einem Hochstand des Oberarmkopfs (b) und einer bereits zum Unfallzeitpunkt bestehenden Ruptur der Rotatorenmanschette (c). Die Untersuchung erfolgte ein Jahr nach der Prellung. Trotz des großen Defekts der Rotatorenmanschette war die Beweglichkeit der rechten Schulter fast frei.

c

den Frühstadien der Krankheit, vom Weichteilmantel aus. Die Anatomie der Schulter ermöglicht einen außerordentlich großen Bewegungsradius. Wichtige Muskeln, die die Abspreizung und Drehung der Schulter ermöglichen, gehen vom Schulterblatt aus. Die Sehnen der Mm. supraspinatus, infraspinatus, subscapularis und teres minor umgreifen den Oberarmkopf manschettenartig von cranial, ventral und dorsal (Abb. 9.3, 9.4). Die als Rotatorenmanschette bezeichnete Sehnenplatte läuft unter dem Schulterdach durch und setzt am seitlichen Oberarmkopf an. Einen gewissen Schutz vor mechanischer Belastung (Einklemmung) bieten Schleimbeutel, die sich zwischen dem Schulterdach, der Rotatorenmanschette und dem Deltamuskel ausbreiten. Der Raum zwischen Oberarmkopf und Schulterdach ist begrenzt. Engt sich der Raum durch knöcherne Anbauten des Schulterdachs ein, verdickt sich die Rotatorenmanschette oder entsteht ein muskuläres Ungleichgewicht, so kann ein Engpasssyndrom (Impingementsyndrom) entstehen.

Bei Personen über 40 Jahren entstehen die allermeisten Rotatorenmanschettenrupturen als Folge der beschriebenen degenerativen Veränderungen. Nach Untersuchun-

> **Die Verschlüsselung von Rotatorenmanschettenschäden**
>
> Wird der Riss der Rotatorenmanschette nach einer Prellung oder leichteren Distorsion der Schulter kernspintomographisch nachgewiesen, so kann in fast allen Fällen davon ausgegangen werden, dass der Defekt bereits vor dem Ereignis bestand.
>
> Die Verschlüsselung mit dem *ICD-Code: M75.-* bezeichnet die nichttraumatischen Erkrankungen der Schulter!
>
> Die seltenen unfallbedingten Rupturen der Rotatorenmanschette werden mit der *Ziffer S46.-* kodiert.
>
> Für viele Betroffene ist dieser Sachverhalt nur schwer zu verstehen, da die Schulter zuvor beschwerdefrei gewesen sein kann. Der Sachbearbeiter sollte die Differenzen der Beurteilung durch medizinische Sachverständige und Versicherte/Anspruchsteller berücksichtigen und versuchen, gerichtliche Auseinandersetzungen zu vermeiden. Da die Ursachenzuweisung (subjektiv: Unfall – objektiv: vorbestehender Körperschaden) nicht aufgelöst werden kann und es die Rolle des Richters ist, Streitigkeiten sozialverträglich zu lösen, werden die meisten Gerichtsverfahren mit einem Vergleich abgeschlossen.

gen von Neer sind nur 5% aller Rupturen, die nicht von einer Schulterluxation begleitet werden, als traumatisch anzusehen. Die spontane Heilungstendenz der Sehne ist gering, allerdings können Einrisse der Rotatorenmanschette durch andere Muskeln zum Teil kompensiert werden. Der Nachweis einer Ruptur nach einem Schultertrauma, z.B. einer Prellung, ist kein Beweis für eine traumatische Entstehung der Rotatorenmanschettenruptur.

Bei einem typischen Impingementsyndrom klagen die Patienten über Schmerzen bei der Bewegung und eine Verminderung der Kraft des Arms. Besonders heftig sind die Schmerzen in der akuten Entzündungsphase. Ein Frühsymptom sind nächtliche Schmerzen. Prellungen oder Distorsionen können das präexistente Engpasssyndrom aktivieren. Im Rahmen der Entzündung kann sich eine Schultersteife ausbilden, die für ein bis eineinhalb Jahre anhalten kann. Danach nimmt die Beweglichkeit meist wieder zu.

Therapie

Während der akuten Entzündungsphase ist eine medikamentöse Schmerztherapie erforderlich. Sinnvoll ist eine vorsichtige physiotherapeutische Behandlung. Eisanwendungen, geführte Bewegungen und manuelle Therapie beeinflussen die Schmerzen und verbessern die Funktion. Günstige Ergebnisse lassen sich mit Mischinjektionen von Kortison und Lokalanästhetika erzielen. Bleibt die konservative Behandlung erfolglos, so kommt die operative Erweiterung des Raums zwischen Schulterdach und Oberarmkopf infrage (subakromiale Dekompression). Diese kann endoskopisch erfolgen. Auch degenerative Rotatorenmanschettenrupturen können rekonstruiert werden.

Postoperativ wird der Arm für ungefähr drei Wochen in einer speziellen Orthese ruhig gestellt. Es schließt sich eine passive, später auch aktive Krankengymnastik für zwei bis vier Monate an.

Komplikationen

An folgende Komplikationen ist zu denken: Bewegungseinschränkung, lange anhaltende Funktionsstörungen der Schulter, postoperativ oder nach Injektionen können Infektionen der Weichteile oder des Schultergelenks entstehen.

Regelhafter Heilverlauf – Auswirkung im täglichen Leben

Im Laufe der Zeit, nach Wochen und Monaten, gehen die Schmerzen als Folge eines Engpasssyndroms zurück, die Funktion der Schulter bessert sich. Die Ergebnisse der operativen Behandlung sind im Allgemeinen gut. Allerdings sind Rezidive nicht selten. Auch wird oftmals keine vollständige Beschwerdefreiheit erreicht.

Während der akuten Phase des Engpasssyndroms sind die Belastbarkeit und Beweglichkeit des Arms stark eingeschränkt. So können zum Beispiel Gegenstände mit dem betroffenen Arm nicht aus einem Wandschrank genommen werden.

Nach einer subakromialen Dekompression ist die Belastbarkeit des Arms für einige Wochen eingeschränkt, zur Verbesserung der Beweglichkeit wird während dieser Zeit eine Krankengymnastik absolviert.

Nach operativer Behandlung einer degenerativen Rotatorenmanschettenruptur wird der operierte Arm in abgespreizter Stellung in einer Orthese gelagert. Während dieser Zeit ist eine zeitweilige häusliche Unterstützung erforderlich. Die Beweglichkeit und Belastbarkeit der Schulter ist für mehrere Wochen, unter Umständen einige Monate, eingeschränkt. Postoperativ sind kraftvolle Bewegungen, die die Rotatorenmanschette stärker belasten, für mindestens drei Monate zu vermeiden.

Medizinische Prognose (Welche Folgen hinterlässt die Erkrankung?)

Bei Menschen, die das 40. Lebensjahr überschritten haben und bei denen degenerative Veränderungen des Weichteilmantels bestehen, ist auch nach einer erfolgreichen konservativen oder operativen Therapie mit gelegentlichen oder wiederholten Beschwerden zu rechnen. Trotz operativer Rekonstruktion der degenerativ veränderten Rotatorenmanschette ist eine Einschränkung der Beweglichkeit und Minderung der Kraft zu erwarten. Die Ergebnisse hängen vom Ausmaß der Schädigung und vom operativen Vorgehen ab.

Das Engpasssyndrom ist ein degeneratives Leiden. Behandlungen zu Lasten des gesetzlichen Unfallversicherungsträgers oder der Haftpflichtversicherung sind nicht begründet.

Sofern wegen eines fraglichen Unfallereignisses ein Dauerschaden geltend gemacht wird, ist eine Zusammenhangsbegutachtung erforderlich. Die Gutachten bedürfen einer umfangreichen Vorbereitung durch den Auftraggeber, sei es die Versicherung oder das Gericht. Zwingend erforderlich ist es, Kopien der Originale der Behandlungsunterlagen aller Ärzte und Krankenhäuser und ein Vorerkrankungsverzeichnis der Krankenkasse einzuholen.

9.9 Degenerative und traumatische Schäden der Bizepssehnen

Läsionen der proximalen Bizepssehne (Klassifikation nach ICD-10: M75.2 [degenerativ], S46.1 [traumatisch])

Läsionen der distalen Bizepssehne (Klassifikation nach ICD-10: M75.2 [degenerativ], S46.2 [traumatisch])

Verletzungsbild und Symptomatik

Anatomie
Der Bizepsmuskel bestimmt die Kontur der Vorderseite des Oberarms. Er hat zwei schulternahe Ursprünge, die außen liegende lange, runde Bizepssehne entspringt am oberen Rand der Schulterpfanne. Sie verläuft innerhalb der Schultergelenkkapsel über den Oberarmkopf und tritt aus der Kapsel mit einer abgegrenzten Sehnenscheide hervor. Weiter medial entspringt die körpernahe kurze Bizepssehne am Rabenschnabelfortsatz. Im mittleren Anteil des Oberarms vereinigen sich beide Anteile zur proximalen Bizepssehne und gehen in den Bizepsmuskel über. Dieser bildet distal eine sehr kräftige Sehne aus, die an der Speiche ansetzt (distale Bizepssehne).

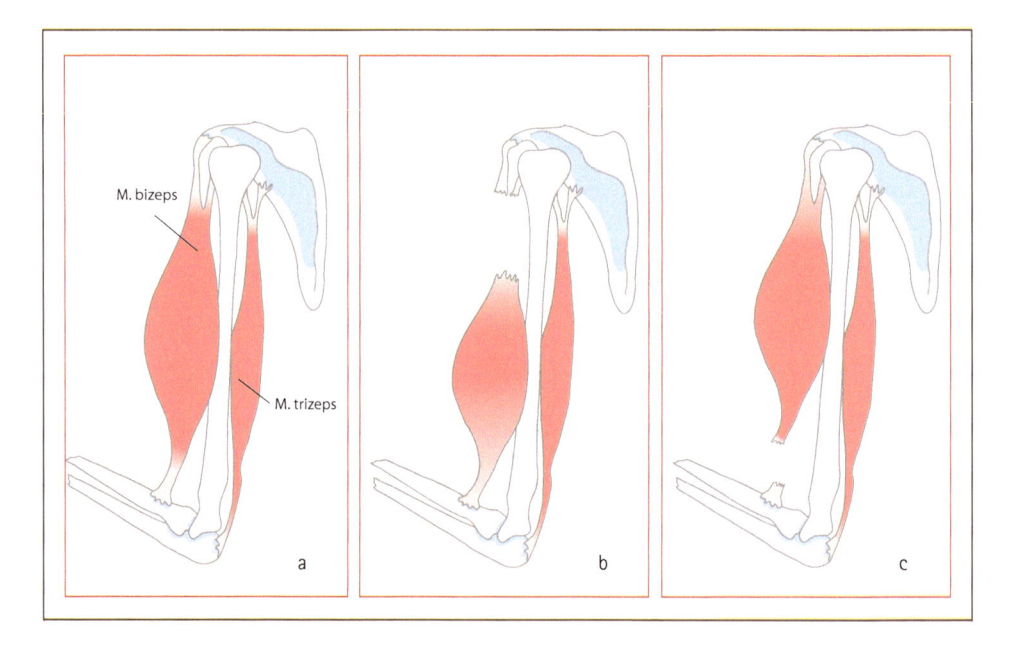

Abb. 9.14:
Die lange, proximale Bizepssehne hat zwei Köpfe, sie entspringen am oberen Rand der Schulterpfanne und am Schulterdach. Distal setzt die kurze Bizepssehne an einer Rauigkeit der Speiche in unmittelbarer Nachbarschaft zum Speichenköpfchen an. Der Bizepsmuskel bestimmt das Aussehen des Oberarms.
b. Die lange Bizepssehne reißt mit zunehmendem Lebensalter häufig spontan. Der Muskelbauch verlagert sich daraufhin in Richtung des Ellenbogens.
c. Reißt die distale, kurze Bizepssehne, so rutscht der Muskel nach oben (proximal).

Entsprechend der anatomischen Lokalisation und der Ursache unterscheidet man zwischen dem
- Riss der proximalen langen Bizepssehne und dem
- Riss der distalen kurzen Bizepssehne.

9.9.1 Riss der proximalen, langen Bizepssehne

Die lange Bizepssehne ist, ebenso wie die Rotatorenmanschette, häufig von degenerativen Veränderungen betroffen. Bei einer degenerativen Ruptur der Rotatorenmanschette verlagert sich die Bizepssehne, sie subluxiert nach medial. Die aus ihrer normalen anatomischen Position gleitende Bizepssehne ist erhöhten mechanischen Belastungen ausgesetzt. Sie neigt nun zu Entzündungen und kann im Laufe der Zeit reißen. Der Riss der langen Bizepssehne ist damit fast immer degenerativ bedingt (Abb. 9.15, 9.16), Unfälle spielen gelegentlich bei jüngeren Sportlern eine Rolle.

Als Folge des Risses der langen Bizepssehne zieht sich der Bizepsmuskel zusam-

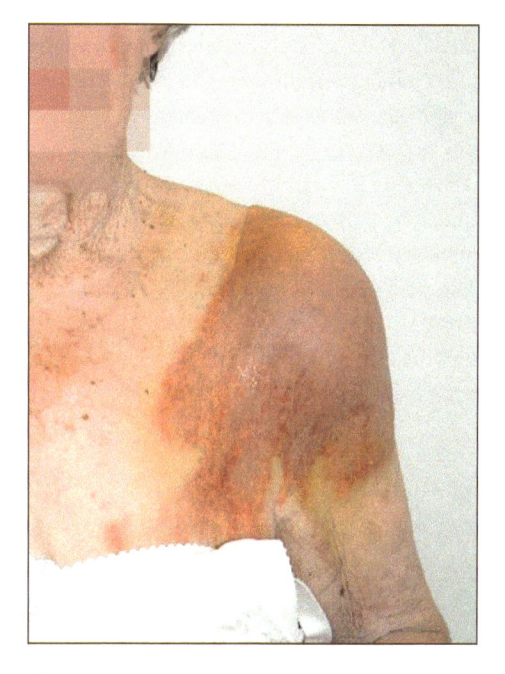

Abb. 9.15:
Die 90-jährige Patientin bemerkte einen großen Bluterguss an der linken Schulter, ohne sich an einen Unfall oder ein besonderes Vorkommnis (zum Beispiel das Anheben einer schweren Last) zu erinnern. Die Untersuchung bestätigte einen degenerativen Riss der langen Bizepssehne. Eine spezifische Therapie war weder möglich noch erforderlich.

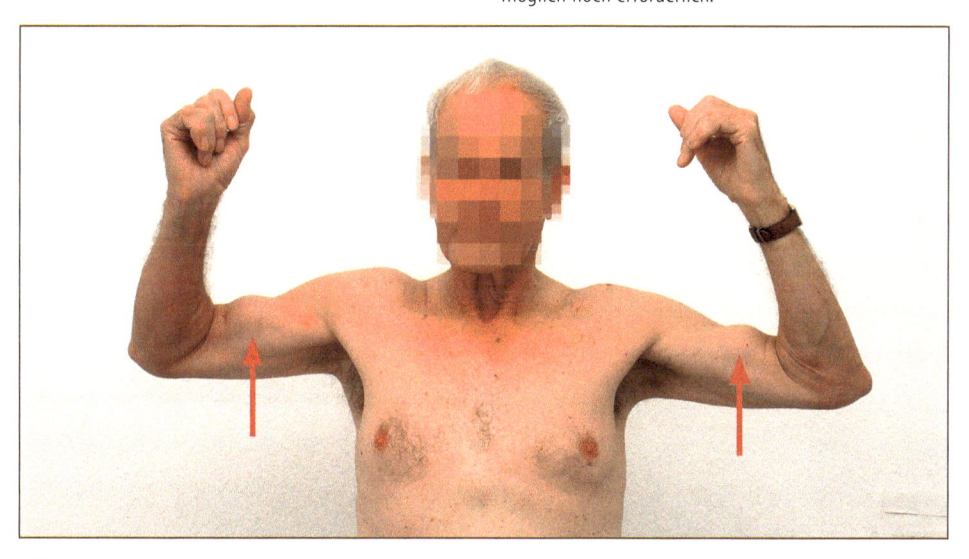

Abb. 9.16:
Degenerative Rupturen der beiden langen Bizepssehnen. Die Muskelbäuche verlagern sich nach distal in Richtung des Ellenbogens. Der 75-jährige Proband beugt beide Unterarme im Ellbogengelenk, der abgerissene Muskel tritt als Wulst hervor.

men und erscheint als dicker, spindelförmiger Muskelwulst am distalen Oberarm. Auf den ersten Blick sieht der Bizepsmuskel kräftiger aus als vor der Ruptur (Abb. 9.16). Der Riss der langen Bizepssehne kann von Schmerzen und einem Bluterguss begleitet werden, er kann auch unbemerkt verlaufen (Abb. 9.15). Mit dem Riss der Sehne geht eine leichte Kraftminderung der Unterarmbeugung einher, die allerdings die Funktion des Ellenbogens nicht wesentlich beeinträchtigt.

9.9.2 Riss der distalen, kurzen Bizepssehne

Risse der distalen Bizepssehne entstehen überwiegend traumatisch. Wirkt eine starke Gewalt auf die vorgespannte Bizepssehne ein, dann kann diese in der Nähe ihres Ansatzes, der Tuberositas radii, reißen (Abb. 9.17). Gelegentlich kann sogar ein Stück des Knochens, an dem die Sehne ansetzt, mit ausreißen. Ein geeigneter Unfallmechanismus ist das plötzliche Auffangen einer unerwartet schweren Last bei gebeugtem Arm,

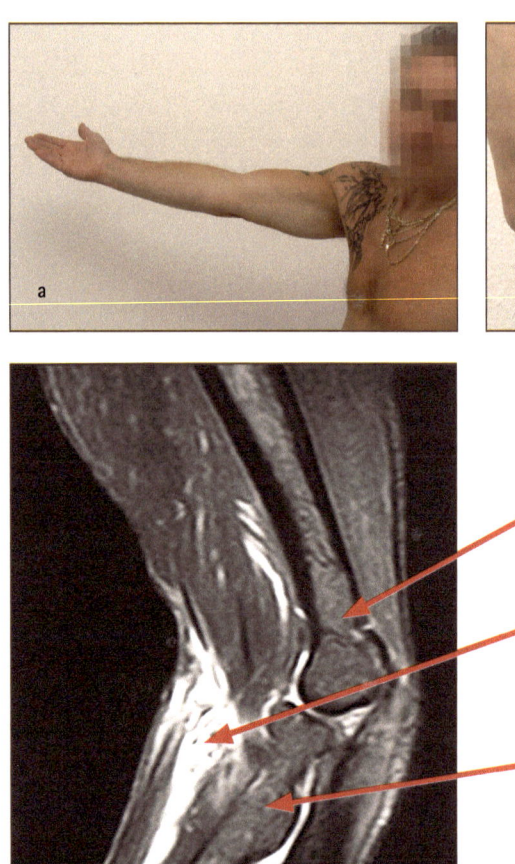

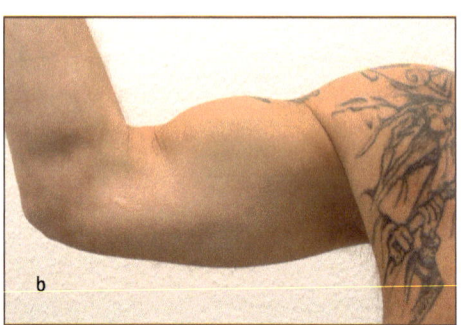

Oberarmknochen (Humerus)

Abriss der kurzen Bizepssehne mit Einblutung

Speiche (Radius)

Abb. 9.17:
Bei dem Versuch, eine 30 kg schwere Last, die von einem Gerüst abgerutscht war, abzufangen, zog sich der 35-jährige Bauarbeiter eine traumatische Ruptur der kurzen Bizepssehne zu (a, b). Kernspintomographisch sind der Abriss und die Einblutung gut zu erkennen (c).

zum Beispiel bei Montagetätigkeiten oder dem Auffangen einer fallenden Person. Degenerative Veränderungen spielen bei distalen Bizepssehnenrissen eine untergeordnete Rolle. Patienten, die sich einen Riss der distalen Bizepssehne zugezogen haben, klagen akut über starke Schmerzen im Ellenbogen. Die Beweglichkeit des Ellenbogens ist eingeschränkt. Meist ist der vordere proximale Anteil des Unterarms (nahe der Ellenbeuge) geschwollen. Da das klinische Bild weniger eindeutig als bei der proximalen Bizepssehnenruptur ist, wird die Diagnose häufig erst mit einer gewissen Verzögerung gestellt.

Therapie der Rupturen der langen und kurzen Bizepssehne

Der Riss der langen Bizepssehne bedarf keiner spezifischen Therapie. Sofern Schmerzen bestehen, können abschwellende und analgetisch wirkende Medikamente eingenommen werden. Eine operative Rekonstruktion der langen Bizepssehne ist nicht Erfolg versprechend.

Da die Kraft des Arms bei einem unbehandelten distalen Riss der Bizepssehne beeinträchtigt bleibt, wird die Sehne operativ refixiert. Bei Teilrupturen oder in höherem Alter kann eine konservative Behandlung mit zeitweiliger Ruhigstellung empfohlen werden. Auch nach einer Operation bleibt die Beweglichkeit des Ellenbogens meist leicht eingeschränkt. Die Kraft bei der Unterarmbeugung kann vermindert sein.

Komplikationen

Nach einem Riss der langen Bizepssehne sind keine Komplikationen zu erwarten. Es verbleibt die kosmetisch auffällige Vorwölbung des Bizepsmuskels im körperfernen Oberarm.

Die unbehandelte Ruptur der distalen Bizepssehne vermindert die Kraft des Unterarms bei der Beugung. Bei operativer Behandlung kann eine Infektion auftreten, die die Funktion des Ellenbogens stärker beeinträchtigt.

Regelhafter Heilverlauf – Auswirkung im täglichen Leben

Die proximale Bizepssehnenruptur kann für einige Tage mit Schmerzen verbunden sein. Die nicht operativ versorgte Ruptur der distalen Bizepssehne hinterlässt eine deutlichere Kraftminderung. Nach operativer Versorgung wird der Arm im Gips oder in einer Orthese ruhig gestellt. Während dieser Zeit kann eine zeitweilige häusliche Unterstützung erforderlich werden.

Medizinische Prognose (Welche Folgen hinterlässt die Verletzung?)

Der Riss der langen Bizepssehne hinterlässt keine wesentlichen funktionellen Folgen. Zu berücksichtigen ist gegebenenfalls eine gewisse kosmetische Beeinträchtigung.

Nach operativer Behandlung eines traumatischen Risses der distalen Bizepssehne sind eine leichte Verminderung der Kraft und eine Einschränkung der Beweglichkeit zu erwarten. Die konkrete Beurteilung kann nur im Einzelfall erfolgen.

Verletzungen der oberen Extremitäten

Medizinisch erforderliche Nachbehandlung	
Stationäre Rehabilitation (AHB)	Nicht erforderlich
Dauer und Frequenz der Physiotherapie nach Eintritt der Verletzung	Lange Bizepssehnen: Keine Physiotherapie erforderlich. Kurze Bizepssehne: Nach operativer Versorgung, Ruhigstellung und Freigabe durch den Operateur vorsichtige Physiotherapie, ca. acht Wochen drei Therapien pro Woche, weitere sechs Wochen je zwei Behandlungen pro Woche
Dauer und Frequenz der Physiotherapie nach Abschluss der Heilung	Nach Erreichung eines annähernd normalen Bewegungsausmaßes kann eine gelegentliche Physiotherapie während des ersten Jahrs nach der Verletzung erforderlich sein, z. B. für sechs Monate eine Behandlung pro Woche.
Künftige operative Behandlungen	Bei komplikationslosem Verlauf nicht erforderlich
Hilfsmittel, Medikamente	Schmerzstillende und abschwellende Medikamente für einige Tage, Salbeneinreibungen

Beeinträchtigung der Arbeitsfähigkeit	
Berufliche Anforderung	Durchschnittliche Dauer der Arbeitsunfähigkeit
Leichte, überwiegend sitzende Tätigkeit	Nach Riss der langen Bizepssehne tritt keine Arbeitsunfähigkeit ein. Nach Riss der kurzen Bizepssehne und operativer Versorgung je nach beruflicher Situation und Beanspruchen des Arms 3-6-12 Wochen
Leichte bis mittelschwere Arbeit	Siehe oben. Die Arbeitsunfähigkeit kann ohne Eintritt von Komplikationen bis zu 16 Wochen betragen.
Schwere körperliche Tätigkeiten und Arbeiten, die den Unterarm maximal belasten	Siehe oben. Eine Arbeitsunfähigkeit von bis zu 20 Wochen kann bei komplikationslosem Verlauf begründet werden.

Bewertung des Haushaltsführungsschadens		
Tätigkeit	Beeinträchtigung (in %) bis zum Abschluss der Rekonvaleszenz	Beeinträchtigung auf Dauer (in %)
Leicht: Planung	Keine Beeinträchtigung	Keine Beeinträchtigung
Mittel: Durchschnittliche Hausarbeiten	Lange Bizepssehne: zwei Wochen 100 %, zwei Wochen 50 % Kurze Bizepssehne operativ behandelt: Nach Entlassung aus stationärer Behandlung vier Wochen 100 %, vier Wochen 50 %, vier Wochen 20 %	Keine Beeinträchtigung
Schwer: Großer Hausputz, Gartenarbeit	Lange Bizepssehne: vier Wochen 100 % Kurze Bizepssehne operativ behandelt: Nach Entlassung aus stationärer Behandlung: zwölf Wochen 100 %, sechs Wochen 50 %	Keine Beeinträchtigung

Bewertung des Dauerschadens	
Versicherungszweig – Rechtsgebiet	Einschätzung des Dauerschadens
Gesetzliche Unfallversicherung: MdE	Lange Bizepssehne: Meist kein Unfall, ggf. unter 10 v. H. – 10 v. H.
	Kurze Bizepssehne: Operativ versorgt 10 v. H., unbehandelt 10 v. H. – 20 v. H.
Private Unfallversicherung: Invalidität	Lange Bizepssehne: Meist kein Unfall oder Berücksichtigung einer Mitwirkung: Beispiel: 2/20 Armwert, 50% Mitwirkung
	Kurze Bizepssehne: Operativ versorgt 1/20 – 3/20 Armwert
	Unbehandelt 2/20 – 3/20 Armwert
Haftpflichtversicherung	Siehe GUV
Gesetzliche Rentenversicherung	Im Allgemeinen keine Bedeutung
Private Berufsunfähigkeitsversicherung	Eine Einschränkung kann sich bei Handwerkern ergeben, die häufig über Kopf bzw. mit stark abgespreizten Arrmen arbeiten und schwere Lasten heben müssen.
Schwerbehindertenrecht, soziales Entschädigungsrecht, Beamtenrecht: GdB, GdS	0 – 10 – 20, je nach Funktionsstörung

9.10 Proximale Humerusfrakturen – Brüche des Oberarmkopfs und des körpernahen Oberarms

Klassifikation nach ICD-10: S42.20

Verletzungsbild und Symptomatik

Von Brüchen des körpernahen Oberarms sind vor allem ältere Menschen betroffen. Dieser Frakturtyp ist relativ häufig und macht etwa 5% aller Frakturen aus. Der körpernahe Oberarmbruch entsteht meist durch den Sturz auf den ausgestreckten Arm. Dieser Unfallmechanismus ruft bei einem jüngeren Menschen eher eine Schulterluxation hervor. Besonders bruchgefährdet ist der Übergang vom Oberarmkopf zum Schaft. Hier befindet sich das sogenannte Collum chirurgicum. Nach einem Bruch des Oberarmkopfs schwellen Schulter und Arm an, der ganze Arm kann sich durch ein ausgedehntes Hämatom blau verfärben. Die Frakturen sind sehr schmerzhaft. Die Brüche des körpernahen Oberarms werden nach unterschiedlichen Kriterien eingestuft. Für die praktische versicherungsmedizinische Bewertung reicht es aus, zwischen unverschobenen, verschobenen und Trümmerbrüchen des Oberarmkopfs zu unterscheiden.

Therapie

Brüche, die keine oder nur eine geringe Verschiebung aufweisen, werden konservativ behandelt. Der Arm wird für einige Tage in einem Desault- oder Gilchristverband ruhiggestellt, danach darf der Patient mit vorsichtigen Pendelübungen beginnen, um einer Einsteifung der Schulter vorzubeugen.

Bei einer stärkeren Dislokation ist eine operative Therapie erforderlich. Die Bruchfragmente werden dabei offen reponiert und anschließend mit K-Drähten, Schrauben oder Platten fixiert. Bei Trümmerfrakturen kann auch die primäre Implantation einer Endoprothese erwogen werden. Je nach Art und Stabilität der Osteosynthese wird die Fraktur frühzeitig krankengymnastisch behandelt.

Komplikationen
Wird die Blutversorgung des Oberarmkopfs gestört, dann besteht die Gefahr einer Humeruskopfnekrose (Absterben des Knochens). Die Fraktur kann den Nervus axillaris und Plexus brachialis schädigen. Als Komplikationen der operativen Behandlung können Gefäß- und Nervenschäden, Infektionen und Dislokationen des Osteosynthesematerials auftreten. Begleitende Weichteilverletzungen (Rotatorenmanschettenläsion) und verbliebene Fehlstellungen des Oberarmkopfs können die Funktion hochgradig beeinträchtigen.

Regelhafter Heilverlauf – Auswirkung im täglichen Leben
Sowohl bei konservativer als auch bei operativer Behandlung ist mit einer mehrwöchigen erheblichen Funktionsbeeinträchtigung des Arms zu rechnen. Während dieser Zeit ist die verletzte Person in der Selbstversorgung und Haushaltsführung auf fremde Hilfe angewiesen. Bei wenig verschobenen, konservativ behandelten Brüchen sind hierfür mindestens vier Wochen zu veranschlagen, ist die Fraktur stark verschoben, so ist für sechs bis zehn Wochen eine Unterstützung im Haushalt erforderlich. Körperlich schwere Arbeiten können für mehrere Monate nicht ausgeführt werden. Bei komplizierten Frakturen bleibt oft eine erhebliche Bewegungseinschränkung bestehen, die es fraglich erscheinen lässt, ob künftig noch Überkopfarbeiten und Tätigkeiten, die den verletzten Arm sehr stark belasten, ausgeführt werden können.

Medizinische Prognose (Welche Folgen hinterlässt die Verletzung?)
Heilt die Fraktur ohne wesentliche Fehlstellung aus, so ist eine weitgehende Wiederherstellung der Funktion der Schulter zu erwarten. Wird der Raum zwischen Oberarmkopf und Schulterdach durch die Fraktur eingeengt, dann kann ein Engpasssyndrom (Impingementsyndrom) entstehen. Stärker dislozierte Frakturen hinterlassen oft eine Bewegungseinschränkung der Schulter und eine Kraftminderung des Arms. Zu berücksichtigen ist die Möglichkeit der Entwicklung einer posttraumatischen Arthrose.

Proximale Humerusfrakturen

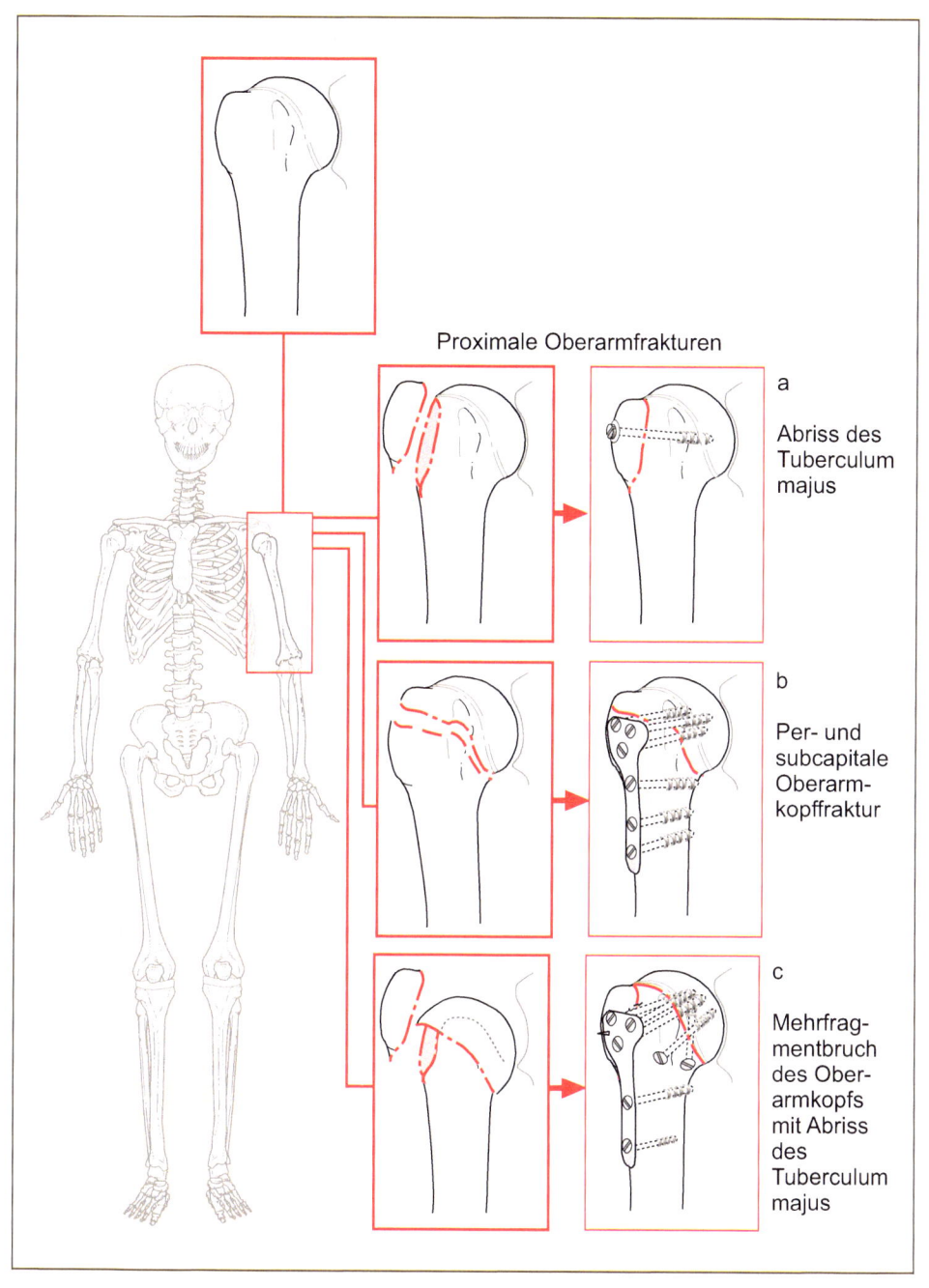

Proximale Oberarmfrakturen

a
Abriss des Tuberculum majus

b
Per- und subcapitale Oberarmkopffraktur

c
Mehrfragmentbruch des Oberarmkopfs mit Abriss des Tuberculum majus

Abb. 9.18:
Operative Versorgung von Frakturen des Oberarmkopfs:
a: Der Abriss des Tuberculum majus wird verschraubt, um zu verhindern, dass der Oberarmhöcker höher tritt und damit den Raum zwischen Oberarmkopf und Schulterdach beeinträchtigt.
b: Plattenosteosynthese einer Oberarmkopffraktur.
c: Versorgung einer komplexen Mehrfragmentfraktur des Oberarmkopfes mit einer Platte und Schrauben.

Verletzungen der oberen Extremitäten

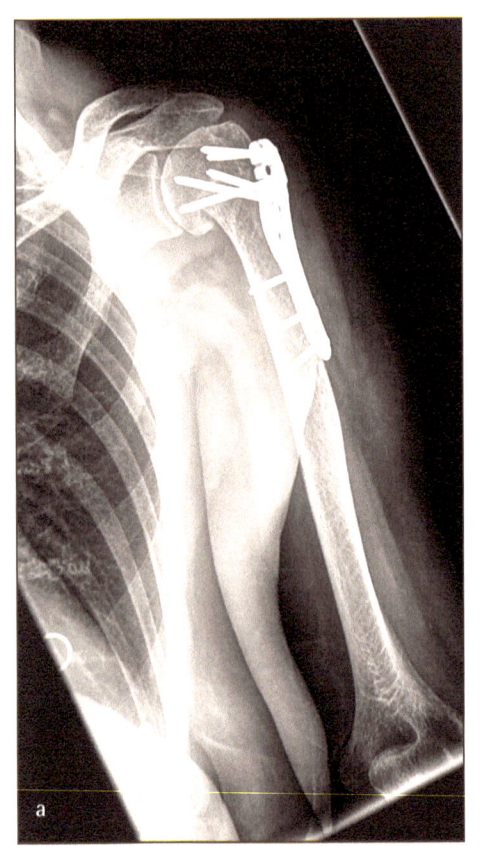

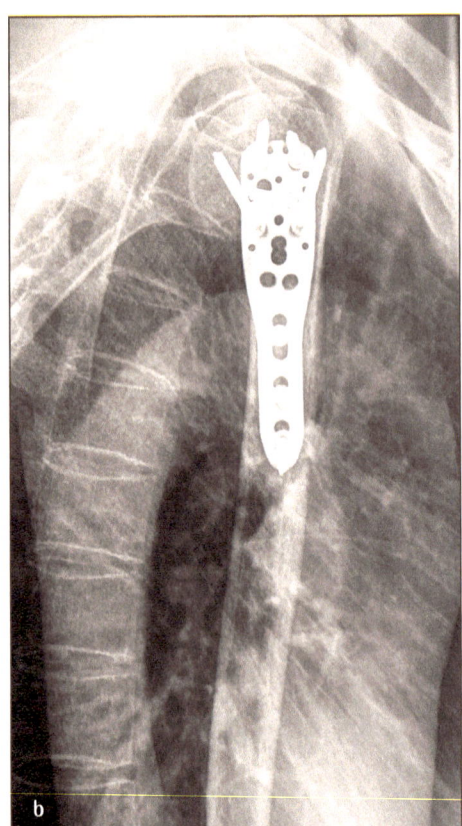

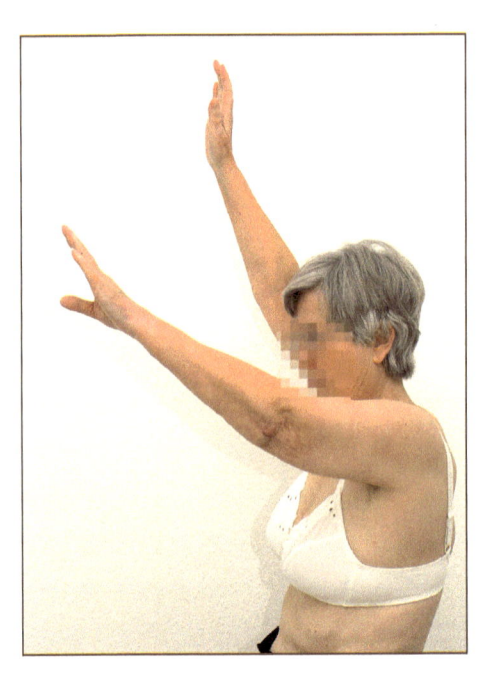

Abb. 9.19:
Die 62-jährige Probandin zog sich eine Oberarmkopffraktur zu, die mit einer winkelstabilen Platte versorgt wurde (a, b). Der Oberarmkopf ist leicht im O-Sinn abgekippt. Trotz der verbliebenen Fehlstellung ist das Ergebnis befriedigend (c).

Medizinisch erforderliche Nachbehandlung	
Stationäre Rehabilitation (AHB)	Bei älteren Verletzten, die einen schlechten allgemeinen Gesundheitszustand aufweisen, kann eine AHB erforderlich sein.
Dauer und Frequenz der Physiotherapie nach Eintritt der Verletzung	Anfänglich kurze Ruhigstellung in einem Verband, frühzeitige Pendelübungen. Nach Freigabe durch den behandelnden Arzt / Operateur vorsichtige Physiotherapie, ca. acht Wochen drei Therapien pro Woche, weitere sechs Wochen je zwei Behandlungen pro Woche
Dauer und Frequenz der Physiotherapie nach Abschluss der Heilung	Nach Erreichung eines befriedigenden Bewegungsausmaßes kann gelegentlich eine Physiotherapie während des ersten Jahres nach der Verletzung erforderlich sein, z. B. eine Behandlung pro Woche.
Künftige operative Behandlungen	Bei komplikationslosem Verlauf nicht erforderlich, das Metall wird meist belassen.
Hilfsmittel, Medikamente	Schmerzstillende und abschwellende Medikamente nach dem Unfall, gelegentlich auch für einen längeren Zeitraum

Beeinträchtigung der Arbeitsfähigkeit	
Berufliche Anforderung	Durchschnittliche Dauer der Arbeitsunfähigkeit
Leichte, überwiegend sitzende Tätigkeit	3 – 8 Wochen
Leichte bis mittelschwere Arbeit	6 – 16 Wochen
Schwere körperliche Tätigkeiten und Arbeiten, die zum Teil über Kopf verrichtet werden	4 – 8 Monate, bleibende Einschränkungen der Beweglichkeit der Schulter können Überkopfarbeiten und schwere handwerkliche Arbeiten auf Dauer ausschließen.

Bewertung des Haushaltsführungsschadens			
Tätigkeit	Beeinträchtigung (in %) bis zum Abschluss der Rekonvaleszenz	Beeinträchtigung auf Dauer (in %)
Leicht: Planung	Unverschobene Frakturen beeinträchtigen planerische Tätigkeiten nicht. Bei operativ versorgten Brüchen ist eine Beeinträchtigung von 100 % für zwei Wochen nach der Klinikentlassung anzunehmen.	Keine Beeinträchtigung
Mittel: Durchschnittliche Hausarbeiten	Unverschobene Frakturen, konservativ behandelt: 100 % für vier bis sechs Wochen, 50 % für weitere vier Wochen. Operativ behandelte Brüche: 100 % für vier bis zwölf Wochen, 50 % für weitere vier bis acht Wochen	Unverschobene Brüche, komplikationsloser Verlauf nach operativer Therapie: keine Beeinträchtigung. Bei Trümmerfrakturen oder sehr ungünstigem Verlauf kann eine Beeinträchtigung von 20 % verbleiben.
Schwer: Großer Hausputz, Gartenarbeit	Unverschobene Frakturen: 100 % für zwölf Wochen, 50 % für weitere vier Wochen. Operativ behandelte Brüche: 100 % für zwölf bis 16 Wochen, 50 % für weitere vier bis acht Wochen	Bei Trümmerfrakturen oder sehr ungünstigem Verlauf kann eine Beeinträchtigung von 30 % verbleiben.

Bewertung des Dauerschadens	
Versicherungszweig – Rechtsgebiet	Einschätzung des Dauerschadens
Gesetzliche Unfallversicherung: MdE	Unter 10 v. H. – 10 v. H. – 20 v. H.
Private Unfallversicherung: Invalidität	1/20 – 5/20 Armwert
Haftpflichtversicherung	Siehe GUV
Gesetzliche Rentenversicherung	Im Allgemeinen keine Bedeutung
Private Berufsunfähigkeitsversicherung	Eine Einschränkung kann sich bei Handwerkern ergeben, die häufig über Kopf bzw. mit stark abgespreizten Armen arbeiten und schwere Lasten heben müssen.
Schwerbehindertenrecht, soziales Entschädigungsrecht, Beamtenrecht: GdB, GdS	0 – 10 – 20, je nach Funktionsstörung der Schulter

9.11 Humerusfraktur – Oberarmschaftfraktur

Klassifikation nach ICD-10: S42.3

Verletzungsbild und Symptomatik

Oberarmschaftbrüche entstehen durch indirekte oder direkte Gewalteinwirkungen. Bei indirekter Gewalteinwirkung können sich Spiralfrakturen mit einem Drehkeil ausbilden. Direkte Gewalteinwirkungen erzeugen unterschiedliche Bruchformen, die von Weichteilschäden begleitet sein können. Am Ort der Fraktur wird der Oberarm beweglich, er verkürzt sich und kann sich verdrehen. Um Schmerzen zu vermeiden, fixiert der Verletzte den Oberarm reflektorisch am Brustkorb. Da der Radialisnerv sich von dorsal um den Oberarm windet, ist die Gefahr einer Nervenschädigung groß. Bei einer Verletzung des Nervs durch die Bruchfragmente oder einen operativen Eingriff entsteht eine typische Fallhand, die Hand kann nicht aktiv angehoben werden, ohne Unterstützung „fällt" die Hand nach unten (Vorlarflektion im Handgelenk). Der Bruch kann auch die Arteria radialis schädigen.

Therapie

Sofern keine Besonderheiten (Weichteilverletzungen, Lähmung, Arterienverletzung) auftreten, wird der Oberarmschaftbruch konservativ behandelt. Der Oberarm kann mit einem Desault-Gipsverband oder einer Orthese oder frühfunktionell behandelt werden. Der Oberarm wird für ungefähr sechs Wochen geschient. Bereits während dieser Zeit beginnt eine Krankengymnastik, die nach Abnahme der Orthese oder des stabilisierenden Verbandes fortgeführt wird.

Begleitverletzungen, Polytraumen und vorbestehende Erkrankungen des Schulter- und Ellenbogengelenks können eine Indikation für eine operative Behandlung darstellen. Dabei kommen die Plattenosteosynthese, intramedulläre Stabilitätsträger und der äußere Spannrahmen (Fixateur externe) in Betracht. Um die Gefahr der Schädigung des N. radialis bei der Plattenosteosynthese zu umge-

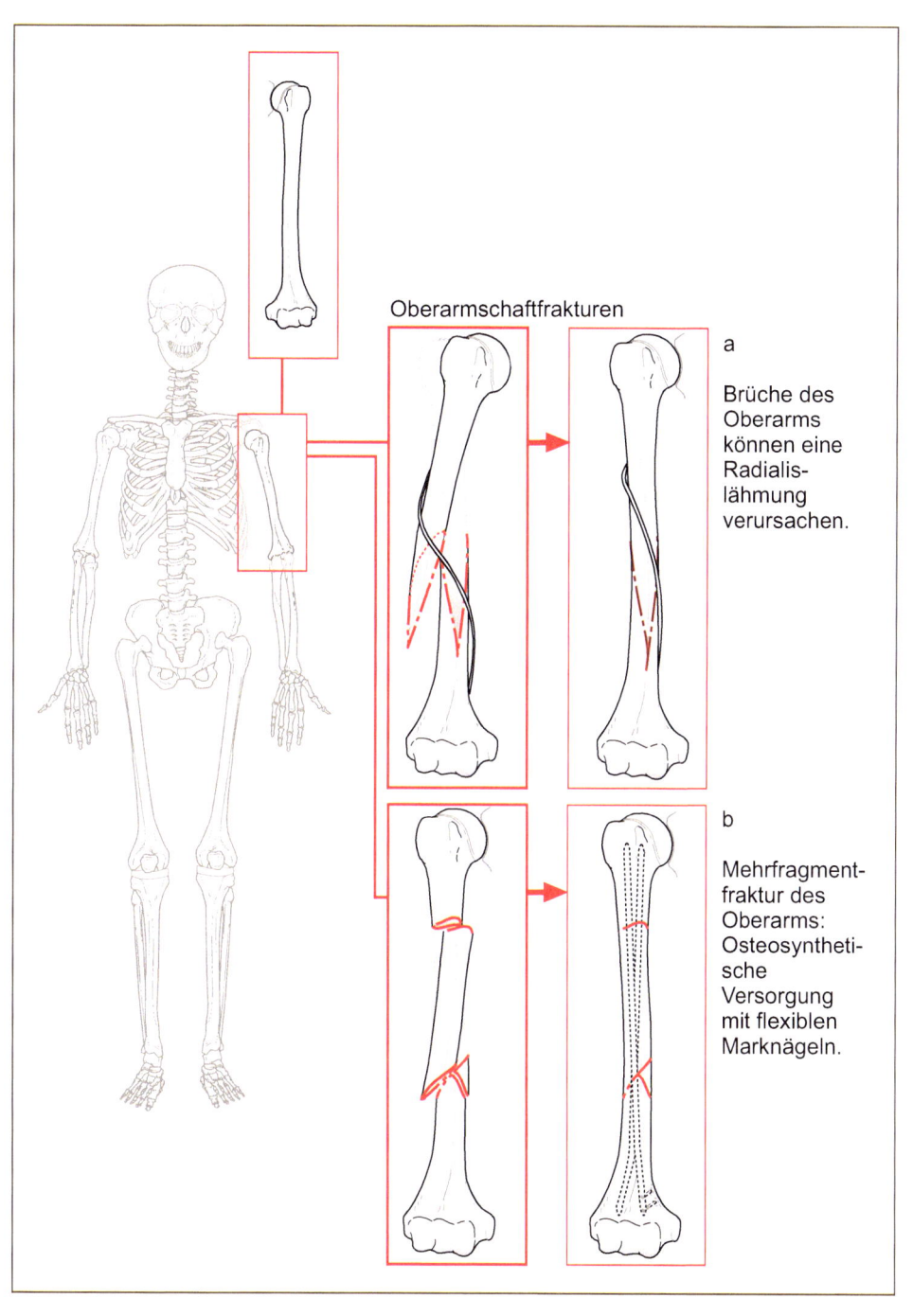

Humerusfraktur – Oberarmschaftbruch

Oberarmschaftfrakturen

a
Brüche des Oberarms können eine Radialis-lähmung verursachen.

b
Mehrfragment-fraktur des Oberarms: Osteosyntheti-sche Versorgung mit flexiblen Marknägeln.

Abb. 9.20:
Oberarmschaftbrüche können konservativ oder operativ versorgt werden. Eine nicht seltene Komplikation ist eine Lähmung der Hand. Der für die Hebung der Hand verantwortliche Radialisnerv verläuft in enger Nachbarschaft zum Humerus (a) und kann durch die Bruchfragmente oder Druck geschädigt werden. Der Oberarmschaft kann unter anderem durch elastische Nägel (b) stabilisiert werden.

Verletzungen der oberen Extremitäten

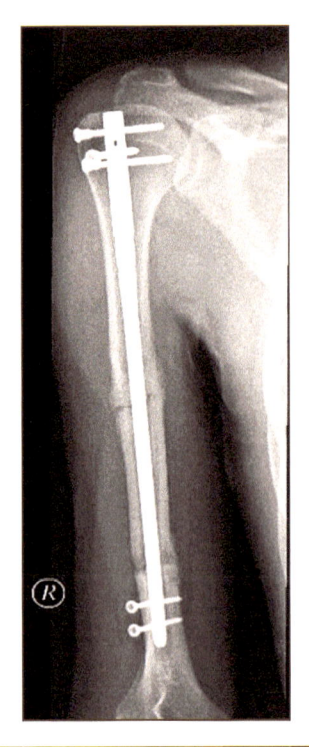

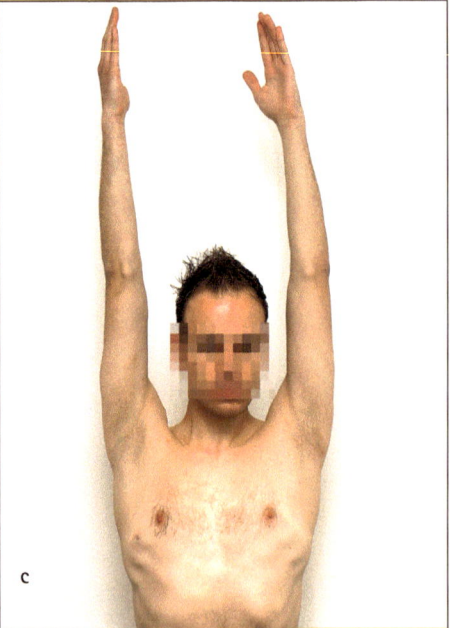

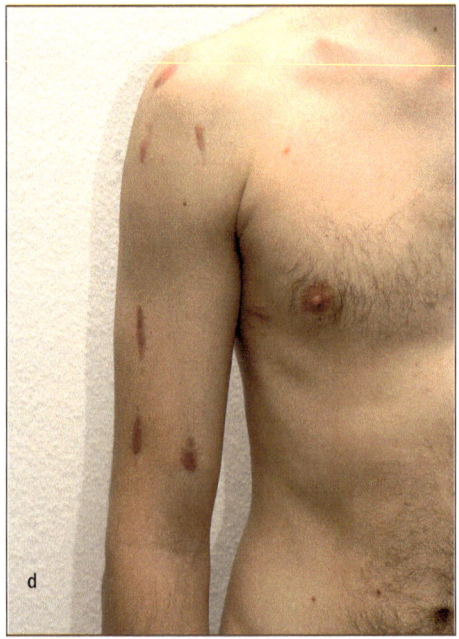

Abb. 9.21:
Folgen eines nächtlichen Verkehrsunfalls nach einem Discothekbesuch: Der 19-jährige Fahrer wurde polytraumatisiert, er erlitt unter anderem einen doppelten Oberarmbruch rechts, der durch einen Marknagel (a) stabilisiert wurde. Das funktionelle Ergebnis ist sehr gut. Sechs Monate nach dem Unfall sind die Bruchlinien noch erkennbar. Der Nagel wird ein bis zwei Jahre nach der Verletzung entfernt.

hen, wird häufig die innere Markraumstabilisierung mit elastischen Prevot-Nägeln oder die Verriegelungsnagelung (Abb. 9.21a) gewählt. Bei polytraumatisierten Patienten bietet sich als minimalinvasiver Eingriff eine Interimsversorgung mit einem Fixateur externe an. Dieser kann später durch eine Markraumstabilisierung ersetzt werden. Ein Nachteil der Verriegelungsnagelung ist der Zugang über den lateralen Oberarmkopf. Hierdurch wird die Entstehung eines Engpasssyndroms der Schulter begünstigt. Die Heilungstendenz der Oberarmschaftbrüche ist auch bei operativer Therapie günstig.

Komplikationen

Lähmung des Nervus radialis, Verletzung der Arteria radialis, Entwicklung eines Falschgelenks, bei operativer Behandlung Gefahr der Infektion.

Regelhafter Heilverlauf – Auswirkung im täglichen Leben

Sowohl bei operativer als auch bei konservativer Behandlung ist eine deutliche Beeinträchtigung für sechs bis acht Wochen anzunehmen. Zumindest während der ersten vier Wochen ist eine häusliche Unterstützung erforderlich.

Medizinische Prognose (Welche Folgen hinterlässt die Verletzung?)

Die Oberarmfraktur weist eine sehr gute Tendenz zur Heilung auf. Sofern keine Komplikationen auftreten, ist nicht mit schwerwiegenden Funktionsbeeinträchtigungen zu rechnen. Nach Verheilung der Fraktur kann eine leichte Bewegungseinschränkung des Schultergelenks, seltener auch des Ellenbogengelenks, verbleiben.

Medizinisch erforderliche Nachbehandlung	
Stationäre Rehabilitation (AHB)	Bei älteren Verletzten, die einen schlechten allgemeinen Gesundheitszustand aufweisen, kann eine AHB erforderlich sein.
Dauer und Frequenz der Physiotherapie nach Eintritt der Verletzung	Anfänglich kurze Ruhigstellung in einem Verband, frühzeitige Pendelübungen. Nach Freigabe durch den behandelnden Arzt / Operateur vorsichtige Physiotherapie, ca. acht Wochen zwei bis drei Therapien pro Woche, weitere sechs Wochen je ein bis zwei Behandlungen pro Woche
Dauer und Frequenz der Physiotherapie nach Abschluss der Heilung	Nach Erreichung eines befriedigenden Bewegungsausmaßes kann eine gelegentliche Physiotherapie für weitere drei Monate erforderlich sein, z. B. eine Behandlung pro Woche.
Künftige operative Behandlungen	Platten werden wegen der Gefahr einer Schädigung des Radialisnerven meist belassen, Marknägel nach ein bis zwei Jahren entfernt.
Hilfsmittel, Medikamente	Schmerzstillende und abschwellende Medikamente kurzzeitig nach dem Unfall

Beeinträchtigung der Arbeitsfähigkeit

Berufliche Anforderung	Durchschnittliche Dauer der Arbeitsunfähigkeit
Leichte, überwiegend sitzende Tätigkeit	4–12 Wochen
Leichte bis mittelschwere Arbeit	8–16 Wochen
Schwere körperliche Tätigkeiten und Arbeiten, die zum Teil über Kopf verrichtet werden	4–8 Monate, bleibende Einschränkungen der Beweglichkeit der Schulter bzw. des Ellenbogens können Überkopfarbeiten und schwere handwerkliche Arbeiten auf Dauer ausschließen.

Bewertung des Haushaltsführungsschadens

Tätigkeit	Beeinträchtigung (in %) bis zum Abschluss der Rekonvaleszenz	Beeinträchtigung auf Dauer (in %)
Leicht: Planung	100 % für eine Woche nach Entstehung der Fraktur oder nach Entlassung	Keine Beeinträchtigung
Mittel: Durchschnittliche Hausarbeiten	Je nach Befund: 100 % drei bis sechs Wochen, 50 % für weitere vier Wochen, 20 % für die sich anschließenden zwei Monate	Keine Beeinträchtigung
Schwer: Großer Hausputz, Gartenarbeit	100 % für 16 Wochen, 50 % für weitere acht Wochen, 20 % für die anschließenden acht Wochen	Im Allgemeinen keine Beeinträchtigung

Bewertung des Dauerschadens

Versicherungszweig – Rechtsgebiet	Einschätzung des Dauerschadens
Gesetzliche Unfallversicherung: MdE	Unter 10 v. H. – 10 v. H. – 20 v. H.
Private Unfallversicherung: Invalidität	1/20 – 5/20 Armwert
Haftpflichtversicherung	Siehe GUV
Gesetzliche Rentenversicherung	Im Allgemeinen keine Bedeutung
Private Berufsunfähigkeitsversicherung	Eine Einschränkung kann sich bei Handwerkern ergeben, die auf die volle Funktionsfähigkeit von Schulter und Ellenbogen angewiesen sind und schwere Lasten bewegen müssen.
Schwerbehindertenrecht, soziales Entschädigungsrecht, Beamtenrecht: GdB, GdS	0 – 10 – 20, je nach Funktionsstörung des Arms

9.12 Per- und suprakondyläre Frakturen – körperferne Oberarmbrüche mit Beteiligung des Ellenbogengelenks

Klassifikation nach ICD-10: S42.4-

Anatomie
Das Ellenbogengelenk ermöglicht sowohl die Beugung und Streckung im Ellenbogen als auch die Drehung der Hand und des Unterarms nach innen (Pronation) und nach außen (Supination). Die Hauptbewegung des Ellenbogens ist die Scharnierbewegung, die sich zwischen den Rollen des Oberarms, dem Ellenbogen und dem Speichenköpfchen abspielt. Die Drehbewegung des Unterarms wird durch das körpernahe Ellen-Speichengelenk ermöglicht. Wesentliche Bedeutung hat das Speichenköpfchen, das in einem Ringband stabilisiert wird. Bei Ellenbogenfrakturen können Gefäße und Nerven verletzt werden. Durch die Ellenbeuge verläuft der Nervus medianus und die Arteria brachialis. Der Ellennerv verläuft um den ellenwärtigen Oberarm („Musikantenknochen"), der Nervus radialis tritt ebenfalls in die vordere Ellenbeuge ein.

Verletzungsbild und Symptomatik
Brüche des körperfernen Oberarms, bei denen das Ellenbogengelenk beteiligt ist, können sowohl durch einen Sturz auf den gebeugten Ellenbogen als auch durch einen Sturz auf den Arm entstehen. Der Ellenbogen schwillt an, der Verletzte hält den Arm in einer Schonhaltung, kurze Zeit später bildet sich ein Bluterguss aus. Im Röntgenbild zeigt sich oft eine y-förmige Frakturlinie, die auf einen Mehrfragmentbruch hinweist. Es können allerdings auch isolierte Abbrüche des ellen- oder speichenwärtigen Oberarmknochens (Epikondylus) auftreten. Ungünstig gelegene Frakturen können von Gefäß- und Nervenverletzungen begleitet werden.

Therapie
Um eine möglichst exakte anatomische Rekonstruktion zu erreichen, ist ein operatives Vorgehen erforderlich. Gefäß- und Nervenschäden sind zu versorgen. Die Frakturen werden durch Schrauben und Platten stabilisiert. Postoperativ wird eine Gipsschiene angelegt. Aus der Schiene können dann vorsichtig geführte Bewegungen ausgeführt werden. Die Schiene kann abgenommen werden, wenn der Bruch ausreichend übungsstabil erscheint. Die physiotherapeutische Nachbehandlung wird bis zum Abschluss der Bruchheilung durchgeführt. Bis zur Ausheilung ist ein Zeitraum von drei bis vier Monaten zu veranschlagen.

Komplikationen
Läsion der N. ulnaris, radialis und medianus. Häufiger verbleibt eine leichtere Beeinträchtigung des Ellennervs, die eine Gefühlsabschwächung von Ring- und Kleinfinger nach sich zieht. Infekt nach operativer Versorgung, Gefäßschäden, Verkalkung des Weichteilgewebes um das Ellenbogengelenk mit stärkerer Bewegungseinschränkung.

Regelhafter Heilverlauf – Auswirkung im täglichen Leben
Der Ellenbogen ist so lange in einer Schiene ruhig zu stellen, bis die Wunde verheilt und die Fraktur so weit belastbar ist, dass Bewegungsübungen durchgeführt werden können. Der Verletzte ist durchschnittlich für vier bis acht Wochen auf häusliche Unterstützung angewiesen. Die Physiotherapie wird über einen Zeitraum von drei bis vier Monaten er-

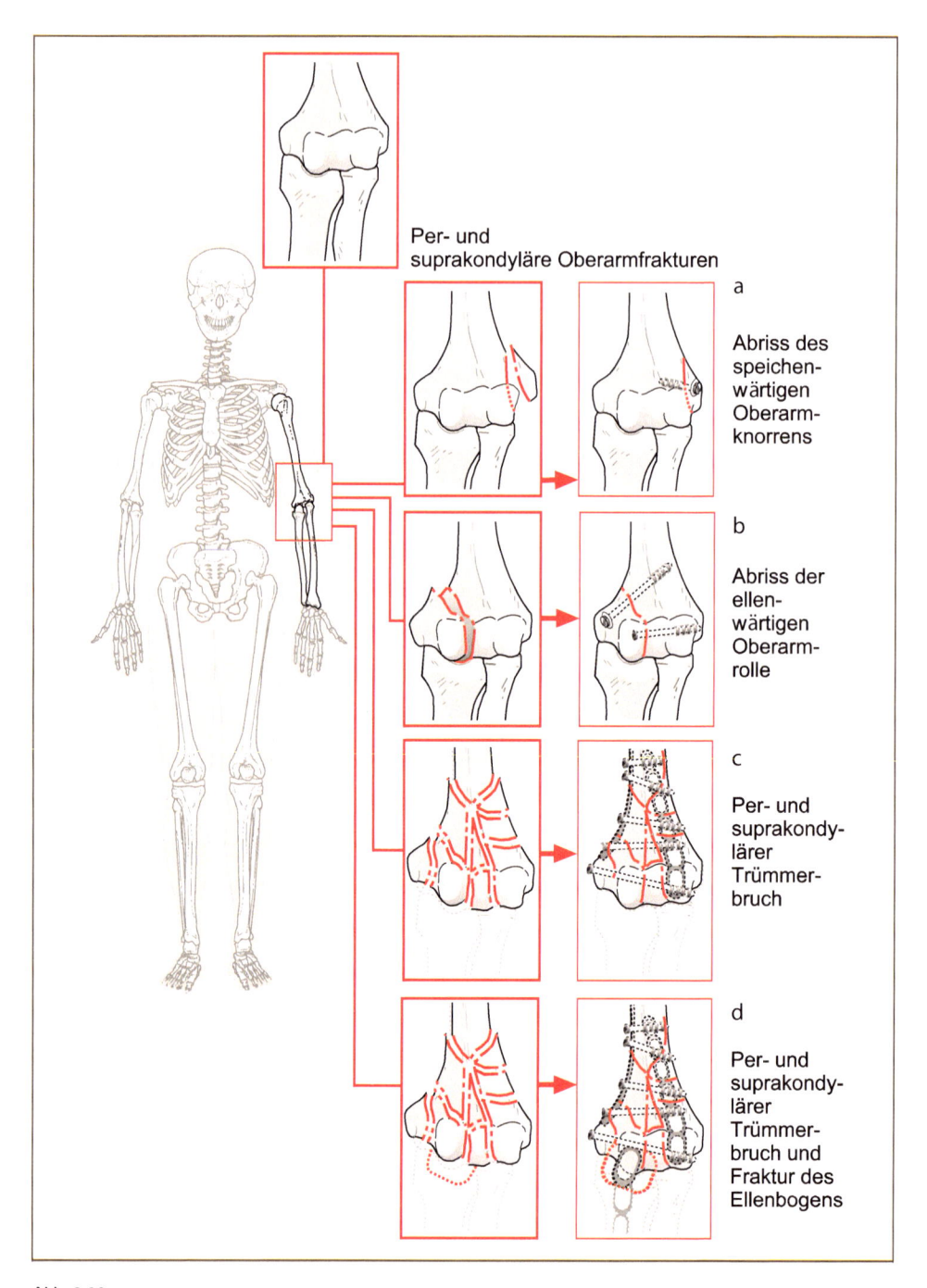

Verletzungen der oberen Extremitäten

Abb. 9.22:
Operative Versorgung von per- und suprakondylären Frakturen: a: Verschraubung des Abrisses des speichenwärtigen Oberarmknorrens. b: Stabilisierung einer Fraktur der ellenwärtigen Oberarmrolle. c: Die Trümmerfraktur der Oberarmrollen und des distalen Endes des Humerus wurde durch zwei Platten geschient. d: Zusätzlich zur Trümmerfraktur der Oberarmrollen kam es auch zu einem Bruch des Ellenbogens, der mit einer weiteren Platte versorgt wurde.

Per- und suprakondyläre Frakturen

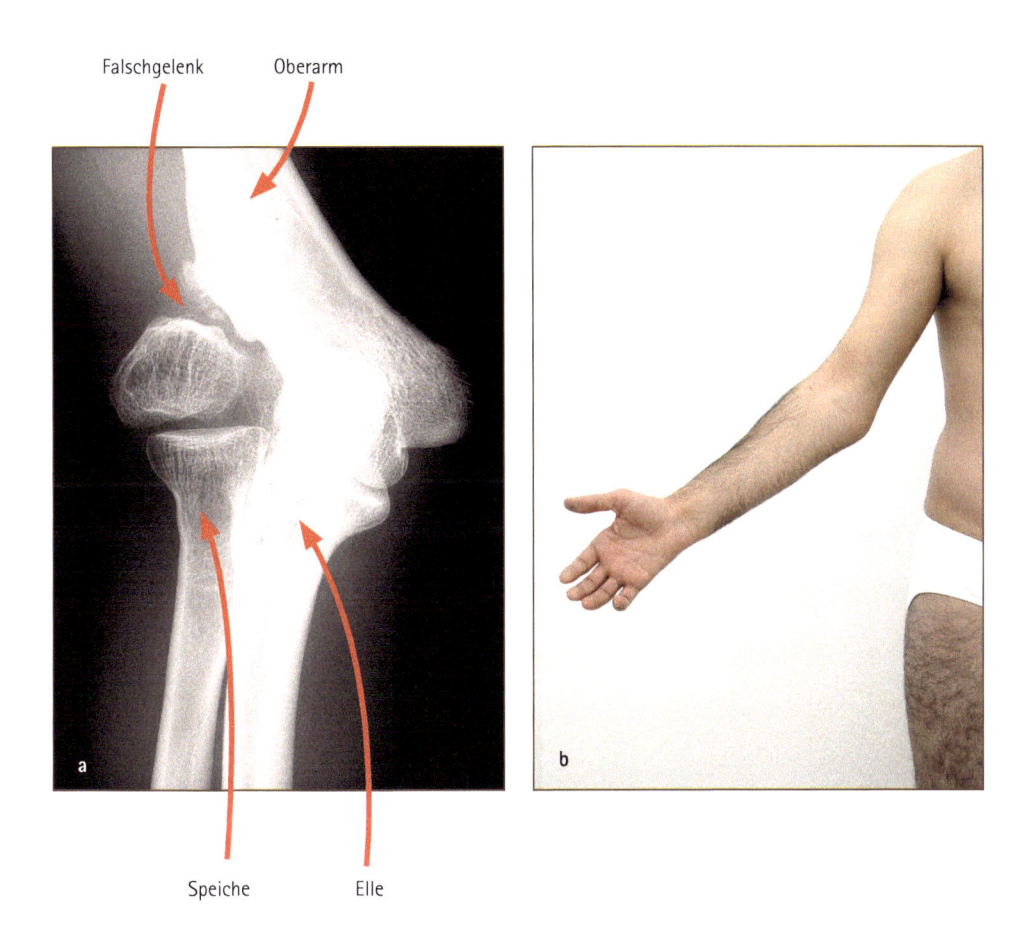

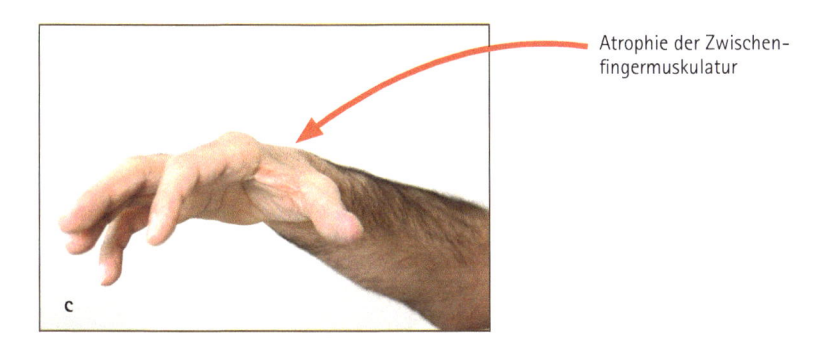

Falschgelenk   Oberarm

Speiche   Elle

Atrophie der Zwischenfingermuskulatur

Abb. 9.23:
Wird die suprakondyläre Oberarmfraktur nicht adäquat behandelt, so können – wie bei diesem 45-jährigen Probanden – gravierende Funktionsbeeinträchtigungen verbleiben: Im Kindesalter zog sich der Proband eine perkondyläre Fraktur zu. Der Abriss der Oberarmrolle verheilte nicht. Es entstand ein Falschgelenk (Pseudarthrose [a]). Die Beweglichkeit blieb eingeschränkt (b). Durch die Verletzung wurde der Ellennerv geschädigt, die Fingerbinnenmuskulatur zwischen erstem und zweitem Mittelhandknochen atrophierte (c).

forderlich, auch danach ist gelegentlich eine Weiterbehandlung medizinisch notwendig, um die Beweglichkeit zu erhalten oder noch zu verbessern. Bis zur vollen Belastbarkeit ist der Verletzte nicht in der Lage, Lasten zu heben oder zu tragen und ein Kraftfahrzeug zu steuern.

Medizinische Prognose (Welche Folgen hinterlässt die Verletzung?)

Bei komplexen Frakturen ist mit einer Bewegungseinschränkung des Ellenbogengelenks zu rechnen. Diese kann sowohl für die Scharnierbewegung als auch für die Umwendbewegung gelten. Die detaillierte Beurteilung ist auf den Einzelfall abzustellen.

Medizinisch erforderliche Nachbehandlung	
Stationäre Rehabilitation (AHB)	Bei älteren Verletzten, die einen schlechten allgemeinen Gesundheitszustand aufweisen, kann eine AHB erforderlich sein.
Dauer und Frequenz der Physiotherapie nach Eintritt der Verletzung	Nach operativer Rekonstruktion Ruhigstellung in einer stabilisierenden Schiene. Nach Freigabe durch den behandelnden Arzt / Operateur vorsichtige Bewegungsübungen aus der Schiene, anschließend Physiotherapie, ca. acht Wochen zwei bis drei Therapien pro Woche, weitere sechs Wochen je ein bis zwei Behandlungen pro Woche
Dauer und Frequenz der Physiotherapie nach Abschluss der Heilung	Nach Erreichung eines befriedigenden Bewegungsausmaßes kann gelegentlich eine Physiotherapie innerhalb des ersten Jahres nach Eintritt der Verletzung erforderlich sein, z. B. eine Behandlung pro Woche.
Künftige operative Behandlungen	Je nach Befund kann eine vollständige oder teilweise Metallentfernung angezeigt sein. Steift das Ellenbogengelenk ein, kann eine Lösungsoperation (Arthrolyse) erforderlich werden.
Hilfsmittel, Medikamente	Schmerzstillende und abschwellende Medikamente bis zum Abklingen der akuten Symptomatik

Beeinträchtigung der Arbeitsfähigkeit	
Berufliche Anforderung	Durchschnittliche Dauer der Arbeitsunfähigkeit
Leichte, überwiegend sitzende Tätigkeit	4 – 12 Wochen
Leichte bis mittelschwere Arbeit	8 – 16 Wochen
Schwere körperliche Tätigkeiten und Arbeiten, die zum Teil über Kopf verrichtet werden	4 – 8 Monate, bleibende Einschränkungen der Beweglichkeit des Ellenbogens können Überkopfarbeiten und schwere handwerkliche Arbeiten auf Dauer ausschließen.

Bewertung des Haushaltsführungsschadens		
Tätigkeit	Beeinträchtigung (in %) bis zum Abschluss der Rekonvaleszenz	Beeinträchtigung auf Dauer (in %)
Leicht: Planung	100 % für zwei Woche nach Entstehung der Fraktur oder Entlassung	Keine Beeinträchtigung
Mittel: Durchschnittliche Hausarbeiten	Je nach Befund: 100 % sechs bis zwölf Wochen, 50 % für weitere acht Wochen, 20 % für die sich anschließenden zwei Monate	Sofern keine Komplikationen auftreten, verbleibt keine Beeinträchtigung.
Schwer: Großer Hausputz, Gartenarbeit	100 % für 16 Wochen, 50 % für weitere sechs Wochen, 20 % für die anschließenden sechs Wochen	Im Allgemeinen keine Beeinträchtigung, bei ungünstigem Verlauf 10 % bis 20 %

Bewertung des Dauerschadens	
Versicherungszweig – Rechtsgebiet	Einschätzung des Dauerschadens
Gesetzliche Unfallversicherung: MdE	Unter 10 v. H. – 10 v. H. – 20 v. H.
Private Unfallversicherung: Invalidität	1/20 – 5/20 Armwert
Haftpflichtversicherung	Siehe GUV
Gesetzliche Rentenversicherung	Im Allgemeinen keine Bedeutung
Private Berufsunfähigkeitsversicherung	Eine Einschränkung kann sich bei Handwerkern ergeben, die auf die volle Funktionsfähigkeit des Ellenbogens angewiesen sind und schwere Lasten bewegen müssen.
Schwerbehindertenrecht, soziales Entschädigungsrecht, Beamtenrecht: GdB, GdS	0 – 10 – 20, je nach Funktionsstörung des Arms

9.12.1 Per- und suprakondyläre Oberarmfraktur beim Kind

Verletzungsbild und Symptomatik

Brüche des körperfernen Oberarms sind bei Kindern häufig. Die bei einem Sturz auf die Hand einwirkende Kraft wird über den Unterarm auf das Ellenbogengelenk weitergeleitet und kann dadurch den Oberarm in Höhe der Oberarmrollen oder kurz darüber brechen. Das ellenbogennahe Fragment verschiebt sich nach hinten, das körpernahe Bruchfragment nach vorne. Hierdurch ist die Gefahr von Gefäß- und Nervenverletzungen gegeben.

Therapie

Sofern bei konservativer Therapie keine exakte anatomische Reposition möglich ist oder die Bruchfragmente nicht in einer korrekten Stellung gehalten werden können, ist eine operative Versorgung erforderlich. Um die Wachstumsfugen des Kindes nicht zu beschädigen, wird das Repositionsergebnis lediglich mit stabilen Drähten (K-Drähten) und nicht mit Schrauben stabilisiert. Die K-Drähte können sowohl versenkt als auch perkutan eingebracht werden. Leichte Abknickun-

Verletzungen der oberen Extremitäten

gen in Pfeilrichtung korrigieren sich selbst, verbleibende Achsabweichungen im O- oder X-Sinne und Rotationsfehlstellungen können allerdings die Funktion des Ellenbogens erheblich beeinträchtigen. Postoperativ wird ein Gipsverband oder eine Schiene für vier bis fünf Wochen angelegt. Perkutan eingebrachte Drähte können bereits drei bis vier Wochen nachdem die Fraktur genügend knorpeligen Kallus gebildet hat, gezogen werden. Versenkte K-Drähte werden nach ungefähr sechs Wochen entfernt.

Komplikationen

Läsion des N. ulnaris, Infekt nach operativer Versorgung, Bewegungseinschränkung des Ellenbogengelenks, Achsabweichungen und Rotationsfehler. Eine schwere, wenngleich seltene Komplikation ist die Volkmannsche Kontraktur. Sie kann Folge einer Gefäß- und Nervenverletzung oder eines zu engen Verbandes sein, der die Sauerstoff- und Nährstoffversorgung der Unterarmmuskulatur beeinträchtigt. Dabei kann die beugewärtige Unterarmmuskulatur zum Teil absterben. Im

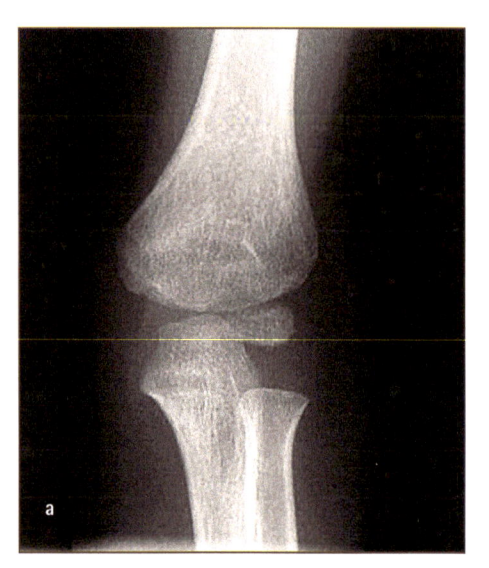

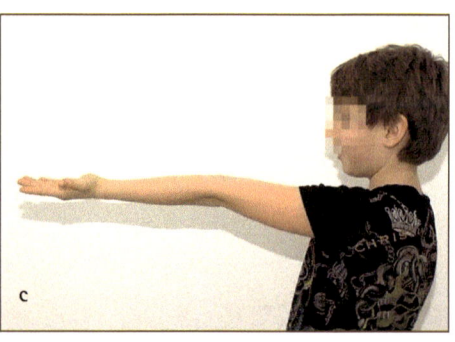

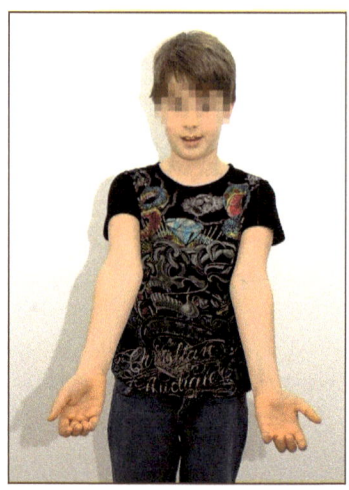

Abb. 9.24:
Der nun neunjährige Junge zog sich vier Jahre zuvor eine suprakondyläre Oberarmfraktur links zu, die mit K-Drähten stabilisiert wurde. Die Stifte wurden wenige Wochen später entfernt. Der Bruch ist nicht mehr zu erkennen (a). Die Funktion des linken Ellenbogengelenks ist ungestört (b, c). Erkennbar ist noch eine minimale Abweichung der Achse des linken Arms im X-Sinne (d).

Spätstadium ist die Funktion der Hand hochgradig beeinträchtigt, Handgelenk und Finger steifen in Fehlstellung ein.

Regelhafter Heilverlauf – Auswirkung im täglichen Leben

Eine funktionelle Beeinträchtigung ergibt sich einerseits aus der Fraktur, andererseits durch die Ruhigstellung im Gipsverband. Je nach Verletzungstyp und äußeren Bedingungen kann eine Schulbefreiung von bis zu vier Wochen erforderlich sein. Nach drei bis sechs Monaten kann das Kind wieder am Sportunterricht teilnehmen.

Medizinische Prognose (Welche Folgen hinterlässt die Verletzung?)

Bei regelhaftem Heilverlauf, anatomischer Rekonstruktion und Stabilisierung ist nicht mit einer wesentlichen funktionellen Beeinträchtigung zu rechnen. Bei 10 bis 20 % der verletzten Kinder verbleiben deutliche Funktionseinbußen oder Fehlstellungen, die individuell zu beurteilen sind.

Bewertung des Dauerschadens	
Versicherungszweig – Rechtsgebiet	Einschätzung des Dauerschadens
Gesetzliche Unfallversicherung: MdE	Bei günstigem Heilverlauf ist nicht mit einer messbaren MdE zu rechnen: unter 10 v. H. – 10 v. H.
Private Unfallversicherung: Invalidität	0 – 1/20 – 2/20 Armwert
Haftpflichtversicherung	Bei günstigem Heilverlauf verbleibt keine messbare MdE.
Schwerbehindertenrecht, soziales Entschädigungsrecht, Beamtenrecht: GdB, GdS	Ein GdB/GdS ist nicht zu erwarten: 0 – 10.

9.13 Ellenbogengelenkluxation

Klassifikation nach ICD-10: S53.-

Verletzungsbild und Symptomatik

Das Ellenbogengelenk gehört zu den komplex aufgebauten Gelenken mit mehreren Freiheitsgraden. Die Stabilität des Ellenbogens ist wesentlich durch Weichteile, Bänder, Kapseln und Muskeln gewährleistet. Bei stärkerer indirekter Gewalteinwirkung auf das Ellenbogengelenk kann dieses luxieren. Bei knapp 90 % aller Verrenkungen verschiebt sich der Ellenbogen nach dorsal und speichenwärts. Durch die Luxation zerreißen die Gelenkkapsel und die Bänder, zudem können sich Knochenfragmente, zum Beispiel am Kronenfortsatz der Elle (Abb. 9.25b), ablösen. Die durch die Luxation entstehende Fehlstellung bestimmt das klinische Bild. Die Verrenkung kann Nerven und Gefäße schädigen.

Therapie

Das Ellenbogengelenk wird in Narkose eingerenkt. Sofern keine Nerven- oder Gefäßverletzungen vorliegen, ist eine konservative Behandlung möglich. Der Arm wird in einem Oberarmgips für zwei bis drei Wochen

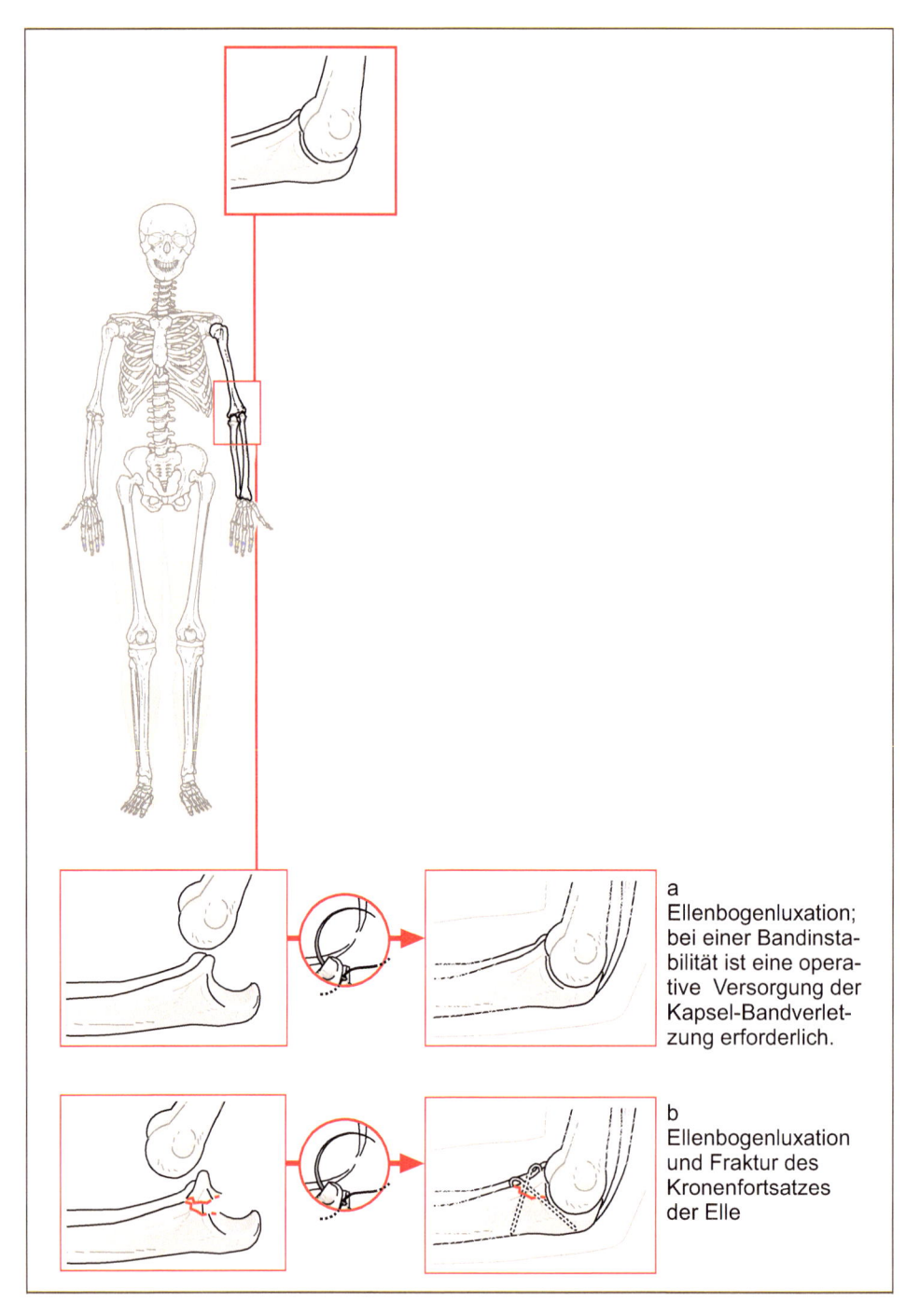

Verletzungen der oberen Extremitäten

a
Ellenbogenluxation; bei einer Bandinstabilität ist eine operative Versorgung der Kapsel-Bandverletzung erforderlich.

b
Ellenbogenluxation und Fraktur des Kronenfortsatzes der Elle

Abb. 9.25:
Die Luxation des Ellenbogens wird in Schmerzausschaltung reponiert. Sofern eine Instabilität verbleibt, ist eine Rekonstruktion der Kapsel und der Bänder erforderlich (a, b). Der Abriss des Kronenfortsatzes der Elle wurde mit K-Drähten stabilisiert.

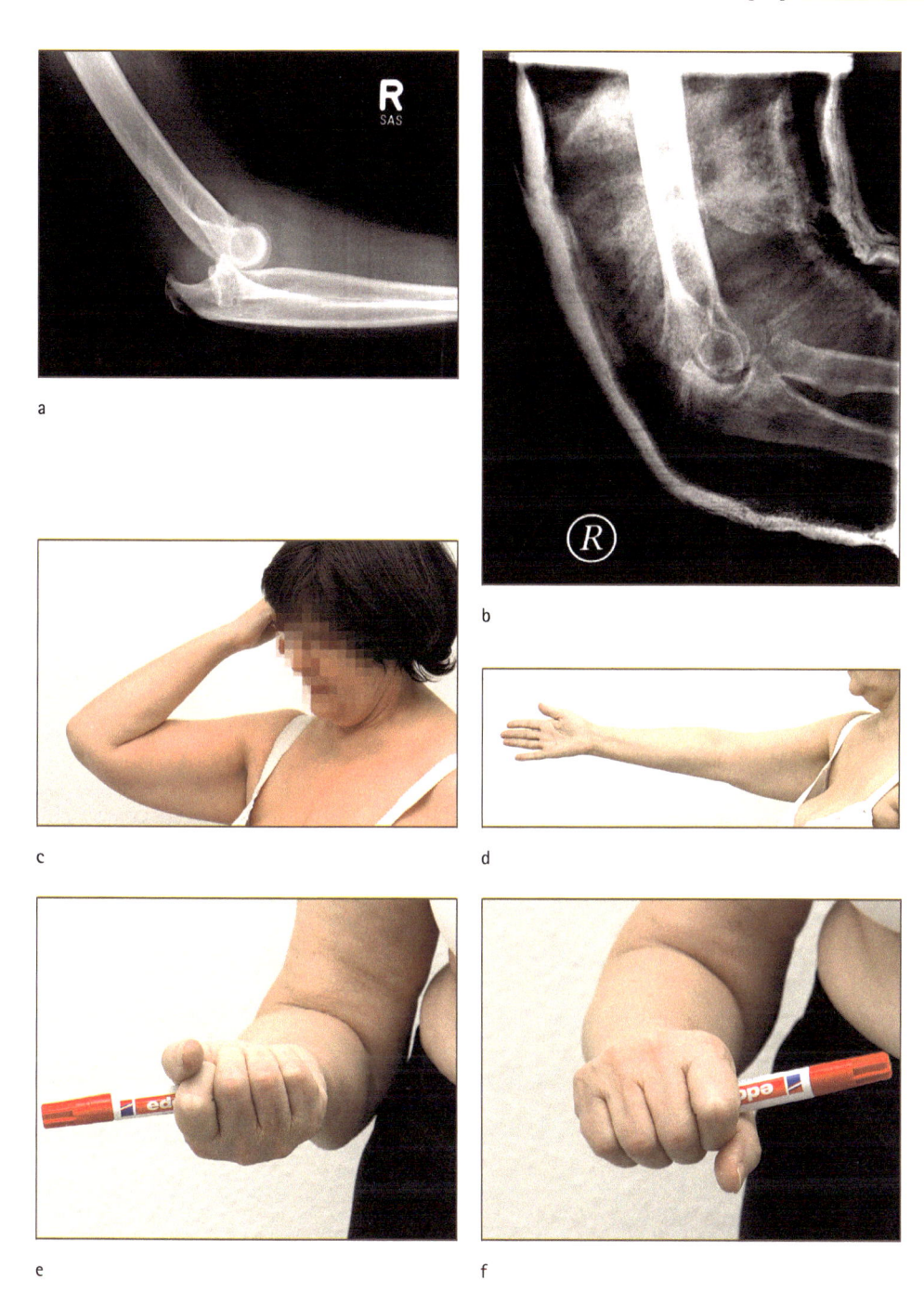

Ellenbogengelenkluxation

Abb. 9.26:
Folgen eines Sturzes auf Glatteis: Ellenbogenluxation einer 52-jährigen Probandin (a). Die Luxation wurde eingerichtet, der Arm in einem Gipsverband (b) ruhiggestellt. Ein Jahr nach dem Unfall ist die Streckung und Beugung des rechten Ellenbogens kaum noch eingeschränkt (c, d), der Unterarm kann ungestört nach außen und innen gedreht (e, f) werden (Supination – Pronation).

ruhig gestellt. Daran schließt sich eine mehrwöchige funktionell-krankengymnastische Behandlung an. Eine operative Therapie ist bei Gefäß- und Nervenschäden sowie einer hochgradigen Instabilität des Ellenbogens erforderlich.

Komplikationen
Gefäß- und Nervenschäden, bei operativer Behandlung Gelenkinfekt, Bewegungseinschränkung des Ellenbogengelenks durch Vernarbung und Verkalkung der Gelenkkapsel.

Regelhafter Heilverlauf – Auswirkung im täglichen Leben
Der verletzte Arm wird für zwei bis drei Wochen im Gipsverband ruhig gestellt. Während dieser Zeit und den folgenden 14 Tagen der frühfunktionellen Behandlung ist eine häusliche Unterstützung erforderlich. Nach etwa acht Wochen ist mit einer weitgehend wiederhergestellten Funktion zu rechnen. Probleme können noch körperlich belastende Tätigkeiten bereiten.

Medizinische Prognose (Welche Folgen hinterlässt die Verletzung?)
Bei unkompliziertem Verlauf ist nicht oder nur mit einer geringen Funktionsbeeinträchtigung zu rechnen. Verbleibende funktionelle Beeinträchtigungen sind im Einzelfall zu beurteilen.

Medizinisch erforderliche Nachbehandlung	
Stationäre Rehabilitation (AHB)	Nicht erforderlich
Dauer und Frequenz der Physiotherapie nach Eintritt der Verletzung	Bis zu 20 Physiotherapien (Krankengymnastik)
Dauer und Frequenz der Physiotherapie nach Abschluss der Heilung	Eine gelegentliche Physiotherapie kann bis zu sechs Monate nach der Erstluxation erforderlich sein.
Künftige operative Behandlungen	Nicht erforderlich
Hilfsmittel, Medikamente	Schmerzstillende und abschwellende Medikamente für einige Tage

Beeinträchtigung der Arbeitsfähigkeit	
Berufliche Anforderung	Durchschnittliche Dauer der Arbeitsunfähigkeit
Leichte Tätigkeit	3 – 6 Wochen
Leichte bis mittelschwere Arbeit	4 – 8 Wochen
Schwere körperliche Tätigkeiten und Arbeiten	6 – 12 Wochen

Bewertung des Haushaltsführungsschadens		
Tätigkeit	Beeinträchtigung (in %) bis zum Abschluss der Rekonvaleszenz	Beeinträchtigung auf Dauer (in %)
Leicht: Planung	eine Woche 100 %	Keine Beeinträchtigung
Mittel: Durchschnittliche Hausarbeiten	100 % für vier Wochen, 50 % für weitere vier Wochen. 20 % für die sich anschließenden acht Wochen	Keine Beeinträchtigung
Schwer: Großer Hausputz, Gartenarbeit	100 % für zwölf Wochen, 50 % für weitere acht Wochen. 20 % für die sich anschließenden acht Wochen	Im Allgemeinen keine Beeinträchtigung

Bewertung des Dauerschadens	
Versicherungszweig – Rechtsgebiet	Einschätzung des Dauerschadens
Gesetzliche Unfallversicherung: MdE	Unter 10 v. H. – 10 v. H.
Private Unfallversicherung: Invalidität	1/20 – 2/20 – 3/30 Armwert
Haftpflichtversicherung	Siehe GUV
Gesetzliche Rentenversicherung	Im Allgemeinen keine Auswirkung
Private Berufsunfähigkeitsversicherung	In Ausnahmefällen von Bedeutung: Sofern eine erhebliche Funktionsbeeinträchtigung des Ellenbogens verbleibt (Kapselverkalkung mit Einsteifung), können Handwerker beruflich beeinträchtigt sein.
Schwerbehindertenrecht, soziales Entschädigungsrecht, Beamtenrecht: GdB, GdS	0 – 10, je nach Funktionsstörung

9.14 Speichenköpfchensubluxation (Chassaignac-Lähmung)

Klassifikation nach ICD-10: S53.0

Verletzungsbild und Symptomatik

Auf das Kleinkindalter beschränkt ist die Subluxation des Speichenköpfchens am Ellenbogengelenk. Der typische Unfallmechanismus ist der plötzliche Zug der Eltern oder Betreuer an der Hand oder dem Arm des Kindes. Hierbei rutscht das Speichenköpfchen ein Stück weit aus dem Ringband, das die Speiche umgibt, heraus. Die Kinder weinen, sie klagen über starke Schmerzen und halten den innengedrehten Arm am Körper. Der Röntgenbefund ist unauffällig.

Therapie

Der Ellenbogen des Kindes wird vorsichtig gedreht und gestreckt. Bei stärkerer Außendrehung rutscht das Ellenköpfchen wieder vollständig in das Ringband hinein. Gelingt die Reposition, so ist das Kind nach kurzer Zeit beschwerdefrei. Ist eine Reposition nicht möglich, so kann abgewartet werden. Das Speichenköpfchen reponiert sich nach kurzer Zeit ohne weiteres Zutun von selbst.

Medizinische Prognose (Welche Folgen hinterlässt die Verletzung?)
Die Verletzung heilt folgenlos aus, ein Dauerschaden verbleibt nicht.

9.15 Olekranonfraktur – Ellenbogenfraktur (Ellenhakenfraktur)

Klassifikation nach ICD-10: S52.20

Verletzungsbild und Symptomatik
Bei einem Sturz auf das gebeugte Ellenbogengelenk kann der Ellenbogen brechen. Da am Ellenhaken die Sehne des M. triceps brachii ansetzt, zieht dieser das abgebrochene Fragment nach oben. Die nur dünne Weichteildecke weist häufig Hämatome und Hautverletzungen auf. Der Verletzte fixiert den schmerzhaften Ellenbogen mit der anderen Hand am Körper.

Therapie
Da der abgerissene Ellenhaken sich durch den Muskelzug verschiebt, muss die Verletzung operativ behandelt werden. Der Ellenbogen wird durch eine Zuggurtungsosteosynthese, eine Platte oder Schraube stabilisiert. Die krankengymnastische Therapie beginnt bereits kurze Zeit nach der operativen Versorgung. Nach ungefähr zwei Monaten ist die Frakturheilung abgeschlossen.

Komplikationen
Pseudarthrose, Infekt nach operativer Versorgung.

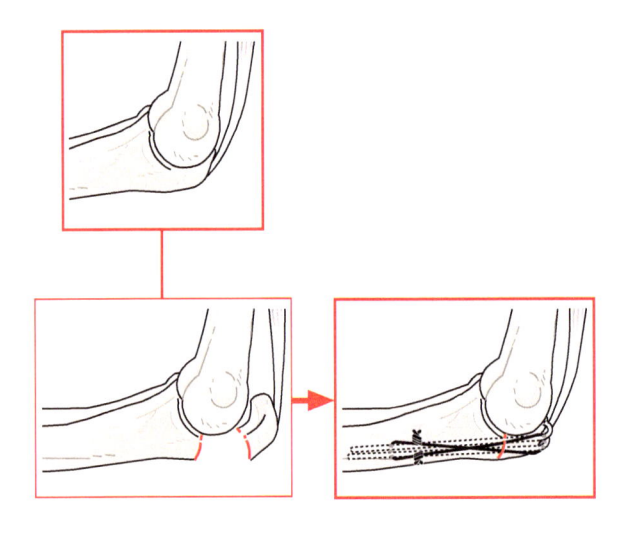

Abb. 9.27:
Brüche des Ellenhakens müssen operativ stabilisiert werden, da sich sonst eine Pseudarthrose entwickelt. Der Zug des Trizepsmuskels erweitert den Bruchspalt, der nun nicht mehr durch Kallus überbrückt werden kann. Auf der Abbildung wurde der Bruch durch eine Zuggurtung versorgt.

Olekranonfraktur

Regelhafter Heilverlauf – Auswirkung im täglichen Leben

Die Belastbarkeit und Beweglichkeit des Arms sind während der Heilungsphase eingeschränkt. Der Verletzte ist für drei bis vier Wochen auf eine häusliche Unterstützung angewiesen. Das Metall wird nach vollständiger knöcherner Konsolidierung entfernt.

Medizinische Prognose (Welche Folgen hinterlässt die Verletzung?)

Nach knöcherner Heilung ist bei komplikationslosem Verlauf nicht mit einer wesentlichen Störung der Funktion zu rechnen. In 10% bis 20% der Fälle verbleibt eine stärkere Beeinträchtigung, die im Einzelfall zu beurteilen ist.

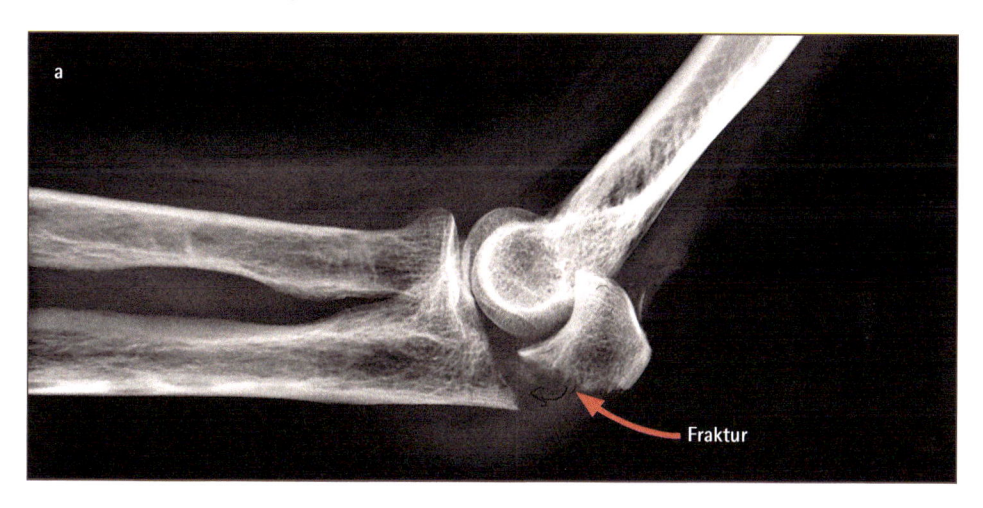

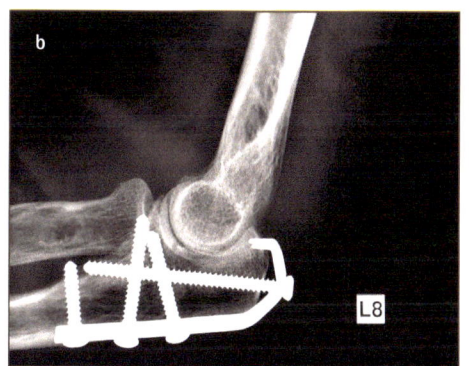

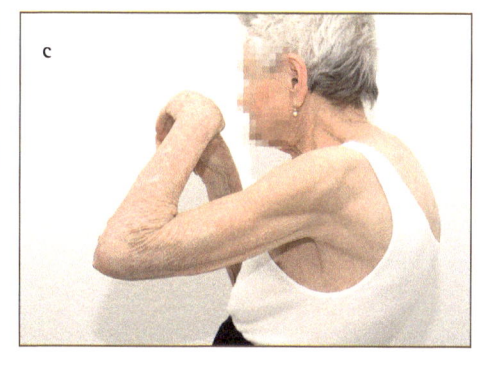

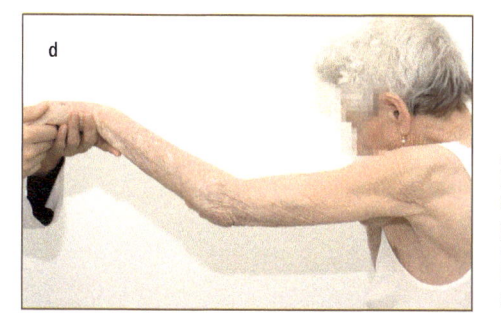

Abb. 9.28:
Die 90-jährige Probandin zog sich eine Ellenbogenfraktur zu (a). Die Verletzung wurde mit einer Ellenbogenplatte (b) versorgt. Trotz des hohen Alters war das postoperative Ergebnis befriedigend. Die Streckung und Beugung des Ellenbogens war nur leicht vermindert (c, d).

Verletzungen der oberen Extremitäten

Medizinisch erforderliche Nachbehandlung	
Stationäre Rehabilitation (AHB)	Nicht erforderlich
Dauer und Frequenz der Physiotherapie nach Eintritt der Verletzung	Bis zu 20 Physiotherapien (Krankengymnastik)
Dauer und Frequenz der Physiotherapie nach Abschluss der Heilung	Eine gelegentliche Physiotherapie kann bis zu sechs Monate nach der Fraktur erforderlich sein.
Künftige operative Behandlungen	Metallentfernung
Hilfsmittel, Medikamente	Schmerzstillende und abschwellende Medikamente für einige Tage

Beeinträchtigung der Arbeitsfähigkeit	
Berufliche Anforderung	Durchschnittliche Dauer der Arbeitsunfähigkeit
Leichte Tätigkeit	3 – 6 Wochen
Leichte bis mittelschwere Arbeit	4 – 12 Wochen
Schwere körperliche Tätigkeiten und Arbeiten	6 – 16 Wochen

Bewertung des Haushaltsführungsschadens		
Tätigkeit	Beeinträchtigung (in %) bis zum Abschluss der Rekonvaleszenz	Beeinträchtigung auf Dauer (in %)
Leicht: Planung	eine Woche 100%	Keine Beeinträchtigung
Mittel: Durchschnittliche Hausarbeiten	100% für vier Wochen, 50% für weitere sechs Wochen. 20% für die sich anschließenden sechs Wochen	Keine Beeinträchtigung
Schwer: Großer Hausputz, Gartenarbeit	100% für zwölf Wochen, 50% für weitere acht Wochen. 20% für die sich anschließenden sechs Wochen	Im Allgemeinen keine Beeinträchtigung

Bewertung des Dauerschadens	
Versicherungszweig – Rechtsgebiet	Einschätzung des Dauerschadens
Gesetzliche Unfallversicherung: MdE	Unter 10 v. H. – 10 v. H.
Private Unfallversicherung: Invalidität	1/20 – 2/20 Armwert
Haftpflichtversicherung	Siehe GUV
Gesetzliche Rentenversicherung	Im Allgemeinen keine Auswirkung
Private Berufsunfähigkeitsversicherung	Im Allgemeinen keine Auswirkung
Schwerbehindertenrecht, soziales Entschädigungsrecht, Beamtenrecht: GdB, GdS	0 – 10, je nach Funktionsstörung

9.16 Radiusköpfchenfraktur – Speichenköpfchenfraktur

Klassifikation nach ICD-10: S52.10

Verletzungsbild und Symptomatik

Bei einem Sturz auf die ausgestreckte Hand wird das Speichenköpfchen mit hohem Druck gegen die laterale Oberarmrolle gestoßen. Diese staucht sich in die konkave Wölbung des Speichenköpfchens ein. Je nach dem Ausmaß der einwirkenden Gewalt können in Längsrichtung verlaufende Meißelfrakturen, Trümmerbrüche oder Brüche des Halses des Speichenköpfchens entstehen.

Therapie

Gering oder nur wenig verschobene Speichenköpfchenfrakturen werden konservativ behandelt. Nach kurzfristiger Ruhigstellung darf das Ellenbogengelenk vorsichtig bewegt werden (frühfunktionelle Behandlung). Verschobene Speichenköpfchenbrüche werden osteosynthetisch durch Kleinfragmentschrauben, Drähte oder Stifte versorgt. Bei Trümmerbrüchen wird das Speichenköpfchen entfernt. An dessen Stelle kann auch eine Speichenköpfchenprothese als Platzhalter implantiert werden.

Komplikationen

Bewegungseinschränkung, nach operativer Versorgung Infekt, Schädigung des N. radialis, Auslockerung der Speichenköpfchenprothese, Instabilität des Ellenbogengelenks.

Regelhafter Heilverlauf – Auswirkung im täglichen Leben

Bis zum Abschluss der Wundheilung wird der Arm in einer Gipsschiene ruhig gestellt. Daran schließt sich eine Krankengymnastik an. Die Kleinfragmentschrauben müssen nicht entfernt werden. Die Knochenheilung ist nach ungefähr acht Wochen abgeschlossen.

Medizinische Prognose (Welche Folgen hinterlässt die Verletzung?)

Bei unkomplizierten Meißelfrakturen ist nach knöcherner Heilung und komplikationslosem Verlauf nur mit einer leichten Beeinträchtigung der Funktion zu rechnen. Nach Entfernung des Speichenköpfchens kann eine Instabilität verbleiben. Stärkere funktionelle Beeinträchtigungen sind im Einzelfall zu beurteilen.

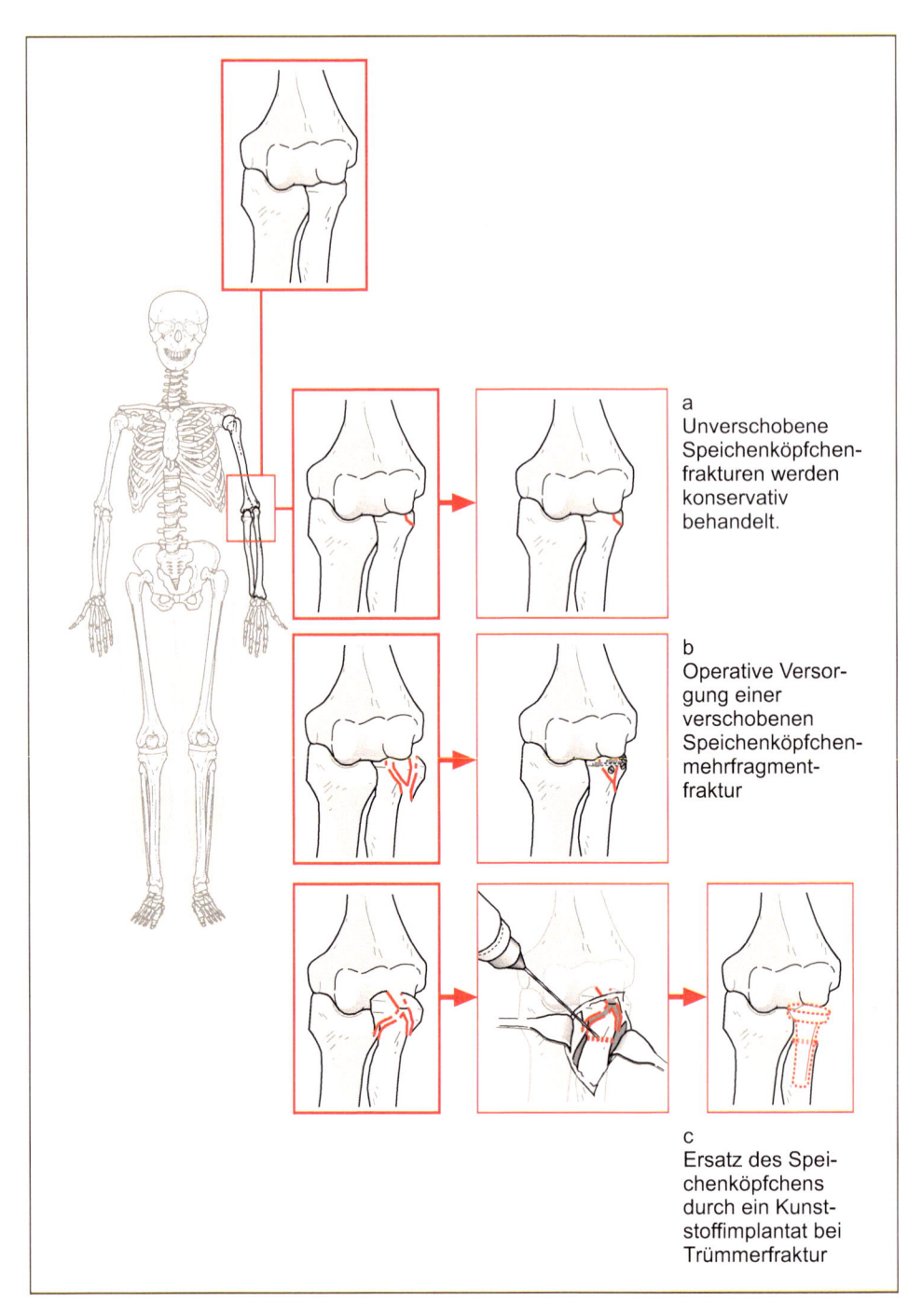

Verletzungen der oberen Extremitäten

a
Unverschobene Speichenköpfchenfrakturen werden konservativ behandelt.

b
Operative Versorgung einer verschobenen Speichenköpfchenmehrfragmentfraktur

c
Ersatz des Speichenköpfchens durch ein Kunststoffimplantat bei Trümmerfraktur

Abb. 9.29:
Behandlung der Speichenköpfchenbrüche. a: Unverschobene Frakturen werden konservativ in einer Schiene oder einem Gips behandelt. b: Operative Versorgung einer Speichenmehrfragmentfraktur durch Miniaturschrauben, die auch nach der Ausheilung belassen werden. c: Bei Trümmerfrakturen kann die Entfernung des Speichenköpfchens oder ein primärer endoprothetischer Ersatz erforderlich werden.

Radiusköpfchenfraktur

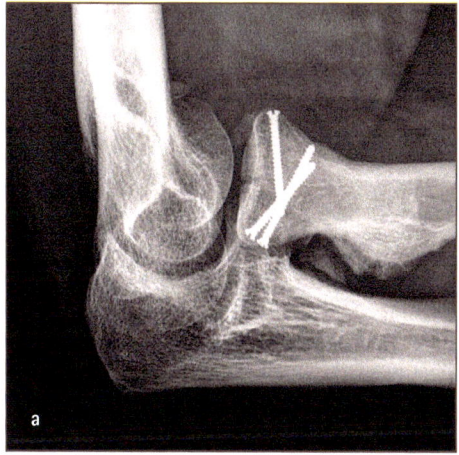

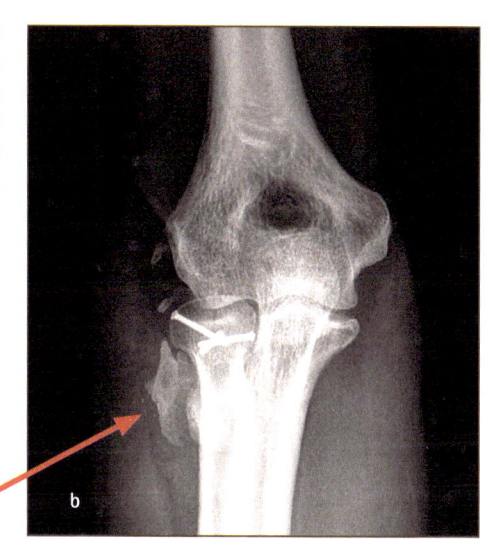

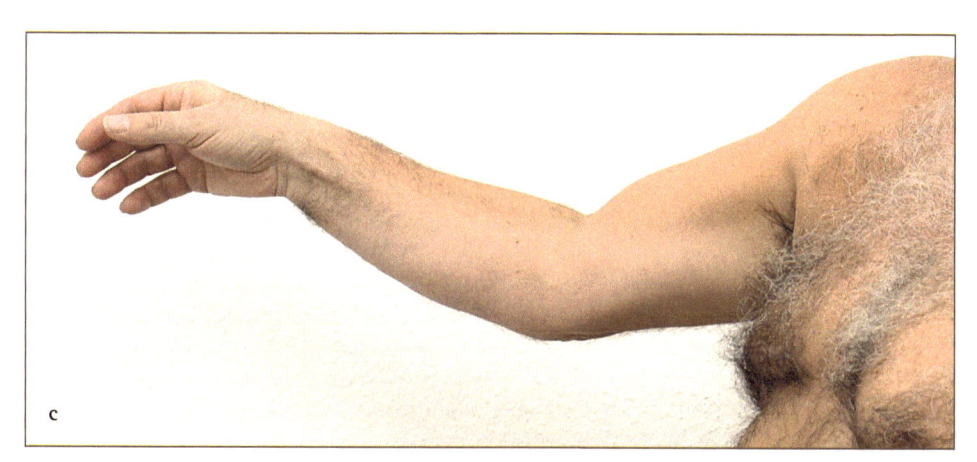

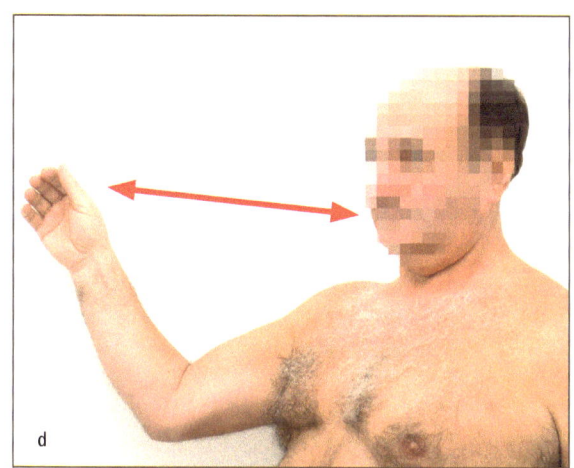

Verkalkung der
Gelenkkapsel

Abb. 9.30:
Sturz auf die überstreckte, nach dorsal abgewinkelte Hand: Speichenköpfchenbruch eines 52-jährigen Mannes. Die Fraktur wurde verschraubt (a). Der weitere Heilverlauf war von einer gravierenden Komplikation belastet: Die Gelenkkapsel verkalkte (b), das Ellenbogengelenk steifte ein. Es verbleibt eine Streckbehinderung von ca. 35° (c), der rechte Winkel wird bei der Beugung nicht erreicht (d). Der Proband ist nicht in der Lage, mit seiner Hand den Mund zu erreichen. Die Aufnahmen dokumentieren die maximale Streckung und Beugung im Ellenbogengelenk.

Verletzungen der oberen Extremitäten

Medizinisch erforderliche Nachbehandlung	
Stationäre Rehabilitation (AHB)	Nicht erforderlich
Dauer und Frequenz der Physiotherapie nach Eintritt der Verletzung	Bis zu 20 Physiotherapien (Krankengymnastik)
Dauer und Frequenz der Physiotherapie nach Abschluss der Heilung	Eine gelegentliche Physiotherapie kann bis zu sechs Monate nach der Fraktur erforderlich sein.
Künftige operative Behandlungen	Nicht erforderlich
Hilfsmittel, Medikamente	Schmerzstillende und abschwellende Medikamente für einige Tage

Beeinträchtigung der Arbeitsfähigkeit	
Berufliche Anforderung	Durchschnittliche Dauer der Arbeitsunfähigkeit
Leichte Tätigkeit	3 – 6 Wochen
Leichte bis mittelschwere Arbeit	4 – 12 Wochen
Schwere körperliche Tätigkeiten und Arbeiten, die zum Teil über Kopf verrichtet werden	6 – 16 Wochen

Bewertung des Haushaltsführungsschadens		
Tätigkeit	Beeinträchtigung (in %) bis zum Abschluss der Rekonvaleszenz	Beeinträchtigung auf Dauer (in %)
Leicht: Planung	eine Woche 100 %	Keine Beeinträchtigung
Mittel: Durchschnittliche Hausarbeiten	100 % für vier Wochen, 50 % für weitere vier Wochen. 20 % für die sich anschließenden vier Wochen	Keine Beeinträchtigung
Schwer: Großer Hausputz, Gartenarbeit	100 % für zwölf Wochen, 50 % für weitere acht Wochen. 20 % für die sich anschließenden sechs Wochen	Im Allgemeinen keine Beeinträchtigung

Bewertung des Dauerschadens	
Versicherungszweig – Rechtsgebiet	Einschätzung des Dauerschadens
Gesetzliche Unfallversicherung: MdE	Unter 10 v. H. – 10 v. H.
Private Unfallversicherung: Invalidität	1/20 – 2/20 – 3/20 Armwert
Haftpflichtversicherung	Siehe GUV
Gesetzliche Rentenversicherung	Im Allgemeinen keine Auswirkung
Private Berufsunfähigkeitsversicherung	Im Allgemeinen keine Auswirkung
Schwerbehindertenrecht, soziales Entschädigungsrecht, Beamtenrecht: GdB, GdS	0 – 10, je nach Funktionsstörung

9.17 Unterarmschaftfraktur

Klassifikation nach ICD-10: S52.6

Anatomie des Unterarms – Problematik der Unterarmfrakturen

Der Unterarm wird von Elle und Speiche gebildet. Die Umwendbewegung des Unterarms ist abhängig vom fein abgestimmten Zusammenspiel von Elle und Speiche. Die Elle ist ein einfacher Röhrenknochen, der mit dem Oberarm über das Ellenbogengelenk stabil verbunden ist. Die Speiche weist eine seitliche Krümmung auf. Während der Umwendbewegung dreht sich die Speiche um mehr als 90° um die Elle. Ihre Beweglichkeit verdankt sie zwei Gelenken, dem ellenbogennahen Ellen-Speichengelenk und dem handgelenknahen Ellen-Speichengelenk. Der Kontakt des Speichenköpfchens zum Ellenbogengelenk ist eher kleinflächig, die distale Speiche trägt entscheidend zur Form und Stabilität des Handgelenks bei. Elle und Speiche sind durch eine feste Membran miteinander verbunden. Wenn beide Unterarmknochen brechen, dann verschieben sich die Fragmente durch den Zug der daran ansetzenden Muskeln.

Nicht vollständig und anatomisch korrekt beseitigte Fehlstellungen beeinträchtigen die Funktion des Unterarms, des Handgelenks und der Hand. Fehlverheilte Frakturen behindern die Umwendbewegungen des Unterarms (Pro- und Supination), die sowohl für Büroarbeiten (Pronation bei Arbeiten am Computer) als auch für das Heben und Tragen von Lasten (Supination) unverzichtbar sind. Die Bedeutung der intakten Unterarmdrehbeweglichkeit schlägt sich in der versicherungsmedizinischen Einstufung nieder. Die Aufhebung der Umwendbewegung wird ebenso hoch bewertet wie die vollständige Versteifung des Ellenbogenscharniergelenks in Gebrauchsstellung.

Verletzungsbild und Symptomatik

Brüche des Unterarms entstehen durch direkte Gewalteinwirkung. Da sie auch bei der Abwehr eines tätlichen Angriffs entstehen können, werden sie als „Parierfraktur" bezeichnet. Der gebrochene Unterarm steht in einer Fehlstellung und schwillt an. Die Beweglichkeit ist aufgehoben.

Therapie

Eine konservative Therapie ist nur bei unverschobenen Brüchen angezeigt. Sind beide Unterarmknochen verschoben, so werden sowohl die Elle als auch die Speiche verplattet. Offene Frakturen können primär auch mit einem äußeren Spannrahmen stabilisiert werden. Nachdem die Weichteilverletzung abgeheilt ist, wird die Verletzung endgültig mit einer Plattenosteosynthese versorgt. Um eine Einschränkung der Unterarmdrehbewegung zu vermeiden, schließt sich an die operative Therapie eine frühzeitige Krankengymnastik an.

Komplikationen

Ausbildung eines Falschgelenks, Infektionen bei offenen Frakturen und nach Operationen, Einschränkung der Unterarmbeweglichkeit mit Entstehung einer knöchernen Verbindung zwischen Elle und Speiche (Brückenkallus). Refrakturen nach Metallentfernung.

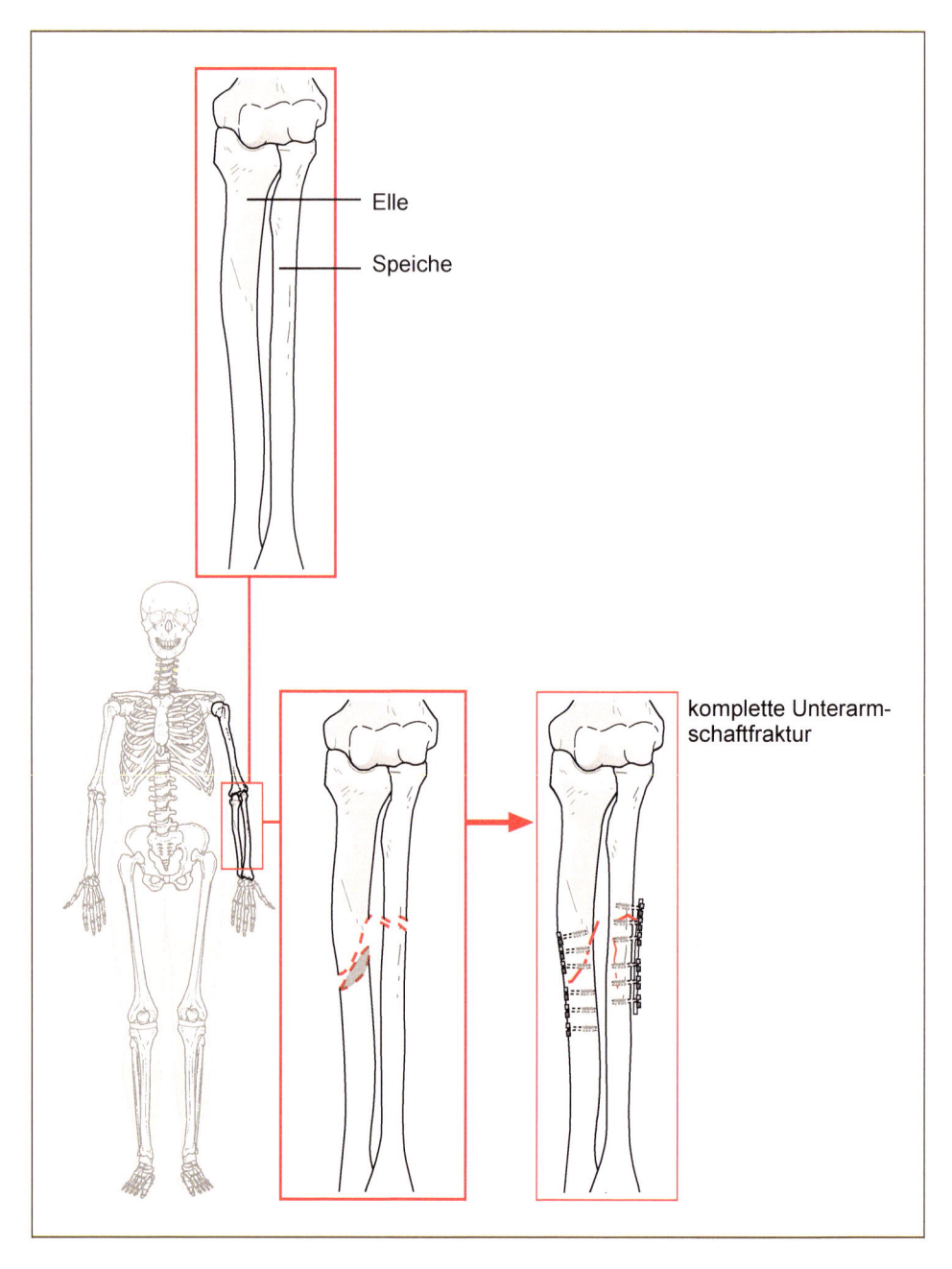

Abb. 9.31:
Komplette Brüche von Elle und Speiche (a) sind operativ zu behandeln. Auf der Zeichnung wurden beide Knochen mit einer Plattenosteosynthese stabilisiert (b). Bei konservativer Therapie besteht die Gefahr, dass Elle und Speiche miteinander verknöchern. Dies würde die Unterarmdrehbeweglichkeit aufheben und die Funktion der Hand sehr stark behindern.

Unterarmschaftfraktur

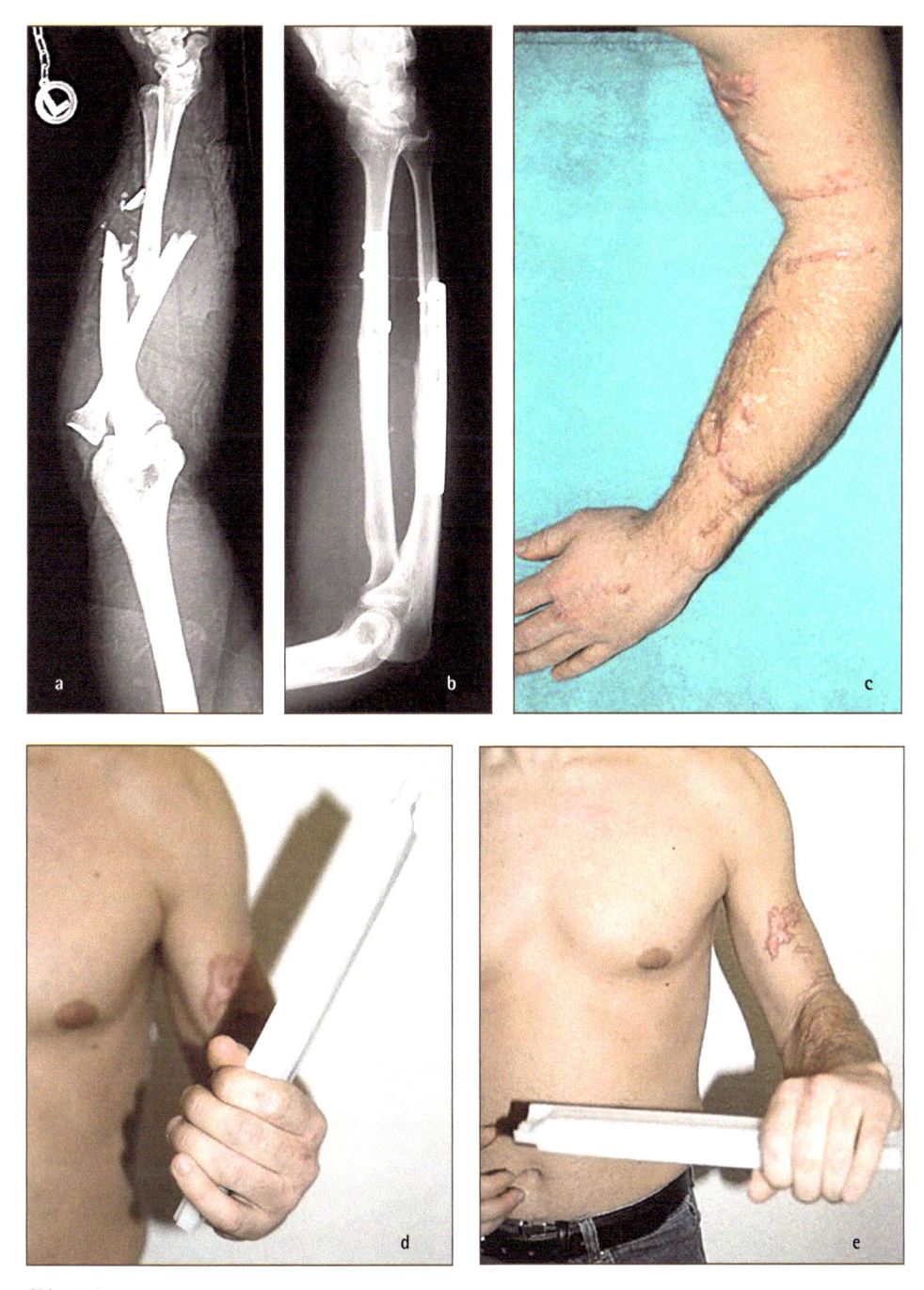

Abb. 9.32:
Der 35-jährige Radfahrer wurde von einem Traktor erfasst und stürzte. Dabei wurde der linke Unterarm überrollt. Neben schweren Weichteilverletzungen entstand ein Trümmerbruch von Elle und Speiche (a). Beide Unterarmknochen wurden mit je einer Platte versorgt (b). Trotz der Schwere der Verletzung ist das Behandlungsergebnis gut (c – e). Die Drehung des Unterarms nach innen (Pronation) ist weniger stark beeinträchtigt als die Außendrehung (Supination).

Regelhafter Heilverlauf – Auswirkung im täglichen Leben

Während der ersten vier Wochen ist eine häusliche Unterstützung erforderlich. Die Knochenheilung ist nach sechs bis acht Wochen abgeschlossen. Das Metall kann nach eineinhalb bis zwei Jahren entfernt werden.

Medizinische Prognose (Welche Folgen hinterlässt die Verletzung?)

Bei unkompliziertem Verlauf ist nach knöcherner Heilung nur mit einer leichten Funktionsbeeinträchtigung zu rechnen. Stärkere funktionelle Beeinträchtigungen sind im Einzelfall zu beurteilen.

Medizinisch erforderliche Nachbehandlung	
Stationäre Rehabilitation (AHB)	Nur in Ausnahmefällen bei schwersten Verletzungen (Beispiel Abb. 9.32) erforderlich
Dauer und Frequenz der Physiotherapie nach Eintritt der Verletzung	Für acht bis zwölf Wochen zwei bis drei Physiotherapien pro Woche (Krankengymnastik)
Dauer und Frequenz der Physiotherapie nach Abschluss der Heilung	Eine gelegentliche Physiotherapie kann danach für weitere sechs Monate erforderlich sein.
Künftige operative Behandlungen	Ggf. Metallentfernung
Hilfsmittel, Medikamente	Schmerzstillende und abschwellende Medikamente für einige Tage

Beeinträchtigung der Arbeitsfähigkeit	
Berufliche Anforderung	Durchschnittliche Dauer der Arbeitsunfähigkeit
Leichte, überwiegend sitzende Tätigkeit	4–12 Wochen
Leichte bis mittelschwere Arbeit	8–20 Wochen
Schwere körperliche Tätigkeiten und Arbeiten, die eine volle Funktionsfähigkeit des Armes und der Hand erfordern	3–6 Monate

Bewertung des Haushaltsführungsschadens		
Tätigkeit	Beeinträchtigung (in %) bis zum Abschluss der Rekonvaleszenz	Beeinträchtigung auf Dauer (in %)
Leicht: Planung	eine Woche 100 %	Keine Beeinträchtigung
Mittel: Durchschnittliche Hausarbeiten	100 % für sechs Wochen, 50 % für weitere acht Wochen. 20 % für die sich anschließenden acht Wochen	Im Allgemeinen keine Beeinträchtigung
Schwer: Großer Hausputz, Gartenarbeit	100 % für 16 Wochen, 50 % für weitere zwölf Wochen. 20 % für die sich anschließenden sechs Wochen	Im Allgemeinen keine Beeinträchtigung

Bewertung des Dauerschadens	
Versicherungszweig – Rechtsgebiet	Einschätzung des Dauerschadens
Gesetzliche Unfallversicherung: MdE	Unter 10 v. H. – 10 v. H. – 20 v. H.
Private Unfallversicherung: Invalidität	1/20 – 2/20 – 5/20 Armwert
Haftpflichtversicherung	Siehe GUV
Gesetzliche Rentenversicherung	Im Allgemeinen keine Auswirkung
Private Berufsunfähigkeitsversicherung	In Ausnahmefällen von Bedeutung: Sofern eine erhebliche Funktionsbeeinträchtigung des Unterarms verbleibt (z. B. starke Einschränkung der Umwendbewegung), können Handwerker (z. B. Verputzer, Fliesenleger) beruflich beeinträchtigt sein.
Schwerbehindertenrecht, soziales Entschädigungsrecht, Beamtenrecht: GdB, GdS	0 – 10 – 20, je nach Funktionsstörung

9.18 Unterarmluxationsfrakturen

9.18.1 Monteggia-Fraktur

Bruch der Elle, Luxation des Speichenköpfchens aus dem Ellenbogengelenk nach volar (Parierfraktur) (Abb. 9.34)

Klassifikation nach ICD-10: S52.21

9.18.2 Galeazzi-Fraktur

Bruch der Speiche nahe dem Handgelenk, Luxation der Elle, Luxationsfraktur des Handgelenks

Klassifikation nach ICD-10: S52.31

Verletzungsbild und Symptomatik

Das klinische Bild beider Kombinationsverletzungen ist von der Fraktur der Elle oder Speiche geprägt. Deshalb können begleitende Luxationen unter Umständen übersehen werden. Sofern die Luxation nicht gleich erkannt und daher erst später reponiert wird, ist mit erheblichen funktionellen Beeinträchtigungen zu rechnen.

Therapie

Mit Ausnahme von kindlichen Verletzungen werden beide Verletzungstypen operativ behandelt. Nach der Einrichtung werden die Frakturen mit einer Plattenosteosynthese stabilisiert. Nach kurzfristiger Ruhigstellung im Gipsverband schließt sich eine funktionelle Behandlung an.

Komplikationen

Monteggiafrakturen werden gelegentlich nicht erkannt. Wird das Ellenbogenlenk nicht rasch eingerenkt, so sind weitere operative Eingriffe unumgänglich, meist verbleibt eine Bewegungseinschränkung des Ellenbogens, des Handgelenks und der Umwendbewegung des Unterarms. Nach operativer Behandlung kann eine Infektion entstehen.

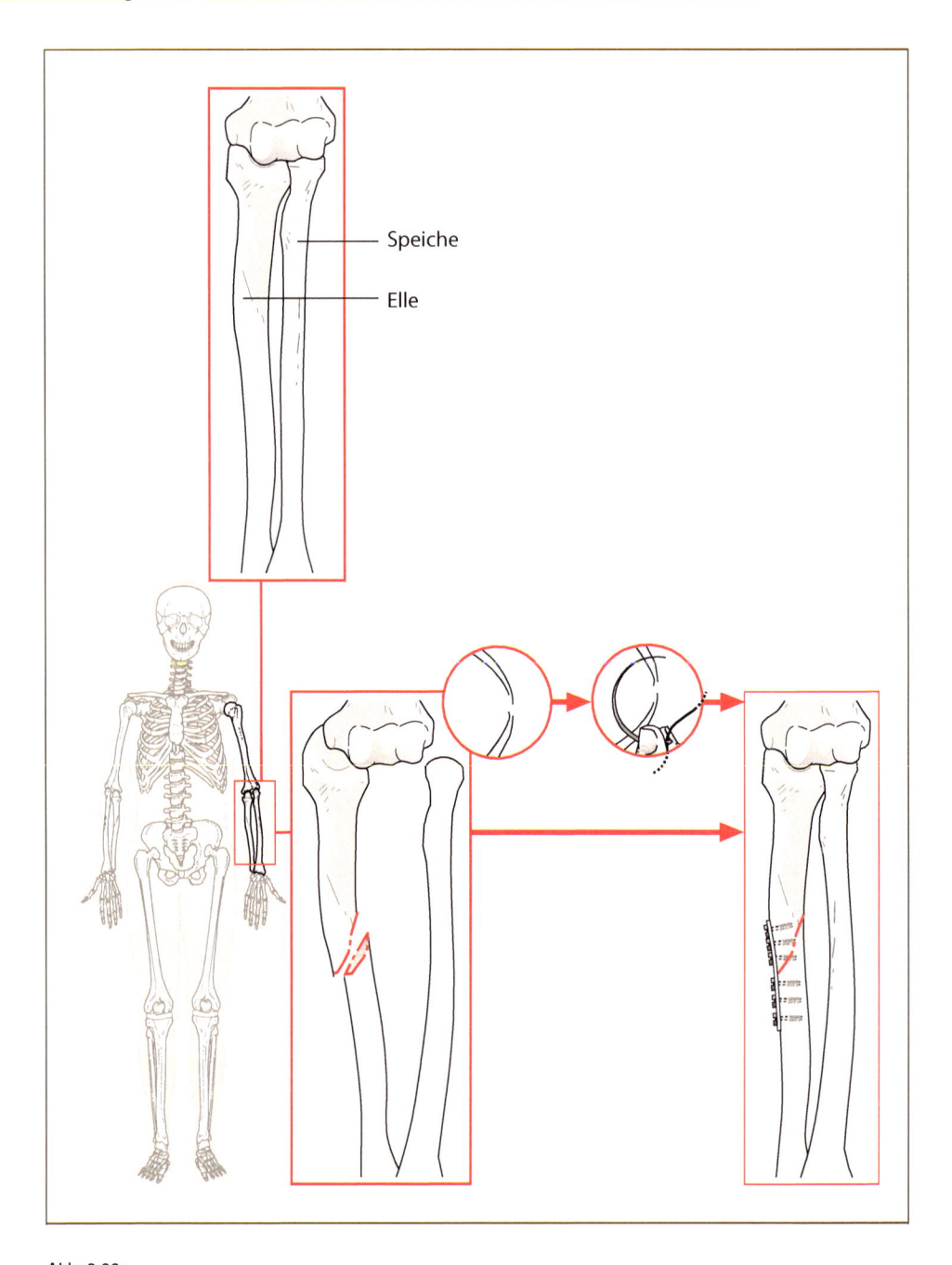

Abb. 9.33:
Die Monteggia-Fraktur ist eine Kombinationsverletzung, bei der die Elle bricht und das Speichenköpfchen aus dem Ellenbogengelenk luxiert (a). Die Elle wird operativ stabilisiert (Platte), das ausgerenkte Speichenköpfchen wird reponiert (b). Um eine erneute Verrenkung zu verhindern, müssen die verletzten Bänder und die Gelenkkapsel genäht werden. Wird die Luxation des Speichenköpfchens übersehen, so verbleibt eine schwere Funktionsbeeinträchtigung des Arms (ärztlicher Diagnose- und Behandlungsfehler).

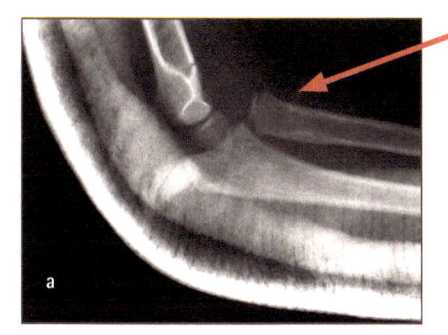

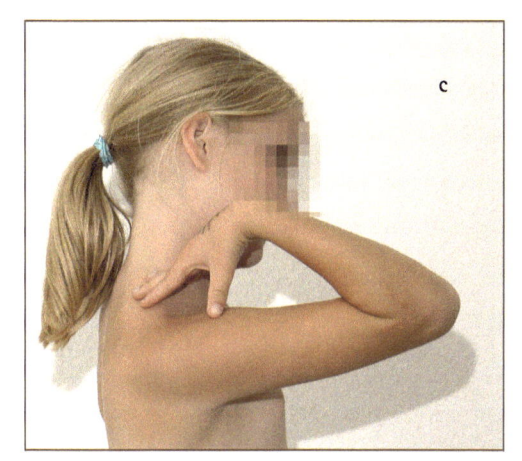

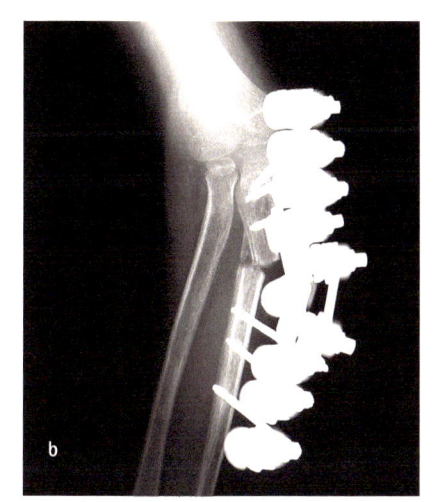

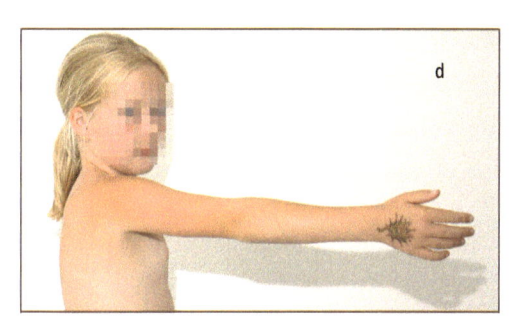

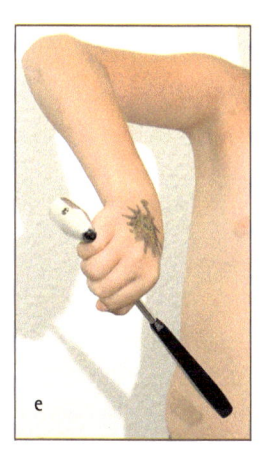

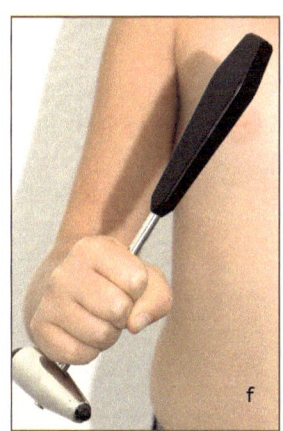

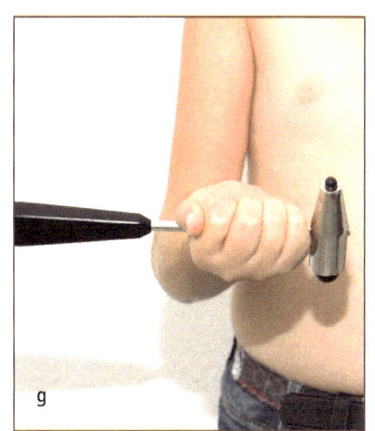

Unterarmluxationsfrakturen

Nicht reponierte Luxation des Speichenköpfchens

Abb. 9.34:
Das achtjährige Mädchen zog sich einen Bruch der Elle und eine Luxation des Speichenköpfchens zu (Monteggia-Verletzung). Der Arm wurde im Gipsverband ruhig gestellt. Leider wurde die Luxation des Speichenköpfchens übersehen (a). Nach Gipsabnahme war die Beweglichkeit des Ellenbogens sehr stark eingeschränkt. Um noch ein akzeptables Ergebnis zu erzielen, wurde ein komplexer Eingriff erforderlich (b). Auf dem Röntgenbild erkennt man die durchtrennte Elle, die danach mit einem Fixateur externe stabilisiert wurde. Das klinische Ergebnis (c-g), drei Jahre nach der Behandlung, ist akzeptabel: Die Streckung und Beugung ist weitgehend frei, die Außendrehung ungestört möglich, die Innendrehung jedoch erheblich beeinträchtigt. Um die rechte Hand ganz nach innen zu drehen, führt das Kind eine kompensatorische Bewegung mit der Schulter aus (e).

Regelhafter Heilverlauf – Auswirkung im täglichen Leben

Während der ersten vier Wochen ist eine häusliche Unterstützung erforderlich. Die Knochenheilung ist nach sechs bis acht Wochen abgeschlossen.

Medizinische Prognose (Welche Folgen hinterlässt die Verletzung?)

Bei sofortiger Diagnosestellung und adäquater Behandlung ist nach knöcherner Heilung nur mit einer leichten Funktionsbeeinträchtigung zu rechnen. Sofern Komplikationen auftreten, ist die funktionelle Beeinträchtigung im Einzelfall zu beurteilen.

> Die Nachbehandlung, Dauer der Arbeitsunfähigkeit, Bewertung des Haushaltsführungs- und Dauerschadens entspricht den Schaftfrakturen des Unterarms, s. S. 264–265.

9.19 Fraktur der distalen Speiche – körperferne Radiusfraktur

Klassifikation nach ICD-10: S52.5-

Verletzungsbild und Symptomatik

Die Speichenfraktur entsteht durch einen Sturz auf die Hand. Sie ist der häufigste Bruch des Menschen. Die im Fall befindliche Person versucht, sich mit nach handrückenwärts abgewinkelter Hand abzufangen. Das Gewicht des Körpers ist zu groß, die Speiche bricht, das handgelenknahe Bruchfragment verschiebt sich nach hinten. Man spricht von einer Radiusextensionsfraktur. Eingebürgert hat sich die Bezeichnung einer Radiusfraktur „loco typico". Diese Bruchform wird auch als Colles-Fraktur klassifiziert. Viel seltener erfolgt der Sturz auf den nach handinnenflächenwärts abgewinkelten Handrücken. In diesem Fall verschiebt sich das Bruchfragment in Richtung des volaren Handgelenks. Man spricht von einer Smith-Fraktur (Flexionsfraktur).

Das klinische Bild zeichnet sich durch eine Schwellung des Handgelenks und eine mehr oder weniger deutliche Fehlstellung aus. Die Hand verschiebt sich bajonettförmig nach hinten oder vorne, zum Teil auch in Richtung des Daumens. Das Ellenköpfchen tritt deutlich hervor.

Therapie

Die Behandlung richtet sich nach dem Frakturtyp. War die Speichenfraktur früher eine Domäne der konservativen Behandlung und Ruhigstellung im Gipsverband, so hat sich heute bei Brüchen, die das Handgelenk einbeziehen, die verkürzt oder verschoben sind, die operative Behandlung durchgesetzt.

Einfache Frakturen können nach Reposition auch weiterhin konservativ im Gipsverband behandelt werden. Die Ruhigstellung erfolgt für ungefähr vier Wochen. Danach kann noch für einige Zeit eine abnehmbare Handgelenkorthese getragen werden.

Die übrigen Brüche werden osteosynthetisch mit einer Platte versorgt, unter Umständen ist auch eine Stabilisierung mit K-Drähten ausreichend. Die Drähte werden nach

Fraktur der distalen Speiche – körperferne Radiusfraktur

einigen Wochen entfernt. Die dünne Platte kann meist belassen werden.

Komplikationen

Gelenkfehlstellung, Bewegungseinschränkung, Funktionsstörung der Hand, Sehnenrupturen, komplexes regionales Schmerzsyndrom (CRPS, M. Sudeck). Bei operativer Behandlung können Infektionen und Nervenschäden eintreten.

Regelhafter Heilverlauf – Auswirkung im täglichen Leben

Während der ersten vier Wochen kann bei angelegtem Unterarmgips oder nach operativer Therapie eine häusliche Unterstützung erforderlich werden. Die Knochenheilung ist nach ungefähr sechs Wochen abgeschlossen.

Medizinische Prognose (Welche Folgen hinterlässt die Verletzung?)

Durch die operative Therapie hat sich die Prognose der Radiusfrakturen deutlich verbessert. Bei unkomplizierten Verletzungen ist nach konservativer oder operativer Behandlung nur mit einer leichten Funktionsbeeinträchtigung zu rechnen. Komplexe Frakturen und Komplikationen bedürfen einer Beurteilung im Einzelfall.

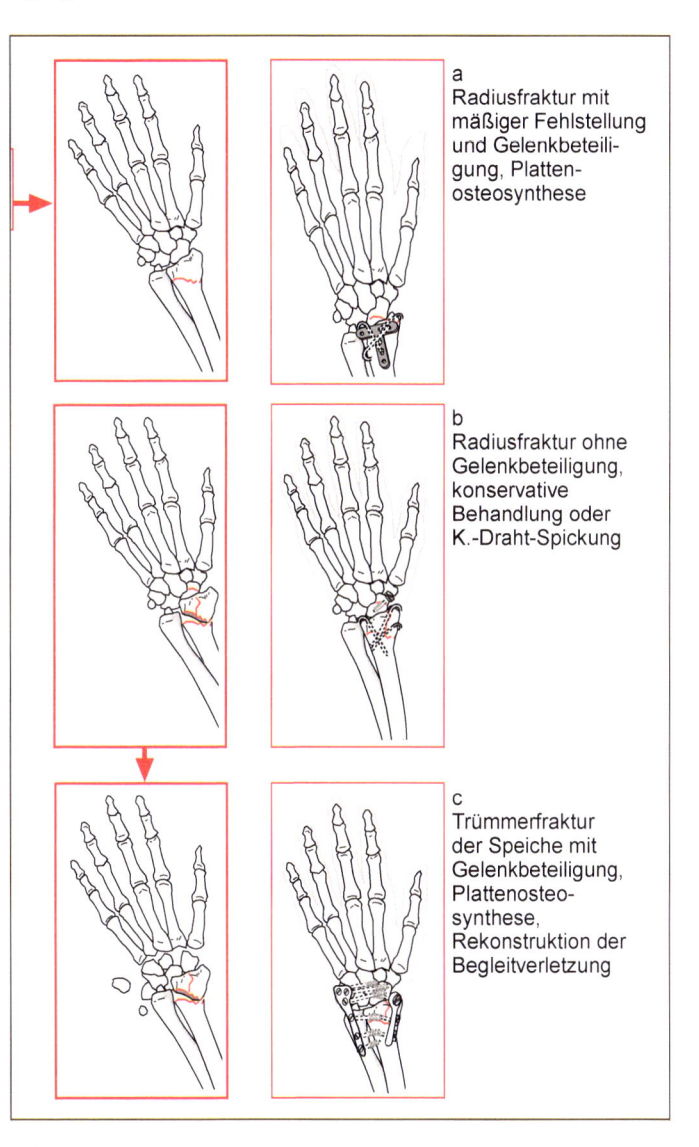

a
Radiusfraktur mit mäßiger Fehlstellung und Gelenkbeteiligung, Plattenosteosynthese

b
Radiusfraktur ohne Gelenkbeteiligung, konservative Behandlung oder K.-Draht-Spickung

c
Trümmerfraktur der Speiche mit Gelenkbeteiligung, Plattenosteosynthese, Rekonstruktion der Begleitverletzung

Abb. 9.35:
a. Brüche, bei denen die Fraktur die Gelenkflächen betrifft und die in einer stärkeren Fehlstellung stehen, werden meist mit einer Plattenosteosynthese versorgt. b. Radiusfrakturen ohne Gelenkbeteiligung und mit geringer Fehlstellung können konservativ im Gips und - falls erforderlich - zusätzlich mit festen Drähten (K-Drähten) stabilisiert werden. c. Trümmerfrakturen und komplexe Verletzungen bedürfen einer aufwändigen Rekonstruktion.

Verletzungen der oberen Extremitäten

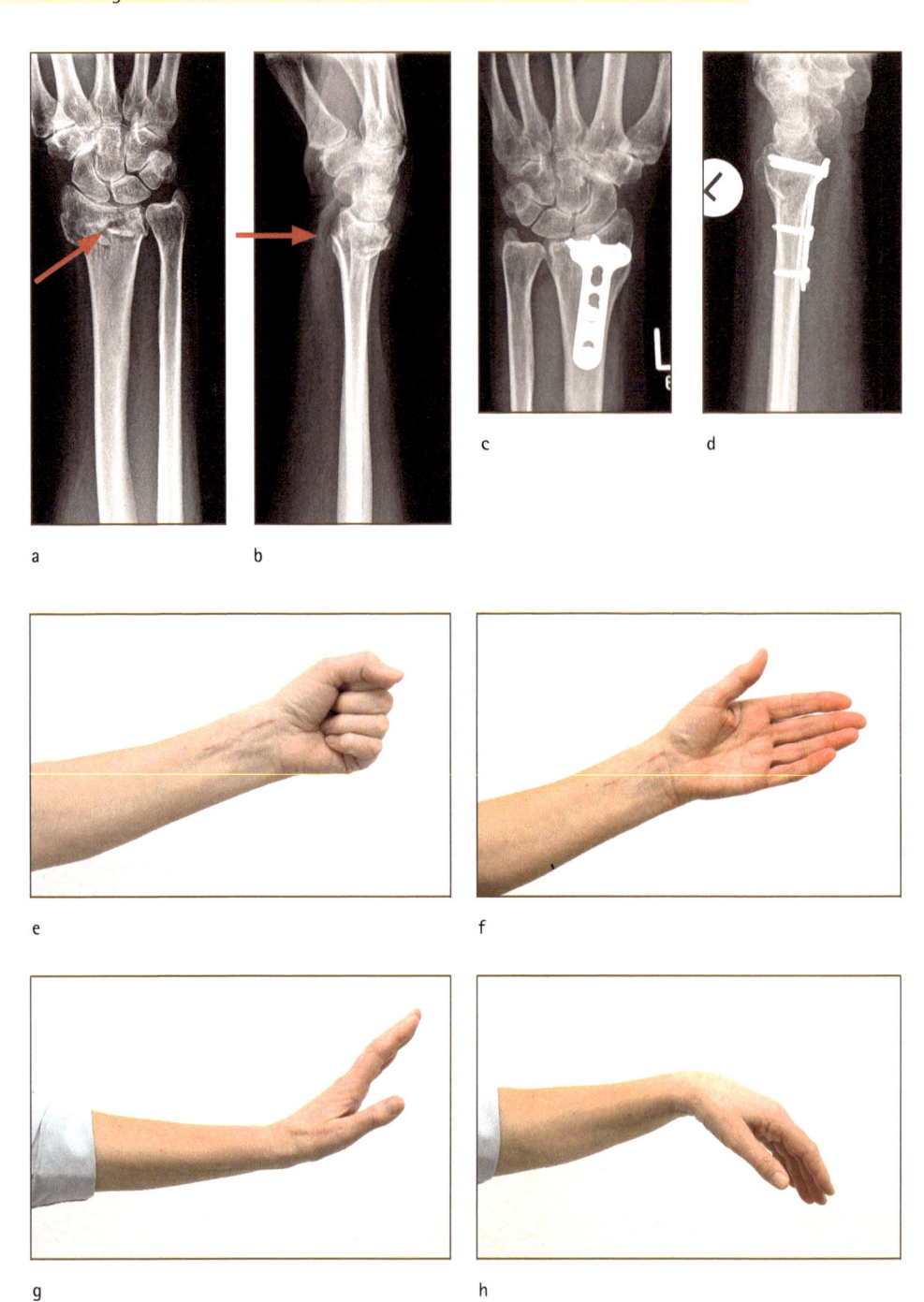

Abb. 9.36:
Komplizierte Radiusfraktur einer 40-jährigen Frau, die auf die überstreckte Hand stürzte: Die Speiche weist eine Fehlstellung nach handrückenwärts auf, sie ist in mehrere Fragmente zerborsten und verkürzt, der Bruch bezieht die Gelenkflächen ein (a, b). Die Verletzung wurde mit einer Platte stabilisiert (c, d). Das Heilungsergebnis ist gut, der Faustschluss unbeeinträchtigt (e, f). Die Beweglichkeit des Handgelenks ist leicht herabgesetzt (g, h).

Fraktur der distalen Speiche – körperferne Radiusfraktur

Medizinisch erforderliche Nachbehandlung	
Stationäre Rehabilitation (AHB)	Nicht erforderlich
Dauer und Frequenz der Physiotherapie nach Eintritt der Verletzung	Bis zu 20 Physiotherapien (Krankengymnastik)
Dauer und Frequenz der Physiotherapie nach Abschluss der Heilung	Eine gelegentliche Physiotherapie kann bis zu sechs Monate nach der Fraktur erforderlich sein.
Künftige operative Behandlungen	Ggf. Entfernung oder Teilentfernung des Osteosynthesematerials
Hilfsmittel, Medikamente	Schmerzstillende und abschwellende Medikamente für einige Tage

Beeinträchtigung der Arbeitsfähigkeit	
Berufliche Anforderung	Durchschnittliche Dauer der Arbeitsunfähigkeit
Leichte Tätigkeit	3 – 6 Wochen
Leichte bis mittelschwere Arbeit	4 – 12 Wochen
Schwere körperliche Tätigkeiten und Arbeiten, die eine volle Belastbarkeit des Handgelenks und der Hand erfordern	6 – 20 Wochen

Bewertung des Haushaltsführungsschadens		
Tätigkeit	Beeinträchtigung (in %) bis zum Abschluss der Rekonvaleszenz	Beeinträchtigung auf Dauer (in %)
Leicht: Planung	eine Woche 100 %	Keine Beeinträchtigung
Mittel: Durchschnittliche Hausarbeiten	100 % für vier Wochen, 50 % für weitere vier Wochen. 20 % für die sich anschließenden vier Wochen	Im Allgemeinen keine Beeinträchtigung
Schwer: Großer Hausputz, Gartenarbeit	100 % für zwölf Wochen, 50 % für weitere vier Wochen. 20 % für die sich anschließenden vier Wochen	Im Allgemeinen keine Beeinträchtigung

Bewertung des Dauerschadens	
Versicherungszweig – Rechtsgebiet	Einschätzung des Dauerschadens
Gesetzliche Unfallversicherung: MdE	Unter 10 v. H. – 10 v. H, bei ungünstigem Ergebnis 20 v. H.
Private Unfallversicherung: Invalidität	1/20 – 4/20 – 5/20 Handwert
Haftpflichtversicherung	Siehe GUV
Gesetzliche Rentenversicherung	Im Allgemeinen keine Auswirkung
Private Berufsunfähigkeitsversicherung	In Ausnahmefällen von Bedeutung: Sofern eine erhebliche Funktionsbeeinträchtigung des Handgelenks verbleibt, können Handwerker (z. B. Verputzer, Fliesenleger, Elektriker) beruflich beeinträchtigt sein.
Schwerbehindertenrecht, soziales Entschädigungsrecht, Beamtenrecht: GdB, GdS	0 – 10 – 20, je nach Funktionsstörung

9.20 Verletzungen der Handwurzel

9.20.1 Fraktur des Os navikulare – Kahnbeinbruch

Klassifikation nach ICD-10: S62.0

Verletzungsbild und Symptomatik

Durch den Sturz auf die nach hinten abgewinkelte Hand kann das Kahnbein, der größte Knochen der ersten Handwurzelreihe, brechen. Der Bruch verursacht Schmerzen, allerdings müssen diese nicht so ausgeprägt sein, dass der Verletzte einen Arzt konsultiert. Das Handgelenk schwillt zwar an, eine Fehlstellung entwickelt sich jedoch nicht, da die gebrochenen Fragmente im Verbund der Handwurzel bleiben. Der Kahnbeinbruch kann auch der ärztlichen Untersuchung entgehen.

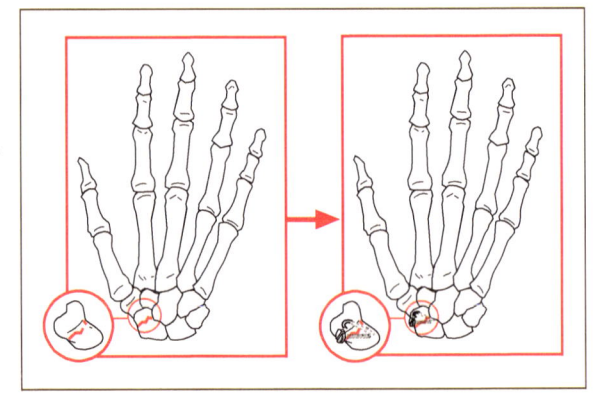

Abb. 9.37:
Fraktur des Kahnbeins (a). Operative Behandlung durch eine Schraubenosteosynthese (b).

Pseudarthrose (Falschgelenk)

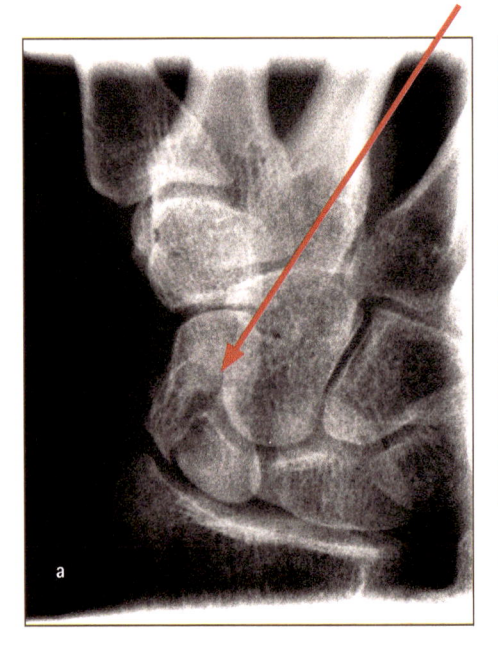

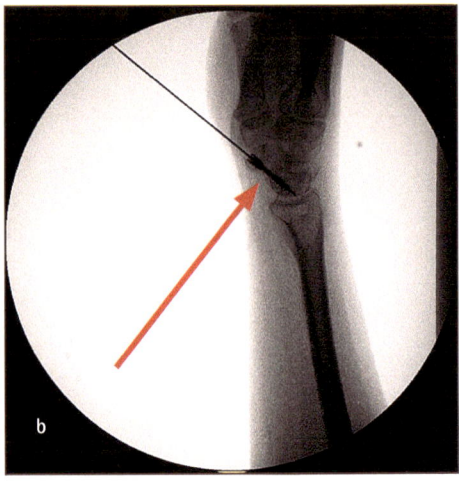

Intraoperative Röntgenaufnahme: Der Kahnbeinbruch wurde mit einer Spezialschraube stabilisiert.

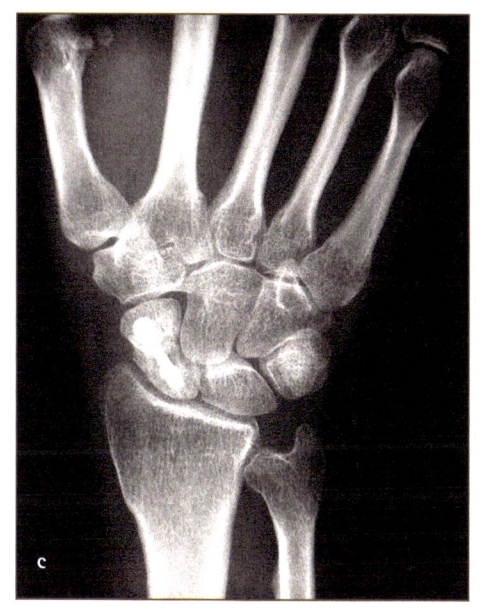

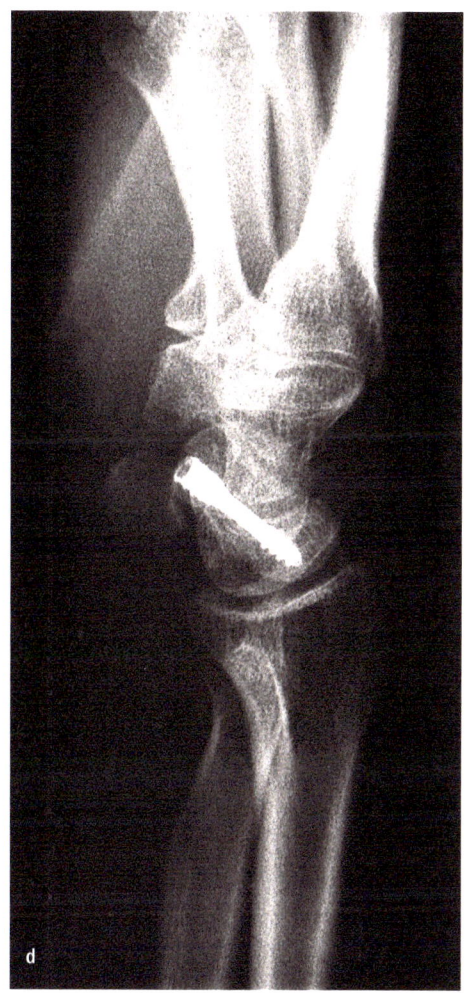

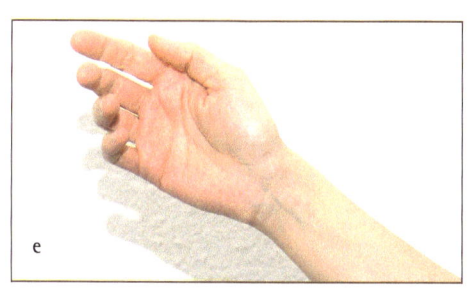

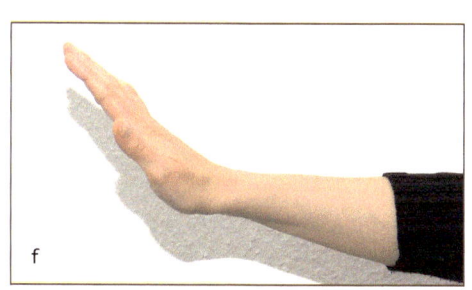

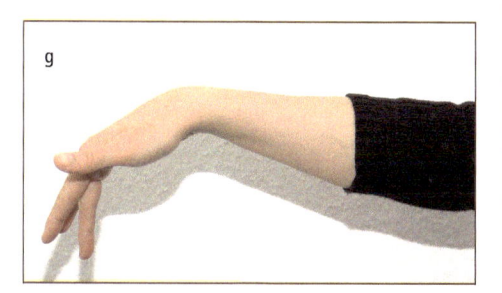

Fraktur des Os navikulare – Kahnbeinbruch

Abb. 9.38:
Die häufigste Verletzung der Handwurzelknochen, der Kahnbeinbruch, wird gelegentlich übersehen. Werden Hand, Hand- und Ellenbogengelenk nach der Verletzung nicht ruhig gestellt, so bleibt die Heilung aus, es entwickelt sich ein Falschgelenk (a). Um die Pseudarthrose zur Ausheilung zu bringen, ist eine Operation erforderlich. Der Bruchspalt wird angefrischt, gelegentlich ist es erforderlich, zusätzlich Knochen zu transplantieren. Abb. b. wurde in der Operation angefertigt. Die Bruchfragmente werden mit einem dünnen Draht aufgefädelt. Über den Draht wird eine kanülierte Schraube eingebracht. Abb. c und d zeigen den verheilten Bruch. Die Schraube wird nicht entfernt. Das Heilungsergebnis (e-g) ist gut.

Als typisches Zeichen des Kahnbeinbruchs gilt der Druckschmerz in der Tabatière. Dieser altertümliche Ausdruck stammt aus einer Zeit, in der Tabak geschnupft wurde. Eine Prise Tabak wurde auf das speichenwärtige Ende des Handgelenks gegeben, wobei durch das Strecken des Daumens eine durch zwei Sehnen begrenzte Grube, die „Tabaksgrube", entsteht. Häufig klagen die Betroffenen auch über Schmerzen, wenn Daumen oder Zeigefinger in Richtung des Handgelenks gedrückt werden. Eine Röntgenaufnahme in zwei Ebenen reicht nicht aus, zusätzlich sind Schrägaufnahmen anzufertigen. Lässt sich eine Fraktur nicht sicher ausschließen, so können Hand und Unterarm für zehn bis 14 Tage ruhig gestellt werden, danach ist ein eventueller Frakturspalt deutlicher zu sehen. Die Diagnose kann auch mit Hilfe einer Computer- oder Kernspintomographie gestellt werden.

Therapie
Unverschobene Brüche lassen sich konservativ behandeln. Die Fraktur wird für zwölf Wochen ruhig gestellt. Bei Brüchen im körpernahen Drittel und bei vertikal-schrägen Brüchen ist das Ellenbogengelenk in den Gipsverband mit einzubeziehen (Oberarmgips). Verschobene Brüche und Brüche, bei denen die Frakturlinie schräg von oben nach unten verläuft, werden verschraubt. Auch wenn die langfristige Gipsruhigstellung unerwünscht ist oder der Betroffene an einer Erkrankung leidet, bei der die Anlage eines Gipsverbands mit einem erhöhten Risiko verbunden ist, kann eine operative Behandlung erfolgen. Nach Abschluss der Knochenbruchheilung ist eine Krankengymnastik empfehlenswert.

Komplikationen
Sowohl bei der konservativen als auch bei der operativen Therapie kann die Heilung ausbleiben. In diesen Fällen entwickelt sich ein Falschgelenk (Pseudarthrose), das längerfristig zu einer Handgelenkarthrose führt. Die Kahnbeinpseudarthrose wird mit einer Knochenspantransplantation behandelt. Die Ergebnisse sind in der Regel gut. Bei operativer Behandlung besteht ein Infektionsrisiko. Selten entwickelt sich ein komplexes regionales Schmerzsyndrom (M. Sudeck).

Regelhafter Heilverlauf – Auswirkung im täglichen Leben
Während der Heilungszeit ist der Verletzte weniger durch die Navikularfraktur, sondern mehr durch den Gipsverband beeinträchtigt. Jüngere Menschen sind trotz des Gipsverbands in der Lage, sich selbst zu versorgen, bei älteren Patienten kann zeitweilig eine Hilfe erforderlich werden.

Medizinische Prognose (Welche Folgen hinterlässt die Verletzung?)
Bei unkomplizierten Verletzungen ist nach konservativer oder operativer Behandlung nur mit einer leichten Funktionsbeeinträchtigung des Handgelenks zu rechnen. Komplizierte Frakturen und Pseudarthrose bedürfen einer Beurteilung im Einzelfall.

Fraktur des Os navikulare – Kahnbeinbruch

Medizinisch erforderliche Nachbehandlung	
Stationäre Rehabilitation (AHB)	Nicht erforderlich
Dauer und Frequenz der Physiotherapie nach Eintritt der Verletzung	Bis zu 20 Physiotherapien (Krankengymnastik)
Dauer und Frequenz der Physiotherapie nach Abschluss der Heilung	Im Allgemeinen nicht erforderlich
Künftige operative Behandlungen	Eine operative Therapie ist indiziert, wenn die Fraktur nicht verheilt und sich ein Falschgelenk ausbildet.
Hilfsmittel, Medikamente	Ggf. nach Ausheilung für mehrere Wochen eine stabilisierende Handgelenkbandage bei körperlich schweren Arbeiten. Verbleibt ein Falschgelenk, so ist eine Versorgung mit einer festen Walklederhülse/Kunststoffortese möglich.

Beeinträchtigung der Arbeitsfähigkeit	
Berufliche Anforderung	Durchschnittliche Dauer der Arbeitsunfähigkeit
Leichte, überwiegend sitzende Tätigkeit	6 – 10 Wochen
Leichte bis mittelschwere Arbeit	10 – 16 Wochen
Schwere körperliche Tätigkeiten und Arbeiten, die eine volle Belastbarkeit des Handgelenks und der Hand erfordern	12 – 26 Wochen

Bewertung des Haushaltsführungsschadens		
Tätigkeit	Beeinträchtigung (in %) bis zum Abschluss der Rekonvaleszenz	Beeinträchtigung auf Dauer (in %)
Leicht: Planung	Keine Beeinträchtigung	Keine Beeinträchtigung
Mittel: Durchschnittliche Hausarbeiten	Während der Gipsruhigstellung 50 %, danach für acht Wochen 20 %	Keine Beeinträchtigung
Schwer: Großer Hausputz, Gartenarbeit	Während der Gipsruhigstellung und für acht Wochen nach Gipsabnahme 100 %, danach für acht Wochen 50 %	Eine Pseudarthrose des Kahnbeins mit Arthrose des Handgelenks kann zu einer Beeinträchtigung von 10 % bis 20 % führen.

Bewertung des Dauerschadens	
Versicherungszweig – Rechtsgebiet	Einschätzung des Dauerschadens
Gesetzliche Unfallversicherung: MdE	Unter 10 v.H. – 10 v.H, bei ungünstigem Ergebnis (Pseudarthrose, Handgelenkarthrose) 20 v.H.
Private Unfallversicherung: Invalidität	1/20 – 4/20 Handwert
Haftpflichtversicherung	Siehe GUV
Gesetzliche Rentenversicherung	Im Allgemeinen keine Auswirkung
Private Berufsunfähigkeitsversicherung	In Ausnahmefällen von Bedeutung: Sofern eine erhebliche Funktionsbeeinträchtigung des Handgelenks verbleibt, können Handwerker (z.B. Verputzer, Fliesenleger, Elektriker) beruflich beeinträchtigt sein.
Schwerbehindertenrecht, soziales Entschädigungsrecht, Beamtenrecht: GdB, GdS	0 – 10 (– 20), je nach Funktionsstörung

9.20.2 Luxationen und Bandverletzungen der Handwurzel

Perilunäre Luxation Klassifikation nach ICD-10 (S63.0-)
Skapholunäre Dissoziation Klassifikation nach ICD-10 (S63.3)
Perilunäre Fraktur Klassifikation nach ICD-10 (S62.11)

Verletzungsbild und Symptomatik

Perilunäre Luxation:
Bei dieser gravierenden Verletzung, die durch den Sturz auf die überstreckte Hand entsteht, verschiebt sich das sichelförmige Mondbein nach volar (zur Handinnenfläche). Dabei zerreißen die Bänder, die das Kahnbein mit dem Mondbein und der Speiche verbinden. Die übrigen Handwurzelknochen verlagern sich nach dorsal (handrückenwärts). Man spricht von einer perilunären Luxation (Verrenkung der Handwurzelknochen um das Mondbein).

Skapholunäre Dissoziation:
Reicht die Gewalt nicht aus, um die Handwurzel zu luxieren, so können bei dem geschilderten Verletzungsmechanismus dennoch die Bänder zwischen Mond- und Kahnbein reißen. Im Röntgenbild (CT, MRT) klaffen Mond- und Kahnbein auseinander, dieser Zustand wird in der medizinischen Fachsprache als skapholunäre Dissoziation bezeichnet.

Perilunäre Fraktur:
Wird die perilunäre Luxation von einem Bruch des Kahnbeins begleitet, dann spricht man von einer De-Quervain-Luxationsfraktur.

Das klinische Bild der perilunären Luxation ist durch eine starke Schwellung und erhebliche Schmerzen gekennzeichnet. Die Beweglichkeit des Handgelenks ist eingeschränkt, durch die Luxation des Mondbeins kann der N. medianus geschädigt werden, die Verletzten klagen dann über Sensibilitätsstörungen der Hand, vor allem von Daumen, Zeige- und Mittelfinger. Trotz der er-

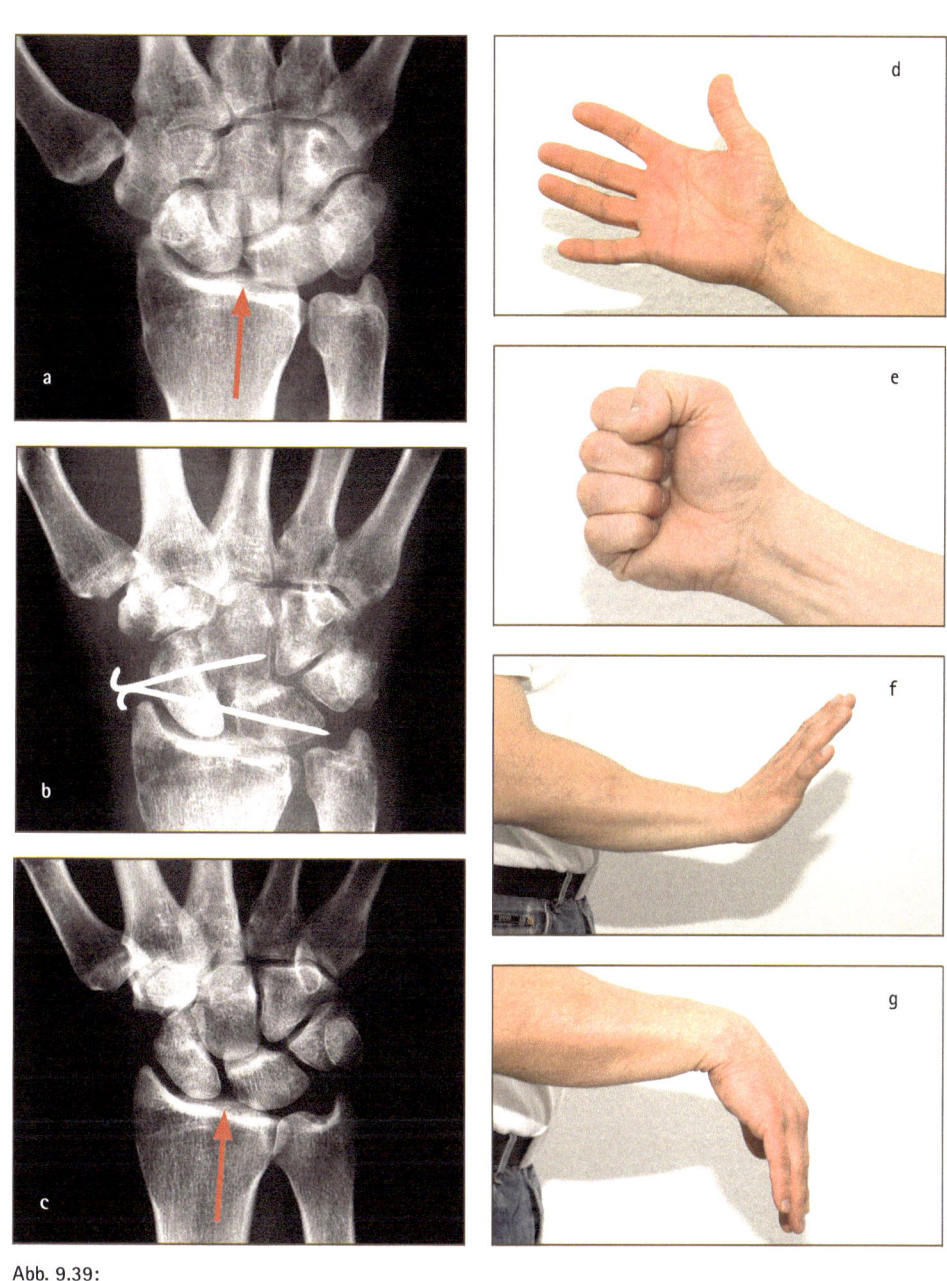

Luxationen und Bandverletzungen der Handwurzel

Abb. 9.39:
Infolge schwerer Distorsionen können die Bänder zwischen Mond- und Kahnbein zerreißen (skapholunäre Dissoziation), der Abstand zwischen Mond- und Kahnbein nimmt zu (a, Pfeil). Die damit verbundene Instabilität kann die Funktion des Handgelenks beeinträchtigen. Bei starken Beschwerden kann eine operative Therapie erforderlich werden: Die Bandverbindungen zwischen Mond- und Kahnbein werden genäht, beide Knochen zeitweilig mit K-Drähten fixiert (b). Abb. c zeigt das postoperative Ergebnis, das sich nur wenig von der Ausgangssituation unterscheidet. Ein Jahr nach der Operation ist die Funktion des Handgelenks gut (d – g).
Die Indikation für derartige Eingriffe ist nicht immer eindeutig gegeben. Gelegentlich werden die Operationen bei Beschwerden ohne einen eindeutigen Verletzungs- und Instabilitätsnachweis durchgeführt. Die Funktion der Hand kann sich dadurch weiter verschlechtern (iatrogene Schädigung). In der gesetzlichen und privaten Unfallversicherung sollte die Diagnose „Traumatische skapholunäre Dissoziation" immer kritisch überprüft werden.

heblichen klinischen Symptomatik kommt es immer wieder vor, dass die perilunäre Luxation übersehen wird. In diesem Fall ist von einem ärztlichen Behandlungsfehler auszugehen. Eine verspätete Einrichtung der Verletzung beeinträchtigt die Funktion des Handgelenks auf Dauer.

Therapie
Die Verletzung wird durch einen länger anhaltenden Zug in Längsrichtung geschlossen eingerichtet. Gelingt dies nicht, so ist eine operative Reposition erforderlich. Ein operatives Vorgehen ist auch bei der De-Quervain-Luxationsfraktur und einer bleibenden Instabilität der Handwurzel erforderlich. Das Kahnbein wird verschraubt, die Bänder genäht.

Komplikationen
Instabilität des Handgelenks und der Handwurzelknochen, posttraumatische Arthrose des Handgelenks, Bewegungseinschränkung des Handgelenks bis hin zur völligen Einsteifung, Nekrose des Mondbeins (Lunatummalazie), bei operativer Behandlung Infektion, M. Sudeck.

Regelhafter Heilverlauf – Auswirkung im täglichen Leben
Nach konservativer und operativer Behandlung ist eine Ruhigstellung im Gipsverband von sechs bis zwölf Wochen empfehlenswert, da sonst die Gefahr einer erneuten Verschiebung des Mondbeins besteht.

Während der Heilungszeit ist der Verletzte durch den Gipsverband beeinträchtigt. Jüngere Menschen sind trotz des Gipsverbands in der Lage, sich selbst zu versorgen, bei älteren Patienten kann zeitweilig eine Hilfe erforderlich werden.

Medizinische Prognose (Welche Folgen hinterlässt die Verletzung?)
Die Ergebnisse der Behandlung der perilunären Luxation und der Bandzerreißungen der Handwurzel lassen häufig zu wünschen übrig. Die Beweglichkeit des Handgelenks bleibt oft deutlich eingeschränkt. Längerfristig kann sich eine Arthrose des Handgelenks entwickeln. Die Verletzungen bedürfen einer Beurteilung im Einzelfall.

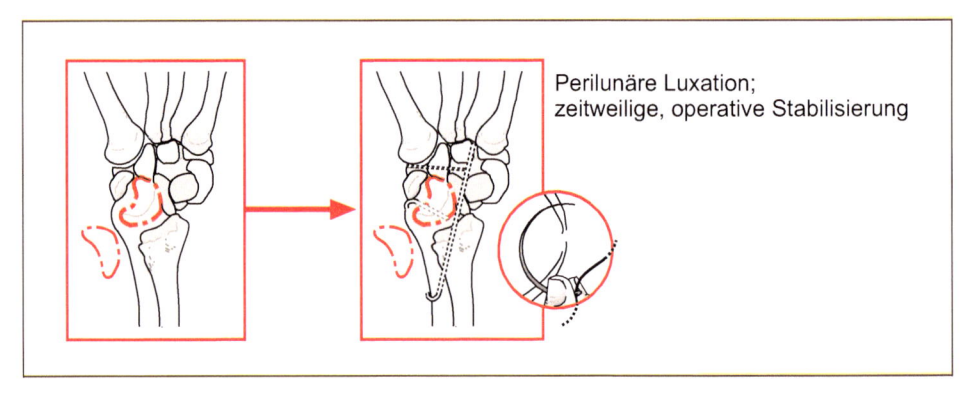

Abb. 9.40:
Perilunäre Luxation: Das Mondbein luxiert nach ventral (a). Reposition und operative Stabilisierung der Handwurzelknochen durch K-Drähte, Naht der Bänder (b).

Luxationen und Bandverletzungen der Handwurzel

Medizinisch erforderliche Nachbehandlung	
Stationäre Rehabilitation (AHB)	Nicht erforderlich
Dauer und Frequenz der Physiotherapie nach Eintritt der Verletzung	Bis zu 40 Physiotherapien (Krankengymnastik)
Dauer und Frequenz der Physiotherapie nach Abschluss der Heilung	Im Allgemeinen nicht erforderlich
Künftige operative Behandlungen	Eine (erneute) operative Therapie ist indiziert, wenn die durchgeführte Therapie erfolglos geblieben war und eine erhebliche Fehlstellung mit Funktionsbeeinträchtigung der Hand verblieben ist.
Hilfsmittel, Medikamente	Ggf. nach Ausheilung für mehrere Wochen eine stabilisierende Handgelenkbandage bei körperlich schweren Arbeiten. Ist eine operative Rekonstruktion nicht möglich, so kann die Versorgung mit einer festen Walklederhülse/Kunststoffortehse erwogen werden.

Beeinträchtigung der Arbeitsfähigkeit	
Berufliche Anforderung	Durchschnittliche Dauer der Arbeitsunfähigkeit
Leichte Tätigkeit	6 – 10 Wochen
Leichte bis mittelschwere Arbeit	10 – 12 Wochen
Schwere körperliche Tätigkeiten und Arbeiten, die eine volle Belastbarkeit des Handgelenks und der Hand erfordern	12 – 26 Wochen

Bewertung des Haushaltsführungsschadens		
Tätigkeit	Beeinträchtigung (in %) bis zum Abschluss der Rekonvaleszenz	Beeinträchtigung auf Dauer (in %)
Leicht: Planung	Keine Beeinträchtigung	Keine Beeinträchtigung
Mittel: Durchschnittliche Hausarbeiten	Während der Gipsruhigstellung 50 %, danach für acht Wochen 20 %	Keine Beeinträchtigung
Schwer: Großer Hausputz, Gartenarbeit	Drei Monate 100 %, danach für drei Monate 50 %, drei Monate 30 %	Eine posttraumatische Arthrose des Handgelenks kann zu einer Beeinträchtigung von 10 % bis 20 % führen.

Bewertung des Dauerschadens	
Versicherungszweig – Rechtsgebiet	Einschätzung des Dauerschadens
Gesetzliche Unfallversicherung: MdE	Unter 10 v. H. – 10 v. H, bei ungünstigem Ergebnis (verbliebene Fehlstellung, Handgelenkarthrose) 20 v. H.
Private Unfallversicherung: Invalidität	1/20 – 4/20 – 5/20 Handwert
Haftpflichtversicherung	Siehe GUV
Gesetzliche Rentenversicherung	Im Allgemeinen keine Auswirkung
Private Berufsunfähigkeitsversicherung	In Ausnahmefällen von Bedeutung: Sofern eine erhebliche Funktionsbeeinträchtigung des Handgelenks verbleibt, können Handwerker (z. B. Verputzer, Fliesenleger, Elektriker) beruflich beeinträchtigt sein.
Schwerbehindertenrecht, soziales Entschädigungsrecht, Beamtenrecht: GdB, GdS	0 – 10 (– 20), je nach Funktionsstörung

9.21 Mittelhandfrakturen
(einschließlich der Luxationsfrakturen des 1. Mittelhandknochens: Bennett- und Rolando-Fraktur)

Klassifikation nach ICD-10: S63.4

Verletzungsbild und Symptomatik
Brüche der Mittelhand können durch eine direkte Stauchung der Mittelhandknochen (Boxen) oder im Rahmen von Stürzen entstehen. Die Hand schwillt an, gleichzeitig kann sich die Mittelhand verkürzen, zudem können Drehfehler der Finger auftreten.

Therapie
Glatte unverschobene oder nur wenig verschobene Frakturen können konservativ im Gipsverband behandelt werden. Schrägbrüche und Brüche, die zu einer Drehfehlstellung des Fingers geführt haben, werden in der Regel operativ versorgt. Zum Einsatz kommen Schrauben, Platten und K-Drähte. Ein Sonderfall ist der häufiger bei Sportverletzungen auftretende Luxationsbruch der Basis des 1. Mittelhandknochens (Bennett-Fraktur, Rolando-Fraktur). Bei der Bennett-Fraktur wird das abgesprengte Fragment operativ refixiert. Die y-förmige Rolando-Fraktur wird mit einer Platte stabilisiert.

Komplikationen
Verkürzung des Mittelhandknochens, Drehfehler der Finger, Störungen der Finger- und Handfunktion, bei operativer Behandlung Infekt, M. Sudeck.

Regelhafter Heilverlauf – Auswirkung im täglichen Leben
Während der Heilungszeit ist die verletzte Hand beeinträchtigt. Jüngere Menschen sind trotz des Gipsverbands in der Lage, sich selbst zu versorgen, bei älteren Patienten kann zeitweilig eine Hilfe erforderlich werden.

Mittelhandfrakturen

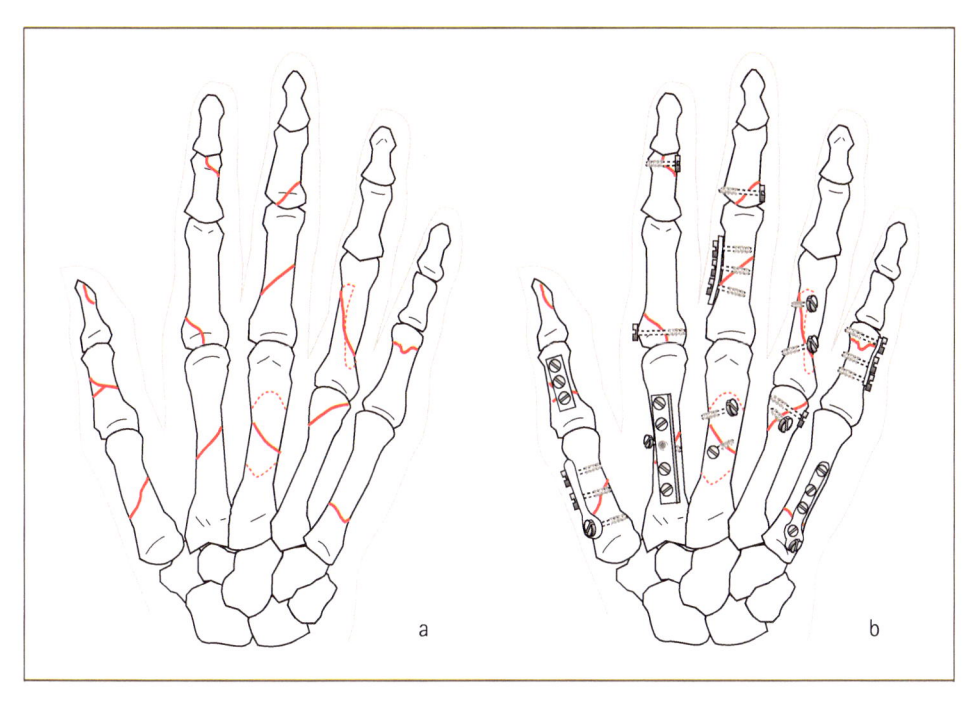

Abb. 9.41:
Knöcherne Verletzungen von Mittelhand und Fingern (a), die osteosynthetisch mit Schrauben und Miniaturplatten versorgt wurden (b).

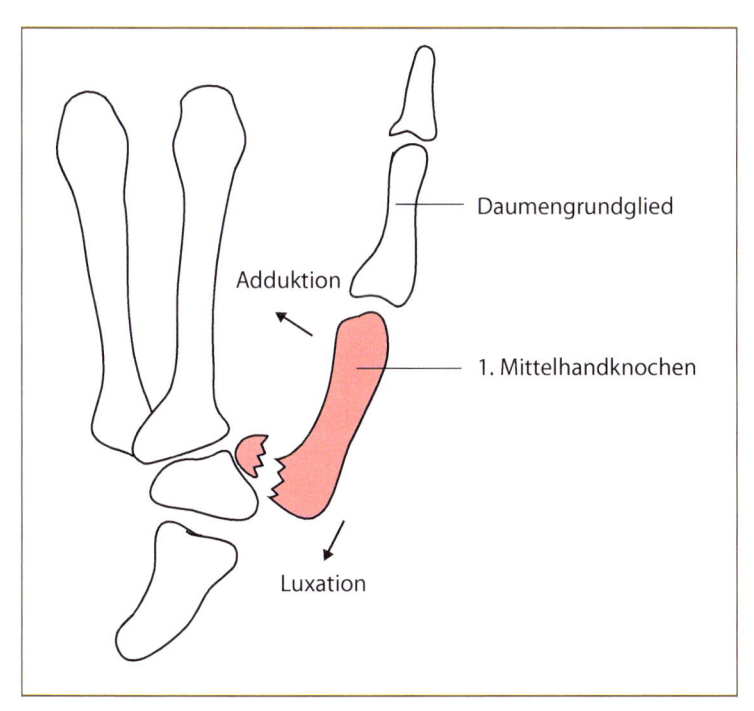

Abb. 9.42:
Bennett-Fraktur: Die Fraktur der Basis des 1. Mittelhandknochens muss operativ behandelt werden, da sonst eine Fehlstellung des Daumensattelgelenks verbleibt. Längerfristig entwickelt sich eine Arthrose. Wird das Gelenk nicht rekonstruiert, so kann der Verletzte mit dem Daumen nicht mehr kraftvoll zupacken, die Greiffunktion der Hand bleibt stark beeinträchtigt.

Medizinisch erforderliche Nachbehandlung	
Stationäre Rehabilitation (AHB)	Nicht erforderlich
Dauer und Frequenz der Physiotherapie nach Eintritt der Verletzung	Bis zu 20 Physiotherapien (Krankengymnastik)
Dauer und Frequenz der Physiotherapie nach Abschluss der Heilung	Nur bei unbefriedigender Beweglichkeit gelegentlich Krankengymnastik bzw. Ergotherapie erforderlich
Künftige operative Behandlungen	Ggf. Metallentfernung
Hilfsmittel, Medikamente	Ggf. Verordnung einer Daumenorthese

Beeinträchtigung der Arbeitsfähigkeit	
Berufliche Anforderung	Durchschnittliche Dauer der Arbeitsunfähigkeit
Leichte Tätigkeit	3 – 6 Wochen
Leichte bis mittelschwere Arbeit	4 – 12 Wochen
Schwere körperliche Tätigkeiten und Arbeiten, die eine volle Belastbarkeit der Hand erfordern	8 – 16 Wochen

Bewertung des Haushaltsführungsschadens		
Tätigkeit	Beeinträchtigung (in %) bis zum Abschluss der Rekonvaleszenz	Beeinträchtigung auf Dauer (in %)
Leicht: Planung	Keine Beeinträchtigung	Keine Beeinträchtigung
Mittel: Durchschnittliche Hausarbeiten	Während der Gipsruhigstellung 50 %, danach für vier Wochen 20 %	Keine Beeinträchtigung
Schwer: Großer Hausputz, Gartenarbeit	Drei Monate 100 %, danach für sechs Monate 20 %	Keine Beeinträchtigung

Bewertung des Dauerschadens	
Versicherungszweig – Rechtsgebiet	Einschätzung des Dauerschadens
Gesetzliche Unfallversicherung: MdE	Unter 10 v. H. – 10 v. H.
Private Unfallversicherung: Invalidität	1/20 – 2/20 Handwert, ggf. kommt auch eine Einschätzung nach dem Daumenwert in Frage.
Haftpflichtversicherung	Siehe GUV
Gesetzliche Rentenversicherung	Im Allgemeinen keine Auswirkung
Private Berufsunfähigkeitsversicherung	Nur in Ausnahmefällen von Bedeutung: Sofern eine erhebliche Funktionsbeeinträchtigung der Hand oder des Daumens verbleibt, können Handwerker (z. B. Verputzer, Fliesenleger, Elektriker) beruflich beeinträchtigt sein.
Schwerbehindertenrecht, soziales Entschädigungsrecht, Beamtenrecht: GdB, GdS	0 – 10 (– 20), je nach Funktionsstörung

9.22 Frakturen der Finger

Überblick über die Verletzungen der Finger	
Frakturen	Klassifikation nach ICD-10: S62.5- (Daumen), S62.6- (Finger 2 – 5)
Luxationen	Klassifikation nach ICD-10: S63.1-
Strecksehnenabrisse an den Endgliedern der Finger I – V	Klassifikation nach ICD-10: S63.4
Sehnenverletzungen	Klassifikation nach ICD-10: S66.-
Infektionen	Klassifikation nach ICD-10: M65.1 (Sehnenscheide)
Amputationen der Finger	Klassifikation nach ICD-10: S68.-

Verletzungsbild und Symptomatik

Brüche der Finger entstehen meist durch direkte Gewalteinwirkung, einen Sturz oder einen Schlag auf den Finger oder die Hand, sie sind relativ häufige Begleitverletzungen beim Ballspiel. Das klinische Erscheinungsbild ist von einer Schwellung und von einem Bluterguss geprägt. Werden zugleich die Haut und die Weichteile verletzt, dann können auch Sehnen, Gefäße oder Nerven geschädigt werden.

Therapie

Die Diagnose wird durch Röntgenbilder gesichert.

Nicht verschobene Frakturen werden auf einer Fingerschiene aus Gips oder Kunststoff für ungefähr vier Wochen stabilisiert. Unter Umständen wird man den benachbarten Finger als ergänzende Schiene einsetzen. Besteht eine stärkere Fehlstellung oder Achsabweichung, dann werden die Bruchfragmente nach Reposition durch einen K-Draht, Miniaturschrauben oder eine Plattenosteosynthese in anatomisch korrekter Position fixiert (Abb. 9.41). Auch danach ist der Finger für circa vier Wochen ruhig zu stellen. Je nach Ausmaß der Verletzung und Bewegungseinschränkung kann eine Krankengymnastik oder Ergotherapie erforderlich werden. Bei ausreichender Stabilität ist eine frühfunktionelle Behandlung unter Schienung des verletzten Fingers an einem Nachbarfinger zu empfehlen.

Komplikationen

Verkürzung oder Achsabweichung des Fingergliedes, Rotationsfehler (Abb. 9.43). Nach operativer Behandlung Infekt, komplexes regionales Schmerzsyndrom (M. Sudeck).

Regelhafter Heilverlauf – Auswirkung im täglichen Leben

Während der vierwöchigen Ruhigstellung ist die Funktion der Hand beeinträchtigt. Eine gewisse Beeinträchtigung ist auch nach Gipsabnahme während der Phase der Mobilisierung zu erwarten.

Medizinische Prognose (Welche Folgen hinterlässt die Verletzung?)

Je nach Schwere der Verletzung kann eine Bewegungseinschränkung der Fingergelenke bestehen bleiben. Eine exakte Beurteilung ist nur im Einzelfall möglich.

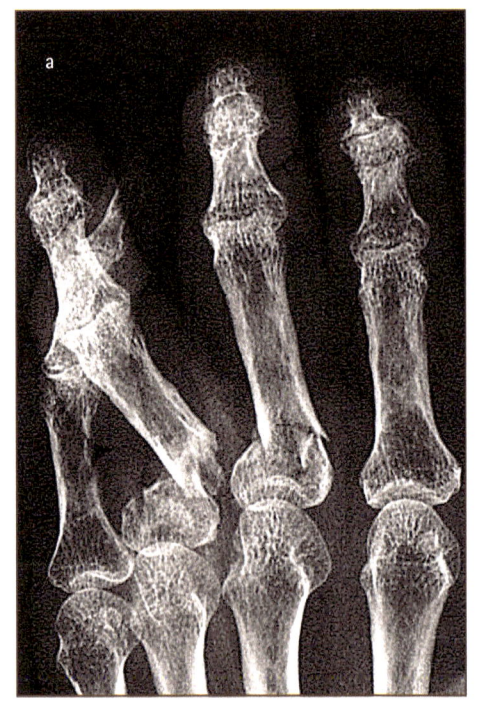

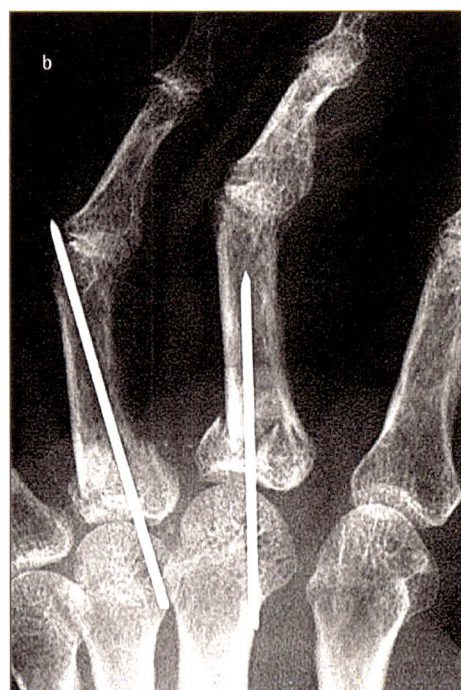

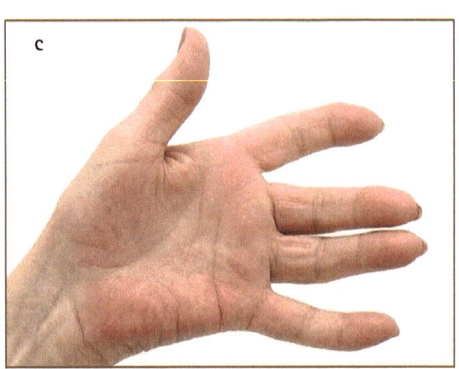

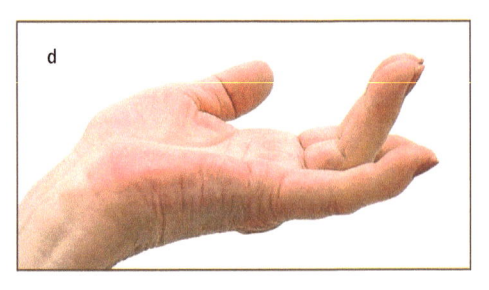

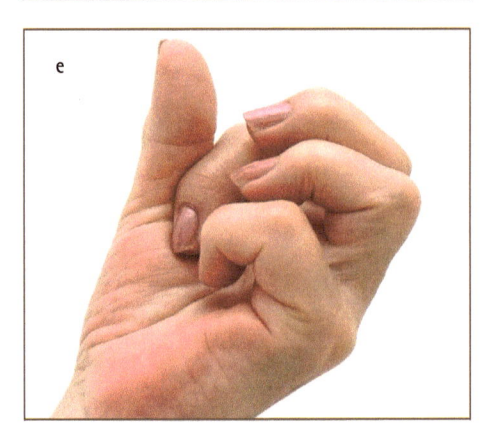

Verletzungen der oberen Extremitäten

Abb. 9.43:
Die Frakturen der Grundglieder von Mittel- und Ringfinger (a) wurden operativ gerichtet und mit K-Drähten stabilisiert (b). Zwei Jahre nach der Verletzung war das Ergebnis unbefriedigend. Mittel- und Ringfinger sind verformt (c), sie können weder komplett gestreckt (d) noch gebeugt (e) werden.

Die Arthrosen der Endgelenke der Finger (Heberden-Arthrosen) stehen nicht mit dem Unfall in Zusammenhang. Polyarthrosen der Finger sind bei älteren Menschen sehr häufig. Die Probandin ist 70 Jahre alt.

> Einschätzungstabellen zur Nachbehandlung, Dauer der Arbeitsunfähigkeit, Bewertung des Haushaltsführungsschadens- und des Dauerschadens von Fingerverletzungen sind auf S. 297–298 abgedruckt.

9.23 Luxationen der Fingergelenke

Verletzungsbild und Symptomatik
Fingerluxationen sind relativ häufige Verletzungen nach Stürzen, sie entstehen auch beim Ballspielen. Die Verletzung wird vom Betroffenen sofort erkannt. Nicht selten richtet der Verletzte sich die Verrenkung selbst sofort durch Längszug am Finger wieder ein. Mittels einer Röntgenaufnahme wird eine knöcherne Begleitverletzung ausgeschlossen.

Besonders häufig luxiert der Daumen im Grundgelenk nach speichenwärts. Diese Verletzung wird als „Skidaumen" bezeichnet. Bei dem typischen Unfallmechanismus hebelt der lange Skistock das Daumengrundgelenk aus, das ellenwärtige Seitenband kann reißen oder mit einem kleinen Knochenfragment ausreißen (Abb. 9.44). Die dadurch entstehende Instabilität des Daumens beim Zangengriff zwischen Daumen und Langfingern wirkt sich funktionell ungünstig aus.

Therapie
Nach der Reposition empfiehlt es sich, den Finger ruhig zu stellen, bis dieser abgeschwollen ist, um ihn dann frühfunktionell durch eigenständige Bewegung zu behandeln. Unter Umständen kann der betroffene Finger auch am benachbarten gesunden Finger bis zum Abschwellen durch einen Tapeverband geschient werden. Stellt sich bei der Untersuchung heraus, dass eine starke Instabilität durch einen Riss der Kapsel und der Seitenbänder besteht, so ist die Indikation für eine operative Naht der Bänder gegeben. Liegen knöcherne Ausrisse vor, so werden diese mit einer Schraube fixiert (Abb. 9.44b). Auch der frische „Skidaumen" wird operativ behandelt.

Regelhafter Heilverlauf – Auswirkung im täglichen Leben
Bei konservativer Behandlung einer Luxation wird der Finger für zwei bis vier Wochen mit einer Schiene oder einem Gipsverband ruhig gestellt. Seitenbandverletzungen bedürfen einer bis zu sechswöchigen Stabilisierung. Auch nach operativer Behandlung der Seitenbandruptur des Daumens wird dieser in einer Daumengrundgelenksorthese für sechs Wochen fixiert. Solange Gips, Schiene oder Orthese getragen werden müssen, ist die Funktion der Hand eingeschränkt.

Komplikationen
Als Folge einer Luxation kann eine Bewegungseinschränkung oder eine Instabilität des betroffenen Gelenks verbleiben. Wurde der Knorpel geschädigt, so ist auch die Entstehung einer posttraumatischen Arthrose möglich.

Medizinische Prognose (Welche Folgen hinterlässt die Verletzung?)
Die Prognose ist insgesamt günstig. Mit einer narbigen Verheilung des Bandes ist zu rechnen. Hieraus kann eine leichte Bewegungseinschränkung resultieren.

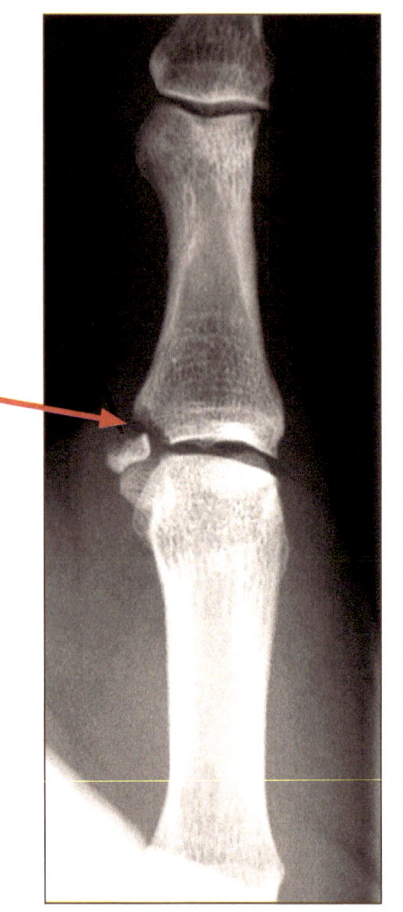

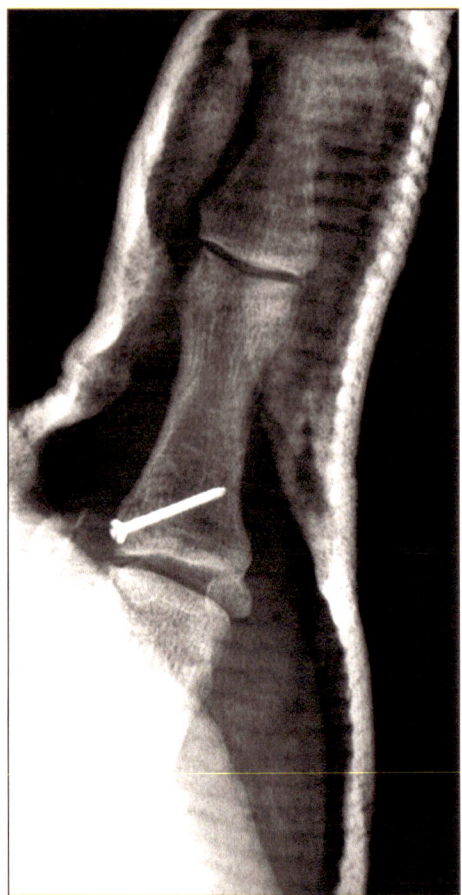

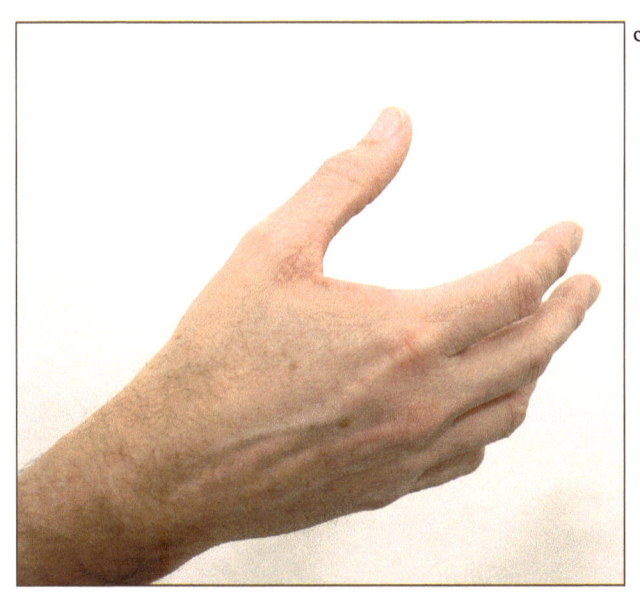

Abb. 9.44:
Der Riss des speichenwärtigen Seitenbands am Daumen ist eine häufige Verletzung beim Skifahren. Der Skistock hebelt den Daumen aus dem Grundgelenk, man spricht von einem „Skidaumen". Auf der Abb. a ist ein knöcherner Ausriss zu erkennen. Die Verletzung wird operativ behandelt (b). Das funktionelle Ergebnis ist gut (c). Es kann eine geringfügige Einschränkung der Beweglichkeit im Daumengrundgelenk verbleiben.

Luxationen der Fingergelenke

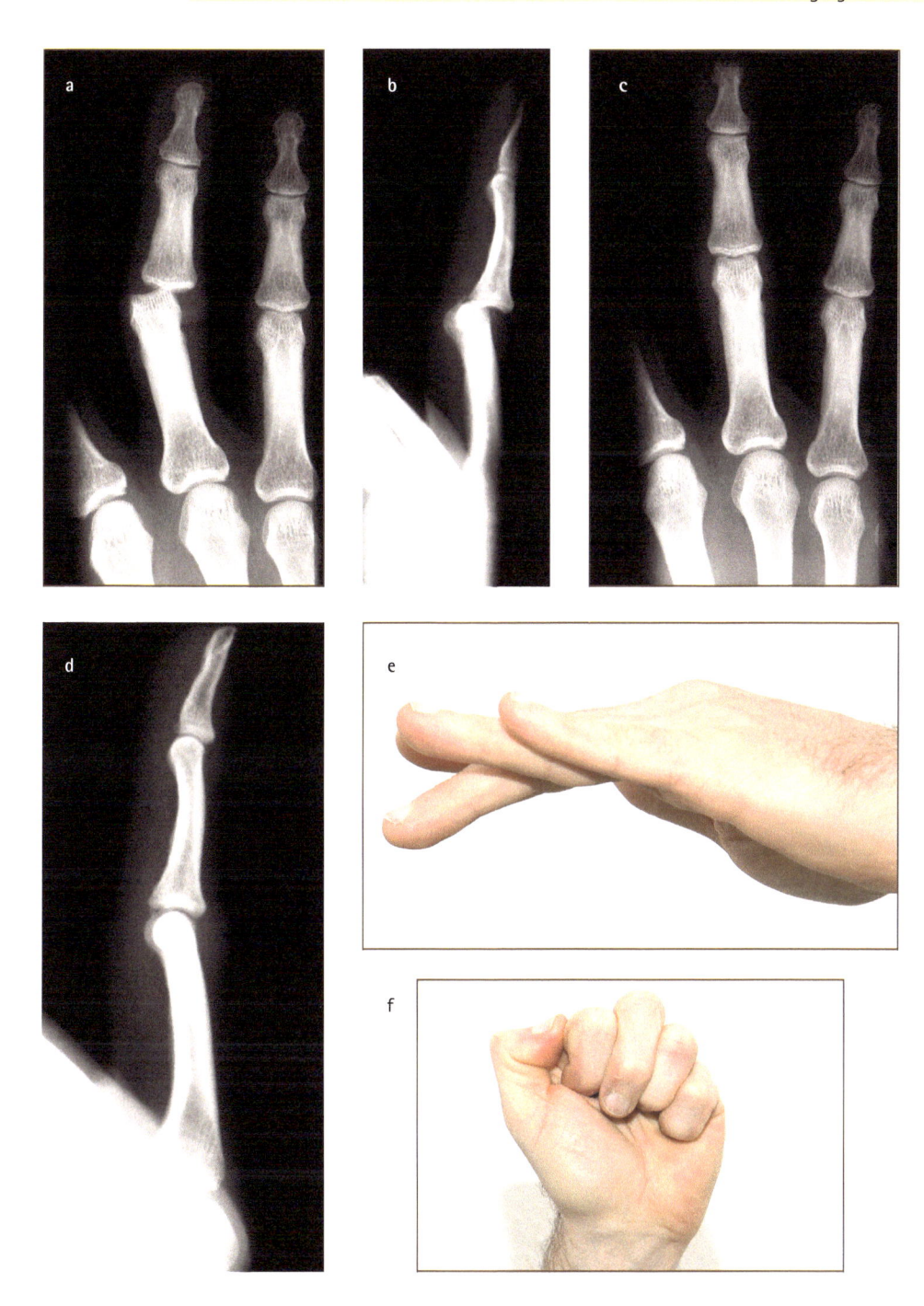

Abb. 9.45:
Das Mittelgelenk des Mittelfingers luxierte bei einem Sturz (a, b). Es wurde in einer Ambulanz reponiert (c, d). Obwohl es sich um eine scheinbar geringfügige Verletzung handelte, bleibt die Beweglichkeit des Mittelfingers sowohl bei der Streckung (e) als auch beim Faustschluss (f) deutlich beeinträchtigt.

> Einschätzungstabellen zur Nachbehandlung, Dauer der Arbeitsunfähigkeit, Bewertung des Haushaltsführungsschadens- und des Dauerschadens von Fingerverletzungen sind auf S. 297–298 abgedruckt.

9.24 Strecksehnenabriss am Endglied der Finger II – V

Verletzungsbild und Symptomatik
Der knöcherne Ausriss der Strecksehne an den Endgliedern II–V oder der sehnige Abriss direkt am Ansatz des Knochens ist eine häufige Verletzung bei Ballspielen oder Folge einer Gewalteinwirkung auf das gestreckte Endglied des Fingers. Die Sehne oder der ansetzende Knochen ist dem Anprall nicht gewachsen, hierdurch reißt die Sehne an der Basis des Endgliedes, d. h. kurz unterhalb des Nagels, mit einem knöchernen Fragment oder ohne ein solches aus. Das Verletzungsbild ist typisch. Das Endglied kann nicht mehr gestreckt werden. Es steht in einer leichten Beugestellung. Die Streckseite des Endglieds schwillt an.

Therapie
Zu bevorzugen ist eine konservative Behandlung der Strecksehnenausrisse in einer Schiene, mit der das Endglied überstreckt wird (Stacksche Schiene). Die Ruhigstellung erfolgt für zwei Monate während des ganzen Tages. Im dritten Monat sollte die Schiene noch nachts und bei körperlichem Einsatz der Hand getragen werden.

Größere Fragmente können auch mit einer Schraube oder einem K-Draht stabilisiert werden, allerdings sind die Ergebnisse der operativen Behandlung häufig nicht befriedigend.

Komplikationen
Verzögerte oder ausbleibende Heilung. Nach operativer Rekonstruktion kann ein Infekt entstehen. Heilt die Sehne bzw. das Knochenfragment nicht an, so verbleibt das Endglied in einer Beugeposition. Die Funktion des Fingers ist hierdurch beeinträchtigt. Nach operativer Behandlung ist mit einer Verdickung des streckwärtigen Endglieds zu rechnen.

Regelhafter Heilverlauf – Auswirkung im täglichen Leben
Die Versorgung des gedeckten Strecksehnenausrisses mit einer Stackschen Schiene beeinträchtigt die Hand nur wenig. Bei Arbeiten im Nassen sollte ein Handschuh getragen werden, um Aufweichungen der Haut unter der Schiene zu vermeiden.

Medizinische Prognose (Welche Folgen hinterlässt die Verletzung?)
Die Mehrzahl der Strecksehnenausrisse heilt aus. Häufiger verbleibt jedoch eine leichte Beugeposition und eine Verdickung der Streckseite des Endgelenks des Fingers. Nach operativer Behandlung treten öfter deutlich erkennbare Verplumpungen des Endglieds auf.

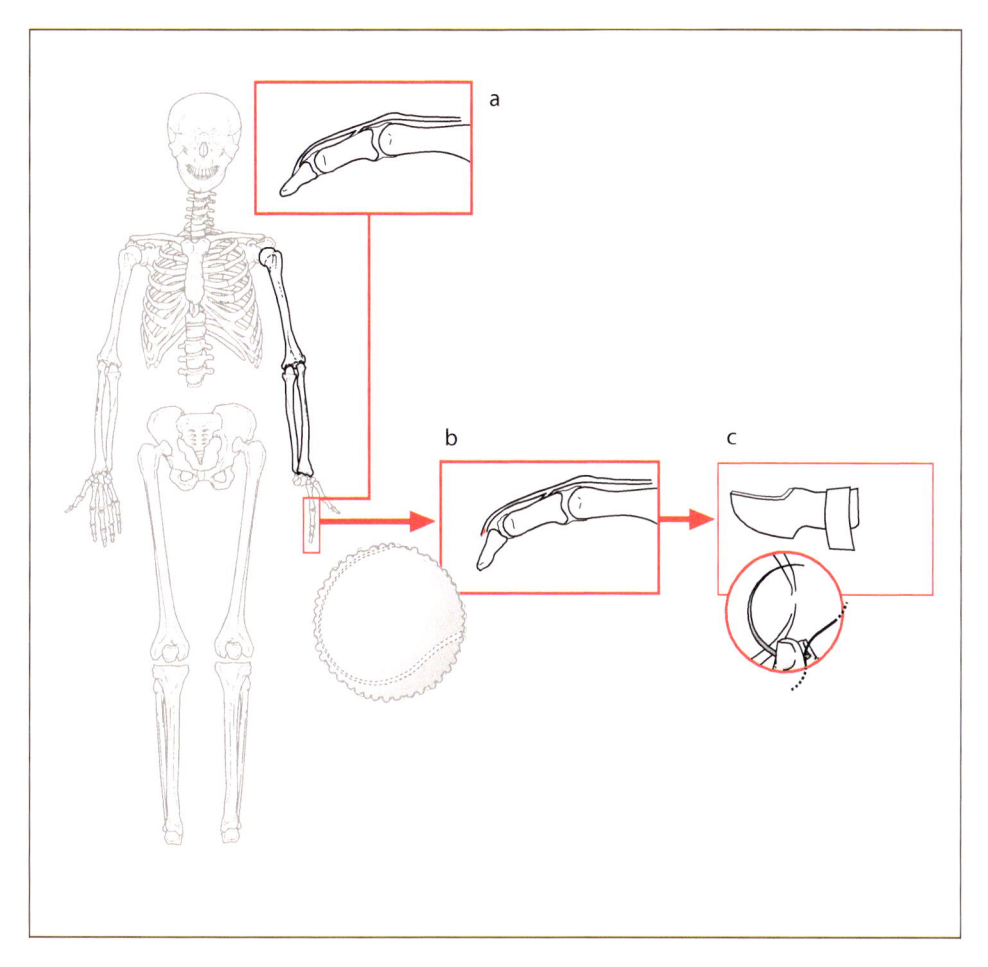

Abb. 9.46:
Die distale Strecksehne des Fingers setzt an der Basis des Endglieds an (a). Prallt ein Ball direkt auf die Fingerkuppe auf (b) oder schlägt der Finger an einen harten Gegenstand an, so kann die Strecksehne ausreißen. Der Strecksehnenausriss wird meist mit einer Schiene behandelt, in der das Endglied leicht überstreckt wird (Stacksche Schiene [c]). Nur in Ausnahmefällen ist eine operative Rekonstruktion sinnvoll.

Einschätzungstabellen zur Nachbehandlung, Dauer der Arbeitsunfähigkeit, Bewertung des Haushaltsführungsschadens- und des Dauerschadens von Fingerverletzungen sind auf S. 297–298 abgedruckt.

9.25 Verletzungen von Sehnen an der Hand und den Fingern

Verletzungsbild und Symptomatik

Zu unterscheiden ist zwischen Verletzungen der Streck- und der Beugesehne. Verletzungen der Sehnen sind meist Folge von Schnittverletzungen oder ausgeprägter spitzer oder stumpfer Gewalteinwirkungen. Mit der Durchtrennung der Sehne wird die Verbindung zwischen Muskel und Erfolgsorgan (Finger) aufgehoben. Der oder die betroffenen Finger können nicht mehr vollständig gestreckt oder gebeugt werden. Das Ausmaß der Funktionsbeeinträchtigung hängt davon ab, ob die Streck- oder Beugesehne vollständig durchtrennt wird oder ob unterschiedliche, anatomisch voneinander gut abgrenzbare Teile der Sehne geschädigt werden.

An den Langfingern (Zeige-, Mittel-, Ring- und Kleinfinger) wird zwischen der oberflächlichen und der tiefen Beugesehne unterschieden.

Die oberflächliche Beugesehne setzt am Mittelglied an und beugt dieses, die tiefe Beugesehne zieht bis zum Endglied und ist für die Beugung des Letzteren verantwortlich. Wird die komplette Beugesehne durchtrennt, dann fällt die Beugung im Mittel- und Endgelenk aus. Beim Daumen beschränkt sich der Bewegungsausfall auf das Endglied. Wird nur die oberflächliche Beugesehne geschädigt, dann kann das Mittelglied nicht mehr isoliert gebeugt werden. Der Zeigefinger ist nicht mehr in der Lage, kraftvoll den Spitzgriff auszuführen.

Die Strecksehne setzt sich aus einem inneren und äußeren System zusammen, die einzelnen Sehnenanteile setzen am End- und Mittelglied an. Meist sind nicht alle Teile der Strecksehne verletzt.

Sehnenrisse kommen auch bei rheumatischen Erkrankungen, so zum Beispiel der rheumatoiden Arthritis, vor. Das entzündliche Gewebe schädigt die Sehne, die daraufhin bei einer spontanen Belastung reißt. Nach Speichenbrüchen kann die Sehne des Daumenstreckers (M. extensor pollicis longus) reißen, der Daumen verbleibt dann in einer störenden Beugeposition. Die gleiche Sehne kann auch durch eine langfristige Überbelastung rupturieren („Trommlerlähmung").

Therapie

Um die Funktion der betroffenen Finger wieder vollständig herzustellen, ist – mit Ausnahme des Strecksehnenausrisses am Endglied – eine operative Rekonstruktion erforderlich. Der Eingriff sollte von einem spezialisierten Handchirurgen durchgeführt werden. Die weitere Behandlung ist verletzungsspezifisch. So wird der Finger, dessen Beugesehne operativ rekonstruiert wurde, in einem Gummizügelverband in gebeugter Position entlastet. Auch das Handgelenk wird in einer Beugeposition fixiert. Der gebeugte und an einem Gummizug fixierte Finger darf dann vorsichtig gestreckt werden. Der Beugesehnenquengel nach Kleinert entlastet einerseits die Beugesehne, andererseits ermöglicht er begrenzte Bewegungen, um zu verhindern, dass die Beugesehne mit der Umgebung verklebt.

Komplikationen

Je nach Schwere der Verletzung und operativer Behandlung kann eine Funktionsbeeinträchtigung des betroffenen Fingers verbleiben. Diese kann sich in einer Bewegungseinschränkung oder Kraftminderung äußern. Im Rahmen der operativen Behandlung kann es zu einem Infekt kommen. Denkbar ist auch, dass durch die operative Behandlung Nerven geschädigt werden. Gelegentlich entwickelt sich ein komplexes regionales Schmerzsyndrom (M. Sudeck).

Regelhafter Heilverlauf – Auswirkung im täglichen Leben
Mit einer Heilung der Sehne ist innerhalb von acht Wochen zu rechnen. Bei Durchtrennung der Beugesehne muss der beschriebene Quengelverband für sechs Wochen getragen werden. Im Anschluss daran ist die Schiene, die die Maximalbewegung des Fingers beeinträchtigt, noch für weitere zwei Wochen während der Nacht zu tragen.

Sofern eine ausgedehnte operative Rekonstruktion mit anschließender Schienen- oder Gipsruhigstellung erforderlich ist, kann der Betroffene für einige Wochen auf eine Unterstützung im Haushalt angewiesen sein.

Medizinische Prognose (Welche Folgen hinterlässt die Verletzung?)
Die Verletzung und die operative Versorgung können eine Bewegungseinschränkung oder Kraftminderung des betroffenen Fingers hinterlassen.

Einschätzungstabellen zur Nachbehandlung, Dauer der Arbeitsunfähigkeit, Bewertung des Haushaltsführungsschadens- und des Dauerschadens von Fingerverletzungen sind auf S. 297–298 abgedruckt.

9.26 Infektionen der Finger und der Hand

Verletzungsbild und Symptomatik
An den Fingern und der Hand treten relativ häufig Infektionen auf. Diese können einerseits unfallbedingt sein, sie können andererseits auch durch kleine, unfallunabhängige Hautdefekte entstehen. Zu denken ist hier vor allem an Folgen der Nagelpflege, Risse oder Schrunden, die durch die Arbeit oder die Hautbeschaffenheit (trockene Haut) entstehen. Eine spezifische Infektion des Fingers ist der Nagelumlauf, eine Nagelwallinfektion, die sich durch eine Schwellung des Endglieds um den Nagel zu erkennen gibt. Der reife Nagelumlauf (Paronychie) zeigt sich an einer gelblich-eitrigen Verfärbung des Nagelwalls. Infektionen können sich auch beugeseitig in der Haut oder der Fingerbeere ausbreiten (Panaritium). Die Gefahr dieses Infekts besteht in der Ausbreitung auf tiefere Strukturen, die Sehnen, Sehnenscheiden oder Gelenke. Greift die Entzündung auf eine Beugesehnenscheide über, dann besteht die Gefahr, dass die Keime in der Beugesehne bis in die Handinnenfläche verschleppt werden und sich eine Hohlhandphlegmone entwickelt. Hierbei handelt es sich um ein schweres Krankheitsbild, das auch mit Allgemeinsymptomen und einer Lymphangitis (Entzündung der Lymphgefäße) einhergeht.

Therapie
Bei einem nur geringfügig ausgeprägten klinischen Bild eines Nagelumlaufs kann es ausreichen, den Finger auf einer Schiene ruhig zu stellen und abzuwarten. Sind die Entzündungszeichen stärker ausgeprägt, sollte eine

operative Sanierung angestrebt werden, um ein Übergreifen des Infekts auf tiefere Strukturen zu vermeiden.

Komplikationen
Auf die Möglichkeit der Entwicklung einer Hohlhandphlegmone wurde hingewiesen. Greift die Entzündung auf den Knochen über, so kann sich eine Osteitis oder Osteomyelitis entwickeln. Denkbar ist auch die Entstehung einer Sudeckschen Dystrophie (komplexes regionales Schmerzsyndrom).

Regelhafter Heilverlauf – Auswirkung im täglichen Leben
Nach operativer Behandlung (Eröffnung des Infektionsherdes, Entfernung von infiziertem und totem Gewebe sowie Einlage einer Drainage) ist im Allgemeinen unter Antibiotikaschutz mit einem unkomplizierten Abheilen zu rechnen. Je nach Ausdehnung des Prozesses kann eine zusätzliche Ruhigstellung des betroffenen Fingers oder der Hand erforderlich werden. Die Stärke der Beeinträchtigung im täglichen Leben ist vom Ausmaß und der Schwere der Infektion und den erforderlichen therapeutischen Maßnahmen abhängig.

Medizinische Prognose (Welche Folgen hinterlässt die Verletzung?)
Der einfache Nagelumlauf bzw. das Panaritium heilen folgenlos ab. Ausgedehnte Infektionen können bleibende Funktionsstörungen der Hand hinterlassen.

Einschätzungstabellen zur Nachbehandlung, Dauer der Arbeitsunfähigkeit, Bewertung des Haushaltsführungsschadens und des Dauerschadens von Fingerverletzungen sind auf S. 297–298 abgedruckt.

9.27 Amputationen der Finger

Verletzungsbild und Symptomatik
Fingerverletzungen mit Teilabtrennung oder vollständiger Amputation von Fingern oder Fingergliedern entstehen zumeist bei der beruflichen Arbeit oder bei handwerklichen Tätigkeiten in der Freizeit. Besonders gefährdet sind Berufsgruppen, die mit motorbetriebenen Sägen (Schreiner) oder an Schneidegeräten (Papierverarbeitung, Druckereien) und an Pressen arbeiten. Zur Erleichterung und Beschleunigung der Arbeit werden immer wieder Schutzvorrichtungen außer Kraft gesetzt. Das schwere Verletzungsbild ist auch für den Laien eindeutig. Der Verletzte oder Arbeitskollege/Anwesende alarmiert Krankenwagen und Notarzt. Der Transport in die nächste chirurgische Klinik oder ein handchirurgisches Zentrum erfolgt sehr oft bereits mit einem Notarztwagen oder Hubschrauber. Das Amputat wird in einen Plastikbeutel verpackt und gekühlt. Je nach den Möglichkeiten der erstbehandelnden Klinik wird der Verletzte nur primär versorgt oder, sofern Qualifikation und Ausstattung des Krankenhauses es ermöglichen, endgültig operiert.

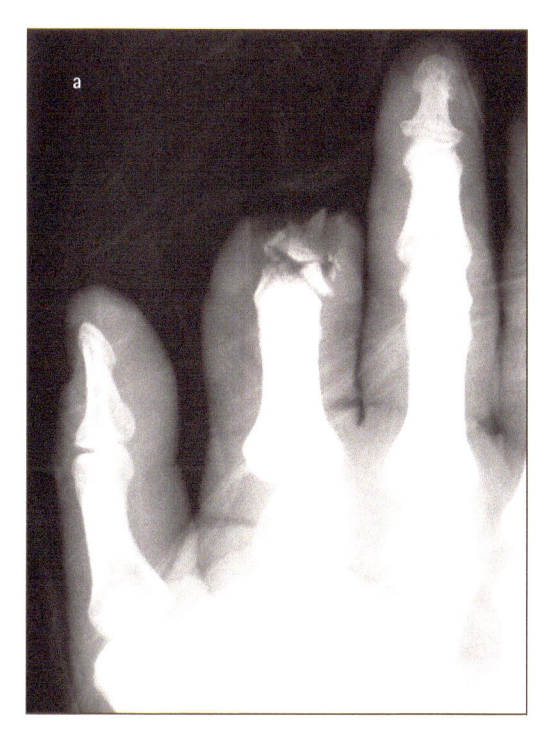

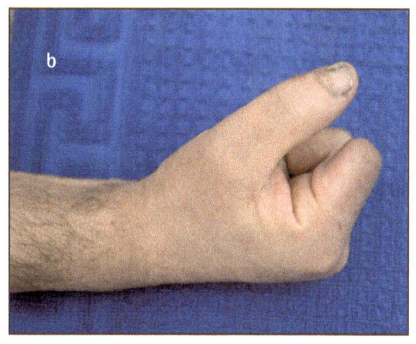

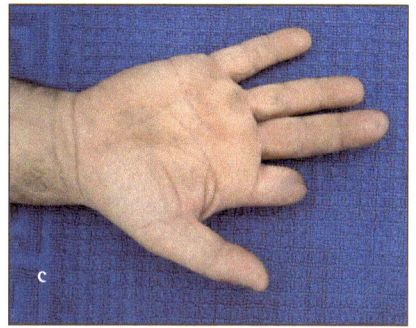

Abb. 9.47:
Der 30-jährige Bauarbeiter zog sich an einer Kreissäge eine traumatische Teilamputation des rechten Zeigefingers und eine Verletzung der Daumenkuppe zu (a). Eine Replantation war nicht möglich. Trotz des Teilverlustes des Zeigefingers nahm der Verletzte die schwere körperliche Arbeit wieder auf. Die Hand ist stark beschwielt (b, c).

Therapie

Die Therapie hängt von der Höhe der Verletzung bzw. der Amputation, den Wundverhältnissen und der trophischen Situation der Hand und der Finger ab. Amputationen in Höhe von End- und Mittelgliedern werden meist im Sinne einer Stumpfbildung versorgt (Abb. 9.48). Da die anatomischen Strukturen zur Fingerkuppe hin immer kleiner und die Durchblutung prekärer wird, kommt eine Rettung des abgetrennten kurzen Fingergliedes kaum in Betracht. Sind die Wundverhältnisse und die trophische Situation gut, so kann eine Replantation angezeigt sein (Abb. 9.49). Diese ist umso aussichtsreicher, je näher die Amputation am Grundgelenk des Fingers liegt. Bei der Amputation mehrerer Finger kann versucht werden, alle zu replantieren. Der Eingriff ist sehr aufwendig. Die Transplantation eines Fingers benötigt mehr als zwei Stunden.

Die Wundheilung nach Bildung eines Stumpfes ist zumeist unkompliziert. Problematischer ist die Heilung nach einer Replantation. Da alle Blutgefäße genäht wurden, besteht die Gefahr eines Gefäßverschlusses mit nachfolgender Nekrose (Absterben des Transplantats). In diesen Fällen kommt nur die endgültige Abnahme des Glieds in Frage.

Komplikationen

Wundheilungsstörungen, Infektionen, Absterben des Implantats, komplexes regionales Schmerzsyndrom, M. Sudeck.

Verletzungen der oberen Extremitäten

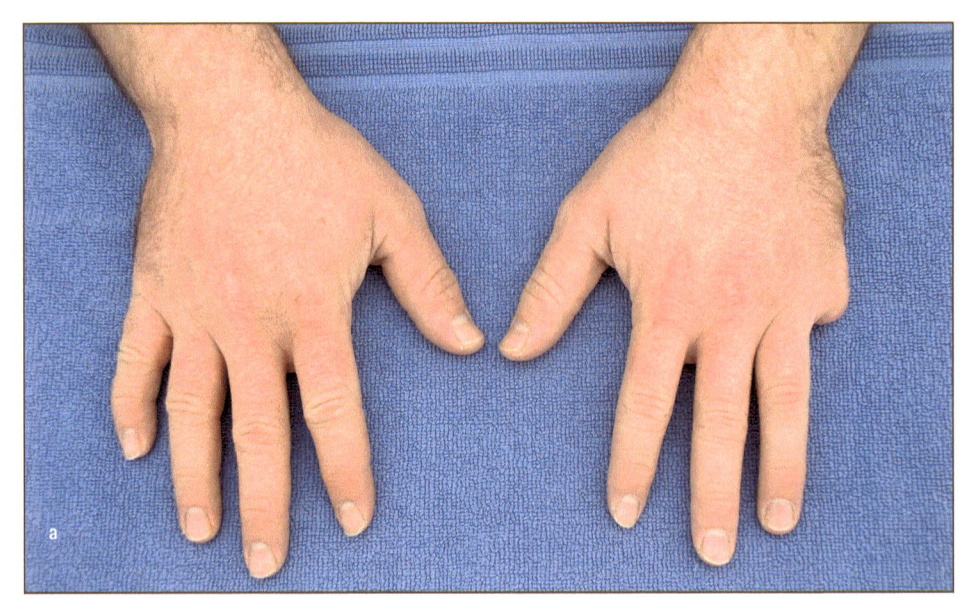

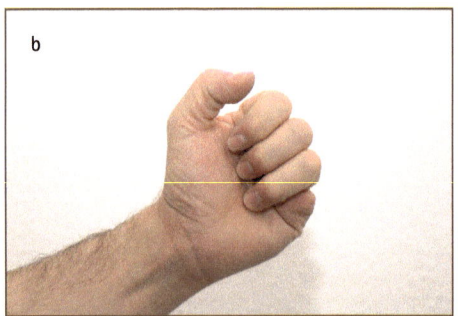

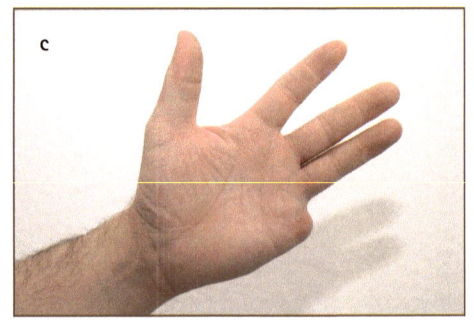

Abb. 9.48:
Amputation des linken Kleinfingers, Folge einer Keilriemenverletzung bei einem Lkw-Fahrer. Der Verlust des Kleinfingers wirkt sich vor allem auf die Kraft und Haltefunktion der Hand aus.

Regelhafter Heilverlauf – Auswirkung im täglichen Leben

Wird der Finger amputiert und ist die Bildung eines Stumpfes ohne Schwierigkeiten möglich, so verläuft die Wundheilung normalerweise rasch und ohne Komplikationen. Die Wunde ist nach zwei bis drei Wochen geschlossen, danach können die Fäden gezogen werden. Bis der Stumpf belastet werden kann, vergehen allerdings oftmals Monate. Die Heilung nach Komplexverletzungen der Hand oder Transplantationen ist langwierig. Erst nach zwei bis drei Wochen wird erkennbar, ob die Replantation erfolgreich war. Es schließt sich eine mehrmonatige ergotherapeutische und krankengymnastische Therapie an. In den ersten Wochen nach Eintritt von schweren Verletzungen oder Transplantationen ist eine Betreuung erforderlich. Das Ausmaß der Unterstützung ist in jedem Einzelfall gesondert festzustellen.

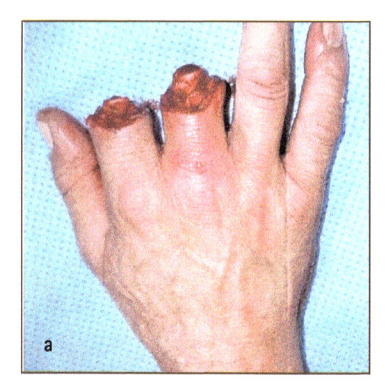

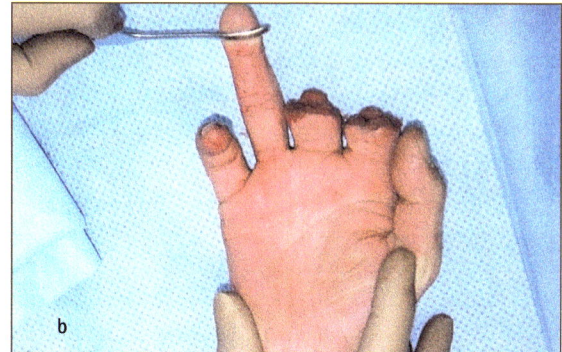

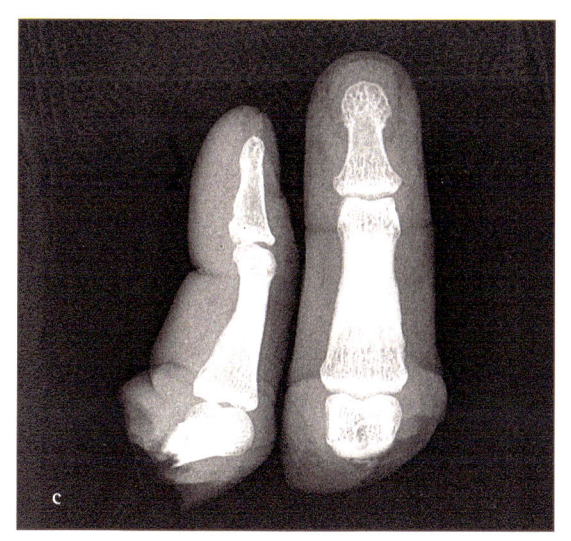

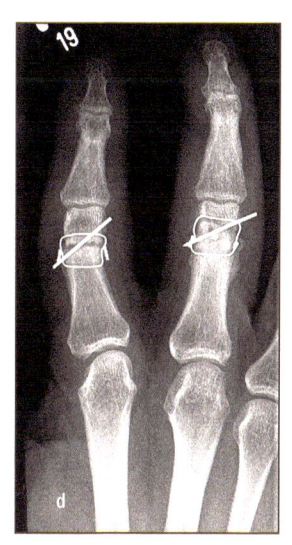

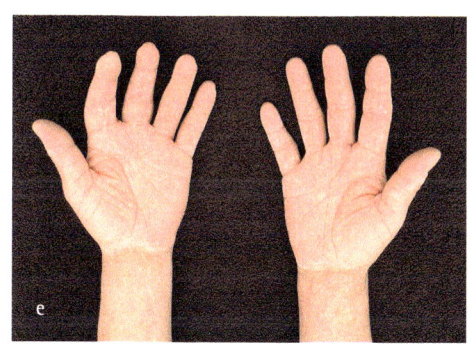

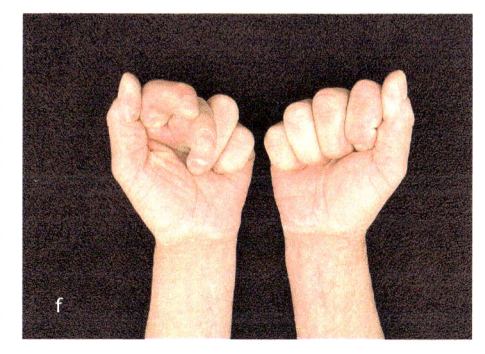

Amputationen der Finger

Abb. 9.49:
Der 38-jährige Maschinenarbeiter trennte sich an einer Schneidemaschine Zeige- und Mittelfinger (a – c) ab. Er wurde in ein handchirurgisches Zentrum eingewiesen. Da die Schnittflächen glatt waren, bestand die Indikation zur Replantation (d). Die Funktion der Finger ist sehr gut (e – f), der Proband ist mit dem Behandlungsergebnis zufrieden. Da Zeige- und Mittelfinger über keine Sensibilität verfügen, ist der Befund unter gutachterlichen Kriterien dennoch fast wie eine Amputation zu bewerten.
Herrn Dr. Michael Schlageter, dem Operateur und Leitenden Oberarzt am Hand-Trauma-Zentrum der BG-Unfallklinik in Frankfurt am Main, sei für die Erlaubnis zum Abdruck der Unfallaufnahmen und der Röntgenbilder herzlich gedankt.

Medizinische Prognose (Welche Folgen hinterlässt die Verletzung?)

Die Teilamputation von Fingern wird von den Verletzten langfristig meist sehr gut kompensiert (Schreiner mit Teilverlust der Finger). Nach Komplexverletzungen können erhebliche Funktionsdefizite verbleiben.

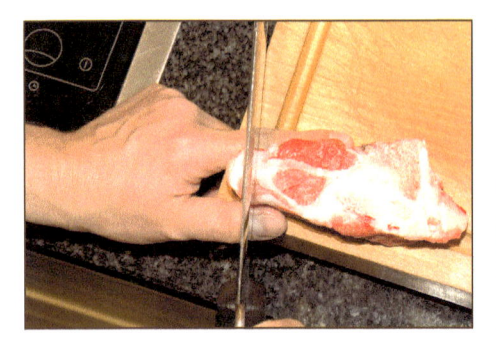

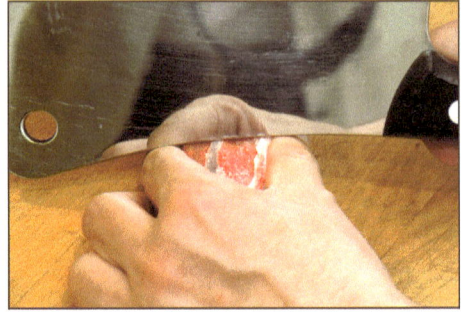

a

b

c

Abb. 9.50:
Die Ausgestaltung der Versicherungsbedingungen hat Auswirkungen auf die Leistungs- und Schadensfälle. In der privaten Unfallversicherung kann die erhöhte Gliedertaxe einen Anreiz zum Versicherungsbetrug darstellen: Rekonstruktion einer angeblichen versehentlichen Abtrennung des linken Zeigefingers bei der Fleischzubereitung: In Abb. a und b halten Daumen und Zeigefinger das Fleischstück, eine isolierte Amputation des Zeigefingers ist ausgeschlossen. Angeblich sei die Amputation bei der in Abb. c demonstrierten Haltung erfolgt. Diese Haltung lässt sich nicht mit dem Arbeitsvorgang begründen. Die glatte Amputation an der Basis des linken Zeigefingers sprach für eine Abtrennung in „Exekutionshaltung", ein Indiz für eine Selbstbeschädigung.

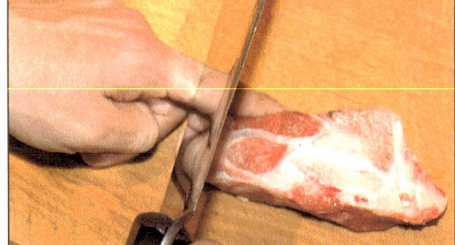

Das Spektrum der Fingerverletzungen ist weit gefächert. Es reicht von kleinen Verletzungen wie dem Strecksehnenabriss am Endglied bis zur Abtrennung von Fingern oder Teilen der Hand. Während der Strecksehnenabriss nur einen minimalen Dauerschaden hinterlässt und in vielen Büroberufen keine Arbeitsunfähigkeit auslöst, kann sich die Rehabilitation nach schweren Handverletzungen über ein Jahr erstrecken.

Die Notwendigkeit der medizinischen Behandlung, der Dauer der Arbeitsunfähigkeit und die Bewertung des Haushaltsführungsschadens sind jeweils im Einzelfall unter Einbeziehung der medizinischen Befunde abzuschätzen. Die folgenden Tabellen beziehen sich auf mittelschwere Verletzungen, z. B. Frakturen, die operativ oder konservativ behandelt werden und bei denen der Heilverlauf ungestört verläuft. Alle Angaben sind nur als grobe Anhaltspunkte zu verstehen.

Medizinisch erforderliche Nachbehandlung bei Verletzungen der Finger (normaler und komplikationsloser Heilverlauf – unter Ausschluss von Komplexverletzungen)	
Stationäre Rehabilitation (AHB)	Nicht erforderlich
Dauer und Frequenz der Physiotherapie nach Eintritt der Verletzung	Bis zu 20–30 Physiotherapien (Krankengymnastik)
Dauer und Frequenz der Physiotherapie nach Abschluss der Heilung	Gelegentliche Behandlungen können bis zum Ablauf des ersten Jahres nach Eintritt der Verletzung erforderlich sein.
Künftige operative Behandlungen	Ggf. Metallentfernung. Eine (erneute) operative Therapie ist indiziert, wenn der Knochen oder die Sehne nicht verheilt oder eine Fehlstellung vorliegt, die die Gebrauchsfähigkeit des Fingers stärker beeinträchtigt.
Hilfsmittel, Medikamente	Je nach Verletzung und Therapie kann die Benutzung von speziellen Fingerorthesen erforderlich sein.

Beeinträchtigung der Arbeitsfähigkeit	
Berufliche Anforderung	Durchschnittliche Dauer der Arbeitsunfähigkeit
Leichte Tätigkeit	2–6 Wochen
Leichte bis mittelschwere Arbeit	4–12 Wochen
Schwere körperliche Tätigkeiten und Arbeiten, die eine volle Belastbarkeit der Finger erfordern	8–26 Wochen

Bewertung des Haushaltsführungsschadens		
Tätigkeit	Beeinträchtigung (in %) bis zum Abschluss der Rekonvaleszenz	Beeinträchtigung auf Dauer (in %)
Leicht: Planung	Keine Beeinträchtigung	Entfällt
Mittel: Durchschnittliche Hausarbeiten	Bei Frakturen und Sehnenrupturen (Ausnahme: Strecksehnenabriss) 100 % für eine Woche 50 % für eine Woche 20 % für sechs Wochen	Entfällt
Schwer: Großer Hausputz, Gartenarbeit	100 % für zwölf Wochen 50 % für zwölf Wochen 20 % für zwölf Wochen	Entfällt

	**Bewertung des Dauerschadens** (normaler und komplikationsloser Heilverlauf – unter Ausschluss von Komplexverletzungen)
Versicherungszweig – Rechtsgebiet	Einschätzung des Dauerschadens
Gesetzliche Unfallversicherung: MdE	0 – unter 10 v. H., bei ungünstigem Ergebnis 10 v. H. (– 20 v. H.)
Private Unfallversicherung: Invalidität	Einschätzung nach dem Fingerwert: 1/10 – 5/10 FW. Die Invalidität ist auf den jeweiligen Fingerwert abzustellen, bei der Verletzung mehrerer Finger ist die Invalidität der einzelnen Fingerwerte zu ermitteln, diese sind zu addieren. Bei glatter Amputation einzelner Finger ohne Begleitverletzung ist zu prüfen, ob eine Selbstbeschädigung vorliegt. Selbstbeschädigungen kommen vor allem bei hohen Versicherungssummen, mehreren Versicherungsverträgen sowie einer erhöhten Gliedertaxe für Fingerverletzungen vor. Bei dem Verdacht auf Selbstbeschädigungen ist eine forensische Begutachtung mit Rekonstruktion des angegebenen Schadensereignisses (Abb. 9.50) erforderlich.
Haftpflichtversicherung	Siehe GUV
Gesetzliche Rentenversicherung	Im Allgemeinen keine Auswirkung
Private Berufsunfähigkeitsversicherung	Im Allgemeinen keine Auswirkung
Schwerbehindertenrecht, soziales Entschädigungsrecht, Beamtenrecht: GdB, GdS	0 – 10

Teil 10

Verletzungen des Beckens

10.1 Anatomie des Beckens

Gang und Stand sind ohne ein stabiles Becken nicht möglich.

Das Becken überträgt die Last des Oberkörpers auf die Beine und ermöglicht im Zusammenspiel mit der Muskulatur ein harmonisches Gangbild. Das Becken selbst besteht aus dem Kreuzbein, den Darm-, Sitz- und Schambeinen (Abb. 10.1). Das Pfannendach des Hüftgelenks, das die Last des Oberkörpers auf die Hüftköpfe überträgt, wird aus dem Darmbein, dem Sitzbein und dem Schambein gebildet. Im dorsalen Anteil des Beckens finden sich zwei straffe gelenkige Verbindungen, die Kreuzbein-Darmbein-Gelenke. In der medizinischen Fachsprache werden diese als Iliosakralgelenke (ISG) oder Sakroiliakalgelenke (SIG) bezeichnet. Vorne wird der Beckenring durch die Symphyse, eine knorpelige Knochenverbindung geschlossen. Die Symphyse besteht aus Faserknorpel und wird als Synchondrose oder „unechtes Gelenk" klassifiziert. Zusätzlich wird die Stabilität durch straffe Bänder gesichert. Die Hauptlast verläuft von der Wirbelsäule über das Kreuzbein, die Kreuzbein-Darmbein-Gelenke und die Darmbeine bis zu den Pfannendächern. Die Hüftgelenke übertragen die Last des Oberkörpers auf die Beine. Sitz- und Schambein haben die Funktion einer Zuggurtung.

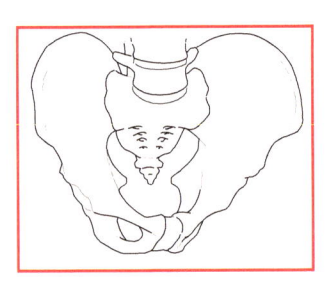

Abb. 10.1:
Das Becken setzt sich aus dem Kreuzbein, den Darmbeinen, Sitz- und Schambein zusammen. Man spricht von dem Beckenring. Die Stabilität des Beckenrings wird dorsal durch die kaum beweglichen Kreuzbein-Darmbein-Gelenke und ventral durch eine feste knorpelige Verbindung (Synchondrose), die Symphyse, gewährleistet.

Abb. 10.2:
Wenn es am Anfang dieses Kapitels hieß, „Gang und Stand sind ohne ein stabiles Becken nicht möglich", so ist dies richtig, beschreibt jedoch die Funktion des Beckens nicht umfassend genug. Das Becken ist das Fundament der Wirbelsäule, das Becken überträgt das Gewicht des Oberkörpers auf die Beine, ein funktionsfähiges Becken ermöglicht die komplexen Bewegungen des Rumpfs, selbst wenn nur ein Bein belastet wird. Kein anderer dokumentiert die überragende Bedeutung des Beckens für die menschliche Bewegung besser als der Pionier der bewegten Photographie, Eadweard Muybridge (1830–1904). Die abgebildete Photographie des Diskuswerfers, die 1887 von einem Glasnegativ abgezogen wurde, befindet sich im Metropolitan Museum of Art in New York.

10.2 Frakturen des Beckens

Klassifikation nach ICD-10: S32.83

Verletzungsbild und Symptomatik

Beckenfrakturen sind immer das Ergebnis einer schwerwiegenden Gewalteinwirkung und werden häufig von Weichteilverletzungen begleitet. Viele Menschen mit Beckenfrakturen sind polytraumatisiert. Im Rahmen der Beckenverletzung treten oft Blutungen außerhalb oder innerhalb des Bauchraums auf. Der Blutverlust kann lebensbedrohliche Ausmaße annehmen. Daneben kommen Verletzungen der intraabdominellen Organe, der Leber oder Milz und des Darms, vor. Bei Männern ist das Urogenitalsystem häufig betroffen, es kann zu Blasen- und Harnröhrenrupturen kommen. Zusätzlich können der Nervus ischiaticus und der lumbosakrale Plexus verletzt werden.

Therapie

Am Unfallort stehen die Sicherung der Vitalfunktionen und die Volumensubstitution im Vordergrund.

Nach entsprechender Diagnostik (Röntgen, CT, Ganzkörpercomputertomographie - Bodyscan) werden zunächst die lebensbedrohlichen Verletzungen versorgt. Bei Polytraumatisierten wird häufig primär ein äußerer Spannrahmen (Fixateur externe) am Becken angelegt. Mit dieser Versorgung gelingt es oftmals, massive Blutungen aus dem hinteren Beckenring zum Stillstand zu bringen. An die endgültige Versorgung der inneren Verletzungen und des Urogenitalsystems schließt sich ggf. die differenzierte operative Stabilisierung an.

Einteilung der Beckenfrakturen

Je nach Beeinträchtigung der Stabilität werden die Beckenfrakturen in drei Gruppen eingeteilt:

- **A-Frakturen:** Bei ihnen ist die Stabilität des Kreuzbein-Darmbein-Gelenks erhalten. Alle Frakturen des A-Typs sind stabil. Es kann sich hierbei um knöcherne Ausrisse am Beckenkamm, isolierte Darm- oder Kreuzbeinfrakturen, Sitz- oder Schambeinfrakturen oder stabile Brüche von Sitz- und Schambein handeln.
- **B-Frakturen:** Bei diesen ist die Stabilität des Kreuzbein-Darmbein-Gelenks nur noch zum Teil erhalten. Der Beckenring hat an Stabilität verloren, die Symphyse kann gesprengt sein und klaffen.
- **C-Frakturen:** In dieser Gruppe ist sowohl die vordere als auch die hintere Begrenzung des Beckenrings zerstört. Eine Beckenhälfte kann sich sowohl nach vorne und hinten als auch nach oben oder unten verschieben.

Neben dieser Klassifikation, die auf die Schweizer Arbeitsgemeinschaft für Osteosynthese (AO) zurückgeht, existieren auch andere Klassifikationssysteme, die auf unterschiedliche Auswirkungen von Teilinstabilitäten des Beckens abstellen.

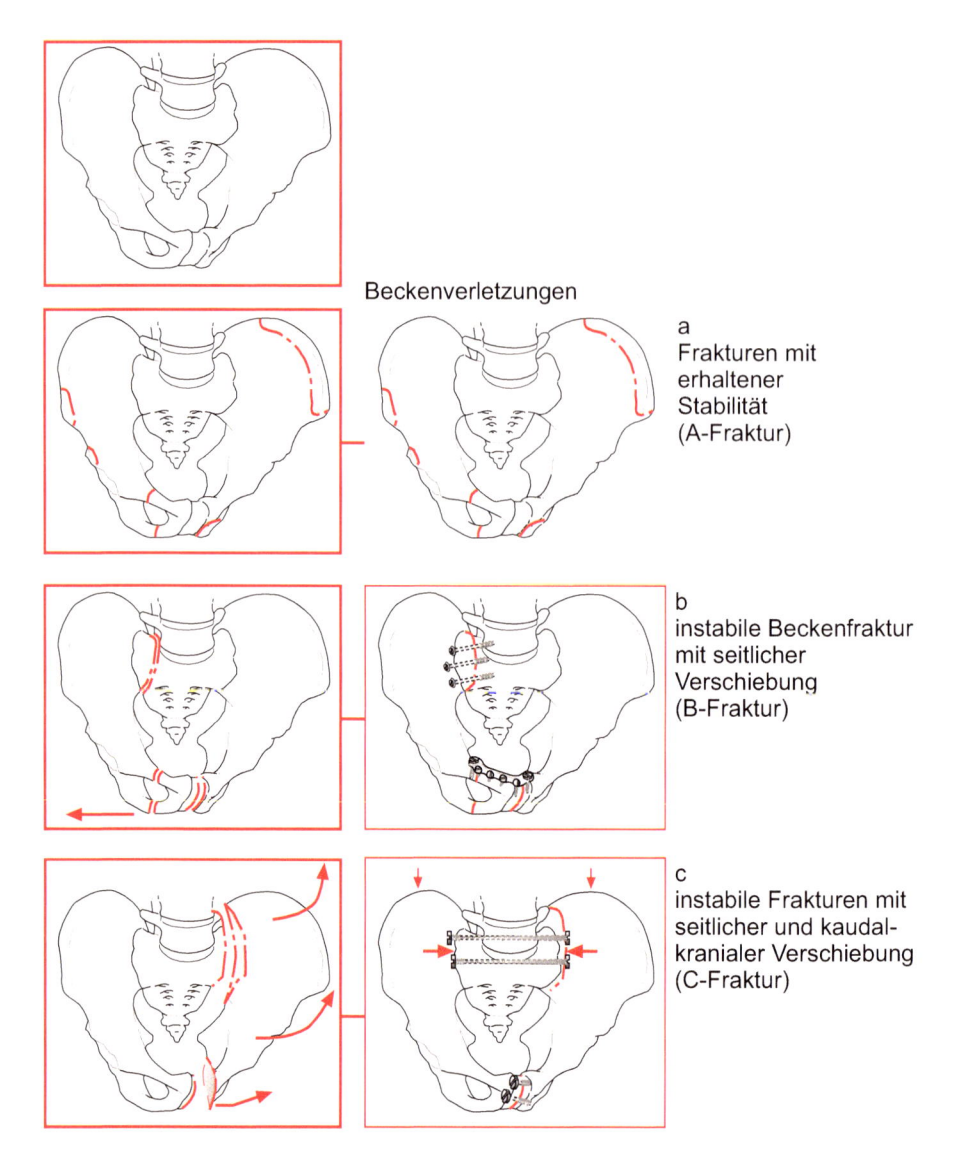

Abb. 10.3:
Beckenfrakturen werden nach der Schwere und den sich daraus ergebenden Behandlungsoptionen in drei Kategorien unterteilt: Ist die Stabilität des Beckenrings erhalten, so wird die Verletzung als A-Fraktur bezeichnet. Instabile Frakturen des Beckens, bei denen es zu einem Aufklappen des Beckenrings ohne Höhenverschiebung kommt, werden in die Klasse B eingeteilt. Verschieben sich Teile des Beckens in horizontaler und in vertikaler Richtung (dreidimensionale Instabilität), spricht man von einer Verletzung des Typs C. Frakturen der Typen B und C bedürfen einer operativen Versorgung.

Bei den Brüchen des Typs A mit erhaltener Stabilität reicht meist eine konservative Behandlung aus. Den Patienten wird Bettruhe verordnet, nach ein bis zwei Wochen werden sie an Gehstützen mobilisiert. Bei stark verschobenen Darmbeinfrakturen kann eine Plattenosteosynthese angezeigt sein. Brüche, die dem Typ B und C zuzuordnen sind, werden operativ durch Platten und Schrauben stabilisiert.

Komplikationen

Schwerwiegende Komplikationen können durch den Blutverlust und Begleitverletzungen entstehen. Nach operativer Behandlung kann ein Infekt auftreten. Auch eine sekundäre intraoperative Nervenschädigung ist möglich.

Regelhafter Heilverlauf – Auswirkung im täglichen Leben

Knöcherne Ausrisse, Beckenrandfrakturen und vordere Beckenringbrüche heilen nach relativ kurzer Zeit aus. Für einige Wochen kann eine häusliche Betreuung erforderlich werden. Auch die Verletzungen der Gruppen B und C heilen mit einem für die Schwere der Schädigung günstigen Ergebnis aus. Nach Entlassung aus stationärer Behandlung ist eine mehrwöchige pflegerische Betreuung erforderlich. Die Haushaltsführung ist über längere Zeit erheblich beeinträchtigt. Näheres kann nur im Einzelfall bestimmt werden.

Medizinische Prognose (Welche Folgen hinterlässt die Verletzung?)

Die Beckenverletzungen Typ A und B hinterlassen keine wesentlichen Funktionsbeeinträchtigungen. Problematisch können Verletzungen der Kreuzbein-Darmbeinfugen sein, sofern eine Instabilität oder Fehlstellung (Abb. 10.4) verbleibt oder sich eine Arthrose entwickelt. Andererseits können auch Verletzungen der Gruppe C mit gutem Ergebnis ausheilen. Zu beurteilen ist der jeweilige Einzelfall.

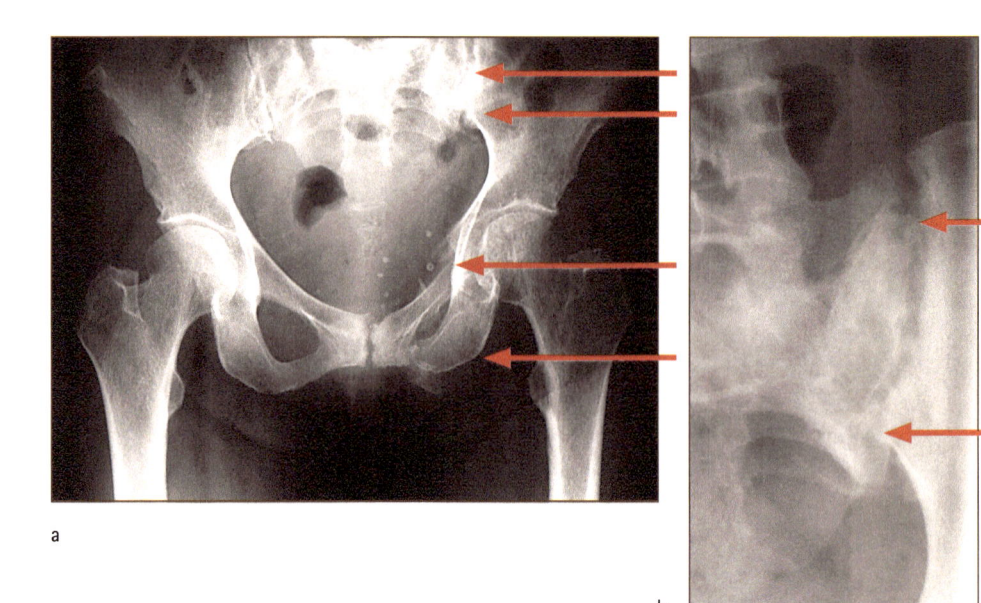

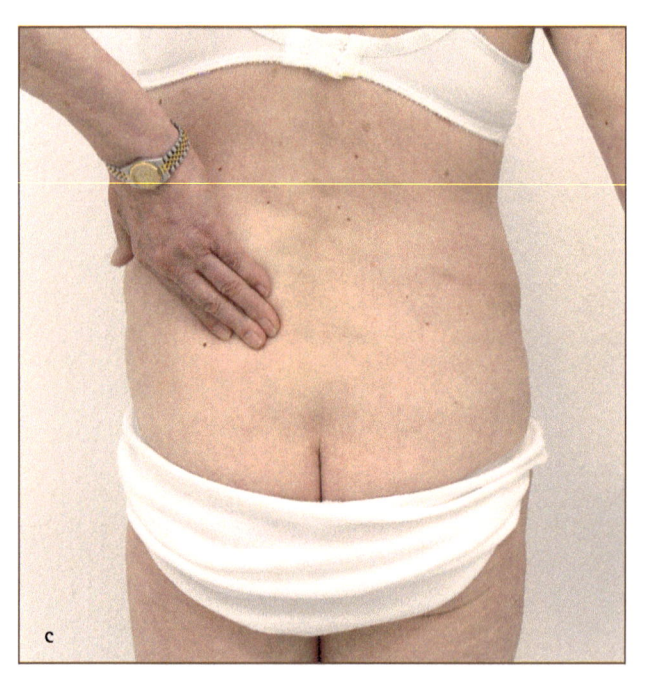

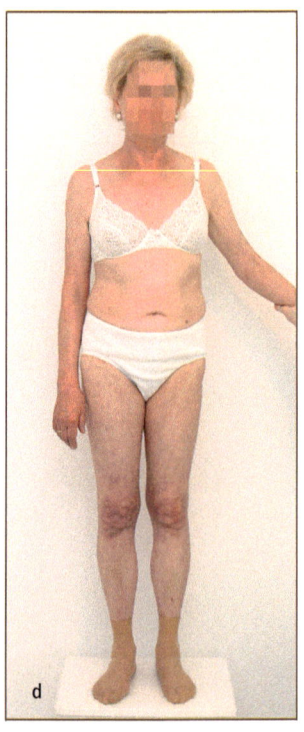

Verletzungen des Beckens

Abb. 10.4:
Die 62-jährige Radfahrerin wurde angefahren, sie zog sich dabei eine linksseitige Beckenringfraktur zu. Sitz- und Schambein brachen, zugleich kam es zu einer Verletzung des Kreuzbein-Darmbein-Gelenks (a). Die linke Beckenhälfte ist gegenüber dem Kreuzbein deutlich nach proximal (oben) verschoben (b). Zwei Jahre nach dem Unfall war die Verletzte noch deutlich gehbehindert. Sie klagte über Schmerzen in der linken Beckenhälfte (c, d), die Muskulatur des linken Beins war verschmächtigt, das Becken hatte sich asymmetrisch verformt. Auf dem Röntgenbild ließ sich eine Kalksalzminderung der linken Beckenhälfte als Zeichen der Minderbelastbarkeit erkennen.

Medizinisch erforderliche Nachbehandlung	
Stationäre Rehabilitation (AHB)	Bei einfachen Frakturen, z. B. bei vorderen Beckenring- oder Beckenrandfrakturen nicht erforderlich. Bei komplexen Brüchen des vorderen und hinteren Beckenrings ist die Indikation für eine AHB gegeben.
Dauer und Frequenz der Physiotherapie nach Eintritt der Verletzung	Krankengymnastik, in den ersten vier Wochen nach Entlassung drei Mal pro Woche, im Anschluss bis zu zwölf Wochen zwei Mal pro Woche
Dauer und Frequenz der Physiotherapie nach Abschluss der Heilung	Im Anschluss an die Rekonvaleszenz kann eine Physiotherapie für weitere sechs Monate erforderlich sein, z. B. einmal pro Woche.
Künftige operative Behandlungen	Ggf. (Teil-)Metallentfernung, z. B. der Schrauben, mit denen das Kreuzbein-Darmbein-Gelenk stabilisiert wurde.
Hilfsmittel, Medikamente	Bis zur vollen Belastbarkeit Benutzung von Unterarmgehstützen. Bei älteren, gebrechlichen oder polytraumatisierten Verletzten kann auch die zeitweise Verordnung eines Rollstuhls und Rollators erforderlich sein.

Beeinträchtigung der Arbeitsfähigkeit bei Frakturen mit Beteiligung des vorderen und hinteren Beckenrings	
Berufliche Anforderung	Durchschnittliche Dauer der Arbeitsunfähigkeit
Leichte, überwiegend sitzende Tätigkeit	6 – 10 Wochen
Leichte bis mittelschwere Arbeit	10 – 12 Wochen
Schwere körperliche Tätigkeiten und Arbeiten überwiegend im Stehen und Gehen	12 – 26 Wochen

Bewertung des Haushaltsführungsschadens		
Tätigkeit	Beeinträchtigung (in %) bis zum Abschluss der Rekonvaleszenz	Beeinträchtigung auf Dauer (in %)
Leicht: Planung	Stabile Beckenfrakturen: Keine Beeinträchtigung Instabile Beckenfrakturen, op. versorgt: 100 % bis Ende der Bettruhe und die ersten zwei Wochen der Mobilisierung	Keine Beeinträchtigung
Mittel: Durchschnittliche Hausarbeiten	Stabile Beckenfrakturen: Vier Wochen 100 %, vier Wochen 50 % Instabile Beckenfrakturen, op. versorgt: 100 % acht Wochen, 50 % vier Wochen, 20 % für die anschließenden sechs Monate	Nach stabilen Beckenfrakturen und regelhaft verheilten instabilen Frakturen ohne relevante Formabweichung des Beckenrings: keine Beeinträchtigung. Bei groben Fehlstellungen kann eine Beeinträchtigung von 10 % bis 20 % verbleiben.
Schwer: Großer Hausputz, Gartenarbeit	Stabile Beckenfrakturen: Acht Wochen 100 %, vier Wochen 50 % Instabile Beckenfrakturen, op. versorgt: 100 % vier Monate, 50 % zwei Monate, 30 % für die anschließenden sechs Monate	Nach stabilen Beckenfrakturen und regelhaft verheilten instabilen Frakturen ohne relevante Formabweichung des Beckenrings: keine Beeinträchtigung. Bei groben Fehlstellungen kann eine Beeinträchtigung von 20 % verbleiben.

Bewertung des Dauerschadens	
Versicherungszweig – Rechtsgebiet	Einschätzung des Dauerschadens
Beckenrandfrakturen, ohne funktionelle Einschränkung verheilt	
Gesetzliche Unfallversicherung: MdE	0 v. H.
Private Unfallversicherung: Invalidität	0%
Haftpflichtversicherung	Siehe GUV
Gesetzliche Rentenversicherung	Keine Auswirkung
Private Berufsunfähigkeitsversicherung	Keine Auswirkung
Schwerbehindertenrecht, soziales Entschädigungsrecht, Beamtenrecht: GdB, GdS	0
Stabile Beckenringfrakturen	
Gesetzliche Unfallversicherung: MdE	Vordere Beckenringfraktur 0 v. H. Symphysendiastase unter 15 mm: 10 v. H. Symphysenversteifung: 10 v. H.
Private Unfallversicherung: Invalidität	Vordere Beckenringfraktur: 0%. Leichte Asymmetrie des Beckens: 5% Symphysenverknöcherung: 5% Einseitige ISG-Arthrose: 5%.
Haftpflichtversicherung	Siehe GUV
Gesetzliche Rentenversicherung	Keine Auswirkung
Private Berufsunfähigkeitsversicherung	Keine Auswirkung
Schwerbehindertenrecht, soziales Entschädigungsrecht, Beamtenrecht: GdB, GdS	0 – 10
Instabile Beckenringfrakturen	
Gesetzliche Unfallversicherung: MdE	Verheilt ohne symphysale oder iliosakrale Diastase: 0 v. H. Mit symphysaler Diastase unter 15 mm: 10 v. H. Mit symphysaler Diastase über 15 mm: 15 v. H. Einseitige Verschiebung einer Beckenhälfte über 10 mm: 20 v. H. Einseitige Verschiebung einer Beckenhälfte über 10 mm mit Arthrose: 25 v. H. Beidseitige Verschiebung der Beckenhälften über 10 mm mit Arthrose: 30 v. H.
Private Unfallversicherung: Invalidität	Instabile Ausheilung: Symphysale Diastase 10 – 15 mm: 5%. Symphysale Diastase über 15 mm: 10% Verschiebung in einem ISG um mindestens 10 mm: 10% Verschiebung in beiden ISG um mindestens 10 mm: 20%

Bewertung des Dauerschadens	
Versicherungszweig – Rechtsgebiet	Einschätzung des Dauerschadens
Haftpflichtversicherung	Siehe GUV
Gesetzliche Rentenversicherung	Die Voraussetzungen für die Gewährung einer Rente wegen teilweiser Erwerbsminderung liegen i.d.R. nicht vor.
Private Berufsunfähigkeitsversicherung	Instabile Ausheilungsergebnisse können den Einsatz in Steh- und Gehberufen sowie für Tätigkeiten mit Absturzgefahr um mehr als 50% beeinträchtigen, sodass eine Leistungspflicht gegeben sein kann.
Schwerbehindertenrecht, soziales Entschädigungsrecht, Beamtenrecht: GdB, GdS	Je nach funktioneller Beeinträchtigung 10–20

10.3 Verletzungen des Hüftgelenks, Acetabulumfrakturen – Brüche der Hüftgelenkpfanne

Klassifikation nach ICD-10: S32.4

Verletzungsbild und Symptomatik

Das Hüftgelenk wird von einer relativ großen Gelenkpfanne gebildet, die den Hüftkopf weiträumig umgreift. Anatomisch unterscheidet man einen vorderen und einen hinteren knöchernen Pfeiler. Zum vorderen Pfeiler gehören der ventrale Anteil der Darmbeinschaufel, die vordere Hälfte des Pfannendachs und der Schambeinast. Der dorsale Pfeiler wird vom hinteren Pfannendach, dem Sitzbein und dem hinteren Anteil des Darmbeins gebildet.

Brüche des Pfannendachs entstehen vorwiegend bei schweren axialen Gewalteinwirkungen. Die früher klassische Verletzung war die des nicht angeschnallten Autofahrers, dessen Knie an das Armaturenbrett anschlugen. Die dabei auftretenden Kräfte wurden über den Oberschenkel auf den Hüftkopf und die Hüftpfanne übertragen. Durch die Stauchung entstand eine zentrale Hüftgelenkluxationsfraktur. Derartige Verletzungen sind nach Einführung des Sicherheitsgurts seltener geworden, sie werden heute als Folge von Motorradunfällen beobachtet (Abb. 10.6).

Therapie

Nach radiologischer und computertomographischer Diagnostik können unverschobene Pfannendachbrüche konservativ mit Extension und Entlastung behandelt werden. Alle verschobenen Pfannendachbrüche sind operativ zu behandeln, um eine möglichst stufenlose Wiederherstellung der Pfanne zu erreichen. Im Allgemeinen kommen hierzu Platten und Schrauben zur Anwendung. Sofern möglich, werden die Patienten frühzeitig mobilisiert.

Komplikationen

Wird auch die Durchblutung des Hüftkopfs beeinträchtigt, so kann der Hüftkopf nach Wochen oder Monaten absterben (aseptische Hüftkopfnekrose). Nach der operativen Rekonstruktion können sich ausgedehnte Verkalkungen ausbilden, die die Beweglichkeit der Hüfte beeinträchtigen. Das Risiko einer posttraumatischen Hüftgelenkarthrose ist erhöht. In relativ seltenen Fällen kann nach einer Operation ein Infekt auftreten.

Einteilung der Acetabulumfrakturen

Alle Frakturen der Pfanne sind als schwerwiegend einzustufen. Durchgesetzt hat sich eine dreistufige Klassifikation der Hüftpfannenfrakturen:

- Bei der A-Fraktur ist nur ein Pfeiler (vorderer oder hinterer Anteil der Hüftpfanne) betroffen.
- Die B-Fraktur bezeichnet Brüche, die sich quer durch die Pfanne ziehen.
- Bei der C-Fraktur sind beide Pfeiler gebrochen, das Pfannendach ist vollständig vom restlichen Becken getrennt.

Verletzungen des Hüftgelenks

Hüftpfannen-
verletzungen

a
Acetabulumfraktur,
Bruch eines Pfeilers der
Hüftpfanne,
(A-Fraktur)

b
Querfrakturen der Pfanne bei einem
intakten Pfannendachanteil
(B-Fraktur)

c
Brüche beider Pfeiler,
Abtrennung der Pfanne vom
restlichen Becken
(C-Fraktur)

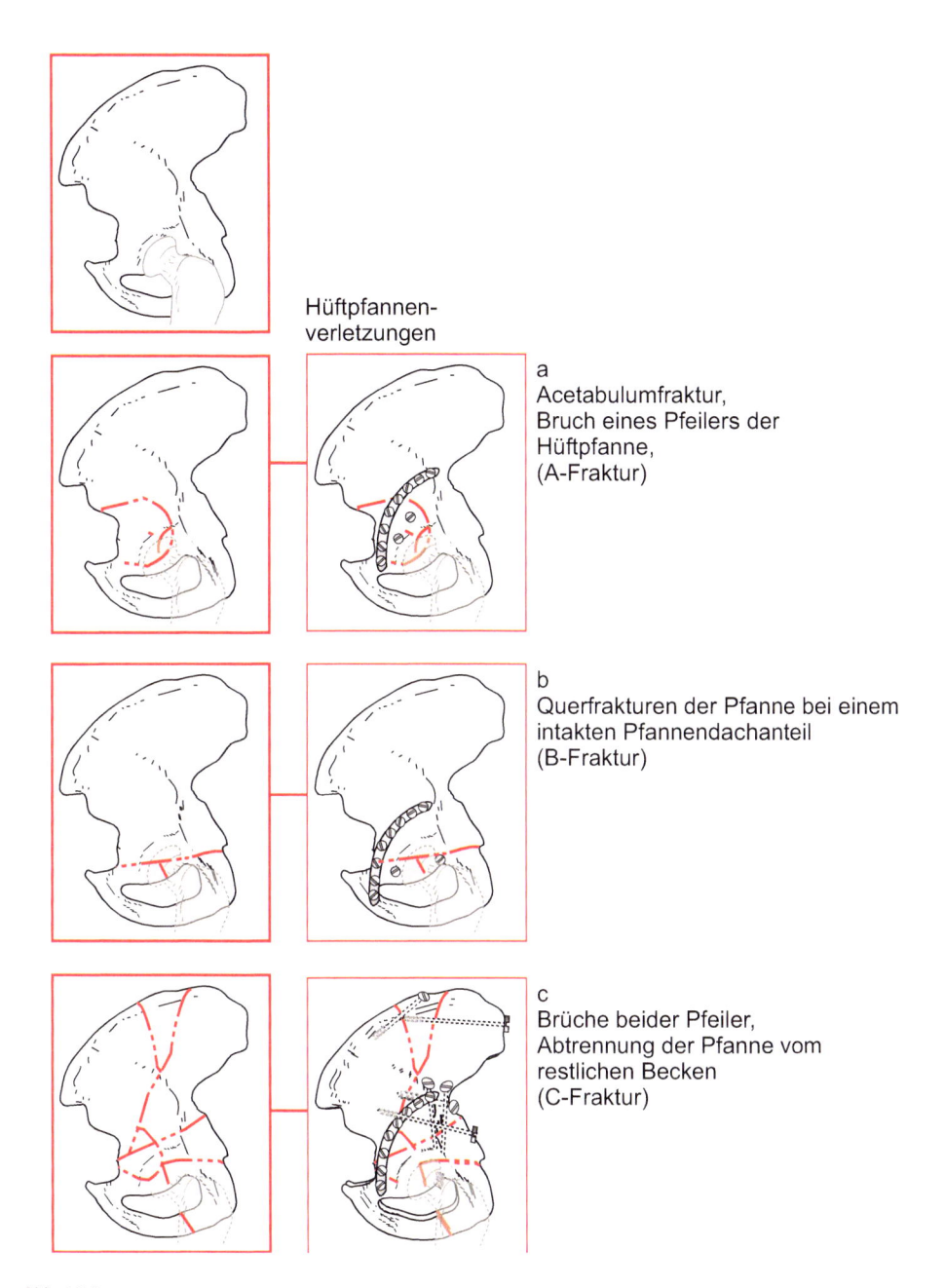

Abb. 10.5:
Die Verletzungen der Hüftpfanne werden je nach Komplexität unterschiedlich versorgt: A-Fraktur, Bruch eines Pfeilers der Hüftpfanne (a), B-Fraktur: Querfrakturen der Pfanne bei einem intakten Pfannenanteil (b), C-Fraktur: Brüche beider Pfeiler, Abtrennung der Pfanne vom restlichen Becken (c).

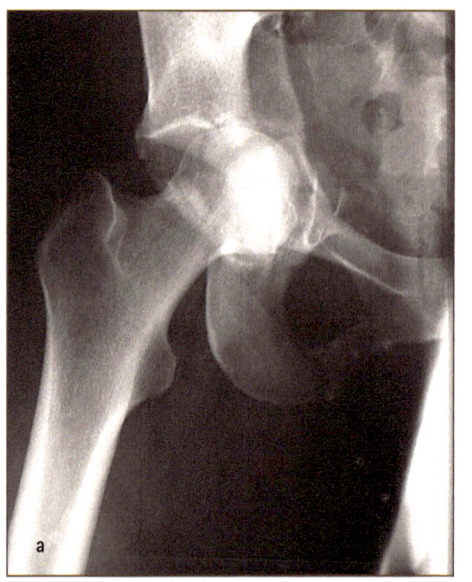

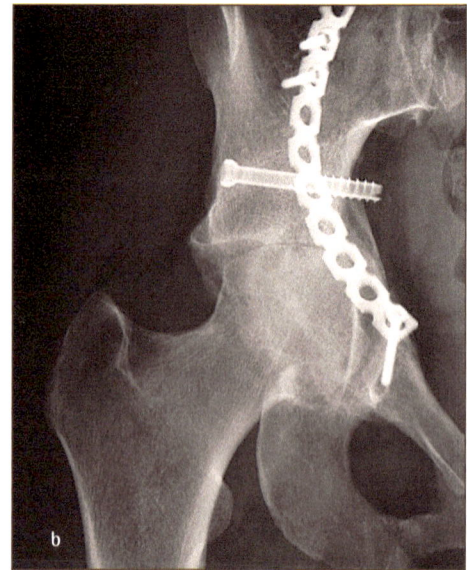

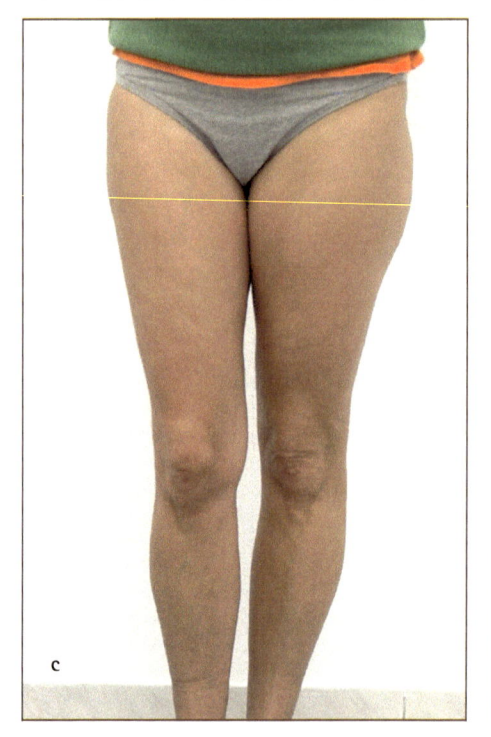

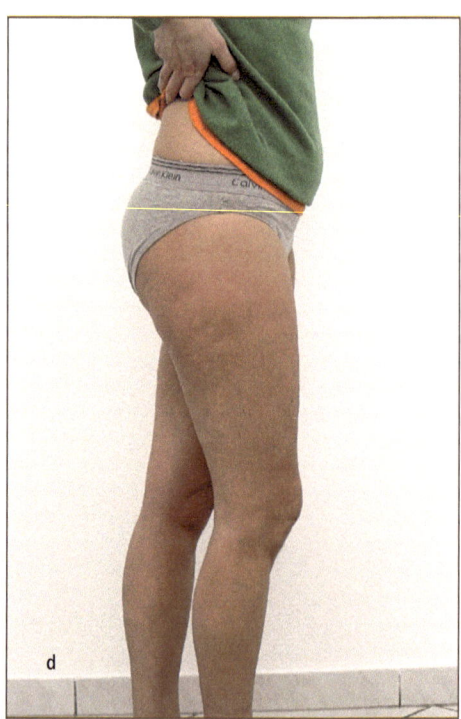

Verletzungen des Beckens

Abb. 10.6:
Die Fahrerin eines Motorrollers wurde von einem Pkw übersehen und angefahren. Sie zog sich einen Bruch des rechten Hüftgelenks mit Luxation des Kopfs in das Becken zu (a). Die Hüftpfanne wurde osteosynthetisch rekonstruiert (b). Postoperativ steifte die rechte Hüfte ein. Die 41 Jahre alte Büroangestellte konnte das rechte Hüftgelenk nicht vollständig beugen, es bestand eine sehr starke Streckbehinderung, die Abspreizung des Beins war nicht möglich (c). Um aufrecht zu stehen und zu gehen, ist die Probandin gezwungen, ein Hohlkreuz einzunehmen (d). Die Verletzung wirkt sich auf alle Lebensbereiche, unter anderem auf die Arbeit, die Freizeit und die Sexualität aus.

Regelhafter Heilverlauf – Auswirkung im täglichen Leben

Je nach Stabilität wird eine frühfunktionelle Behandlung, anfänglich unter Entlastung des betroffenen Hüftgelenks, angestrebt. Es schließt sich eine mehrwöchige Teilbelastung an. Unkomplizierte Frakturen sind nach sechs bis acht Wochen verheilt. Bei komplexen Brüchen ist eine Vollbelastung erst nach zwölf bis 16 Wochen möglich. Während der Entlastung ist eine Unterstützung im Haushalt erforderlich.

Medizinische Prognose (Welche Folgen hinterlässt die Verletzung?)

Die operative Behandlung hat die Prognose der Pfannendachfrakturen wesentlich verbessert. Auch nach operativer Rekonstruktion ist jedoch mit einer individuell unterschiedlichen funktionellen Beeinträchtigung und der Gefahr der Entwicklung einer Arthrose zu rechnen.

Medizinisch erforderliche Nachbehandlung	
Stationäre Rehabilitation (AHB)	Bei komplexen Frakturen der Hüftpfanne ist die Indikation für eine AHB gegeben.
Dauer und Frequenz der Physiotherapie nach Eintritt der Verletzung	Krankengymnastik oder manuelle Therapie, in den ersten vier Wochen nach Entlassung drei Mal pro Woche, im Anschluss bis zu zwölf Wochen zwei Mal pro Woche
Dauer und Frequenz der Physiotherapie nach Abschluss der Heilung	Im Anschluss an die Rekonvaleszenz kann eine Physiotherapie für weitere sechs Monate erforderlich sein, z. B. ein bis zwei Mal pro Woche.
Künftige operative Behandlungen	Ggf. (Teil-)Metallentfernung. Entwickelt sich eine Hüftkopfnekrose oder eine posttraumatische Arthrose, so kann eine Endoprothese des Hüftgelenks notwendig werden.
Hilfsmittel, Medikamente	Bis zur vollen Belastbarkeit Benutzung von Unterarmgehstützen. Bei älteren, gebrechlichen oder polytraumatisierten Verletzten kann auch die zeitweise Verordnung eines Rollators erforderlich sein.

Beeinträchtigung der Arbeitsfähigkeit	
Berufliche Anforderung	Durchschnittliche Dauer der Arbeitsunfähigkeit
Leichte, überwiegend sitzende Tätigkeit	8 – 12 Wochen
Leichte bis mittelschwere Arbeit	12 – 16 Wochen
Schwere körperliche Tätigkeiten und Arbeiten überwiegend im Stehen und Gehen	16 – 26 Wochen

Verletzungen des Beckens

Bewertung des Haushaltsführungsschadens		
Tätigkeit	Beeinträchtigung (in %) bis zum Abschluss der Rekonvaleszenz	Beeinträchtigung auf Dauer (in %)
Leicht: Planung	100% bis zum Abschluss der Bettlägerigkeit, eine weitere Woche nach Mobilisierung	Keine Beeinträchtigung
Mittel: Durchschnittliche Hausarbeiten	100% während der Entlastung an Gehstützen, weitere sechs Wochen 50%, weitere drei Monate 30%	Im Allgemeinen keine Beeinträchtigung, bei Ausbildung einer stärkeren Arthrose der Hüfte kann die Beeinträchtigung 10% bis 20% betragen.
Schwer: Großer Hausputz, Gartenarbeit	100% während der Entlastung an Gehstützen und für weitere drei Monate nach Beginn der Vollbelastung, anschließend drei Monate 50%	Bei Ausbildung einer stärkeren Arthrose der Hüfte kann die Beeinträchtigung 30% und mehr betragen. Einzelfallprüfung erforderlich.

Bewertung des Dauerschadens	
Versicherungszweig – Rechtsgebiet	Einschätzung des Dauerschadens
Gesetzliche Unfallversicherung: MdE	Mit einer MdE von 10–20 v. H. ist zu rechnen.
Private Unfallversicherung: Invalidität	Es verbleibt im Allgemeinen eine Invalidität zwischen 2/20 und – bei ausgeprägter posttraumatischer Arthrose – 6/20 Beinwert.
Haftpflichtversicherung	Siehe GUV
Gesetzliche Rentenversicherung	Die Voraussetzungen für die Gewährung einer Rente wegen teilweiser Erwerbsminderung liegen i. d. R. nicht vor.
Private Berufsunfähigkeitsversicherung	Stärkere umformende Veränderungen können den Einsatz in Steh- und Gehberufen um mehr als 50% beeinträchtigen, eine individuelle Prüfung ist erforderlich.
Schwerbehindertenrecht, soziales Entschädigungsrecht, Beamtenrecht: GdB, GdS	10–30. Ist die Beweglichkeit schlechter als 0–30°–90° – mit entsprechender Einschränkung der Dreh- und Spreizfähigkeit, kann ein GdS/GdB von 40 gegeben sein.

Teil 11

Verletzungen der unteren Extremitäten

11.1 Hüftgelenkluxation

Klassifikation nach ICD-10: S73.0

Verletzungsbild und Symptomatik
Die Luxation des Hüftgelenks ist im Vergleich mit der der Schulter selten, sie ist immer Folge einer schweren Gewalteinwirkung. Ebenso wie die zentrale Pfannenfraktur war die Hüftgelenkluxation eine häufige Begleitverletzung durch Anpralltraumen am Armaturenbrett vor Einführung des Sicherheitsgurts. Am häufigsten ist die Luxation des Hüftkopfs aus dem Hüftgelenk nach hinten. Seltener sind die vorderen Luxationen. Diese können entstehen, sofern eine Gewalteinwirkung auf den abgespreizten Oberschenkel auftritt. Durch die Luxation des Hüftgelenks ist das Bein verkürzt, angespreizt und nach innen gedreht. Bei der vorderen Luxation befindet sich der Oberschenkel in einer Beuge- und Abspreizposition. Die Röntgenaufnahme bestätigt die Luxation. Um Begleitverletzungen auszuschließen, ist nach der Reposition eine Computer- oder Kernspintomographie erforderlich.

Therapie
Um das Hüftgelenk einzurenken, ist eine Narkose mit Muskelrelaxation erforderlich. Auch nach vollständiger Entspannung der Muskulatur bedarf es eines erheblichen Zugs, um das Hüftgelenk einzurenken. Bei gleichzeitigen Frakturen des Beckenrands oder des Hüftkopfs sind eine operative Einrenkung und die Rekonstruktion der knöchernen Verletzungen erforderlich.

Nach Reposition einer unkomplizierten Luxation sollte das Bein für circa zwei Wochen an Gehstützen vollständig entlastet werden, danach darf es zunehmend belastet werden.

Komplikationen
Im Rahmen der Hüftgelenkluxation können die den Hüftkopf versorgenden Blutgefäße geschädigt werden. Dies kann die Sauerstoff- und Nährstoffversorgung des Hüftkopfs beeinträchtigen. Eine nicht seltene Komplikation der Hüftluxation ist da-

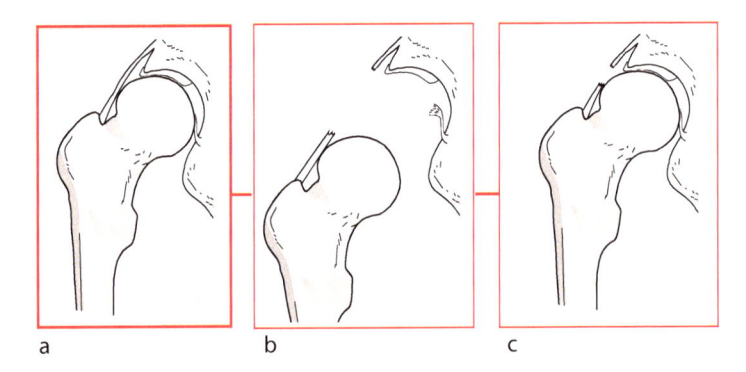

Abb. 11.1:
Das Hüftgelenk ist wegen der großen, den Kopf umgreifenden Pfanne sehr stabil (a). Durch einen schweren Unfall kann der Hüftkopf luxieren (b). Die Einrichtung (c) erfolgt in Narkose. Die Prognose der Hüftluxation lässt sich erst nach etwa einem Jahr stellen (Gefahr der Hüftkopfnekrose).

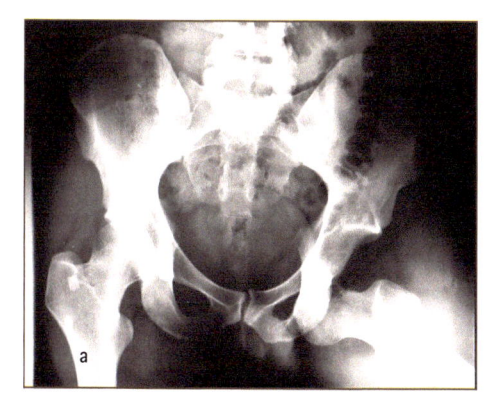

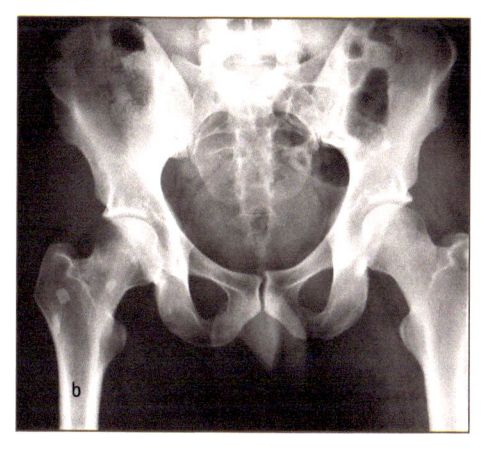

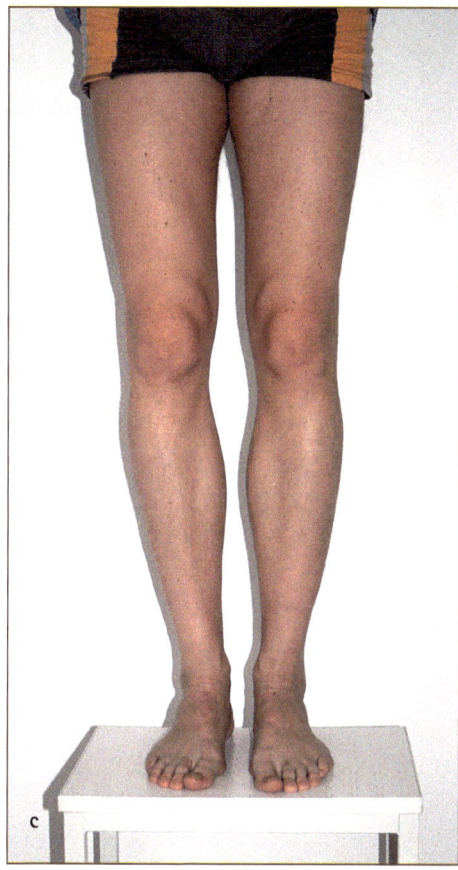

Hüftgelenkluxation

Abb. 11.2:
Der 20 Jahre alte Motorradfahrer luxierte sich die linke Hüfte bei einem Sturz mit seinem Fahrzeug. Er prallte mit dem linken Knie gegen einen Laternenpfahl (a). Die Hüfte wurde in einem Krankenhaus in Narkose reponiert. Ein Jahr nach dem Unfall war die Muskulatur des linken Beines nur geringfügig vermindert (b). Die Hüfte wies keine Zeichen einer Arthrose oder einer Hüftkopfnekrose auf (c).

her die Hüftkopfnekrose (Absterben des Hüftkopfs). Nach einer Hüftkopfluxation können auch Verkalkungen der Kapsel auftreten, die die Beweglichkeit des Hüftgelenks beeinträchtigen. Möglich ist die Entwicklung einer posttraumatischen Arthrose.

Regelhafter Heilverlauf – Auswirkung im täglichen Leben

Für einige Wochen besteht eine deutliche Beeinträchtigung der Belastbarkeit des betroffenen Beins. Der Verletzte kann auf Unterstützung im Haushalt angewiesen sein.

Medizinische Prognose (Welche Folgen hinterlässt die Verletzung?)

Bei günstigem Verlauf verbleibt nur eine geringfügige Bewegungseinschränkung und Belastungsminderung. Bei stärkeren subjektiven oder funktionellen Beeinträchtigungen, der Entwicklung einer Arthrose oder Hüftkopfnekrose ist eine individuelle Beurteilung erforderlich.

Verletzungen der unteren Extremitäten

Medizinisch erforderliche Nachbehandlung	
Stationäre Rehabilitation (AHB)	Im Allgemeinen nicht erforderlich
Dauer und Frequenz der Physiotherapie nach Eintritt der Verletzung	Krankengymnastik oder manuelle Therapie, in den ersten vier Wochen nach Entlassung drei Mal pro Woche, im Anschluss bis zu vier bis acht Wochen zwei Mal pro Woche
Dauer und Frequenz der Physiotherapie nach Abschluss der Heilung	Im Anschluss an die Rekonvaleszenz kann eine Physiotherapie für weitere drei Monate erforderlich sein, z. B. ein bis zwei Mal pro Woche.
Künftige operative Behandlungen	Falls sich eine Hüftkopfnekrose oder ausgeprägte Koxarthrose entwickelt, kann eine Endoprothese des Hüftgelenks notwendig werden.
Hilfsmittel, Medikamente	Bis zur vollen Belastbarkeit Benutzung von Unterarmgehstützen. Bei älteren, gebrechlichen oder polytraumatisierten Verletzten kann auch die zeitweise Verordnung eines Rollstuhls und Rollators erforderlich sein.

Beeinträchtigung der Arbeitsfähigkeit	
Berufliche Anforderung	Durchschnittliche Dauer der Arbeitsunfähigkeit
Leichte Tätigkeit	4 – 8 Wochen
Leichte bis mittelschwere Arbeit	8 – 12 Wochen
Schwere körperliche Tätigkeiten und Arbeiten überwiegend im Stehen und Gehen	12 – 16 Wochen

Bewertung des Haushaltsführungsschadens		
Tätigkeit	Beeinträchtigung (in %) bis zum Abschluss der Rekonvaleszenz	Beeinträchtigung auf Dauer (in %)
Leicht: Planung	100 % eine Woche nach Entlassung aus stationärer Behandlung	Keine Beeinträchtigung
Mittel: Durchschnittliche Hausarbeiten	100 % während der Entlastung an Gehstützen, weitere sechs Wochen 50 %, weitere drei Monate 30 %	Im Allgemeinen keine Beeinträchtigung, bei Ausbildung einer stärkeren Arthrose der Hüfte kann die Beeinträchtigung 10 % bis 20 % betragen.
Schwer: Großer Hausputz, Gartenarbeit	100 % während der Entlastung an Gehstützen und für weitere drei Monate nach Beginn der Vollbelastung, anschließend drei Monate 50 %	Bei Ausbildung einer stärkeren Arthrose der Hüfte kann die Beeinträchtigung 30 % und mehr betragen. Einzelfallprüfung erforderlich

Bewertung des Dauerschadens	
Versicherungszweig – Rechtsgebiet	Einschätzung des Dauerschadens
Gesetzliche Unfallversicherung: MdE	Sofern leichtere Funktionsbeeinträchtigungen verbleiben, ist eine MdE von 10 v.H. anzunehmen. Bei stärkeren funktionellen Störungen und einer posttraumatischen Arthrose kann die MdE auch 20 v.H. betragen.
Private Unfallversicherung: Invalidität	Erwartet werden kann eine Invalidität von mindestens 2/20 Beinwert. Liegt eine stärkere posttraumatische Arthrose vor oder entwickelt sich eine Hüftkopfnekrose, die einer totalendoprothetischen Versorgung bedarf, so ist die Gebrauchsminderung des Beins unter Berücksichtigung des Alters zu bemessen (s. S. 513).
Haftpflichtversicherung	Siehe GUV
Gesetzliche Rentenversicherung	In der Regel keine Bedeutung
Private Berufsunfähigkeitsversicherung	Stärkere umformende Veränderungen können den Einsatz in Steh- und Gehberufen um mehr als 50 % beeinträchtigen, sodass Leistungspflicht gegeben sein kann.
Schwerbehindertenrecht, soziales Entschädigungsrecht, Beamtenrecht: GdB, GdS	Unter 10 bis 20, entwickelt sich eine Hüftkopfnekrose, so kann der GdB auch darüber liegen.

11.2 Hüftkopffraktur

Klassifikation nach ICD-10: S72.08

Verletzungsbild und Symptomatik
Brüche des Hüftkopfs entstehen nur bei schwerer Gewalteinwirkung. Sie kommen in Kombination mit Hüftgelenkluxationen, Brüchen der Pfanne und des Schenkelhalses vor. Begleitverletzungen der Kniegelenke sind häufig. Die primäre Symptomatik entspricht der der Hauptverletzung, zum Beispiel der Hüftluxation.

Therapie
Nach entsprechender Diagnostik werden Frakturen Pipkin 1, die unverschoben sind, konservativ behandelt. Ansonsten wird das Knochenfragment entfernt oder, sofern es sich im tragenden Anteil befindet, durch Miniaturschrauben versorgt. Bei den Typen 3 und 4 nach Pipkin ist eine begleitende operative Versorgung der Schenkelhalsfraktur und des Pfannendachbruchs notwendig.

Sofern Schenkelhals und Hüftkopf weitgehend zerstört sind, bietet sich der primäre Einbau einer Totalendoprothese als Alternative an.

Komplikationen
Durchblutungsstörungen des Hüftkopfs, Funktionsstörungen von Kopf und Pfanne,

Verletzungen der unteren Extremitäten

Femurkopf-, Kalottenfrakturen

a
Ausbruch eines Fragments außerhalb der Belastungszone; operative Entfernung; Pipkin 1

b
Bruch des Hüftkopfs; Schraubenosteosynthese; Pipkin 2

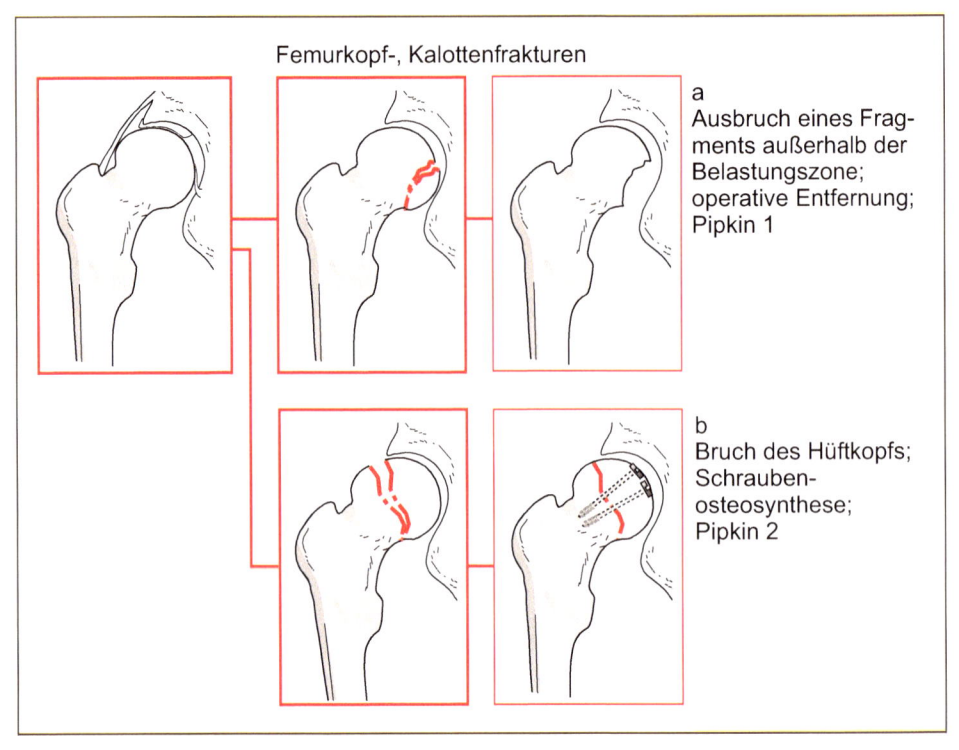

Abb. 11.3:
Die Hüftkopffrakturen werden nach Pipkin eingeteilt. Liegt das Fragment außerhalb der Hauptbelastungszone, so wird von einer Verletzung Typ Pipkin I gesprochen (a), das abgesprengte Knochenteil wird entfernt. Größere Bruchstücke werden erhalten und verschraubt (Pipkin II, b).

Verkalkungen der Kapsel, Ausbildung einer Hüftkopfnekrose. Nach operativer Behandlung Infektion.

Regelhafter Heilverlauf – Auswirkung im täglichen Leben

Sowohl nach konservativer Behandlung der Pipkin-1-Frakturen als auch nach operativer Rekonstruktion ist eine Entlastung des verletzten Beins für mindestens sechs bis acht Wochen erforderlich. Die Schonung kann im Einzelfall länger notwendig sein. Auch bei jüngeren Verletzten ist während der ersten Wochen nach Entlassung aus stationärer Behandlung eine pflegerische Betreuung erforderlich. Solange Gehstützen verwendet werden müssen, ist die Haushaltsführung beeinträchtigt.

Einteilung der Hüftkopffrakturen nach Pipkin	
Typ 1	Der Bruch liegt außerhalb der Belastungszone, d.h. unterhalb der sogenannten Fovea, einer nabelförmigen Einziehung des Hüftkopfs.
Typ 2	Die Fraktur des Hüftkopfs bezieht die Fovea mit ein.
Typ 3	Kombination einer Hüftkopffraktur mit einem Schenkelhalsbruch
Typ 4	Verletzung des Hüftkopfs in Kombination mit einer Hüftpfannenverletzung

Hüftkopffraktur

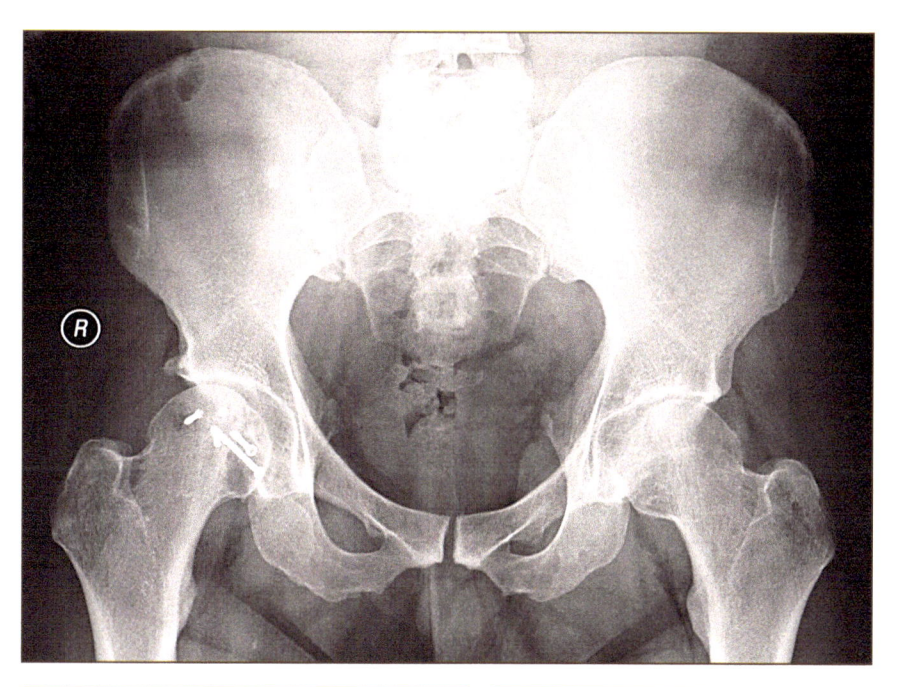

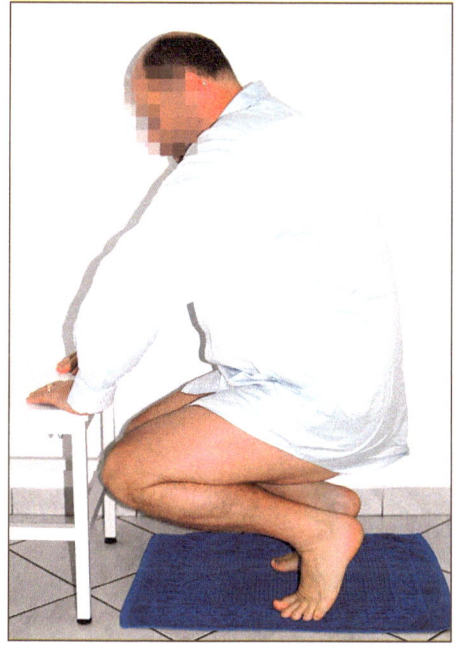

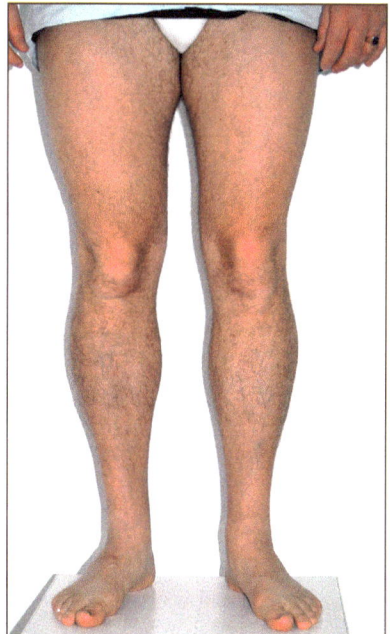

Abb. 11.4:
Die beidseitige Hüftluxation war Folge eines Autounfalls, bei dem der Beifahrer nicht angeschnallt war. Er prallte mit den Knien an das Armaturenbrett und zog sich eine beidseitige Hüftluxation mit Brüchen der Hüftköpfe zu. Der rechte Hüftkopf wurde verschraubt, die Fraktur des linken Hüftkopfs konservativ behandelt. Trotz der sehr schweren Verletzung ist die Funktion der Hüften gut. Allerdings muss längerfristig mit einer Hüftarthrose gerechnet werden.

Medizinische Prognose (Welche Folgen hinterlässt die Verletzung?)

Die Prognose der Hüftkopffrakturen kann nur im Einzelfall beurteilt werden. Die Gefahr des Auftretens einer Hüftkopfnekrose ist bis zu fünf Jahre nach dem Unfall gegeben. Zu rechnen ist mit der Entwicklung einer posttraumatischen Arthrose.

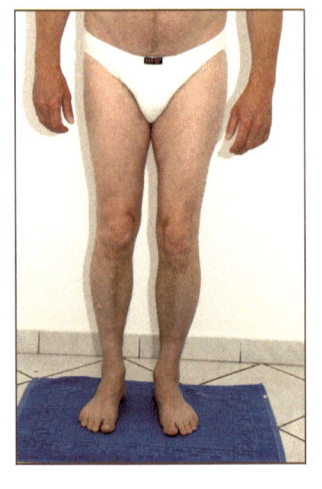

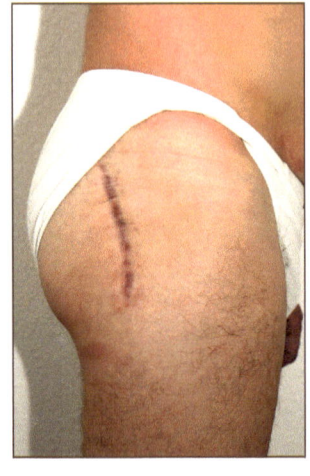

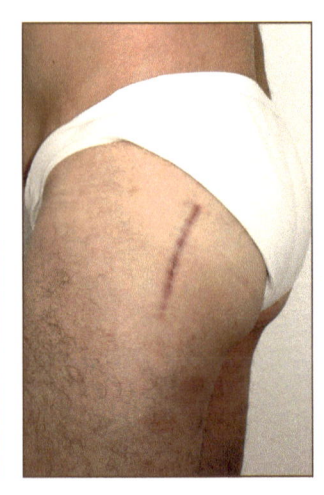

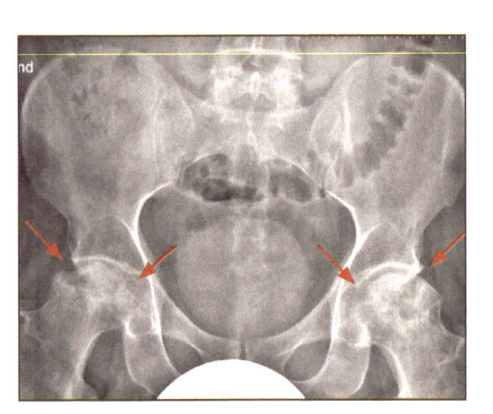

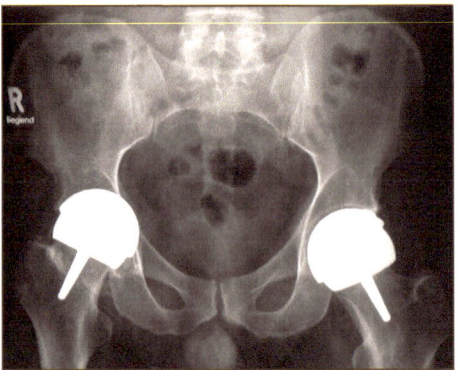

a

b

c

d

e

Abb. 11.5:
Die „idiopathische" Hüftkopfnekrose, keine Unfallfolge: Der 45-jährige Versicherte (a–c) machte Folgen eines Sturzes auf Glatteis gegenüber seiner privaten Unfallversicherung geltend. Vorgelegt wurden Atteste der behandelnden Ärzte, die eine beidseitige Hüftkopffraktur und -nekrose bestätigten. Beide Hüftgelenke waren mit Kappenprothesen versorgt worden (e). Der körperliche Befund war gut, die Muskulatur der Oberschenkel allerdings deutlich vermindert. Die sorgfältige Auswertung der Röntgenaufnahmen (d) ergab, dass es sich nicht um eine Unfallfolge, sondern eine unfallunabhängige („idiopathische") Hüftkopfnekrose handelte. Die Hüftköpfe sind zerklüftet, weisen Zysten auf und sind im tragenden Anteil eingebrochen.

Medizinisch erforderliche Nachbehandlung	
Stationäre Rehabilitation (AHB)	Eine AHB kann nach operativer Versorgung erforderlich sein.
Dauer und Frequenz der Physiotherapie nach Eintritt der Verletzung	Krankengymnastik oder manuelle Therapie, in den ersten vier Wochen nach Entlassung drei Mal pro Woche, im Anschluss bis zu zwölf Wochen zwei Mal pro Woche
Dauer und Frequenz der Physiotherapie nach Abschluss der Heilung	Im Anschluss an die Rekonvaleszenz kann eine Physiotherapie für weitere drei Monate erforderlich sein, z.B. ein bis zwei Mal pro Woche.
Künftige operative Behandlungen	Falls sich eine Hüftkopfnekrose oder ausgeprägte Koxarthrose entwickelt, kann eine Endoprothese des Hüftgelenks notwendig werden.
Hilfsmittel, Medikamente	Bis zur vollen Belastbarkeit Benutzung von Unterarmgehstützen. Bei älteren, gebrechlichen oder polytraumatisierten Verletzten kann auch die zeitweise Verordnung eines Rollstuhls und Rollators erforderlich sein.

Beeinträchtigung der Arbeitsfähigkeit	
Berufliche Anforderung	Durchschnittliche Dauer der Arbeitsunfähigkeit
Leichte Tätigkeit	4 – 8 Wochen
Leichte bis mittelschwere Arbeit	8 – 16 Wochen
Schwere körperliche Tätigkeiten und Arbeiten überwiegend im Stehen und Gehen	12 – 26 Wochen

Bewertung des Haushaltsführungsschadens		
Tätigkeit	Beeinträchtigung (in %) bis zum Abschluss der Rekonvaleszenz	Beeinträchtigung auf Dauer (in %)
Leicht: Planung	100 % bis zum Ende der ersten Woche nach Entlassung aus stationärer Behandlung	Keine Beeinträchtigung
Mittel: Durchschnittliche Hausarbeiten	100 % während der Entlastung an Gehstützen, weitere sechs Wochen 50 %, weitere drei Monate 30 %	Im Allgemeinen keine Beeinträchtigung, bei Ausbildung einer stärkeren Arthrose der Hüfte kann die Beeinträchtigung 10 % bis 20 % betragen.
Schwer: Großer Hausputz, Gartenarbeit	100 % während der Entlastung an Gehstützen und für weitere drei Monate nach Beginn der Vollbelastung, anschließend drei Monate 50 %	Bei Ausbildung einer stärkeren Arthrose der Hüfte kann die Beeinträchtigung 30 % und mehr betragen. Einzelfallprüfung erforderlich

Bewertung des Dauerschadens

Versicherungszweig – Rechtsgebiet	Einschätzung des Dauerschadens
Gesetzliche Unfallversicherung: MdE	Bei günstigem Verlauf ist mit einer MdE von 10 v. H. zu rechnen, bei stärkeren umformenden Veränderungen kann diese auch 20 v. H. erreichen. Die komplikationslos eingeheilte Totalendoprothese der Hüfte wird ebenfalls mit 20 v. H. bewertet.
Private Unfallversicherung: Invalidität	In der PUV kann eine Invalidität zwischen 2/20 und 6/20 Beinwert erwartet werden. Liegt eine stärkere posttraumatische Arthrose vor oder entwickelt sich eine Hüftkopfnekrose, die einer totalendoprothetischen Versorgung bedarf, so ist die Gebrauchsminderung des Beins unter Berücksichtigung des Alters zu bemessen (s. S. 513).
Haftpflichtversicherung	Siehe GUV
Gesetzliche Rentenversicherung	Die Voraussetzungen für die Gewährung einer Rente wegen teilweiser Erwerbsminderung liegen i. d. R. nicht vor.
Private Berufsunfähigkeitsversicherung	Stärkere umformende Veränderungen können den Einsatz in Steh- und Gehberufen um mehr als 50 % beeinträchtigen, sodass eine Leistungspflicht gegeben sein kann.
Schwerbehindertenrecht, soziales Entschädigungsrecht, Beamtenrecht: GdB, GdS	10 – 20, bei Hüftkopfnekrose auch darüber

11.3 Schenkelhalsfraktur

Klassifikation nach ICD-10: S72.0

Verletzungsbild und Symptomatik

Die Last des Oberkörpers wird vom Becken auf den Hüftkopf und dann über den relativ schlanken Schenkelhals auf den körpernahen Oberschenkel übertragen. Nehmen der Knochenkalksalzgehalt und die bindegewebige Struktur des Skeletts mit dem Alter ab und entwickelt sich eine Osteoporose, so wirkt sich dies auf die Stabilität des Schenkelhalses aus. Bei jüngeren Menschen bedarf es einer erheblichen Gewalteinwirkung, bevor der Schenkelhals bricht. Typische Ereignisse sind Stürze, etwa beim Inline-Skaten, Reiten oder Fahrrad- bzw. Motorradfahren. Demgegenüber sind die Unfallereignisse beim älteren Menschen oft unspektakulär. Der Schenkelhals kann im Alter bereits brechen, wenn eine Stufe verfehlt wird oder der Verletzte auf glattem Boden ausrutscht. Bei fortgeschrittener Osteoporose kann der Schenkelhals sogar spontan, d. h. ohne einen äußeren Anlass, brechen.

Das klinische Bild des Schenkelhalsbruchs ist typisch: Der Verletzte liegt am Boden, das verkürzte Bein ist nach außen verdreht. Beim eingestauchten Schenkelhalsbruch kann eine sichtbare Fehlstellung fehlen. Liegt die Fraktur in der Mitte des Schenkelhalses, dann wird von einer medialen Schenkelhalsfraktur gesprochen. Ist die Bruchlinie zur Seite verschoben, dann handelt es sich um eine laterale Schenkelhalsfraktur.

Pauwels hat die Brüche unter biomechanischen und therapeutischen Gesichtspunkten eingeteilt. Die Abb. 11.7 verdeutlicht die praktische Bedeutung der Klassifizierung.

Bei einem Schenkelhalsbruch Pauwels 1 sind die Chancen einer Heilung auch ohne einen operativen Eingriff gut. Liegt eine Fraktur der Typen Pauwels 2 oder 3 vor, dann ist ein operativer Eingriff unumgänglich, da sich bei instabilem Hüftkopf eine Pseudarthrose (Falschgelenk) des Schenkelhalses ausbilden würde.

Therapie

Eingestauchte Schenkelhalsbrüche können konservativ durch Entlastung behandelt werden. Alle instabilen Brüche und Frakturen des Typs Pauwels 2 und 3 werden operiert. Dabei kommen unterschiedliche Verfahren in Frage. Ziel der Therapie ist die anatomisch exakte Wiederherstellung des Schenkelhalses. Hierzu dienen Schrauben, Winkelplatten und Nägel (z. B. die dynamische Hüftschraube). Bei älteren Menschen kann der Hüftkopf auch entfernt und durch eine Kopfprothese oder eine Totalendoprothese (TEP) ersetzt werden. An die operative Versorgung schließt sich eine physiotherapeutische Rehabilitation an, mit der die Gehfähigkeit bestmöglich wiederhergestellt werden soll.

Komplikationen

Auch bei primärer Versorgung kann eine Hüftkopfnekrose (Abb. 11.8) auftreten. In diesem Fall muss der abgestorbene Hüftkopf durch eine Endoprothese ersetzt werden. Nicht immer heilt der Schenkelhals aus, es kann eine Pseudarthrose verbleiben. Je nach Lokalbefund wird eine Revisionsoperation mit einer Knochentransplantation oder dem Einbau einer Endoprothese (TEP) infrage kommen. Gelegentlich treten nach operativer Behandlung Infekte auf, die Folgeeingriffe erzwingen. Durch den operativen Eingriff kann eine Lähmung des Schenkelstreckers (N. femoralis) entstehen.

Regelhafter Heilverlauf – Auswirkung im täglichen Leben

Während der instabile Schenkelhalsbruch vor Einführung der operativen Behandlung einem Todesurteil gleichkam (Bettlägerigkeit – Lungenentzündung mit letaler Komplikation), sind die Ergebnisse der operativen Behandlung heute sehr gut. Verbleiben können eine leichte Verkürzung des Beins sowie eine Bewegungseinschränkung des Hüftgelenks. Auch nach operativem Ersatz durch eine Totalendoprothese ist die Gehfähigkeit nicht wesentlich beeinträchtigt. Die Fraktur erhöht das Risiko der Entwicklung einer Hüftarthrose. Je nachdem, welches den Hüftkopf erhaltende operative Verfahren zum Einsatz

Einteilung der Schenkelhalsfrakturen nach Pauwels	
Pauwels 1	Die Neigung der Bruchebene zur Horizontalen beträgt maximal 30°.
Pauwels 2	Die Neigung der Bruchebene zur Horizontalen beträgt zwischen 30° und 50°.
Pauwels 3	Die Neigung der Bruchebene zur Horizontalen beträgt mehr als 50°.

Verletzungen der unteren Extremitäten

a   b   c

d   e

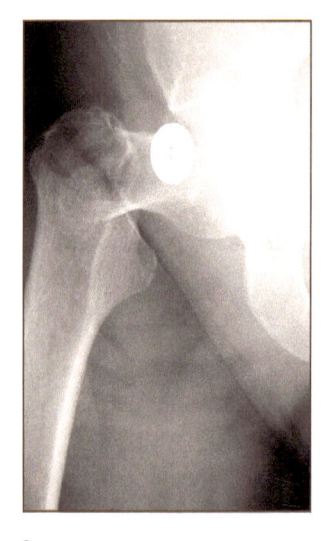

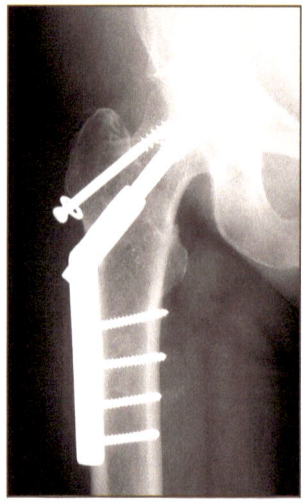

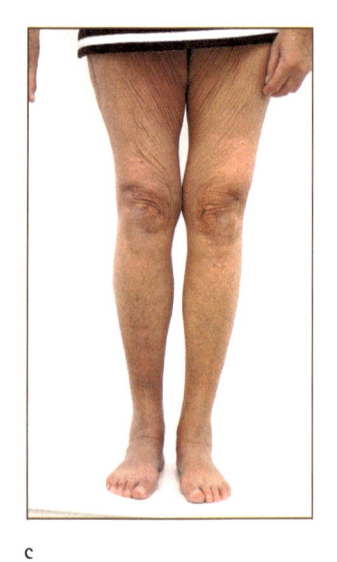

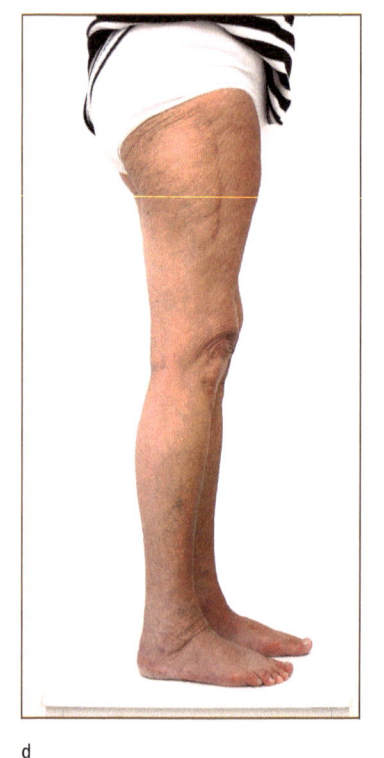

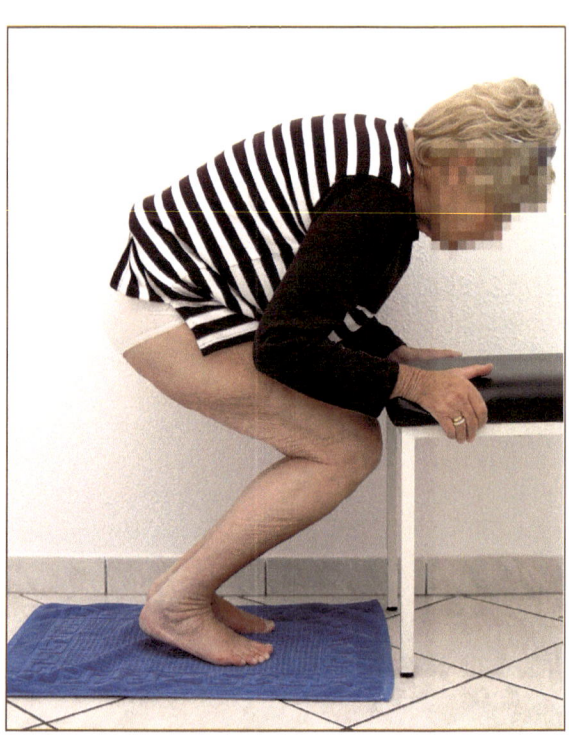

Abb. 11.6:
Die 75-jährige Probandin stürzte bei sich zu Hause über eine Teppichkante auf die rechte Körperhälfte und zog sich dabei eine laterale Schenkelhalsfraktur zu (a). Der Schenkelhals wurde duch eine dynamische Hüftschraube stabilisiert (b). Ein Jahr nach der Verletzung ist die Verletzte mit dem Ergebnis der Behandlung sehr zufrieden (c–e). Sie kann ungestört laufen, die Beweglichkeit der rechten Hüfte ist nur noch gering beeinträchtigt.

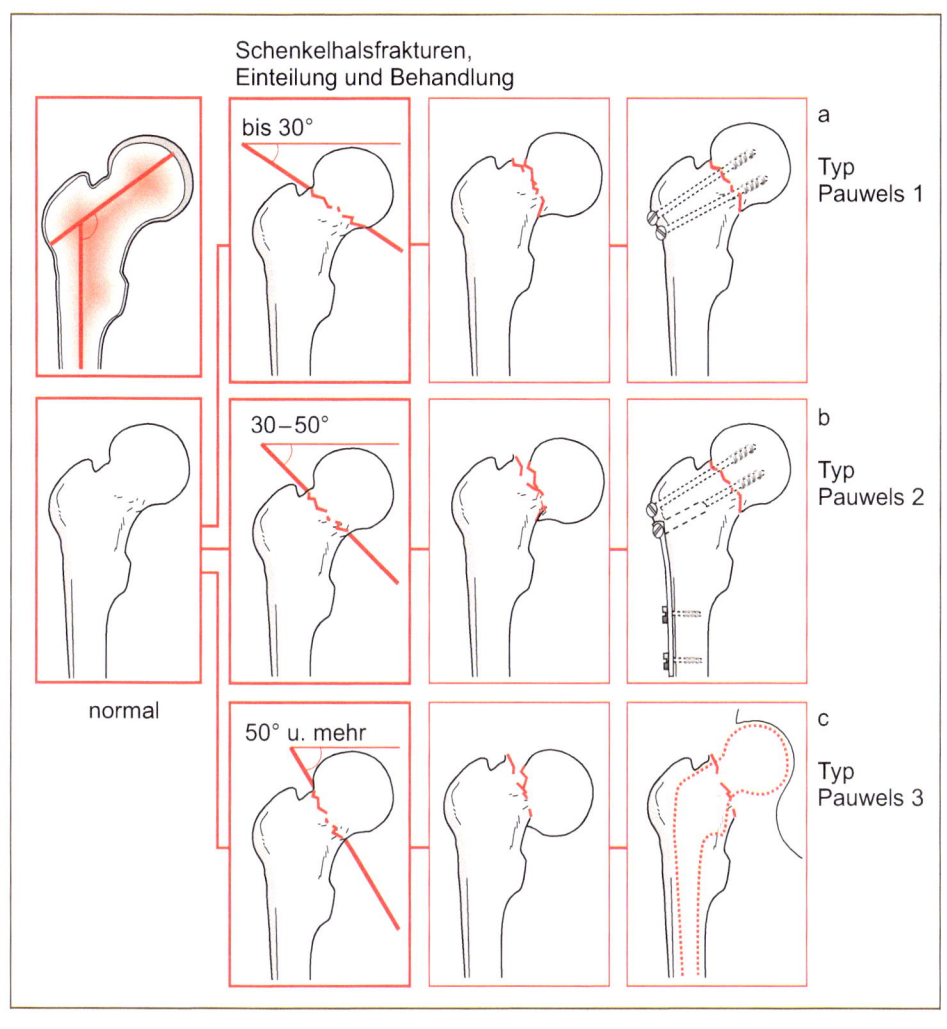

Abb. 11.7:
Die Schenkelhalsfrakturen werden nach Pauwels eingeteilt. Frakturen vom Typ I werden verschraubt (a) oder, sofern sie eingestaucht und stabil sind, konservativ behandelt. Frakturen des Typs II können mit einer Plattenosteosynthese (b) oder einem Marknagel (proximaler Femurnagel) versorgt werden. In der Abbildung c wurde der Hüftkopf bei einer Fraktur Typ III primär durch eine Endoprothese ersetzt. Alternativ wäre auch eine Osteosynthese möglich gewesen.

kommt, kann eine Entlastung des operierten Beins für sechs bis acht Wochen erforderlich sein. Manche Operateure empfehlen die Benutzung von Gehstützen bis zum Ende der zwölften Woche. Je nach Alter und Allgemeinzustand ist für die ersten Wochen nach der Entlassung aus stationärer Behandlung eine pflegerische Betreuung erforderlich. Bis zum völligen Abschluss der Knochenheilung ist die Haushaltsführung als eingeschränkt anzusehen.

Medizinische Prognose (Welche Folgen hinterlässt die Verletzung?)

Die Prognose der Schenkelhalsfrakturen ist günstig, gleich welches Behandlungsverfah-

Verletzungen der unteren Extremitäten

ren zur Anwendung kommt. Das Risiko der Entwicklung einer Hüftarthrose ist erhöht. Gelegentlich entwickelt sich eine Hüftkopfnekrose, die einen endoprothetischen Ersatz erforderlich macht.

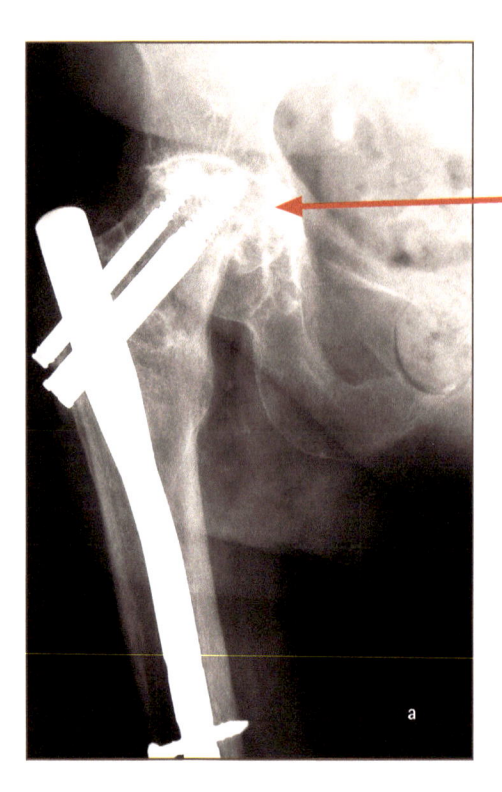

abgestorbener Hüftkopf: Hüftkopfnekrose

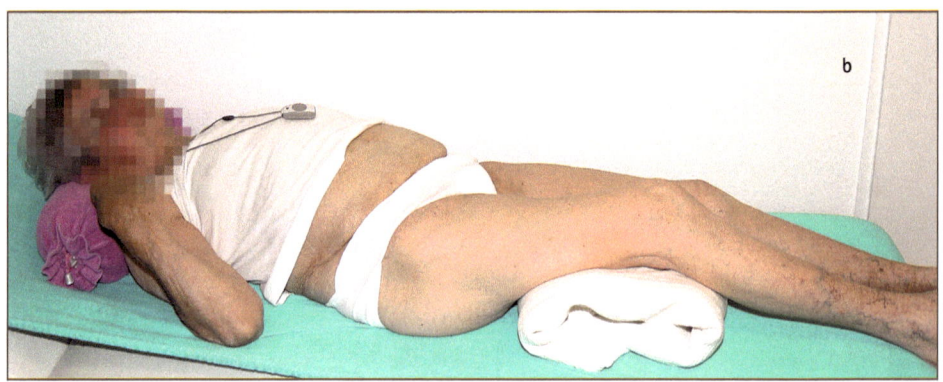

Abb. 11.8:
Traumatische Hüftkopfnekrose: Die Schenkelhalsfraktur einer 80-jährigen Dame wurde mit einem Marknagel versorgt (proximaler Femurnagel). Zwar heilte der Bruch aus, in Folge der Verletzung starb der Hüftkopf ab (a, Hüftkopfnekrose), die Schrauben reiben in der Gelenkpfanne. Die Verletzte wurde pflegebedürftig und ist ausschließlich bettlägerig (b). Trotz des hohen Alters und des herabgesetzten Allgemeinzustandes ist eine Operation unumgänglich, da die Nekrose und die perforierten Schrauben eine schmerzfreie Pflege unmöglich machen. Sinnvoll ist die Implantation einer Endoprothese.

Schenkelhalsfraktur

Medizinisch erforderliche Nachbehandlung	
Stationäre Rehabilitation (AHB)	Eine AHB kann nach operativer Versorgung erforderlich sein.
Dauer und Frequenz der Physiotherapie nach Eintritt der Verletzung	Krankengymnastik oder manuelle Therapie, in den ersten vier Wochen nach Entlassung drei Mal pro Woche, im Anschluss bis zu zwölf Wochen zwei Mal pro Woche
Dauer und Frequenz der Physiotherapie nach Abschluss der Heilung	Im Anschluss an die Rekonvaleszenz kann eine Physiotherapie für weitere drei Monate erforderlich sein, z. B. ein bis zwei Mal pro Woche.
Künftige operative Behandlungen	Falls sich eine Hüftkopfnekrose oder ausgeprägte Koxarthrose entwickelt, kann eine Endoprothese des Hüftgelenks notwendig werden.
Hilfsmittel, Medikamente	Bis zur vollen Belastbarkeit Benutzung von Unterarmgehstützen. Bei älteren, gebrechlichen oder polytraumatisierten Verletzten kann auch die zeitweise Verordnung eines Rollstuhls und Rollators erforderlich sein.

Beeinträchtigung der Arbeitsfähigkeit	
Berufliche Anforderung	Durchschnittliche Dauer der Arbeitsunfähigkeit
Leichte Tätigkeit	6 – 12 Wochen
Leichte bis mittelschwere Arbeit	8 – 20 Wochen
Schwere körperliche Tätigkeiten und Arbeiten überwiegend im Stehen und Gehen	12 – 26 Wochen

Bewertung des Haushaltsführungsschadens		
Tätigkeit	Beeinträchtigung (in %) bis zum Abschluss der Rekonvaleszenz	Beeinträchtigung auf Dauer (in %)
Leicht: Planung	100% bis zum Ende der ersten Woche nach Entlassung aus stationärer Behandlung	Keine Beeinträchtigung
Mittel: Durchschnittliche Hausarbeiten	100% während der Entlassung an Gehstützen, weitere sechs Wochen 50%, weitere drei Monate 30%	Im Allgemeinen keine Beeinträchtigung, bei Ausbildung einer stärkeren Arthrose der Hüfte kann die Beeinträchtigung 10% bis 20% betragen.
Schwer: Großer Hausputz, Gartenarbeit	100% während der Entlassung an Gehstützen und für weitere drei Monate nach Beginn der Vollbelastung, anschließend drei Monate 50%	Bei Ausbildung einer stärkeren Arthrose der Hüfte kann die Beeinträchtigung 30% und mehr betragen. Einzelfallprüfung erforderlich

Bewertung des Dauerschadens	
Versicherungszweig – Rechtsgebiet	Einschätzung des Dauerschadens
Gesetzliche Unfallversicherung: MdE	Bei günstigem Verlauf ist mit einer MdE von 10 v. H. zu rechnen, bei stärkeren umformenden Veränderungen kann diese auch 20 v. H. erreichen. Die komplikationslos eingeheilte Totalendoprothese der Hüfte wird ebenfalls mit 20 v. H. bewertet.
Private Unfallversicherung: Invalidität	In der PUV kann eine Invalidität zwischen 2/20 und 3/20 Beinwert erwartet werden. Liegt eine stärkere posttraumatische Arthrose vor oder entwickelt sich eine Hüftkopfnekrose, die einer totalendoprothetischen Versorgung bedarf, so ist die Gebrauchsminderung des Beins unter Berücksichtigung des Alters zu bemessen (s. S. 514).
Haftpflichtversicherung	Siehe GUV
Gesetzliche Rentenversicherung	Die Voraussetzungen für die Gewährung einer Rente wegen teilweiser Erwerbsminderung liegen i. d. R. nicht vor.
Private Berufsunfähigkeitsversicherung	Stärkere umformende Veränderungen können den Einsatz in Steh- und Gehberufen um mehr als 50% beeinträchtigen, sodass eine Leistungspflicht gegeben sein kann.
Schwerbehindertenrecht, soziales Entschädigungsrecht, Beamtenrecht: GdB, GdS	10 – 20, bei Hüftkopfnekrose auch darüber

11.4 Per- und subtrochantäre Frakturen

Brüche des körpernahen Oberschenkels zwischen und unterhalb des großen und kleinen Rollhügels

Klassifikation nach ICD-10: S72.1 (Pertrochantäre Frakturen); S72.2 (Subtrochantäre Frakturen)

Verletzungsbild und Symptomatik

Brüche zwischen dem großen und kleinen Rollhügel sind meistens Folge einer sehr starken Gewalteinwirkung, zum Beispiel bei Unfällen von Motorradfahrern oder Kraftwagenfahrern. Sie können allerdings auch bei wenig spektakulären Stürzen entstehen.

Bei einem Bruch des Oberschenkels unterhalb der Rollhügel wird der körpernahe Anteil des Oberschenkels nach oben und außen gezogen. Verantwortlich sind hierfür die am körpernahen Oberschenkel ansetzenden Glutealmuskeln (Gesäßmuskeln) sowie der Musculus iliopsoas, der von der gleichseitigen Lendenwirbelsäule zum kleinen Rollhügel (Trochanter minor) zieht. Demgegenüber setzen die Anspreizmuskeln am körperfernen Fragment an, dieses wird nach innen

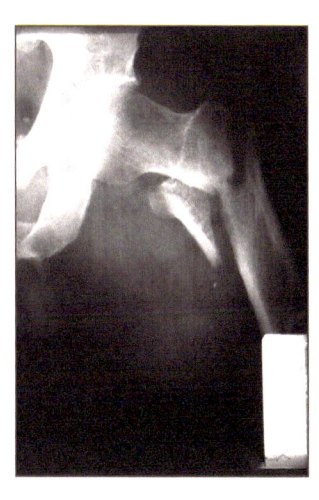

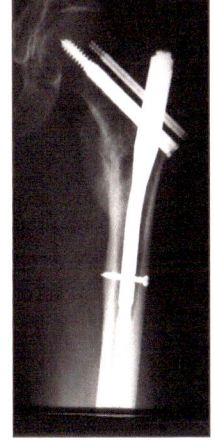

Per- und subtrochantäre Frakturen

Abb. 11.9:
Bruch des körpernahen linken Oberschenkels zwischen dem großen und dem kleinen Rollhügel (Abb. a, pertrochantäre Fraktur). Der 45-jährige Angestellte war von einem Lieferwagen angefahren worden. Der Bruch wurde mit einem proximalen Femurnagel versorgt (b). Das postoperative Ergebnis ist gut (c, d). Nachteilig ist die leichte Außendrehfehlstellung des verletzten Beins von ca. 15°.

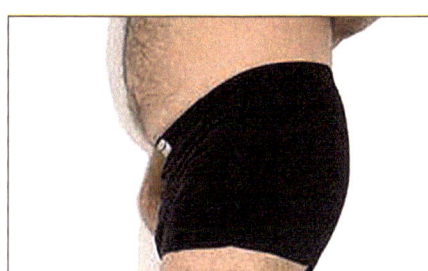

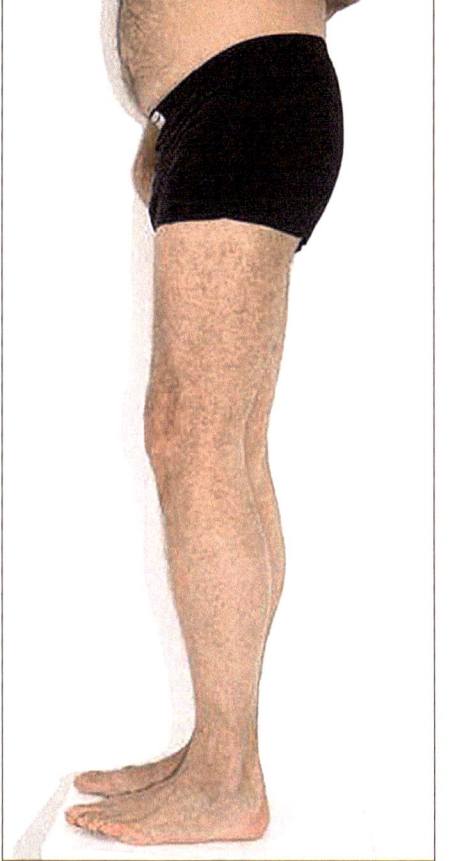

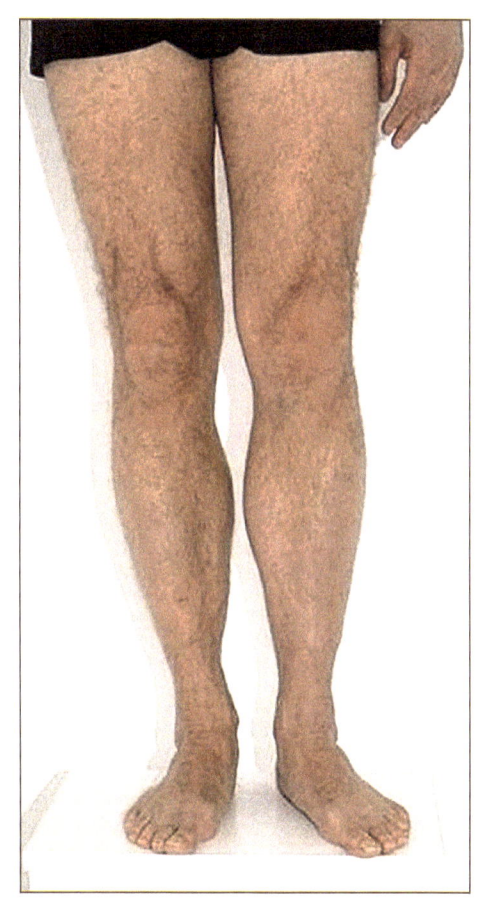

Verletzungen der unteren Extremitäten

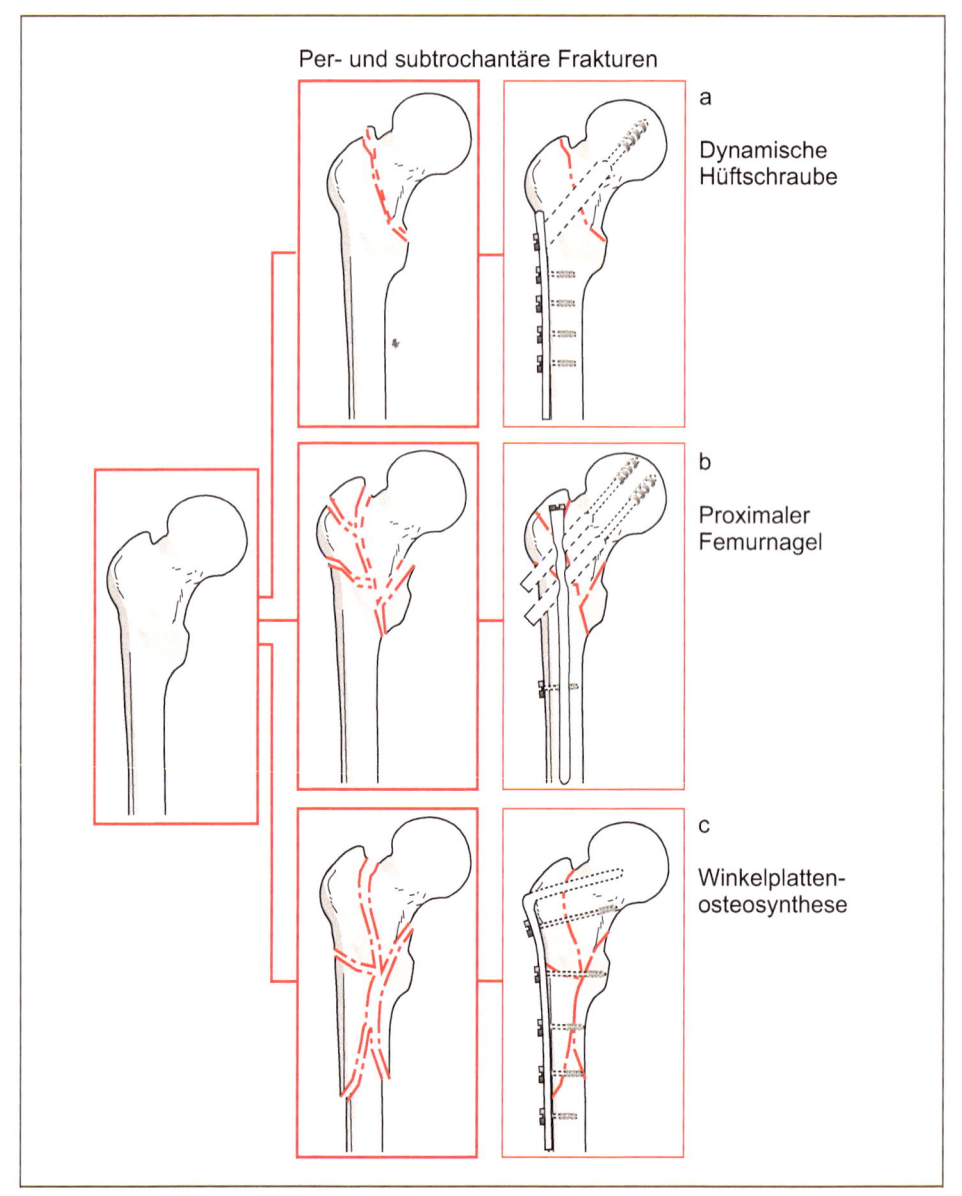

Abb. 11.10:
Per- und subtrochantäre Frakturen können mit einer dynamischen Hüftschraube (a), einem proximalen Femurnagel (b) oder einer Winkelplattenosteosynthese (c) stabilisiert werden.

gezogen. Es können spiralförmige, schräge oder quere Brüche, bei denen ein Keil ausgesprengt wird, und Trümmerbrüche auftreten.

Wegen der mit der Fraktur einhergehenden Fehlstellung der Bruchfragmente ist eine operative Behandlung angezeigt. Die früher übliche konservative Therapie mit einer Extension wurde wegen der dazu erforderlichen Bettruhe von acht bis zwölf Wochen aufgegeben.

Therapie

Für die Therapie der per- und subtrochantären Frakturen stehen unterschiedliche operative Materialien und Verfahren zur Verfügung. Neben der auch bei der Schenkelhalsfraktur verwendeten dynamischen Hüftschraube kommen unterschiedliche Nägel infrage. Sofern das körpernahe Fragment nicht zu klein ist, kann die Fraktur mit einem Verriegelungsnagel stabilisiert werden. Damit gelingt es, sowohl die Länge des Oberschenkels zu erhalten als auch eine Rotationsfehlstellung auszuschließen. Möglich ist auch die Versorgung mit einem proximalen Femurnagel, der das Prinzip des Verriegelungsnagels aufgreift, jedoch nur etwas mehr als das obere Drittel des Oberschenkelknochens stabilisiert. Zum Einsatz kommen auch Plattenosteosynthesen und, bei sonst inoperablen Patienten, elastische Federnägel. Sofern die Fraktur mit einem Marknagel stabilisiert wurde, kann das Bein bereits kurze Zeit nach dem Eingriff mit dem Körpergewicht belastet werden, ein Vorteil, der vor allem für ältere Menschen von hoher Bedeutung ist. Das Metall wird in der Regel ein bis eineinhalb Jahre nach dem Unfallereignis entfernt.

Komplikationen

Im Rahmen der Verletzung und der Behandlung können Drehfehler auftreten. Es kann sich eine Verkürzung ergeben. Bei operativer Behandlung ist ein Infekt möglich. Denkbar ist auch eine Lähmung des Oberschenkelnervs (Nervus femoralis). Es können Thrombosen auftreten.

Regelhafter Heilverlauf – Auswirkung im täglichen Leben

Nach der Verletzung und der operativen Therapie ist die Führung des Haushalts in den ersten Wochen erschwert. Je nach intraoperativem Befund und postoperativer Stabilität können die Gehstützen im Allgemeinen nach vier bis zehn Wochen weggelassen werden. Beeinträchtigt sind anfänglich das Gehen oder Stehen und das Aufstehen aus dem Sitzen.

Medizinische Prognose (Welche Folgen hinterlässt die Verletzung?)

Bei komplikationslosem Verlauf ist die Prognose insgesamt günstig. Durch Verkalkungen in Gelenknähe können Bewegungseinschränkungen bestehen bleiben. Zu berücksichtigen sind mögliche Verkürzungen oder Drehfehlstellungen des Oberschenkels und eventuelle Komplikationen.

Medizinisch erforderliche Nachbehandlung	
Stationäre Rehabilitation (AHB)	Eine AHB kann nach operativer Versorgung erforderlich sein.
Dauer und Frequenz der Physiotherapie nach Eintritt der Verletzung	Krankengymnastik oder manuelle Therapie, in den ersten vier Wochen nach Entlassung drei Mal pro Woche, im Anschluss bis zu zwölf Wochen zwei Mal pro Woche
Dauer und Frequenz der Physiotherapie nach Abschluss der Heilung	Im Anschluss an die Rekonvaleszenz kann eine Physiotherapie für weitere drei Monate erforderlich sein, z. B. ein bis zwei Mal pro Woche.
Künftige operative Behandlungen	Falls sich eine Hüftkopfnekrose oder ausgeprägte Koxarthrose entwickelt, kann eine Endoprothese des Hüftgelenks notwendig werden.
Hilfsmittel, Medikamente	Bis zur vollen Belastbarkeit Benutzung von Unterarmgehstützen. Bei älteren, gebrechlichen oder polytraumatisierten Verletzten kann auch die zeitweise Verordnung eines Rollstuhls und Rollators erforderlich sein.

Verletzungen der unteren Extremitäten

Beeinträchtigung der Arbeitsfähigkeit	
Berufliche Anforderung	Durchschnittliche Dauer der Arbeitsunfähigkeit
Leichte Tätigkeit	6–12 Wochen
Leichte bis mittelschwere Arbeit	8–20 Wochen
Schwere körperliche Tätigkeiten und Arbeiten überwiegend im Stehen und Gehen	12–26 Wochen

Bewertung des Haushaltsführungsschadens		
Tätigkeit	Beeinträchtigung (in %) bis zum Abschluss der Rekonvaleszenz	Beeinträchtigung auf Dauer (in %)
Leicht: Planung	100 % bis zum Ende der ersten Woche nach Entlassung aus stationärer Behandlung	Keine Beeinträchtigung
Mittel: Durchschnittliche Hausarbeiten	100 % während der Entlastung an Gehstützen, weitere sechs Wochen 50 %, weitere drei Monate 30 %	Im Allgemeinen keine Beeinträchtigung, bei Ausbildung einer stärkeren Arthrose der Hüfte kann die Beeinträchtigung 10 % bis 20 % betragen.
Schwer: Großer Hausputz, Gartenarbeit	100 % während der Entlastung an Gehstützen und für weitere drei Monate nach Beginn der Vollbelastung, anschließend drei Monate 50 %	Bei Ausbildung einer stärkeren Arthrose der Hüfte kann die Beeinträchtigung 30 % und mehr betragen. Einzelfallprüfung erforderlich

Bewertung des Dauerschadens	
Versicherungszweig – Rechtsgebiet	Einschätzung des Dauerschadens
Gesetzliche Unfallversicherung: MdE	Bei günstigem Verlauf ist mit einer MdE von 10 v. H. zu rechnen, bei stärkeren umformenden Veränderungen kann diese auch 20 v. H. erreichen. Die komplikationslos eingeheilte Totalendoprothese der Hüfte wird ebenfalls mit 20 v. H. bewertet.
Private Unfallversicherung: Invalidität	In der PUV kann eine Invalidität zwischen 2/20–5/20 Beinwert erwartet werden. Liegt eine stärkere posttraumatische Arthrose vor oder entwickelt sich eine Hüftkopfnekrose, die einer totalendoprothetischen Versorgung bedarf, so ist die Gebrauchsminderung des Beins unter Berücksichtigung des Alters zu bemessen (s. S. 513).
Haftpflichtversicherung	Siehe GUV
Gesetzliche Rentenversicherung	Die Voraussetzungen für die Gewährung einer Rente wegen teilweiser Erwerbsminderung liegen i. d. R. nicht vor.
Private Berufsunfähigkeitsversicherung	Stärkere umformende Veränderungen können den Einsatz in Steh- und Gehberufen um mehr als 50 % beeinträchtigen, sodass eine Leistungspflicht gegeben sein kann.
Schwerbehindertenrecht, soziales Entschädigungsrecht, Beamtenrecht: GdB, GdS	10–20, bei Hüftkopfnekrose auch darüber

11.5 Femurfraktur – Oberschenkelschaftfraktur

Klassifikation nach ICD-10: S72.3

Verletzungsbild und Symptomatik
Oberschenkelschaftbrüche können bei der Einwirkung einer direkten oder indirekten Gewalt entstehen. Der Oberschenkel ist sehr kräftig, es bedarf einer starken Gewalteinwirkung und besonderer Faktoren, damit der Oberschenkel bricht (z.B. Hebelwirkung bei Drehstürzen). Der verletzte Oberschenkel erscheint verkürzt, häufig ist das Bein außenrotiert und stark geschwollen. Der Oberschenkelschaftbruch geht mit einem Blutverlust von bis zu zwei Litern einher.

Bei direkter Gewalteinwirkung auf das Kniegelenk – zum Beispiel bei einem nicht angeschnallten Autofahrer oder einem schweren Frontalzusammenstoß (Abb. 11.12) können zusätzliche Knorpelverletzungen des Kniegelenks, Brüche der Kniescheibe und Bandrupturen auftreten. Nerven werden bei einem Bruch des Oberschenkels nur selten verletzt.

Therapie
Der Oberschenkelschaftbruch ist die Domäne des Verriegelungsnagels. Nur in ausgewählten Fällen kommt eine Plattenosteosynthese (Abb. 11.11) zur Anwendung. Der Marknagel stabilisiert den Oberschenkel. Durch eingebrachte Querschrauben im Bereich des körpernahen großen Rollhügels (Trochanter

Oberschenkelfrakturen können mit einem Marknagel oder mit einer Plattenosteosynthese versorgt werden.

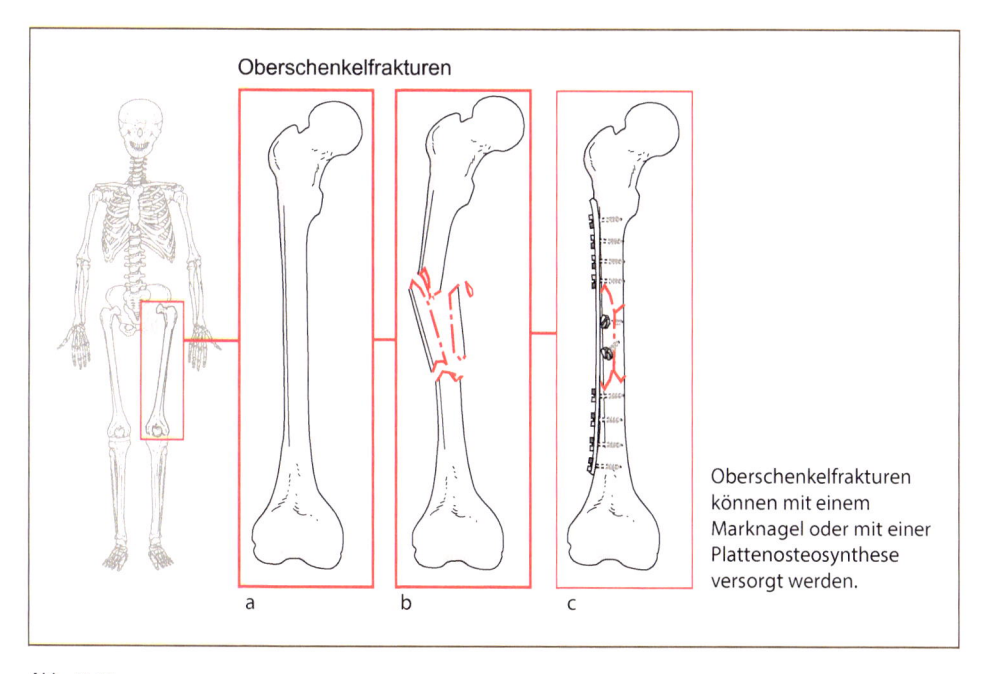

a b c

Abb. 11.11:
Der Oberschenkel ist ein sehr stabiler Röhrenknochen (a), er bricht nur bei einer starken Gewalteinwirkung. Brüche des Oberschenkels (b) werden operativ versorgt. In Frage kommen eine Plattenosteosynthese (c) oder eine Marknagelung (Abb. 11.12a).

major) und des körperfernen Oberschenkels wird eine Außendrehfehlstellung vermieden. Vor der Entwicklung des Verriegelungsnagels wurde die Markhöhle lediglich durch einen Marknagel stabilisiert. Wurde nach der Operation nicht darauf geachtet, das Bein konsequent achsengerecht zu lagern (Fuß nach oben), dann folgte das Bein den Gesetzen der Schwerkraft. Bei leichter Abspreizung im Oberschenkel haben der Fuß und das Bein unterhalb der Fraktur die Tendenz, sich nach außen zu drehen. Wird die Stellung nicht sofort korrigiert, so wächst Kallus über die Fraktur und fixiert den Bruch in einer Fehlstellung (Außendrehung).

Oberschenkelfrakturen bei Kindern

Oberschenkelfrakturen bei Kleinkindern werden konservativ mit einer Extension behandelt. Bis zum Alter von zwei Jahren kann eine sogenannte Overhead-Extension zur Anwendung kommen, hierbei wird den Kindern an beiden Beinen ein Pflasterzügelverband angelegt. Die Beine werden dann in leichter Abspreizung und Beugung über ein Rollenzugsystem extendiert. Nach etwa drei Wochen ist die Fraktur so weit stabil, dass ein Becken-Bein-Gips angelegt werden kann und eine Entlassung nach Hause möglich ist. Ab dem dritten bis vierten Lebensjahr kann der Oberschenkel durch eine elastisch stabile Nagelung (ESIN) stabilisiert werden. Hierbei werden je zwei elastische Nägel mit einem geringen Durchmesser in den Markraum eingebracht, ohne die Wachstumsfugen zu verletzen (Abb. 11.13). Die Nägel können nach vier bis sechs Monaten entfernt werden. Bei Mehrfragmentfrakturen kann auch ein äußerer Spannrahmen (Fixateur externe) indiziert sein. Die Plattenosteosynthese wird bei Kindern nur selten angewandt.

Komplikationen

Drehfehlstellung im Frakturbereich, Verkürzung des Beins, Gefahr eines Infekts, Pseudarthrose (ausbleibende Heilung), Kalkeinlagerungen in der Muskulatur, Thrombosen, Nervenschäden, Entwicklung einer Schocklunge (ARDS – Adult Respiratory Distress Syndrome).

Regelhafter Heilverlauf – Auswirkung im täglichen Leben

Bei unkompliziertem Verlauf und Versorgung mit einem Marknagel ist eine rasche Mobilisierung, anfänglich an Gehstützen, möglich. Diese können nach einigen Wochen weggelassen werden. Während der ersten Zeit nach Entlassung ist eine Unterstützung im Haushalt, ggf. auch eine Pflege, erforderlich.

Medizinische Prognose (Welche Folgen hinterlässt die Verletzung?)

Die Prognose der Oberschenkelfrakturen ist gut, die meisten Verletzten sind nach vollständiger Ausheilung und Metallentfernung beschwerdefrei. Gelegentlich können Verkürzungen und Drehfehlstellungen verbleiben.

Femurfraktur

Oberschenkelschaftbruch des Erwachsenen

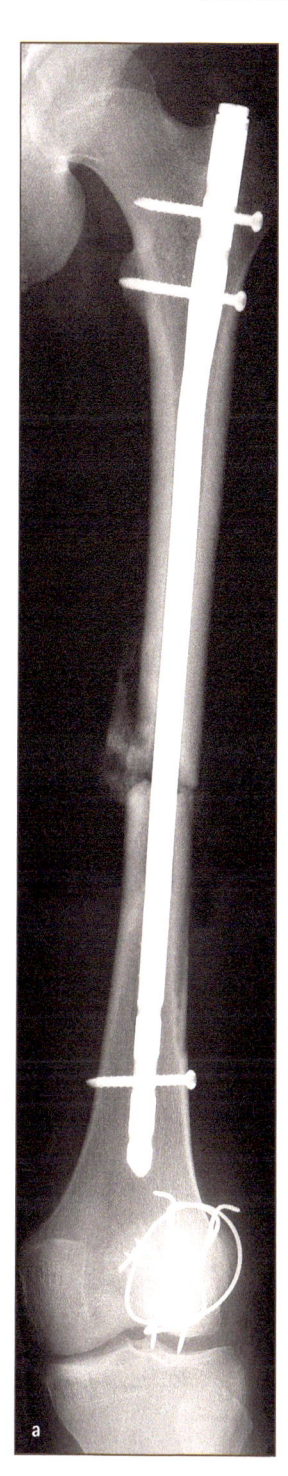

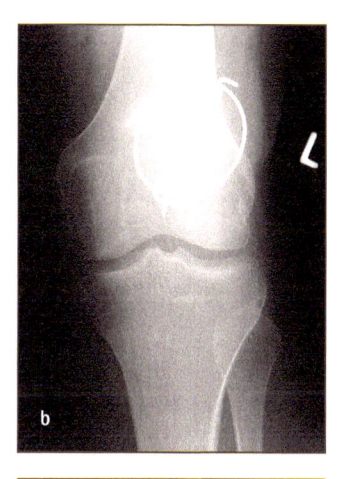

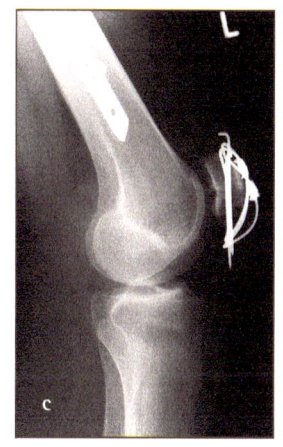

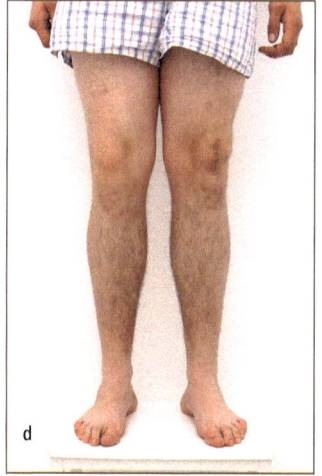

Abb. 11.12:
Folgen eines schweren Frontalzusammenstoßes: Der 20-jährige Fahranfänger war aufgrund erhöhter Geschwindigkeit von seiner Fahrbahn abgekommen und frontal mit einem anderen Pkw kollidiert. Er zog sich unter anderem eine Oberschenkelquerfraktur links (a) und einen Bruch der Kniescheibe (b, c) zu (Anprallverletzung am Armaturenbrett). Die Oberschenkelfraktur wurde mit einem Verriegelungsnagel versorgt, der Bruch der Kniescheibe wurde mit K-Drähten und einer Drahtcerklage stabilisiert. Das Ausheilungsergebnis ist gut (d, e).

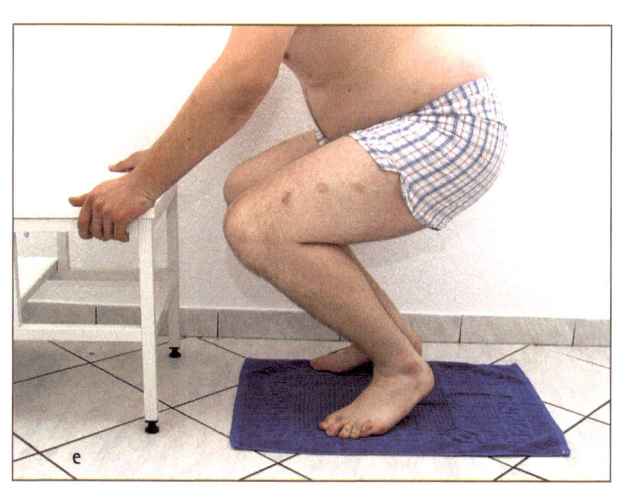

335

Oberschenkelschaftbruch des Kindes

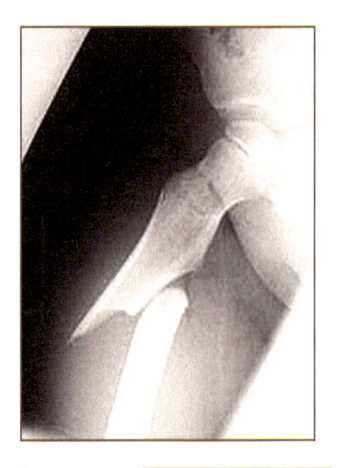

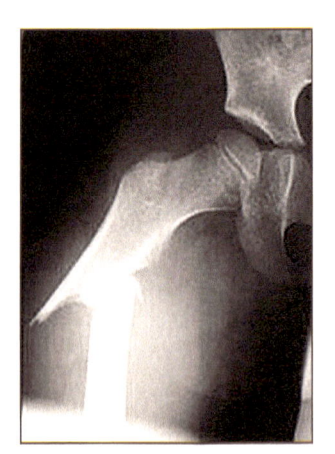

Abb. 11.13:
Das achtjährige Mädchen stürzte von einer Schaukel und brach sich den rechten Oberschenkel (a, b). Die Verletzung wurde mit elastischen Marknägeln (c, d) stabilisiert. Ein Jahr nach der Verletzung ist das Heilungsergebnis sehr gut (e, f). Allerdings ist eine abschließende Bewertung noch nicht möglich, da der gebrochene Knochen schneller wachsen und eine behandlungsbedürftige Verlängerung des Oberschenkels verbleiben kann.

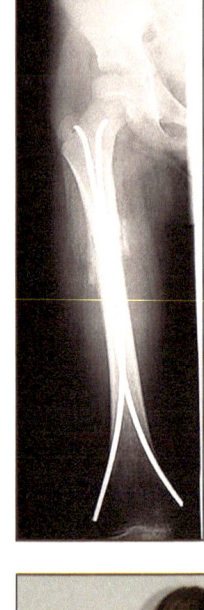

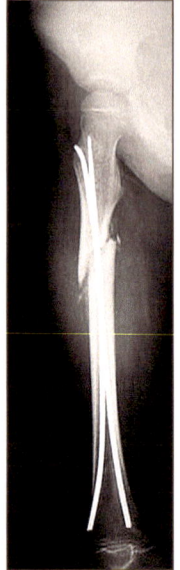

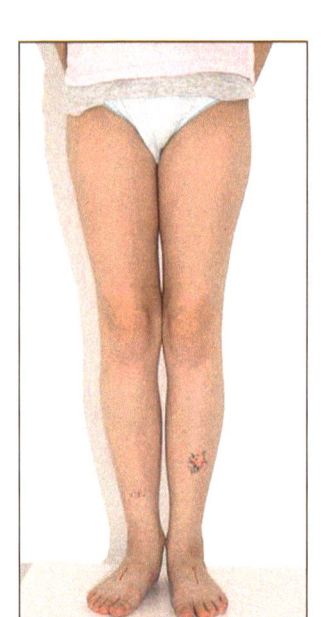

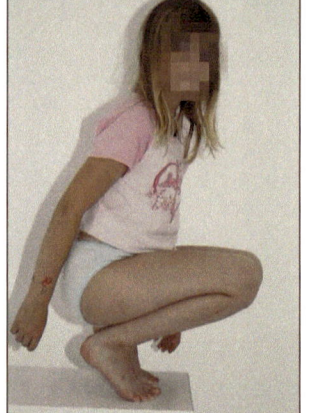

Femurfraktur

Medizinisch erforderliche Nachbehandlung	
Stationäre Rehabilitation (AHB)	Eine AHB ist im Allgemeinen nicht erforderlich. Ausnahme: Komplikationen, alte, gebrechliche und polytraumatisierte Patienten
Dauer und Frequenz der Physiotherapie nach Eintritt der Verletzung	Bis zu 20 krankengymnastische Behandlungen, bei Schwellungen auch Lymphdrainage
Dauer und Frequenz der Physiotherapie nach Abschluss der Heilung	Im Anschluss an die Rekonvaleszenz kann eine gelegentliche Physiotherapie für weitere drei Monate erforderlich sein, z. B. ein Mal pro Woche.
Künftige operative Behandlungen	Metallentfernung
Hilfsmittel, Medikamente	Bis zur vollen Belastbarkeit Benutzung von Unterarmgehstützen. Bei älteren, gebrechlichen oder polytraumatisierten Verletzten kann auch die zeitweise Verordnung eines Rollators erforderlich sein.

Beeinträchtigung der Arbeitsfähigkeit	
Berufliche Anforderung	Durchschnittliche Dauer der Arbeitsunfähigkeit
Leichte Tätigkeit	6 – 12 Wochen
Leichte bis mittelschwere Arbeit	8 – 20 Wochen
Schwere körperliche Tätigkeiten und Arbeiten überwiegend im Stehen und Gehen	12 – 26 Wochen

Bewertung des Haushaltsführungsschadens		
Tätigkeit	Beeinträchtigung (in %) bis zum Abschluss der Rekonvaleszenz	Beeinträchtigung auf Dauer (in %)
Leicht: Planung	100% bis zum Ende der ersten Woche nach Entlassung aus stationärer Behandlung	Keine Beeinträchtigung
Mittel: Durchschnittliche Hausarbeiten	100% während der Entlastung an Gehstützen, weitere vier Wochen 50%, weitere drei Monate 30%	Keine Beeinträchtigung
Schwer: Großer Hausputz, Gartenarbeit	100% während der Entlastung an Gehstützen und für weitere drei Monate nach Beginn der Vollbelastung, 30% für weitere drei Monate	Bei günstigem Verlauf keine Beeinträchtigung

Bewertung des Dauerschadens	
Versicherungszweig – Rechtsgebiet	Einschätzung des Dauerschadens
Gesetzliche Unfallversicherung: MdE	Bei günstigem Verlauf ist mit einer MdE von unter 10 v.H. bis 10 v.H. zu rechnen. Erhebliche Verkürzungen, Drehfehlstellungen und andere Komplikationen können eine höhere MdE begründen.
Private Unfallversicherung: Invalidität	Zu erwarten ist eine Invalidität von 1/20 bis 3/20 Beinwert. Nur selten ist eine höhere Gebrauchsminderung begründet.
Haftpflichtversicherung	Siehe GUV
Gesetzliche Rentenversicherung	Bei normalem Heilungsverlauf entsteht keine Leistungspflicht des Rentenversicherungsträgers.
Private Berufsunfähigkeitsversicherung	Der unkomplizierte operativ behandelte Oberschenkelbruch hinterlässt keine wesentliche Beeinträchtigung der beruflichen Belastbarkeit. Komplikationen sind individuell zu prüfen.
Schwerbehindertenrecht, soziales Entschädigungsrecht, Beamtenrecht: GdB, GdS	0 – 10

11.6 Körperferne Oberschenkelfrakturen

Klassifikation nach ICD-10: S72.43

11.6.1 Suprakondyläre Frakturen – Brüche oberhalb der Oberschenkelrollen

Verletzungsbild und Symptomatik

Suprakondyläre Frakturen entstehen bei starker Gewalteinwirkung auf das gebeugte oder gestreckte Kniegelenk. Vor einigen Jahrzehnten waren die kniegelenknahen Oberschenkelfrakturen häufig bei Autounfällen Folge eines Anpralls des Kniegelenks am Armaturenbrett. Durch konstruktive Änderungen der Karosserie, die Einführung der sehr stabilen Fahrgastzelle und durch Rückhaltesysteme, insbesondere den Sicherheitsgurt, sind kniegelenknahe Brüche des Oberschenkels seltener geworden.

Die besondere Problematik der gelenknahen Oberschenkelbrüche besteht in ihren Auswirkungen auf das Kniegelenk. Einerseits kann bereits beim Unfall das Kniegelenk mit verletzt worden sein (z.B. Abscherbrüche des Kniegelenks, Bandverletzungen, Meniskusschäden oder Kniescheibenbrüche), andererseits kann durch eine nicht optimale Rekonstruktion die Funktion des Kniegelenks leiden. Auch sekundäre Folgen wie Verkalkungen können die Beweglichkeit des Kniegelenks herabsetzen.

Therapie

Die suprakondyläre Oberschenkelfraktur wird operativ behandelt. Der an den hinteren Oberschenkelrollen ansetzende Musculus gastrocnemius hebelt die gebrochene körperferne Fraktur nach dorsal. Dies kann die Einrichtung und operative Versorgung erschweren. Im Allgemeinen wird eine Kondylenplatte von lateral angelegt. Dabei wird besonderer Wert auf den Erhalt der Länge des Oberschenkels und die Vermeidung einer Drehfehlstellung gelegt. Im Gegensatz zum Verriegelungsnagel ist die Kondylenplatte nicht belastbar. Eine andere Möglichkeit besteht darin, einen Marknagel nach Eröffnung des Kniegelenks durch den Raum zwischen den Oberschenkelrollen (inter-kondyläre Region) einzuführen (retrograde Nagelung). Nachteilig ist die umschriebene Zerstörung des Gelenkknorpels an der Nageleinschlagstelle und der Übertritt von Bohrmehl aus dem Knochen in das Kniegelenk. Beide Faktoren fördern die Entstehung einer Kniearthrose.

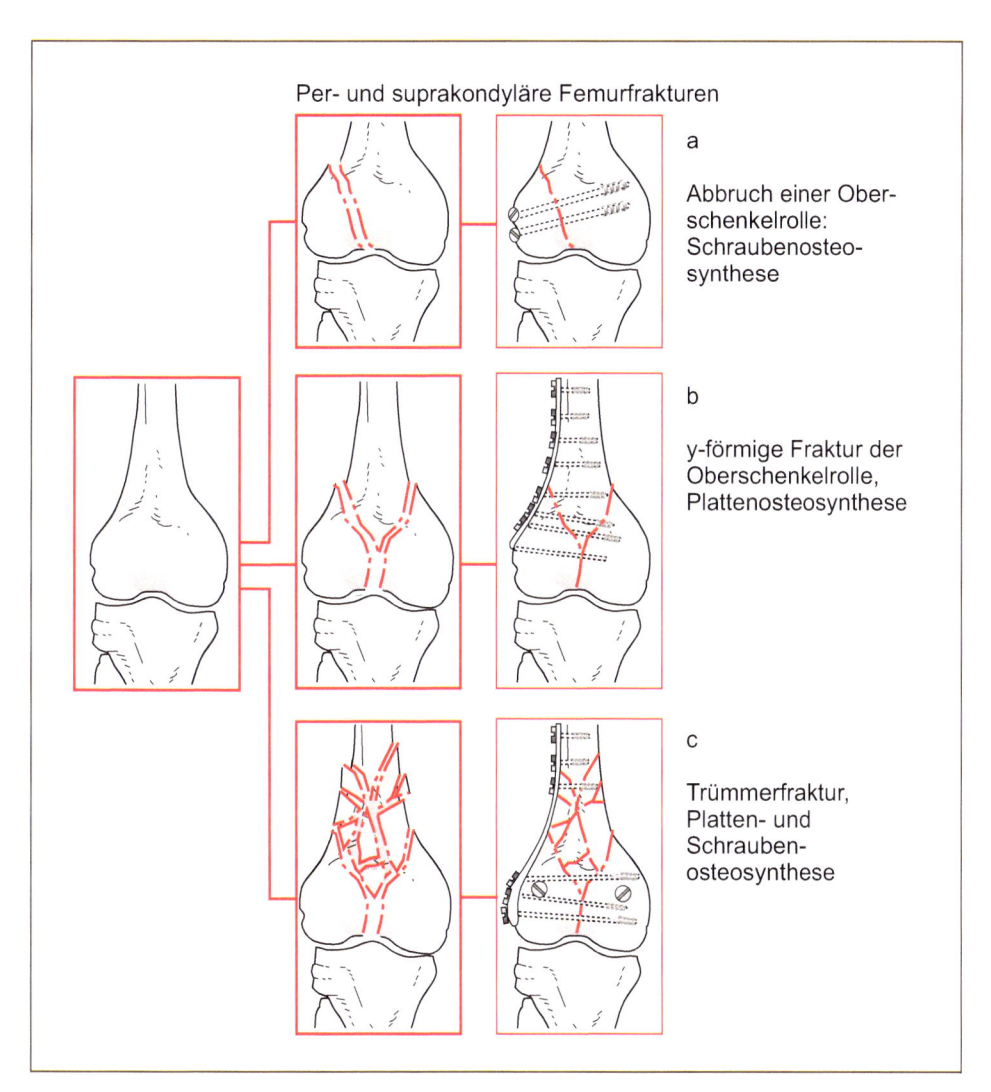

Abb. 11.14:
Per- und suprakondyläre Frakturen müssen anatomisch exakt eingerichtet werden, da sonst eine Arthrose des Kniegelenks vorprogrammiert ist. Eine Fraktur der Oberschenkelrolle kann durch Schrauben stabilisiert werden (a). Komplexe Brüche werden mit Schrauben und Platten versorgt (b). Eine besondere Herausforderung stellen Trümmerfrakturen dar (c).

Bei einfachen Frakturen kann das Bein nach acht Wochen zunehmend belastet werden, Trümmerfrakturen benötigen längere Zeit zum Ausheilen. Das Bein darf hierbei, je nach Heilungsfortschritt, ungefähr drei bis vier Monate nicht der vollen Last des Körpers ausgesetzt werden. Der Verletzte ist auf die Benutzung von Gehstützen angewiesen.

Komplikationen

Verkürzungen des Oberschenkels, Drehfehlstellung, es besteht die Möglichkeit der Infektion. Als weitere Komplikationen sind Schädigungen der Gefäße, Nerven und Weichteile zu erwähnen. Immer wieder werden Begleitverletzungen des Kniegelenks, auch Bandrupturen, erst zu einem späteren Zeitpunkt erkannt, dies gilt insbesondere für polytraumatisierte Patienten.

Regelhafter Heilverlauf – Auswirkung im täglichen Leben

Das Bein ist für acht bis 16 Wochen zu entlasten. Während dieser Zeit ist der Verletzte auf Unterstützung im täglichen Leben angewiesen.

Medizinische Prognose (Welche Folgen hinterlässt die Verletzung?)

Die Prognose hängt im Wesentlichen vom Frakturtyp, den Begleitverletzungen und der operativen Versorgung ab. Eine Einschätzung ist nur im Einzelfall möglich.

Medizinisch erforderliche Nachbehandlung	
Stationäre Rehabilitation (AHB)	Eine AHB kann nach operativer Versorgung erforderlich sein.
Dauer und Frequenz der Physiotherapie nach Eintritt der Verletzung	Krankengymnastik oder manuelle Therapie, in den ersten vier Wochen nach Entlassung drei Mal pro Woche, im Anschluss bis zu zwölf Wochen zwei Mal pro Woche
Dauer und Frequenz der Physiotherapie nach Abschluss der Heilung	Im Anschluss an die Rekonvaleszenz kann eine Physiotherapie für weitere drei Monate erforderlich sein, z. B. ein bis zwei Mal pro Woche.
Künftige operative Behandlungen	Metallentfernung. Falls sich eine Nekrose der Oberschenkelrollen oder eine ausgeprägte Gonarthrose entwickelt, kann eine Endoprothese des Knies notwendig werden.
Hilfsmittel, Medikamente	Bis zur vollen Belastbarkeit Benutzung von Unterarmgehstützen. Bei älteren, gebrechlichen oder polytraumatisierten Verletzten kann auch die zeitweise Verordnung eines Rollstuhls und Rollators erforderlich sein.

Beeinträchtigung der Arbeitsfähigkeit	
Berufliche Anforderung	Durchschnittliche Dauer der Arbeitsunfähigkeit
Leichte Tätigkeit	10 – 12 Wochen
Leichte bis mittelschwere Arbeit	12 – 20 Wochen
Schwere körperliche Tätigkeiten und Arbeiten überwiegend im Stehen und Gehen	16 – 26 Wochen

Bewertung des Haushaltsführungsschadens		
Tätigkeit	Beeinträchtigung (in %) bis zum Abschluss der Rekonvaleszenz	Beeinträchtigung auf Dauer (in %)
Leicht: Planung	100% bis zum Ende der ersten Woche nach Entlassung aus stationärer Behandlung	Keine Beeinträchtigung
Mittel: Durchschnittliche Hausarbeiten	100% während der Entlassung an Gehstützen, weitere sechs Wochen 50%, weitere drei Monate 30%	Im Allgemeinen keine Beeinträchtigung, bei Ausbildung einer stärkeren Arthrose des Knies kann die Beeinträchtigung 10% bis 20% betragen.
Schwer: Großer Hausputz, Gartenarbeit	100% während der Entlassung an Gehstützen und für weitere drei Monate nach Beginn der Vollbelastung, anschließend drei Monate 50%	Bei Ausbildung einer Arthrose des Knies kann die Beeinträchtigung 20% und mehr betragen. Einzelfallprüfung erforderlich

Bewertung des Dauerschadens	
Versicherungszweig – Rechtsgebiet	Einschätzung des Dauerschadens
Gesetzliche Unfallversicherung: MdE	Mit einer MdE von 10–20% ist zu rechnen.
Private Unfallversicherung: Invalidität	Zu erwarten ist eine Invalidität von 2/20 bis 5/20 Beinwert.
Haftpflichtversicherung	Siehe GUV
Gesetzliche Rentenversicherung	In der Regel keine Bedeutung
Private Berufsunfähigkeitsversicherung	Erhebliche Defektzustände des Kniegelenks können die körperliche Belastbarkeit von Personen, die handwerklich tätig sind oder Stehberufe ausüben (Verkäufer), um mehr als 50% herabsetzen und damit u. U. eine BU begründen.
Schwerbehindertenrecht, soziales Entschädigungsrecht, Beamtenrecht: GdB, GdS	10–20, bei Komplikationen bis 30

11.6.2 Perkondyläre Oberschenkelfrakturen – Brüche der Oberschenkelrollen

Klassifikation nach ICD-10: S72.44

Verletzungsbild und Symptomatik

Der Verletzungsmechanismus der perkondylären Frakturen entspricht dem der suprakondylären Frakturen. Bei direkt auf das Kniegelenk einwirkender Gewalt kann die Kniescheibe wie ein Meißel wirken und die Oberschenkelrollen auseinandersprengen. Neben Frakturen, die beide Oberschenkelrollen einbeziehen, kann auch, bei exzentrischer Gewalteinwirkung, nur die innere oder äußere Oberschenkelrolle ausbrechen. Es handelt sich um schwere Verletzungen mit einer starken Schwellung des Kniegelenks. Auf Grund der hohen Gewalteinwirkung treten die Verletzungen häufig bei Polytraumatisierten auf. Je nach Art der Gewalteinwir-

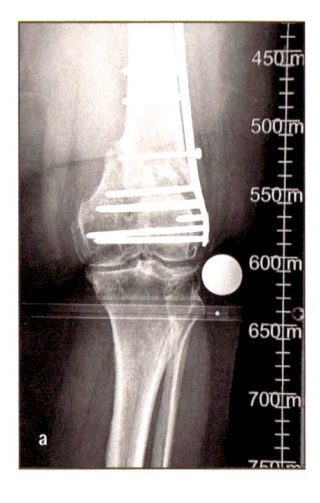

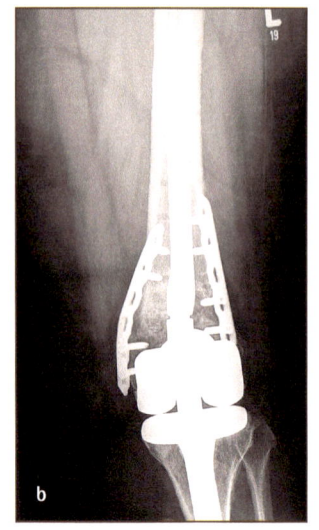

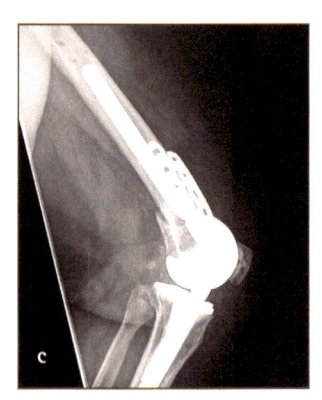

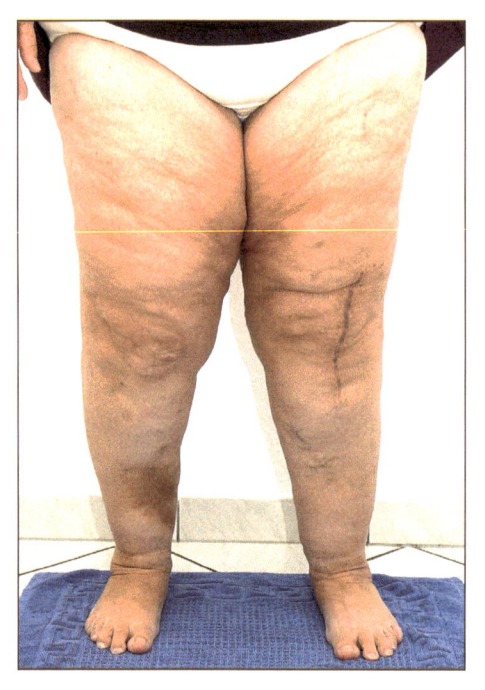

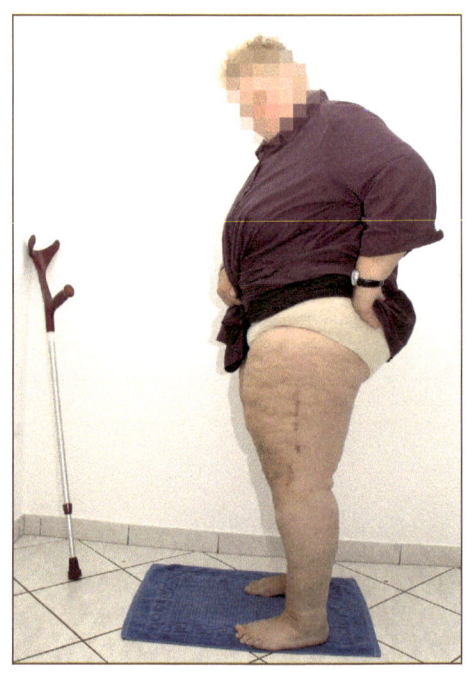

Verletzungen der unteren Extremitäten

Abb. 11.15:
Brüche der Oberschenkelrollen (perkondyläre Frakturen) können die Funktion des Knies sehr stark beeinträchtigen. Die 70-jährige Probandin war an einem Bordstein hängengeblieben und gestürzt. Die Fraktur des linken körperfernen Oberschenkels wurde mit einer Platte an der Außenseite des distalen Oberschenkels stabilisiert (a). Da die Fraktur nicht ausheilte, musste in einem zweiten Eingriff Knochen transplantiert und eine weitere Platte von innen angebracht werden. Nach Ausheilung des Bruchs wurde ein endoprothetischer Gelenkersatz erforderlich (b, c), da die vorbestehende Arthrose durch den Unfall verschlimmert wurde. Das erhebliche Übergewicht erschwerte die Rehabilitation (d, e).

kung und Typ der Fraktur kann dieser Bruch auch von Verletzungen der Nerven, Gefäße oder Weichteile der Kniegelenkregion begleitet werden.

Therapie
Sofern lediglich eine Oberschenkelrolle frakturiert ist, wird der Bruch eingerichtet und mit speziellen Schrauben fixiert. Komplizierte Frakturen werden mit besonderen Platten (z. B. Kondylenabstützplatte, Abb. 11.15a) versorgt. Bei schwerstverletzten, polytraumatisierten Patienten kann eine anfängliche Versorgung mit einem äußeren Spannrahmen notwendig sein. Zu versorgen sind zudem die Begleitverletzungen (z. B. Gefäßschaden).

Komplikationen
Bewegungseinschränkung oder Einsteifung des Kniegelenks, Fehlstellung im X- oder O-Sinne, Instabilität des Kniegelenks. Verletzung der Arterien und Nerven, Infektion, ausgedehnte Verkalkung und Kapselschrumpfung.

Regelhafter Heilverlauf – Auswirkung im täglichen Leben
Die Verletzten sind für mehrere Wochen auf eine Betreuung bzw. Unterstützung im täglichen Leben angewiesen. Diese kann bei Trümmerfrakturen sowie ausgedehnten Frakturen im Gelenkbereich für drei Monate und länger erforderlich sein. Bis zur vollständigen Verheilung der Fraktur darf das Bein nicht belastet werden. Jeder Einzelfall ist gesondert einzuschätzen.

Medizinische Prognose (Welche Folgen hinterlässt die Verletzung?)
Die Prognose hängt von der Verletzung ab. Isolierte Brüche einer Oberschenkelrolle können ohne wesentliche Funktionsbeeinträchtigung ausheilen. Komplexverletzungen der Oberschenkelrolle beeinträchtigen die Funktion des Kniegelenks auch nach Ausheilung ganz erheblich und können weitere Folgeeingriffe (Lösungsoperation/Arthrolyse) nach sich ziehen. Nach Ausbildung einer schweren posttraumatischen Kniegelenkarthrose kann die Indikation zur Implantation einer Endoprothese bestehen.

Medizinisch erforderliche Nachbehandlung	
Stationäre Rehabilitation (AHB)	Eine AHB kann nach operativer Versorgung erforderlich sein.
Dauer und Frequenz der Physiotherapie nach Eintritt der Verletzung	Krankengymnastik oder manuelle Therapie, in den ersten vier Wochen nach Entlassung drei Mal pro Woche, im Anschluss bis zu zwölf Wochen zwei Mal pro Woche
Dauer und Frequenz der Physiotherapie nach Abschluss der Heilung	Im Anschluss an die Rekonvaleszenz kann eine Physiotherapie für weitere drei Monate erforderlich sein, z. B. ein bis zwei Mal pro Woche.
Künftige operative Behandlungen	Metallentfernung. Falls sich eine Nekrose der Oberschenkelrollen oder eine ausgeprägte Gonarthrose entwickelt, kann eine Endoprothese des Knies notwendig werden.
Hilfsmittel, Medikamente	Bis zur vollen Belastbarkeit Benutzung von Unterarmgehstützen. Bei älteren, gebrechlichen oder polytraumatisierten Verletzten kann auch die zeitweise Verordnung eines Rollators erforderlich sein.

Verletzungen der unteren Extremitäten

Beeinträchtigung der Arbeitsfähigkeit	
Berufliche Anforderung	Durchschnittliche Dauer der Arbeitsunfähigkeit
Leichte Tätigkeit	10 – 12 Wochen
Leichte bis mittelschwere Arbeit	12 – 20 Wochen
Schwere körperliche Tätigkeiten und Arbeiten überwiegend im Stehen und Gehen	16 – 26 Wochen

Bewertung des Haushaltsführungsschadens		
Tätigkeit	Beeinträchtigung (in %) bis zum Abschluss der Rekonvaleszenz	Beeinträchtigung auf Dauer (in %)
Leicht: Planung	100 % bis zum Ende der ersten Woche nach Entlassung aus stationärer Behandlung	Keine Beeinträchtigung
Mittel: Durchschnittliche Hausarbeiten	100 % während der Entlassung an Gehstützen, weitere sechs Wochen 50 %, weitere drei Monate 30 %	Im Allgemeinen keine Beeinträchtigung, bei Ausbildung einer stärkeren Arthrose des Knies kann die Beeinträchtigung 10 % bis 20 % betragen.
Schwer: Großer Hausputz, Gartenarbeit	100 % während der Entlassung an Gehstützen und für weitere drei Monate nach Beginn der Vollbelastung, anschließend drei Monate 50 %	Bei Ausbildung einer Arthrose des Knies kann die Beeinträchtigung 20 % und mehr betragen. Einzelfallprüfung erforderlich

Bewertung des Dauerschadens	
Versicherungszweig – Rechtsgebiet	Einschätzung des Dauerschadens
Gesetzliche Unfallversicherung: MdE	Mit einer MdE von 10 – 20 % ist zu rechnen.
Private Unfallversicherung: Invalidität	Zu erwarten ist eine Invalidität von 3/20 bis 6/20 Beinwert.
Haftpflichtversicherung	Siehe GUV
Gesetzliche Rentenversicherung	In der Regel keine Bedeutung
Private Berufsunfähigkeitsversicherung	Erhebliche Defektzustände des Kniegelenks können die körperliche Belastbarkeit von Personen, die handwerklich tätig sind oder Stehberufe ausüben (Verkäufer), um mehr als 50 % herabsetzen und damit u. U. eine BU begründen.
Schwerbehindertenrecht, soziales Entschädigungsrecht, Beamtenrecht: GdB, GdS	10 – 20, bei Komplikationen bis 30

11.7 Patellafraktur – Bruch der Kniescheibe

Klassifikation nach ICD-10: S82.0

Verletzungsbild und Symptomatik

Die Kniescheibe überträgt den Zug des Schenkelstreckers (Musculus quadriceps femoris) auf die Schienbeinrauigkeit (Tuberositas tibiae). Die auf die Kniescheibe einwirkenden Zugkräfte werden über die Kniescheibenrückfläche auf die Oberschenkelrollen übertragen. Die Kniescheibenrückfläche ist von Glasknorpel (hyalinem Knorpel) überzogen. Die zwischen Oberschenkelrolle und Kniescheibenrückfläche auftretenden Reibungskräfte sind auf Grund der guten Gleiteigenschaften der Knorpelflächen und der Gelenkflüssigkeit bei intakten anatomischen Strukturen gering. Die Kniescheibe läuft in einer Rinne, die durch die Oberschenkelrollen gebildet wird. Die Kniescheibe selbst bildet ein flaches Dreieck (Abb. 11.16).

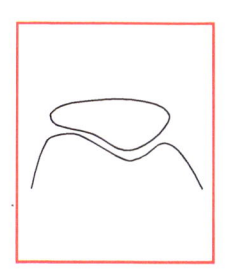

Abb. 11.16:
Schnitt durch Kniescheibe und Oberschenkelrolle.

Die Weichteildeckung der Kniescheibe ist nur gering. Bei einem Sturz auf das Kniegelenk wird die Kniescheibe einer erheblichen Gewalt ausgesetzt und kann brechen. Vor Einführung der Sicherheitsgurte kamen häufiger Frakturen der Kniescheibe bei Autounfällen durch einen direkten Aufprall auf das Armaturenbrett vor. Seit der Einführung der Sicherheitsgurte sind Kniescheibenbrüche als Folge von Autounfällen sehr selten geworden.

Bricht die Kniescheibe quer durch und werden zudem die sie umgebenden bindegewebigen Strukturen zerrissen, dann wird das proximale Fragment der Patella nach oben gezogen. Das körperferne Fragment ist über das Ligamentum patellae fest mit dem Unterschenkel verbunden. Der Frakturspalt klafft. Der Kniescheibenbruch unterbricht die Kraftübertragung vom Musculus quadriceps auf den Unterschenkel. Der Verletzte ist nicht mehr in der Lage, das Kniegelenk aktiv zu strecken.

Bei der Untersuchung des Kniegelenks lässt sich eine typische Delle zwischen den Bruchfragmenten ertasten. Die Diagnose kann zusätzlich radiologisch, computertomographisch oder auch sonographisch gesichert werden.

Abb. 11.17:
Die Querfraktur der Kniescheibe wird meist mit einer Zuggurtung behandelt. Eine Drahtschlinge wird über zwei K-Drähte unter Spannung gebracht. Der enge Kontakt der Bruchflächen begünstigt die Knochenheilung.

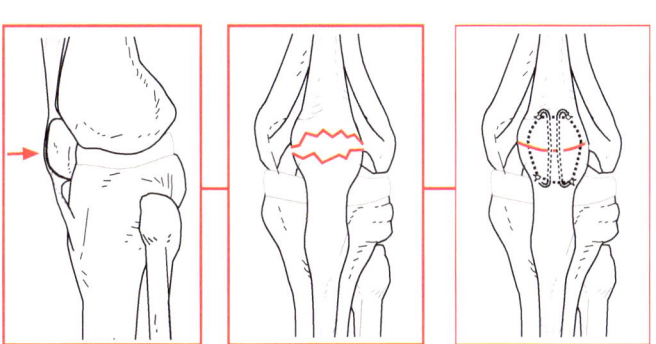

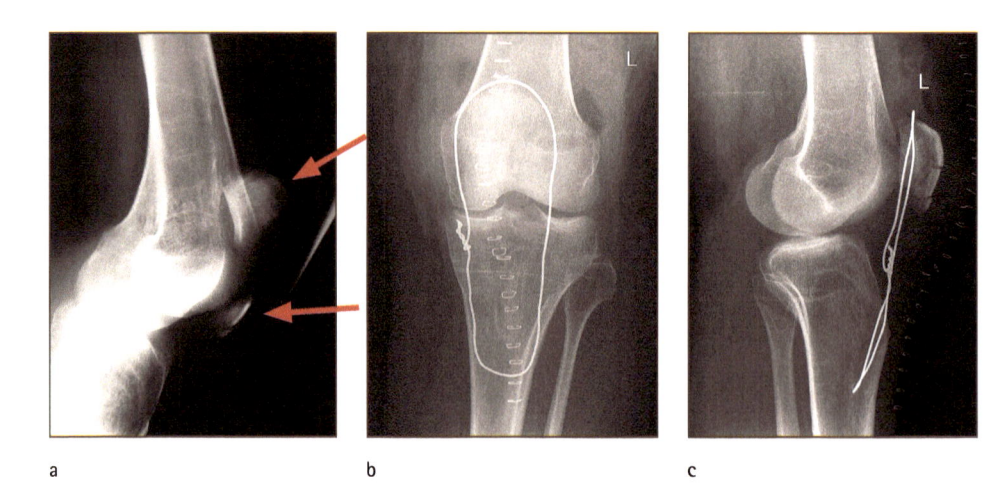

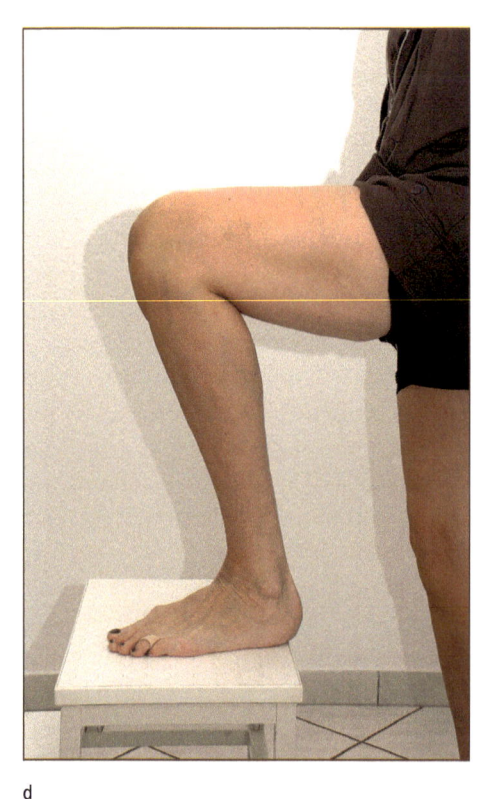

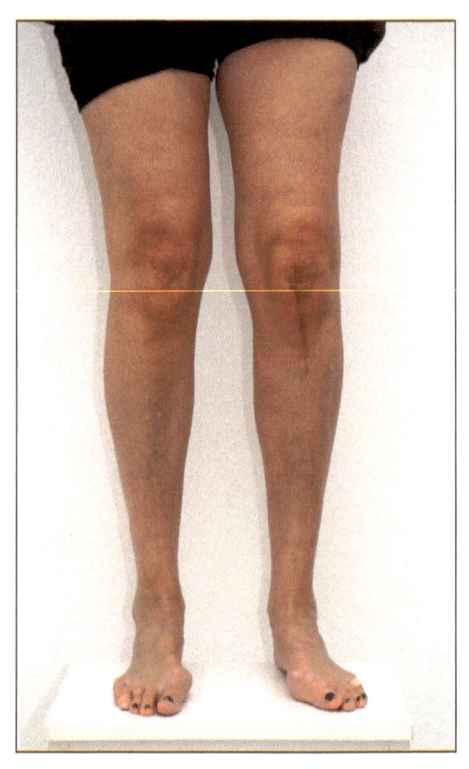

Verletzungen der unteren Extremitäten

Abb. 11.18:
Die 45-jährige Probandin stürzte auf einer Treppe auf das linke Knie und zog sich einen Mehrfragmentbruch der Kniescheibe zu. Deutlich zu erkennen sind zwei große Bruchfragmente, die durch den breiten Bruchspalt getrennt werden (a). Die Kniescheibe wurde reponiert und mit einer Drahtzerklage am Schienbeinkopf fixiert (b, c). Das Ergebnis ist gut (d, e). Mit der völligen Wiederherstellung der Beweglichkeit kann gerechnet werden. Allerdings begünstigt die Verletzung die Entstehung eines Knorpelschadens der Kniescheibe (Chondropathia patellae). Langfristig ist mit einer Arthrose zwischen Kniescheibe und Oberschenkelrollen zu rechnen. Man spricht deshalb auch von einer präarthrotischen Deformität.

Risse in der Kniescheibe, bei denen die bindegewebige Hülle intakt geblieben ist (Reservestreckapparat), können konservativ, zum Beispiel durch einen Gipstutor oder durch eine Schiene, behandelt werden. Das Gleiche gilt für Längsfrakturen. Auseinandergewichene Querfrakturen oder Trümmerfrakturen sind ebenso wie knöcherne Ausrisse operativ zu behandeln, da sie bei alleiniger Ruhigstellung nicht ausheilen.

Bei tangentialer Gewalteinwirkung können auch Abscherbrüche des Knorpels (flake fracture, osteochondrale Fraktur) entstehen.

Therapie

Der voll ausgebildete Querbruch der Kniescheibe ist ebenso wie der Trümmerbruch oder der knöcherne Ausrissbruch operativ zu behandeln. Querbrüche werden durch eine Zuggurtung stabilisiert (Abb. 11.12 b, c). Verschobene Längsfrakturen können mit einer Schraubenosteosynthese versorgt werden. Bei Trümmerbrüchen kann zusätzlich zur Zuggurtung eine Zerclage notwendig werden.

Nicht verschobene Längsfrakturen oder Querfrakturen, die nicht auseinanderweichen, da der Reservestreckapparat erhalten ist, können konservativ, zum Beispiel in einem Gipstutor oder in einer Schiene, behandelt werden.

Nach operativer Behandlung durch eine Zuggurtung ist eine frühfunktionelle Behandlung möglich. Der Patient darf das Bein unter Benutzung von Gehstützen teilbelasten. Nach etwa sechs Wochen kann auf eine Vollbelastung übergegangen werden. Die bei einer Beugung auftretenden Kräfte bringen den Frakturspalt unter Druck und begünstigen die Knochenheilung. Für etwa vier Wochen ist die Benutzung von Gehstützen angezeigt, um Reizzustände zu vermeiden und die Gefahr eines Sturzes zu vermindern.

Komplikationen

Bewegungseinschränkung des Kniegelenks, Knorpelunregelmäßigkeiten trotz operativer Behandlung, die den Weg zur Entstehung einer Arthrose ebnen (Präarthrose). Nach operativer Behandlung Gefahr der Infektion, Pseudarthrose der Kniescheibe.

Regelhafter Heilverlauf – Auswirkung im täglichen Leben

Bei konservativer Behandlung wird für vier bis sechs Wochen ein Gipstutor oder eine immobilisierende Schiene in Streckstellung getragen. Während dieser Zeit ist der Verletzte auf die Benutzung von Gehstützen angewiesen. In der ersten Zeit kann eine Betreuung und Unterstützung im Haushalt erforderlich werden. Wie bereits weiter oben ausgeführt, sind die Verletzten auch nach operativer Behandlung auf die mehrwöchige Benutzung von Gehstützen angewiesen.

Medizinische Prognose (Welche Folgen hinterlässt die Verletzung?)

Einfache Quer- oder Längsfrakturen, die nicht zu einer wesentlichen Zerstörung des Knorpels der Kniescheibenrückfläche geführt haben, sind prognostisch günstig zu beurteilen. Verbleiben können eine leichte Bewegungseinschränkung oder ein oberflächlicher Knorpelschaden, der die Entstehung einer Chondropathie (Reizzustand der Kniescheibenrückfläche) begünstigt. Gelingt es nicht, die Gelenkfläche weitgehend anatomisch zu rekonstruieren, dann ist der Weg für eine Arthrose zwischen Kniescheibenrückfläche und Oberschenkelrolle gebahnt. Diese wirkt sich insbesondere bei Beugebelastungen des Kniegelenks negativ aus (langes Sitzen, bergauf oder bergab gehen, Treppen steigen bzw. herabgehen).

Verletzungen der unteren Extremitäten

Medizinisch erforderliche Nachbehandlung	
Stationäre Rehabilitation (AHB)	Eine AHB ist im Allgemeinen nicht erforderlich. Ausnahme: Komplikationen, alte, gebrechliche und polytraumatisierte Patienten
Dauer und Frequenz der Physiotherapie nach Eintritt der Verletzung	Eine Krankengymnastik ist bis zur Erreichung einer weitgehend freien Beweglichkeit des Knies erforderlich, z.B. für acht bis zwölf Wochen zwei bis drei Behandlungen pro Woche.
Dauer und Frequenz der Physiotherapie nach Abschluss der Heilung	Im Anschluss an die Rekonvaleszenz kann eine Physiotherapie für weitere drei Monate erforderlich sein, z.B. ein bis zwei Mal pro Woche.
Künftige operative Behandlungen	Metallentfernung
Hilfsmittel, Medikamente	Bis zur vollen Belastbarkeit Benutzung von Unterarmgehstützen. Bei älteren, gebrechlichen oder polytraumatisierten Verletzten kann auch die zeitweise Verordnung eines Rollstuhls und Rollators erforderlich sein.

Beeinträchtigung der Arbeitsfähigkeit	
Berufliche Anforderung	Durchschnittliche Dauer der Arbeitsunfähigkeit
Leichte Tätigkeit	4 – 10 Wochen
Leichte bis mittelschwere Arbeit	8 – 16 Wochen
Schwere körperliche Tätigkeiten und Arbeiten überwiegend im Stehen und Gehen	10 – 20 Wochen

Bewertung des Haushaltsführungsschadens		
Tätigkeit	Beeinträchtigung (in %) bis zum Abschluss der Rekonvaleszenz	Beeinträchtigung auf Dauer (in %)
Leicht: Planung	100% bis zum Ende der ersten Woche nach Entlassung aus stationärer Behandlung	Keine Beeinträchtigung
Mittel: Durchschnittliche Hausarbeiten	100% während der Entlassung an Gehstützen, weitere vier Wochen 50%, weitere zwei Monate 30%	Im Allgemeinen keine Beeinträchtigung
Schwer: Großer Hausputz, Gartenarbeit	100% während der Entlassung an Gehstützen und für weitere drei Monate nach Beginn der Vollbelastung, anschließend drei Monate 50%	Bei Ausbildung einer retropatellaren Arthrose des Knies kann die Beeinträchtigung 20% betragen.

Bewertung des Dauerschadens	
Versicherungszweig – Rechtsgebiet	Einschätzung des Dauerschadens
Gesetzliche Unfallversicherung: MdE	Mit einer MdE von unter 10 v.H. bis 10 v.H. ist zu rechnen. Musste die Kniescheibe wegen eines Trümmerbruchs entfernt werden, ergibt sich eine MdE von 15 v.H.
Private Unfallversicherung: Invalidität	Zu erwarten ist eine Invalidität von 1/20 bis 3/20 Beinwert.
Haftpflichtversicherung	Siehe GUV
Gesetzliche Rentenversicherung	Im Allgemeinen keine Leistungspflicht.
Private Berufsunfähigkeitsversicherung	Eine mögliche BU kann bei Versicherten vorliegen, die überwiegend oder ausschließlich kniend tätig sind (Fliesenleger, Kanalarbeiter, Ausfuger). Eine fortgeschrittene femuropatellare Arthrose kann Arbeiten auf Leitern, Dächern und Gerüsten beeinträchtigen.
Schwerbehindertenrecht, soziales Entschädigungsrecht, Beamtenrecht: GdB, GdS	Unter 10 bis 10, allerdings: „nicht knöchern verheilt mit Funktionseinschränkung des Streckapparats 20–40"

11.8 Patellaluxation – Kniescheibenverrenkung

Klassifikation nach ICD-10: S83.0

Anatomie und Funktion

Für die optimale Funktion des Kniegelenks ist ein intaktes Gelenk zwischen Kniescheibenrückfläche und Oberschenkelrolle unverzichtbar. Die Kniescheibe läuft in einer Rinne, die durch die Oberschenkelrollen gebildet wird. Die Kniescheibe selbst bildet ein flaches Dreieck. Sofern keine Dysplasie (Fehlanlage) der Oberschenkelrollen oder der Kniescheibe vorliegt, hat die Kniescheibe nicht die Tendenz, das vorgegebene Bett zu verlassen (Abb. 11.19a). Ändert sich die Geometrie der Oberschenkelrollen und der Kniescheibe, dann leidet die Stabilität des Oberschenkelrollen-Kniescheibenrückflächengelenks. Je flacher die Oberschenkelrollen ausgebildet sind, desto niedriger ist die Rinne, in der die Kniescheibe geführt wird. Flacht sich zusätzlich eine der gelenkbildenden Facetten der Kniescheibe ab (Dysplasie), dann steigt die Wahrscheinlichkeit, dass die Kniescheibe bereits bei einem geringfügigen Anlass luxiert.

Hinzu kommt ein weiterer Faktor: Der Oberschenkel bildet mit dem Unterschenkel ein leichtes X. Man spricht vom sogenannten Q-Winkel (Valguswinkel, Abb. 11.19c). Bei einem stärkeren X-Bein verlagert der Zug der Schenkelstrecker die Kniescheibe potenziell nach lateral und begünstigt eine Luxation. Menschen mit einem X-Bein sind deshalb eher gefährdet, eine Kniescheibenluxation zu erleiden. Werden bei einer Bewegung dann auch noch der Unterschenkel nach außen und der Oberschenkel nach innen gedreht und wird hierbei die Muskulatur angespannt, so ist der Weg für eine Luxation geebnet.

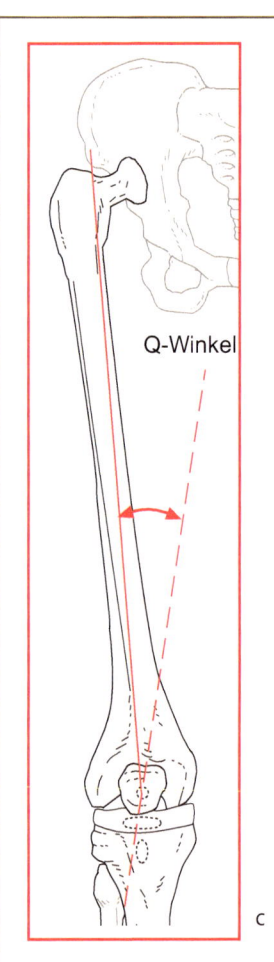

Verletzungen der unteren Extremitäten

Q-Winkel

Patellaluxation

a   b

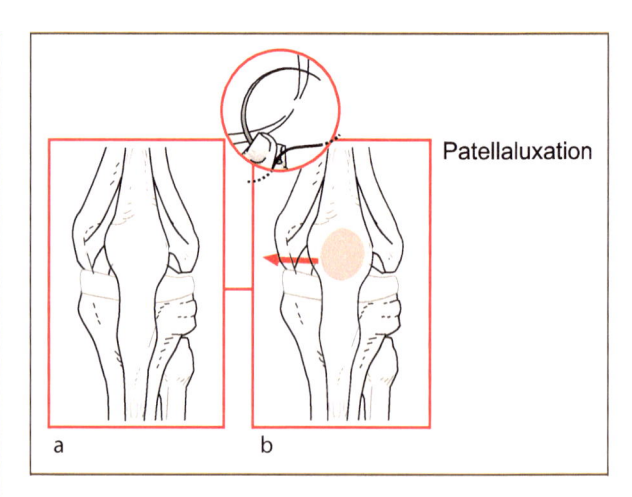

Abb. 11.19:
Die Kniescheibe steht vor den Oberschenkelrollen (a). Sie luxiert meist nach außen (b). Ein stärkeres X-Bein und ein größerer Q-Winkel begünstigen die Kniescheibenverrenkung (c). Eine wichtige Rolle spielt die Führung der Kniescheibe zwischen der inneren und äußeren Oberschenkelrolle (d). Eine stärkere Asymmetrie oder eine Dysplasie begünstigen die Luxation. Eine „Jägerhut-Patella" findet auf den dysplastischen Oberschenkelrollen keinen Halt (g) und neigt damit zur Luxation.

c

Die Achsenverhältnisse des Oberschenkels beeinflussen die Stabilität der Kniescheibe.

Die Patelladysplasie begünstigt eine Luxation: Varianten der Kniescheibenform

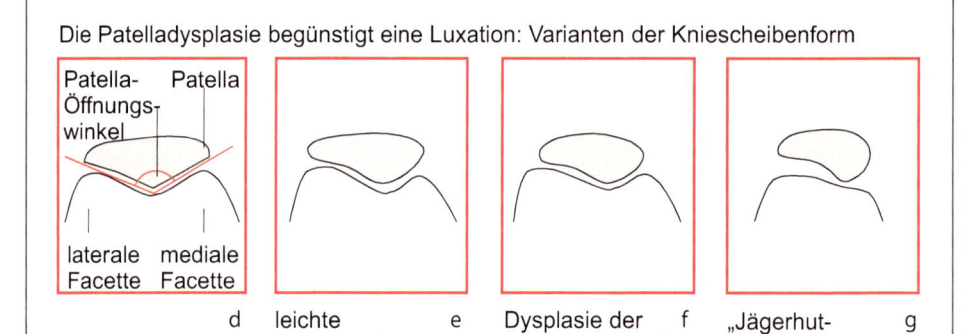

Patella-Öffnungswinkel   Patella

laterale Facette   mediale Facette

d   leichte Asymmetrie   e   Dysplasie der medialen Facette   f   „Jägerhut-Patella"   g

Verletzungsbild und Symptomatik

Die Kniescheibenluxation entsteht meist durch ein Zusammenwirken von anatomischen Veränderungen (Dysplasien, X-Stellung) und dynamischen Einflüssen. Daneben kann die Kniescheibe auch durch direkte Gewalteinwirkung, z.B. einen Tritt beim Fußball, luxieren. Dieser Unfallmechanismus ist allerdings eher selten.

Die traumatische Erstluxation der Kniescheibe

Das klinische Bild der frischen Kniescheibenluxation ist eindeutig, die Kniescheibe steht seitlich neben dem Kniegelenk, die Kontur des Knies ist erheblich verändert. Reponierte sich die Luxation selbstständig (z.B. durch das Strecken des Kniegelenks), dann ist das Verletzungsbild durch die Begleitverletzung und den Erguss des Kniegelenks geprägt. Das Kniegelenk schwillt an, einige Zeit später kann sich ein Bluterguss ausbilden. Die Kniescheibenerstluxation geht mit einer Verletzung des Retinaculums (bindegewebige Fasern, die die Kniescheibe mit der Umgebung verbinden) einher. Zusätzlich sind Einrisse der Kapsel, aber auch Abscherverletzungen des Knorpels zu erwarten. Die Erstluxation ist sehr oft von einem blutigen Erguss begleitet.

Die rezidivierende (wiederholte) Luxation der Kniescheibe

Weniger ausgeprägt ist der klinische Befund bei der rezidivierenden (wiederholten) Kniescheibenluxation. Eine frühere Luxation hat den Weg für künftige Verrenkungen gebahnt. Es bedarf nun weder größerer Kräfte noch einer stärkeren Gewalteinwirkung, um die Kniescheibe zu luxieren. Tritt die Kniescheibenverrenkung immer wieder und ohne äußeren Unfall auf, so wird von einer habituellen (gewohnheitsmäßigen) Kniescheibenluxation gesprochen. Der habituellen Kniescheibenverrenkung liegt kein neues Unfallereignis zugrunde.

Therapie

Die Verrenkung der Kniescheibe sollte möglichst rasch reponiert werden. Bei der voll ausgebildeten Luxation wird die Reposition in Schmerzausschaltung vorgenommen. Unter Umständen kann die Luxation jedoch auch direkt am Unfallort reponiert werden. Nicht selten hat der Verletzte die Kniescheibe selbst wieder in ihr anatomisches Bett zurückgedrückt.

Es gibt unterschiedliche Konzepte der Behandlung der Kniescheibenluxation. Die Vertreter der konservativen Therapie behandeln die Luxation nach Ausschluss von Begleitverletzungen durch eine drei- bis sechswöchige Ruhigstellung in einem Gipsverband oder in einer Spezialorthese. Bereits in der Orthese kann mit Übungen zur Kräftigung des inneren Anteils des Oberschenkelmuskels begonnen werden. Ein zunehmend größerer Teil der Chirurgen bevorzugt ein aktives Vorgehen. Das Kniegelenk wird arthroskopiert, das zerrissene Retinaculum wird genäht. Im Rahmen der Arthroskopie wird der im Knie befindliche Bluterguss ausgespült, verletzungsbedingt ausgesprengte Knorpelteile können entfernt werden.

Komplikationen

Mit der ersten Luxation kann der Weg für weitere Luxationen gebahnt sein. Bei ungünstigem Verlauf kann sich eine habituelle Patellaluxation entwickeln. Im Rahmen der Luxation können Knorpelverletzungen auftreten, die die Entstehung einer Chondropathia patellae (Knorpelschaden, Reizzustand der Kniescheibenrückfläche) und einer Arthrose des Kniescheibenrückenflächen-Oberschenkelrollen-Gelenks begünstigen. Nach operativer Behandlung ist eine Infektion denkbar.

Regelhafter Heilverlauf – Auswirkung im täglichen Leben

Bei konservativer Behandlung ist die Auswirkung der Ruhigstellung des betroffenen Beines zu berücksichtigen. Auch nach arthroskopischer Behandlung ist eine Schiene zu tragen, die die Bewegungsfähigkeit des Kniegelenks einschränkt und eine maximale Beugung vermeidet.

Medizinische Prognose (Welche Folgen hinterlässt die Verletzung?)

Bei günstigem Verlauf und stabiler Ausheilung sind keine wesentlichen Verletzungsfolgen zu erwarten. Wurde der Knorpel durch die Luxation geschädigt, können Belastungsbeschwerden verbleiben. Heilt die Verletzung mit einer Instabilität aus, so ist weiteren Luxationen der Weg gebahnt.

Medizinisch erforderliche Nachbehandlung	
Stationäre Rehabilitation (AHB)	Eine AHB ist nicht erforderlich.
Dauer und Frequenz der Physiotherapie nach Eintritt der Verletzung	Bis zu 20 Mal Krankengymnastik nach Freigabe durch den behandelnden Arzt/Operateur
Dauer und Frequenz der Physiotherapie nach Abschluss der Heilung	Im Anschluss an die Rekonvaleszenz kann eine gelegentliche Physiotherapie für weitere drei Monate erforderlich sein, z. B. ein bis zwei Mal pro Woche.
Künftige operative Behandlungen	Eine operative Behandlung ist erforderlich, sofern es zu wiederholten Patellaluxationen kommt.
Hilfsmittel, Medikamente	Ggf. elastische Bandage für einige Wochen bzw. bei sportlicher Beanspruchung

Beeinträchtigung der Arbeitsfähigkeit	
Berufliche Anforderung	Durchschnittliche Dauer der Arbeitsunfähigkeit
Leichte Tätigkeit	3 – 6 Wochen
Leichte bis mittelschwere Arbeit	4 – 8 Wochen
Schwere körperliche Tätigkeiten und Arbeiten überwiegend im Stehen und Gehen	8 – 16 Wochen

Bewertung des Haushaltsführungsschadens		
Tätigkeit	Beeinträchtigung (in %) bis zum Abschluss der Rekonvaleszenz	Beeinträchtigung auf Dauer (in %)
Leicht: Planung	Keine Beeinträchtigung	Keine Beeinträchtigung
Mittel: Durchschnittliche Hausarbeiten	100 % während der Entlastung an Gehstützen, weitere vier Wochen 50 %, weitere vier Monate 20 %	Keine Beeinträchtigung
Schwer: Großer Hausputz, Gartenarbeit	100 % während der Entlastung an Gehstützen und für weitere drei Monate nach Beginn der Vollbelastung, anschließend drei Monate 20 %	Im Allgemeinen keine Beeinträchtigung, ggf. ist eine Einzelfallprüfung erforderlich.

Bewertung des Dauerschadens

Versicherungszweig – Rechtsgebiet	Einschätzung des Dauerschadens
Gesetzliche Unfallversicherung: MdE	Mit einer MdE von unter 10 v. H. bis 10 v. H. ist zu rechnen. Eine traumatisch entstandene habituelle Patellaluxation ist je nach Schwere und Folgeschäden mit einer MdE von 10 – 20 v. H. zu bewerten.
Private Unfallversicherung: Invalidität	Zu erwarten ist eine Invalidität von 1/20 bis 1/7 Beinwert. Eine traumatisch entstandene habituelle Patellaluxation ist je nach Schwere und Folgeschäden mit einer Invalidität von 1/7 bis 2/7 Beinwert einzustufen.
Haftpflichtversicherung	Siehe GUV
Gesetzliche Rentenversicherung	In der Regel keine Bedeutung
Private Berufsunfähigkeitsversicherung	Schwerwiegende Begleitverletzungen der Luxation oder die Entwicklung einer habituellen Luxation können die berufliche Belastbarkeit erheblich beeinträchtigen. Eine BU kann bei Personen vorliegen, die überwiegend oder ausschließlich kniend tätig sind. Zu prüfen ist, ob eine Erstluxation bereits vor Vertragsabschluss eingetreten war.
Schwerbehindertenrecht, soziales Entschädigungsrecht, Beamtenrecht: GdB, GdS	Habituelle Kniescheibenverrenkung, selten 0 – 10, häufiger 20

11.9 Verletzungen und Erkrankungen der Sehnen des Streckapparats am Kniegelenk

11.9.1 Quadrizepssehnenruptur – Riss der Sehne des Schenkelstreckers
Klassifikation nach ICD-10: S76.1

11.9.2 Patellarsehnenruptur – Riss der Kniescheibensehne
Klassifikation nach ICD-10: S S76.1

Anatomie, Funktion, Pathophysiologie
Der Zug des Schenkelstreckers wird über die Sehne des Musculus quadriceps auf die Kniescheibe und das Ligamentum patellae übertragen, das an der Schienbeinrauigkeit (Tuberositas tibiae) ansetzt. Das Ligamentum patellae und die Quadrizepssehne bilden eine funktionelle Einheit, die bei der Streckbewegung im Kniegelenk hohen Belastungen ausgesetzt ist. Der sogenannte Streckapparat ist nicht nur für die Streckung des Kniegelenks, sondern gemeinsam mit den antagonistischen Beugemuskeln auch für die Abbremsung der kinetischen Energie,

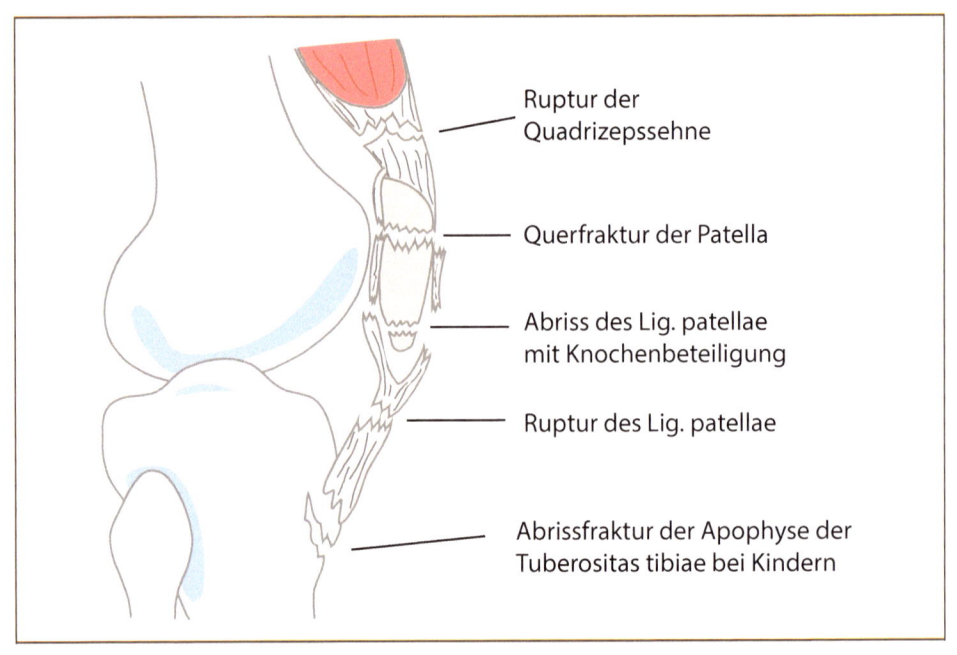

- Ruptur der Quadrizepssehne
- Querfraktur der Patella
- Abriss des Lig. patellae mit Knochenbeteiligung
- Ruptur des Lig. patellae
- Abrissfraktur der Apophyse der Tuberositas tibiae bei Kindern

Abb. 11.20:
Therapie der Verletzungen und Erkrankungen des Streckapparats am Kniegelenk. Da der M. quadriceps (Schenkelstrecker) die Kniescheibe bei einer Schädigung des Streckapparats nach proximal (oben) zieht und damit eine Heilung verhindert, kommt nur eine operative Therapie in Betracht. Ausnahmen sind Kniescheibenlängsfrakturen und nicht verschobene Frakturen der Patella bei erhaltenen Weichteilstrukturen.

zum Beispiel beim Laufen auf einer schiefen Ebene (bergab gehen) oder beim Treppensteigen, verantwortlich. Eine Person, deren Streckapparat reißt, stürzt beim Gehen auf einer schiefen Ebene oder einer Treppe. Der defekte Schenkelstrecker kann die Beugebewegung des Knies nicht mehr kontrolliert abbremsen, das Bein versagt.

Damit werden auch die Mechanismen verständlich, bei denen die Sehnen des Kniestreckapparats reißen können. Ein typischer Mechanismus für eine traumatische Zerreißung wäre die Einwirkung einer plötzlichen Gewalt auf die vorgespannte Sehne, zum Beispiel durch einen Tritt gegen den Unterschenkel. Auch bei direkter Gewalteinwirkung auf die gespannte Sehne kann diese reißen. Allerdings sind ausschließlich traumatisch bedingte Risse der Quadrizeps- und Patellarsehne selten. Von einem Riss der Quadrizepssehne sind meist ältere Menschen jenseits des 50. Lebensjahrs betroffen. Dabei spielen abnutzende Veränderungen der Sehne und internistische Begleiterkrankungen oder Stoffwechselveränderungen, zum Beispiel eine Hyperurikämie (Neigung zu Gicht), eine Rolle. Auch wiederkehrende Mikrotraumen bzw. ein Trainingsmangel begünstigen einen Riss der Quadrizeps- bzw. Patellaseh-

> Der Versicherte bzw. der Anspruchsteller ist auch bei einem Spontanriss zumeist überzeugt, eine traumatische Sehnenruptur erlitten zu haben. Da auch innerhalb der medizinischen Sachverständigen die Kausalität von Sehnenschäden uneinheitlich beurteilt wird, sollten Ansprüche wegen Sehnenrupturen besonders sorgsam bearbeitet werden.

Verletzungen des Streckapparats am Kniegelenk

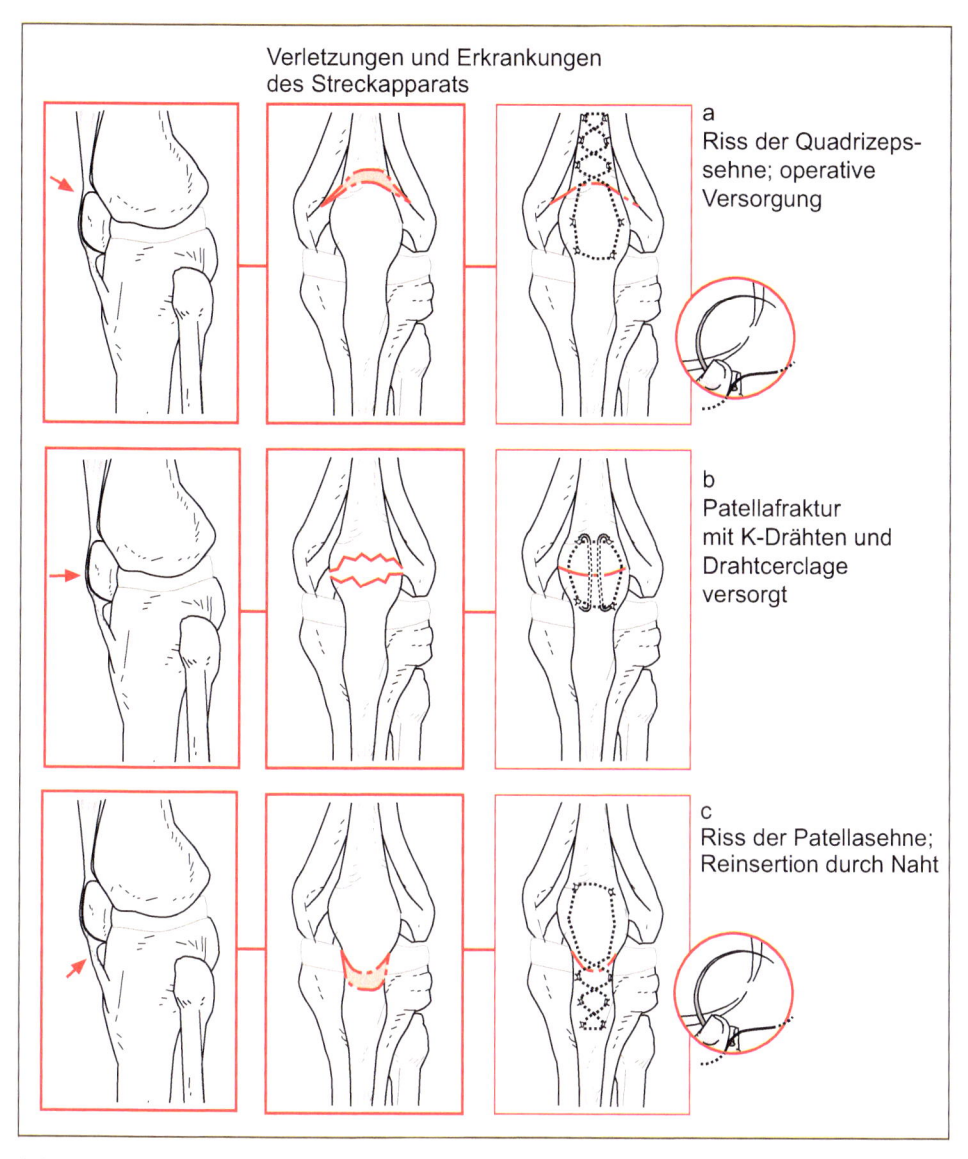

Abb. 11.21:
Risse der Quadrizepssehne (a) werden genäht, Rupturen der Patellasehne (b) operativ durch Naht und eine Drahtschlinge behandelt.

a
Riss der Quadrizepssehne; operative Versorgung

b
Patellafraktur mit K-Drähten und Drahtcerclage versorgt

c
Riss der Patellasehne; Reinsertion durch Naht

ne. Da der Betroffene bei dem Riss der Sehne stürzt, wird er von einer unfallbedingten Genese der Sehnenruptur ausgehen, auch wenn es sich um eine spontane Ruptur handelte. Bestärkt wird er in dieser Auffassung durch Ärzte, die eine „traumatische Quadrizepssehnenruptur" attestieren.

Verletzungsbild und Symptomatik

Die klinische Symptomatik ist typisch. Das Kniegelenk kann nicht mehr gestreckt werden. Oberhalb oder unterhalb der Kniescheibe lässt sich eine Delle ertasten. Nach einiger Zeit zeigt sich an der Hautoberfläche ein Hämatom. Die Verletzung wird sonographisch

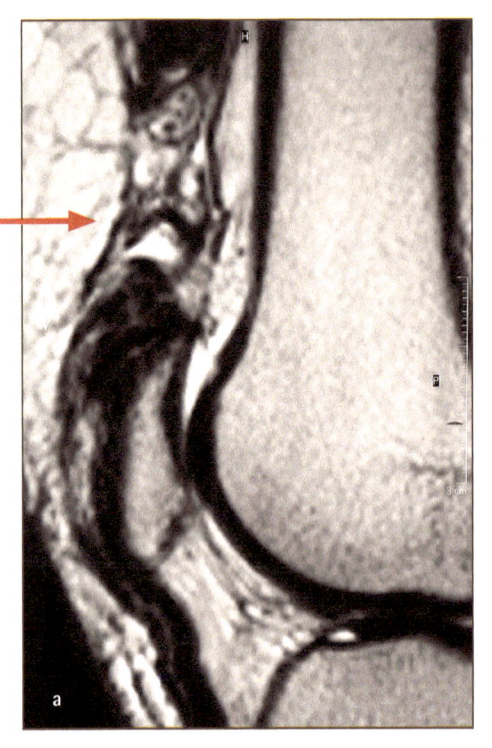

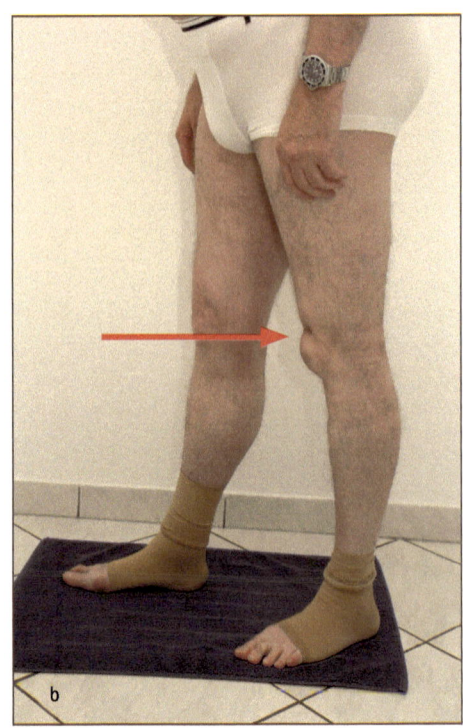

Abb. 11.22:
Kernspintomographie eines Kniegelenks mit Ruptur der Quadrizepssehne (a). Die Quadrizepssehne reißt häufig spontan. Der Riss ist meist Folge einer langfristigen Stoffwechselstörung. Sie wird durch Übergewicht (b), einen erhöhten Harnsäurespiegel, Rauchen, Bewegungs- und Trainingsmangel begünstigt. Die Abbildung b dokumentiert den postoperativen Befund. Die gerissenen Sehnenenden werden genäht. Da der Betroffene als Folge der Quadrizepsruptur stürzt, glaubt der Patient an eine traumatische Schädigung, eine Annahme, die durch die behandelnden Ärzte oft übernommen wird. Die Begutachtung ist schwierig, das auslösende Ereignis sollte rekonstruiert werden. Je nach Rechtsgebiet kann eine Anerkennung (gesetzliche Unfallversicherung, Haftpflichtversicherung) oder eine teilweise Anerkennung – unter Berücksichtigung einer Mitwirkung durch unfallunabhängige Gebrechen – in Frage kommen (private Unfallversicherung).

oder kernspintomographisch bestätigt. Auf der Röntgenaufnahme lässt sich in der seitlichen Projektion eine Veränderung des Weichteilschattens des körperfernen Oberschenkelmuskels bei der Quadrizepssehnenruptur bzw. ein Hochstand der Kniescheibe bei einem Riss der Patellasehne nachweisen. Die Verletzten berichten, dass sie ausgerutscht seien, oft können sie sich nicht an eine äußere Ursache erinnern. Treppenstürze sind häufig.

Therapie
Risse der Kniescheiben- bzw. der Quadrizepssehne werden operativ behandelt. Der Streckapparat wird mit einer speziellen Technik genäht. Es ist auf eine schlüssige Fixierung zu achten, die mit zusätzlicher Drahtnaht oder einer speziellen Verstärkung durch Kunststoffnähte erreicht wird. Bei Patellasehnenrupturen wird um die Kniescheibe eine Drahtcerclage gelegt, die am proximalen Schienbeinkopf durch ein Röhrchen geführt oder mit einer Schraube befestigt wird (ähnlich wie Abb. 11.18). Nach operativer Rekonstruktion wird das Kniegelenk in gestreckter Position, z.B. in einem Gipstutor oder in einer speziellen Schiene, ruhig gestellt. Bereits kurz nach der Operation sol-

len die Patienten den Oberschenkelmuskel anspannen, um einer stärkeren Atrophie der Streckmuskulatur entgegenzuwirken. Nach Abnahme des immobilisierenden Verbands schließt sich eine vorsichtige Krankengymnastik an.

Komplikationen

Ausrisse der Naht mit daraus folgender Insuffizienz des Streckapparats und der Notwendigkeit weiterer Folgeoperationen, postoperative Infektion, stärkere Bewegungseinschränkung und Funktionsstörung des Kniegelenks. Begünstigung einer Arthrose zwischen Kniescheibenrückfläche und Oberschenkelrolle.

Regelhafter Heilverlauf – Auswirkung im täglichen Leben

Während der sechswöchigen Heilungsphase und in der Zeit danach ist der Patient auf die Benutzung von Gehstützen angewiesen. Während dieser Zeit ist eine zeitweilige Betreuung bzw. Unterstützung im Haushalt erforderlich. Für einen Zeitraum von mindestens zwölf Wochen nach der Verletzung können Arbeiten im Hocken oder im Knien nicht ausgeführt werden.

Medizinische Prognose (Welche Folgen hinterlässt die Verletzung?)

Die Aussichten sind insgesamt günstig. Allerdings können eine endgradige Bewegungseinschränkung und eine Muskelminderung des Schenkelstreckers (Abb. 11.22 b) verbleiben. Sofern Komplikationen eintreten, sind diese individuell zu beurteilen.

Medizinisch erforderliche Nachbehandlung	
Stationäre Rehabilitation (AHB)	Eine AHB kann erforderlich sein, da sich die Mobilisierung der meist älteren Patienten schwierig gestalten kann.
Dauer und Frequenz der Physiotherapie nach Eintritt der Verletzung	Eine Krankengymnastik ist bis zur Erreichung einer weitgehend freien Beweglichkeit des Knies erforderlich, z. B. für acht bis zwölf Wochen zwei bis drei Behandlungen pro Woche.
Dauer und Frequenz der Physiotherapie nach Abschluss der Heilung	Im Anschluss an die Rekonvaleszenz kann eine Physiotherapie für weitere drei Monate erforderlich sein, z. B. ein bis zwei Mal pro Woche.
Künftige operative Behandlungen	Metallentfernung
Hilfsmittel, Medikamente	Bis zur vollen Belastbarkeit Benutzung von Unterarmgehstützen. Bei älteren und gebrechlichen Verletzten kann auch die zeitweise Verordnung eines Rollators erforderlich sein.

Beeinträchtigung der Arbeitsfähigkeit	
Berufliche Anforderung	Durchschnittliche Dauer der Arbeitsunfähigkeit
Leichte Tätigkeit	6 – 10 Wochen
Leichte bis mittelschwere Arbeit	8 – 20 Wochen
Schwere körperliche Tätigkeiten und Arbeiten überwiegend im Stehen und Gehen	14 – 26 Wochen

Bewertung des Haushaltsführungsschadens

Tätigkeit	Beeinträchtigung (in %) bis zum Abschluss der Rekonvaleszenz	Beeinträchtigung auf Dauer (in %)
Leicht: Planung	Keine Beeinträchtigung	Keine Beeinträchtigung
Mittel: Durchschnittliche Hausarbeiten	100% während der Entlastung an Gehstützen, weitere vier Wochen 50%, weitere vier Monate 20%	Keine Beeinträchtigung
Schwer: Großer Hausputz, Gartenarbeit	100% während der Entlastung an Gehstützen und für weitere drei Monate nach Beginn der Vollbelastung, anschließend drei Monate 20%	Im Allgemeinen keine Beeinträchtigung, ggf. ist eine Einzelfallprüfung erforderlich.

Bewertung des Dauerschadens

Versicherungszweig – Rechtsgebiet	Einschätzung des Dauerschadens
Gesetzliche Unfallversicherung: MdE	Mit einer MdE von 10 v. H. ist zu rechnen. Bei ausgeprägter Funktionsbeeinträchtigung und Insuffizienz des Schenkelstreckers kann die MdE 20 v. H. (bis 30 v. H.) erreichen.
Private Unfallversicherung: Invalidität	Zu erwarten ist eine Invalidität von 2/20 bis 4/20 Beinwert, in Ausnahmefällen kann diese auch darüber liegen. Zu prüfen ist eine Mitwirkung durch unfallabhängige Gebrechen oder Erkrankungen.
Haftpflichtversicherung	Siehe GUV
Gesetzliche Rentenversicherung	In der Regel keine Bedeutung
Private Berufsunfähigkeitsversicherung	Eine ausgeprägte Insuffizienz des Streckapparats des Kniegelenks kann die berufliche Einsatzfähigkeit in Berufen mit Absturzgefahr, Steigen und Klettern deutlich beeinträchtigen. Eine BU ist auch bei körperlichen Schwerarbeitern zu prüfen.
Schwerbehindertenrecht, soziales Entschädigungsrecht, Beamtenrecht: GdB, GdS	10–20, in Ausnahmefällen darüber

11.10 Verletzungen von Kapseln und Bändern des Kniegelenks

Anatomie

Das Kniegelenk gehört zu den am stärksten belasteten Gelenken des menschlichen Körpers. Im Gegensatz zum Hüftgelenk, das durch die anatomische Form der weit ausladenden Hüftpfanne eine gute Stabilität hat, sind die knöchernen Strukturen beim Knie alleine nicht geeignet, die Stabilität des Gelenks zu garantieren. Stabilität gewinnt das Kniegelenk erst durch ein Zusammenspiel von Menisken, Bändern, Kapseln, der Kniescheibe und der kniumgreifenden Muskulatur. Idealtypisch können die Oberschenkelrollen als zwei Metallkugeln angesehen

Verletzungen von Kapseln und Bändern des Kniegelenks

werden, die auf einer Glasplatte aufliegen. Die Kugeln übertragen die Last jeweils nur an einem Punkt auf die Glasplatte.

Ähnlich ist die Situation im Kniegelenk. Die Kontaktfläche der Oberschenkelrollen zum Schienbeinplateau ist sehr begrenzt. Die Auflagefläche wird durch eine faserknorpelige Struktur, die die Oberschenkelrollen umgreift, vergrößert. Es handelt sich um den Innen- und Außenmeniskus. Die Menisci umgreifen die Oberschenkelrolle sichelförmig von medial und lateral. Sie sind im Laufe des Lebens sowohl einer axialen Druckbelastung als auch vielfältigen Scherkräften ausgesetzt. Die Menisken sind zum Teil mit den Bandstrukturen verwachsen. Das Innenband ist am Innenmeniskus angewachsen.

Einen wichtigen Beitrag zur Stabilität leisten die Bänder. Sie begrenzen Extrembewegungen und stabilisieren das Knie auch ohne zusätzliche muskuläre Anspannung. Zugleich enthalten sie Messfühler, sogenannte Spannungsrezeptoren, die eine Überlastung registrieren und ein muskuläres Gegensteuern begünstigen. Oft vernachlässigt wird die Wirkung der Muskulatur. Je besser die Muskulatur entwickelt ist, desto stabiler ist das Kniegelenk. Eine sehr gut auftrainierte Muskulatur ist auch in der Lage, eine Insuffizienz einzelner Bandstrukturen zumindest zu einem wesentlichen Teil zu kompensieren. Über sehnige Strukturen, die das Kniegelenk umgreifen (Streckapparat, Pes anserinus, Tractus iliotibialis), sowie durch die der Kniescheibe benachbarten sehnigen Retinacula wird das Kniegelenk mit der Oberschenkelmuskulatur verspannt. Darüber beeinflusst die Muskulatur Bänder im Kniegelenk (Ligamentum popliteum obliquum).

Der Trainingszustand und das Zusammenspiel zwischen Nerven und Muskulatur wirken sich ebenfalls auf die Funktion des Kniegelenks aus. Ein mangelnder Trainingszustand der knieumgreifenden Muskulatur oder eine längere Schonung des betroffenen Beins durch eine vorangegangene Verletzung des Kniegelenks verschlechtert die neuromuskuläre Koordination und trägt indirekt zu einer Destabilisierung des Kniege-

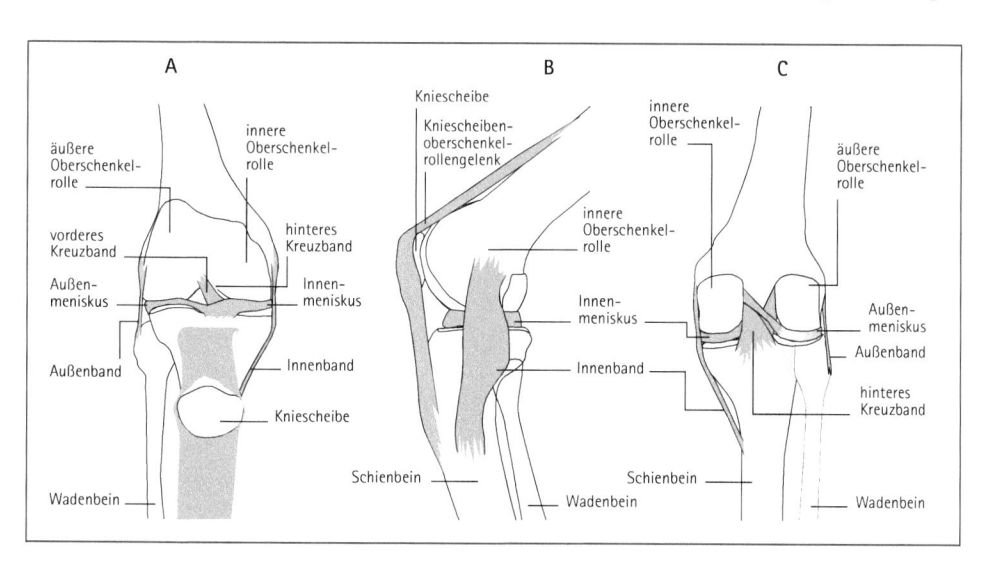

Abb. 11.23:
Bandapparat des rechten Kniegelenks. **A** Ansicht von ventral; **B** Ansicht von medial; **C** Ansicht von dorsal.

lenks bei. Mit einem mehrmonatigen Training kann die Muskulatur wieder in einen Zustand versetzt werden, in dem sie in der Lage ist, auf Signale des Kniegelenks adäquat zu reagieren. Dieser Zusammenhang erklärt, warum regelmäßiges Training, Bewegung und Muskelaufbau einer neuen Verletzung vorbeugen. Die Stabilität des Kniegelenks kann durch strukturelle Schäden des Knorpels oder der Menisken ebenso ungünstig beeinflusst werden wie durch eine Fehlstellung der Beinachse im X- oder O-Sinne.

Verletzungsbild und Symptomatik

Verletzungen der Kniebänder können auf unterschiedliche Weise entstehen. Eine der häufigsten Verletzungsursachen ist die Verdrehung im Kniegelenk, die oft mit einer begleitenden Belastung im X-Sinne einhergeht. Die klassische Verletzung ist die eines Fußballers, dessen Stollenschuh im Rasen festen Halt findet, während der Oberkörper sich über den fixierten Unterschenkel im Kniegelenk nach innen oder außen dreht. Oftmals klappt der mediale Gelenkspalt bei diesem Verletzungsmechanismus durch eine X-förmige Belastung des Gelenks auf. Medizinisch spricht man von einem Rotationstrauma, das mit einem Valgusstress einhergeht. Seltener sind Verletzungen, bei denen das Gelenk im O-Sinne aufklappt (Varusstress). Darüber hinaus können auch maximale Überstreckungen sowie Beugungen unter Last zu Kniegelenkverletzungen führen.

Der klinische Befund der frischen Kniegelenkverletzung ist meist ausgeprägt. Nach dem Sturz sind die Patienten nicht in der Lage, ihre bisherige Aktivität (Sport, Verrichtung, bei der die Verletzung entstanden ist) weiterzuführen. Im Allgemeinen wird sofort ärztliche Hilfe in Anspruch genommen. Gelegentlich unterschätzen die Betroffenen die Schwere des Unfallereignisses und warten einige Tage zu Hause ab, bevor erstmalig ein Arzt konsultiert wird.

Bereits nach kurzer Zeit schwillt das Kniegelenk an. Die klinische Untersuchung führt wegen der hochgradigen Schmerzen meist nicht zu eindeutigen Ergebnissen, so dass weitere technische Untersuchungen erforderlich werden. Mit Röntgenaufnahmen können knöcherne Verletzungen festgestellt oder ausgeschlossen werden. Sonographisch lassen sich das Ausmaß des Ergusses und mögliche Begleitverletzungen der Gefäße diagnostizieren. Die höchste Aussagekraft hat die kernspintomographische Untersuchung, mit der neben den knöchernen Strukturen auch Bänder, Menisken und andere Weichteilstrukturen abgebildet werden können.

Therapie

Das Therapiekonzept der Kniegelenkverletzungen hat sich in den letzten fünf Jahrzehnten deutlich gewandelt. Bereits frühzeitig wurde versucht, das Kniegelenk operativ zu stabilisieren, diese Therapie hat sich allerdings erst nach Einführung der Arthroskopie in den 1980er-Jahren weitgehend durchgesetzt. Die Behandlung von Bandverletzungen des Kniegelenks wird jedoch bis in die Gegenwart kontrovers diskutiert. Die einzelnen Verletzungsarten werden im Folgenden dargestellt.

11.10.1 Verletzungen von Kapseln und Bändern des Kniegelenks, Verletzung des vorderen Kreuzbands

Klassifikation nach ICD-10: S83.53

Verletzungsbild und Symptomatik

Risse der Kreuzbänder sind häufig. Bei ungefähr 90 % handelt es sich um Läsionen des vorderen Kreuzbands. Folge der Kreuzbandverletzung ist eine Instabilität des Kniegelenks in Pfeilrichtung. Dadurch vergrößert sich das Gelenkspiel der Oberschenkelrollen auf dem Schienbeinkopf, die Oberschenkelrollen können weiter nach vorne gleiten. Die Instabilität erhöht das zukünftige Verletzungsrisiko. Ein Teil der Patienten berichtet, dass ihnen das Kniegelenk bei stärkerer Belastung versage (Giving-way-Phänomen).

Bedingt durch den Unfallmechanismus der Drehung und des Aufklappens nach innen oder außen können Kreuzbandverletzungen mit Läsionen des Innen- oder Außenbands und des Meniskus vergesellschaftet sein. Sind alle drei Strukturen betroffen, spricht man auch von einer „unhappy triad".

Therapie

Die frische Kreuzbandverletzung ist von einer Läsion der Kapsel begleitet. Diese und die Kreuzbänder sind von einer zarten Schleimhaut überzogen. Reißt diese ein, so bildet sich im Kniegelenk ein blutiger Erguss. Aus dem Volumen des Ergusses lässt sich allerdings nicht auf die Schwere der Verletzung schließen.

Sofern die Verletzung des vorderen Kreuzbandes gesichert ist (Kernspintomo-

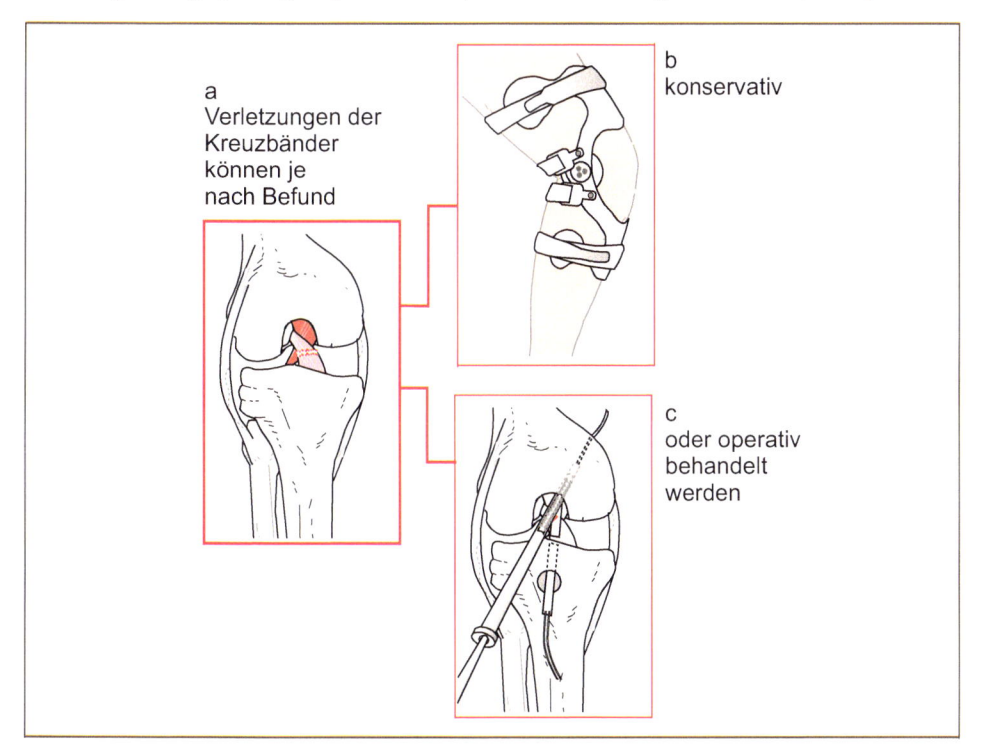

Abb. 11.24:
Rupturen der Kreuzbänder können operativ oder konservativ behandelt werden. Die konservative Therapie ist bei einfachen Kreuzbandverletzungen ohne wesentliche Instabilität einer Kreuzbandtransplantation vorzuziehen.

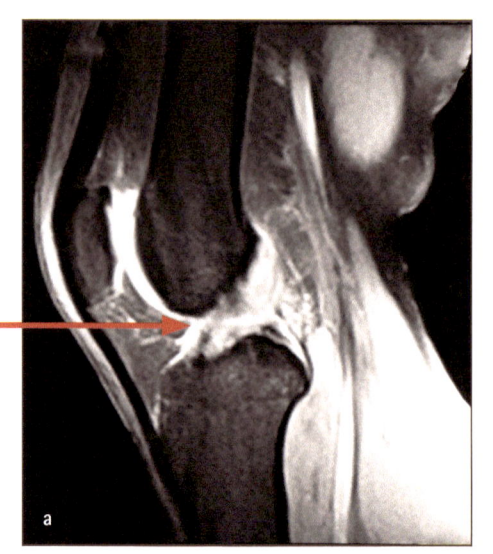

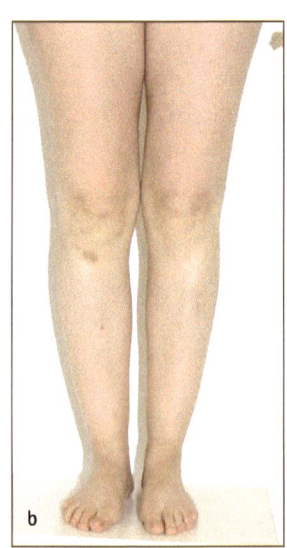

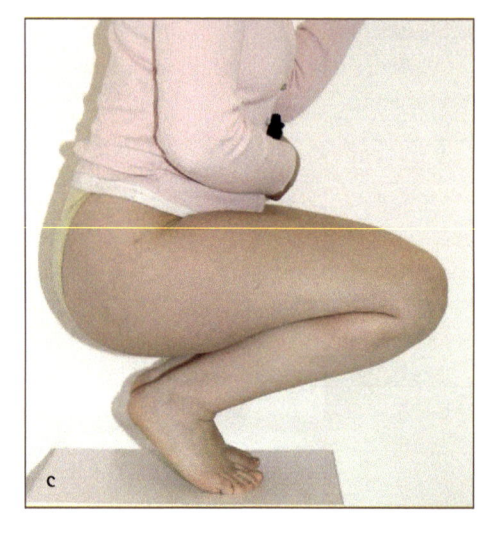

Verletzungen der unteren Extremitäten

Abb. 11.25:
Die 24-jährige Studentin verdrehte sich beim Sport das rechte Kniegelenk. Die Kernspintomographie (a) ergab eine frische Ruptur des vorderen Kreuzbands. Erkennbar ist eine aufgelockerte Struktur des vorderen Kreuzbands, das vom vorderen Schienbeinkopf zur dorsalen Oberschenkelrolle zieht. Sie entschloss sich zu einer konservativen Behandlung. Das Ergebnis ist gut (b, c), die Beweglichkeit des rechten Kniegelenks frei, ein halbes Jahr nach der Verletzung war die Muskulatur des rechten Oberschenkels noch leicht vermindert. Unauffälliger Röntgenbefund ein Jahr nach der Verletzung (d, e).

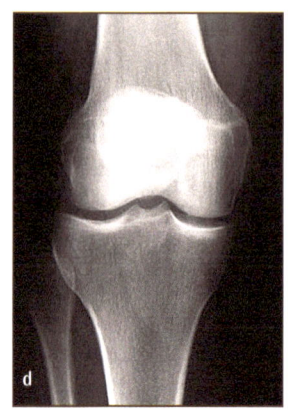

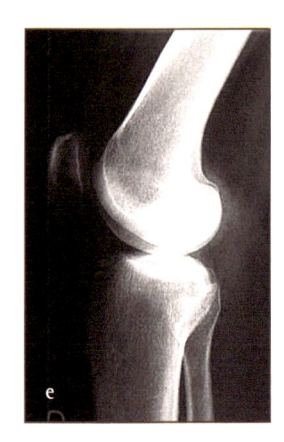

graphie), stehen verschiedene Therapieoptionen zur Wahl:

1. Konservative Behandlung:

Das Gelenk wird, falls erforderlich, ein- oder mehrfach punktiert und anschließend für einige Zeit in einer Schiene ruhig gestellt. Bereits in der Schiene kann mit vorsichtigen Anspannübungen begonnen werden, um einer Atrophie der Oberschenkelmuskulatur vorzubeugen.

Nach kurzer Zeit kann die krankengymnastische Behandlung intensiviert werden. Wird das Kreuzband nicht plastisch ersetzt, dann sollte der Verletzte über einen längeren Zeitraum ein kontinuierliches Muskeltraining absolvieren. Besonders geeignet ist das Radfahren. Bei guter Compliance (Mitarbeit des Patienten) und intensivem Training heilen isolierte Kreuzbandverletzungen – unter Umständen auch bei Vorliegen einer Begleitverletzung des Innenbands – mit gutem Ergebnis und ausreichender Stabilität aus. Häufig ist die Beweglichkeit und Belastbarkeit des verletzten Kniegelenks sogar besser als nach einem nicht optimal gelungenen operativen Kreuzbandersatz.

2. Operative Behandlung:

Sind durch die Distorsion zugleich Seitenband, Meniskus und Kreuzband verletzt worden (,unhappy triad'), dann sollte wenigstens der Meniskus arthroskopisch saniert werden. Bei einem Korbhenkelriss bzw. peripheren Rissen wird der rupturierte und eingeschlagene Teil des Meniskus entfernt, der Restmeniskus geglättet. Basisnahe Risse des Meniskus können auch durch ein Spezialinstrumentarium mit gutem Erfolg fixiert werden.

Von einer operativen Behandlung begleitender Innen- oder Außenbandrisse ist man weitgehend abgekommen, da diese Bänder eine günstige Heilungstendenz aufweisen. Der Eingriff kann nach der Entfernung der defekten Meniskusanteile und Glättung der Ränder beendet werden. Viele Operateure entfernen zudem die rupturierten Kreuzbandfasern. Die vordere Kreuzbandruptur lässt sich, wie weiter oben beschrieben, mit gutem Erfolg konservativ behandeln.

Allerdings empfehlen viele orthopädische Chirurgen und Unfallchirurgen jüngeren Menschen und aktiven Sportlern eine plastische Kreuzbandoperation. Mit der Naht des vorderen oder hinteren Kreuzbands lässt sich keine ausreichende Stabilität erreichen. Methode der Wahl ist eine Kreuzbandtransplantation mit körpereigenem Gewebe (autogene Transplantation). Dieser Eingriff wird meist arthroskopisch durchgeführt, unter Umständen ist die Notwendigkeit einer kleinen zusätzlichen Gelenköffnung gegeben. Als Transplantat wird meist die gedoppelte bzw. vierfach verstärkte Semitendinosus- oder Gracilissehne verwendet. In der Vergangenheit wurde auch überwiegend der mittlere Anteil der Kniescheibensehnen (Ligamentum patellae) eingesetzt. Das Sehnentransplantat muss vor der Implantation aus dem Oberschenkel bzw. dem Ligamentum patellae entnommen werden. Nachdem Kanäle durch den Schienbeinkopf und die Oberschenkelrollen gebohrt wurden, wird das Transplantat im Knochenkanal verankert. Intraoperativ werden die Gelenkmechanik, die Spannung und Stabilität geprüft, anschließend wird das Transplantat fixiert. Um Vernarbungen und Einsteifungen zu vermeiden, wird das operierte Kniegelenk frühzeitig krankengymnastisch beübt. Im Allgemeinen wird die volle Beweglichkeit erst nach einigen Wochen oder Monaten freigegeben und das Knie anfänglich mit einer Orthese stabilisiert. Der Beginn und die Intensität der Therapie hängen ebenso wie die Art der Hilfsmittelversorgung von der Operationstechnik und dem Operateur ab. Sobald es der Heilungsverlauf ermöglicht, ist ein zusätzliches Training, zum Beispiel durch Radfahren mit hochgestelltem Sattel, zu empfehlen. Für Kampf- und Ballsportarten bleibt das Risiko einer erneuten Verletzung erhöht, diese sollten – wenn überhaupt – erst dann aufgenommen werden, wenn die Oberschenkelmuskulatur wieder gut auftrainiert ist.

Komplikationen

Eine häufige Komplikation nach operativer Behandlung einer Kreuzbandverletzung ist die Bewegungseinschränkung des betroffenen Kniegelenks. Sie ist auf eine Vernarbung und Verklebung im Gelenk (Arthrofibrose) zurückzuführen und wird bei bis zu 15 % der operierten Patienten beobachtet. Die Verletzung und die operative Behandlung begünstigen zudem die Entstehung abnutzender Veränderungen insbesondere zwischen Kniescheibenrückfläche und Oberschenkelrolle. Nicht selten entwickelt sich nach der Operation eine Chondropathie (Reizzustand, Knorpelschaden mit Erweichung) im Gelenk zwischen Kniescheibenrückfläche und Oberschenkelrolle (femoropatellares Gleitlager). Ein weiteres Problem kann durch ein räumliches Missverhältnis zwischen dem implantierten Kreuzbandersatz und dem eingeschränkten Platz zwischen den Oberschenkelrollen (intrakondyläre Region) entstehen. Die Plastik kann für die relativ schmalen Einsenkungen zwischen den Oberschenkelrollen zu dick sein und sich einklemmen. Man spricht von einem Notch-Impingement. Darüber hinaus können auch die bindegewebigen Retinacula, die dem gesunden Knie zusätzlichen Halt geben, und der Fettkörper vernarben. Wenn sich am schienbeinwärtigen Bohrkanal ein fibröser Tumor entwickelt, spricht man von einem Zyklops. Gelegentlich treten nach operativer Behandlung Infektionen auf, die ihrerseits eine Bewegungseinschränkung des Kniegelenks hervorrufen und die Entstehung einer Arthrose begünstigen können.

Regelhafter Heilverlauf – Auswirkung im täglichen Leben

Je nach Verletzungsbild und Operation ist für vier bis sechs Wochen eine deutliche Beeinträchtigung im täglichen Leben anzunehmen. Die Verletzten sind auf die Benutzung von Gehstützen angewiesen. Während dieser Zeit kann eine zusätzliche Betreuung erforderlich sein.

Medizinische Prognose (Welche Folgen hinterlässt die Verletzung?)

Die Prognose von konservativ und operativ behandelten Kreuzbandläsionen ist insgesamt günstig. Häufig bleibt das Kniegelenk nach operativer Stabilisierung in der Beweglichkeit endgradig eingeschränkt. Bei konservativ behandelter Kreuzbandverletzung ist mit einer weiteren, meist leichten Instabilität zu rechnen. Häufig ist eine Muskelminderung des Oberschenkelmuskels.

11.10.2 Ruptur des hinteren Kreuzbands

Klassifikation nach ICD-10: S83.54

Verletzungsbild und Symptomatik

Das Verletzungsbild entspricht dem der Ruptur des vorderen Kreuzbands.

Verletzungen des hinteren Kreuzbands entstehen überwiegend durch Verschiebung der gebeugten Oberschenkelrollen gegenüber dem Schienbeinkopf, eine extreme Überstreckung sowie ausgedehnte Gewalteinwirkung im X- oder O-Sinne. Das hintere

Verletzungen des hinteren Kreuzbands

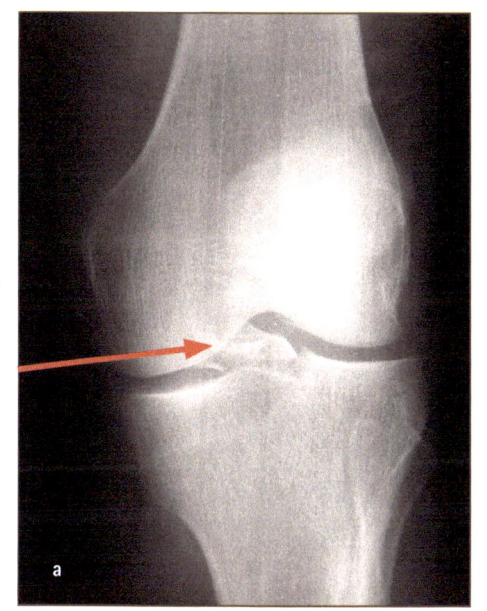

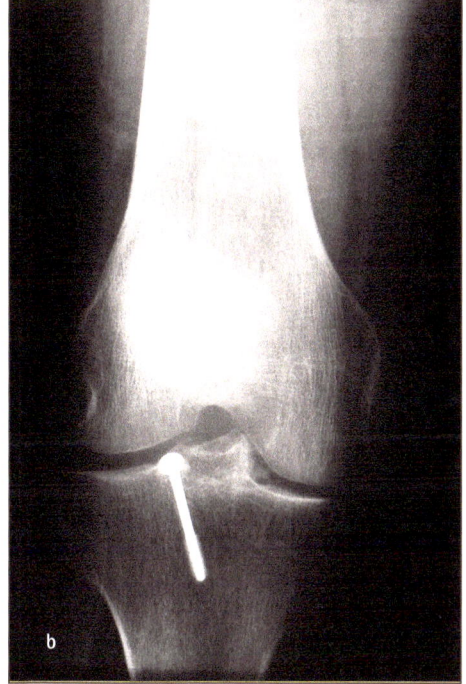

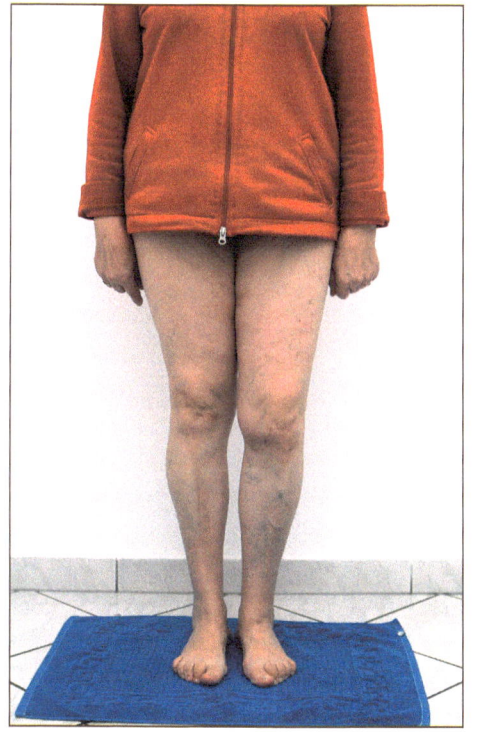

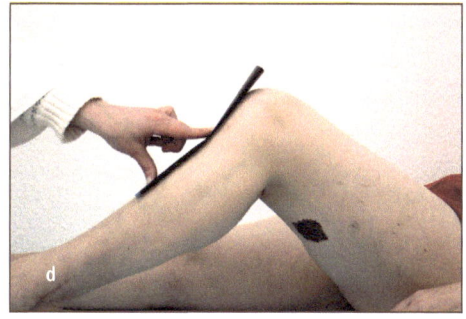

Abb. 11.26:
Ausriss des hinteren Kreuzbands am linken Knie. Die 60-jährige Kundin wurde auf dem Parkplatz eines Lebensmittelgroßmarkts von einem ausparkenden Auto touchiert. Sie stürzte und zog sich einen knöchernen Ausriss des hinteren Kreuzbands zu (a). Das Kreuzband wurde mit einer Schraube fixiert (b). Das Ergebnis ist ungenügend (c, d). Das Knie ist weiterhin instabil, Beweglichkeit und Belastbarkeit sind stark beeinträchtigt, die Muskulatur des Beins atrophiert.

Kreuzband sichert die Stabilität des Kniegelenks nach dorsal. Bei einem instabilen hinteren Kreuzband kann der Schienbeinkopf in gebeugter Position nach hinten verschoben werden.

Therapie
Die Behandlung kann einerseits konservativ wie bei der vorderen Kreuzbandruptur erfolgen. Andererseits kann die Verletzung auch primär oder sekundär durch ein Transplantat behandelt werden. Ist das Kreuzband mitsamt einem Knochenfragment ausgerissen, so wird der Bandansatz mit Schrauben, Drähten oder speziellen Nähten fixiert.

Bei den Operationen zur Behandlung einer hinteren Kreuzbandläsion handelt es sich um außerordentlich anspruchsvolle Eingriffe, die überwiegend in spezialisierten Zentren oder von besonders versierten Operateuren durchgeführt werden sollten.

Komplikationen
Es ist mit den gleichen Komplikationen wie nach operativer Behandlung der vorderen Kreuzbandruptur zu rechnen. Die Ergebnisse der hinteren Kreuzbandrekonstruktion sind weniger gut als die der vorderen Kreuzbandplastik.

Regelhafter Heilverlauf – Auswirkung im täglichen Leben
Zur Sicherung des postoperativen Verlaufs wird eine die Bewegungsfähigkeit des Kniegelenks limitierende Schiene angelegt, die bis zur Einheilung des Transplantats verbleibt. Bereits während dieser Zeit wird mit einer krankengymnastischen Behandlung begonnen.

Medizinische Prognose (Welche Folgen hinterlässt die Verletzung?)
Die Ergebnisse der hinteren Kreuzbandplastik sind nur zum Teil befriedigend. Die Beurteilung muss individuell erfolgen.

Medizinisch erforderliche Nachbehandlung	
Stationäre Rehabilitation (AHB)	Eine AHB ist nicht erforderlich.
Dauer und Frequenz der Physiotherapie nach Eintritt der Verletzung	Eine Krankengymnastik ist nach Angabe des behandelnden Arztes bis zur Erreichung einer weitgehend freien Beweglichkeit des Knies erforderlich, z. B. für acht bis zwölf Wochen zwei bis drei Behandlungen pro Woche.
Dauer und Frequenz der Physiotherapie nach Abschluss der Heilung	Im Anschluss an die Rekonvaleszenz kann eine gelegentliche Physiotherapie für weitere drei Monate erforderlich sein, z. B. ein bis zwei Mal pro Woche.
Künftige operative Behandlungen	Weiter operative Behandlungen sind bei regelrechtem Verlauf nicht zu erwarten.
Hilfsmittel, Medikamente	Ggf. Orthese nach Verordnung des Arztes / Operateurs

Verletzungen des hinteren Kreuzbands

Beeinträchtigung der Arbeitsfähigkeit	
Berufliche Anforderung	Durchschnittliche Dauer der Arbeitsunfähigkeit
Leichte Tätigkeit	3 – 6 Wochen
Leichte bis mittelschwere Arbeit	6 – 16 Wochen
Schwere körperliche Tätigkeiten und Arbeiten überwiegend im Stehen und Gehen	8 – 20 Wochen

Bewertung des Haushaltsführungsschadens		
Tätigkeit	Beeinträchtigung (in %) bis zum Abschluss der Rekonvaleszenz	Beeinträchtigung auf Dauer (in %)
Leicht: Planung	Keine Beeinträchtigung	Keine Beeinträchtigung
Mittel: Durchschnittliche Hausarbeiten	100 % während der Entlastung an Unterarmgehstützen, weitere vier Wochen 50 %, weitere zwei Monate 20 %	Keine Beeinträchtigung
Schwer: Großer Hausputz, Gartenarbeit	100 % während der Entlastung an Gehstützen und für weitere drei Monate nach Beginn der Vollbelastung, anschließend drei Monate 20 %	Keine Beeinträchtigung

Bewertung des Dauerschadens	
Versicherungszweig – Rechtsgebiet	Einschätzung des Dauerschadens
Gesetzliche Unfallversicherung: MdE	Mit einer MdE von 10 v. H. ist zu rechnen. Die Folgen der hinteren Kreuzbandruptur sind meist gravierender als die der vorderen. Bei ausgeprägter Funktionsbeeinträchtigung, Instabilität und Entwicklung einer posttraumatischen Arthrose kann die MdE 20 v. H. erreichen.
Private Unfallversicherung: Invalidität	Zu erwarten ist eine Invalidität von 1/20 bis 4/20 Beinwert, in Ausnahmefällen kann diese auch darüber liegen.
Haftpflichtversicherung	Siehe GUV
Gesetzliche Rentenversicherung	Eine Leistungspflicht des Rentenversicherungsträgers wird nur selten gegeben sein, individuelle Prüfung bei Versicherten, die vor 1961 geboren sind (vgl. Berufsunfähigkeitsversicherung).
Private Berufsunfähigkeitsversicherung	Nur in seltenen Fällen sind die Voraussetzungen für Leistungen aus einer BU-Versicherung gegeben (Wackelknie bei Schwerarbeitern oder in Berufen mit Absturzgefahr).
Schwerbehindertenrecht, soziales Entschädigungsrecht, Beamtenrecht: GdB, GdS	10 – 20, in Ausnahmefällen darüber: „Versorgung mit Stützapparat, je nach Achsenfehlstellung 30 – 50"

11.10.3 Verletzungen des medialen und lateralen Seitenbands

Klassifikation nach ICD-10: S43.40

Verletzungsbild und Symptomatik

Das innere Seitenband ist eine sehr komplexe Struktur, die sich von der medialen Oberschenkelrolle bis zum Schienbeinkopf ausspannt. In das Seitenband strahlen Sehnenansätze sowie Verbindungen zum Innenmeniskus aus. Die innere Schicht des Seitenbands ist mit dem medialen Meniskus verwachsen. Das Seitenband weist sehnige Verbindungen zum großen Anspreizmuskel (Musculus adductor magnus) und weiteren Muskeln des Oberschenkels auf. Mediale Seitenbandrupturen entstehen durch ein Aufklappen des inneren Gelenkspalts im X-Sinne.

Typisch für das Verletzungsbild sind Schmerzen an der Innenseite des Kniegelenks. Es kann je nach dem Ort der Überdehnung oder Ruptur eine isolierte Schwellung im Bereich der Oberschenkelrolle, des Schienbeinkopfs oder des inneren Gelenkspalts vorliegen. Häufig sind Kombinationsverletzungen des Innenmeniskus im Zusammenhang mit Läsionen des Innenbands. Besteht der Verdacht auf eine derartige Verletzung, so ist die Indikation zur Durchführung einer Kernspintomographie gegeben.

Typisches Kennzeichen der Seitenbandläsion ist die mediale Aufklappbarkeit des Gelenks. Bei Frischverletzten ist der Untersuchungsbefund angesichts der erheblichen Schmerzhaftigkeit dieser Untersuchung allerdings nur bedingt verwertbar.

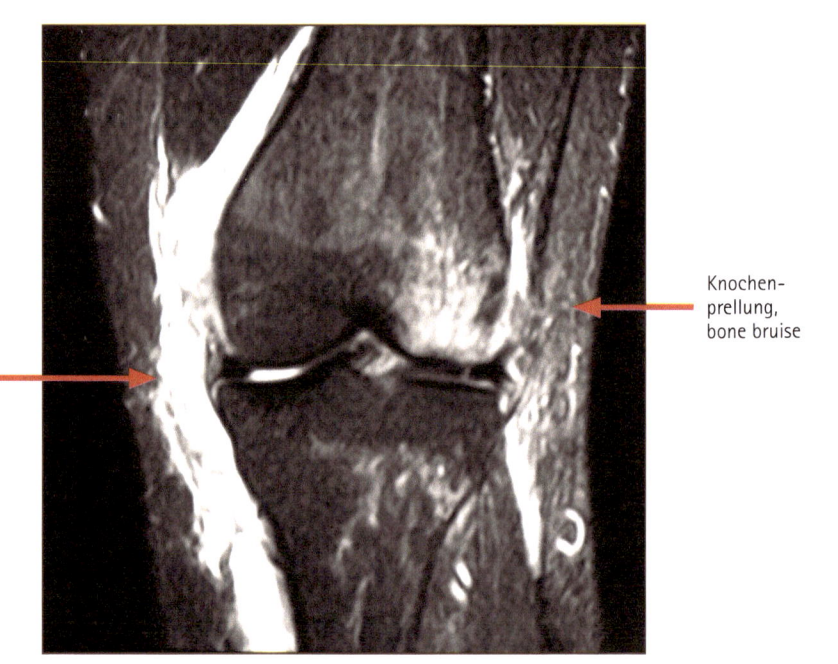

Abb. 11.27:
Kernspintomographie eines frisch verletzten linken Knies mit Ruptur des inneren Seitenbands, Einblutung und Ödem. An der äußeren Oberschenkelrolle ist eine Knochenprellung (bone bruise) zu erkennen. Diese bildet sich innerhalb einiger Wochen folgenlos zurück. Die Rupturen der Seitenbänder bedürfen keiner operativen Therapie.

Verletzungen des äußeren Seitenbands kommen im Allgemeinen im Rahmen von Komplexverletzungen des Kniegelenks vor. Isoliert sind sie außerordentlich selten.

Therapie
Isolierte Überdehnungen bzw. Risse des medialen Seitenbands werden konservativ behandelt. Bei einem vollständigen Riss und hochgradiger Instabilität des medialen Seitenbands kann eine operative Behandlung erforderlich sein. Eine Indikation besteht vor allem bei Menschen, die ein X-Bein aufweisen, und nach vorangegangener Entfernung des Innenmeniskus. In diesen Fällen kann das Band genäht und die mediale Kapsel durch körpereigenes Material verstärkt werden.

Bis zur Ausheilung der Verletzung wird eine spezielle Schiene getragen, die die Beweglichkeit des Kniegelenks limitiert und ein erneutes Aufklappen im X-Sinne verhindert. Es schließt sich eine Krankengymnastik an.

Komplikationen
Bewegungseinschränkung des Kniegelenks. Sehr selten postoperative Infektion.

Regelhafter Heilverlauf – Auswirkung im täglichen Leben
Bei einer erheblichen Schwellung und starken Schmerzen ist die Verwendung von Gehstützen für ca. 14 Tage zu empfehlen. Bei konservativer Behandlung muss von einer deutlichen Beeinträchtigung für einen Zeitraum von vier bis sechs Wochen ausgegangen werden. Während dieser Zeit kann die Heilung mit einer stabilisierenden Schiene unterstützt werden.

Medizinische Prognose (Welche Folgen hinterlässt die Verletzung?)
Die Prognose ist insgesamt günstig. Bei konservativer Behandlung und ausreichender Stabilität verbleibt lediglich eine Verdickung im Verlauf des Innenbands. Komplexe Verletzungen können eine Instabilität hinterlassen, nach operativer Behandlung ist eine endgradige Bewegungseinschränkung denkbar.

Medizinisch erforderliche Nachbehandlung	
Stationäre Rehabilitation (AHB)	Nicht erforderlich
Dauer und Frequenz der Physiotherapie nach Eintritt der Verletzung	Nach anfänglicher Entlastung können sechs bis zwölf krankengymnastische Behandlungen sinnvoll sein.
Dauer und Frequenz der Physiotherapie nach Abschluss der Heilung	Nicht erforderlich
Künftige operative Behandlungen	Nicht erforderlich
Hilfsmittel, Medikamente	Ggf. Orthese nach Verordnung des Arztes

Verletzungen der unteren Extremitäten

Beeinträchtigung der Arbeitsfähigkeit	
Berufliche Anforderung	Durchschnittliche Dauer der Arbeitsunfähigkeit
Leichte Tätigkeit	1 – 4 Wochen
Leichte bis mittelschwere Arbeit	4 – 8 Wochen
Schwere körperliche Tätigkeiten und Arbeiten überwiegend im Stehen und Gehen	6 – 12 Wochen

Bewertung des Haushaltsführungsschadens		
Tätigkeit	Beeinträchtigung (in %) bis zum Abschluss der Rekonvaleszenz	Beeinträchtigung auf Dauer (in %)
Leicht: Planung	Keine Beeinträchtigung	Keine Beeinträchtigung
Mittel: Durchschnittliche Hausarbeiten	100 % während der Entlastung an Unterarmgehstützen, weitere zwei Wochen 50 %	Keine Beeinträchtigung
Schwer: Großer Hausputz, Gartenarbeit	100 % während der Entlastung an Gehstützen und für weitere sechs Wochen, anschließend vier Wochen 20 %	Keine Beeinträchtigung

Bewertung des Dauerschadens	
Versicherungszweig – Rechtsgebiet	Einschätzung des Dauerschadens
Gesetzliche Unfallversicherung: MdE	Mit einer MdE von 0 v. H. bis unter 10 v. H. ist zu rechnen, nur in Ausnahmefällen ist die MdE höher einzuschätzen.
Private Unfallversicherung: Invalidität	Zu erwarten ist eine Invalidität von 0 bis 1/20 Beinwert, in Ausnahmefällen, bei Nachweis einer erheblichen Instabilität oder bei Kombinationsverletzungen, kann diese darüber liegen.
Haftpflichtversicherung	Siehe GUV
Gesetzliche Rentenversicherung	Kein Leistungsanspruch
Private Berufsunfähigkeitsversicherung	Kein Leistungsanspruch
Schwerbehindertenrecht, soziales Entschädigungsrecht, Beamtenrecht: GdB, GdS	0 – 10

11.11 Verletzungen und Erkrankungen der Menisken

Klassifikation nach ICD-10: S83.2 (traumatischer Riss); M23.2 (degenerativer Riss)

Verletzungsbild und Symptomatik
Die Menisken vergrößern die Auflagefläche der Oberschenkelrollen auf den Schienbeinkopf und damit den Gelenkschluss. Sie wirken als Puffer und Stoßdämpfer und haben eine ähnliche Funktion wie die Bandscheiben an der Wirbelsäule. Die Menisken stabilisieren das Kniegelenk. Der Innenmeniskus ist sichelförmig, er ist fest mit der medialen Kapsel und mit dem inneren Seitenband verwachsen. Dagegen kann sich der Außenmeniskus leichter gegenüber dem Schienbeinkopf verschieben.

Wird die zuträgliche Grenze der Rotation der Oberschenkelrollen auf den Schienbeinkopf überschritten, dann kann der Innen- oder der Außenmeniskus einreißen. Ist die Gewalteinwirkung ausreichend groß, dann entstehen Komplexverletzungen unter Einbeziehung der Gelenkkapsel und der Bänder.

Risse des Meniskus können allerdings auch degenerativ entstehen. Das klassische Bild einer akuten Meniskusschädigung ist die Gelenkblockierung. Das Kniegelenk kann nicht mehr vollständig gestreckt oder gebeugt werden. Der Patient kann nicht normal auftreten und laufen. Die Gelenksperre wird durch einen Teil des Meniskus, der sich in das Gelenk eingeschlagen hat, verursacht. Klassisch ist dies beim sogenannten Korbhenkelriss, bei dem der innere Anteil des Meniskus in Längsrichtung einreißt und nach medial, zwischen die Oberschenkelrollen, luxiert. Weitere Zeichen der Meniskusläsion sind die sogenannten Meniskuszeichen (z.B. Steinmann- oder Böhler-Zeichen). Die-

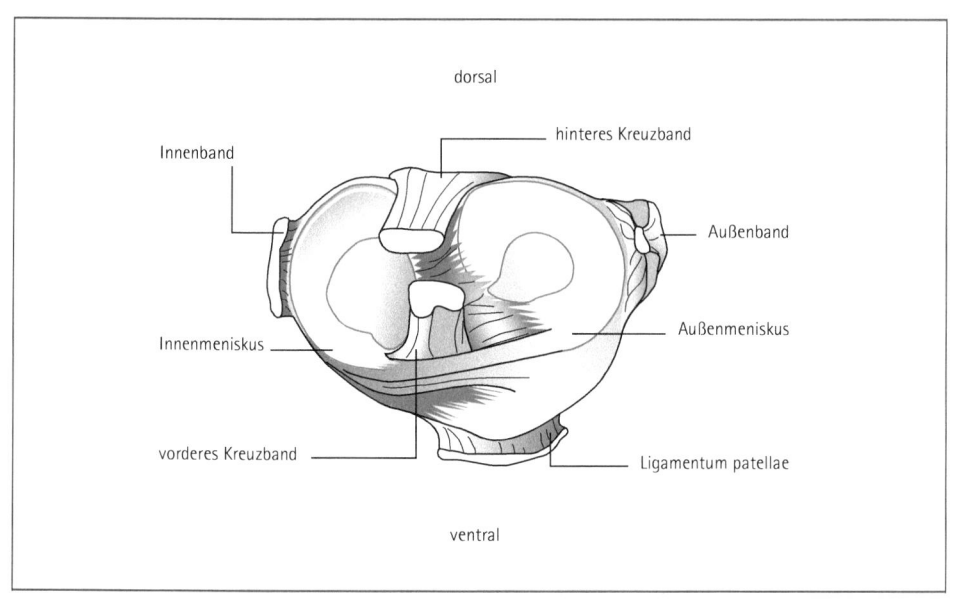

Abb. 11.28:
Ansicht der Menisken von oben. Dargestellt ist der rechte Schienbeinkopf nach Durchtrennung der Kreuz- und Seitenbänder und des Oberschenkelknochens.

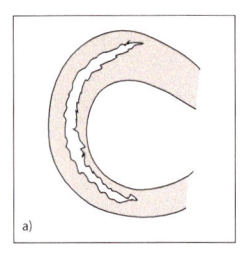

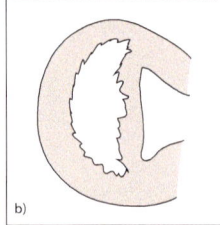

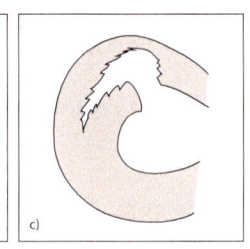

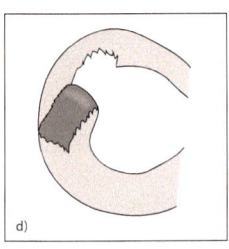

Verletzungen der unteren Extremitäten

Abb. 11.29:
Unterschiedliche Läsionen des Meniskus: a. durchgehender Längsriss, b. der gleiche Riss, bei dem sich der mittlere Teil nach innen eingeschlagen hat. Würde man das Bild um 90° nach links kippen, so ließe sich mit etwas Phantasie ein Korb erkennen, bei dem der eingeschlagene Meniskusteil den Henkel bildet. Man spricht von einem „Korbhenkelriss". c. Lappenriss, d. eingeschlagener Lappenriss.

se beruhen auf einer Rotation bzw. Beugung und Streckung des Unterschenkels gegenüber dem Oberschenkel oder auf einer Druckerhöhung und -entlastung im verletzten Gelenkanteil. Die Meniskuszeichen sind unspezifisch und können zum Beispiel auch bei einer Zerrung des Innenbands ohne Meniskusverletzung positiv sein. Im Allgemeinen lassen sich die Meniskusrupturen kernspintomographisch nachweisen.

Therapie

Bei der klassischen Gelenkeinklemmung kann versucht werden, den Meniskus zu reponieren. Der Patient sitzt dabei auf einer Untersuchungsliege. Unter pendelnden Bewegungen und einem Aufklappen des Kniegelenks im X- oder O-Sinne gelingt es manchmal, den luxierten Meniskusteil in seine ursprüngliche Position zurück zu verlagern. Kleinere Läsionen des Meniskus kön-

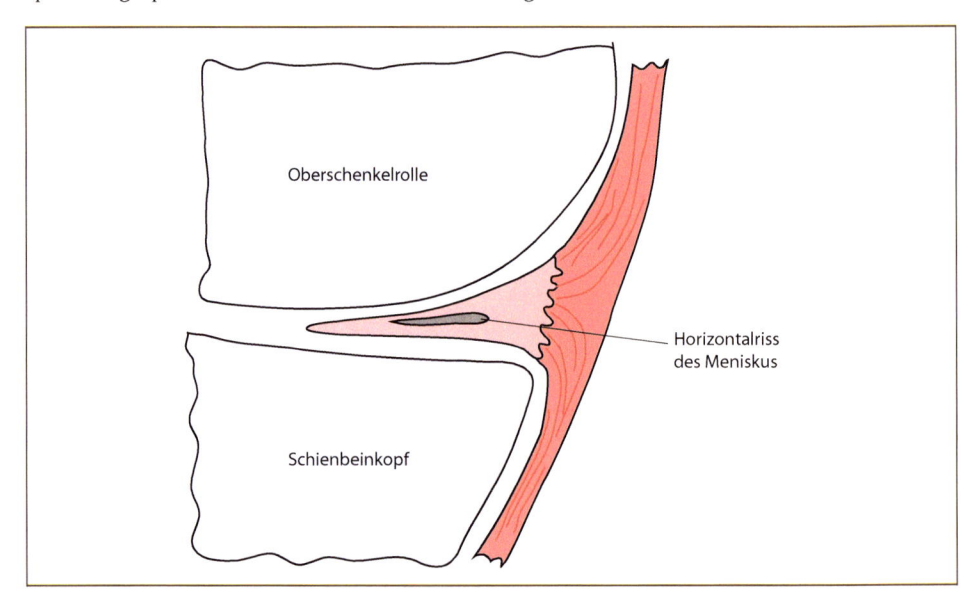

Abb. 11.30:
Kleinere Risse, die die Funktion des Knies nicht wesentlich beeinträchtigen, sollten nicht operiert werden. Die Abbildung zeigt einen Horizontalriss, einen Befund, der im mittleren und höheren Alter sehr häufig bei einer kernspintomographischen Untersuchung gefunden wird. Die konservative Behandlung (abwarten, regelmäßige schonende Bewegung) ist der Operation überlegen.

nen konservativ behandelt werden, dies gilt insbesondere für degenerative Veränderungen. Oft kommt es nach einer Ruhigstellung und Stabilisierung in einem elastischen Verband und durch die Gabe von entzündungshemmenden Mitteln zu einem raschen Rückgang der Symptomatik.

Ist die Ruptur ausgedehnt bzw. lassen die Beschwerden nicht nach, dann ist die Arthroskopie zu empfehlen. Der Operateur sucht den Meniskus auf, seine defekten Teile werden entfernt, der Restmeniskus geglättet. Basisnahe Ausrisse des Meniskus (z.B. Abriss des Meniskus am Innenband) können durch ein Spezialinstrumentarium mit gutem Erfolg refixiert werden. Im Anschluss an die Operation ist eine frühfunktionelle Behandlung angezeigt.

Komplikationen

Mit wesentlichen Komplikationen der Meniskusoperation ist nicht zu rechnen. Denkbar ist die Entwicklung eines Infekts nach Arthroskopie.

Regelhafter Heilverlauf – Auswirkung im täglichen Leben

Bei jungen Patienten ist mit einem raschen Heilverlauf und einer schnellen Wiederherstellung der Funktion des Kniegelenks zu rechnen. Liegen zusätzliche abnutzende Veränderungen oder Begleitverletzungen (z.B. Knochenprellungen – Bone bruise) vor, dann können sich Beschwerden über Wochen hinziehen. Bei begleitenden Knorpelschäden ist je nach Befund eine Teilentlastung für einige Wochen erforderlich.

Medizinische Prognose (Welche Folgen hinterlässt die Verletzung?)

Die Prognose der behandelten Meniskusschädigung ist günstig. Die vollständige Entfernung des Meniskus, die heute nicht mehr durchgeführt wird, begünstigt die Entstehung einer Arthrose. Dies gilt auch für ausgedehnte arthroskopische Meniskusresektionen.

Medizinisch erforderliche Nachbehandlung	
(alle Angaben beziehen sich auf den Zustand nach einer operativen Therapie)	
Stationäre Rehabilitation (AHB)	Eine AHB ist nicht erforderlich.
Dauer und Frequenz der Physiotherapie nach Eintritt der Verletzung	Sechs bis zwölf krankengymnastische Behandlungen nach operativer Therapie
Dauer und Frequenz der Physiotherapie nach Abschluss der Heilung	Nicht erforderlich
Künftige operative Behandlungen	Entfällt
Hilfsmittel, Medikamente	Ggf. Orthese nach Verordnung des Arztes

Beeinträchtigung der Arbeitsfähigkeit	
Berufliche Anforderung	Durchschnittliche Dauer der Arbeitsunfähigkeit
Leichte Tätigkeit	1 – 4 Wochen
Leichte bis mittelschwere Arbeit	3 – 6 Wochen
Schwere körperliche Tätigkeiten und Arbeiten überwiegend im Stehen und Gehen	4 – 8 Wochen

Bewertung des Haushaltsführungsschadens

Tätigkeit	Beeinträchtigung (in %) bis zum Abschluss der Rekonvaleszenz	Beeinträchtigung auf Dauer (in %)
Leicht: Planung	Keine Beeinträchtigung	Keine Beeinträchtigung
Mittel: Durchschnittliche Hausarbeiten	100 % für eine Woche nach operativer Behandlung, 50 % für drei weitere Wochen	Keine Beeinträchtigung
Schwer: Großer Hausputz, Gartenarbeit	100 % für einen Zeitraum von vier Wochen nach der Operation, für weitere vier Wochen 50 %	Keine Beeinträchtigung

Bewertung des Dauerschadens

Versicherungszweig – Rechtsgebiet	Einschätzung des Dauerschadens
Gesetzliche Unfallversicherung: MdE	Mit einer MdE von 0 v.H. bis unter 10 v.H. ist zu rechnen, nur in Ausnahmefällen ist die MdE höher einzuschätzen.
Private Unfallversicherung: Invalidität	Zu erwarten ist eine Invalidität von 1/20 Beinwert, in Ausnahmefällen, bei Nachweis einer erheblichen Instabilität oder bei Kombinationsverletzungen, kann diese darüber liegen.
Haftpflichtversicherung	Siehe GUV
Gesetzliche Rentenversicherung	Kein Leistungsanspruch
Private Berufsunfähigkeitsversicherung	Kein Leistungsanspruch
Schwerbehindertenrecht, soziales Entschädigungsrecht, Beamtenrecht: GdB, GdS	0–10

11.12 Tibiakopffraktur – Schienbeinkopfbruch

Klassifikation nach ICD-10: S82.1

Verletzungsbild und Symptomatik

Der Schienbeinkopf nimmt die Last der Oberschenkelrollen auf und überträgt diese auf das Schienbein. Der körpernahe Schienbeinkopf besteht aus einem medialen und einem lateralen Plateau. Dazwischen befindet sich ein Höcker, an dem die Kreuzbänder ansetzen (Eminentia intercondylaris). Zwischen dem randständigen kräftigen Rindenknochen (Kortikalis) des Schienbeinkopfs breitet sich die dreidimensionale Struktur des Schwammknochens (Spongiosa) aus. Trotz seiner „Leichtbauweise" zeichnet sich der Schienbeinkopf durch eine hohe Stabilität aus. Durch direkte oder indirekte Gewalteinwirkung kann der Schienbeinkopf einbrechen. Häufige Verletzungsmechanismen sind Stürze und direkte Gewalteinwirkung (z.B. Stoßstangenverletzung des Fußgängers). Dabei können Eindrückbrü-

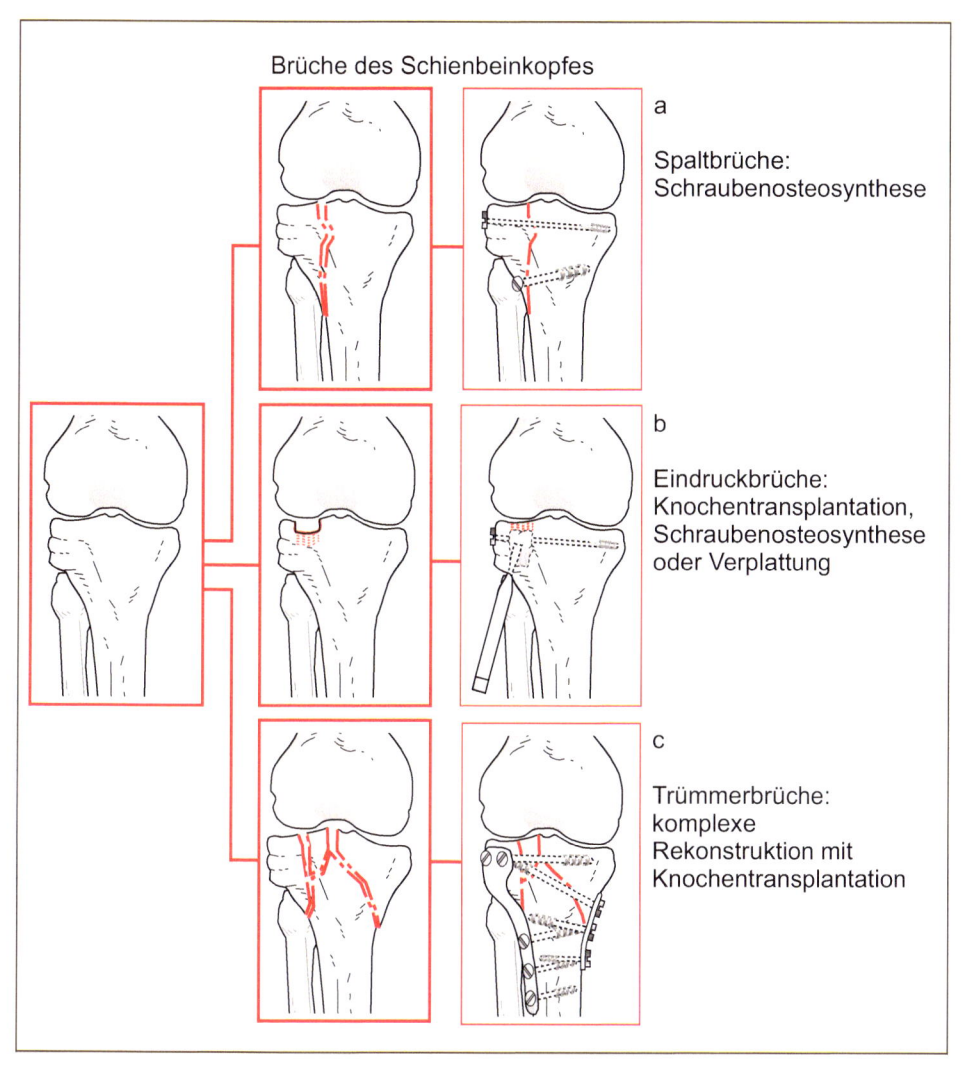

Abb. 11.31:
Schienbeinkopfbrüche bedürfen einer exakten anatomischen Reposition, um das Risiko der Entwicklung einer Arthrose zu minimieren. Spaltbrüche (a) werden verschraubt. Ist die Gelenkfläche durch die Verletzung eingesunken, so werden Knorpel und Knochen angehoben und mit einer Knochentransplantation unterfüttert (b). Trümmerfrakturen bedürfen einer komplexen osteosynthetischen Rekonstruktion (c). Auch hierbei ist eine Knochentransplantation fast immer erforderlich.

che (Impressionsfrakturen), Senkungsbrüche (Depressionsfrakturen), Spaltbrüche oder Trümmerbrüche des Schienbeinkopfs entstehen. Der Bruch kann auf das innere oder äußere Kompartment beschränkt bleiben (monokondyläre Fraktur), er kann allerdings auch beide Plateaus einbeziehen (bikondyläre Fraktur). Am häufigsten sind Brüche des äußeren Gelenkanteils.

Der Verletzte kann nicht mehr auftreten und klagt über Schmerzen im Kniegelenk und Unterschenkel. Das Kniegelenk schwillt an, je nach Art der Verletzung lassen sich Prellmarken, Hämatome oder andere äußere Verlet-

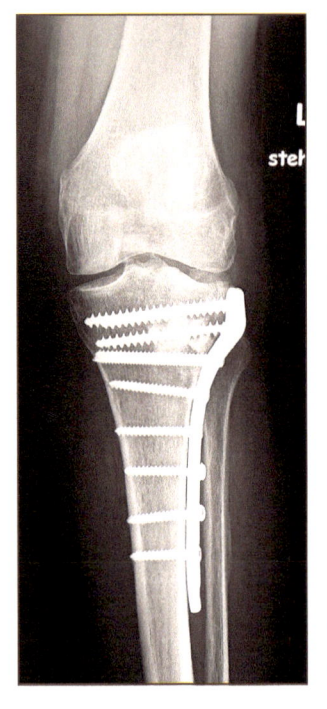

Verletzungen der unteren Extremitäten

a 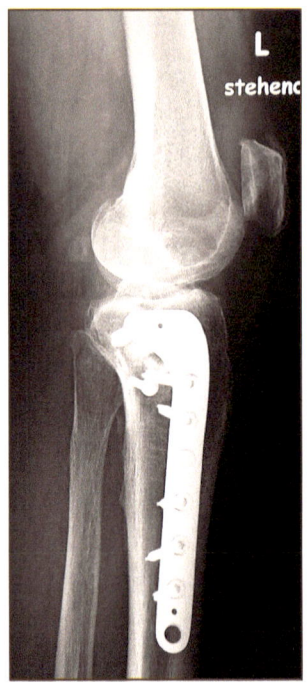 b 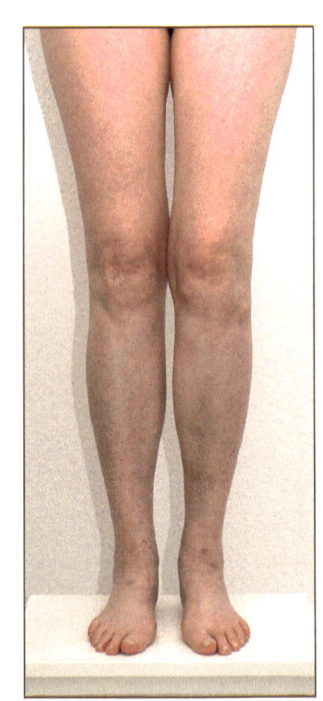 c

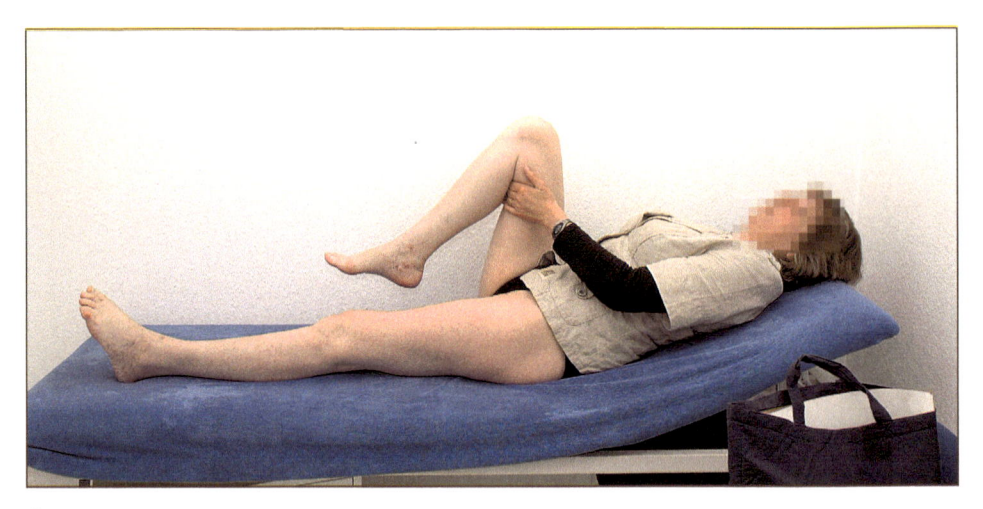

d

Abb. 11.32:
Gutes Behandlungsergebnis eines Schienbeinkopfbruchs: Bei einem Treppensturz brach sich die 47-jährige Verkäuferin den linken Schienbeinkopf. Der Tibiakopf wurde rekonstruiert, mit Spongiosa unterfüttert und verplattet (a, b). Das Behandlungsergebnis ist gut, die Muskulatur des linken Beins ist vermindert (c), die Beweglichkeit endgradig beeinträchtigt (d).

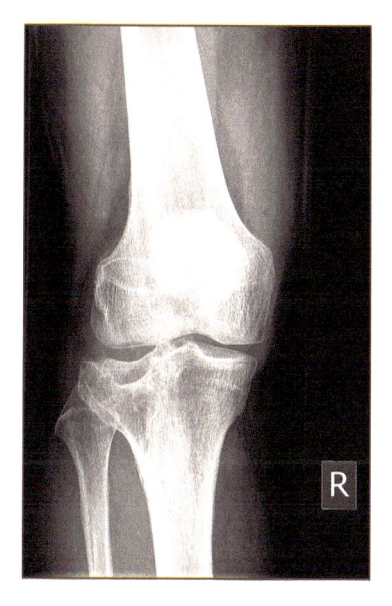

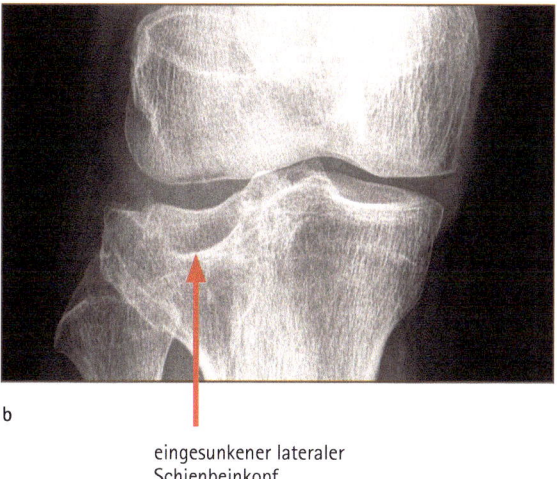

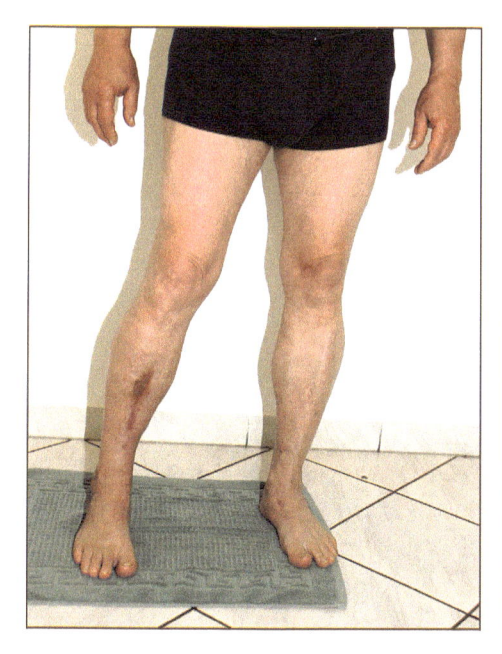

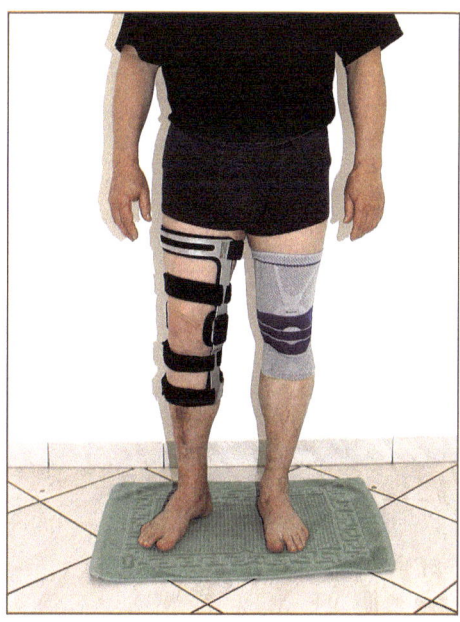

Tibiakopffraktur

eingesunkener lateraler
Schienbeinkopf

Abb. 11.33:
Mangelhaftes Behandlungsergebnis eines Schienbeinkopfbruchs: Die Verletzung des rechten Kniegelenks eines 45-jährigen Handwerkers wurde als „Distorsion" fehlgedeutet. Später stellte sich heraus, dass der Proband sich zugleich eine Schienbeinkopffraktur (a, b) zugezogen hatte. Der seitliche Schienbeinkopf hatte sich gesenkt. Für eine primäre operative Versorgung war es nun zu spät. Das rechte Knie nimmt unter Belastung eine X-Stellung ein, der Verletzte trägt eine stabilisierende Schiene am rechten Bein (c, d). Die Benutzung der Bandage am linken Knie steht nicht im Zusammenhang mit dem Schienbeinkopfbruch.

zungszeichen wie Schürfungen nachweisen. Sinkt der äußere Schienbeinkopf ein, so entsteht eine typische X-Stellung. Seltener ist eine Achsenfehlstellung im O-Sinne bei Einbruch des medialen Schienbeinplateaus. Die Weichteildecke über dem Schienbeinkopf ist nur gering ausgeprägt, dies begünstigt die Entstehung von Begleitverletzungen der Gefäße und Nerven. Bei einem seitlichen Aufprall kann das Wadenbeinköpfchen brechen und den in unmittelbarer Nachbarschaft verlaufenden Peroneusnerven schädigen. Hierdurch entsteht eine Fußheberlähmung.

Therapie

Unverschobene Spaltbrüche können mit Spongiosaschrauben stabilisiert werden. Auch eine konservative Behandlung durch Entlastung und Lagerung auf einer Bewegungsschiene ist möglich. Der Schienbeinkopf darf frühestens nach acht bis zwölf Wochen mit dem ganzen Körpergewicht belastet werden.

Alle verschobenen Brüche bedürfen einer operativen Behandlung, da bereits geringste Stufen im Schienbeinkopf die Entstehung einer Kniegelenkarthrose begünstigen. Die Absenkung des äußeren Schienbeinplateaus hat die Entstehung eines X-Beins zur Folge (Abb. 11.33). Sinkt der innere Anteil des Tibiakopfs ein, so bildet sich ein O-Bein aus.

Verschobene Schienbeinkopfbrüche werden unter Sicht reponiert und mittels Schrauben und/oder Platten stabilisiert (Abb. 11.32). Bei nur wenig verschobenen Brüchen kann der Eingriff unter arthroskopischer Kontrolle erfolgen. Intraoperativ erkennbare Gewebedefekte werden noch im gleichen Eingriff durch eine körpereigene Knochentransplantation (Spongiosaplastik), Knochenersatzgewebe oder Fremdknochen aufgefüllt. Basisnahe Meniskusrisse werden mit einem Spezialinstrumentarium refixiert, eingerissene Areale entfernt.

Komplikationen

Eine wichtige neurologische Komplikation stellt die Peroneuslähmung dar. Die Prognose hängt von der Schwere der Schädigung ab. Lässt sich das Kniegelenk nicht anatomisch exakt rekonstruieren, so kann sich eine posttraumatische Arthrose mit X- oder O-Fehlstellung entwickeln. Ein postoperativer Infekt (Osteomyelitis) ist eine relativ seltene Komplikation.

Regelhafter Heilverlauf – Auswirkung im täglichen Leben

Der Schienbeinkopfbruch benötigt bis zur knöchernen Heilung zwölf bis 16 Wochen. Eine Entlastung ist je nach Frakturtyp für sechs bis zwölf Wochen erforderlich. Bei einer verzögerten Heilung oder der Ausbildung eines Falschgelenks (Pseudarthrose) kann ein Zweiteingriff mit Transplantation von Knochen erforderlich werden. Immobile Personen und Verletzte, die das operierte Bein nicht sicher an Gehstützen entlasten können, sind nach Entlassung aus der stationären Behandlung bis zu dem Zeitpunkt, an dem das Bein mit vollem Körpergewicht beansprucht werden kann, auf häusliche Unterstützung bzw. Pflege angewiesen.

Medizinische Prognose (Welche Folgen hinterlässt die Verletzung?)

Nur unverschobene Schienbeinkopfbrüche heilen folgenlos aus. Im Allgemeinen ist mit einem Dauerschaden zu rechnen.

Achsabweichungen und Unregelmäßigkeiten der Gelenkfläche begünstigen die Entstehung einer posttraumatischen Arthrose. Eine stärkere Fehlstellung und größere Knorpelschäden beeinträchtigen die körperliche Einsatzfähigkeit in stehenden Berufen (Verkäuferin, Servicekraft, Bauberufe).

Medizinisch erforderliche Nachbehandlung

Stationäre Rehabilitation (AHB)	Eine AHB kann nach operativer Versorgung erforderlich sein.
Dauer und Frequenz der Physiotherapie nach Eintritt der Verletzung	Krankengymnastik oder manuelle Therapie, in den ersten vier Wochen nach Entlassung drei Mal pro Woche, im Anschluss bis zu zwölf Wochen zwei Mal pro Woche
Dauer und Frequenz der Physiotherapie nach Abschluss der Heilung	Im Anschluss an die Rekonvaleszenz kann eine Physiotherapie für weitere drei bis sechs Monate notwendig sein, z. B. ein bis zwei Mal pro Woche.
Künftige operative Behandlungen	Metallentfernung. Falls sich eine Fehlstellung entwickelt, kann eine begradigende Umstellungsoperation erforderlich werden, bei Ausbildung einer schweren Gonarthrose eine Endoprothese.
Hilfsmittel, Medikamente	Bis zur vollen Belastbarkeit Benutzung von Unterarmgehstützen. Bei ältern, gebrechlichen oder polytraumatisierten Verletzten kann auch die zeitweise Verordnung eines Rollstuhls und Rollators erforderlich sein.

Beeinträchtigung der Arbeitsfähigkeit

Berufliche Anforderung	Durchschnittliche Dauer der Arbeitsunfähigkeit
Leichte Tätigkeit	10 – 12 Wochen
Leichte bis mittelschwere Arbeit	12 – 20 Wochen
Schwere körperliche Tätigkeiten und Arbeiten überwiegend im Stehen und Gehen	16 – 26 Wochen

Bewertung des Haushaltsführungsschadens

Tätigkeit	Beeinträchtigung (in %) bis zum Abschluss der Rekonvaleszenz	Beeinträchtigung auf Dauer (in %)
Leicht: Planung	100 % bis zum Ende der ersten Woche nach Entlassung aus stationärer Behandlung	Keine Beeinträchtigung
Mittel: Durchschnittliche Hausarbeiten	100 % während der Entlassung an Gehstützen, weitere sechs Wochen 50 %, weitere drei Monate 30 %	Bei günstigem Verlauf keine Beeinträchtigung. Bei erheblicher Funktionsstörung ist eine individuelle Beurteilung erforderlich.
Schwer: Großer Hausputz, Gartenarbeit	100 % während der Entlassung an Gehstützen und für weitere drei Monate nach Beginn der Vollbelastung, anschließend drei Monate 50 %	Eine Arthrose des Kniegelenks bzw. eine deutliche Achsabweichung kann eine Beeinträchtigung schwerer Hausarbeiten begründen. In diesen Fällen ist eine individuelle Beurteilung erforderlich.

Bewertung des Dauerschadens	
Versicherungszweig – Rechtsgebiet	Einschätzung des Dauerschadens
Gesetzliche Unfallversicherung: MdE	Mit einer MdE von 10–20% ist zu rechnen.
Private Unfallversicherung: Invalidität	Zu erwarten ist eine Invalidität von 1/7 bis 2/7 Beinwert.
Haftpflichtversicherung	Siehe GUV
Gesetzliche Rentenversicherung	Individuelle Prüfung bei Versicherten, die vor 1961 geboren sind und eine überwiegend schwere körperliche Tätigkeit ausüben
Private Berufsunfähigkeitsversicherung	Erhebliche Defektzustände des Kniegelenks können die körperliche Belastbarkeit von Personen, die handwerklich tätig sind oder Stehberufe ausüben (Verkäufer), um mehr als 50% herabsetzen und damit u. U. eine BU begründen.
Schwerbehindertenrecht, soziales Entschädigungsrecht, Beamtenrecht: GdB, GdS	10–20, bei Komplikationen bis 30

11.13 Unterschenkelschaftbrüche – Frakturen von Tibia und Fibula

Klassifikation nach ICD-10: S82.21

Verletzungsbild und Symptomatik

Das Schienbein liegt direkt unter der Haut. Durch eine unmittelbare Gewalteinwirkung (Tritt beim Fußball, Sturz mit dem Fahrrad, Verkehrsunfälle) können das Schienbein und das weiter außen liegende Wadenbein brechen. Da die Weichteildeckung des Schienbeins schlecht ist, sind offene Brüche häufig. Nach einer Fraktur schwillt der Unterschenkel an, je nach Frakturtyp kann eine Fehlstellung vorliegen.

Da die Faszien die Muskulatur des Unterschenkels eng umschließen, kann sich bei einer stärkeren Einblutung ein Kompartmentsyndrom (s. S. 69) entwickeln.

Therapie

Brüche des Unterschenkels können, sofern sie unverschoben sind, konservativ im Gips ruhig gestellt werden. Bei verschobenen Brüchen wird im Allgemeinen die operative Behandlung gewählt. Mit einem in den Markraum des Schienbeins eingebrachten Nagel

Einteilung offener Frakturen	
Erstgradig offene Fraktur	Oberflächliche Hautverletzung in Höhe der Fraktur
Zweitgradig offene Fraktur	Der Knochen durchspießt die Haut nur kurzzeitig, erkennbar ist eine Wunde in Höhe der Fraktur, der Knochen ist jedoch wieder von Weichteilen gedeckt und nicht sichtbar.
Drittgradig offene Fraktur	Der gebrochene Knochen liegt frei.

Unterschenkelschaftbruch

Unterschenkelfrakturen

a Unverschobene Frakturen; konservative Behandlung mit Gipsverband oder Osteosynthese

— Gipsverband

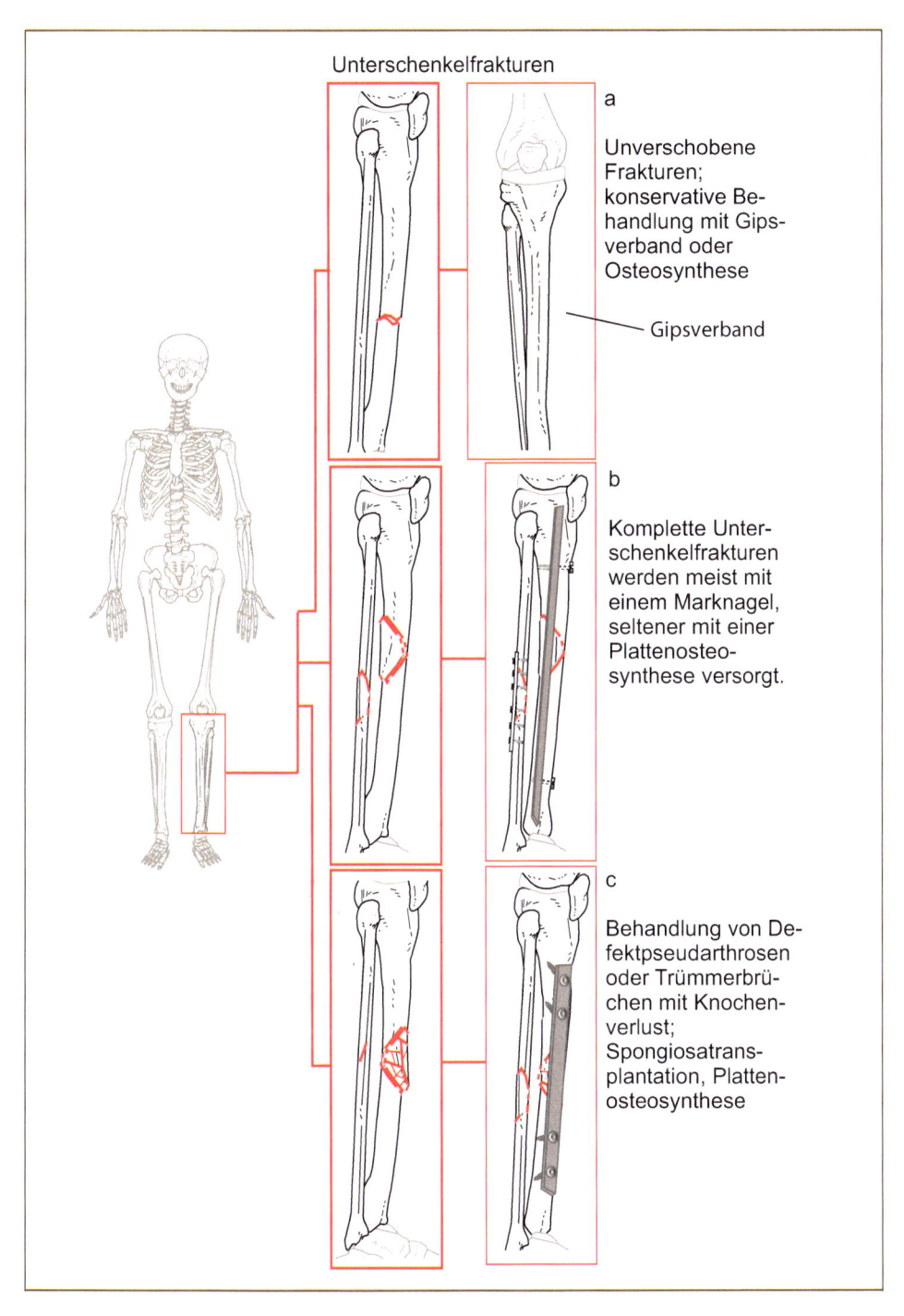

b Komplette Unterschenkelfrakturen werden meist mit einem Marknagel, seltener mit einer Plattenosteosynthese versorgt.

c Behandlung von Defektpseudarthrosen oder Trümmerbrüchen mit Knochenverlust; Spongiosatransplantation, Plattenosteosynthese

Abb. 11.34:
Unterschenkelschaftbrüche können konservativ mit einem Gipsverband bzw. einer Orthese (a), einem Marknagel (b) oder durch eine Plattenosteosynthese (c) versorgt werden. Je nach Befund wird neben dem Schienbein auch das Wadenbein operativ stabilisiert.

Verletzungen der unteren Extremitäten

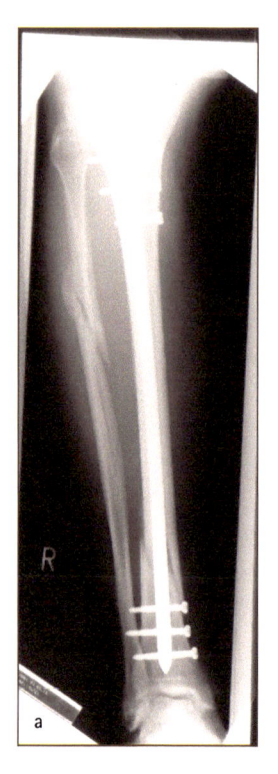

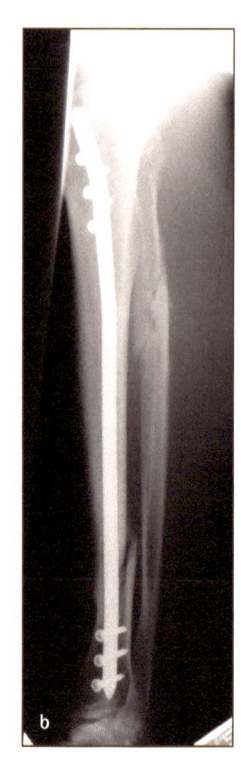

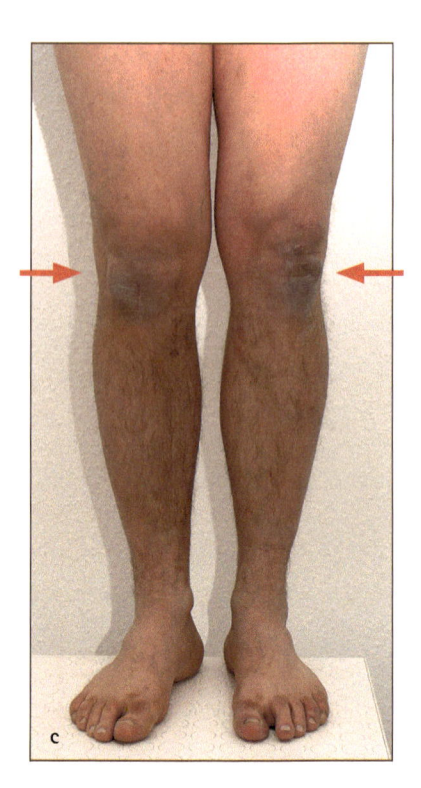

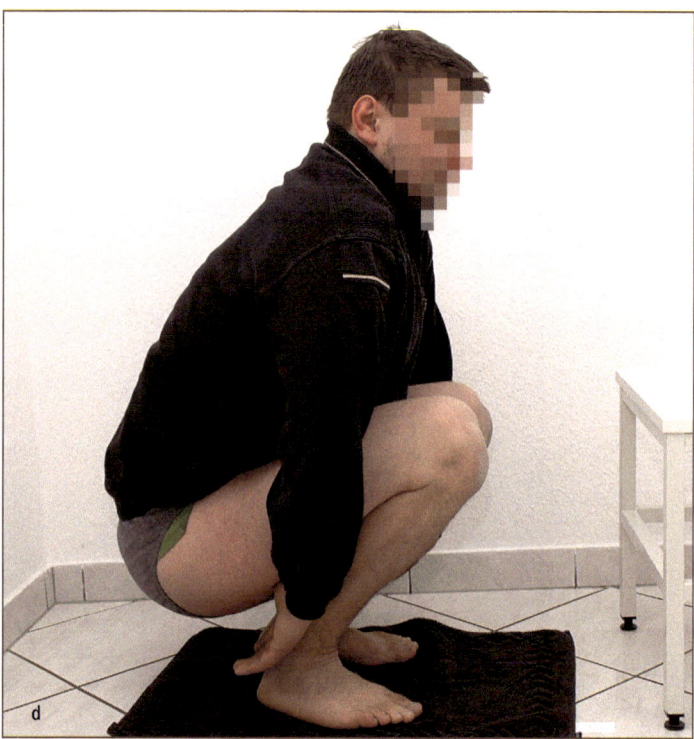

Abb. 11.35: Gutes Behandlungsergebnis eines Bruchs des rechten Schienbeins, der durch einen Marknagel versorgt wurde (a, b). Die Abbildungen zeigen einen 40-jährigen Bauarbeiter (d) zwei Jahre nach der Verletzung. Das Metall ist entfernt, der Handwerker ist wieder in seinem Beruf tätig. Vor der oberen Schienbeinkante lassen sich deutliche Verhornungen (c) als Folge der knienden Tätigkeit erkennen.

wird der Bruch von innen stabilisiert. Diese Osteosynthese ist belastungsstabil, d. h. der Verletzte darf den Unterschenkel bereits kurz nach der Operation mit vollem Körpergewicht belasten. Um die Entstehung einer Drehfehlstellung zu vermeiden, wird die Position des Marknagels durch Querschrauben im proximalen und distalen Abschnitt des Schienbeins gesichert. Auch die Plattenosteosynthese ermöglicht eine anatomisch korrekte Wiederherstellung des Bruchs, allerdings darf der Unterschenkel für sechs bis acht Wochen nicht belastet werden.

Bei ausgedehnten Weichteildefekten und drittgradig offenen Brüchen mit erhöhtem Risiko der Entwicklung eines Infekts ist der äußere Spannrahmen (Fixateur externe) die Therapie der Wahl. Der Bruch wird mit mehreren Nägeln, die am Schienbeinkopf bzw. am körperfernen Unterschenkel eingebracht werden, über einen äußeren Spanner fixiert. Dadurch gelangt kein Fremdmaterial in den Frakturbereich. Die Abheilung eines Infekts wird erleichtert, die Regeneration des gequetschten Weichgewebes nicht zusätzlich durch Fremdkörper mechanisch beeinträchtigt. Der Fixateur externe wird nicht selten auch zur Behandlung eines Falschgelenks verwendet. Der Spannrahmen fixiert die Bruchenden sicher, damit sind gute Voraussetzungen für eine Knochentransplantation gegeben, die die Bruchheilung anregt oder sogar erst ermöglicht. Für die Übertragung wird meist Spongiosa (Schwammknochen), z. B. aus dem Darmbeinkamm, verwendet.

Komplikationen

Wegen der engen Muskellogen des Unterschenkels kann sich bei Einblutungen oder ausgedehnten Schwellungen das bereits erwähnte Kompartmentsyndrom entwickeln. Um die Gefahr einer irreversiblen Muskelschädigung (Nekrose) zu verringern, kann es erforderlich sein, Haut und Faszien zu spalten. Bei offenen Frakturen ist das Risiko der Entstehung einer posttraumatischen Osteomyelitis erhöht. Wegen der Knocheninfektion können Nachfolgeeingriffe (z. B. Einbringung von antibiotikahaltigen Implantaten, mehrfache Knochentransplantation) erforderlich werden.

Regelhafter Heilverlauf – Auswirkung im täglichen Leben

Bis zur Knochenheilung vergehen zehn bis zwölf Wochen. Jüngere Verletzte, die einen unkomplizierten Unterschenkelbruch erlitten haben und entweder mit einem Marknagel oder mit einem Gehgips versorgt wurden, können sich nach Entlassung aus stationärer Behandlung selbst versorgen. War die Fraktur kompliziert oder wurde sie mit einer Plattenosteosynthese versorgt, so darf das betroffene Bein nicht voll belastet werden. Die Verletzten sind in den ersten Wochen, solange sie das Bein noch nicht mit ganzem Körpergewicht belasten dürfen, auf eine Unterstützung im Haushalt angewiesen. Ältere Menschen benötigen während der Heilungszeit zusätzlich eine pflegerische Betreuung.

Medizinische Prognose (Welche Folgen hinterlässt die Verletzung?)

Unkompliziert verheilte Unterschenkelfrakturen hinterlassen ein gutes funktionelles Ergebnis. Die Prognose verschlechtert sich, sobald Komplikationen auftreten und Folgeeingriffe erforderlich werden. Bei ausgedehnten Weichteilschäden, der Entstehung eines Kompartmentsyndroms, eines Infekts oder einer Pseudarthrose ist mit einer stärkeren Gebrauchsbeeinträchtigung des Beines zu rechnen. Diese kann so ausgeprägt sein, dass Verletzte, die eine gehende und stehende Tätigkeit ausüben und hierbei schwerere Lasten tragen oder auf Leitern und Gerüsten arbeiten, zu einem Berufswechsel gezwungen sind.

Medizinisch erforderliche Nachbehandlung	
Stationäre Rehabilitation (AHB)	Eine AHB ist im Allgemeinen nicht erforderlich. Ausnahme: Komplikationen, alte, gebrechliche und polytraumatisierte Patienten
Dauer und Frequenz der Physiotherapie nach Eintritt der Verletzung	Bis zu 20 krankengymnastische Behandlungen, bei Schwellungen auch Lymphdrainage
Dauer und Frequenz der Physiotherapie nach Abschluss der Heilung	Im Anschluss an die Rekonvaleszenz kann eine gelegentliche Physiotherapie für weitere drei Monate erforderlich sein, z. B. ein Mal pro Woche.
Künftige operative Behandlungen	Metallentfernung
Hilfsmittel, Medikamente	Bis zur vollen Belastbarkeit Benutzung von Unterarmgehstützen. Bei älteren, gebrechlichen oder polytraumatisierten Verletzten kann auch die zeitweise Verordnung eines Rollstuhls und Rollators erforderlich sein.

Beeinträchtigung der Arbeitsfähigkeit	
Berufliche Anforderung	Durchschnittliche Dauer der Arbeitsunfähigkeit
Leichte Tätigkeit	6 – 12 Wochen
Leichte bis mittelschwere Arbeit	8 – 14 Wochen
Schwere körperliche Tätigkeiten und Arbeiten überwiegend im Stehen und Gehen	12 – 20 Wochen

Bewertung des Haushaltsführungsschadens		
Tätigkeit	Beeinträchtigung (in %) bis zum Abschluss der Rekonvaleszenz	Beeinträchtigung auf Dauer (in %)
Leicht: Planung	100% bis zum Ende der ersten Woche nach Entlassung aus stationärer Behandlung	Keine Beeinträchtigung
Mittel: Durchschnittliche Hausarbeiten	100% während der Entlassung an Gehstützen, weitere vier Wochen 50%, weitere drei Monate 30%	Keine Beeinträchtigung
Schwer: Großer Hausputz, Gartenarbeit	100% während der Entlassung an Gehstützen und für weitere drei Monate nach Beginn der Vollbelastung	Bei günstigem Verlauf keine Beeinträchtigung

Bewertung des Dauerschadens	
Versicherungszweig – Rechtsgebiet	Einschätzung des Dauerschadens
Gesetzliche Unfallversicherung: MdE	Bei günstigem Verlauf ist mit einer MdE von unter 10 v. H. bis 10 v. H. zu rechnen. Erhebliche Verkürzungen, Drehfehlstellungen und andere Komplikationen können eine höhere MdE begründen.
Private Unfallversicherung: Invalidität	Zu erwarten ist eine Invalidität von 1/20 bis 3/30 Beinwert. Nur selten ist eine höhere Gebrauchsminderung begründet.
Haftpflichtversicherung	Siehe GUV
Gesetzliche Rentenversicherung	In der Regel keine Bedeutung
Private Berufsunfähigkeitsversicherung	Der unkomplizierte operativ behandelte Unterschenkelbruch hinterlässt keine wesentliche Beeinträchtigung der beruflichen Belastbarkeit. Komplikationen sind individuell zu prüfen.
Schwerbehindertenrecht, soziales Entschädigungsrecht, Beamtenrecht: GdB, GdS	0 – 10

11.14 Fibulafraktur – Wadenbeinbruch

Klassifikation nach ICD-10: S82.4

Verletzungsbild und Symptomatik

Wadenbeinbrüche entstehen meist durch direkte Gewalteinwirkung. Die Brüche der körperfernen Wade (Außenknöchelfrakturen) beeinträchtigen die Stabilität des Sprunggelenks und werden im Abschnitt „Sprunggelenkfrakturen" behandelt. Die direkte Gewalteinwirkung kann die Haut und die Weichteile schädigen und Prellmarken, Schürfungen oder Schwellungen verursachen. Liegt die Gewalteinwirkung in Höhe des Wadenbeinköpfchens, so kann eine Fußheberlähmung entstehen, da der Peroneusnerv unterhalb des Wadenbeinköpfchens verläuft.

Therapie

Brüche des Wadenbeins, die nicht die Knöchelregion betreffen (Abb. 11.36) und bei denen die Bandhaft (Syndesmose) zwischen

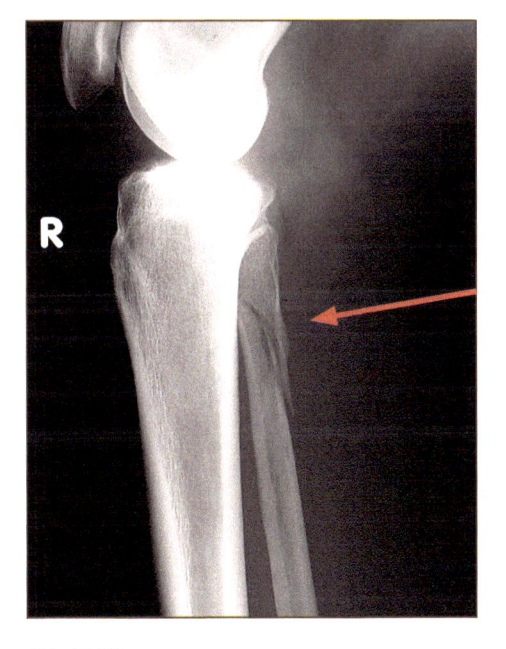

Abb. 11.36:
Schrägfraktur des rechten Wadenbeins.

Schien- und Wadenbein intakt geblieben ist, können mit einem festen Verband oder einem Gehgips für zwei bis drei Wochen behandelt werden. Geringfügige, im Röntgenbild erkennbare Verschiebungen des verheilten Wadenbeins sind funktionell unbedeutend.

Komplikationen
Nach Wadenbeinköpfchenbrüchen kann eine Peroneuslähmung (Fußheberlähmung) auftreten. Wurde der Nerv bei der Verletzung nicht durchtrennt, so ist mit der Rückbildung der Lähmung zu rechnen.

Regelhafter Heilverlauf – Auswirkung im täglichen Leben
Der Wadenbeinschaftbruch heilt innerhalb von sechs bis zwölf Wochen folgenlos aus. In den ersten zwei Wochen nach dem Unfallereignis ist die Gehfähigkeit beeinträchtigt. Mit einer vorübergehenden Betreuungs- oder Pflegebedürftigkeit ist nur bei alten und gebrechlichen Menschen zu rechnen.

Medizinische Prognose (Welche Folgen hinterlässt die Verletzung?)
Die Verletzung heilt fast immer folgenlos ab.

Medizinisch erforderliche Nachbehandlung	
Stationäre Rehabilitation (AHB)	Eine AHB ist nicht erforderlich.
Dauer und Frequenz der Physiotherapie nach Eintritt der Verletzung	Bis zu sechs krankengymnastische Behandlungen
Dauer und Frequenz der Physiotherapie nach Abschluss der Heilung	Nicht erforderlich
Künftige operative Behandlungen	Entfällt
Hilfsmittel, Medikamente	Entfällt

Beeinträchtigung der Arbeitsfähigkeit	
Berufliche Anforderung	Durchschnittliche Dauer der Arbeitsunfähigkeit
Leichte Tätigkeit	1 – 4 Wochen
Leichte bis mittelschwere Arbeit	3 – 6 Wochen
Schwere körperliche Tätigkeiten und Arbeiten überwiegend im Stehen und Gehen	4 – 8 Wochen

Bewertung des Haushaltsführungsschadens		
Tätigkeit	Beeinträchtigung (in %) bis zum Abschluss der Rekonvaleszenz	Beeinträchtigung auf Dauer (in %)
Leicht: Planung	Keine Beeinträchtigung	Keine Beeinträchtigung
Mittel: Durchschnittliche Hausarbeiten	Zwei Wochen 100%, zwei Wochen 30%	Keine Beeinträchtigung
Schwer: Großer Hausputz, Gartenarbeit	Sechs Wochen 100%, vier Wochen 30%	Keine Beeinträchtigung

Bewertung des Dauerschadens	
Versicherungszweig – Rechtsgebiet	Einschätzung des Dauerschadens
Gesetzliche Unfallversicherung: MdE	Eine MdE verbleibt nicht.
Private Unfallversicherung: Invalidität	Zu erwarten ist keine Invalidität, ggf. 1/70 – 1/35 – 1/20 Beinwert je nach Funktion und Beschwerden.
Haftpflichtversicherung	Siehe GUV
Gesetzliche Rentenversicherung	Kein Leistungsanspruch
Private Berufsunfähigkeitsversicherung	Kein Leistungsanspruch
Schwerbehindertenrecht, soziales Entschädigungsrecht, Beamtenrecht: GdB, GdS	0 – 10

11.15 Pilon-tibiale-Fraktur – Bruch des körperfernen Schienbeins mit Beteiligung des oberen Sprunggelenks

Klassifikation nach ICD-10: S82.7

Verletzungsbild und Symptomatik

Durch eine axiale Stauchung des Fußes oder eine gewaltsame Verdrehung kann sich das Sprungbein in die körperferne Schienbeingelenkfläche des oberen Sprunggelenks einstauchen. Je nach Stellung des Sprungbeins und der einwirkenden Gewalt entsteht dabei eine schwere Verletzung der Gelenkfläche des körperfernen Schienbeins. Das Spektrum reicht von der Absprengung eines vorderen oder hinteren Kantenfragments bis hin zur vollständigen Zertrümmerung der Gelenkfläche des Schienbeins. Die Pilon-tibiale-Verletzung kann mit einem Bruch des Wadenbeins einhergehen. Nach der Verletzung schwillt das Sprung-

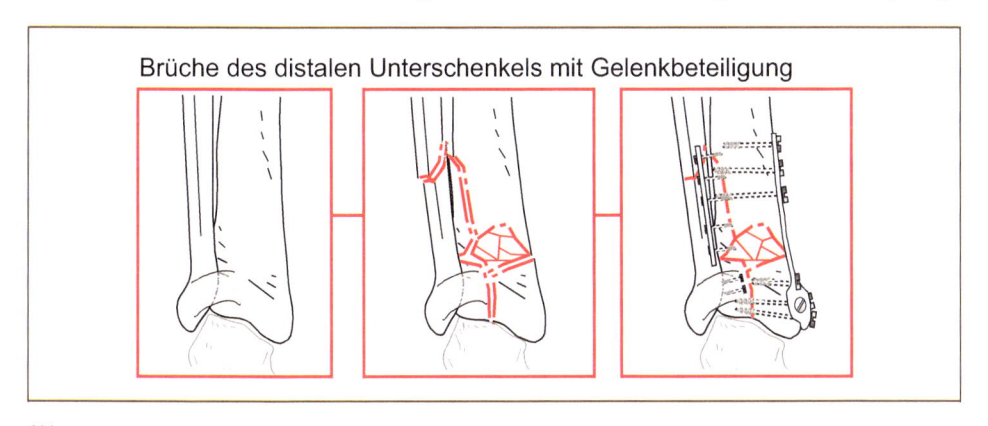

Abb. 11.37:
Komplexe Verletzungen des körperfernen Unterschenkels, die das obere Sprunggelenk einbeziehen, bedürfen einer aufwendigen operativen Rekonstruktion unter Einsatz von Schrauben und Platten. Meist ist auch eine Knochentransplantation, z. B. aus dem Beckenkamm, erforderlich.

Verletzungen der unteren Extremitäten

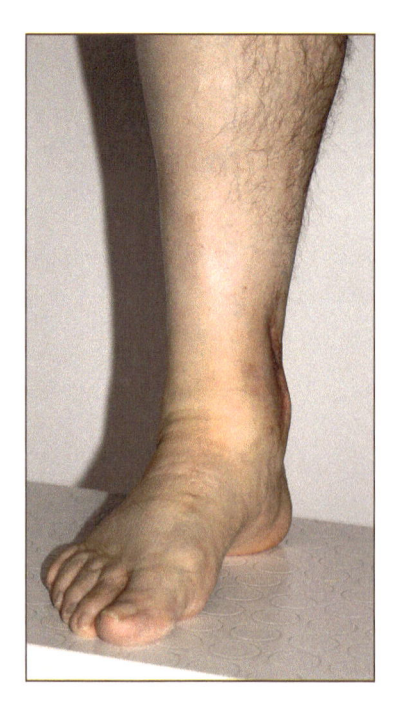

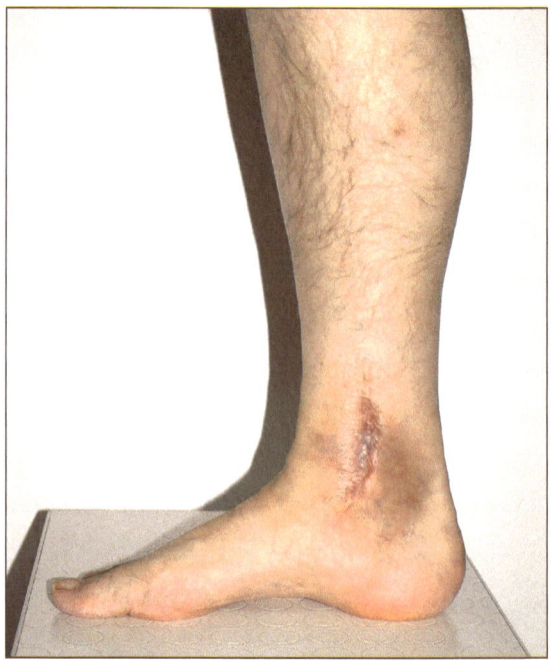

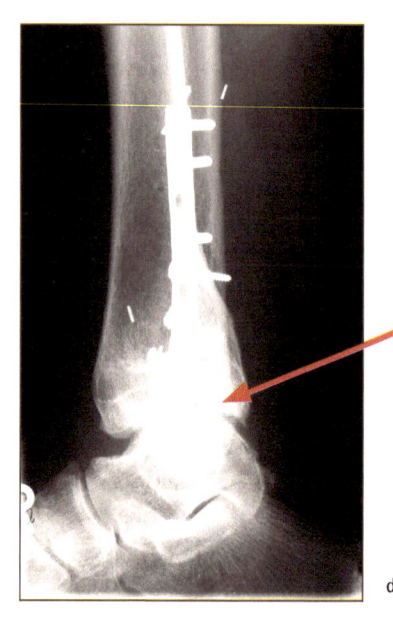

Abb. 11.38:
Die 60-jährige Reinigungskraft rutschte während der Arbeit auf glattem Boden aus und zog sich eine komplexe Luxationsfraktur des rechten körperfernen Unterschenkels mit Verletzung des oberen Sprunggelenks (Pilon tibiale, a, b) zu. Schien- und Wadenbein wurden operativ stabilisiert. 18 Monate nach der Verletzung ist bereits eine deutliche Arthrose des oberen Sprunggelenks (c, d) eingetreten. Die Probandin klagt über erhebliche Steh- und Gehbeschwerden, der rechte Unterschenkel schwelle an. Die Beweglichkeit des oberen Sprunggelenks ist erheblich vermindert, die Muskulatur des rechten Beins verschmächtigt. Der Befund ist wie eine Versteifung des oberen Sprunggelenks zu bewerten.

gelenk an. Die Schwellung kann so ausgeprägt sein, dass der Chirurg einige Tage warten muss, bevor die Verletzung endgültig versorgt werden kann. Die Pilon-tibiale-Fraktur wird fast ausschließlich operativ behandelt. Für eine konservative Therapie im Gips oder eine Behandlung mit einer Spezialorthese kommen lediglich unterschobene Brüche ohne Stufenbildung der Gelenkfläche infrage.

Therapie

Mit der operativen Behandlung wird versucht, die zerstörte Gelenkfläche anatomisch zu rekonstruieren. Verbliebene Unebenheiten begünstigen die Entstehung einer Arthrose des oberen Sprunggelenks. Bei knöchernen Defekten ist eine Spongiosatransplantation, z. B. aus dem Beckenkamm, erforderlich. Die Verletzung wird osteosynthetisch versorgt. Je nach Befund werden zur Rekonstruktion Platten, Schrauben oder Drähte verwendet. Eine evtl. vorliegende Wadenbeinfraktur wird verplattet. Der operative Eingriff ist technisch anspruchsvoll und schwierig.

Bei schwersten Zerstörungen der Schienbeingelenkfläche und des Sprungbeins kann eine primäre Versteifungsoperation des oberen Sprunggelenks sinnvoll sein, sofern sich auf andere Weise kein befriedigendes Ergebnis erzielen lässt.

Da das Sprunggelenk erst belastet werden darf, nachdem die Verletzung knöchern verheilt ist, muss der Unterschenkel etwa zehn bis zwölf Wochen an Unterarm-Gehstützen entlastet werden.

Komplikationen

Ausgedehnte Weichteilverletzungen können eine Gelenk- und Knocheninfektion begünstigen. Als häufigste Folgeerscheinung der Fraktur ist die Entstehung einer posttraumatischen Arthrose anzusehen. Gelegentlich treten Fehlstellungen im oberen Sprunggelenk im O- oder X-Sinne auf.

Regelhafter Heilverlauf – Auswirkung im täglichen Leben

Der Unterschenkel ist auch nach der Entlassung aus der stationären Behandlung zu entlasten. Wegen einer Schwellneigung sollte das Bein in den ersten Wochen nach der Verletzung immer wieder hoch gelagert werden. Auch bei mobilen Patienten ist in den ersten zwei bis vier Wochen nach Entlassung aus der stationären Behandlung eine häusliche Betreuung oder zeitweilige Pflege erforderlich. Bei älteren und immobilen Patienten ist mit einer längeren Pflegebedürftigkeit zu rechnen. Eine (in der Intensität rückläufige) Unterstützung durch eine Haushaltshilfe kann für zehn bis zwölf Wochen, d. h. bis zum Beginn der vollen Belastung des verletzten Beins, notwendig sein.

Medizinische Prognose (Welche Folgen hinterlässt die Verletzung?)

Das Gesamtgewicht des Körpers lastet auf dem Sprunggelenk. Bereits kleine Unebenheiten des Gelenks können Schmerzen und Reizzustände hervorrufen und so die Belastbarkeit des Beins erheblich beeinträchtigen. Bei unkomplizierten Frakturen, bei denen keine wesentlichen Zerstörungen der Schienbeingelenkfläche vorgelegen haben, ist die Funktionsbeeinträchtigung gering. In der Mehrzahl der Fälle wird die Belastbarkeit und Beweglichkeit des Sprunggelenks und Fußes jedoch auf Dauer vermindert verbleiben. Die Verletzten klagen zudem über eine Schwellneigung. Langfristig kann die Fähigkeit, körperlich stehende oder gehende Arbeiten auszuführen, schwere Lasten zu heben sowie Arbeiten auf Leitern und Gerüsten und in unebenem Gelände auszuführen, vermindert oder sogar aufgehoben sein. Auch sportliche Aktivitäten sind häufig nur noch mit Einschränkungen möglich, zu denken ist hier vor allem an Dauerlauf, Ballspiele und Leichtathletik. Personen, die in handwerklichen Berufen tätig sind (Maurer, Kfz-Mechaniker), können durch eine Pilon-tibiale-Fraktur berufsunfähig werden. Eine frühzeitige berufliche Neuorientierung erleichtert in diesen Fällen die Rehabilitation.

Medizinisch erforderliche Nachbehandlung	
Stationäre Rehabilitation (AHB)	Eine AHB kann bei ungünstigem Befund, Komplikationen sowie bei alten, gebrechlichen und polytraumatisierten Patienten erforderlich sein.
Dauer und Frequenz der Physiotherapie nach Eintritt der Verletzung	Krankengymnastik: zwölf Wochen zwei bis drei Behandlungen pro Woche, bei Schwellungen auch Lymphdrainage
Dauer und Frequenz der Physiotherapie nach Abschluss der Heilung	Im Anschluss an die Rekonvaleszenz kann eine weitere Physiotherapie für weitere drei bis sechs Monate erforderlich sein, z. B. ein bis zwei Mal pro Woche.
Künftige operative Behandlungen	Metallentfernung. Sofern sich eine schwere Arthrose entwickelt, kann auch eine Versteifung des oberen Sprunggelenks indiziert sein.
Hilfsmittel, Medikamente	Bis zur vollen Belastbarkeit Benutzung von Unterarmgehstützen. Bei älteren, gebrechlichen oder polytraumatisierten Verletzten kann auch die zeitweise Verordnung eines Rollstuhls und Rollators erforderlich sein.

Beeinträchtigung der Arbeitsfähigkeit	
Berufliche Anforderung	Durchschnittliche Dauer der Arbeitsunfähigkeit
Leichte Tätigkeit	6 – 12 Wochen
Leichte bis mittelschwere Arbeit	12 – 20 Wochen
Schwere körperliche Tätigkeiten und Arbeiten überwiegend im Stehen und Gehen	16 – 26 Wochen

Bewertung des Haushaltsführungsschadens		
Tätigkeit	Beeinträchtigung (in %) bis zum Abschluss der Rekonvaleszenz	Beeinträchtigung auf Dauer (in %)
Leicht: Planung	100% bis zum Ende der ersten Woche nach Entlassung aus stationärer Behandlung	Keine Beeinträchtigung
Mittel: Durchschnittliche Hausarbeiten	100% während der Entlastung an Gehstützen, weitere sechs Wochen 50%, im Anschluss daran drei Monate 30%	Bei günstigem Verlauf keine Beeinträchtigung. Bei erheblicher Funktionsstörung ist eine individuelle Beurteilung erforderlich.
Schwer: Großer Hausputz, Gartenarbeit	100% während der Entlastung an Gehstützen und für weitere drei Monate nach Beginn der Vollbelastung, anschließend drei Monate 50%	Bei günstigem Verlauf keine Beeinträchtigung Eine Arthrose des Sprunggelenks bzw. eine deutliche Achsabweichung kann eine Beeinträchtigung schwerer Hausarbeiten begründen. In diesen Fällen ist eine individuelle Beurteilung erforderlich.

Bewertung des Dauerschadens	
Versicherungszweig – Rechtsgebiet	Einschätzung des Dauerschadens
Gesetzliche Unfallversicherung: MdE	Bei günstigem Verlauf ist mit einer MdE von 10 v. H. zu rechnen, häufig begründen die Funktionsbeeinträchtigungen eine MdE von 20 v. H. In Einzelfällen können Einsteifungen, Fehlstellungen, Verbreiterungen der Knöchelgabel und Arthrosen sowie Komplikationen eine MdE von 30 v. H. verursachen.
Private Unfallversicherung: Invalidität	Zu erwarten ist eine Invalidität von 4/20 – 7/20 Fußwert.
Haftpflichtversicherung	Siehe GUV
Gesetzliche Rentenversicherung	In der Regel keine Bedeutung
Private Berufsunfähigkeitsversicherung	Erhebliche Funktionsbeeinträchtigungen des Sprunggelenks können die körperliche Belastbarkeit von Personen, die handwerklich tätig sind oder Stehberufe ausüben (Fliesenleger, Bauarbeiter, Dachdecker, Kellner), um mehr als 50 % herabsetzen und damit u. U. eine BU begründen.
Schwerbehindertenrecht, soziales Entschädigungsrecht, Beamtenrecht: GdB, GdS	10 – 20

11.16 Achillessehnenruptur

Klassifikation nach ICD-10: S86.0

Verletzungsbild und Symptomatik

Die Achillessehne gehört zu den am stärksten belastbaren Sehnen des menschlichen Körpers. Trotzdem sind Achillessehnenrisse relativ häufig. Im mittleren und höheren Lebensalter nimmt bei einem Teil der Menschen die Belastbarkeit des Sehnengewebes so weit ab, dass eine kräftige Anspannung des Wadenmuskels, so zum Beispiel beim Anlaufen oder Hochspringen, ausreicht, um die Sehne zu zerreißen. Der traumatische Achillessehnenriss ist selten. Eine unfallbedingte Ruptur ist anzunehmen, wenn eine starke äußere Gewalt auf die angespannte Achillessehne einwirkt. Dies ist zum Beispiel dann der Fall, wenn ein Mitspieler einem Fußballer mit seinem Fuß und der Last des Körpers in die vorgespannte Achillessehne grätscht. Bei der traumatischen Achillessehnenruptur werden im Allgemeinen Zeichen einer direkten Gewalteinwirkung nachweisbar sein (z. B. Prellmarke, Abschürfung).

Der größte Teil der Achillessehnenrisse entsteht spontan. Nur in Ausnahmefällen wird man eine überwiegend traumatische Genese annehmen können. Die Patienten berichten, dass sie beim Riss der Sehne einen Schlag verspürt oder sogar „einen Knall" gehört hätten. Sie seien gestürzt. Meist können sie nicht mehr angeben, ob „der Schlag" oder der Sturz zuerst erfolgt seien. Die Patienten folgen einem verständlichen Kausalitätsbedürfnis, sie nehmen an, sich einen unfallbedingten Riss zugezogen zu haben.

Der klinische Befund ist charakteristisch. Der Verletzte kann nicht auftreten und mit

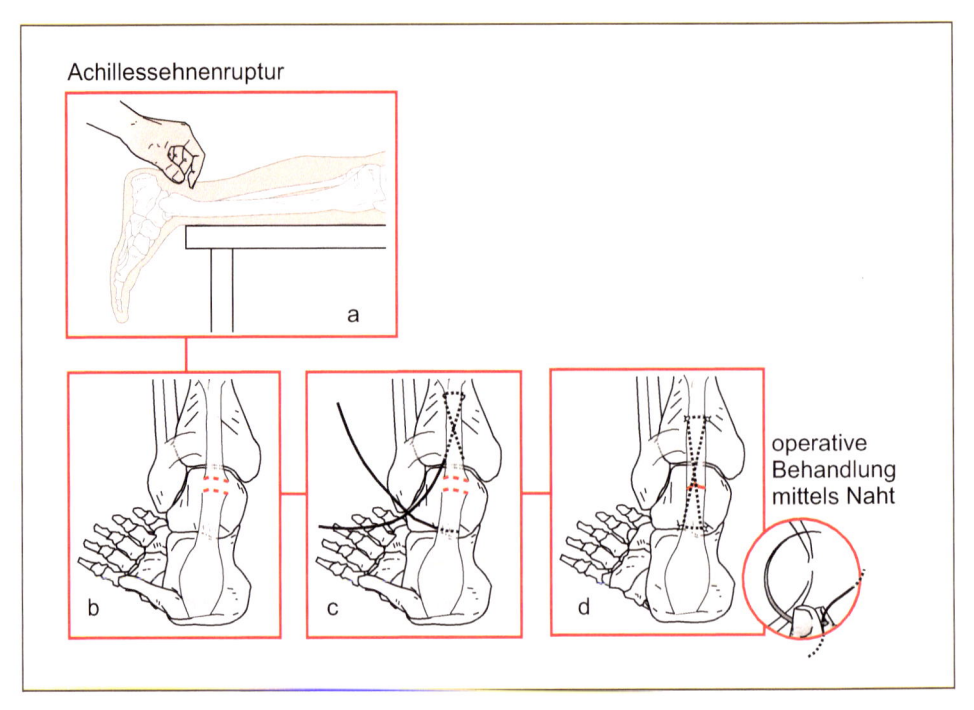

Abb. 11.39:
Die Diagnose der Achillessehnenruptur wird in Bauchlage gestellt: An Stelle der durchgehenden Achillessehne lässt sich eine Lücke ertasten (a, b). Die gerissenen Achillessehnenstümpfe werden meist genäht (c, d).

dem Fuß abrollen, er ist nicht in der Lage, in den Zehenspitzenstand zu gehen. Bei der Untersuchung der Achillessehne lässt sich eine Lücke tasten. Äußere Verletzungszeichen fehlen fast immer.

Therapie
Die Therapie der Wahl ist die operative Behandlung. Die gerissenen Achillessehnenenden werden durch Naht miteinander vereinigt. Die operierte Sehne wird in einem Spitzfußgips oder in einem speziellen Schuh für ungefähr sechs Wochen ruhig gestellt. Während dieser Zeit wird die Spitzfußstellung langsam reduziert. Nachdem die Achillessehne verheilt ist, wird sie durch eine Erhöhung des Absatzes oder die Einlage eines Fersenkeils noch für einige Monate entlastet. Eine krankengymnastische Behandlung trägt zur Verbesserung der Beweglichkeit des oberen Sprunggelenks bei.

Alternativ kann die Achillessehnenruptur konservativ in einem Spitzfußgips oder einer Orthese behandelt werden. Die gerissenen Sehnenanteile vernarben miteinander. Das funktionelle Ergebnis ist im Allgemeinen ungünstiger als bei der operativen Therapie.

Komplikationen
Die häufigste Komplikation ist die ausbleibende Vereinigung der Sehnenstümpfe, die einen plastischen Zweiteingriff erforderlich macht. Negativ auf die Heilung wirken sich ungünstige Ernährungs- und Durchblutungsverhältnisse und der Diabetes mellitus aus. Auch Infektionen können eine primäre Heilung verhindern oder verzögern.

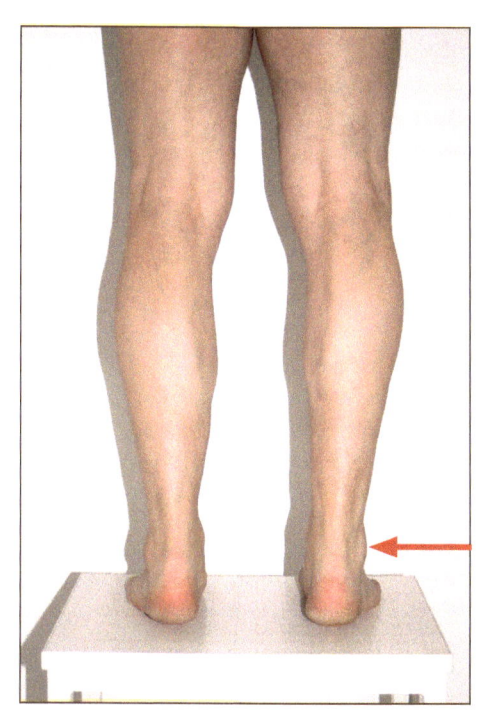

Achillessehnenruptur

Abb. 11.40:
Risse der Achillessehne entstehen – ebenso wie die der Quadrizepssehne – meist spontan. Besonders häufig betroffen sind Personen zwischen dem 40. und 50. Lebensjahr. Die gerissenen Sehnenstümpfe werden im Allgemeinen durch Naht vereinigt, gelegentlich erfolgt eine konservative Behandlung durch eine Ruhigstellung im Spitzfuß mittels einer speziellen Orthese oder in einem Gips. Abb. a zeigt den Zustand nach einer konservativ behandelten Achillessehnenruptur rechts. Die rechte Wadenmuskulatur ist verschmächtigt. Auf den Abbildungen b und c sind die Beine eines Probanden zu erkennen, der sich in kurzem Abstand nacheinander beidseits eine Achillessehnenruptur zuzog, die operativ behandelt wurde. Die Achillessehnen sind verdickt, die Wadenmuskulatur beider Unterschenkel ist relativ schwach ausgebildet.

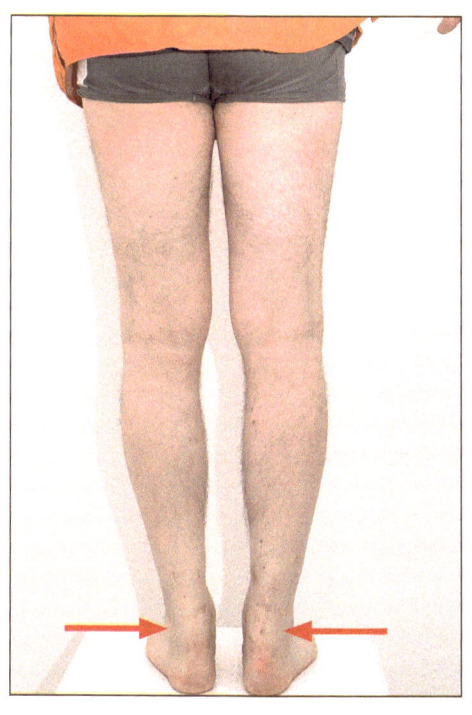

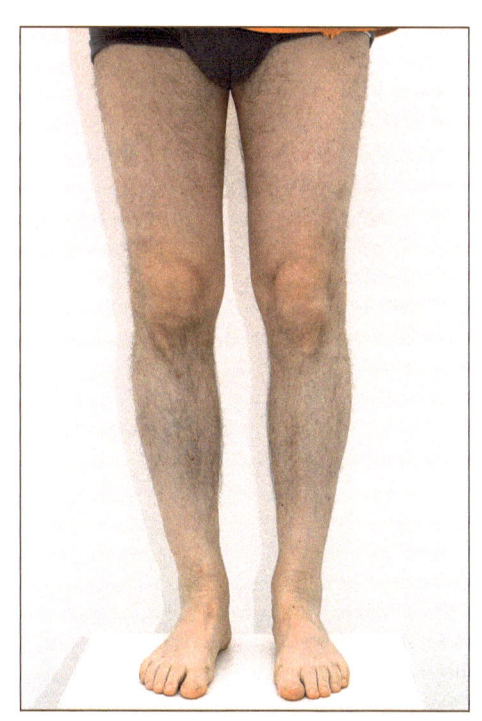

Regelhafter Heilverlauf – Auswirkung im täglichen Leben

Die operative Behandlung erfolgt meist unter stationären Bedingungen. Postoperativ sollte das Bein bis zum Abschluss der Wundheilung überwiegend hoch gelagert werden. Während dieser Zeit ist der Patient auf eine Versorgung durch Dritte angewiesen (Essenszubereitung, bei älteren und unbeholfenen Personen Hilfe bei der Körperpflege). Je nach Alter und Mobilität kann eine weitere Unterstützung bis zum Abschluss der Heilung erforderlich werden.

Medizinische Prognose (Welche Folgen hinterlässt die Verletzung?)

Der Achillessehnenriss heilt bei konsequenter Behandlung mit einer narbigen Verdickung aus. Die Beweglichkeit des Fußes bei der Hebung nach oben kann beeinträchtigt bleiben (Extension im oberen Sprunggelenk). Der Wadenmuskel erreicht nicht mehr das frühere Volumen. Nach einem halben Jahr klagen die Patienten nur noch über geringe Beschwerden. Die Leistungsfähigkeit für Sprungsportarten ist herabgesetzt. Die operativ behandelte und geheilte Sehne reißt nicht erneut.

Medizinisch erforderliche Nachbehandlung	
Stationäre Rehabilitation (AHB)	Eine AHB ist nicht erforderlich.
Dauer und Frequenz der Physiotherapie nach Eintritt der Verletzung	Krankengymnastik nach Verordnung des Arztes/Operateurs, z. B. für drei Monate zwei bis drei Behandlungen pro Woche, bei Schwellungen auch Lymphdrainage
Dauer und Frequenz der Physiotherapie nach Abschluss der Heilung	Im Anschluss an die Rekonvaleszenz kann eine gelegentliche Physiotherapie für weitere ein bis drei Monate erforderlich sein, z. B. ein Mal pro Woche.
Künftige operative Behandlungen	Nicht erforderlich
Hilfsmittel, Medikamente	Spezialschuh mit Fersenerhöhung zur Entlastung der Achillessehne, Fersenkissen, Absatzerhöhung

Beeinträchtigung der Arbeitsfähigkeit	
Berufliche Anforderung	Durchschnittliche Dauer der Arbeitsunfähigkeit
Leichte Tätigkeit	3 – 8 Wochen
Leichte bis mittelschwere Arbeit	6 – 16 Wochen
Schwere körperliche Tätigkeiten und Arbeiten überwiegend im Stehen und Gehen	10 – 26 Wochen

Bewertung des Haushaltsführungsschadens		
Tätigkeit	Beeinträchtigung (in %) bis zum Abschluss der Rekonvaleszenz	Beeinträchtigung auf Dauer (in %)
Leicht: Planung	Keine Beeinträchtigung	Keine Beeinträchtigung
Mittel: Durchschnittliche Hausarbeiten	100 % während der Entlastung an Unterarmgehstützen, weitere vier Wochen 50 %, weitere zwei Monate 20 %	Keine Beeinträchtigung
Schwer: Großer Hausputz, Gartenarbeit	100 % während der Entlastung an Gehstützen und für weitere drei Monate nach Beginn der Vollbelastung, anschließend drei Monate 20 %	Keine Beeinträchtigung

Bewertung des Dauerschadens	
Versicherungszweig – Rechtsgebiet	Einschätzung des Dauerschadens
Gesetzliche Unfallversicherung: MdE	Bei günstigem Verlauf ist mit einer MdE von unter 10 v. H. bis 10 v. H. zu rechnen. Bewegungseinschränkungen, Fehlstellungen, Verbreiterungen der Knöchelgabel und Arthrosen sowie Komplikationen können eine höhere MdE begründen.
Private Unfallversicherung: Invalidität	Zu erwarten ist eine Invalidität von 1/10 bis 5/20 Fußwert.
Haftpflichtversicherung	Siehe GUV
Gesetzliche Rentenversicherung	In der Regel keine Bedeutung
Private Berufsunfähigkeitsversicherung	Erhebliche Funktionsbeeinträchtigungen des Sprunggelenks können die körperliche Belastbarkeit von Personen, die handwerklich tätig sind oder Stehberufe ausüben (Fliesenleger, Bauarbeiter, Dachdecker, Kellner), um mehr als 50 % herabsetzen und damit u. U. eine BU begründen.
Schwerbehindertenrecht, soziales Entschädigungsrecht, Beamtenrecht: GdB, GdS	0 – 10 – (20)

11.17 Distorsion des oberen Sprunggelenks

Klassifikation nach ICD-10: S96.-

Verletzungsbild und Symptomatik

Distorsionen des Sprunggelenks entstehen durch ein „Umknicken im Knöchel" beim Sport, an einer Bordsteinkante oder beim Gehen in unebenem Gelände. Es handelt sich um eine der häufigsten Verletzungen des Menschen. Meistens knickt das Sprunggelenk nach außen weg (Supinationsverletzung), seltener nach innen (Pronationsverletzung). Das klinische Bild hängt von der Schwere der Verletzung ab. Das Gelenk schwillt an, nach Stunden bis Tagen bildet sich an der Innen- oder Außenseite des Sprunggelenks ein Hämatom, das sich bis auf den Fußrücken ausdehnen kann. Die Belastung des betroffenen Fußes schmerzt, der Verletzte humpelt. Die Schmerzen sind am Anfang heftig, lassen jedoch bei leichteren Distorsionen relativ bald nach. Da es sich bei den Zerrungen um „Bagatellverletzungen" handelt, wird der Arzt häufig erst aufgesucht, wenn sich die anfängliche Symptomatik nicht nach einigen Tagen zurückgebildet hat.

Therapie

Je nach Schwere der Distorsion empfiehlt sich eine kurzfristige Entlastung des Fußes für einige Tage an Unterarmgehstützen. Das Sprunggelenk schwillt rascher ab, wenn der Unterschenkel hoch gelagert und gekühlt wird (Kältepack, Eiswürfel, Umschläge).
Eine elastische Wicklung des Sprunggelenks oder ein Pflasterzügelverband (Tape-Verband) stabilisiert das Sprunggelenk und wird vom Verletzten als angenehm empfunden.

Komplikationen

Eine extrem seltene Komplikation ist das komplexe regionale Schmerzsyndrom (CRPS, Algodystrophie, Morbus Sudeck). Gelegentlich entwickeln sich Knorpel-Knochenschäden (Osteochondrosis dissecans), die allerdings auch ohne Unfall auftreten können (Abb. 11.41).

Regelhafter Heilverlauf – Auswirkung im täglichen Leben

Die Distorsion heilt innerhalb von ein bis vier Wochen folgenlos ab. In den ersten Tagen empfiehlt es sich, den Unterschenkel zu

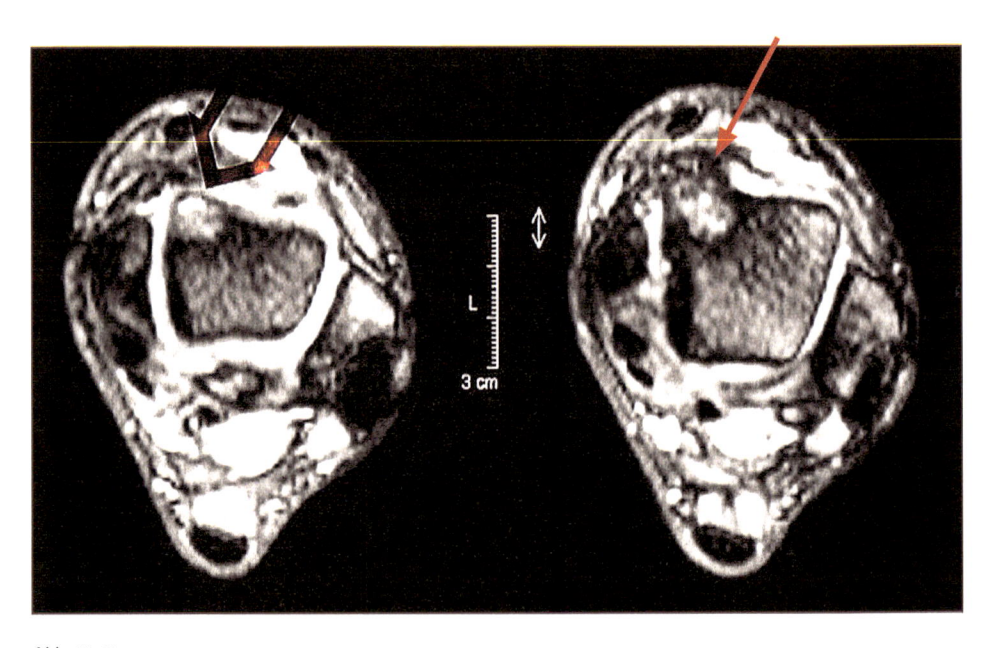

Abb. 11.41:
Osteochondrosis dissecans: Am Sprungbein und an anderen Gelenken können sich Knorpel-Knochenschäden ausbilden, die zum Teil spontan entstehen, aber auch Folge eines Unfalls, z. B. einer schweren Distorsion sein können. Um unfallbedingte Schäden adäquat zu berücksichtigen, ist es erforderlich, alle bildgebenden Dokumente vom Unfalltag bis zu einer Begutachtung zu befunden. Die Computertomographie des Sprunggelenks, die wenige Tage nach dem Unfall angefertigt wurde, beweist, dass die Osteochondrosis dissecans bereits vor dem angeschuldigten Ergebnis bestand. Die Ränder des Knorpelknochendefekts sind sklerosiert, erkennbar sind Zysten, die zu ihrer Ausbildung viele Monate benötigen. Abgebildet sind zwei horizontale Schnitte des Sprungbeins. Der Pfeil zeigt auf den unfallunabhängigen Defekt.

schonen und den Fuß hoch zu lagern, sofern eine stärkere Schwellung besteht.

Medizinische Prognose (Welche Folgen hinterlässt die Verletzung?)
Die Distorsion heilt folgenlos aus.

Medizinisch erforderliche Nachbehandlung	
Stationäre Rehabilitation (AHB)	Eine AHB ist nicht erforderlich.
Dauer und Frequenz der Physiotherapie nach Eintritt der Verletzung	Bis zu sechs krankengymnastische Behandlungen
Dauer und Frequenz der Physiotherapie nach Abschluss der Heilung	Nicht erforderlich
Künftige operative Behandlungen	Entfällt
Hilfsmittel, Medikamente	Entfällt

Beeinträchtigung der Arbeitsfähigkeit	
Berufliche Anforderung	Durchschnittliche Dauer der Arbeitsunfähigkeit
Leichte Tätigkeit	2 – 3 Wochen
Leichte bis mittelschwere Arbeit	3 – 4 Wochen
Schwere körperliche Tätigkeiten und Arbeiten überwiegend im Stehen und Gehen	3 – 6 Wochen

Bewertung des Haushaltsführungsschadens		
Tätigkeit	Beeinträchtigung (in %) bis zum Abschluss der Rekonvaleszenz	Beeinträchtigung auf Dauer (in %)
Leicht: Planung	Keine Beeinträchtigung	Keine Beeinträchtigung
Mittel: Durchschnittliche Hausarbeiten	100 % für maximal ein bis zwei Wochen	Keine Beeinträchtigung
Schwer: Großer Hausputz, Gartenarbeit	100 % für maximal zwei bis vier Wochen, nach schweren Distorsionen zwei weitere Wochen 50 %	Keine Beeinträchtigung

Bewertung des Dauerschadens	
Versicherungszweig – Rechtsgebiet	Einschätzung des Dauerschadens
Gesetzliche Unfallversicherung: MdE	Eine MdE verbleibt nicht.
Private Unfallversicherung: Invalidität	Es verbleibt kein Dauerschaden.
Haftpflichtversicherung	Siehe GUV
Gesetzliche Rentenversicherung	Kein Leistungsanspruch
Private Berufsunfähigkeitsversicherung	Kein Leistungsanspruch
Schwerbehindertenrecht, soziales Entschädigungsrecht, Beamtenrecht: GdB, GdS	0

11.18 Fibulare Bandruptur – Riss der Außenbänder am Sprunggelenk

Klassifikation nach ICD-10: S93.2

Verletzungsbild und Symptomatik

Der Verletzungsmechanismus entspricht der Verdrehung des Sprunggelenks. Die auf das Gelenk einwirkende Gewalt ist jedoch größer. Das Sprungbein wird dadurch so stark aus der Knöchelgabel herausgeklappt, dass Bänderstrukturen und Teile der Gelenkkapsel am äußeren oberen Sprunggelenk zerreißen. Der Außenbandkomplex besteht aus drei Anteilen, von denen meistens das seitliche und das vordere Band betroffen sind (Lig. talofibulare anterius, Lig. calcaneofibulare). Verdreht sich der Unterschenkel gegen den festgedrehten Fuß, dann kann zusätzlich die Bandhaft (Syndesmose) zwischen Schien- und Wadenbein reißen. Das Sprunggelenk schwillt nach der Verletzung an, einige Zeit später zeichnet sich ein Bluterguss an Sprunggelenk und Fuß ab. Die Symptomatik ähnelt einer Knöchelfraktur. Durch eine Röntgenaufnahme wird eine Fraktur ausgeschlossen. Von der Anfertigung einer gehaltenen Röntgenaufnahme, mit der sich die Aufklappbarkeit dokumentieren lässt, ist man weitgehend abgekommen. Eine Kernspintomographie ist nur indiziert, wenn die Verletzung nicht in

Ruptur der Außenbänder am Sprunggelenk – fibulare Bandruptur

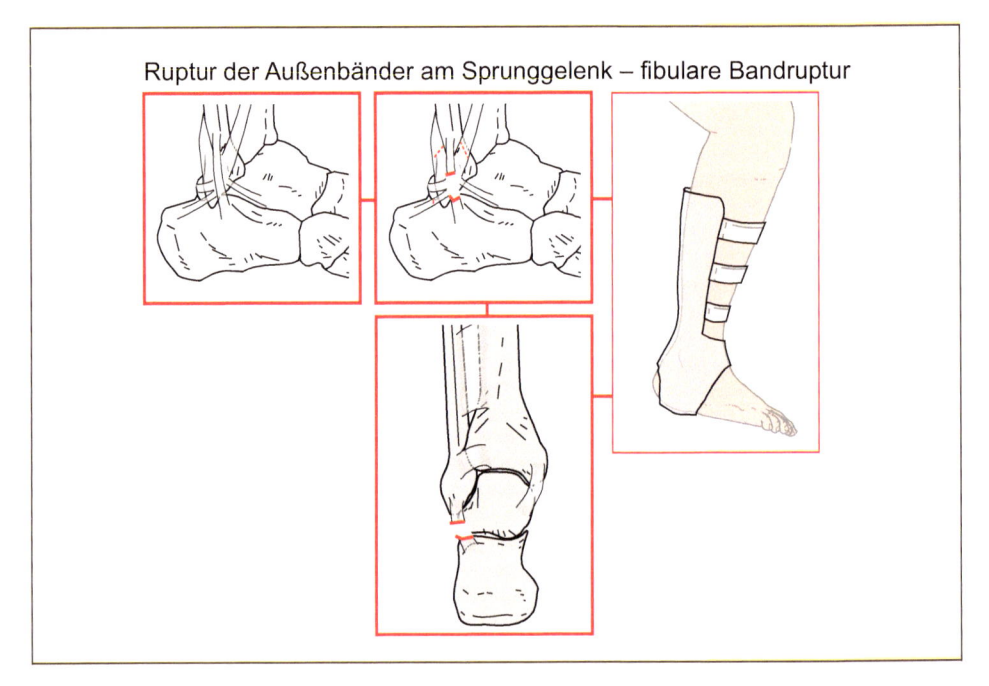

Abb. 11.42:
Zerrungen der Knöchelbänder gehören zu den häufigsten Verletzungen. Risse der Außenbänder werden fast ausschließlich konservativ behandelt. Am häufigsten ist die Versorgung mit einer Orthese, die ungefähr sechs Wochen getragen werden muss.

einer angemessenen Zeit ausheilt, um weitere Schäden am Sprunggelenk auszuschließen (z.B. traumatische Knorpelschäden).

Therapie
Die fibulare Bandruptur wird mit gutem Ergebnis konservativ behandelt.

Eine operative Rekonstruktion des Bandapparats ist Sonderfällen vorbehalten. Die Patienten sollten den Fuß für einige Tage hochlegen, sie werden mit einer Schiene versorgt, die die Kippbewegung im Sprunggelenk ausschaltet (weit verbreitet ist die Aircast-Schiene), alternativ kann auch eine Behandlung im Gehgips oder mit Tape-Verbänden erfolgen. Die Heilung der Bänder benötigt ungefähr sechs Wochen. Je nach klinischem Befund kann die Schiene bereits früher abgelegt und auf eine elastische Wicklung übergegangen werden. Mit vollständiger oder fast vollständiger Wiederherstellung ist zu rechnen. In seltenen Fällen ist die Beweglichkeit des oberen Sprunggelenks nach der Ausheilung eingeschränkt. Gelegentlich geht eine Schwellneigung erst nach einigen Monaten zurück. Sofern eine Instabilität der Außenbänder verbleibt, kann ein operativer Revisionseingriff erforderlich sein, bei dem Bänder, Teile von Sehnen oder Periostzügel (Knochenhaut) zur Fixierung des Außenknöchels an das Sprung- und Fersenbein verwendet werden.

Komplikationen
Komplikationen sind bei der konservativen Therapie der fibularen Bandruptur nicht zu erwarten. In seltenen Fällen kann eine Instabilität der Außenbänder verbleiben, die einen plastischen Revisionseingriff erforderlich macht.

Regelhafter Heilverlauf – Auswirkung im täglichen Leben
Während der ersten zwei Wochen kann die Benutzung von Gehstützen erforderlich sein, die die Selbstversorgung beeinträchtigen und eine gewisse Unterstützung im Haushalt notwendig werden lassen. Danach ist die selbstständige Haushaltsführung möglich.

Medizinische Prognose (Welche Folgen hinterlässt die Verletzung?)
Die Verletzung heilt folgenlos oder ohne wesentliche Folgen aus. Selten verbleibt eine Instabilität nach mehrfachen Distorsionen und Rerupturen der Außenbänder. In diesem Fall kann eine Operation erforderlich werden, bei der die ehemaligen Außenbänder durch körpereigenes Material ersetzt werden (z.B. OP nach Watson-Jones).

Medizinisch erforderliche Nachbehandlung	
Stationäre Rehabilitation (AHB)	Eine AHB ist nicht erforderlich.
Dauer und Frequenz der Physiotherapie nach Eintritt der Verletzung	Bis zu sechs krankengymnastische Behandlungen
Dauer und Frequenz der Physiotherapie nach Abschluss der Heilung	Nicht erforderlich
Künftige operative Behandlungen	Entfällt
Hilfsmittel, Medikamente	Entfällt

Beeinträchtigung der Arbeitsfähigkeit

Berufliche Anforderung	Durchschnittliche Dauer der Arbeitsunfähigkeit
Leichte Tätigkeit	2 – 4 Wochen
Leichte bis mittelschwere Arbeit	4 – 8 Wochen
Schwere körperliche Tätigkeiten und Arbeiten überwiegend im Stehen und Gehen	6 – 12 Wochen

Bewertung des Haushaltsführungsschadens

Tätigkeit	Beeinträchtigung (in %) bis zum Abschluss der Rekonvaleszenz	Beeinträchtigung auf Dauer (in %)
Leicht: Planung	Keine Beeinträchtigung	Keine Beeinträchtigung
Mittel: Durchschnittliche Hausarbeiten	Bis zu zwei Wochen 100 %, für bis zu vier weitere Wochen 50 %	Keine Beeinträchtigung
Schwer: Großer Hausputz, Gartenarbeit	100 % für sechs Wochen, vier weitere Wochen 50 %	Keine Beeinträchtigung

Bewertung des Dauerschadens

Versicherungszweig – Rechtsgebiet	Einschätzung des Dauerschadens
Gesetzliche Unfallversicherung: MdE	0 – unter 10 v. H.
Private Unfallversicherung: Invalidität	Es verbleibt im Allgemeinen kein Dauerschaden, eine leichte Instabilität kann eine Invalidität von 1/20 bis 2/20 Fußwert begründen.
Haftpflichtversicherung	Siehe GUV
Gesetzliche Rentenversicherung	Kein Leistungsanspruch
Private Berufsunfähigkeitsversicherung	Kein Leistungsanspruch
Schwerbehindertenrecht, soziales Entschädigungsrecht, Beamtenrecht: GdB, GdS	0

11.19 Frakturen des oberen Sprunggelenks

Klassifikation nach ICD-10: S82.-

Verletzungsbild und Symptomatik

Bei einem Umknicken des Fußes nach außen oder innen oder einer indirekten Gewalteinwirkung, z. B. bei Verkehrsunfällen, kann die Knöchelgabel gesprengt werden. Häufigste Ursache ist das Umknicken nach außen mit einer Verdrehung des Fußes nach innen (Supinations-Adduktionsfraktur). Man spricht auch von einem Sprunggelenkverrenkungsbruch. Hierbei bricht der Außenknöchel, seltener auch der Innenknöchel. Die Knöchelgabel ist gesprengt, das Sprungbein findet keinen Halt mehr, es luxiert nach außen. Bei einem Umknicken des Fußes nach innen kann der Innenknöchel, ggf. auch in Kombination mit dem Außenknöchel, abreißen. Es sind die unterschiedlichsten Kombinationsverletzungen denkbar. Nach der Verletzung schwellen Sprunggelenk und Fuß stark an. Der Fuß kann im Allgemeinen nicht oder zumindest nicht schmerzfrei belastet werden. Bei Luxation oder Subluxation des Talus (Sprungbeins) besteht eine sichtbare Fehlstellung.

Im Rahmen einer Kombinationsverletzung kann ein Stück aus der hinteren Schienbeinkante (sog. „hinteres Volkmannsches Dreieck") ausbrechen. In diesem Fall spricht man auch von einem trimalleolären Sprunggelenksbruch („Bruch aller drei Knöchel").

Nicht selten zerreißt die Verbindung zwischen Schien- und Wadenbein (Syndesmose, Membrana interossea) durch das Unfallereignis. Wird diese Verletzung nicht operativ behandelt, dann fehlt dem Sprungbein die feste Führung zwischen Innen- und Außenknöchel, es verbleibt eine Gelenkinstabilität,

Einteilung der Frakturen des Sprunggelenks	
Die Einteilung der Frakturen nach Weber trägt der Funktion der Bandhaft zwischen Schien- und Wadenbein Rechnung.	
Weber-A-Fraktur	Bruch des Außenknöchels unterhalb der Syndesmose, gelegentlich einhergehend mit einem Abscherbruch des Innenknöchels
Weber-B-Fraktur	Außenknöchelbruch, bei dem die Bruchlinie in Höhe der Syndesmose liegt, diese ist fast immer mit zerrissen. Auch in diesem Fall kann der Innenknöchel gebrochen bzw. das Deltaband (Ligamentum deltoideum) gerissen sein.
Weber-C-Fraktur	Bei diesem Bruchtyp ist das Wadenbein oberhalb der Syndesmose gebrochen. Die Membrana interossea ist zerrissen. Der Innenknöchel kann ebenfalls gebrochen sein.

Weitere Verletzungen / Frakturen	
Isolierte Innenknöchelbrüche	Werden ohne Syndesmosenläsion als Weber-A-Frakturen bezeichnet. Ist die Syndesmose verletzt, so wird die Verletzung als Weber-B-Fraktur klassifiziert.
Maisonneuve-Fraktur	Sonderform der Weber-C-Fraktur. Durch die Luxation des Sprungbeines im Sprunggelenk wird sowohl die Syndesmose als auch kräftige bindegewebige Verbindung zwischen Schien- und Wadenbein (Membrana interossea) zerrissen. Das Wadenbein bricht in Höhe des oberen Drittels des Unterschenkels, die Bandverbindung des Wadenbeinköpfchens mit dem Schienbeinkopf bleibt jedoch erhalten (Abb. 11.36).
Knorpel-Knochen-Läsionen	Abscherbrüche des Sprungbeins Kontusion des Sprungbeins mit der späteren Entwicklung einer Osteochondrosis dissecans (umschriebene Knochennekrose) Kontusion der Gelenkfläche des körperfernen Schienbeins (Bone bruise)

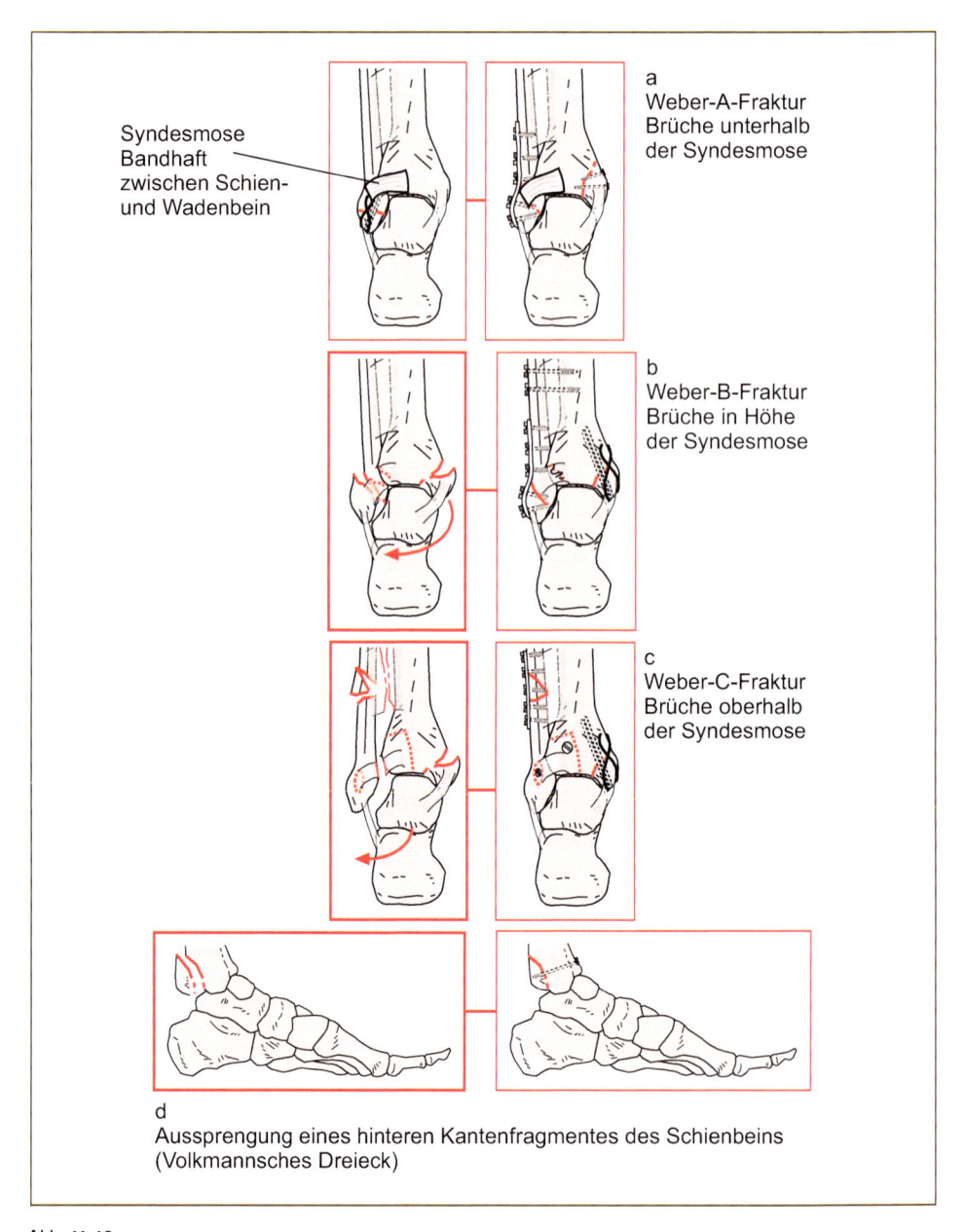

Abb. 11.43:
Die Einteilung der Knöchelbrüche nach Weber orientiert sich an der Syndesmose, der Bandverbindung (Bandhaft) zwischen Schien- und Wadenbein. Frakturen unterhalb der Syndesmose werden als Weber A bezeichnet (a). Da die Knöchelgabel intakt bleibt, können diese Verletzungen konservativ behandelt werden. Bei den Frakturen Typ Weber B verläuft die Bruchlinie in Höhe der Syndesmose, die Knöchelgabe ist beschädigt (b), die Syndesmose muss wiederhergestellt werden, ggf. ist die Verbindung zwischen Schien- und Wadenbein bis zur Ausheilung der Bandhaft zusätzlich zu stabilisieren. Bei allen Brüchen Typ Weber C sind sowohl die knöchernen Verletzungen als auch die Bandverbindungen zwischen Schien- und Wadenbein zu versorgen (c).
Sofern aus dem Schienbein ein hinteres Kantenfragment ausgesprengt wurde, spricht man von einem „Volkmannschen Dreieck" (d) oder – bei gleichzeitigem Bruch von Innen- und Außenknöchel - von einer „trimalleolären Fraktur". Größere Bruchstücke werden verschraubt.

die die Funktion des Fußes erheblich beeinträchtigt. Die Wiederherstellung der Syndesmose und der Membran ist deshalb von besonderer Bedeutung.

Therapie
Unverschobene Außenknöchelbrüche (Weber A) können konservativ behandelt werden. Bei stärkeren Verschiebungen von Innen- oder Außenknöchel, Rissen der Syndesmose oder der Membrana interossea ist eine operative Revision angezeigt. Nur die exakte anatomische Rekonstruktion garantiert die bestmögliche Wiederherstellung der Funktion des Sprunggelenks. Unregelmäßigkeiten der Gelenkflächen begünstigen die Entstehung einer posttraumatischen Arthrose.

Die Außenknöchelbrüche werden im Allgemeinen mit einer kleinen Platte (Drittelrohrplatte) versorgt, der Innenknöchel kann durch eine Zuggurtung oder eine Schraube stabilisiert werden. Sofern ein größeres hinteres Kantenfragment (Volkmannsches Dreieck) ausgebrochen ist, wird dieses mit einer Zugschraube fixiert.

Bei Brüchen des Typs Weber B und C ist die Sprunggelenkgabel instabil. Um diese wiederherzustellen, wird die Syndesmose genäht und das Wadenbein für einen begrenzten Zeitraum mit einer „Stellschraube" am Schienbein fixiert. Die Ruhigstellung unterstützt die Heilung der Syndesmose und der Membrana interossea. Die Schraube kann sechs Wochen später entfernt werden. Durch die frühzeitige Metallentfernung wird eine sonst drohende Verknöcherung von Schien- und Wadenbein vermieden.

Nach der operativen Versorgung kann eine Schiene bis zum Abheilen der Hautwunde nach 14 Tagen angelegt werden. Während dieser Zeit sollte der Unterschenkel möglichst hoch gelagert werden, um eine Schwellung zu vermeiden. Hieran schließt sich eine Krankengymnastik an. Bis zum Abschluss der sechsten postoperativen Woche darf der Fuß nur mit 20 kg belastet werden (Benutzung von Gehstützen). Nach Entfernung der Stellschraube wird die Belastung langsam bis auf volles Körpergewicht gesteigert. Die Verletzung ist nach acht bis zwölf Wochen knöchern verheilt. Das Metall kann nach ein bis eineinhalb Jahren entfernt werden.

Komplikationen
Nach operativer Behandlung oder bei offenen Sprunggelenkfrakturen kann ein Infekt auftreten. Selten ist die Entstehung eines Falschgelenks (Pseudarthrose). Möglich ist die Schädigung des Nervus suralis (Gefühlsstörungen des Fußes). Langfristig kann die Entstehung einer posttraumatischen Arthrose begünstigt werden. Sehr selten entwickelt sich ein komplexes regionales Schmerzsyndrom (CRPS, Algodystrophie, Morbus Sudeck).

Regelhafter Heilverlauf – Auswirkung im täglichen Leben
Nach Abschluss der 14-tägigen Wundheilung ist der Fuß noch für mindestens sechs Wochen fast vollständig zu entlasten. Während dieser Zeit ist der Gebrauch von Unterarm-Gehstützen unumgänglich. Je nach Mobilität können ältere und kranke Personen zeitweilig auf eine pflegerische Betreuung angewiesen sein. Eine Unterstützung im Haushalt für sechs bis acht Wochen kann in Abhängigkeit von der Schwere der Verletzung erforderlich werden.

Medizinische Prognose (Welche Folgen hinterlässt die Verletzung?)
Durch die operative Behandlung ist häufig eine weitgehende funktionelle Wiederherstellung möglich. Sofern Unebenheiten in

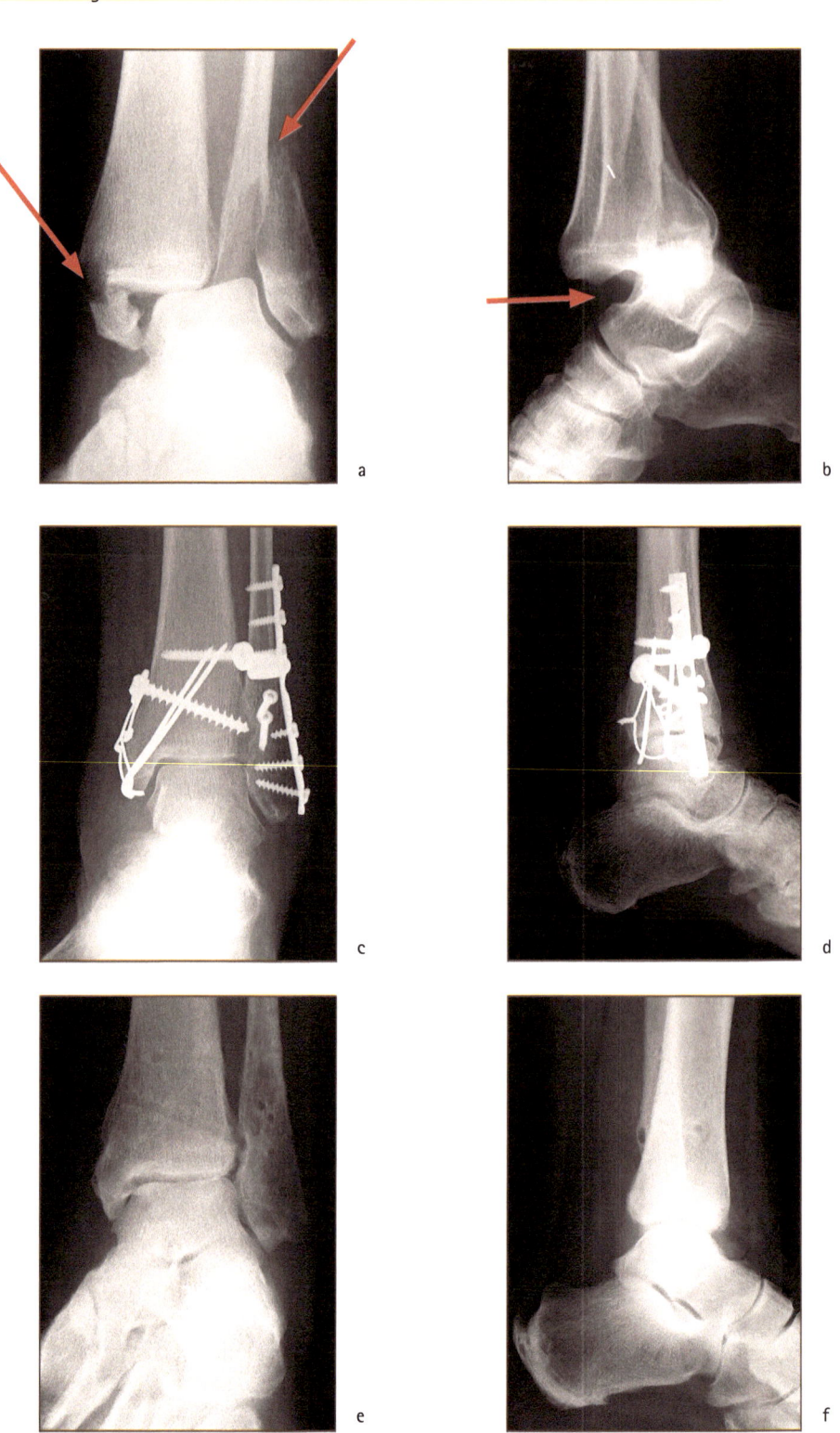

Verletzungen der unteren Extremitäten

Frakturen des oberen Sprunggelenks

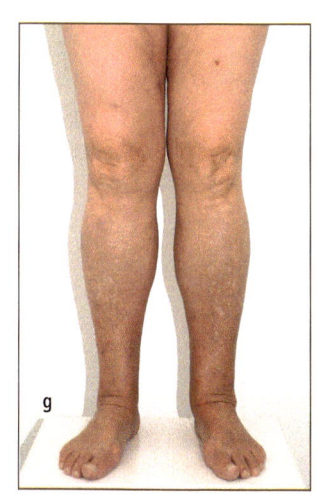

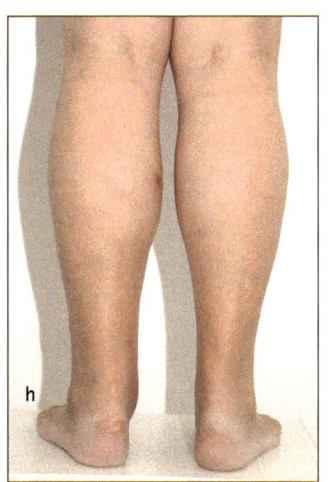

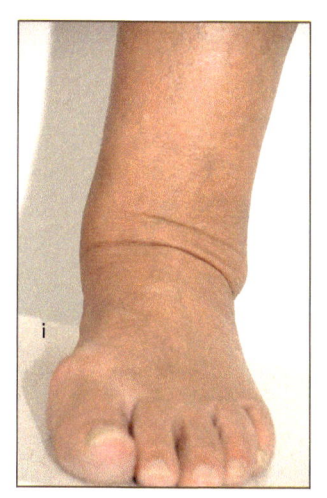

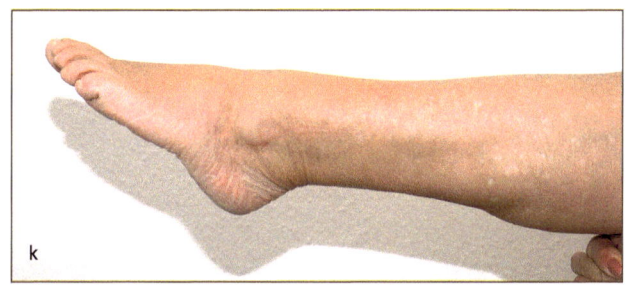

Abb. 11.44:
Weber-C-Fraktur des linken Sprunggelenks: Die 50-jährige Probandin rutschte beim Wandern auf einem abschüssigen Weg ab und erlitt dabei eine schwere Luxationsfraktur des Knöchels (a, b). Noch am gleichen Tag wurden die Frakturen von Innen- und Außenknöchel osteosynthetisch versorgt (c, d), die Bandhaft zwischen Schien- und Wadenbein wurde wiederhergestellt. Zwei Jahre später wurde die Verletzte begutachtet. Das Metall war bereits entfernt. Das Gelenk weist keine Arthrose auf (e, f). Die Probandin war zufrieden (g-l), beeinträchtigt war nur die Hebung des Fußes im oberen Sprunggelenk.

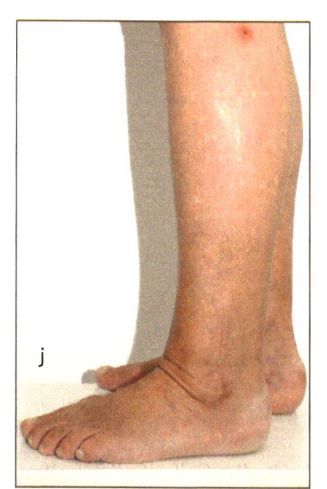

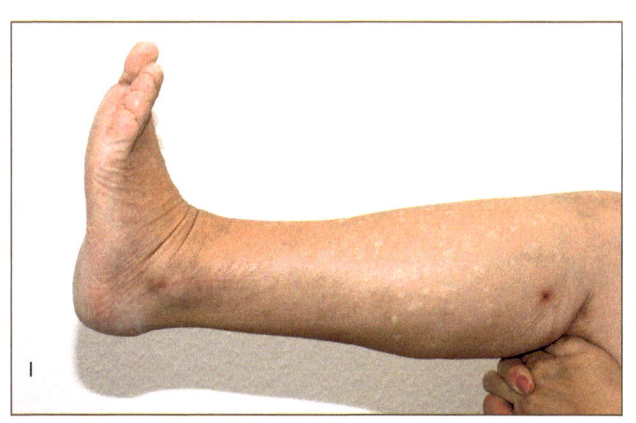

der Gelenkfläche oder eine Verbreiterung der Knöchelgabel verbleiben, wird die Entstehung einer posttraumatischen Arthrose begünstigt.

Für Sportarten, die die Sprunggelenke stark belasten, und überwiegend stehende Tätigkeiten sowie Arbeiten in unebenem Gelände können Einschränkungen verbleiben. In Ausnahmefällen kann eine berufliche Neuorientierung erforderlich werden.

Medizinisch erforderliche Nachbehandlung	
Stationäre Rehabilitation (AHB)	Eine AHB ist im Allgemeinen nicht erforderlich. Ausnahme: Komplikationen, alte, gebrechliche und polytraumatisierte Patienten
Dauer und Frequenz der Physiotherapie nach Eintritt der Verletzung	Krankengymnastik bis zur weitgehenden Wiederherstellung der Beweglichkeit, z. B. acht Wochen zwei bis drei Behandlungen pro Woche, bei Schwellungen auch Lymphdrainage
Dauer und Frequenz der Physiotherapie nach Abschluss der Heilung	Im Anschluss an die Rekonvaleszenz kann eine gelegentliche Physiotherapie für weitere drei Monate erforderlich sein, z. B. ein Mal pro Woche.
Künftige operative Behandlungen	Metallentfernung
Hilfsmittel, Medikamente	Bis zur vollen Belastbarkeit Benutzung von Unterarmgehstützen. Bei älteren, gebrechlichen oder polytraumatisierten Verletzten kann auch die zeitweise Verordnung eines Rollstuhls und Rollators erforderlich sein.

Beeinträchtigung der Arbeitsfähigkeit	
Berufliche Anforderung	Durchschnittliche Dauer der Arbeitsunfähigkeit
Leichte Tätigkeit	6 – 12 Wochen
Leichte bis mittelschwere Arbeit	8 – 16 Wochen
Schwere körperliche Tätigkeiten und Arbeiten überwiegend im Stehen und Gehen	12 – 20 Wochen

Bewertung des Haushaltsführungsschadens		
Tätigkeit	Beeinträchtigung (in %) bis zum Abschluss der Rekonvaleszenz	Beeinträchtigung auf Dauer (in %)
Leicht: Planung	100 % für eine Woche nach stationärer Entlassung	Keine Beeinträchtigung
Mittel: Durchschnittliche Hausarbeiten	100 % während der Entlastung an Gehstützen, 50 % für weitere zwei Wochen, 30 % für die anschließenden vier Wochen	Keine Beeinträchtigung
Schwer: Großer Hausputz, Gartenarbeit	100 % für zwölf Wochen, acht weitere Wochen 50 %	Keine Beeinträchtigung, nach ungünstigem Verlauf ist eine individuelle Beurteilung erforderlich.

Bewertung des Dauerschadens	
Versicherungszweig – Rechtsgebiet	Einschätzung des Dauerschadens
Gesetzliche Unfallversicherung: MdE	Bei günstigem Verlauf ist mit einer MdE von unter 10 v. H. bis 10 v. H. zu rechnen. Bewegungseinschränkungen, Fehlstellungen, Verbreiterungen der Knöchelgabel und Arthrosen sowie Komplikationen können eine höhere MdE begründen.
Private Unfallversicherung: Invalidität	Zu erwarten ist eine Invalidität von 1/10 bis 5/20 Fußwert.
Haftpflichtversicherung	Siehe GUV
Gesetzliche Rentenversicherung	In der Regel keine Bedeutung
Private Berufsunfähigkeitsversicherung	Erhebliche Funktionsbeeinträchtigungen des Sprunggelenks können die körperliche Belastbarkeit von Personen, die handwerklich tätig sind oder Stehberufe ausüben (Fliesenleger, Bauarbeiter, Dachdecker, Kellner), um mehr als 50 % herabsetzen und damit u. U. eine BU begründen.
Schwerbehindertenrecht, soziales Entschädigungsrecht, Beamtenrecht: GdB, GdS	10 (–20)

11.20 Talusfraktur – Sprungbeinbruch

Klassifikation nach ICD-10: S92.1

Verletzungsbild und Symptomatik

Das Sprungbein überträgt die Last des Schienbeins auf das Fußskelett, das Fersenbein sowie die erste Fußwurzelreihe. Brüche des Talus entstehen meist durch eine indirekte Gewalteinwirkung, insbesondere einen Sturz aus großer Höhe. Nicht selten sind weitere Verletzungen mit einer Talusfraktur verbunden: Frakturen des Innen- oder Außenknöchels, Luxation des oberen- und/oder unteren Sprunggelenks. Bei einer Luxation im oberen Sprunggelenk ist der Fuß deformiert. Neben den knöchernen Verletzungen können ausgedehnte Weichteilverletzungen vorliegen. Bei einem Sturz aus großer Höhe treten als Begleitverletzungen Brüche des Oberschenkels und des Schienbeinkopfs auf. Sieht man von der Aussprengung kleiner Fragmente ab, so handelt es sich um eine schwere Verletzung.

Therapie

Die Behandlung von Talusfrakturen richtet sich nach der Lokalisation und Schwere der Verletzung. Die Talusfraktur kann durch die Entwicklung einer Osteonekrose (Absterben des Sprungbeins) kompliziert werden.

Eine konservative Behandlung (Gips- oder Orthesenruhigstellung, anschließende Entlastung in einem Unterschenkel-Geh-

Einteilung der Frakturen des Talus

Man unterscheidet zentrale und periphere Talusfrakturen.

Zentrale Talusfrakturen	• Brüche des Talushalses (Collum tali) Es handelt sich um eine typische Sturzverletzung bei Stürzen aus großer Höhe. • Brüche des Kopfs des Talus (Caput tali) • Bruch der Talusrolle (Brüche der Trochlea tali)
Periphere Frakturen	• Seitliche Kantenabbrüche (flake fracture) von der Gelenkfläche • Absprengung von Fragmenten an der Außenseite des Talus (Prozessus lateralis tali) bzw. der Hinterkante des Talus (Prozessus posterior tali)

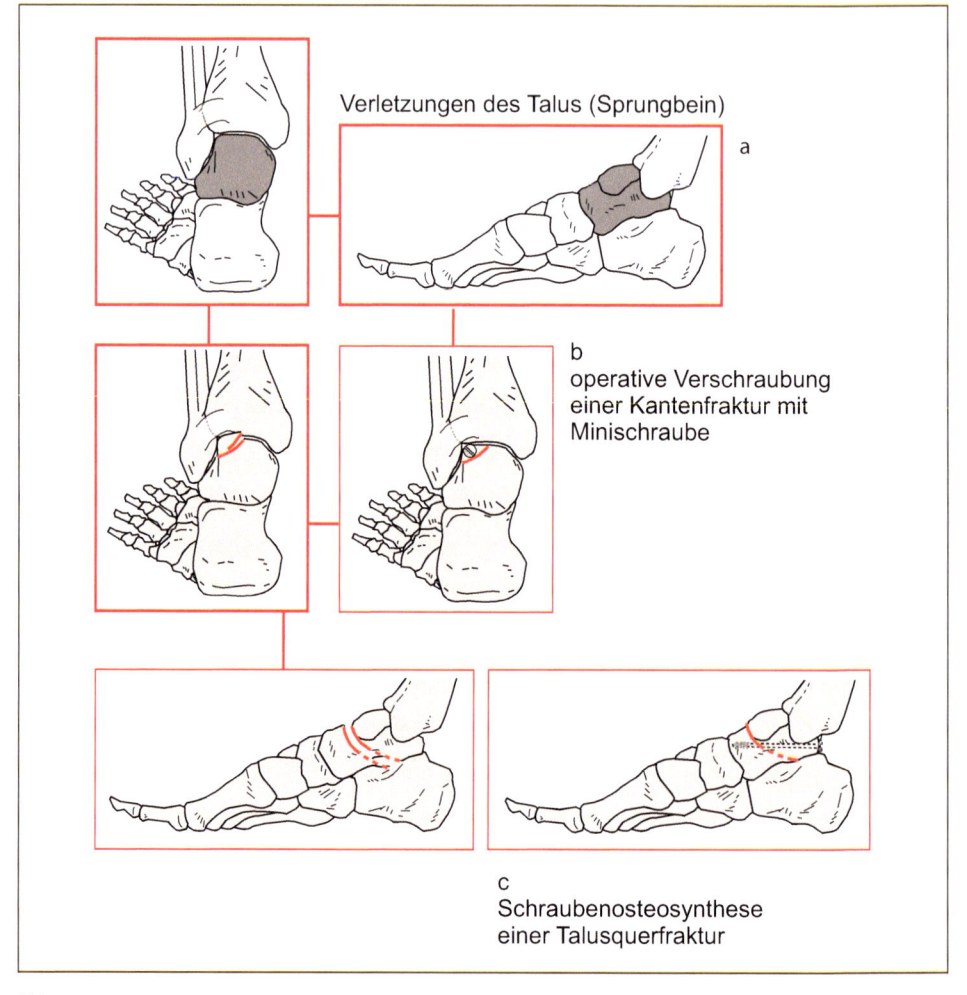

Verletzungen des Talus (Sprungbein)

a

b
operative Verschraubung einer Kantenfraktur mit Minischraube

c
Schraubenosteosynthese einer Talusquerfraktur

Abb. 11.45:
Das Sprungbein wird durch Innen- und Außenknöchel, die die Sprunggelenkgabel bilden, geführt (a). Brüche des Talus entstehen häufig bei Stürzen aus großer Höhe (c). Bei schweren Distorsionen können die Kanten des Sprungbeins abbrechen (b). Wird eine Osteochondrosis dissecans nach einem Unfall diagnostiziert, so ist der Zusammenhang mit einem Unfall im Einzelfall zu prüfen (s. S. 396).

apparat bei begleitender Krankengymnastik) wird vor allem bei kleineren Abbrüchen aus dem seitlichen oder hinteren Anteil des Sprungbeins vorgenommen. Daneben können auch zentrale Brüche, die nicht verschoben sind, konservativ behandelt werden.

Eine operative Therapie kommt bei stark verschobenen und luxierten Sprungbeinbrüchen in Frage. Ziel ist die möglichst exakte anatomische Wiederherstellung des Talus. Die Verletzung kann je nach Lokalisation mit Schrauben, zeitweiliger Fixierung mit Nägeln (Steinmann-Nagel) oder mit einem äußeren Spannrahmen versorgt werden. Ist der Talus durch eine Trümmerfraktur in viele Fragmente gesprengt, so kann eine primäre Gelenkversteifung die bessere Lösung sein. Bei offenen Frakturen mit Zerstörung des Talus kann eine Entfernung des Sprungbeins erforderlich werden. In diesen Fällen wird die körperferne Schienbeingelenkfläche mit dem Fersenbein versteift.

Der verletzte Fuß ist mindestens für drei bis sechs Monate (Talushalsbrüche) zu entlasten. Um die Mobilität des Verletzten zu verbessern, kann ein Unterschenkelapparat angefertigt werden, der sich am Schienbeinkopf abstützt, der Fuß hängt in der Spezialschiene, ohne belastet zu werden. Die gegenseitige Schuhsohle muss dementsprechend einige Zentimeter erhöht werden (Allgöwer-Apparat).

Komplikationen

Im Rahmen der Verletzung können Nerven- und Gefäßschäden entstehen. Ausgedehnte Weichteilverletzungen, Durchblutungsstörungen und ein Diabetes mellitus begünstigen die Entwicklung einer Osteomyelitis. Eine gefürchtete und bei Talushalsfrakturen nicht seltene Komplikation ist der Gewebetod des Sprungbeins (Talusnekrose). Nicht selten bildet sich auch eine Arthrose des oberen oder unteren Sprunggelenks aus. Durch eine Kompression des Nervus tibialis kann ein Tarsaltunnelsyndrom entstehen. Hierdurch können Gefühlsstörungen unterhalb des Innenknöchels und Lähmungen der kleinen Fußmuskeln verursacht werden.

Regelhafter Heilverlauf – Auswirkung im täglichen Leben

Der Verletzte ist in den ersten Wochen nach Entlassung aus stationärer Behandlung auf eine pflegerische Betreuung angewiesen. Nachdem eine Versorgung mit einem Unterschenkelentlastungsapparat erfolgt ist, können kürzere Strecken mit Hilfe von Gehstützen zurückgelegt werden. Arbeiten im Stehen oder Gehen, größere Einkäufe und anstrengende Reinigungstätigkeiten können für einige Monate nicht ausgeführt werden. Während dieser Zeit ist (mit abnehmender Intensität) eine Unterstützung durch eine Haushaltshilfe erforderlich.

Medizinische Prognose (Welche Folgen hinterlässt die Verletzung?)

Strukturveränderungen des Talus, die mit einer Minderung der Belastbarkeit einhergehen, und posttraumatische Arthrosen des oberen und unteren Sprunggelenks können die Geh- und Stehfähigkeit erheblich beeinträchtigen. Mit einer Bewegungseinschränkung der Sprunggelenke ist zu rechnen. Zeitweilig tritt eine Knochenkalksalzminderung des Fußes ein. Nach Entstehung einer Talusnekrose oder schweren umformenden Veränderungen können keine Arbeiten im Stehen oder Gehen mehr ausgeführt werden. In diesen Fällen ist ein Berufswechsel angezeigt.

Die pathologische Fraktur des Sprungbeins, keine Unfallfolge

Gelegentlich bricht das Sprungbein spontan, d. h. ohne ein Trauma. Betroffen sind Menschen mit neurologischen Störungen, die über keine Tiefensensibilität verfügen. Der Fuß wird dann bei jedem Schritt einer unkontrollierten Bewegung ausgesetzt. Da der Kranke das Auftreten des Fußes nicht kontrollieren kann, erleidet dieser immer wieder Mikrotraumen (hartes Auftreten, Vertreten, leichtes Umknicken), ohne die Schädigung zu bemerken. Hierdurch wird die Knochenstruktur des Talus so lange geschwächt, bis eine pathologische Fraktur entsteht. Betroffen sind vor allem Diabetiker mit einem schlecht eingestellten Blutzucker, die unter einer Polyneuropathie leiden. Die feinen Nervenendigungen werden durch den Diabetes geschädigt. Anfänglich klagen die Kranken über eine verminderte Empfindungsfähigkeit der Haut, später über die Störung der Tiefensensibilität. Aus der Spontanfraktur kann sich eine Nekrose entwickeln, da der Betroffene den Bruch nicht bemerkt und den Fuß weiter belastet (Abb. 11.46). In diesen Fällen wird von einem Charcot-Gelenk gesprochen. Die Erkrankung ist nach dem französischen Nervenarzt Jean-Martin Charcot (1825–1893) benannt.

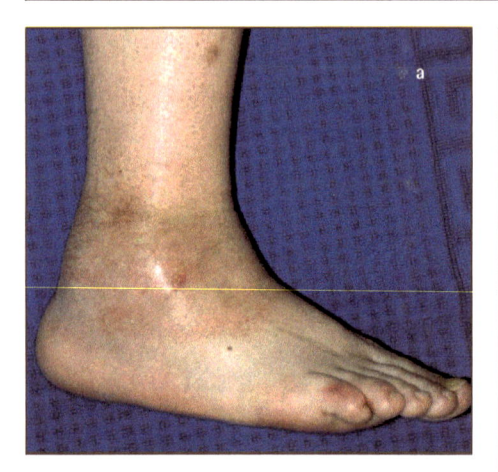

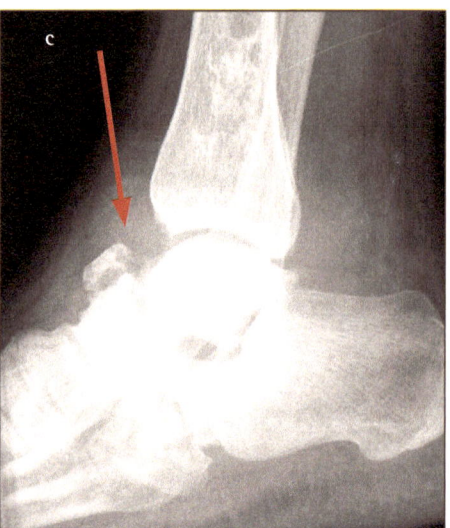

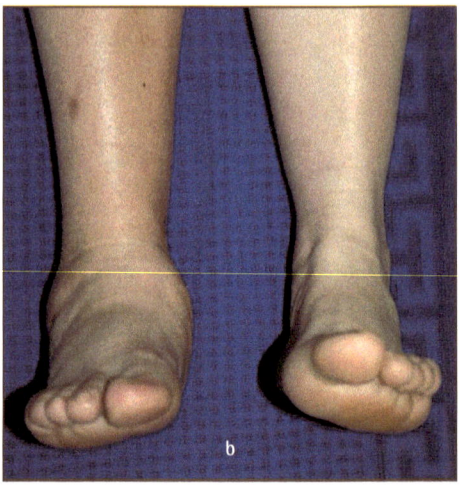

Abb. 11.46:
Gelegentlich sind gravierende Gelenkschäden zu beurteilen, die auf einen Unfall zurückgeführt werden. Die 24-jährige Probandin klagte über eine schmerzlose Schwellung des rechten Sprunggelenks. Sie sei „wohl mit dem Fuß umgeknickt", könne sich jedoch nicht erinnern, bei welchem Anlass (a, b). Röntgenologisch waren alte Frakturen des Talus (Sprungbein) nachweisbar (c). Die weitere Anamnese ergab, dass die Patientin an einem entgleisten Diabetes litt. Der aktuelle Blutzuckerwert betrug über 600 mg/dl (normal bis 100 mg/dl). Der lange Zeit unbehandelte Diabetes hatte die sensiblen Nerven geschädigt, der jungen Frau fehlte die Schutz- und Tiefensensibilität. Bei jedem Schritt wurde der Fuß unkontrolliert belastet, mit der Zeit bildeten sich Ermüdungsfrakturen aus. Die Gelenkzerstörung war Folge der Polyneuropathie. Das Leiden wird nach Erstbeschreiber Jean-Martin Charcot als „Charcot-Gelenk" bezeichnet. Die Erkrankung steht in keinem Zusammenhang mit einem Unfall.

Talusfraktur

Medizinisch erforderliche Nachbehandlung	
Stationäre Rehabilitation (AHB)	Eine AHB kann bei ungünstigem Befund, Komplikationen, sowie bei alten, gebrechlichen und polytraumatisierten Patienten erforderlich sein.
Dauer und Frequenz der Physiotherapie nach Eintritt der Verletzung	Krankengymnastik zwölf Wochen zwei bis drei Behandlungen pro Woche, bei Schwellungen auch Lymphdrainage
Dauer und Frequenz der Physiotherapie nach Abschluss der Heilung	Im Anschluss an die Rekonvaleszenz kann eine Physiotherapie für weitere drei bis sechs Monate erforderlich sein, z. B. ein bis zwei Mal pro Woche.
Künftige operative Behandlungen	Ggf. Metallentfernung. Sofern sich eine schwere Arthrose im oberen, unteren oder vorderen Sprunggelenk entwickelt, kann eine (Teil-)Versteifung der Sprunggelenke indiziert sein.
Hilfsmittel, Medikamente	Bis zur vollen Belastbarkeit Benutzung von Unterarmgehstützen. Entlastende Unterschenkelorthese (Allgöwer- Apparat). Bei älteren, gebrechlichen oder polytraumatisierten Verletzten kann auch die zeitweise Verordnung eines Rollstuhls erforderlich sein.

Beeinträchtigung der Arbeitsfähigkeit	
Berufliche Anforderung	Durchschnittliche Dauer der Arbeitsunfähigkeit
Leichte Tätigkeit	6 – 12 Wochen
Leichte bis mittelschwere Arbeit	12 – 20 Wochen
Schwere körperliche Tätigkeiten und Arbeiten überwiegend im Stehen und Gehen	16 – 26 Wochen

Bewertung des Haushaltsführungsschadens		
Tätigkeit	Beeinträchtigung (in %) bis zum Abschluss der Rekonvaleszenz	Beeinträchtigung auf Dauer (in %)
Leicht: Planung	100 % bis zum Ende der zweiten Woche nach Entlassung aus stationärer Behandlung	Keine Beeinträchtigung
Mittel: Durchschnittliche Hausarbeiten	100 % während der Entlastung an Gehstützen, 50 %, solange ein Allgöwer-Apparat getragen wird. Nach Abnahme der Orthese und Aufnahme der Vollbelastung 30 % für weitere drei Monate	Bei günstigem Verlauf keine Beeinträchtigung. Bei erheblicher Funktionsstörung ist eine individuelle Beurteilung erforderlich.
Schwer: Großer Hausputz, Gartenarbeit	100 % während der Entlastung an Gehstützen und des Tragens des Apparates. Nach Wiederaufnahme der Vollbelastung weiterhin 100 % für drei Monate, 50 % für die sich anschließenden sechs Monate	Bei günstigem Verlauf keine Beeinträchtigung. Eine Arthrose des oberen und unteren Sprunggelenks kann die Ausführung schwerer Hausarbeiten beeinträchtigen. In diesen Fällen ist eine individuelle Beurteilung erforderlich.

Bewertung des Dauerschadens	
Versicherungszweig – Rechtsgebiet	Einschätzung des Dauerschadens
Gesetzliche Unfallversicherung: MdE	Bei günstigem Verlauf ist mit einer MdE von 10 v.H. zu rechnen, häufig begründen die Funktionsbeeinträchtigungen eine MdE von 20 v.H. In Einzelfällen können Einsteifungen, Fehlstellungen, Verbreiterungen der Knöchelgabel und Arthrosen sowie Komplikationen eine MdE von 30 v.H. begründen.
Private Unfallversicherung: Invalidität	Zu erwarten ist eine Invalidität von 4/20 – 7/20 Fußwert.
Haftpflichtversicherung	Siehe GUV
Gesetzliche Rentenversicherung	In der Regel keine Bedeutung
Private Berufsunfähigkeitsversicherung	Erhebliche Funktionsbeeinträchtigungen des Sprunggelenks können die körperliche Belastbarkeit von Personen, die handwerklich tätig sind oder Stehberufe ausüben (Fliesenleger, Bauarbeiter, Dachdecker, Kellner), um mehr als 50% herabsetzen und damit u. U. eine BU begründen.
Schwerbehindertenrecht, soziales Entschädigungsrecht, Beamtenrecht: GdB, GdS	10 – 20

11.21 Kalkaneusfraktur – Fersenbeinbruch

Klassifikation nach ICD-10: S92.0

Verletzungsbild und Symptomatik

Das Fersenbein bildet den hinteren Teil des Fußes. Beim Sturz aus großer Höhe wirkt die Last des Körpers vor allem auf das Fersenbein ein. Typische Verletzungsmechanismen sind unbeabsichtigte Stürze von einer Leiter, von einem Gerüst, übermütiges Springen und Suizidversuche. Das Fersenbein kann auch bei einem Frontalzusammenstoß brechen, wenn der Fahrer sich im Moment des Unfalls an der Pedale oder dem Fahrzeugboden abstützt. Durch die Verletzung schwillt der Fuß stark an, die Schwellung und das Hämatom dehnen sich bis zu den Zehen aus. Nach einiger Zeit können Spannungsblasen entstehen.

Therapie

Fersenbeinbrüche können sowohl konservativ als auch operativ behandelt werden. Die Wahl des Verfahrens hängt von der Schwere der Verletzung ab. Fersenbeinbrüche werden nach unterschiedlichen Klassifikationssystemen eingeteilt. Unterschieden werden Brüche, bei denen die Fraktur außerhalb des Gelenks verläuft, von solchen, die die Gelenkflächen einbeziehen. Offene Frakturen werden gesondert berücksichtigt.

Brüche, die die Gelenkflächen nicht einbeziehen, der unterschobene Bruch des hinteren Kalkaneus und der inneren Vorwölbung (Prozessus medialis) können konservativ behandelt werden. Ist ein größeres

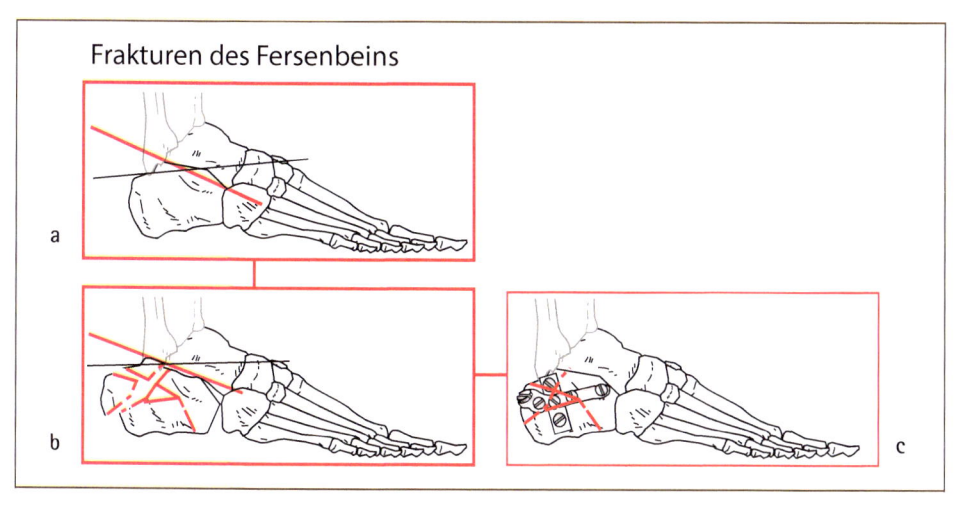

Abb. 11.47:
Der Winkel zwischen dem Höcker (Tuber) des Fersenbeins (schwarz gezeichnet) und der Gelenkfläche (rot gezeichnet) wird als „Tubergelenkwinkel" (a) bezeichnet. Der Chirurg versucht diesen Winkel und die Gelenkfläche des gebrochenen Fersenbeins (b, c) bestmöglich wiederherzustellen (c), da sonst eine schmerzhafte Arthrose und Einsteifung des unteren Sprunggelenks zu erwarten ist.

Fragment aus dem oberen hinteren Teil des Kalkaneus abgerissen (Entenschnabelbruch), so ist die operative Rekonstruktion einfach, das Bruchfragment wird verschraubt.

Die innerartikulären Frakturen (Brüche mit Beteiligung der Gelenkflächen) sind kompliziert, da sie langfristig die Funktion des unteren Sprunggelenks erheblich beeinträchtigen. Damit verschlechtert sich die Anpassungsfähigkeit des Fußes beim Laufen auf unebenem oder seitlich abschüssigem Gelände. Die Behandlung zielt darauf ab, die Form des Fersenbeins möglichst anatomisch exakt wiederherzustellen, um das Fußlängsgewölbe und die Funktion des unteren Sprunggelenks zu erhalten. Ein Maß für die Schwere der Verletzung und den Erfolg der Wiederherstellung ist der Tubergelenkwinkel. Diesen Winkel erhält man, indem man mit zwei Linien die proximalen Umrisse des Fersenbeins markiert (Abb. 11.47). Eine Linie verläuft an der oberen Begrenzung des Tubers des Fersenbeins, eine zweite Linie bildet die höchsten Punkte der vorderen und hinteren Gelenkkante ab. Der von beiden sich kreuzenden Linien gebildete Winkel beträgt 140 bis 150°, ein sich hinter dem Fersenbein abbildender „Komplementärwinkel" beträgt 20 bis 40°. Nach einem Fersenbruch verkleinert sich dieser Winkel (das Gelenk tritt tiefer, der hintere Teil des Fersenbeins höher), er verringert sich gegen null oder wird sogar positiv.

Im Rahmen der Einrichtung der Fraktur wird versucht, die ursprüngliche anatomische Form des Fersenbeins wiederherzustellen und die Gelenkfläche des unteren Sprunggelenks zu rekonstruieren. Dabei wird auch der Tubergelenkwinkel wieder aufgerichtet. Der Tubergelenkwinkel ermöglicht es damit, sowohl das Ausmaß der Gelenkverformung und Funktionsstörung als auch den Erfolg der Therapie abzuschätzen.

Bei der operativen Behandlung kommen Schrauben, kleinere Platten, K-Drähte und der Fixateur externe zur Anwendung. Konservativ behandelte Brüche werden für sechs bis acht Wochen in einer Orthese oder einem

Verletzungen der unteren Extremitäten

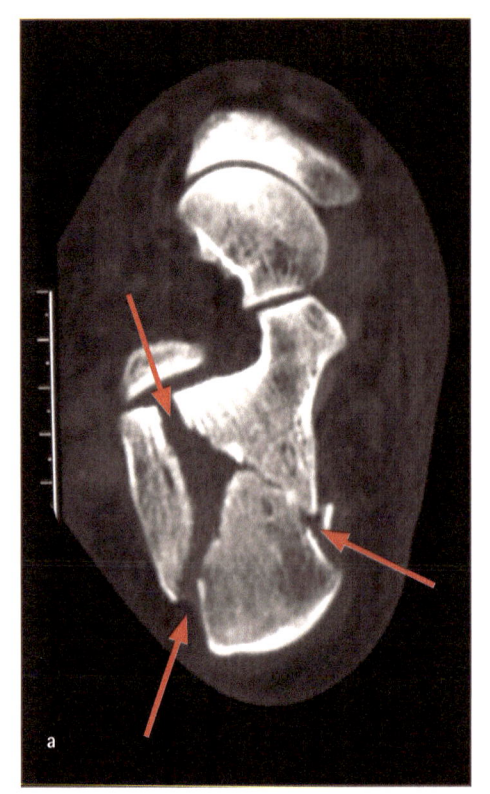

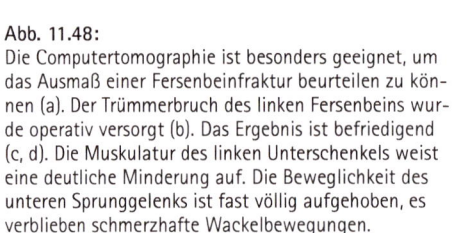

Abb. 11.48:
Die Computertomographie ist besonders geeignet, um das Ausmaß einer Fersenbeinfraktur beurteilen zu können (a). Der Trümmerbruch des linken Fersenbeins wurde operativ versorgt (b). Das Ergebnis ist befriedigend (c, d). Die Muskulatur des linken Unterschenkels weist eine deutliche Minderung auf. Die Beweglichkeit des unteren Sprunggelenks ist fast völlig aufgehoben, es verblieben schmerzhafte Wackelbewegungen.

Gips ruhig gestellt und entlastet. Auch nach operativer Therapie darf der Fuß für sechs bis acht (gelegentlich bis zwölf) Wochen nicht belastet werden. Bei komplizierten Trümmerbrüchen des Fersenbeins kann eine primäre Versteifung des unteren Sprunggelenks sinnvoll sein.

Die operative Therapie wird im Allgemeinen verzögert, d. h. nach Abschwellen des Fußes durchgeführt, um Durchblutungs- und Ernährungsstörungen, die direkt nach dem Unfall häufig auftreten können, zu ver-

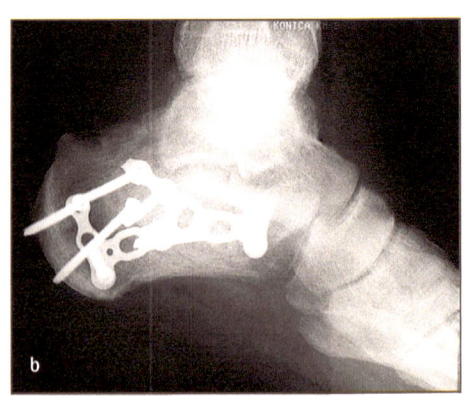

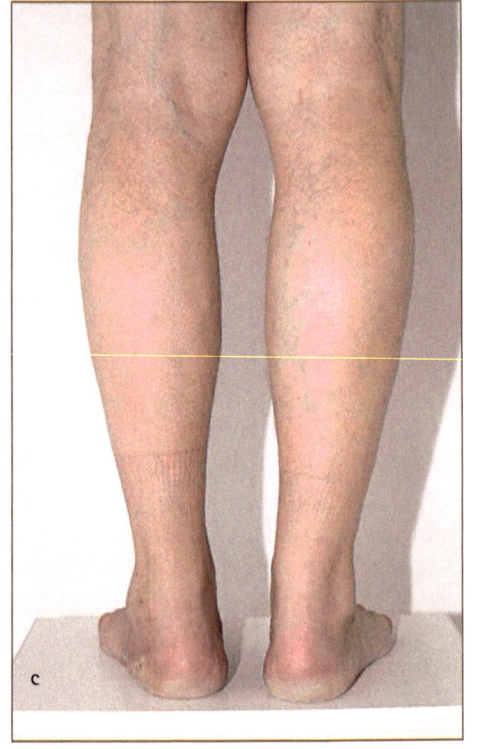

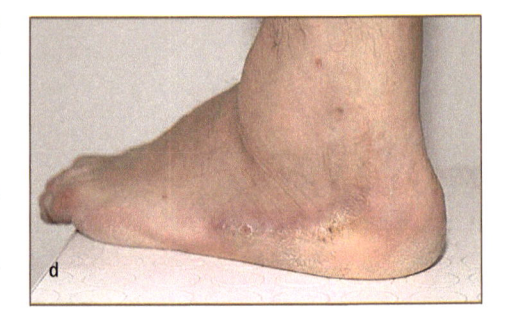

Kalkaneusfraktur

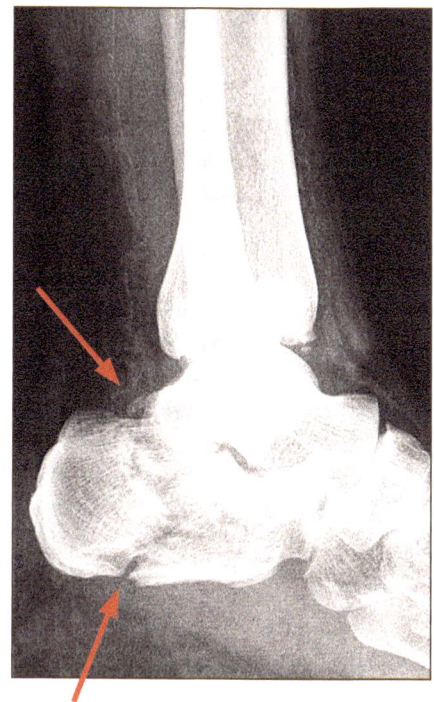

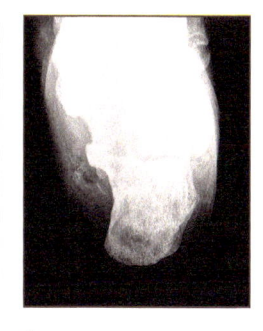

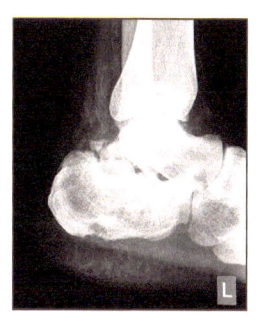

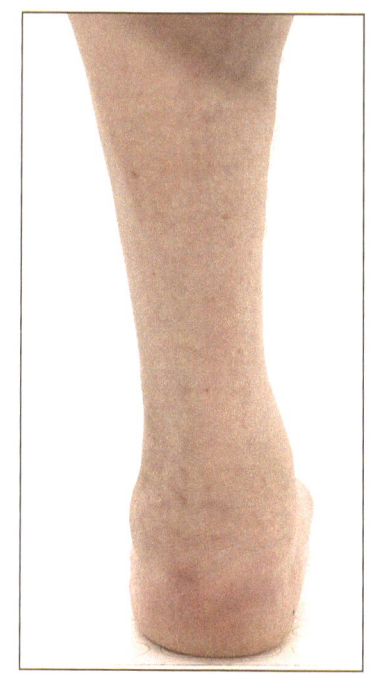

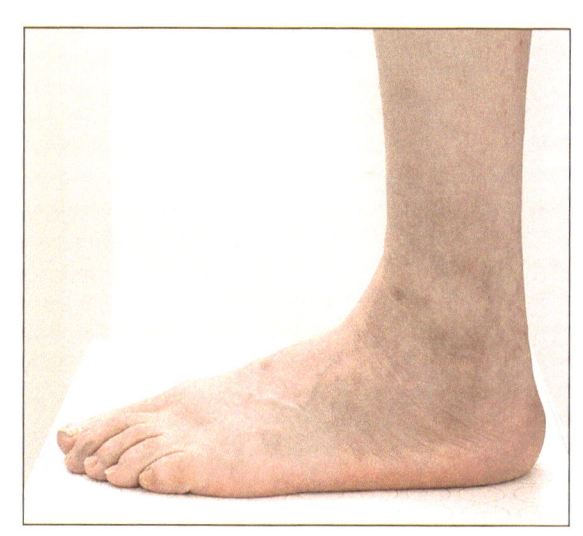

Abb. 11.49:
Fersenbeinfraktur (a) mit starker Verformung und Zerstörung des unteren Sprunggelenks. Die Verletzung wurde konservativ behandelt (b, c). Es verblieb eine deutliche Verformung des Rückfußes (d, e). Das untere Sprunggelenk steifte ein.

meiden. K-Drähte werden nach vollständiger Durchbauung der Fraktur gezogen. Ob die eingebrachten Schrauben und Platten entfernt werden, hängt von der Lokalisation ab, häufig können sie verbleiben.

Komplikationen
Die begleitenden Weichteilverletzungen begünstigen Wundheilungsstörungen und Infekte. Eine längere Ruhigstellung kann die Bewegungsfähigkeit des Fußes herabsetzen und Fehlstellungen fördern. Bei ungünstigem Verlauf kann sich ein Kompartmentsyndrom des Fußes mit Krallenzehen ausbilden. Durch die Verletzung oder die operative Behandlung können Nerven geschädigt werden. Selten entsteht ein komplexes regionales Schmerzsyndrom (CRPS, Algodystrophie, Morbus Sudeck).

Regelhafter Heilverlauf – Auswirkung im täglichen Leben
Da der verletzte Fuß bis zur knöchernen Heilung zu entlasten ist, kann für sechs bis acht Wochen eine Unterstützung durch eine Haushaltshilfe erforderlich sein. Ältere und immobile Personen bedürfen in den ersten Wochen nach Entlassung aus stationärer Behandlung einer pflegerischen Betreuung.

Medizinische Prognose (Welche Folgen hinterlässt die Verletzung?)
Fersenbeinbrüche mit Gelenkbeteiligung können die Geh- und Stehfähigkeit des Fußes erheblich beeinträchtigen, da die exakte Rekonstruktion der Gelenkflächen des unteren Sprunggelenks oft nicht möglich ist. Die verheilte Ferse ist plumper. Besonders für Menschen, die ihren Beruf im Stehen und Gehen ausüben, und Sportler kann eine Fersenbeinfraktur erhebliche Auswirkungen haben.

Fersenbeinbrüche mit Gelenkbeteiligung hinterlassen häufig eine Einschränkung der Beweglichkeit im unteren Sprunggelenk. Durch das Tragen von Schuhen mit einer weichen Fußbettung (Joggingschuhe) oder die Verordnung eines orthopädischen Schuhs mit Steifstellung des unteren Sprunggelenks können Beschwerden gelindert werden. Auch lässt sich dadurch die Belastbarkeit des Fußes erhöhen. Personen mit stehenden Tätigkeiten können zu einem Berufswechsel gezwungen sein.

Medizinisch erforderliche Nachbehandlung	
Stationäre Rehabilitation (AHB)	Eine AHB kann bei Komplikationen und alten, gebrechlichen und polytraumatisierten Patienten erforderlich sein.
Dauer und Frequenz der Physiotherapie nach Eintritt der Verletzung	Krankengymnastik zwölf Wochen zwei Behandlungen pro Woche, bei Schwellungen auch Lymphdrainage
Dauer und Frequenz der Physiotherapie nach Abschluss der Heilung	Im Anschluss an die Rekonvaleszenz kann eine weitere Physiotherapie für drei bis sechs Monate erforderlich sein, z. B. ein Mal pro Woche.
Künftige operative Behandlungen	Ggf. Metallentfernung. Sofern sich eine schwere Arthrose im unteren oder vorderen Sprunggelenk entwickelt, kann eine (Teil-)Versteifung der Sprunggelenke indiziert sein.
Hilfsmittel, Medikamente	Bis zur vollen Belastbarkeit Benutzung von Unterarmgehstützen. Bei ältern, gebrechlichen oder polytraumatisierten Verletzten kann auch die zeitweise Verordnung eines Rollstuhls und Rollators erforderlich sein.

Beeinträchtigung der Arbeitsfähigkeit

Berufliche Anforderung	Durchschnittliche Dauer der Arbeitsunfähigkeit
Leichte Tätigkeit	6 – 12 Wochen
Leichte bis mittelschwere Arbeit	12 – 20 Wochen
Schwere körperliche Tätigkeiten und Arbeiten überwiegend im Stehen und Gehen	12 – 26 Wochen

Bewertung des Haushaltsführungsschadens

Tätigkeit	Beeinträchtigung (in %) bis zum Abschluss der Rekonvaleszenz	Beeinträchtigung auf Dauer (in %)
Leicht: Planung	100 % bis zum Ende der zweiten Woche nach Entlassung aus stationärer Behandlung	Keine Beeinträchtigung
Mittel: Durchschnittliche Hausarbeiten	100 % während der Entlastung an Gehstützen, 50 % während der folgenden vier Wochen, 30 % für weitere drei Monate	Bei günstigem Verlauf keine Beeinträchtigung. Bei erheblicher Funktionsstörung ist eine individuelle Beurteilung erforderlich.
Schwer: Großer Hausputz, Gartenarbeit	100 % während der Entlastung an Gehstützen, nach Wiederaufnahme der Vollbelastung weiterhin 100 % für drei Monate, 50 % für die sich anschließenden sechs Monate	Bei günstigem Verlauf keine Beeinträchtigung. Eine Fehlstellung des Rückfußes und Arthrose des unteren Sprunggelenks kann die Ausführung schwerer Hausarbeiten beeinträchtigen. In diesen Fällen ist eine individuelle Beurteilung erforderlich.

Bewertung des Dauerschadens

Versicherungszweig – Rechtsgebiet	Einschätzung des Dauerschadens
Gesetzliche Unfallversicherung: MdE	Mit einer MdE von 10 v. H. ist zu rechnen, bei ausgeprägten Fehlstellungen und Funktionsbeeinträchtigungen kann eine MdE von 20 v. H. begründet sein.
Private Unfallversicherung: Invalidität	Zu erwarten ist eine Invalidität von 3/20 – 7/20 Fußwert.
Haftpflichtversicherung	Siehe GUV
Gesetzliche Rentenversicherung	In der Regel keine Bedeutung
Private Berufsunfähigkeitsversicherung	Erhebliche Funktionsbeeinträchtigungen des Sprunggelenks können die körperliche Belastbarkeit von Personen, die handwerklich tätig sind oder Stehberufe ausüben (Fliesenleger, Bauarbeiter, Dachdecker, Kellner), um mehr als 50 % herabsetzen und damit u. U. eine BU begründen.
Schwerbehindertenrecht, soziales Entschädigungsrecht, Beamtenrecht: GdB, GdS	10 – 20

11.22 Brüche der vorderen Fußwurzelknochen – Frakturen von Kahnbein (Os naviculare), Würfelbein (Os cuboideum), Keilbeinen I–III (Ossa cuneiformia)

Klassifikation nach ICD-10: S92.2

Anatomie

Kahnbein, Würfelbein und die drei Keilbeine setzen das Fußskelett im Anschluss an Sprung- und Fersenbein nach ventral fort. Die Gelenklinie zwischen diesen beiden Knochen und dem Kahn- und Würfelbein wird als Chopartsches Gelenk, gelegentlich auch als vorderes Sprunggelenk bezeichnet. Die vorderen Fußwurzelknochen sind wichtige Bestandteile des Fußlängs- und Quergewölbes. An sie schließen sich die fünf Mittelfußknochen an. Die Gelenklinie zwischen den Keilbeinen und dem Würfelbein auf der einen und den Mittelfußknochen auf der anderen Seite entspricht dem Lisfrancschen Gelenk.

Verletzungsbild und Symptomatik

Verletzungen der vorderen Fußwurzelknochen können die Statik des Fußes verändern und den Abrollvorgang beim Gehen beeinträchtigen.

Frakturen der vorderen Fußwurzelknochen entstehen meistens durch eine direkte Gewalteinwirkung, die zu einer lokalen Schädigung führt, oder durch die Einwirkung von Scherkräften. Der Sturz eines schweren Gegenstandes auf den Fuß kann einzelne oder mehrere der Fußwurzelknochen verletzen. Bei Motorradfahrern entstehen Frakturen der vorderen Fußwurzelknochen relativ häufig durch eine Kollision des Fußes mit einem anderen Fahrzeug oder einem feststehenden Gegenstand, zum Beispiel einem Verkehrsschild. Hierbei kann auch der Mittelfuß luxieren.

Neben den Frakturen können auch ausgeprägte Fehlstellungen und Weichteilschäden des Fußes vorliegen. Die Verletzung kann mit Mittelfußbrüchen kombiniert sein.

Therapie

Die Brüche der vorderen Fußwurzelknochen werden meist konservativ behandelt. Sofern komplexe Verletzungen mit Zerstörung einzelner Gelenkanteile vorliegen, kann eine primäre Versteifungsoperation indiziert sein. Mit diesem Eingriff lässt sich das Fußlängs- und Quergewölbe erhalten oder rekonstruieren. Die Operation geht allerdings zu Lasten der Beweglichkeit des Fußes. Nachdem die Brüche ausgeheilt sind, kann die Versorgung mit einer Fußeinlage oder einer Schuhzurichtung erforderlich sein. Die Einlage soll das Fußgewölbe stützen, die Fußwurzel und den Mittelfuß entlasten. Die Schuhzurichtung erleichtert das Abrollen des Fußes. Sowohl bei konservativer als auch bei operativer Behandlung muss der Fuß für längere Zeit entlastet werden. Je nach Umfang der Verletzung darf der Fuß für vier bis zwölf Wochen nicht dem vollen Gewicht des Körpers ausgesetzt werden.

Komplikationen

Bei direkter Gewalteinwirkung können ausgedehnte Kontusionen der Weichteile mit Verletzung von Nerven, Sehnen und Blutgefäßen vorliegen, die unter Umständen gravierender sind als die knöcherne Verletzung. Bei offenen Verletzungen und nach operativer Rekonstruktion können Infekte auftre-

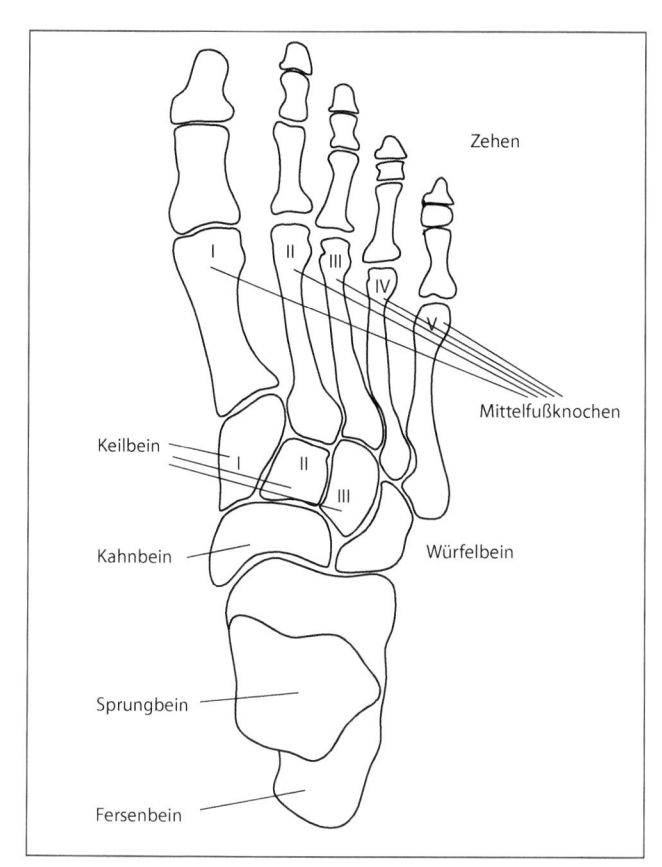

Brüche der vorderen Fußwurzelknochen

Abb. 11.50:
Der Fuß ist sehr komplex aufgebaut. Unter funktionellen und klinischen Aspekten gehören Fersen- und Sprungbein zum Rückfuß, Kahnbein, Würfelbein, die Keilbeine und die Mittelfußknochen zum Mittelfuß, die Zehen bilden den Vorfuß. Die Anatomen rechnen dagegen Kahnbein, Würfelbein und Keilbeine – mit Fersen- und Sprungbein – zur Fußwurzel.

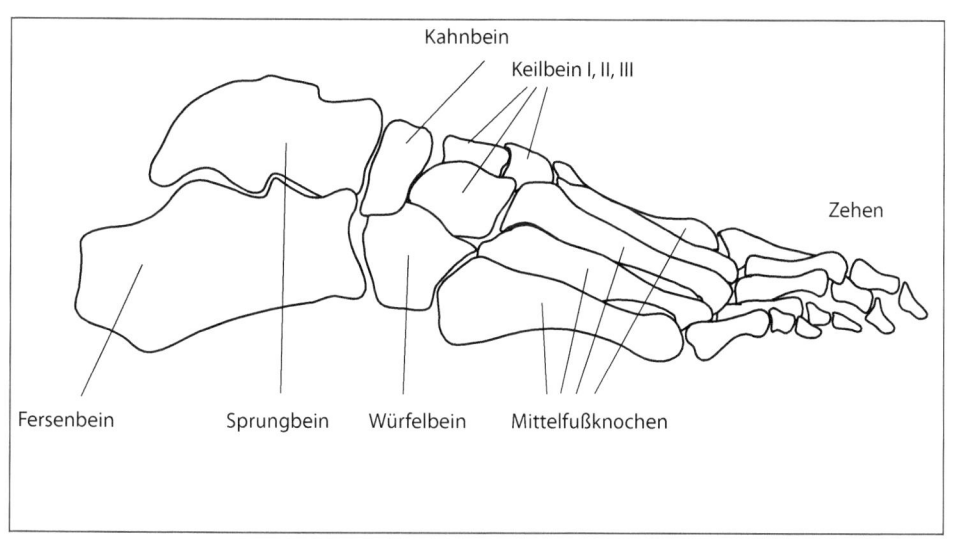

ten. Schwere Weichteilverletzungen erhöhen die Gefahr der Entwicklung eines komplexen regionalen Schmerzsyndroms, das bis zum Vollbild eines Morbus Sudeck ausgeprägt sein kann. Gelenkunebenheiten begünstigen die Entstehung einer posttraumatischen Fußwurzelarthrose, die beim Stehen und Abrollen Beschwerden bereiten kann.

Regelhafter Heilverlauf – Auswirkung im täglichen Leben

Während der Zeit, in der der verletzte Fuß entlastet werden muss, ist eine Unterstützung für Tätigkeiten im Haushalt erforderlich. Bei älteren oder gebrechlichen Personen kann auch eine zeitlich begrenzte Pflege erforderlich werden.

Medizinische Prognose (Welche Folgen hinterlässt die Verletzung?)

Isolierte Verletzungen einzelner Fußwurzelknochen heilen mit einem guten funktionellen Ergebnis aus. Beschwerden können komplexe Frakturen und Brüche hinterlassen, bei denen Unebenheiten in den Gelenkflächen verblieben sind. Das Tragen modischer Schuhe kann Probleme bereiten. Sofern bequeme Schuhe mit einer Abrollhilfe und Einlagen getragen werden, kommen die Betroffenen selbst mit den Folgen schwerer Verletzungen gut zurecht. Personen, die auf Leitern und Gerüsten arbeiten, können ihren Beruf nach schweren Komplexverletzungen und kompliziertem Heilungsverlauf unter Umständen nicht mehr auf Dauer ausüben.

Medizinisch erforderliche Nachbehandlung	
Stationäre Rehabilitation (AHB)	Eine AHB ist nicht erforderlich.
Dauer und Frequenz der Physiotherapie nach Eintritt der Verletzung	Bis zu 20 krankengymnastische Behandlungen, bei Schwellungen auch Lymphdrainagen
Dauer und Frequenz der Physiotherapie nach Abschluss der Heilung	Im Allgemeinen nicht erforderlich
Künftige operative Behandlungen	Können erforderlich sein, sofern sich Arthrosen oder Fehlstellungen des Fußes entwickeln, die durch Einlagen oder Schuhzurichtungen nicht kompensiert werden können. Meist handelt es sich um Versteifungsoperationen.
Hilfsmittel, Medikamente	Bis zur vollen Belastbarkeit Benutzung von Unterarmgehstützen. Bei älteren, gebrechlichen oder polytraumatisierten Verletzten kann auch die zeitweise Verordnung eines Rollators erforderlich sein.

Beeinträchtigung der Arbeitsfähigkeit	
Berufliche Anforderung	Durchschnittliche Dauer der Arbeitsunfähigkeit
Leichte Tätigkeit	2 – 6 Wochen
Leichte bis mittelschwere Arbeit	4 – 12 Wochen
Schwere körperliche Tätigkeiten und Arbeiten überwiegend im Stehen und Gehen	8 – 16 Wochen

Bewertung des Haushaltsführungsschadens

Tätigkeit	Beeinträchtigung (in %) bis zum Abschluss der Rekonvaleszenz	Beeinträchtigung auf Dauer (in %)
Leicht: Planung	100 % bis zum Ende der zweiten Woche nach Entlassung aus stationärer Behandlung	Keine Beeinträchtigung
Mittel: Durchschnittliche Hausarbeiten	100 % während der Entlastung an Gehstützen, 50 % während der folgenden vier Wochen, 30 % für weitere drei Monate	Bei günstigem Verlauf keine Beeinträchtigung. Bei erheblicher Funktionsstörung ist eine individuelle Beurteilung erforderlich.
Schwer: Großer Hausputz, Gartenarbeit	100 % während der Entlastung an Gehstützen. Nach Wiederaufnahme der Vollbelastung weiterhin 100 % für drei Monate, 50 % für die sich anschließenden drei Monate	Bei günstigem Verlauf keine Beeinträchtigung. Eine Fehlstellung im Fußgewölbe und Arthrosen zwischen den Fußwurzelgelenken können die Ausführung schwerer Hausarbeiten beeinträchtigen. In diesen Fällen ist eine individuelle Beurteilung erforderlich.

Bewertung des Dauerschadens

Versicherungszweig – Rechtsgebiet	Einschätzung des Dauerschadens
Gesetzliche Unfallversicherung: MdE	Unter 10 v. H. – 10 v. H.
Private Unfallversicherung: Invalidität	Zu erwarten ist eine Invalidität von 1/20 – 4/20 Fußwert.
Haftpflichtversicherung	Siehe GUV
Gesetzliche Rentenversicherung	Im Allgemeinen keine Bedeutung
Private Berufsunfähigkeitsversicherung	Im Allgemeinen keine Auswirkung. Sofern Arbeiten mit Absturzgefahr zur Kerntätigkeit gehören (Dachdecker), können die Voraussetzungen für eine BU vorliegen.
Schwerbehindertenrecht, soziales Entschädigungsrecht, Beamtenrecht: GdB, GdS	0 – 10

11.23 Luxationen der Fußwurzel und des Mittelfußes

Klassifikation nach ICD-10: S93.3

Verletzungsbild und Symptomatik

Die Fußwurzel (Tarsus) wird nach distal durch die Lisfrancsche Gelenklinie von den Mittelfußknochen abgegrenzt. Weiter proximal, zwischen Sprung- und Fersenbein auf der einen Seite und dem Kahn- und Würfelbein auf der anderen Seite, verläuft das Chopartsche Gelenk (vorderes Sprunggelenk). Die Fußwurzelknochen sind zwar gelenkig miteinander verbunden, die straffen Bandverbindungen und Gelenkkapseln lassen jedoch nur einen sehr eingeschränkten Bewegungsspielraum zu. Leichtere Gewalteinwirkungen, auch einfache Stürze sind nicht in der Lage, die Bänder zwischen den Fußwurzelknochen zu zerreißen. Es bedarf einer hohen kinetischen Energie, um die bindegewebigen Strukturen so stark zu schädigen, dass das Lisfrancsche- oder Chopartsche Gelenk luxiert. Geeignete Mechanismen sind die Kollision eines Motorradfahrers mit einem entgegenkommenden Kraftfahrzeug oder einem feststehenden Hindernis, ein Sturz vom Pferd, bei dem der Fuß im Steigbügel hängen bleibt und der Reiter mitgeschleift wird, oder ein Fall aus großer Höhe. Der Fuß verformt sich in Höhe der jeweiligen Gelenklinie. Bei den Luxationen im Lisfrancschen Gelenk können die Mittelfußknochen sowohl nach innen als auch nach außen luxieren, es kommen auch Luxationen des ersten Strahls nach innen, des zweiten bis fünften Strahls nach außen vor.

Therapie

Die Verletzung wird im Allgemeinen offen reponiert. Um eine Verschiebung der Knochen gegeneinander zu verhindern, können die Knochen mit Drähten, Platten oder Schrauben fixiert werden. Bei ausgedehn-

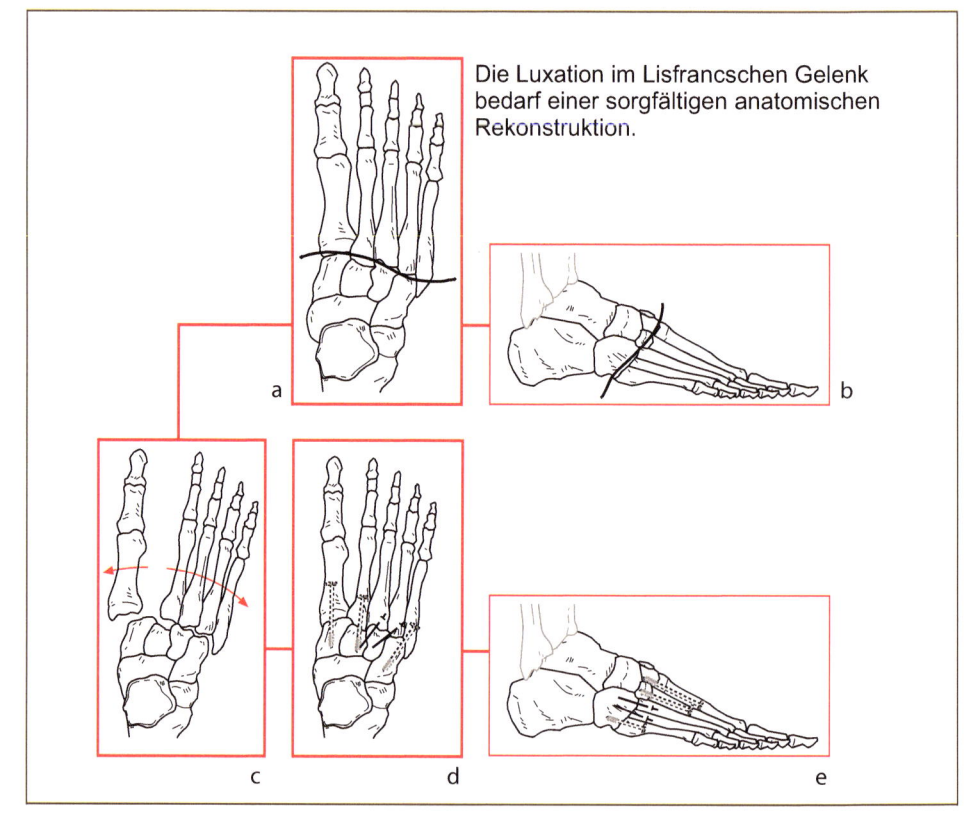

Die Luxation im Lisfrancschen Gelenk bedarf einer sorgfältigen anatomischen Rekonstruktion.

Abb. 11.51:
Die Geh- und Stehfähigkeit beruht auf einem abgestimmten Zusammenspiel zwischen Rückfuß, Fußwurzel, Mittelfuß und Zehen (a, b). Fehlstellungen als Folge von Luxationen zwischen den Fußwurzelknochen und dem Mittelfuß sind anatomisch exakt zu reponieren. Die Luxation im Lisfrancschen Gelenk (c) wurde eingerichtet, das Ergebnis durch eine aufwendige Osteosynthese stabilisiert (d, e).

Luxationen der Fußwurzel und des Mittelfußes

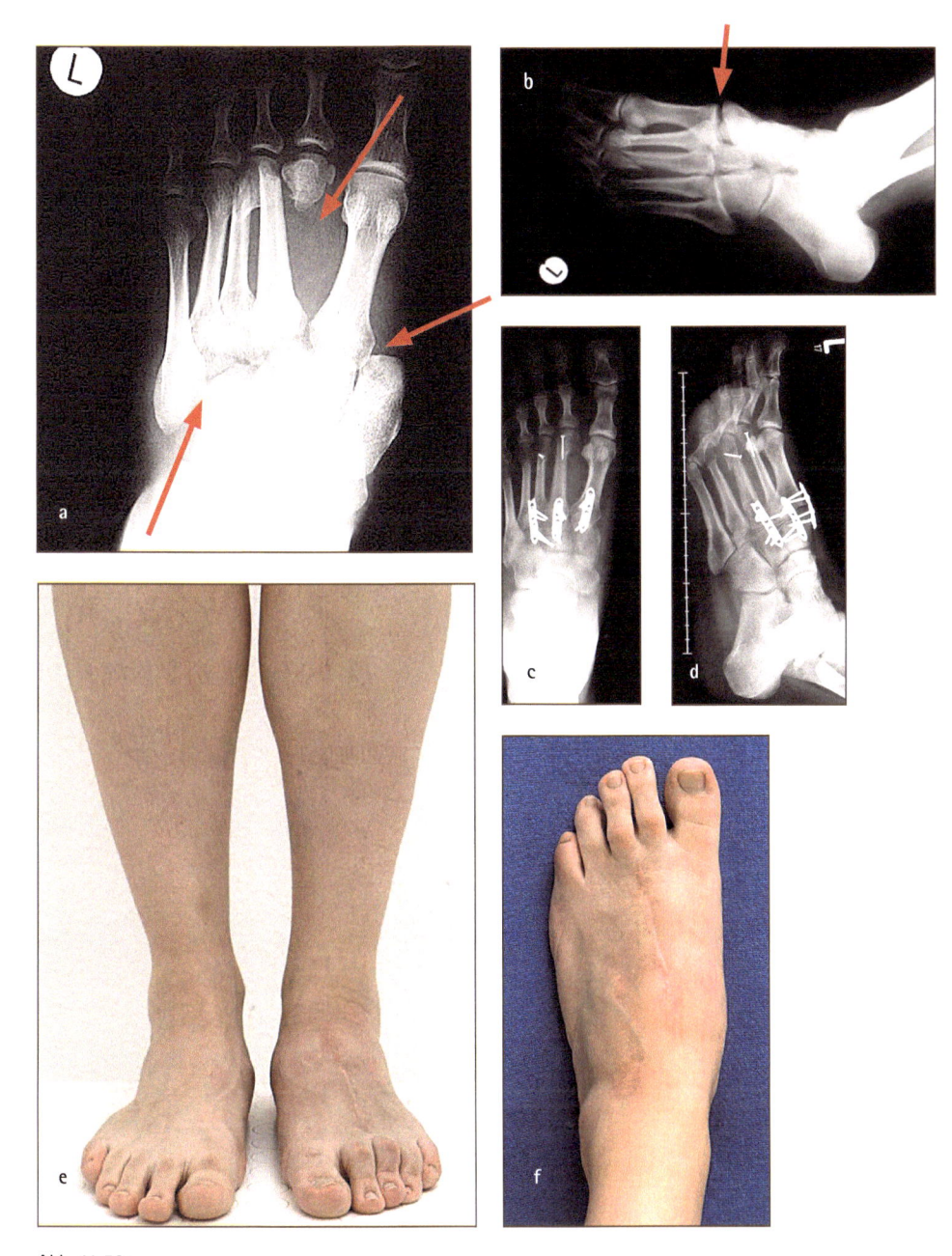

Abb. 11.52:
Der 24-jährige Motorradfahrer stürzte und verletzte sich den linken Fuß. Der erstbehandelnde Chirurg diagnostizierte Brüche der Mittelfußknochen, übersah jedoch eine Luxation der Fußwurzel (a, b) und gipste den Fuß ein. Nachdem die Schmerzen nicht nachließen, stellte sich der Verletzte in einem Unfallkrankenhaus vor. Nun wurde eine Luxation im Lisfrancschen Gelenk diagnostiziert. Durch einen komplizierten Eingriff gelang es, die luxierten Mittelfußknochen in anatomiegerechter Position zu stabilisieren. Der postoperative Befund (e, f) ist – angesichts der Schwere der Verletzung und des ungünstigen Behandlungsverlaufs – exzellent.
Herrn Dr. Hans-Peter Abt, dem Operateur und Chefarzt der Abteilung Fußchirurgie im Elisabethen-Krankenhaus in Frankfurt am Main, sei für die Erlaubnis zum Abdruck der Unfallaufnahmen und der Röntgenbilder herzlich gedankt.

ten Zerstörungen ist eine primäre Gelenkversteifung möglich. Je nach dem gewählten Behandlungsverfahren wird der Fuß anfänglich in einem Gipsverband oder einer Orthese ruhig gestellt und entlastet. Die Dauer der Ruhigstellung beträgt meist vier bis sechs Wochen. Auch während des Belastungsaufbaus wird der Fuß durch eine Orthese stabilisiert.

Komplikationen

Bei offenen Luxationen oder nach operativer Ruhigstellung kann sich ein Infekt entwickeln. Mit der Entstehung einer Arthrose im betroffenen Gelenk ist zu rechnen. Die Entstehung eines komplexen regionalen Schmerzsyndroms ist möglich.

Regelhafter Heilverlauf – Auswirkung im täglichen Leben

Während der Zeit, in der der verletzte Fuß entlastet werden muss, ist eine Unterstützung für Tätigkeiten im Haushalt erforderlich. Bei älteren oder gebrechlichen Personen kann auch eine zeitlich begrenzte Pflege notwendig werden. Oftmals vergehen bis zur Wiederherstellung der schmerzfreien Belastungsfähigkeit des Fußes viele Monate.

Medizinische Prognose (Welche Folgen hinterlässt die Verletzung?)

Trotz der Schwere der Verletzung sind die langfristigen Behandlungsergebnisse der Fußwurzelluxationen gut. Selbst nach Versteifungen sind die Betroffenen in der Lage, weitgehend normal zu gehen. Erforderlich sind häufig Schuhzurichtungen und eine Fußbettung durch Einlagen. Oft kommen die Verletzten mit bequemen Laufschuhen, die über einen leichten Absatz und eine Fußbettung verfügen, gut zurecht. Eine berufliche Neuorientierung kann erforderlich werden, wenn der Verletzte sehr schwere körperliche Arbeiten ausüben muss oder auf Leitern und Gerüsten arbeitet.

Medizinisch erforderliche Nachbehandlung	
Stationäre Rehabilitation (AHB)	Eine AHB ist nur bei Komplikationen und alten, gebrechlichen und polytraumatisierten Patienten erforderlich.
Dauer und Frequenz der Physiotherapie nach Eintritt der Verletzung	Krankengymnastik zwölf Wochen zwei Behandlungen pro Woche, bei Schwellungen auch Lymphdrainagen
Dauer und Frequenz der Physiotherapie nach Abschluss der Heilung	Im Anschluss an die Rekonvaleszenz kann eine weitere Physiotherapie für drei bis sechs Monate erforderlich sein, z. B. ein Mal pro Woche.
Künftige operative Behandlungen	Ggf. Metallentfernung
Hilfsmittel, Medikamente	Bis zur vollen Belastbarkeit Benutzung von Unterarmgehstützen. Bei älteren, gebrechlichen oder polytraumatisierten Verletzten kann auch die zeitweise Verordnung eines Rollstuhls und Rollators erforderlich sein. Einlagen, Schuhzurichtung

Beeinträchtigung der Arbeitsfähigkeit

Berufliche Anforderung	Durchschnittliche Dauer der Arbeitsunfähigkeit
Leichte Tätigkeit	6 – 12 Wochen
Leichte bis mittelschwere Arbeit	12 – 16 Wochen
Schwere körperliche Tätigkeiten und Arbeiten überwiegend im Stehen und Gehen	14 – 26 Wochen

Bewertung des Haushaltsführungsschadens

Tätigkeit	Beeinträchtigung (in %) bis zum Abschluss der Rekonvaleszenz	Beeinträchtigung auf Dauer (in %)
Leicht: Planung	100 % bis zum Ende der zweiten Woche nach Entlassung aus stationärer Behandlung	Keine Beeinträchtigung
Mittel: Durchschnittliche Hausarbeiten	100 % während der Entlassung an Gehstützen, 50 % während der folgenden vier Wochen, 30 % für weitere drei Monate	Bei günstigem Verlauf keine Beeinträchtigung. Bei erheblicher Funktionsstörung ist eine individuelle Beurteilung erforderlich.
Schwer: Großer Hausputz, Gartenarbeit	100 % während der Entlassung an Gehstützen. Nach Wiederaufnahme der Vollbelastung weiterhin 100 % für drei Monate, 50 % für die sich anschließenden sechs Monate	Bei günstigem Verlauf keine Beeinträchtigung. Instabilitäten, umformende Veränderungen und das Absinken des Fußgewölbes können die Ausführung schwerer Hausarbeiten beeinträchtigen. In diesen Fällen ist eine individuelle Beurteilung erforderlich.

Bewertung des Dauerschadens

Versicherungszweig – Rechtsgebiet	Einschätzung des Dauerschadens
Gesetzliche Unfallversicherung: MdE	Mit einer MdE von 10 v. H. ist zu rechnen, bei ausgeprägten Fehlstellungen und Funktionsbeeinträchtigungen kann eine MdE von 20 v. H. begründet sein.
Private Unfallversicherung: Invalidität	Zu erwarten ist eine Invalidität von 3/20 – 5/20 Fußwert.
Haftpflichtversicherung	Siehe GUV
Gesetzliche Rentenversicherung	In der Regel keine Bedeutung
Private Berufsunfähigkeitsversicherung	Im Allgemeinen keine Auswirkung. Sofern Arbeiten mit Absturzgefahr zur Kerntätigkeit gehören (Dachdecker), können die Voraussetzungen für eine BU vorliegen.
Schwerbehindertenrecht, soziales Entschädigungsrecht, Beamtenrecht: GdB, GdS	10 – 20

11.24 Mittelfußknochenbrüche

Klassifikation nach ICD-10: S92.3

Verletzungsbild und Symptomatik

Brüche der Mittelfußknochen (Ossa metatarsalia) entstehen durch eine Verdrehung, Stauchung oder direkte Gewalteinwirkung, zum Beispiel durch den Fall eines schweren Gegenstands auf den Fuß. Eine häufige Verletzung beim Umknicken des Fußes ist die Fraktur des 5. Mittelfußknochens. Abzugrenzen von traumatischen Frakturen sind Stressfrakturen, die untrainierte Personen nach langen Wanderungen erleiden. Diese Brüche beruhen auf einer Materialermüdung des Knochens (Ermüdungsfrakturen) und bilden sich vorzugsweise am zweiten und dritten Strahl aus.

Die traumatisch verursachten Mittelfußbrüche können von ausgedehnten Weichteilschädigungen begleitet werden. Beim Bruch des Köpfchens oder der Basis des 5. Mittelfußknochens oder bei Frakturen einzelner Mittelfußknochen können die äußeren Verletzungszeichen gering sein. Nach der Verletzung kann der Fuß erheblich anschwellen, so dass eine operative Versorgung oft erst nach einigen Tagen möglich ist. Im Gegensatz dazu entsteht der Ermüdungsbruch langsam, meist ist dem Betroffenen nicht bewusst, bei welcher Gelegenheit er sich die Fraktur zugezogen hat. Die Genese erschließt sich erst nach sorgfältiger Erhebung der Anamnese. Gelegentlich werden Mittelfußknochenbrüche erst verzögert diagnostiziert. Sind die Frakturen unverschoben oder liegt ein Ermüdungsbruch vor, dann können die ersten Röntgenaufnahmen, die kurz nach der Verletzung angefertigt wurden, unauffällig sein. Allerdings werden die Brüche dann spätestens nach 14 Tagen erkennbar, da sich der Knochen nach der Verletzung umbaut und seine Struktur verändert.

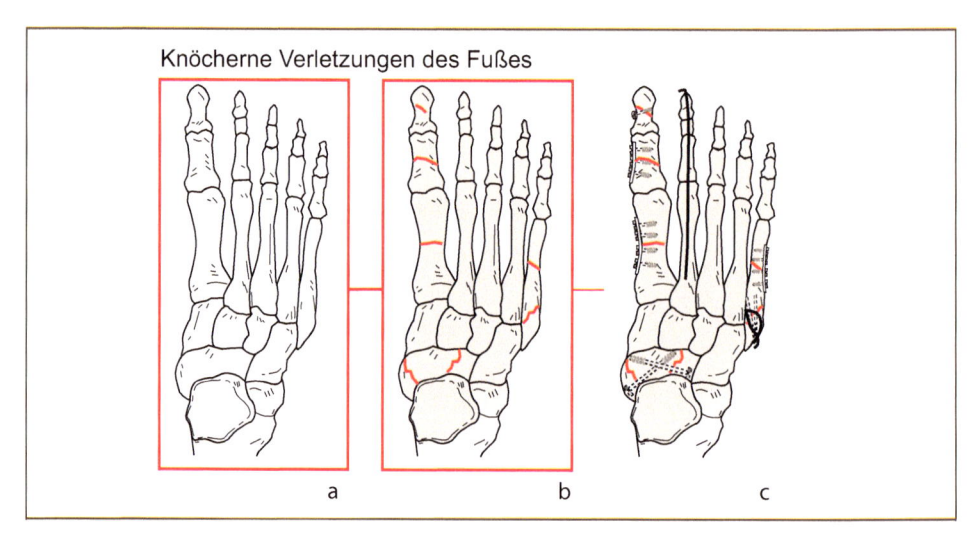

Abb. 11.53:
Brüche des Fußes werden je nach Lokalisation und Schwere (b) konservativ oder operativ versorgt. Verwendet werden Drähte, Schrauben und Platten (c).

Komplikationen

Nach einfachen Mittelfußfrakturen sind Komplikationen nicht zu erwarten. Bei offenen Verletzungen und nach operativer Rekonstruktion kann ein Infekt auftreten. Eine seltene Nebenwirkung stellt das komplexe regionale Schmerzsyndrom (CRPS, Algodystrophie, M. Sudeck) dar.

Therapie

Stärker verschobene Mittelfußbrüche werden operativ behandelt. Sie werden mit Kleinfragmentschrauben, Miniaturplatten und K-Drähten stabilisiert. Im Allgemeinen reicht jedoch die konservative Therapie aus. Der Fuß wird für vier bis sechs Wochen in einem Gehgips oder einer speziellen Orthese stabilisiert. Im Anschluss daran ist die volle Belastbarkeit des Fußes noch für weitere vier Wochen beeinträchtigt. Der Heilungsvorgang ist nach ungefähr sechs bis acht Wochen abgeschlossen.

Regelhafter Heilverlauf – Auswirkung im täglichen Leben

Während der Versorgung mit einer Orthese oder einem Gehgips können gehende und stehende Tätigkeiten nur eingeschränkt verrichtet werden. Während dieser Zeit kann eine Unterstützung im Haushalt für überwiegend stehende Arbeiten sowie Reinigungstätigkeiten erforderlich sein.

Medizinische Prognose (Welche Folgen hinterlässt die Verletzung?)

Schaftfrakturen der Mittelfußknochen heilen ohne wesentliche Folgen aus. Brüche der Gelenkflächen der Köpfchen oder Basen können die Elastizität des Mittelfußes oder die Beweglichkeit und Belastbarkeit der Zehen und des Vorfußes herabsetzen. Sofern die Frakturen nach ihrer Abheilung das Fußgewölbe abgeflacht haben oder das Abrollverhalten beeinträchtigen, ist die Versorgung mit einer stützenden Einlage oder eine Schuhzurichtung zu empfehlen.

Medizinisch erforderliche Nachbehandlung	
Stationäre Rehabilitation (AHB)	Nicht erforderlich
Dauer und Frequenz der Physiotherapie nach Eintritt der Verletzung	Sechs bis zwölf krankengymnastische Behandlungen
Dauer und Frequenz der Physiotherapie nach Abschluss der Heilung	Im Allgemeinen nicht erforderlich
Künftige operative Behandlungen	Nur bei ausbleibender Knochenbruchheilung (Pseudarthrose) erforderlich
Hilfsmittel, Medikamente	Bis zur vollen Belastbarkeit Benutzung von Unterarmgehstützen, ggf. nach Ausheilung Verordnung von Einlagen

Beeinträchtigung der Arbeitsfähigkeit	
Berufliche Anforderung	Durchschnittliche Dauer der Arbeitsunfähigkeit
Leichte Tätigkeit	2 – 6 Wochen
Leichte bis mittelschwere Arbeit	4 – 8 Wochen
Schwere körperliche Tätigkeiten und Arbeiten überwiegend im Stehen und Gehen	8 – 12 Wochen

Bewertung des Haushaltsführungsschadens		
Tätigkeit	Beeinträchtigung (in %) bis zum Abschluss der Rekonvaleszenz	Beeinträchtigung auf Dauer (in %)
Leicht: Planung	Keine Beeinträchtigung	Keine Beeinträchtigung
Mittel: Durchschnittliche Hausarbeiten	Bis zu vier Wochen 100 %, für bis zu vier weitere Wochen 50 %	Keine Beeinträchtigung
Schwer: Großer Hausputz, Gartenarbeit	100 % für zwölf Wochen, vier weitere Wochen 50 %	Keine Beeinträchtigung

Bewertung des Dauerschadens	
Versicherungszweig – Rechtsgebiet	Einschätzung des Dauerschadens
Gesetzliche Unfallversicherung: MdE	0 – unter 10 v. H.
Private Unfallversicherung: Invalidität	Zu erwarten ist eine Invalidität von 0 – 1/20 – (2/20) Fußwert.
Haftpflichtversicherung	Siehe GUV
Gesetzliche Rentenversicherung	Keine Leistungspflicht
Private Berufsunfähigkeitsversicherung	Keine Leistungspflicht
Schwerbehindertenrecht, soziales Entschädigungsrecht, Beamtenrecht: GdB, GdS	0

11.25 Zehenbrüche

Klassifikation nach ICD-10: S92.4 (Großzehe); S92.5 (Zehen 2-5)

Verletzungsbild und Symptomatik
Zehenbrüche entstehen meist durch eine direkte Gewalteinwirkung, eine frontale Prellung oder den Fall eines schweren Gegenstands auf den Vorfuß. Die verletzte Zehe schwillt stark an, es bildet sich ein Hämatom aus, das besonders unter dem Großzehennagel sehr schmerzhaft sein kann.

Therapie
Meist lassen sich Zehenfrakturen mit einem Heftpflasterverband (Dachziegelverband) ausreichend ruhig stellen. Solange die Zehen geschwollen sind, sollten Sandalen oder bequeme und weite Schuhe getragen werden. Stark verschobene Brüche werden eingerichtet. Nur in Ausnahmefällen wird eine operative Behandlung erforderlich. Dies gilt z.B. für verschobene Brüche des Grundgliedes der Großzehe, die mit einer Minischraube oder einem K-Draht stabilisiert werden können.

Komplikationen
Relevante Komplikationen sind nach Zehenfrakturen nicht zu erwarten. Allerdings kann eine Bewegungseinschränkung verbleiben. Nach offenen Frakturen und nach operativer Behandlung kann sich ein Infekt ausbilden.

Regelhafter Heilverlauf – Auswirkung im täglichen Leben

Je nach Frakturtyp ist mit einem Ausheilen des Bruchs innerhalb von drei bis sechs Wochen zu rechnen. Sofern weite und offene Schuhe getragen werden, ist die Haushaltsführung nicht beeinträchtigt.

Medizinische Prognose (Welche Folgen hinterlässt die Verletzung?)

Zehenbrüche heilen meist folgenlos aus. Eine Bewegungseinschränkung wirkt sich vor allem am Großzehengrundgelenk ungünstig aus, da hierdurch der Abrollvorgang beim Gehen beeinträchtigt wird (Hallux rigidus). Mit einer Schuhzurichtung, der Rundung der vorderen Sohle, die als „Ballenrolle" bezeichnet wird, lässt sich der Abrollvorgang des Vorfußes verbessern.

Medizinisch erforderliche Nachbehandlung	
Stationäre Rehabilitation (AHB)	Entfällt
Dauer und Frequenz der Physiotherapie nach Eintritt der Verletzung	Bei stärkerer funktioneller Beeinträchtigung sechs bis zwölf krankengymnastische Behandlungen bzw. manuelle Therapien
Dauer und Frequenz der Physiotherapie nach Abschluss der Heilung	Entfällt
Künftige operative Behandlungen	Ggf. Metallentfernung, sonst nicht erforderlich
Hilfsmittel, Medikamente	Entfällt

Beeinträchtigung der Arbeitsfähigkeit	
Berufliche Anforderung	Durchschnittliche Dauer der Arbeitsunfähigkeit
Leichte Tätigkeit	0 – 1 Woche
Leichte bis mittelschwere Arbeit	0 – 3 Wochen
Schwere körperliche Tätigkeiten und Arbeiten überwiegend im Stehen und Gehen	2 – 6 Wochen

Bewertung des Haushaltsführungsschadens		
Tätigkeit	Beeinträchtigung (in %) bis zum Abschluss der Rekonvaleszenz	Beeinträchtigung auf Dauer (in %)
Leicht: Planung	Keine Beeinträchtigung	Keine Beeinträchtigung
Mittel: Durchschnittliche Hausarbeiten	Bei Frakturen der Großzehe bis zu einer Woche 100 %, für eine weitere Woche 30 %	Keine Beeinträchtigung
Schwer: Großer Hausputz, Gartenarbeit	Bei Frakturen der Großzehe bis zu vier Wochen 100 %, für zwei weitere Wochen 30 %	Keine Beeinträchtigung

Bewertung des Dauerschadens	
Versicherungszweig – Rechtsgebiet	Einschätzung des Dauerschadens
Gesetzliche Unfallversicherung: MdE	0
Private Unfallversicherung: Invalidität	Eine Funktionsbeeinträchtigung ist nach dem Zehenwert zu bemessen. Frakturen der Großzehe mit Einsteifung können eine Invalidität von 1/3 des Großzehenwertes bedingen.
Haftpflichtversicherung	Siehe GUV
Gesetzliche Rentenversicherung	Keine Leistungspflicht
Private Berufsunfähigkeitsversicherung	Keine Leistungspflicht
Schwerbehindertenrecht, soziales Entschädigungsrecht, Beamtenrecht: GdB, GdS	0

11.26 Infektionen des Fußes und der Zehen

Klassifikation ICD-10: B95.-, zusätzlich Ursache, Primärverletzung

Verletzungsbild und Symptomatik
Bei jeder offenen Verletzung des Fußes können Krankheitskeime durch die Haut eintreten und eine Infektion verursachen. Je ausgedehnter die Verletzung und je stärker die Wunde kontaminiert ist, umso eher finden Bakterien einen Nährboden, um sich zu vermehren. Die Zuckerkrankheit begünstigt die Entstehung von Infektionen. Raucher sind wegen der schlechteren Durchblutung und Stoffwechsellage ebenfalls stärker gefährdet.

Therapie
Bei der posttraumatischen Infektion erfolgt eine lokale Wundbehandlung, der Patient entlastet den Fuß mit Unterarmgehstützen oder einem speziellen Vorfußentlastungsschuh bis zur Abheilung. Je nach Ausprägung der Infektion kann eine Antibiotikatherapie erforderlich sein. Bei ausgedehnten Prozessen werden lokale Antibiotikaträger in die Wunde eingebracht. Die Prognose der traumatischen Infektion ist gut, mögliche Funktionseinbußen hängen von der Primärverletzung ab.

Komplikationen
Der entzündliche Prozess kann sich auf die Umgebung und das Bein ausdehnen und weitere Operationen erfordern. Begleiterkrankungen können auch die Heilung der posttraumatischen Infektion erschweren. Selten entsteht ein komplexes regionales Schmerzsyndrom.

Regelhafter Heilverlauf – Auswirkung im täglichen Leben
Nach operativer Behandlung (Eröffnung des Infektionsherdes, Entfernung von infiziertem und totem Gewebe sowie Einlage einer Drainage) ist im Allgemeinen unter Antibiotikaschutz mit einem unkomplizierten Abheilen zu rechnen. Während der Entlastung kann ein Hilfebedarf im Haushalt bestehen. Die Stärke der Beeinträchtigung im täglichen Leben ist vom Ausmaß und der

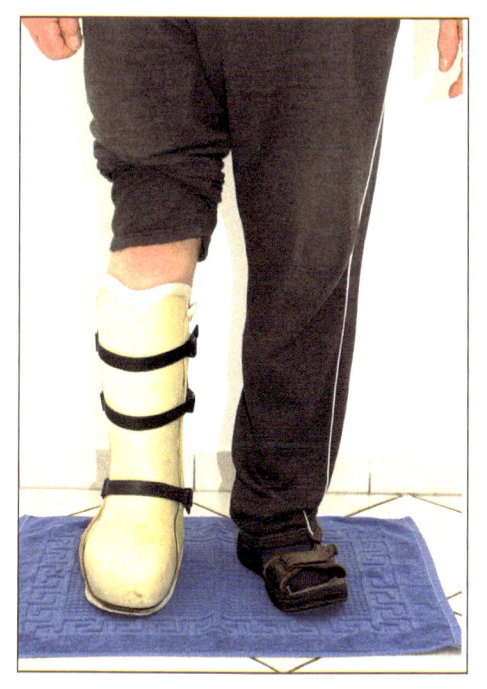

Infektionen des Fußes und der Zehen

a

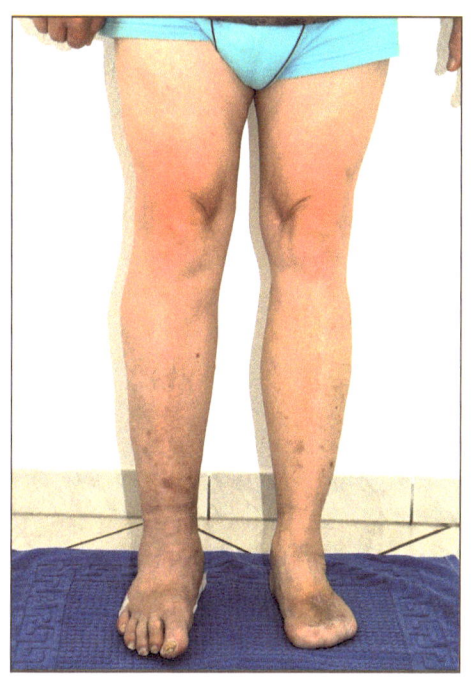

b

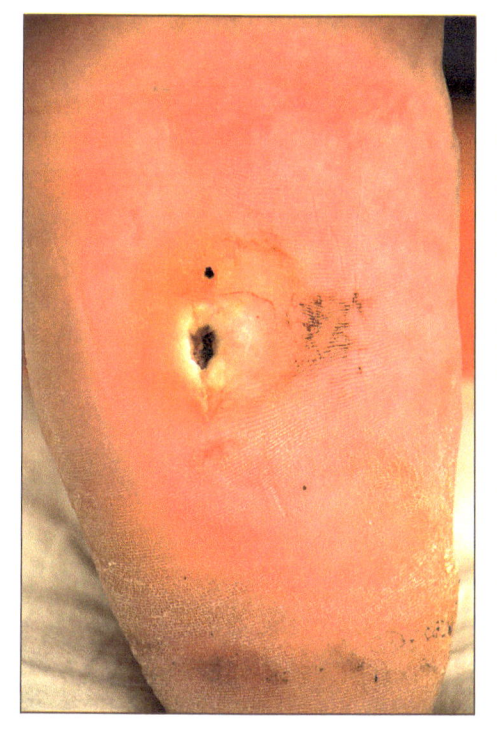

c

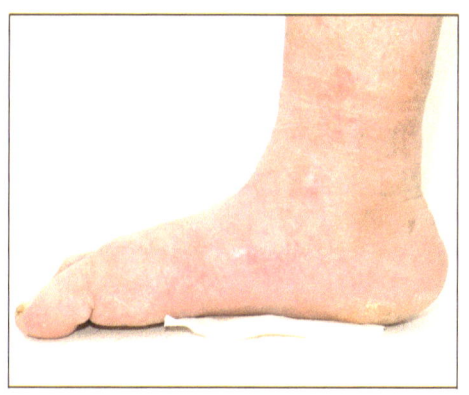

d

Abb. 11.54:
Nicht selten werden chronische Geschwüre auf einen Unfall zurückgeführt. Derartige Fälle sind sorgfältig zu prüfen. Die Abbildungen zeigen einen 60-jährigen Diabetiker mit und ohne eine entlastende Orthese (a, b), der an einem unfallunabhängigen „Malum perforans", einer eitrigen Entzündung (c, d) des Fußes, leidet. Die Erkrankung ist chronisch, oftmals entwickelt sich eine schleichende Knocheneiterung (Osteomyelitis). Wenn die Ausheilung nicht gelingt, kann die Amputation von Fuß oder Unterschenkel das einzige verbleibende Mittel sein.

Schwere der Infektion, weiteren Erkrankungen, dem Alter und den erforderlichen therapeutischen Maßnahmen abhängig.

Medizinische Prognose (Welche Folgen hinterlässt die Verletzung?)

Einfache und oberflächliche Infektionen heilen folgenlos ab. Ausgedehnte Infektionen können bleibende Funktionsstörungen der Zehen und des Fußes hinterlassen.

Infektionen ohne Unfall – Infektionen als Folge einer Fußpflege

Abzugrenzen von der posttraumatischen Keimbesiedlung und Entzündung sind unfallunabhängige Infektionen bei Diabetikern und Menschen mit ausgeprägten Durchblutungsstörungen, bei denen Gewebe abstirbt („Brand") und sich sekundär entzündet. Die diabetische Stoffwechsellage verschlechtert die Abwehrkraft gegenüber Bakterien. Durch eine bei Zuckerkranken weit verbreitete Polyneuropathie bleiben kleine Hautläsionen des Fußes (Scheuerstellen, Schrunden, Risse) unerkannt. Während Schmerzen den Gesunden auf den Hautdefekt aufmerksam machen und der Fuß daraufhin an dieser Stelle entlastet und bis zur Abheilung gepflegt wird, schont sich der Diabetiker nicht. Die durch den Hautdefekt eindringenden Keime finden gute Wachstumsbedingungen vor, der Kranke bemerkt die Entzündung erst im fortgeschrittenen Stadium. Im schlimmsten Fall haben sich die Bakterien bereits bis auf den Knochen ausgebreitet und diesen zersetzt (Osteomyelitis). Infektionen an den Zehen können auch in Folge einer Fußpflege entstehen.

Die nichttraumatische Infektion des Diabetikers verläuft schleichend und undramatisch, oft ist nur ein kleines Loch an der Fußsohle zu erkennen, aus der sich Eiter entleert (Abb. 11.54). Wird der Patient dann operiert, so findet der Chirurg in der Tiefe eine ausgedehnte Nekrose. Der Knochen löst sich auf, die Weichteile sind in den Entzündungsprozess einbezogen. Oft bleibt als Ausweg nur eine Amputation des Fußes im Gesunden. Liegt zusätzlich eine Durchblutungsstörung als Folge einer Angiopathie oder eines Nikotinabusus vor, so ist die Amputation des Unter- oder Oberschenkels erforderlich.

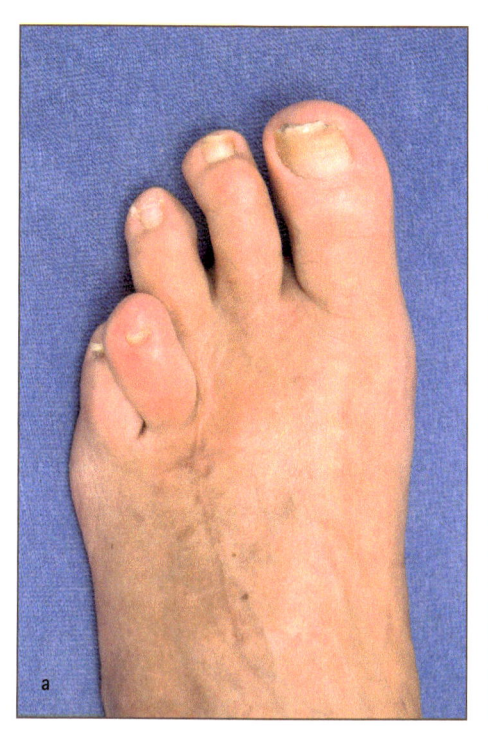

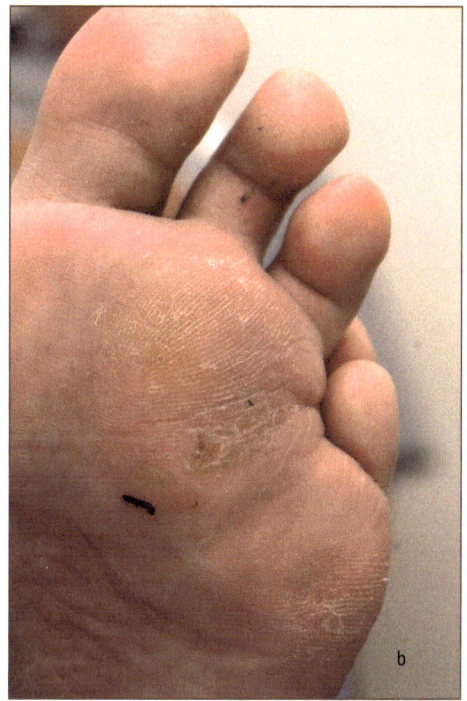

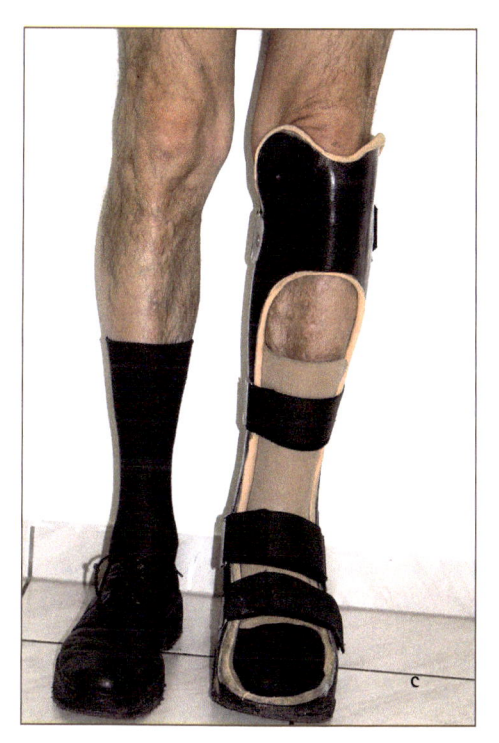

Infektionen des Fußes und der Zehen

Abb. 11.55:
Der 55 Jahre alte Versicherte machte gegenüber seiner gesetzlichen und privaten Unfallversicherung die Folgen einer Glassplitterverletzung am linken Fuß geltend. Es habe sich eine Infektion entwickelt, die die Entfernung eines Teils der Mittelfußknochen 4 und 5 erforderlich gemacht hätte (a, b). Zur Untersuchung wurde eine entlastende Unterschenkelorthese getragen (c). Wegen der fraglichen Verletzung wurden alle Unterlagen der behandelnden Ärzte angefordert und ausgewertet. Hieraus ergab sich, dass das Leiden nicht auf einen Unfall zurückgeführt werden konnte. Der Proband, der seit 30 Jahren an einem insulinpflichtigen Diabetes litt, hatte sich durch das Tragen eines neuen, zu engen Schuhs eine Druckstelle zugezogen, die sich infizierte und auf die Fußknochen übergriff.

Bewertung des Haushaltsführungsschadens

Sofern ein Haushaltsführungsschaden geltend gemacht wird, sollte eine sorgfältige Prüfung erfolgen. Notwendig ist die Beiziehung ärztlicher Originalunterlagen, aus denen sich entnehmen lassen muss, ob zum Zeitpunkt des geltend gemachten Unfalls Stoffwechselerkrankungen bestanden (Diabetes). Unverzichtbar ist die Auswertung der allgemeinärztlichen und chirurgischen Patientendokumentation, die mindestens drei Monate vor das angegebene Unfallereignis zurückreichen sollte.

Bewertung des Dauerschadens

Versicherungszweig – Rechtsgebiet	Einschätzung des Dauerschadens
Gesetzliche Unfallversicherung: MdE	Eine dauerhafte Beeinträchtigung ist nur bei ausgedehnten Infektionen zu erwarten. Ein unerwartet schwerer Krankheitsverlauf bei Diabetikern nach geringer oder fraglicher Verletzung bedarf einer Zusammenhangsbegutachtung.
Private Unfallversicherung: Invalidität	Im Rahmen der PUV ist eine mögliche Vorinvalidität zu berücksichtigen. Infektionen als Folge medizinischer Maßnahmen (Fußpflege) sind von einer Entschädigung ausgeschlossen. Bei Diabetikern ist das Unfallereignis durch Beiziehung aller primären Behandlungsunterlagen in Kopie zu überprüfen (u.a. Computerausdruck der Behandlungsdokumentation), ggf. ist eine Mitwirkung durch unfallfremde Krankheiten zu berücksichtigen.
Haftpflichtversicherung	Geringfügige Verletzungen heilen folgenlos aus. Mögliche Dauerschäden sind im Einzelfall zu beurteilen. Ein unerwartet schwerer Krankheitsverlauf bei Diabetikern nach geringer oder fraglicher Verletzung bedarf einer Zusammenhangsbegutachtung.
Gesetzliche Rentenversicherung	Infektionen des Fußes bei Diabetikern sind Hinweise auf ein schweres internistisches Krankheitsbild, die Voraussetzung für Leistungen des Rentenversicherungsträgers können gegeben sein.
Private Berufsunfähigkeitsversicherung	Siehe GUV. Grundsätzlich kann Berufsunfähigkeit bestehen. Sorgfältige Prüfung des Antrags erforderlich.
Schwerbehindertenrecht, soziales Entschädigungsrecht, Beamtenrecht: GdB, GdS	Abhängig von der Grundkrankheit (Diabetes) und den Auswirkungen der Infektion des Fußes. Feststellung des GdB/GdS nach Behandlung (Amputation?) und Abheilung

11.27 Amputationen von Zehen und des Fußes

Klassifikation nach ICD-10: S98.-

Verletzungsbild und Symptomatik
Abtrennungen oder Quetschungen einzelner Zehen oder des Fußes entstehen vorwiegend während der beruflichen Tätigkeit durch den Fall schwerer Gegenstände oder bei Verkehrsunfällen. In vielen Gewerben ist das Tragen von Schuhen mit Stahlkappen vorgeschrieben. Hierdurch lässt sich ein großer Teil der schweren Verletzungen und Amputationen vermeiden. Glatte Abtrennungen sind am Fuß seltener als an der Hand, am Fuß dominieren die Quetschverletzungen. Die Patienten werden nach der Verletzung mit einem Kranken- oder Notarztwagen in eine unfallchirurgische Klinik eingeliefert und primär versorgt. Das Ausmaß der Verletzung ist oftmals bereits beim Unfall für den Verletzten erkennbar.

Therapie
Die Wunde wird chirurgisch primärversorgt. Eine Replantation kommt nicht in Frage. Der Chirurg reinigt die Wunde, kürzt den Knochen und achtet auf die Bildung eines Stumpfes mit einer ausreichenden Weichteildeckung. Der Fuß ist danach hoch zu lagern und für einige Wochen zu entlasten. Die Dauer der Entlastung hängt vom Ausmaß der Verletzung, einer möglichen Infektion, dem Alter des Patienten, dem Allgemeinzustand und Begleiterkrankungen ab. Sofern keine Infektion entsteht, kann die

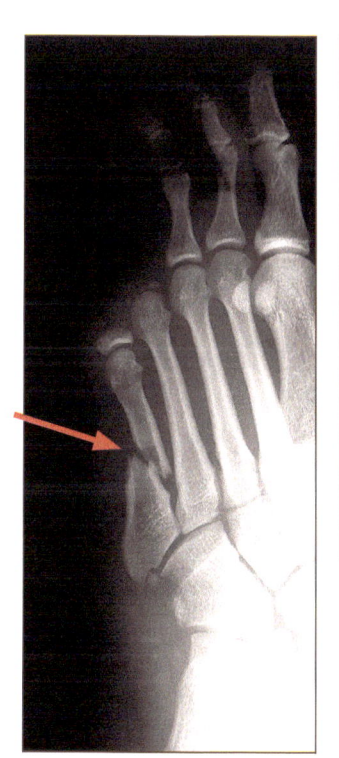

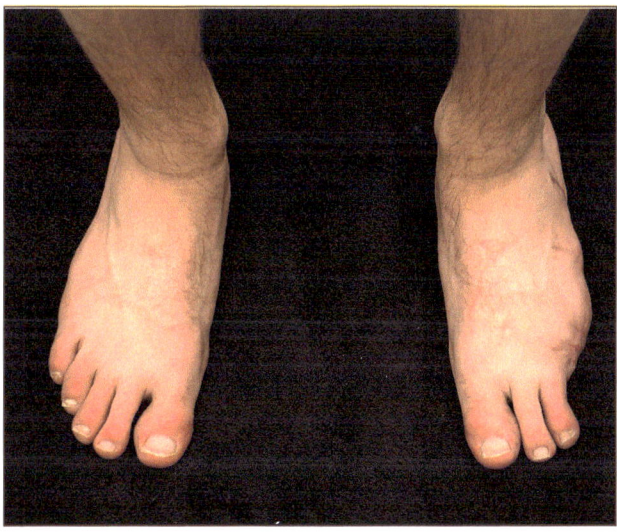

Abb. 11.56:
Der 17-jährige junge Mann steuerte ein Motorboot. Durch eine hohe Welle wurde er von Deck geschleudert und geriet mit dem linken Fuß in die Schiffschraube. Er zog sich eine Fraktur des 5. Mittelfußknochens und eine Amputation der Zehen 4 und 5 zu (a). Die Abbildung b dokumentiert den Zustand nach Abschluss der Rekonvaleszenz.

Verletzungen der unteren Extremitäten

primäre Heilung nach drei bis vier Wochen abgeschlossen sein.

Komplikationen
Wundheilungsstörungen, Infektionen, komplexes regionales Schmerzsyndrom, M. Sudeck, Notwendigkeit weiterer Nachamputationen.

Regelhafter Heilverlauf – Auswirkung im täglichen Leben
Sofern ausreichend Weichteile für die Bildung des Stumpfs zur Verfügung stehen, die Durchblutung gut ist und Infektionen ausbleiben, ist mit einer ungestörten Wundheilung zu rechnen. Die Fäden können nach ungefähr drei Wochen gezogen werden. Bis der Stumpf belastet werden kann, vergehen allerdings oftmals Monate. Je nach dem Umfang der Verletzung und dem Allgemeinzustand kann eine Hilfe im Haushalt erforderlich sein. Das Ausmaß der Unterstützung ist in jedem Einzelfall gesondert festzustellen.

Medizinische Prognose (Welche Folgen hinterlässt die Verletzung?)
Die Amputation von Zehen oder Teilen des Fußes wird von den Verletzten langfristig meist gut kompensiert. Nach einer Amputation der Zehen- oder des Vorfußes wird nur selten eine Orthese getragen. Die Absetzung im Mittelfuß und der Fußwurzel beeinträchtigt das Gangbild, die Probanden sind auf das Tragen eines orthopädischen Schuhs angewiesen.

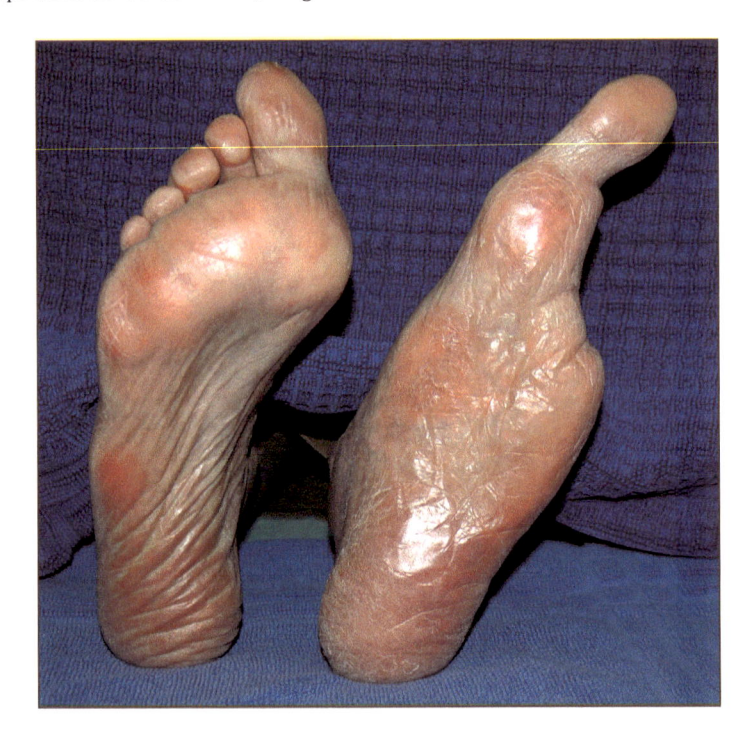

Abb. 11.57:
Amputationen bei älteren Menschen sind nur selten Folge eines Unfalles, sie lassen sich meist auf eine Durchblutungsstörung zurückführen: Teilamputation des linken Vor- und Mittelfußes wegen einer fortgeschrittenen Durchblutungsstörung bei einem 80-jährigen Patienten. Die Haut des noch erhaltenen Fußes ist papierdünn und verletzlich, sie glänzt (Dystrophie).

Amputationen von Zehen und des Fußes

Medizinisch erforderliche Nachbehandlung	
Stationäre Rehabilitation (AHB)	Eine AHB ist nicht erforderlich.
Dauer und Frequenz der Physiotherapie nach Eintritt der Verletzung	Je nach Befund und Grundkrankheit im Einzelfall zu beurteilen
Dauer und Frequenz der Physiotherapie nach Abschluss der Heilung	Nur im Einzelfall zu beurteilen
Künftige operative Behandlungen	Hängen von der Ursache der Amputation und der Grundkrankheit ab. Sofern ein Diabetes und eine Durchblutungsstörung vorliegen, können Nachamputationen erforderlich werden.
Hilfsmittel, Medikamente	Spezialschuhe, z. B. für Diabetiker, Orthesen, orthopädische Schuhe

Beeinträchtigung der Arbeitsfähigkeit	
Berufliche Anforderung	Durchschnittliche Dauer der Arbeitsunfähigkeit
Leichte Tätigkeit	4 – 8 Wochen
Leichte bis mittelschwere Arbeit	4 – 12 Wochen
Schwere körperliche Tätigkeiten und Arbeiten überwiegend im Stehen und Gehen	8 – 16 Wochen

Bewertung des Haushaltsführungsschadens
Der Haushaltsführungsschaden kann nur im konkreten Einzelfall eingeschätzt werden.

Bewertung des Dauerschadens	
Versicherungszweig – Rechtsgebiet	Einschätzung des Dauerschadens
Gesetzliche Unfallversicherung: MdE	Je nach Höhe der Amputation von 0 – 40 v. H. Bei fraglich traumatischen Amputationen ist eine Zusammenhangsbegutachtung erforderlich.
Private Unfallversicherung: Invalidität	Amputationen von Zehen sind nach dem Zehenwert einzustufen. Geht die Amputation über die Zehe hinaus, so ist der Fußwert anzusetzen – maximal 1/1 Fußwert. Ggf. Zusammenhangsbegutachtung erforderlich
Haftpflichtversicherung	Siehe GUV
Gesetzliche Rentenversicherung	Bei ausgedehnten Amputationen ist eine individuelle Prüfung unter Berücksichtigung der Grundkrankheit erforderlich.
Private Berufsunfähigkeitsversicherung	Bei ausgedehnten Amputationen ist eine individuelle Prüfung erforderlich.
Schwerbehindertenrecht, soziales Entschädigungsrecht, Beamtenrecht: GdB, GdS	0 – 40

Teil 12

Die prothetische Versorgung
von Amputierten

12.1 Amputationen an den Extremitäten

Amputationen von oberen Extremitäten:
Codierung nach ICD-10:
Traumatische Amputation an Schulter oder Oberarm: S48.-
Traumatische Amputation an Handgelenk und Hand: S68.-

Amputationen von unteren Extremitäten:
Codierung nach ICD-10:
Traumatische Amputation an Hüfte und Oberschenkel: S78.-
Traumatische Amputation am oberen Sprunggelenk und Fuß: S98.-

Amputationen im Bereich der Arme oder Beine können erforderlich sein, sofern die Extremität durch einen Unfall so schwer geschädigt ist, dass ein Erhalt nicht mehr in Betracht kommt. Möglich ist, dass die Amputation Folge einer Komplikation ist, so z.B. eines Gasbrands (schwere, offene Verletzung mit Eintritt gasbildender Bakterien).

Auch eine chronische Osteomyelitis (Knocheneiterung) kann das Gewebe der Extremität so stark schädigen, dass ein Erhalt nicht mehr in Betracht kommt oder dass im Laufe der Zeit Absetzungen in unterschiedlicher Höhe der Extremitäten durchgeführt werden müssen.

12.2 Amputationen im 20. und 21. Jahrhundert

> Im 20. Jahrhundert waren die meisten Amputationen Folge von Kriegseinwirkungen. Nach dem Ersten Weltkrieg lebten im Deutschen Reich (ohne Baden) mehr als 90.000 amputierte Personen. Nicht eingeschlossen waren darin mehr als 20.000 Menschen, bei denen Finger oder Zehen amputiert waren. 90 % aller Amputierten waren Männer. 34.000 Personen waren an den oberen Extremitäten, 54.000 Menschen an den unteren Extremitäten amputiert. Während des Zweiten Weltkriegs stieg die Zahl der Amputierten noch einmal an.
>
> Die Technik des Kunstgliedbaus im Bereich der unteren Extremitäten wurde ab dem Ersten Weltkrieg immer weiterentwickelt. Die Prothesen, die in der Weimarer Republik zur Verfügung standen, waren bereits so gut, dass die Kriegsbeschädigten damit in der Lage waren, auch stehende oder gehende Arbeiten auszuüben.
>
> Die meisten Amputationen werden in Deutschland an den unteren Extremitäten in Folge des diabetischen Fußsyndroms und der peripherer arteriellen Verschlusskrankheit durchgeführt. 2014 erfolgten ca. 40.000 Amputationen aus dieser Indikation.
>
> In jüngerem Lebensalter werden Amputationen meist wegen Traumafolgen erforderlich.

Wurden bis vor wenigen Jahrzehnten überwiegend Holzprothesen mit speziellen mechanischen Knie- oder Fußgelenken angefertigt, so hat sich in der Gegenwart eine modulare Bauweise durchgesetzt, bei der leichte und belastbare Metalldistanzstücke (Rohre) mit beweglichen Gelenken individuell kombiniert werden können. „Herzstück" der Prothesen sind die mechanischen Knie- und Fußgelenke, die eine weitgehend normale Beweglichkeit und Standsicherheit garantieren. Durch den Einbau von Mikroprozessoren konnte die Funktion der Prothesen noch einmal wesentlich verbessert werden. Das Sozialgesetzbuch IX (Schwerbehindertenrecht) garantiert, dass alle Amputierten nach dem neuesten Stand der Technik prothetisch zu versorgen sind. Dieser hohe Standard wurde durch mehrere Urteile des Bundessozialgerichts bestätigt.

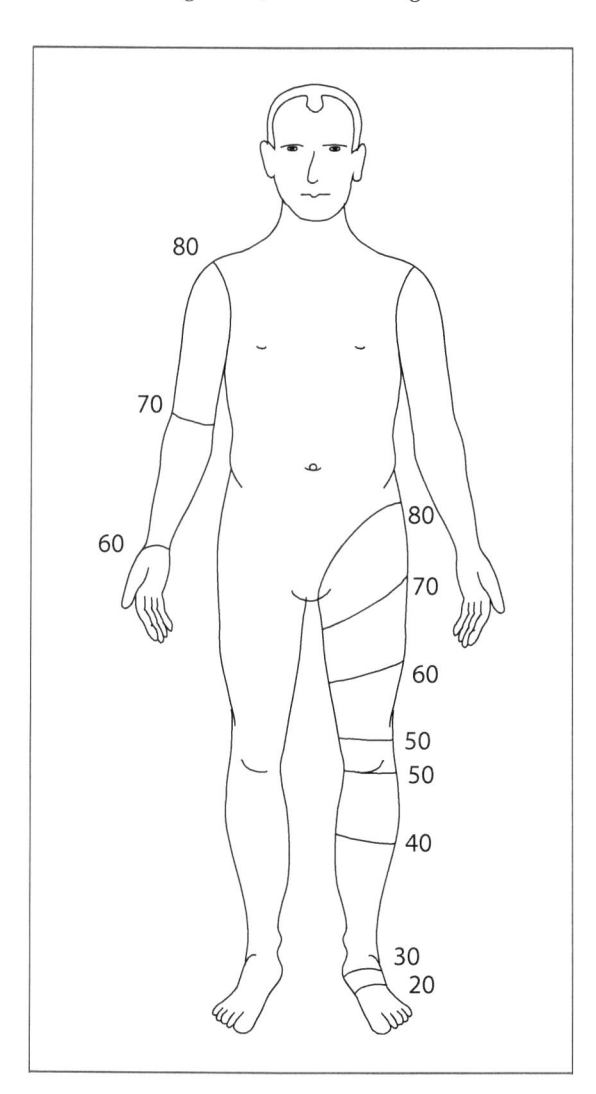

Abb. 12.1:
Amputationshöhen mit durchschnittlichen MdE-Werten.

12.3 Ersatz der oberen Extremitäten

Bis heute ist die prothetische Versorgung des Arms und der Hand nicht gelöst. Die Hand ist – im Gegensatz zum Fuß – ein wichtiges Sinnesorgan. Auch eine durch kleine Elektromotoren steuerbare Hand ist gefühllos. Eine Handprothese kann nur unter Blickkontakt eingesetzt werden. Zugleich verhindert die Handprothese den Einsatz des Stumpfs als „Beihand" oder unterstützendes Organ für die nicht amputierte Hand.

Der Ersatz des Arms oder der Hand ist dann sinnvoll, sofern die Prothese als Werkzeug benutzt werden kann. Das einfachste Werkzeug ist der sogenannte Hook. Es handelt sich um einen Haken oder um ein Ansatzstück für ein Werkzeug (z. B. für eine Schaufel, eine Hacke oder ein anderes Gerät, das an der Prothese befestigt wird). Mit Hilfe des Hakens ist der Amputierte in der Lage, Gegenstände zu fixieren und mit der funktionstüchtigen Hand zu bearbeiten. Die Prothese mit einem Hook war in der Landwirtschaft relativ weit verbreitet, heute taucht sie nur noch in Karikaturen auf, in denen Piraten dargestellt werden.

Neben diesen Werkzeugansätzen an Stelle der Hand werden gelegentlich Schmuckprothesen von Amputierten nachgefragt und auch getragen. Die Schmuckprothese verhindert, dass die Amputation im öffentlichen Leben für jeden sofort erkennbar wird. Die Schmuckprothese wird im häuslichen Umfeld abgelegt.

Die orthopädietechnische Industrie hat eine Vielzahl von hochwertigen Prothesen entwickelt, bei denen die Hand bewegt werden kann. Die Steuerung der mechanischen Handfunktion kann durch Elektroden, die z. B. im Bereich der Unter- oder Oberarmmuskulatur angelegt werden, erfolgen (myoelektrische Prothesen). Die Amputierten sind damit in der Lage, zuzupacken. Das Maß der Kraftentfaltung kann von dem Amputierten willkürlich gesteuert werden. Allerdings ist ein Einsatz nur unter Blickkontakt möglich.

Aus versicherungsmedizinischer Sicht kann die Versorgung mit einem Arbeitsarm, einer Schmuckprothese oder einer funktionellen Prothese erforderlich sein. Auch die Aufwendungen für eine erste Prothese mit einer willkürlich bewegbaren Hand ist – bei einem Haftpflichtfall oder im Rahmen der gesetzlichen Unfallversicherung – zu erstatten. Eine derartige Versorgung kommt dem Grundsatz des SGB IX entgegen, dass alle Amputierten nach dem neuesten Stand der Technik prothetisch zu versorgen sind. In aller Regel wird der Verletzte lediglich eine Prothese anfertigen lassen, da er sich selbst durch den Gebrauch der Prothese von dem begrenzten oder fehlenden Nutzwert überzeugen kann.

> Die Akzeptanz und der Gebrauchswert der Arm- und Handprothesen ist gering. In der mehr als 30-jährigen orthopädischen Praxis hat der Verfasser dieser Zeilen keinen Patienten kennengelernt, der eine funktionelle Handprothese getragen hat. Das beste Beispiel für das Scheitern der Prothesenversorgung waren die contergangeschädigten Kinder, die in den 60er-Jahren durchgängig mit Prothesen versorgt wurden. Kein Contergangeschädigter trägt heute eine Armprothese. Der Wert der erhaltenen Restextremität – auch bei fehlender Hand, fehlendem Unter- oder distalem Oberarm – ist höher als jede Prothese, die zu einer zusätzlichen Behinderung führt.

12.4 Ersatz der unteren Extremitäten

Im Gegensatz zur Versorgung von Hand- oder Armamputierten ist die Akzeptanz von Prothesen bei Amputierten der unteren Extremitäten sehr hoch. Die Stand- und Gehfähigkeit wird durch eine Unter- oder Oberschenkelprothese wiederhergestellt. Die heutigen Schaftkonstruktionen sind so, dass in aller Regel keine Hautprobleme auftreten. Die Verbindung zwischen amputiertem Ober- oder Unterschenkel und Prothese ist schlüssig. Die Prothese schmiegt sich direkt an die Haut an. Die Funktion der mechanischen Knie- und Sprunggelenke ist sehr gut, die neueren Prothesenmodelle, sowohl die einfachen mechanischen Gelenke als auch die mikroprozessorgesteuerten Gelenke, ermöglichen ein weitgehend normales Gehverhalten und eine hohe Stand- und Gangsicherheit.

Verschiedene orthopädietechnische Hersteller bieten Oberschenkelprothesen mit mikroprozessorgesteuerten Kniegelenken an. Ob eine derartige Versorgung notwendig ist, hängt vom Mobilitätsgrad ab. Je mobiler der Amputierte, desto größer ist der Nutzen, der mit einer elektronischen Steuerung des Kniegelenks verbunden ist. Können nur kurze Wegstrecken zurückgelegt werden, so ist eine mechanische Prothese ausreichend. In der Tabelle auf Seite 444 werden die verschiedenen Mobilitätsgrade erläutert.

Welche Prothese im Einzelfall erforderlich ist, sollte im Rahmen einer Begutachtung geklärt werden. Im Allgemeinen liegen Gutachten des Medizinischen Dienstes der gesetzlichen Krankenkasse oder Beurteilungen des gesetzlichen Unfallversicherungsträgers vor, die auch zur Grundlage einer Kostenzusage – oder Ablehnung – durch den Haftpflichtversicherer dienen können.

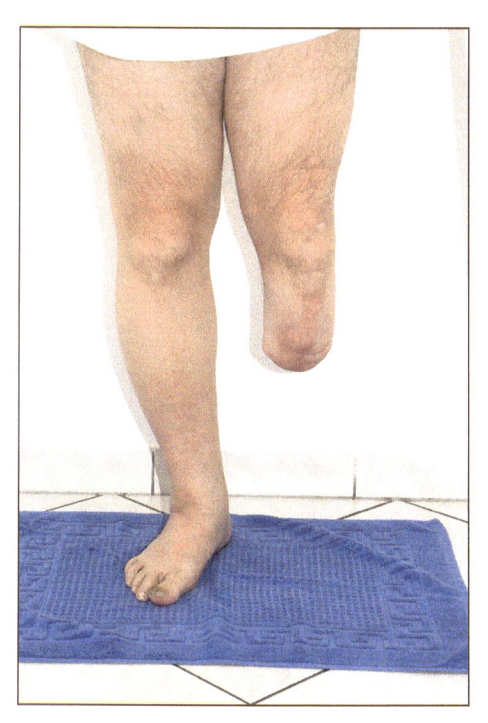

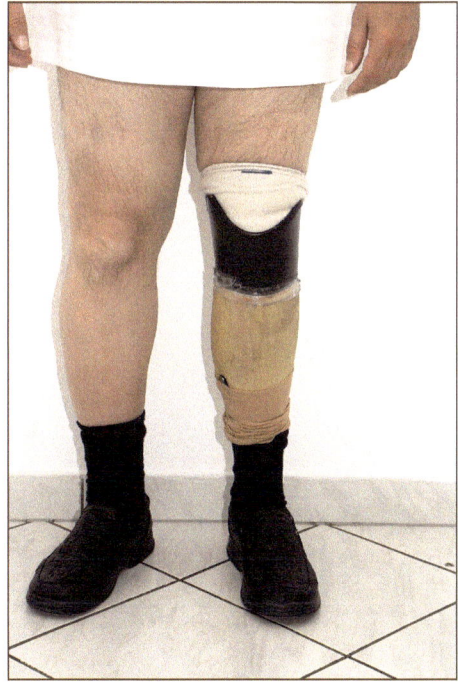

Abb. 12.2:
Der 50-jährige Rangierarbeiter erlitt eine Quetschung des linken Unterschenkels, der daraufhin amputiert werden musste. Der Stumpf wurde prothetisch versorgt, der Bahnmitarbeiter wechselte nach einer Einarbeitung in den Innendienst und nahm eine überwiegend sitzende Tätigkeit im Schalterdienst auf.

Die prothetische Versorgung von Amputierten

		Aktivitätsgrad / Mobilitätsgrad
0	Nicht gehfähiger Proband	Auf fremde Hilfe angewiesen, keine eigenständige Fortbewegung möglich
1	Innenbereichsgeher	Prothese zu Transferzwecken, Fortbewegung auf ebenem Boden
2	Eingeschränkter Außenbereichsgeher	Bordsteine und Stufen können überwunden werden
3	Uneingeschränkter Außenbereichsgeher	Auch auf unebenem Boden und freiem Gelände Gehen möglich • Beruf kann ausgeübt werden • mittlere bis hohe Ganggeschwindigkeit • die meisten Umwelthindernisse können überwunden werden • Gehdauer und -strecke im Vergleich zum Unbehinderten nur gering limitiert
4	Uneingeschränkter Außenbereichsgeher mit überdurchschnittlichen Ansprüchen	• wie Mobilitätsgrad 3 • praktisch keine Einschränkungen der Fortbewegung im Vergleich mit Nichtamputierten. Gehdauer und -strecke sind nicht limitiert.

Um eine optimale osteopädietechnische Versorgung von Beinamputierten zu erleichtern, müssen die Fähigkeiten der Patienten mit den Möglichkeiten in Übereinstimmung sein. Die potenzielle Leistungsfähigkeit des Amputierten wird in vier Mobilitätsgrade eingeteilt.

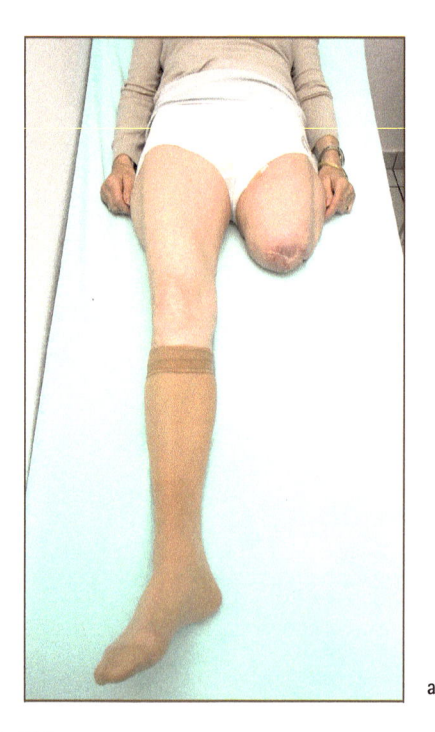

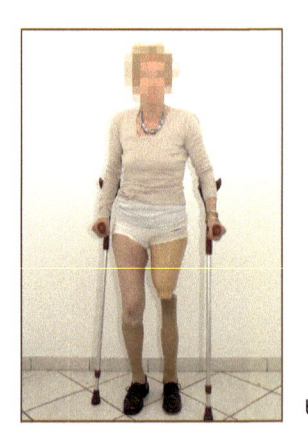

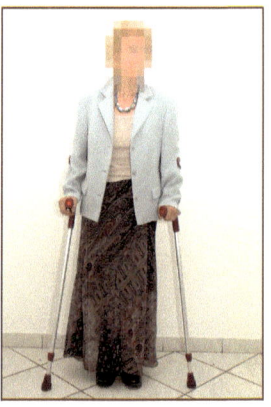

Abb. 12.3:
Traumatische Amputation des linken Oberschenkels bei einer 75-jährigen Probandin (a). Moderne Prothesen (b) ermöglichen auch älteren Patienten eine weitgehende Selbstständigkeit und Mobilität (c). Ob eine Prothese mit elektronisch gesteuertem Kniegelenk erforderlich ist, sollte in jedem Einzelfall geprüft werden. Auch die herkömmlichen Modularprothesen verfügen über hervorragende Geheigenschaften.

Teil 13

Verletzungen des Rückenmarks
und der peripheren Nerven

13.1 Anatomie des Rückenmarks

Das Rückenmark ist Teil des zentralen Nervensystems. Die Nerven des Rückenmarks, die von der Großhirnrinde ausgehen, transportieren ihre Information bis zu den Nervenaustrittslöchern der Wirbelsäule. Hier werden sie mit den Nerven verknüpft (umgeschaltet), die diese Informationen bis in die Peripherie weiterleiten. Diese Nerven werden als Spinalnerven bezeichnet. Die vorderen spinalen Nerven geben die Befehle des Großhirns an die Muskulatur weiter. Die hinteren Spinalnerven sind für die Sensibilität der Körperperipherie zuständig, sie empfangen Signale aus den unterschiedlichen Abschnitten des Körpers, zum Beispiel der Haut. Nicht alle Informationen, die wir aus der Körperperipherie oder z.B. aus den Gelenken erhalten, werden bis in das Großhirn weitergeleitet. Unwillkürliche Bewegungen werden bereits im Rückenmark kontrolliert und gesteuert. Das Rückenmark ist somit nicht nur eine Ansammlung von Leitungsbahnen, es nimmt dem Gehirn komplexe Aufgaben ab, bei denen keine bewusste Steuerung erforderlich ist.

Die sensiblen Nervenstränge verlaufen im hinteren (dorsalen) Rückenmark, die motorischen Nervenverbindungen befinden sich im vorderen (ventralen) Rückenmark. Das Rückenmark füllt nicht den gesamten Spinalkanal bis zum Kreuzbein aus, es endet etwa in Höhe des 1. Lendenwirbelkörpers. Unterhalb des 1. Lendenwirbelkörpers befinden sich die Wurzeln der Spinalnerven, die zu den Nervenaustrittslöchern laufen und dann die Wirbelsäule verlassen. Dieser Teil der parallel verlaufenden Nerven wird als Pferdeschweif (Cauda equina) bezeichnet. Da sich unterhalb des 1. Lendenwirbelkörpers kein Rückenmark mehr befindet, können bei traumatischen Einwirkungen einzelne Nerven oder auch mehrere Nervenstränge geschädigt werden, das Vollbild einer Querschnittlähmung mit Blasen- und Mastdarmlähmung kann sich bei einer Verletzung der mittleren und unteren Lendenwirbelsäule nicht ausbilden.

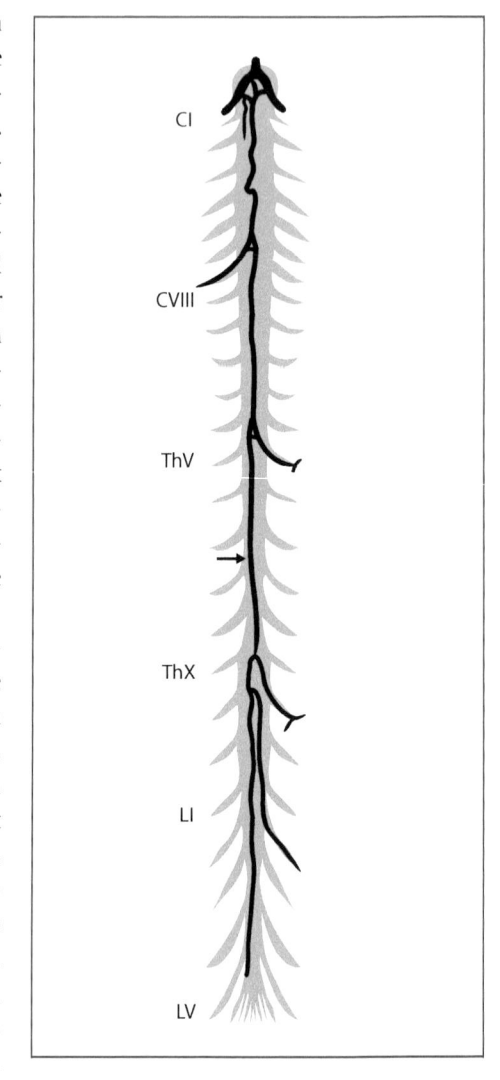

Abb. 13.1:
Schematische Darstellung des Rückenmarks mit den Spinalnerven. Die dunklen Linien deuten die Blutversorgung des Rückenmarks an.

Anatomie des Rückenmarks

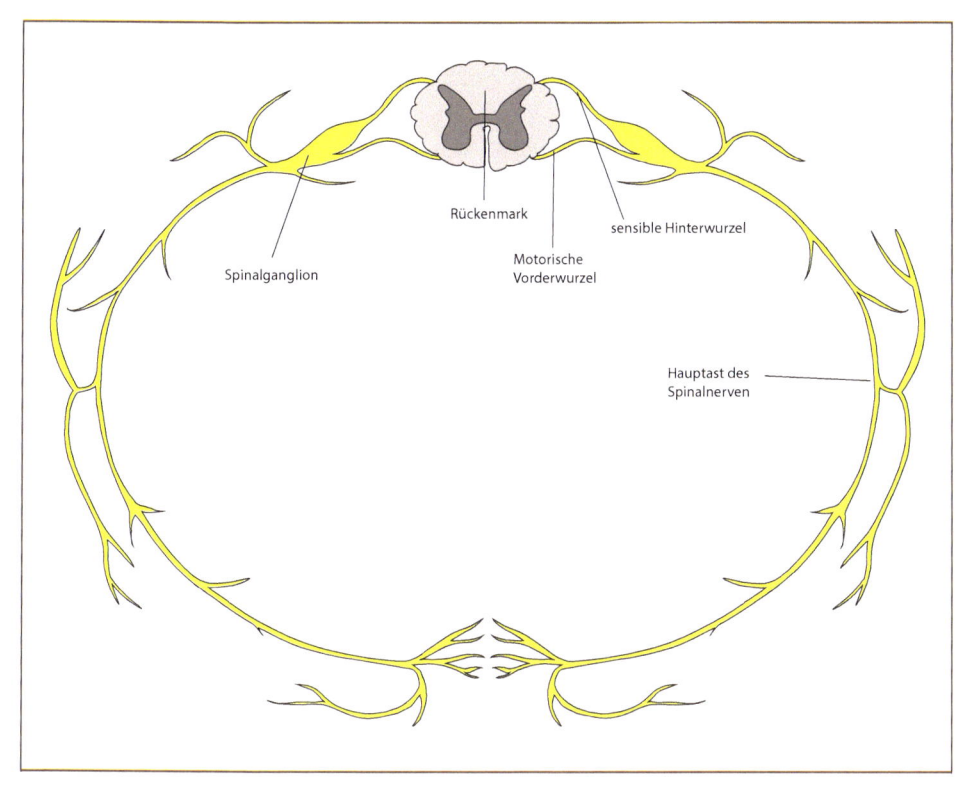

Abb. 13.2:
Schematische Darstellung des Verlaufs eines Spinalnervs vom Rückenmark bis in die Peripherie.

Labels in der Abbildung: Rückenmark, sensible Hinterwurzel, Motorische Vorderwurzel, Spinalganglion, Hauptast des Spinalnerven.

Bereits auf Seite 122 bis 128 wurde der Aufbau der Wirbelsäule beschrieben. Unterschieden wird zwischen der Hals-, Brust- und Lendenwirbelsäule. Der Aufbau des peripheren Nervensystems wird leicht verständlich, wenn man die Entwicklungsgeschichte des Menschen berücksichtigt. Der Mensch ist in ähnlicher Weise aufgebaut wie alle anderen Wirbeltiere. Als Beispiel sei ein Fisch gewählt. Der Fisch hat an Stelle von Armen und Beinen lediglich Flossen. Die Wirbelsäule und das Nervensystem eines Fischs sind einfacher aufgebaut als das des Menschen. Dies wird deutlich, wenn man eine Forelle isst. Nach Entfernung der Haut erkennt man eine Vielzahl parallel liegender Muskelsegmente. Zu jedem Muskelsegment gehört ein Nerv. Die Nerven ziehen vom Nervenaustrittsloch zwischen den Wirbelkörpern bis in die Mitte des Bauchs des Fisches. Kommen wir nun zum Menschen zurück. Im Bereich des Rückens, unterhalb der Achsel und oberhalb des Beckens, sind die sensiblen Hautareale in gleicher Weise aufgebaut wie bei einem Fisch. Vom 3. Brustwirbelkörper bis zum 1. Lendenwirbelkörper verlaufen die sensiblen Nerven jeweils nach rechts und links bis zur Mitte des Brustkorbs bzw. des Bauchs (Abb. 13.2).

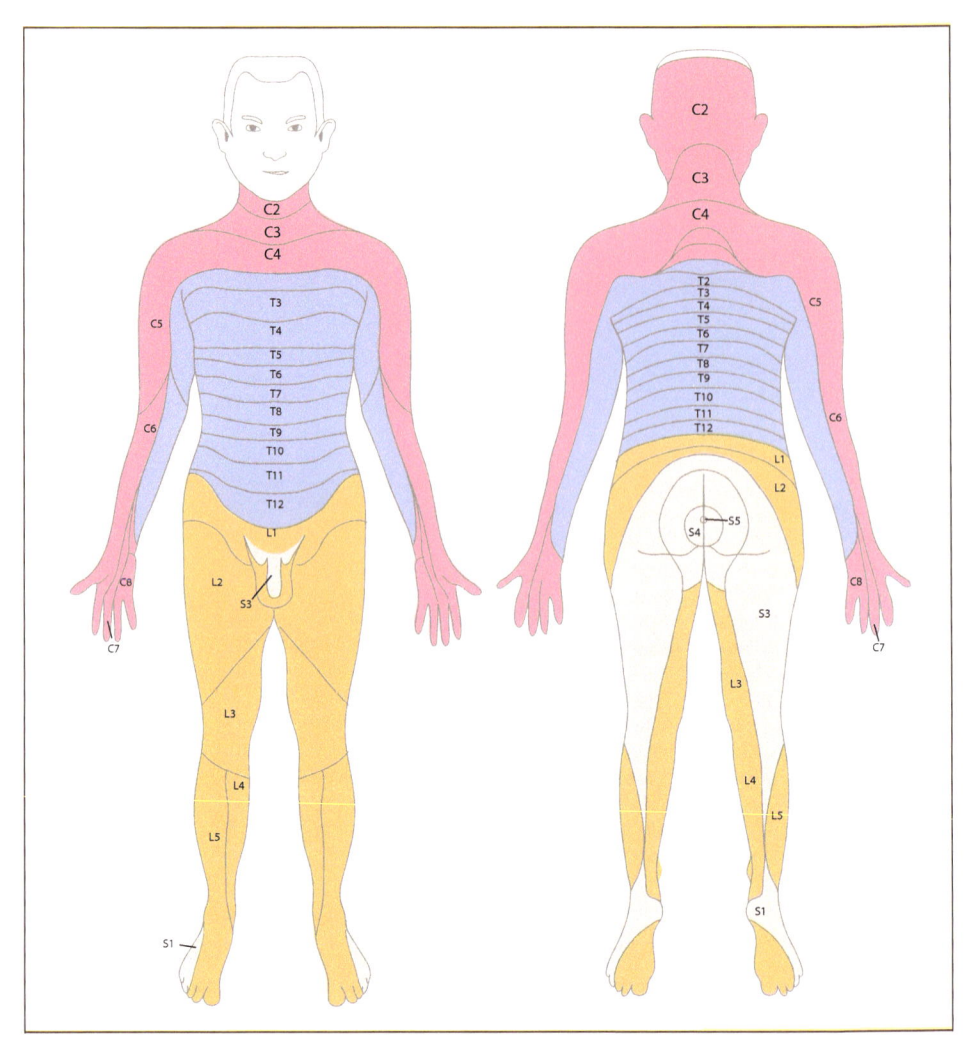

Verletzungen des Rückenmarks und der peripheren Nerven

Abb. 13.3:
Jeder Rückenmarknerv versorgt ein anatomisch begrenztes Hautareal mit Gefühl. Diese Zonen werden als Dermatome bezeichnet.

Was verbirgt sich hinter den Bezeichnungen: C1 bis C7, Th1 bis Th12, L1 bis L5 und S1 bis S5?			
Lateinische Bezeichnung	Deutsche Übersetzung	Gebräuchliche Abkürzung	Die Zahl bezieht sich auf die Nummer des Nervs
Cervikal-	Hals-	C	1 – 7
Thorakal-	Brust-	Th	1 – 12
Lumbal-	Lenden-	L	1 – 5
Sacral-	Kreuzbein-	S	1 – 5

Das dazugehörige Hautareal wird als Dermatom bezeichnet. Gut zu erkennen ist, dass z. B. der 5. Brustwirbelnerv einen schmalen Streifen versorgt, der unterhalb der Brust verläuft (Abb. 13.3).

Arme und Beine werden in gleicher Weise von den Nerven versorgt. Da die Arme und Beine im Laufe der Millionen Jahre dauernden Evolution des Menschen aus dem Rumpf ausgesprossen sind, haben sie die Nerven mitgenommen. Auch an den Armen und Beinen lässt sich noch eine Zuordnung zu einzelnen Wirbelkörpern und Nervenaustrittslöchern erkennen (Abb. 13.3).

Wird die motorische Vorderhornzelle durchtrennt, so erhalten die von dem Nerv versorgten Muskeln keine Informationen, sie sind dann auf Dauer gelähmt. Wird die Hinterwurzel, der sensible Teil der Nerven, geschädigt, so wird jener Teil der Haut gefühllos, der von dem Nerven versorgt wird.

13.2 Schädigungen der Spinalnerven und des Rückenmarks

Die Anatomie des Rückenmarks und der Spinalnerven erklärt, warum bei einer Schädigung der peripheren Nerven immer nur eine bestimmte Region geschädigt wird. Nimmt man z. B. den Nerv C6 der Halswirbelsäule, der durch einen Wirbelkörperbruch verletzt wurde, so werden folgende Areale taub: Daumen, die daumenwärtige Hälfte des Zeigefingers und des Unterarms bis unterhalb der Schulter. Zugleich werden diejenigen Muskeln gelähmt, die durch die Nervenwurzel C 6 geschädigt wurden. Da die Nerven jeweils nur die rechte oder linke Körperhälfte versorgen, bleiben die Ausfälle bei einseitiger Schädigung nur auf den rechten oder linken Arm begrenzt.

Heftige Schmerzen im ganzen Körper ohne anatomische Begrenzung können unterschiedliche Ursachen haben, meist stehen sie im Zusammenhang mit dem Entschädigungsprozess oder einer seelischen Ausgestaltung des Unfallereignisses. Je mehr sich die geklagten Beschwerden ausbreiten und je länger sie anhalten, umso unwahrscheinlicher ist ein Zusammenhang mit einer organischen Verletzung.

Im Rückenmark und seitlich der Wirbelsäule verläuft neben den Bahnen für Moto-

> **Anatomische Schädigungen einzelner Nerven führen zu regional begrenzten Gefühlsstörungen oder motorischen Ausfällen.**
> Diese Erkenntnis ist für die Bearbeitung von Personenschäden von zentraler Bedeutung:
> Ist der Verletzte in der Lage, einen Gefühlsausfall wiederholt in gleicher Weise zu beschreiben und einzugrenzen, so ist die Wahrscheinlichkeit, dass es sich um eine organische Schädigung handelt, hoch. Angaben von Probanden, die glauben, eine Nervenschädigung erlitten zu haben (z. B. nach einem HWS-Schleudertrauma), und über ausstrahlende Beschwerden im Bereich des Hinterhaupts, des Halses, der Arme und des Brustkorbs klagen, ohne dass eine pathologisch-anatomische Schädigung zweifelsfrei gesichert wurde, stehen mit sehr hoher Wahrscheinlichkeit nicht in Zusammenhang mit einer organischen Verletzung.

rik und Sensibilität auch das Leitungssystem für die inneren Organe. Die inneren Organe können wir nur begrenzt durch unseren Willen beeinflussen. Im Rückenmark befinden sich Nerven, die Herz, Lunge, Magen, Leber, Bauchspeicheldrüse, Niere und Darm steuern. Die Nervenzentren für die Funktion von Enddarm, Blase und den Genitalien sind im unteren Rückenmark, (S2 bis S4 – Sakralmark) lokalisiert. Bei Schädigung oberhalb des Segments S2 werden Blase und Mastdarm gelähmt, die Sexualfunktionen fallen aus.

Alle vier Extremitäten werden gelähmt, sofern der Querschnitt in Höhe von C4 oder oberhalb davon eintritt. Bei Schädigung zwischen C5 und C7 kann die Greiffähigkeit der Hand zum Teil erhalten sein. Liegt die Läsion unterhalb von C8, so ist die Gebrauchsfähigkeit der Arme und Hände in der Regel nicht gestört. Beide Beine werden gelähmt, sofern die Schädigung des Rückenmarks in Höhe der Wirbelkörper Th1 bis L2 entstand.

Liegt die Schädigung in Höhe von L3/L4, so kann der Verletzte nach einem rehabilitativen Training mit zwei Unterarmgehstützen laufen, sofern die Beine durch Orthesen stabilisiert werden. In Höhe von L5/S1 benötigt der Verletzte Peroneusschienen oder spezielle orthopädische Schuhe, die beim Laufen ein Absinken der Füße verhindern, da er nicht in der Lage ist, die Füße selbsttätig anzuheben (Abb. 13.4). Sind die Nervenwurzeln S2 und S3 betroffen, so liegen in der Regel keine wesentlichen motorischen Ausfälle mehr vor.

Erfordernisse der Hilfsmittelversorgung bei vollständigen Querschnittslähmungen
(modifiziert nach Meinecke 2000, Widder, Gaidzik 2011)

Läsion	Funktionelle Einschränkungen	Erforderliche Hilfsmittel
C1–3	• Fehlende Zwerchfellatmung • Keine Muskelfunktion an Rumpf und Gliedmaßen • Vollständig pflegeabhängig	• Respirator (Dauerbeatmung) oder Zwerchfellstimulation • Rollstuhl elektrisch und mechanisch • Pflegehilfen
C4	• Ausschließlich Zwerchfellatmung • Hochgradige Einschränkung der Lungenfunktion • Fehlende Sitzbalance • Keine funktionsrelevante Extremitätenmotorik • Vollständig pflegeabhängig	• Elektrorollstuhl mit Kinnsteuerung • Mechanischer Rollstuhl für Transport außerhalb der Wohnung, Umweltsteuergeräte • Stehübungen mit Stehbrett (elektrisch) oder Aufrichtestuhl (elektrisch)
C5	• Pflegeabhängig • Begrenzte Handfunktion	• Wie C4, jedoch Handbedienung für elektrischen Rollstuhl • Hand- und Unterarmhilfen
C6	• Sehr eingeschränkt selbstständig • Handfunktion	• Wie C5, jedoch ggf. angepasster Pkw • Keine Umweltsteuergeräte

C7	• Körperpflege und Ankleiden begrenzt selbstständig • Körperpflege im Oberkörperbereich, essen und teilweises An- und Ausziehen im Oberkörperbereich mit Hilfsmitteln möglich	• Zwei mechanische Rollstühle • Ggf. angepasster Pkw • Hand- u. Unterarmhilfen • Stehbrett • Ggf. Pflegehilfen
C8	• Noch reine Zwerchfellatmung mit Einschränkung der Lungenfunktion • Gute Gebrauchsfähigkeit der Arme und Hände • Weitgehende Selbsthilfe	• Zwei mechanische Rollstühle • Pkw mit Handkontrollen und Schaltautomatik • Evtl. Handhilfen • Stehbarren oder Stehbrett
	Paraplegie	
Th1 – 10	• Selbstständig, rollstuhlabhängig • Verbesserung der Sitzbalance durch zunehmende Innervierung von Rücken- und Bauchmuskulatur • Verbesserung der Lungenfunktion durch zunehmende Innervierung der Interkostalneuralmuskulatur • Bis Th5 autonome Hyperreflexien	• Beinstützapparate und Unterarmgehstützen • Pkw-Bedienung mit Handkontrolle und Schaltautomatik • Zwei mechanische Rollstühle
Th11 – 12	• Selbstständig • Rollstuhlabhängig • Volle Sitzbalance durch volle Innervierung der gesamten Rücken- und Bauchmuskulatur • Eingeschränkt Treppensteigen	• Durchschwunggang oder Vier-Punkte-Gang mit Beinstützapparaten und Unterarmgehstützen • Sonst wie Th1 – 10
L3 – L4	• Selbstständig • Gehvermögen in geschlossenen Räumen mit zwei Unterarmgehstützen • Teilweise rollstuhlabhängig • Treppensteigen	• Angepasster Pkw • Zwei mechanische Rollstühle • Peroneushilfe, evtl. Beinstützen • Unterarmgehstützen
L5/S1	• Selbstständig • Rollstuhl nicht erforderlich • Eigenständige Gehfähigkeit mit zwei Handstöcken und Peroneushilfen	• Angepasster Pkw • Peroneushilfe, ggf. zwei Gehstöcke • Angepasste Schuhversorgung
S2/3	• Keine wesentlichen motorischen Ausfälle mehr	• Pkw-Versorgung nicht erforderlich

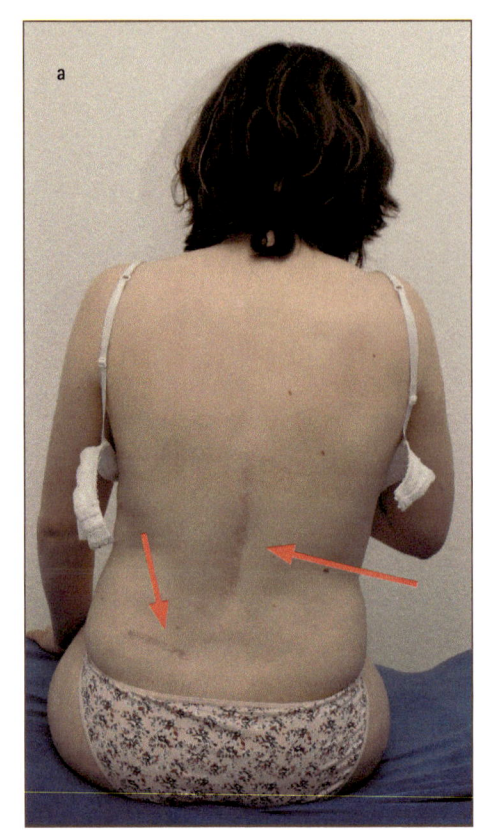

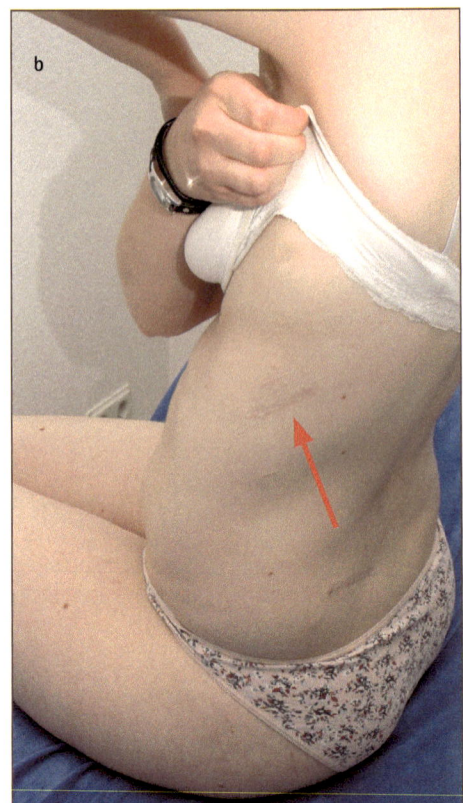

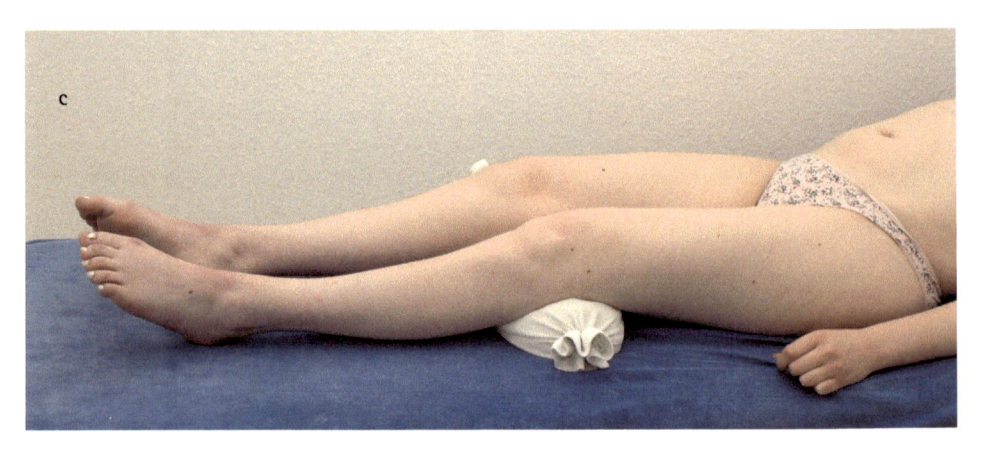

Verletzungen des Rückenmarks und der peripheren Nerven

Abb. 13.4:
Durch einen Sturz von einem Abhang zog sich die 20-jährige Studentin eine Fraktur des 12. Brustwirbelkörpers mit einer inkompletten Querschnittlähmung zu. Sie ist auf einen Rollstuhl angewiesen. Die Fraktur wurde operativ stabilisiert. Die Patientin wurde von dorsal und lateral operiert (a, b). Die Narbe am Beckenkamm ist Folge der Knochenentnahme für eine Transplantation zum Ersatz des gebrochenen Wirbelkörpers (b). Blase und Mastdarm sind gelähmt. Die Füße befinden sich in einer Spitzfußstellung (c).

13.3 Nervenschädigungen der oberen Extremitäten

13.3.1 Plexus brachialis
Der Arm wird durch die Nervenwurzeln C5 bis Th1 gebildet. Die Nerven treten einzeln aus den Nervenaustrittslöchern aus, vereinigen sich dann zu mehreren Nervensträngen.

Wichtige Nerven sind:
- Nervus musculocutaneus
- Nervus medianus
- Nervus axillaris
- Nervus radialis
- Nervus ulnaris

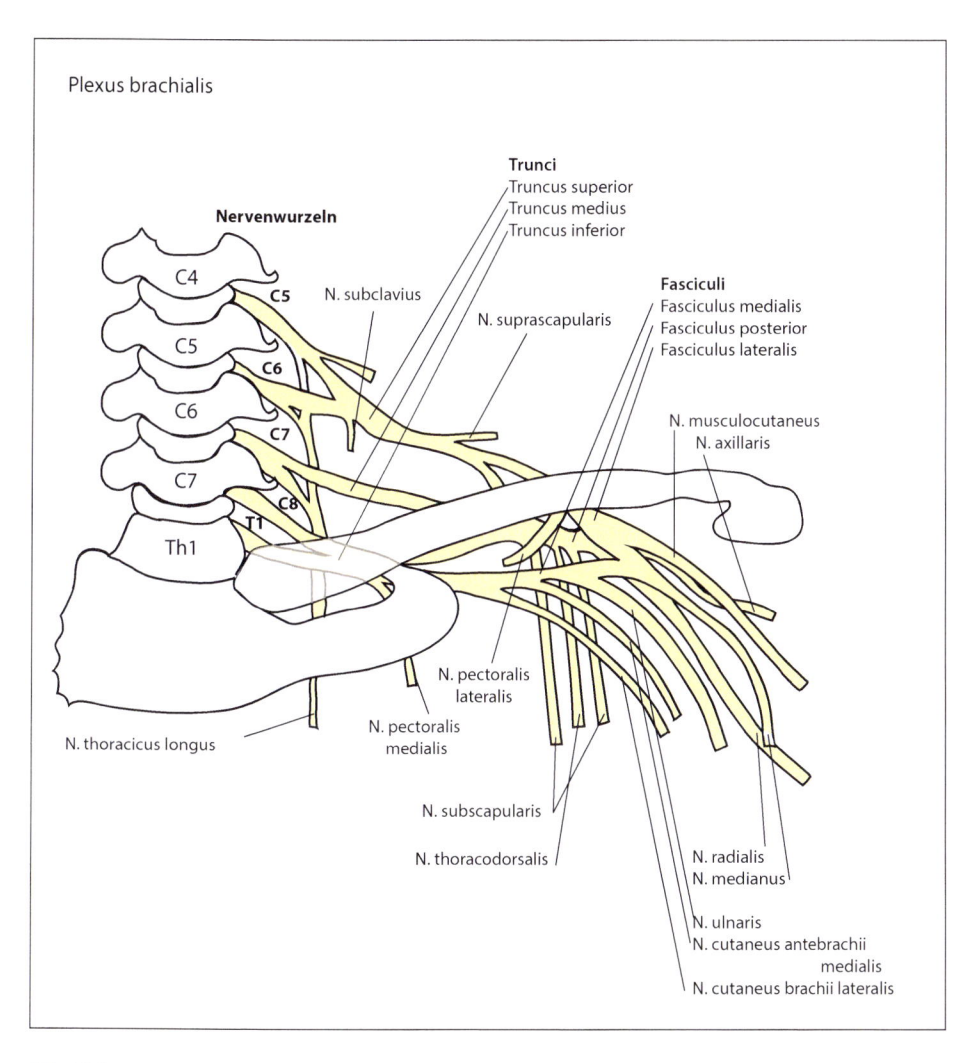

Abb. 13.5:
Der Arm wird aus den Nervenwurzeln des Plexus brachialis versorgt. Aus dem Plexus verzweigen sich die peripheren Nerven.

13.3.2 Schädigungen des Plexus brachialis

Der Plexus brachialis wird häufig durch Stürze beim Motorradfahren verletzt. Ein Motorradfahrer, der bei hoher Geschwindigkeit mit der Schulter auf den Boden aufkommt, kann sich dadurch die Nerven in Höhe des Austritts aus dem Rückenmark ausreißen. Im gleichen Moment wird der Arm gelähmt und gebrauchsunfähig.

Sind die Nerven nicht aus dem Rückenmark ausgerissen, sondern weiter distal rupturiert, so kann versucht werden, eine Restfunktion durch die Interposition von Nerven (z. B. aus dem Unterschenkel) zu erreichen. Im Allgemeinen sind derartige Eingriffe nicht von Erfolg gekrönt. Die sehr aufwändigen Operationen werden unter anderem deshalb ausgeführt, um dem Verletzten zu verdeutlichen, dass alles Mögliche für ihn getan wird, um eine – wenn auch nur geringe – Besserung zu erreichen.

Wurde der Plexus nur gedehnt, so kann sich die Armlähmung innerhalb mehrerer Monate nach und nach zurückbilden.

Die Abbildung 13.6 zeigt einen Probanden, der sich eine Verletzung des Plexus brachialis bei einem Motorradsturz zugezogen hat.

Isolierte Nervenläsionen der oberen Nervenäste des Plexus brachialis führen zu Atrophien der schulterumgreifenden Muskulatur sowie des Schulterblatts. Nach einigen Wochen ist bereits die Muskelabmagerung der betroffenen Schulter- und Rückenmuskeln zu erkennen.

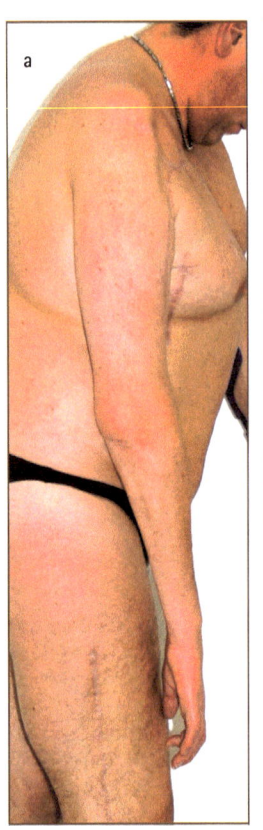

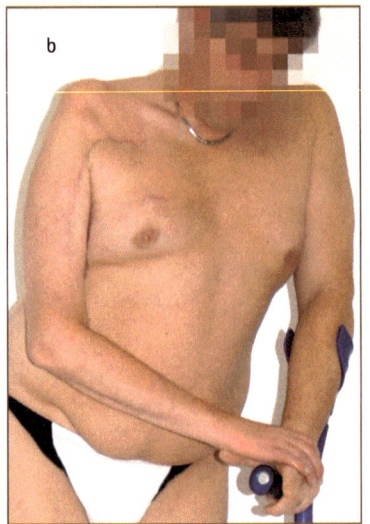

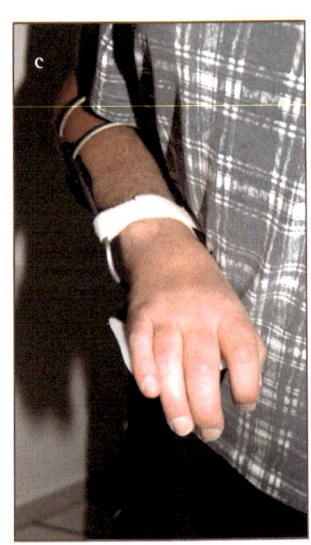

Abb. 13.6:
Der 42 Jahre alte Motorradfahrer stürzte und zog sich dabei eine Plexusverletzung zu. Der rechte Arm ist gelähmt und hängt herab (a). Die Muskulatur von Schulter und Arm ist atrophisch, die Hand ist livide verfärbt und geschwollen (b). Getragen wird eine Lagerungsschiene (c).

13.4 Periphere Nervenläsionen der oberen Extremitäten

13.4.1 Schädigung des Nervus axillaris

Der Nervus axillaris ist Teil des Plexus, er entspringt aus den Nervenwurzeln C5 und C6. Der Nerv läuft um den Oberarmkopf durch die Achselhöhle.

Häufige Ursache einer Axillarisläsion sind stumpfe Schultertraumen (z.B. eine schwere Schulterprellung, Luxation des Schultergelenks oder Oberarmkopffrakturen). Ist der Nervus axillaris gelähmt, so kann der Arm nicht mehr seitlich über 60° abgespreizt werden, auch die Hebung des Arms ist erheblich eingeschränkt. Der Deltamuskel atrophiert. Zumeist wird über ein Taubheitsgefühl an der Außenseite der Schulter, in Höhe des Schulterkappenmuskels geklagt.

13.4.2 Schädigung des Nervus radialis

Der Nervus radialis (Speichennerv) entspringt aus den Nervenwurzeln C5 bis Th1. Er verläuft in enger Nachbarschaft zum Oberarm.

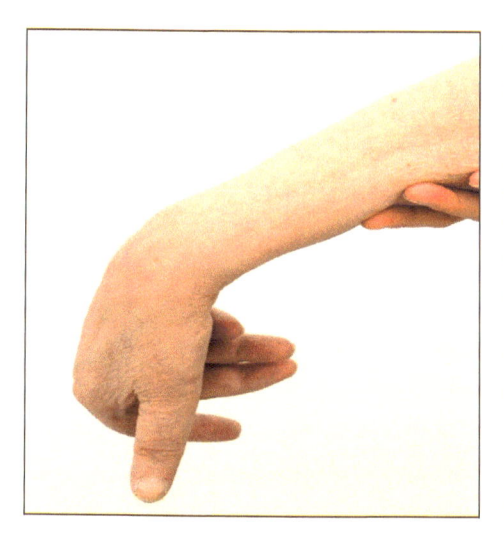

Abb. 13.7:
Fallhand, Folge einer Oberarmfraktur.

Die Hauptursache einer Schädigung des Nervus radialis sind Brüche des Oberarmschafts. Sind die Frakturenden spitz, so kann der Nerv durchtrennt werden, es kommen daneben Zerrungen oder Einblutungen in den Nerv vor, die prognostisch günstiger zu beurteilen sind. Gelegentlich wird der Radialisnerv auch bei der operativen Versorgung einer Oberarmschaftfraktur durch den behandelnden Arzt verletzt (iatrogene Schädigung). Lähmungen können erst im Verlauf der Frakturheilung entstehen, sofern der Nerv durch die Knochenneubildung (Kallus) geschädigt wird.

Fallhand: Das typische Bild der Schädigung des Nervus radialis ist die Lähmung der Handstrecker, der Daumen- und Fingerstrecker sowie der Daumenabspreizung. Wird der Unterarm angehoben, so fällt die Hand nach unten, sie kann aktiv nicht gehoben werden. Die Greiffunktion der Hand ist erheblich beeinträchtigt. Bei einer Radialislähmung ist die Rückseite der daumenwärtigen Handfläche und der Daumenballen gefühllos.

90% der anfänglichen Radialislähmungen haben, sofern der Nerv nicht vollständig durchtrennt wurde, eine gute Prognose, die Lähmung bildet sich zurück, die Hand kann danach vollständig oder weitgehend normal eingesetzt werden.

13.4.3 Schädigung des Nervus ulnaris

Der Nervus ulnaris entspringt aus den Nervenwurzeln C8 bis Th1. Er läuft durch die Achselhöhle an der Innenseite des Oberarms, um unterhalb des ellenwärtigen Oberarmknorrens in den Unterarm, hier vor allem ellenwärts und volar (auf der Innenseite), bis zu den Fingern 4 und 5 und der Handinnenfläche zu laufen. Besonders gefährdet ist der Nerv am Ellenbogen. An dieser Stelle, dem Sucus ulnaris, kann der Nerv ertastet werden. Wird der Nerv hier gedrückt, so spricht man vom „Musikantenknochen". Der heftige Schmerz strahlt bis in die Finger 4 und 5 aus.

Krallenhand: Bei einer Ellenbogengelenkkontusion, Frakturen des Ellenbogengelenks oder einer Luxation kann eine Ulnarisparese entstehen. Die Lähmung geht mit einer Gefühlsstörung der Finger L4 und 5 und einer „Krallenhand" einher. Wurde der Nerv nicht durchtrennt, sondern nur gequetscht oder gedehnt, kann sich die Funktion innerhalb von Monaten langsam erholen.

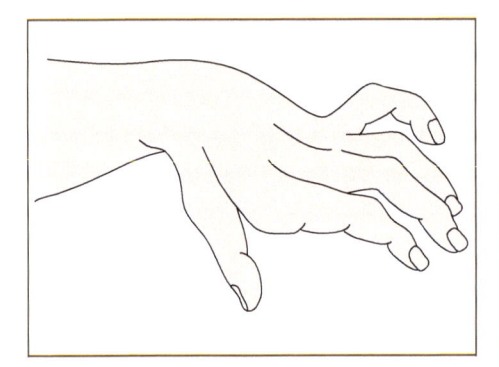

Abb. 13.8:
Krallenhand, Folge einer Lähmung des Nervus ulnaris.

13.4.4 Schädigung des Nervus medianus

Der Nervus medianus entspringt aus den Nervenwurzeln C5 bis Th1.

Er verläuft ebenfalls durch die Achselhöhle an der Vorderfläche des Oberarms und des Ellenbogens, um sich dann bis in die Finger 1 bis 3 fortzusetzen. Eine Schädigung des Nervus medianus ist von der Gefühlsstörung der Finger 1 bis 3 volarseitig sowie der distalen Anteile von Daumen, Zeigefinger und Mittelfinger begleitet. Der Nervus medianus ist weniger verletzungsanfällig als der Radialis- und Ulnarisnerv.

Schwurhand: Schädigungen können z.B. durch direkte Gewalteinwirkung (Messerstich) oder schwere stumpfe Gewalteinwirkung im Bereich des Ober- oder Unterarms entstehen. Bei einer voll ausgeprägten Schädigung des Nervus medianus entsteht eine „Schwurhand".

Das Medianus-Kompressionssyndrom ist häufig unfallunabhängig. Weit verbreitet ist das Karpaltunnelsyndrom. Hierbei wird der Medianusnerv am volaren Handgelenk komprimiert. Ursachen können Überlastungen, hormonelle Umstellungen mit Einengungen des Karpaltunnels sowie degenerative Veränderungen im Handbereich sein. Das Karpaltunnelsyndrom ist nur in etwa 15% aller Fälle auf ein vorangehendes Trauma zurückzuführen.

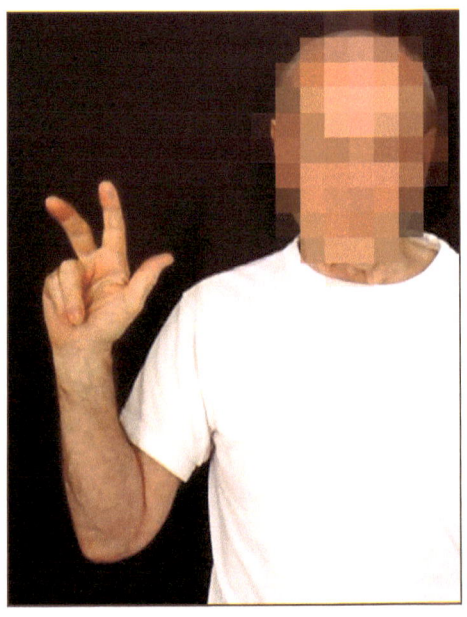

Abb. 13.9:
Schwurhand, Folge einer Lähmung des Nervus medianus.

13.5 Verletzungen der Rumpfnerven Th1 bis Th12

Isolierte traumatische Schädigungen der Rumpfnerven sind selten, sie können durch Stichverletzungen oder Rippenfrakturen entstehen. Die Verletzten klagen über Schmerzen und Gefühlsstörungen im Ausbreitungsbereich einer oder mehrerer Brustkorbnerven (Abb. 13.3).

Überwiegend werden Schädigungen der Brustkorbnerven durch entzündliche Prozesse ausgelöst, so z.B. durch einen Herpes zoster (Gürtelrose) oder eine Neuroborreliose. Sie können als Begleiterscheinung einer Blutzuckererkrankung oder einer Metastase (Mammakarzinom, Bronchialkarzinom) auftreten.

13.6 Nervenschädigungen der unteren Extremitäten

13.6.1 Schädigung des Plexus lumbosacralis

Der Plexus lumbosacralis setzt sich aus den Nervenwurzeln Th12 bis L3 zusammen. Differenziert wird auch zwischen einem oberen Teil des Nervengeflechts, dem Plexus lumbalis (Th12 bis L3), und am unteren Anteil dem Plexus sacralis (L5 bis L3).

Im Gegensatz zum Armnervengeflecht, das relativ häufig geschädigt wird, sind traumatische Lähmungen des Plexus lumbosacralis eher selten. Sie können bei schweren Verletzungen oder Polytraumen, z.B. Beckenfrakturen, Brüchen der Hüftpfanne oder schweren, stumpfen Unterbauchtraumen entstehen.

In etwa ⅔ aller Fälle bildet sich die Lähmung des Plexus zurück. Klinische Zeichen der Schädigung sind Gefühlsstörungen im Bereich der Oberschenkel, Lähmungen der Hüftbeuger sowie der Kniestrecker, der Außendreher und der Anspreizer des Oberschenkels. Eine vollständige Beinplexusparese führt zu einer Lähmung des betroffenen Beins und wird in gleicher Weise wie ein Beinverlust bewertet.

13.6.2 Schädigung des Nervus ischiadicus

Der Nervus ischiadicus entspringt aus den Nervenwurzeln L4 bis S3. Er ist der dickste Nerv des Körpers. Der Nerv verläuft aus dem Becken rückseitig des Hüftgelenks zum dorsalen Anteil des Oberschenkels. Die Fasern des Nervus ischiadicus teilen sich dann in zwei Teile, einen tibialen und einen peronealen Anteil. Der Nervus peroneus verläuft hinter dem Wadenbeinköpfchen, um dann seinen Weg an die Vorderseite des Unterschenkels fortzusetzen, der Nervus tibialis verläuft rückseitig des Schienbeins. Bei einer Durchtrennung des Ischiasnervs kann der Oberschenkel nicht mehr gebeugt werden, sämtliche Muskeln des Unterschenkels und des Fußes sind gelähmt.

Der Nervus ischiadicus kann bei Hüftgelenkluxationen sowie verschobenen Oberschenkelschaftfrakturen geschädigt werden. Häufiger sind Verletzungen des Nervus ischiadicus bei einem endoprothetischen Ersatz des Hüftgelenks. Um dem Operateur freie Sicht auf die Hüftpfanne zu ermöglichen, muss die Wunde maximal gespreizt werden. Beim Einsatz der Hebel um den

Plexus lumbosacralis

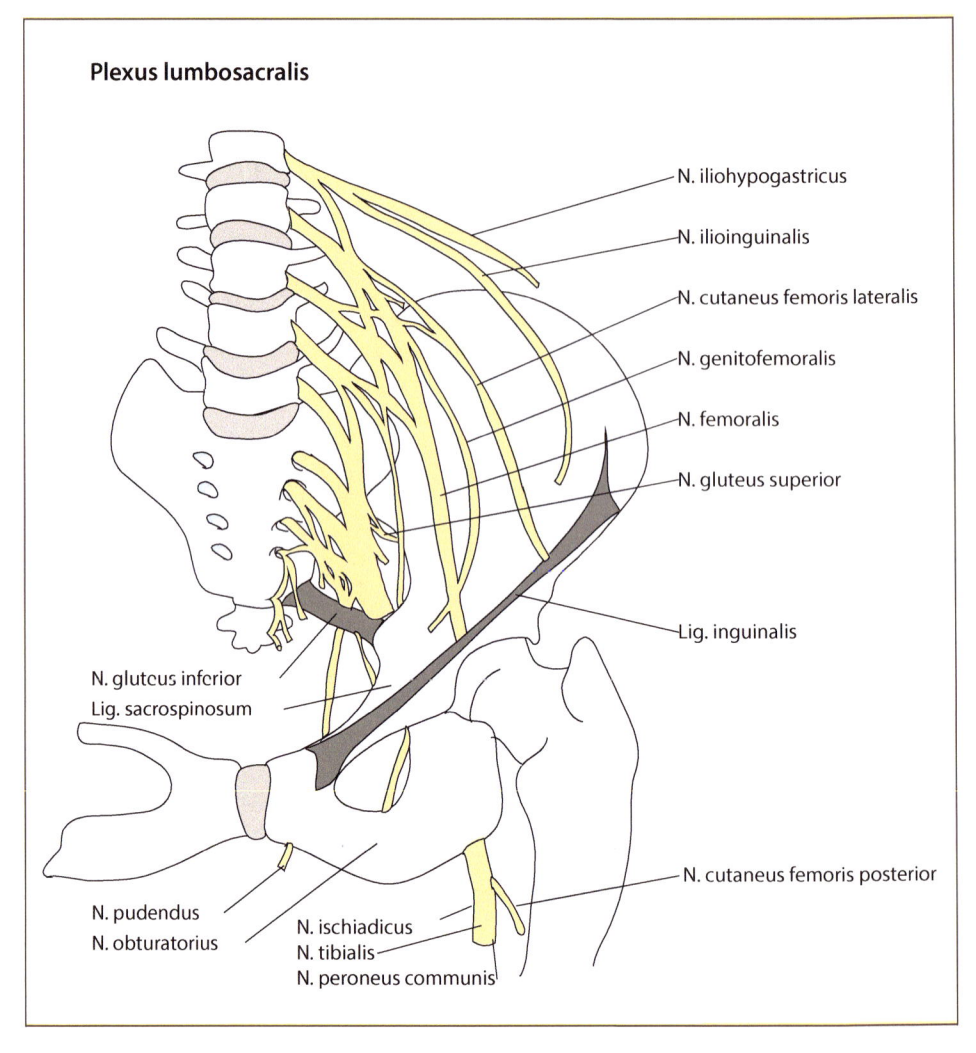

Abb. 13.10:
Das Bein wird aus den Nervenwurzeln des Plexus lumbosacralis versorgt. Aus dem Plexus verzweigen sich die peripheren Nerven.

Oberschenkelknochen kann der Ischiasnerv mitgefasst und zwischen Metall und Knochen gequetscht werden. Gelegentlich entsteht eine Nervenläsion durch eine intramuskuläre Injektion.

13.6.3 Schädigung des Nervus tibialis

Der Nervus tibialis entspringt aus dem Nervus femoralis. Er läuft im Bereich des Unterschenkels in der Mitte der Kniekehle bis zum Rückfuß. Er teilt sich in einen inneren und einen äußeren Anteil, die von medial und lateral den Fuß versorgen. Verletzungen des Nervus tibialis können durch Schädigungen des Kniegelenks entstehen, zu denken ist an Kniegelenkluxationen, Trittverletzungen, Schnitt- oder Stichverletzungen. Eine nicht unfallbedingte Schädigung wird ge-

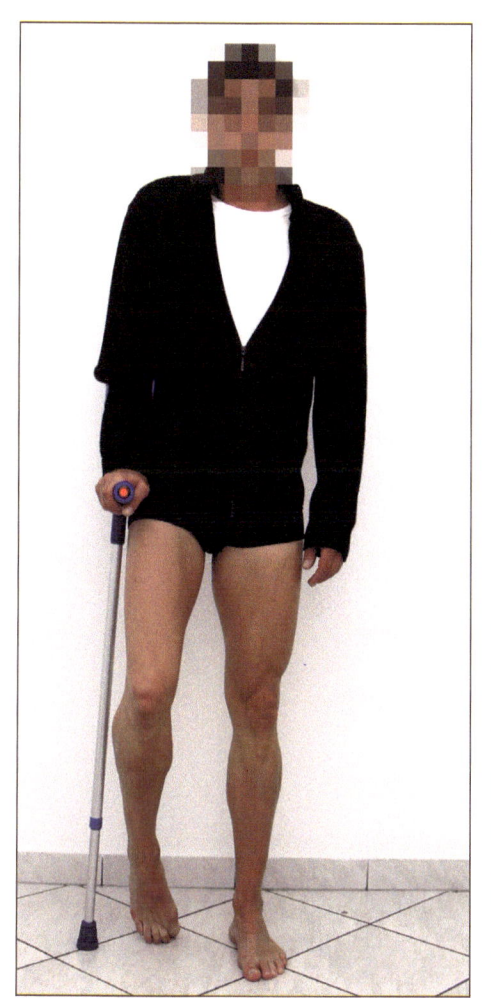

Nervenschädigungen der unteren Extremitäten

Abb. 13.11:
Der 42-jährige Arbeiter wurde als Motorradfahrer in einen Unfall verwickelt, er zog sich eine Beckenprellung zu. Im Krankenhaus wurde eine Lähmung des Beinplexus diagnostiziert (a). Der Verletzte wurde mit einem orthopädischen Schuh und einer Peroneusschiene versorgt (b). Die Berufsgenossenschaft erkannte den Unfall an und gewährte anfänglich eine Rente. Im Rahmen der späteren Begutachtung wurde festgestellt, dass das angeblich gelähmte Bein funktionstüchtig war und dass der „Spitzfuß" keine organische Ursache hatte (c). Die Gutachter hatten der Frage nachzugehen, ob es sich um eine Simulation oder eine bewusstseinsferne seelische Erkrankung, eine Konversionsstörung handelte.

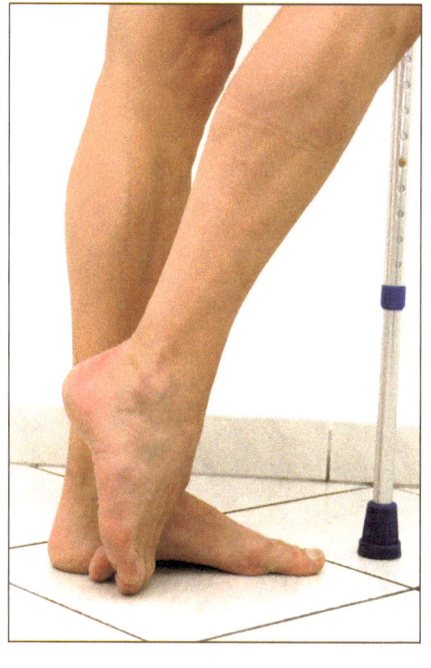

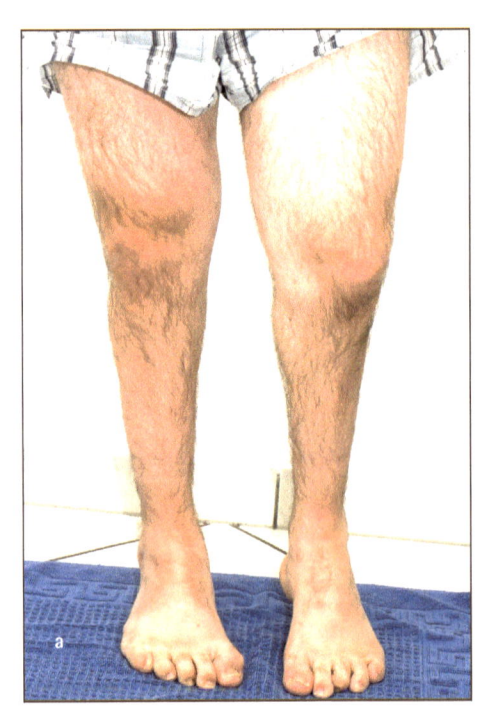

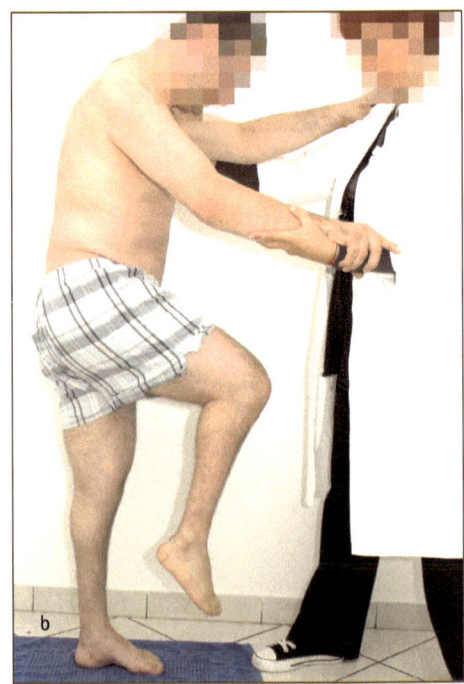

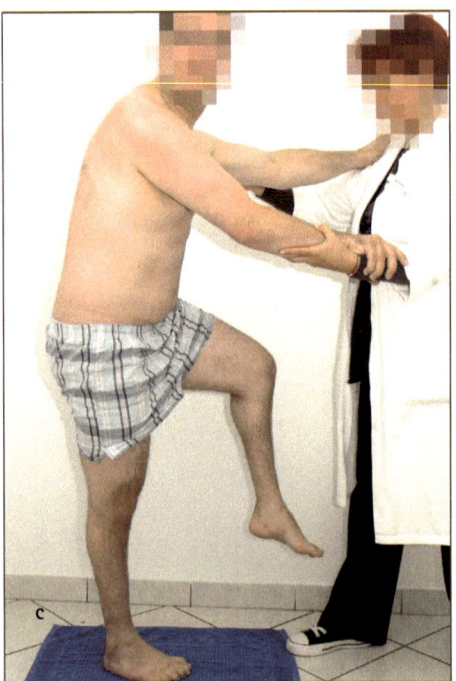

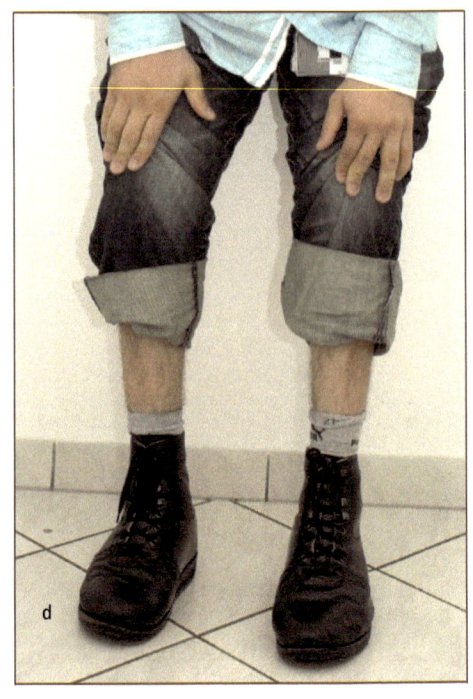

Verletzungen des Rückenmarks und der peripheren Nerven

Abb. 13.12:
Die fußhebende Muskulatur des 30-jährigen Probanden ist beidseits gelähmt. Die Unterschenkel sind atrophiert. Sobald die Beine im Oberschenkel angehoben werden, fällt der Fuß nach unten (b, c). Die orthopädischen Schuhe stabilisieren den Fuß (d), der Betreffende ist wieder in der Lage zu laufen.

legentlich bei der Implantation einer Endoprothese beobachtet. Bei einer Schädigung des Nervus tibialis kommt es zu einer Vertaubung an der Unter- und Außenseite des Unterschenkels sowie großer Teile des Fußes.

13.6.4 Schädigung des Nervus peroneus

Der Wadenbeinnerv hat seinen Ursprung ebenfalls im Nervus femoralis. Er verläuft unterhalb der Kniekehle an der Außenseite des Schienbeinkopfs unterhalb des Wadenbeinköpfchens. Danach tritt er in die ventrale Unterschenkelmuskulatur in den Musculus peroneus ein.

Direkte Verletzungen des Nervus peroneus und Druckschäden in Höhe des Wadenbeinköpfchens sind häufig, da der Nerv hier kaum durch Weichteile geschützt wird und eine von außen einwirkende Gewalt den Nerv gegen das Wadenbeinköpfchen quetschen und dauerhaft schädigen kann.

Lähmungen des Wadenbeinnervs können auch im Rahmen von Operationen durch eine falsche Lagerung (mangelnde Polsterung) des Kniegelenks und Unterschenkels auftreten, nicht selten auch bei Menschen, die pflegebedürftig sind. Nach einer Schädigung des Nervus peroneus ist der Verletzte nicht mehr in der Lage, den Fuß anzuheben. Folge der Lähmung des Peroneusnervs ist der sogenannte „Steppergang" (Abb.: 13.12). Wird das Bein in der Schwungphase angehoben, so kann der Fuß im Sprunggelenk nicht stabilisiert werden, er fällt nach unten. Patienten, die eine bleibende Peroneuslähmung erlitten haben, können mit einer Schiene versorgt werden, die den Fuß im Sprunggelenk rechtwinkelig stabilisiert (Peroneusschiene). Eine Peroneusläsion beeinträchtigt die Mobilität und das Gangbild erheblich.

Teil 14

Verletzungen der inneren Organe

14.1 Lebensbedrohliche Verletzungen

Innere Organe werden häufig bei schweren Unfällen geschädigt. Verletzungen der Lunge oder des Bauchraums sind häufig lebensbedrohlich und bedürfen einer sofortigen Versorgung. Die Überlebenswahrscheinlichkeit eines polytraumatisierten Verletzten steigt mit der Qualität der Primärversorgung. Nach Stabilisierung der Funktionen von Herz, Lunge und Kreislauf wird der Patient in großen unfallchirurgischen Zentren mittels eines Ganzkörpercomputertomographen untersucht. Die nur wenige Minuten dauernde Untersuchung ermöglicht, diejenigen Verletzungen, die das Leben unmittelbar bedrohen, zu identifizieren und ohne Verzögerung zu behandeln. An erster Stelle stehen Verletzungen großer Blutgefäße und Zerreißungen von inneren Organen, Milz, Leber, Bauchspeicheldrüse, Läsionen des Darms und Schädigungen der Lunge.

14.2 Wird die Verletzung überlebt, so ist die Prognose gut

An den Extremitäten werden Blutungen gestillt und Brüche provisorisch durch die Anbringung von äußeren Spannrahmen (Fixateur externe) stabilisiert. Sofern keine begleitende Schädel-Hirn-Verletzung vorliegt, ist der lebensbedrohliche Zustand im Allgemeinen nach einigen Tagen überwunden. Instabile Verletzungen des Brustkorbs (siehe Seite 189) können durch Beatmung stabilisiert werden, Blut wird aus dem Brustkorb abgeleitet, nach Anlage einer Saugdrainage (Bülau-Drainage) kann sich die Lunge wieder ausdehnen. Häufig ist es erforderlich, die Milz ganz oder teilweise zu entfernen. Verletzungen der Leber werden durch Teilresektionen behandelt. Die Milz ist im Erwachsenenalter entbehrlich, erhaltenes Milzgewebe kann zum Erhalt der Funktion im Bauchraum implantiert werden. Die Regenerationsfähigkeit der Leber ist außerordentlich groß. Auch wenn ein Teil der Leber entfernt werden muss, bleiben in der Regel keine Beeinträchtigungen des Stoffwechsels bestehen, die restliche Leber ist in der Lage, die Funktion der resezierten Gewebeteile zu übernehmen.

14.3 Bauchspeicheldrüse

Problematischer sind Verletzungen der Bauchspeicheldrüse. In den Inselzellen des Pankreas wird das Hormon Insulin produziert, das den Zuckerstoffwechsel regelt. Gehen die Inselzellen unter, so entsteht ein Diabetes mellitus. Verletzungen des Hauptausführungsgangs der Bauchspeicheldrüse, des Ductus pancreaticus, können gravierende Folgen haben. Zysten und Fisteln des Pankreas sind nur schwer zu behandeln, die chronische posttraumatische Pankreasentzündung (Pankreatitis) hat eine schlechte Prognose. Bei einem Ausfall von 70 bis 80 % des Pankreas bleibt die Verdauung auf Dauer gestört.

14.4 Dünn- und Dickdarm

Häufig sind Verletzungen des Dünn- oder Dickdarms. Perforationen, Quetschungen und Durchblutungsstörungen des Darms lebensgefährlich. Der verletzte Darmanteil wird aus dem gesunden entfernt, der Darm danach wieder durch Naht vereinigt. Auch größere Verluste des körpernahen Dünndarms können ohne funktionelle Störungen kompensiert werden. Dies gilt nicht für eine Schädigung des endständigen Dünndarms (terminales Ileum), in dem Gallensäuren und Vitamin B12 wieder aufgenommen werden. Bei Schädigung des terminalen Ileums können eine Verdauungsstörung und eine Stoffwechselerkrankung (perniziöse Anämie) verbleiben.

Müssen größere Teile des Dickdarms entfernt werden, so wird der Mineralhaushalt aus dem Gleichgewicht gebracht. Im Dickdarm werden Wasser und Mineralstoffe wieder aufgenommen. Nach einer Teilresektion des Dickdarms gehen Flüssigkeit und Mineralien verloren. In den meisten Fällen reguliert sich der Wasser- und Elektrolythaushalt im Laufe der Zeit, der Körper gleicht den Teilverlust des Dickdarms mit zeitlicher Verzögerung aus.

Nach Darmverletzungen können Verwachsungen die Nahrungspassage beeinträchtigen. Wirkt sich die Passagestörung auf die Nahrungsverwertung aus, so leidet der Allgemein- und Ernährungszustand, die Patienten nehmen ab. Unter Umständen sind Operationen erforderlich, um eine Einengung des Darmlumens zu beseitigen.

In Ausnahmefällen kann auch ein Darmverschluss (Ileus) nach Darmresektion eintreten. Ursächlich hierfür können Verwachsungen und Einstülpungen des Darms bei der Fortbewegung der Nahrung sein.

Bei ausgedehnten Zerstörungen des Darms kann ein dauerhafter künstlicher Darmausgang (Anus praeter) das Leben des Verletzten erhalten. Einen Kunstafter, der vom Dünndarm abgeleitet wird, bezeichnet man als Ileostoma, bei einem Kunstdarm des Dickdarms spricht man von einem Colostoma.

14.5 Milz und Niere

Durch stumpfe oder penetrierende Verletzungen kann auch die Milz geschädigt werden. Die Milz liegt außerhalb des Bauchraums im Retroperitoneum. Wird nur eine Niere bei einem Unfall zerstört und muss diese entfernt werden, so ist die zweite Niere in der Lage, die Funktion beider Nieren zu übernehmen, ohne dass es zu einer Beeinträchtigung der Entsorgung der harnpflichtigen Substanzen kommt. Entscheidend ist somit die Funktion der verbliebenen, nicht zerstörten Niere. Wird die einzige funktionierende Niere durch einen Unfall geschädigt, so kann die Notwendigkeit einer dauerhaften Dialyse oder Nierentransplantation bestehen.

Nach einer Nierenfunktionsstörung ist die Funktion der Niere zu überprüfen (glomeruläre Filtrationsrate – Kreatin-Clearance).

14.6 Bauchwand und Zwerchfell

Bei direkter Gewalteinwirkung können die Faszien und Muskeln der Bauchwand und des Zwerchfells zerreißen. Bauchwand und Zwerchfell bilden die Bauchblase, in der sich die Eingeweide befinden. Die Folgen einer Verletzung der Häute und der Muskulatur lassen sich am Beispiel eines Luftballons verdeutlichen, bei dem das Gummi an einer Stelle dünner als der Rest ist. An dem Abschnitt, an dem der Ballon dem Druck nicht so gut standhalten kann, wölbt sich das Gummi aus.

Bei Verletzungen des Zwerchfells können sich Darm, Leber und Milz in die Lunge verlagern und die Atmung beeinträchtigen. Wird die Haltefunktion der Bauchwand geschädigt, so entsteht ein Bauchwandbruch (Hernie). Der Darm, der nicht mehr durch die Muskulatur und die Faszien zurückgehalten wird, wölbt sich aus dem Abdomen vor. Brüche sind im Allgemeinen Folge einer unfallunabhängigen Bauchwandschwäche, die durch Übergewicht begünstigt wird. Ein Zusammenhang zwischen einem Bauchwandbruch und einem Unfall ist nur dann anzunehmen, wenn eine Primärverletzung des Abdomens gesichert ist. Durch rekonstruktive Eingriffe gelingt es zumeist, die traumatische Bruchpforte wieder zu verschließen.

Die Tabelle gibt Anhaltspunkte für die Einschätzung der Minderung der Erwerbsfähigkeit nach schweren Traumen der inneren Organe in der gesetzlichen Unfallversicherung. Die dauerhafte Funktionsbeeinträchtigung und der Haushaltsführungsschaden sollten in jedem Einzelfall internistisch begutachtet werden.

Minderung der Erwerbsfähigkeit nach Verletzungen der inneren Organe mit bleibender Funktionsstörung	
Verletztes Organ – Funktionsstörung	MdE in %
Leisten- oder Schenkelbruch einseitig beidseitig	 10 20
Nabelbruch oder Bruch in der Linea alba (weiße Linie)	bis 10
Narbenbruch der Bauchwand ohne wesentliche Beeinträchtigung bei mäßiger Beeinträchtigung bei ausgedehnter Bauchwandschwäche mit fehlender oder stark eingeschränkter Bauchwandpresse	 0 10 20
Darmverwachsungen mit leichten Passagestörungen mit erheblichen Passagestörungen nach Schwere mit häufigen rezidivierenden Ileuserscheinungen und deutlicher Beeinträchtigung des Ernährungs- und Kräftezustands	 10 20 – 30 40 – 50
Traumatischer Zwerchfellbruch	20 – 50

MdE bei Verletzungen der inneren Organe

Minderung der Erwerbsfähigkeit nach Verletzungen der inneren Organe mit bleibender Funktionsstörung

Verletztes Organ – Funktionsstörung	MdE in %
Magenresektion	0 – 20
Künstliche Magen-Darmverbindung (Gastro-Enteroanastomose) mit guter Funktion mit Störungen und Komplikationen	0 – 20 20 – 50
Chronische Erkrankungen des Darms mit erheblicher Beeinträchtigung des Ernährungs- und Kräftezustands	30 – 50
Bauchfellverwachsungen mit Störung der Darmtätigkeit	bis 30
Mastdarmvorfall	0 – 20
Speiseröhren-Divertikel je nach Größe, Behinderung der Nahrungsaufnahme und Beeinträchtigung des Ernährungs- und Kräftezustands	0 – 30
Erkrankungen und Verletzungen der Leber- und Gallenwege mit Beeinträchtigung der allgem. Leistungsfähigkeit mit starker Beeinträchtigung der Leistungsfähigkeit	20 – 40 40 – 60
Chronische Gallenfistel	20 – 30
Verlust des Afterschließmuskels oder völliger Funktionsausfall desselben	30 – 50
Verlust des Afterschließmuskels mit erheblichem Darmvorfall	30 – 50
Kunstafter Dünndarm (Ileostoma) bei guter Versorgungsmöglichkeit Dickdarm (Colostoma) bei guter Versorgungsmöglichkeit	30 10 – 20
Darmfistel (außer am Anus)	30 – 50
Verlust von Dünndarmanteilen – mit geringen Auswirkungen – stärkere und häufig rezidivierende oder anhaltende Symptome (Durchfall, leichte Minderung des Ernährungszustands) – erhebliche Minderung des Kräfte- und Ernährungszustands	10 30 – 40 40 – 70
Verlust von Colonanteilen bei normalem After	0 – 30
Pankreasschädigung mit schweren Funktionseinschränkungen	50 – 70
Pankreasfistel, abhängig von ihrer Produktivität	30 – 50
Narbenleber bzw. Leberzirrhose ohne Ösophagusvarizen mit Ösophagusvarizen	30 – 40 60 – 100

Quelle: Übernommen aus: A. Schönberger et al: Arbeitsunfall und Berufskrankheit, 9. Auflage, 2017, Seite 963 – 964.

Teil 15

Seelische Störungen nach entschädigungspflichtigen Ereignissen

15.1 Von zunehmender Bedeutung: Psychische Beschwerden nach Unfällen

Die Bewertung struktureller organischer Verletzungen und ihre Entschädigung bereiten im Allgemeinen nur wenige Schwierigkeiten. Man mag die Höhe der MdE oder die Auswirkungen eines Schienbeinkopfbruchs unterschiedlich bewerten, nach dem Austausch der Argumente wird sich fast immer eine nachvollziehbare Lösung finden lassen. Viel schwieriger ist die Bewertung seelischer Störungen, die nach einem Unfall oder einer überlebten Katastrophe vorgetragen werden.

Diese und viele andere Fragen stellen sich unwillkürlich, sobald man sich mit seelischen Störungen nach Unfällen befasst. Die Ursachen der psychischen Beeinträchtigungen werden sehr kontrovers diskutiert. Bei aller unterschiedlichen Interpretation besteht kein Zweifel, dass das Beschwerdebild wesentlich durch die gesellschaftlichen Rahmenbedingungen geprägt wird.

- Ist die seelische Störung Folge des Unfalls oder litt die Person bereits vorher unter psychischen Beschwerden?
- Warum klagen ungefähr 20% aller Probanden nach einem Placeboversuch, bei dem ein Auffahrunfall simuliert wurde, über teils wochenlang anhaltende Beschwerden in der HWS?
- Was hat Menschen befähigt, trotz schwersten Leids, KZ-Haft, Folterung, Vertreibung, Vergewaltigung und Tod der engsten Familienangehörigen psychisch gesund zu bleiben?

15.2 Die Definition posttraumatischer Störungen nach der ICD-10

Nach der internationalen Klassifikation psychischer Störungen der Weltgesundheitsorganisation (ICD-10, Kapitel V, [F], Dilling et al. 2013) werden Reaktionen auf schwere Belastungen und Anpassungsstörungen mit der Ziffer F43. kodiert. Dabei kommen im Wesentlichen vier unterschiedliche Störungen in Betracht:
F43.0 – akute Belastungsreaktion
F43.1 – Posttraumatische Belastungsstörung
F43.2 – Anpassungsstörung
F.62.0 – Andauernde Persönlichkeitsänderungen nach extremen Belastungen

15.2.1 Die akute Belastungsreaktion (F43.0)

„Eine vorübergehende Störung von beträchtlichem Schweregrad, die sich bei einem psychisch nicht manifest gestörten Menschen als Reaktion auf eine außergewöhnliche körperliche und seelische Belastung entwickelt und im allgemeinen innerhalb von Stunden oder Tagen abklingt. Das auslösende Ereignis kann ein überwältigendes traumatisches Erlebnis mit einer ernsthaften Bedrohung für die Sicherheit oder körperliche Unversehrtheit des Patienten oder einer geliebten Person (Personen) sein (z.B. Naturkatastrophe, Unfall, Krieg, Verbrechen, Vergewaltigung) oder eine ungewöhnlich plötzliche und bedrohliche Veränderung der sozialen Stellung und/oder des Beziehungsnetzes des Betroffenen wie etwa Verluste durch mehrere Todesfälle, ein Brand oder Ähnliches. [...] Die Symptome sind sehr verschieden, doch typischerweise beginnen sie mit einer Art von ‚Betäubung`, einer gewissen Bewußtseinseinengung und eingeschränkten Aufmerksamkeit, einer Unfähigkeit, Reize zu verarbeiten und Desorientiertheit. Diesem Zustand kann ein weiteres Sichzurückziehen aus der aktuellen Situation folgen [...] oder aber ein Unruhezustand und Überaktivität wie Fluchtreaktion oder Fugue. Meist treten vegetative Zeichen panischer Angst wie Tachykardie, Schwitzen und Erröten auf. Die Symptome erscheinen im allgemeinen innerhalb von Minuten nach dem belastenden Ereignis und gehen innerhalb von 2 oder 3 Tagen, oft innerhalb von Stunden zurück. Es kann eine teilweise oder vollständige Amnesie für diese Episode vorliegen."

15.2.2 Posttraumatische Belastungsstörung (F 43.1)

„Diese entsteht als eine verzögerte oder protrahierte Reaktion auf ein belastendes Ereignis oder eine Situation außergewöhnlicher Bedrohung oder katastrophenartigen Ausmaßes (kurz oder langanhaltend), die bei fast jedem eine tiefe Verzweiflung hervorrufen würde. Hierzu gehören eine durch Naturereignisse oder von Menschen verursachte Katastrophe, eine Kampfhandlung, ein schwerer Unfall oder Zeuge eines gewaltsamen Todes anderer oder selbst Opfer von Folterung, Terrorismus, Vergewaltigung oder anderen Verbrechen zu sein. [...] Typische Merkmale sind das wiederholte Erleben des Traumas in sich aufdrängenden Erinnerungen (Nachhallerinnerungen, flashbacks) oder in Träumen vor dem Hintergrund eines andauernden Gefühls von Betäubtsein und emotionaler Stumpfheit, Gleichgültigkeit gegenüber anderen Menschen, Teilnahmslosigkeit der Umgebung gegenüber, Anhedonie sowie Vermeidung von Aktivitäten und Situationen, die Erinnerungen an das Trauma wachrufen könnten. [...] Gewöhnlich tritt ein Zustand vegetativer Übererregtheit mit Vigilanzsteigerung, einer übermäßigen Schreckhaftigkeit und Schlaflosigkeit auf. Angst und Depression sind häufig mit den genannten Symptomen und Merkmalen assoziiert und Suizidgedanken sind nicht selten [...] Die Störung folgt dem Trauma mit einer Latenz, die Wochen bis Monate dauern kann (doch selten mehr als sechs Monate nach dem Trauma). Der Verlauf ist wechselhaft, in der Mehrheit der Fälle kann jedoch eine Heilung erwartet werden. Bei wenigen Patienten nimmt die Störung über viele Jahre einen chronischen Verlauf und geht dann in eine dauernde Persönlichkeitsänderung über."

15.2.3 Anpassungsstörung (F43.2)

„Hierbei handelt es sich um Zustände von subjektiver Bedrängnis und emotionaler Beeinträchtigung, die im Allgemeinen soziale Funktionen und Leistungen behindern und während des Anpassungsprozesses nach einer entscheidenden Lebensveränderung oder nach belastenden Lebensereignissen auftreten. Die Belastung kann das soziale Netz des Betroffenen beschädigt haben (wie bei einem Trauerfall oder Trennungserlebnis) oder das weitere

Umfeld sozialer Unterstützung oder sozialer Werte (wie bei Immigration oder nach Flucht). Sie kann auch in einem größeren Entwicklungsschritt oder einer Krise bestehen (wie Schulbesuch, Elternschaft, Misserfolg, Erreichen eines ersehnten Ziels und Ruhestand).

Die individuelle Prädisposition oder Vulnerabilität spielt bei dem möglichen Auftreten und bei der Form der Anpassungsstörung eine bedeutsame Rolle; es ist aber dennoch davon auszugehen, dass das Krankheitsbild ohne die Belastung nicht entstanden wäre. Die Anzeichen sind unterschiedlich und umfassen depressive Stimmungen, Angst oder Sorge (oder eine Mischung von diesen). Außerdem kann ein Gefühl bestehen, mit den alltäglichen Gegebenheiten nicht zurecht zu kommen; diese nicht vorausplanen oder fortsetzen zu können. Störungen des Sozialverhaltens können insbesondere bei Jugendlichen ein zusätzliches Symptom sein. Hervorstechendes Merkmal kann eine kurze oder längere depressive Reaktion oder eine Störung anderer Gefühle und des Sozialverhaltens sein."

15.2.4 Andauernde Persönlichkeitsänderung nach extremen Belastungen (F62.0)

Es handelt sich hierbei um die Folgen einer extremen Belastung, Konzentrationslagerhaft, Folter, Katastrophen, anhaltende lebensbedrohliche Situationen. Hierdurch ändert sich die Persönlichkeit, der Betroffene entwickelt ein unflexibles und unangepasstes Verhalten mit misstrauischer Haltung gegenüber der Welt und sozialem Rückzug. Darüber hinaus kann ein andauerndes Gefühl von Leere und Hoffnungslosigkeit und ein andauerndes Gefühl von Nervosität und Bedrohung ohne äußere Ursache vorliegen. Die Betroffenen leiden unter einem andauernden Gefühl der Entfremdung und Veränderung sowie einer emotionalen Betäubung. Die Störung führt zu einer erheblichen Beeinträchtigung der alltäglichen Funktionsfähigkeit mit einem subjektiven Leidensdruck und negativen Auswirkungen auf die soziale Umwelt.

15.3 Die Klassifikation posttraumatischer seelischer Störungen nach dem DSM-5

Seelische Störungen können einerseits neben dem Klassifikationssystem der Weltgesundheitsorganisation, der ICD 10, auch nach dem „Diagnostischen und Statistischem Manual Psychischer Störungen" (DSM-5) der Amerikanischen Psychiatrischen Gesellschaft klassifiziert werden. Dieses Verschlüsselungssystem ist differenzierter ausgestaltet und hat auch in Deutschland eine weite Verbreitung gefunden. Voraussetzung für die Diagnose einer PTSB ist ein Trauma, dass den Eingangskriterien entspricht. Geringfügige Ereignisse, z. B. eine leichter Auffahrunfall oder ein anderes Bagatellereignis, sind nicht geeignet, eine Traumafolgestörung zu verursachen. Die Posttraumatische Belastungsstörung wird häufig diagnostiziert, ohne dass die Kriterien für die Diagnosestellung erfüllt sind.

Die Voraussetzung für die mögliche Entstehung einer Posttraumatischen Belastungsstörung wird durch das A-Kriterium definiert (zit. nach Falkai P et al. 2018: 369-371):

A. Konfrontation mit tatsächlichem oder drohendem Tod, ernsthafter Verletzung oder sexueller Gewalt auf eine (oder mehrere) der folgenden Arten:

1. Direktes Erleben einer oder mehrerer traumatischer Ereignisse.
2. Erfahren, dass einem nahen Familienmitglied oder einem engen Freund ein oder mehrere traumatische Ereignisse zugestoßen sind. Im Falle von tatsächlichem oder drohendem Tod des Familienmitgliedes oder Freundes muss das Ereignis bzw. müssen die Ereignisse durch Gewalt oder einem Unfall bedingt sein.
3. Die Erfahrung wiederholter oder extremer Konfrontation mit aversiven Details von einem oder mehreren derartigen traumatischen Ereignissen (z. B. Ersthelfer, die menschliche Leichenteile aufsammeln, oder Polizisten, die wiederholt mit schockierenden Details von Kindesmissbrauch konfrontiert werden).

Beachte: Eine Konfrontation durch elektronische Medien, Fernsehen, Spielfilme oder Bilder erfüllen das Kriterium A4 nicht, es sei denn, diese Konfrontation ist berufsbedingt.

Das A-Kriterium muss objektiv gesichert sein. Es reicht nicht, dass der Proband annimmt, dass das Ereignis geeignet war diese Störung hervorzurufen. Zudem ist es nicht Aufgabe des Gutachters, zu prüfen, ob das Eingangskriterium erfüllt ist, dies ist vom Auftraggeber, zum Beispiel dem Gericht, vorzugeben (Dressing 2016).

Neben dem A-Kriterium müssen spezifische Symptome für die Diagnose einer PTBS erfüllt sein, die als Kriterien B-H bezeichnet werden:

B. Vorhandensein eines (oder mehrerer) der folgenden Symptome des Wiedererlebens (Intrusionen), die auf das oder die traumatischen Ereignisse bezogen sind und die nach dem oder den traumatischen Ereignissen aufgetreten sind:

1. Wiederkehrende, unwillkürlich sich aufdrängende belastende Erinnerungen (Intrusionen) an das oder die traumatischen Ereignisse.
2. Wiederkehrende, belastende Träume, der Inhalte und/oder Affekte sich auf das oder die traumatischen Ereignisse beziehen.
3. Dissoziative Reaktionen (z. B. Flashbacks), bei den die Person fühlt oder handelt, als ob sich das oder die traumatischen Ereignisse wieder ereignen würden.
4. Intensive oder anhaltende psychische Belastungen bei der Konfrontation mit inneren oder äußeren Hinweisreizen, die eine Aspekt des oder der traumatischen Ereignisse symbolisieren oder an Aspekte desselben bzw. derselben erinnern.
5. Deutliche körperliche Reaktionen bei der Konfrontation mit inneren oder äußeren Hinweisreizen, die einen Aspekt des oder der traumatischen Ereignisse symbolisieren oder an Aspekte desselben erinnern.

C. Anhaltende Vermeidung von Reizen, die mit dem oder den traumatischen Ereignissen verbunden sind, und die nach dem oder den traumatischen Ereignissen begannen. Dies ist durch eines (oder beide) der folgenden Symptome gekennzeichnet:

1. Vermeidung oder Bemühungen, belastende Erinnerungen, Gedanken oder Gefühle zu vermeiden, die sich auf das oder die Ereignisse beziehen oder eng mit diesem/diesen verbunden sind.
2. Vermeidung oder Bemühungen, Dinge der Umwelt, Personen, Orte, Gespräche, Aktivitäten, Gegenstände, Situationen zu vermeiden, die belastende Erinnerungen, Gedanken oder Gefühle hervorrufen, die sich auf das oder die Ereignisse beziehen oder eng mit diesem bzw. diesem verbunden sind.

D. Negative Veränderungen von Kognitionen und der Stimmung im Zusammenhang mit dem oder den traumatischen Ereignissen. Die Veränderungen haben nach dem oder den traumatischen Ereignissen begonnen oder sich verschlimmert und sind durch zwei (oder mehr) der folgenden Symptome gekennzeichnet:

1. Unfähigkeit, sich an einen wichtigen Aspekt des oder der traumatischen Ereignisse zu erinnern (typischerweise durch Dissoziative Amnesie und nicht durch andere Faktoren wie Kopfverletzungen, Alkohol oder Drogen bedingt).
2. Anhaltend und übertriebene negative Überzeugungen oder Erwartungen, die sich auf die eigene Person andere Personen oder die Welt beziehen (z. B. „Ich bin schlecht", „Man kann niemandem trauen", „Die ganze Welt ist gefährlich", „Mein Nervensystem ist dauerhalft ruiniert").
3. Anhaltende verzerrte Kognitionen hinsichtlich der Ursache und Folgen des oder der traumatischen Ereignisse, die dazu führen, dass die Person sich oder andern die Schuld zuschiebt.
4. Andauernder negativer emotionaler Zustand (z. B. Furcht, Entsetzen, Wut, Schuld oder Scham).
5. Deutlich vermindertes Interesse oder verminderte Teilnahme an wichtigen Aktivitäten.
6. Gefühle der Abgetrenntheit oder Entfremdung von anderen.
7. Anhaltende Unfähigkeit positive Gefühle zu empfinden (z. B. Glück, Zufriedenheit, Gefühle der Zuneigung).

E. Deutliche Veränderungen des Erregungsniveaus und er Reaktivität im Zusammenhang mit dem oder den traumatischen Ereignissen. Die Veränderungen haben nach dem oder den traumatischen Ereignissen begonnen oder sich verschlimmert und durch zwei oder mehr der folgenden Symptome gekennzeichnet:

1. Reizbarkeit und Wutausbrüche (ohne oder aus geringfügigem Anlass), welche typischerweise durch verbale oder körperliche Aggression gegenüber Personen und Gegenständen ausgedrückt werden.
2. Riskantes und selbstzerstörerisches Verhalten.
3. Übermäßige Wachsamkeit (Hypervigilanz).
4. Übertriebene Schreckreaktionen
5. Konzentrationsschwierigkeiten.

6. Schlafstörungen (z. B. Ein- oder Durchschlafschwierigkeiten oder unruhiger Schlaf).

F. Das Störungsbild (Kriterien B, C, D und E) dauert länger als 1 Monat.

G. Das Störungsbild verursacht in klinisch bedeutsamer Weise Leiden oder Beeinträchtigungen in sozialen, beruflichen oder anderen wichtigen Funktionsbereichen.

H. Das Störungsbild ist nicht Folge der physiologischen Wirkung einer Substanz (z. B. Medikament, Alkohol) oder eines medizinischen Krankheitsfaktors.

15.4 Die Posttraumatische Belastungsstörung (PTBS): Eine Frage der Definition

Die Frage, ob tatsächlich eine Posttraumatische Belastungsstörung vorliegt, ist somit von der Definition abhängig. Die Weltgesundheitsorganisation legt ein sehr eingeschränktes Traumakriterium zugrunde. Ursache der Störung muss ein belastendes Ereignis oder eine Situation „außergewöhnlicher Bedrohung oder katastrophenartigen Ausmaßes" sein, die bei „nahezu jedem tiefgreifende Verzweiflung auslösen" soll (ICD-10: F431). Genannt werden Folter, Vergewaltigung, schwere Naturkatastrophen oder Terroranschläge.

Demgegenüber ist die Schwelle für die Diagnose einer PTBS in der DSM-5 niedriger. Beide Klassifikationssysteme machen jedoch deutlich, dass die *Diagnose einer Posttraumatischen Belastungsstörung oder Belastungsreaktion nur dann in Frage kommt*, wenn die Personen *tatsächlich mit einem schwerwiegenden, lebensbedrohlichen Ereignis konfrontiert waren und eine intensive Furcht sowie Folgesymptome* entwickelten. Bei der versicherungsrechtlichen Beurteilung im Sozial- und Zivilrecht sind die jeweils unterschiedlichen Kriterien zu berücksichtigen. Ob tatsächlich ein Zusammenhang mit dem in Frage stehenden Unfallereignis bestand, lässt sich nur durch die Zuziehung sämtlicher ärztlicher und psychologischer Primärbefunde beantworten. Sofern eine psychiatrische oder psychologische Begutachtung erforderlich ist, sollten dem Gutachter sämtliche Befunde in Kopie zur Verfügung gestellt werden (Kopie der Karteikarte, Computerausdruck der Behandlungsdatei des Hausarztes, des Nervenarztes und ggf. anderer konsultierter Fachrichtungen). Eine differenzierte Anleitung zur Begutachtung seelischer Störungen enthält das von dem Psychiater H. Freytag und den Psychologen G. und C. Krahl herausgegebene Handbuch „Psychotraumatologische Begutachtung" (Freytag et al. 2012).

Sofern ein psychiatrisches Gutachten vergeben wird, sollte auch an eine neuropsychologische Begutachtung mit Beschwerdevalidierung (Merten 2014, Dohrenbusch et al. 2014) gedacht werden, um eine negative Antwortverzerrung auszuschließen.

15.5 Unfallunabhängige psychische Störungen: Weit verbreitet

Bei der Bearbeitung von Personenschäden im Haftpflichtrecht oder der Bewertung traumatischer Störungen in der gesetzlichen Unfallversicherung werden immer wieder unterschiedliche Störungen mit einem Unfallereignis in Zusammenhang gebracht.

Die nachstehenden Krankheitsbilder treten gemäß der internationalen Klassifikation psychischer Störungen unabhängig von Unfällen auf. Werden derartige Störungen in Zusammenhang mit einem Unfall gebracht, so ist diese Annahme ausführlich zu begründen. Einen sehr guten Überblick über unfallunabhängige psychosomatische Störungen vermittelt der Psychiater W. Hausotter (Hausotter 2013), differenzierte Daten zur Verbreitung seelischer Krankheiten enthält die aktuelle Gesundheitsberichterstattung des Bundes (Robert Koch-Institut, Gesundheit in Deutschland, 2015. Aktuelle Daten können abgerufen werden unter: ww.rki.de).

15.5.1 Depressive Episode (F32)
Die depressive Episode ist als eine Störung definiert, die mindestens zwei Wochen andauert. Sie ist gekennzeichnet durch einen deutlichen Interessenverlust oder Verlust der Freude an normalen, angenehmen Aktivitäten, eine mangelnde Fähigkeit, auf Ereignisse oder Aktivitäten emotional zu reagieren, Schlafstörungen mit einem Erwachen zwei Stunden oder mehr vor der gewohnten Zeit, einem Morgentief sowie einer ausgeprägten motorischen Hemmung. Zeitweilig kann die Person agitiert sein. Es kommt zu einem Appetit- und Gewichtsverlust von 5 % oder mehr des Körpergewichts und einem Verlust an Libido.

Die depressiven Episoden werden in leicht (F32.0), mittelgradig (F32.1), schwer (F32.2) und schwer mit psychotischen Symptomen (F32.3) klassifiziert.

15.5.2 Rezidivierende depressive Episode (F33)
Diese Störung wird dann diagnostiziert, wenn es zu mehrfachen depressiven Episoden mit einer Dauer von mindestens zwei Wochen und einem Intervall von mindestens zwei Monaten gekommen ist.

15.5.3 Panikstörung (F41.0)
Die Panikstörung ist durch wiederholte Panikattacken charakterisiert, die sich nicht auf eine spezifische Situation oder ein spezifisches Objekt beziehen und oft spontan auftreten. Die Attacken sind nicht vorhersehbar, sie sind nicht verbunden mit besonderer Anstrengung, gefährlichen oder lebensbedrohlichen Situationen. Die Person verspürt eine intensive Angst oder ein Unbehagen mit vegetativen Symptomen: Herzklopfen, Schweißausbrüchen, Tremor, Mundtrockenheit, Atembeschwerden, Beklemmungsgefühl, psychischen Symptomen, dem Gefühl von Schwindel oder Unsicherheit, Hitze- oder Kältegefühlen.

15.5.4 Generalisierte Angststörung (F41.1)
Die Person leidet über einen Zeitraum von mindestens sechs Monaten unter Anspannung, Besorgnissen und Befürchtungen im Hinblick auf alltägliche Ereignisse, sie leidet zum Teil unter Herzklopfen, Schweißausbrüchen, Tremor, Mundtrockenheit, Atembeschwerden, Beklemmungsgefühlen,

Thoraxschmerzen, Übelkeit, Schwindel, Unsicherheit, Schwäche, Todesangst.

15.5.5 Angst und depressive Störung gemischt (F41.2)

Die Störung ist gekennzeichnet aus einer Kombination von Angst und depressiver Störung, dabei können ganz unterschiedliche Kombinationen vorkommen.

15.5.6 Somatoforme Störungen (F45)

Die Person leidet für mindestens zwei Jahre unter anhaltenden Beschwerden über vielfältige und wechselnde körperliche Symptome, die nicht durch eine organisch diagnostizierbare Krankheit erklärt werden können. Wenn eine bekannte körperliche Krankheit vorliegt, erklärt diese nicht die Schwere, das Ausmaß, die Vielfalt und die Dauer der körperlichen Beschwerden oder die damit verbundenen sozialen Behinderungen. Der Kranke beschäftigt sich wiederholt mit seinen Leiden und sucht verschiedene Ärzte oder andere Medizinberufe auf, um sich behandeln oder beraten zu lassen. Die Feststellung, dass keine körperliche Erkrankung vorliegt, wird nicht akzeptiert. Somatoforme Störungen können durch eine Vielzahl von Symptomen gekennzeichnet sein: Bauchschmerzen, Gefühl der Überblähung, Durchfall, Atemlosigkeit ohne Anstrengung, Störungen bei der Urinentleerung, unangenehme Empfindungen im Genitalbereich, Schmerzen in den Gliedern, in den Extremitäten, Gelenken, Taubheit oder Kribbelgefühle.

15.5.7 Anhaltende somatoforme Schmerzstörung (F45.4)

Die anhaltende somatoforme Schmerzstörung ist eine weit verbreitete Erkrankung. Die Patienten klagen über mindestens sechs Monate anhaltende und sehr belastende Schmerzen in einem oder mehreren Körperteilen, die nicht auf eine organische Störung zurückgeführt werden können. Die überwiegende Zahl der Schmerzpatienten leidet unter einer anhaltenden somatoformen Schmerzstörung. Die Patienten sind gefährdet, durch ärztliche Maßnahmen geschädigt zu werden (Gefahr der iatrogenen Schädigung). Zu nennen ist vor allem eine undifferenzierte und hohe Schmerzmedikation, unter anderem mit Opiaten. In Folge der Medikamenteneinnahme werden die Patienten passiv, sie nehmen nicht mehr am Leben teil und geraten in Isolation. Die Medikamente verhindern, Konflikte, die der somatoformen Störung zugrunde liegen, zu lösen.

Darüber hinaus sind Patienten mit somatoformen Schmerzstörungen gefährdet, sich wiederholten Eingriffen sowohl im Bereich der inneren Organe als auch der Wirbelsäule oder der Extremitäten zu unterziehen. Menschen, bei denen eine somatoforme Störung bzw. eine anhaltende somatoforme Schmerzstörung besteht, neigen dazu, ihre Beschwerden auf ein vorangegangenes Unfallereignis zurückzuführen. Bei der Verknüpfung eines geringfügigen Unfalls mit der somatoformen Störung ist es nur sehr schwer zu vermitteln, dass die Ursache der Beschwerden eine seelische Erkrankung und nicht ein geringfügiges äußeres Unfallereignis ist.

Heilverfahrenssteuerung

Schadenssachbearbeitung und Heilverfahrenssteuerung unfallunabhängiger seelischer Störungen im Haftpflichtrecht und der gesetzlichen Unfallversicherung

Gerichtliche Auseinandersetzungen mit Anspruchstellern, die an einer somatoformen Schmerzstörung oder einer anderen somatoformen Störung leiden, belasten die Gesundheit des Klägers und verursachen für den Haftpflichtversicherer häufig sehr hohe Kosten. Der Ausgang dieser Verfahren lässt sich in aller Regel nicht prognostizieren.

Sofern Hinweise bestehen, dass ein Anspruchsteller in einem Haftpflichtverfahren unter einer unfallunabhängigen seelischen Störung leidet, sollte versucht werden, eine gerichtliche Auseinandersetzung zu vermeiden. Abgesehen von den mit einem Gerichtsverfahren verbundenen Risiken sollte auch berücksichtigt werden, dass das unfallunabhängige Störungsbild durch das Entschädigungsverfahren ungünstig beeinflusst wird.

In der gesetzlichen Unfallversicherung wird das Heilverfahren abgebrochen, sobald festgestellt wird, dass die Störung nicht mit dem versicherten Unfall in Zusammenhang steht. Notwendige Behandlungen gehen dann zu Lasten der Krankenkasse.

Teil 16

Medizinische Texte und Gutachten verstehen

16.1 Die Orientierung am menschlichen Körper

16.1.1 Lage- und Richtungsbezeichnungen, Achsen und Ebenen des menschlichen Körpers

Im folgenden Text werden die medizinischen Fachausdrücke sowohl mit den deutschen Bezeichnungen als auch mit den Fachbegriffen aufgeführt. Um eine Verletzung und ihre Folgen zu beschreiben, ist es häufig erforderlich, ihre anatomische Lage genauer anzugeben: Zum Arm gehören die Schulter, der Oberarm, das Ellenbogengelenk, der Unterarm usw. Die Verletzung kann näher am Schultergelenk oder näher an der Hand liegen. Am Rumpf kann die Schädigung im oberen oder unteren Abschnitt, innen oder außen, rechts oder links lokalisiert sein. Da diese Ortsangaben von der Haltung und Lage der Person abhängig sind, haben

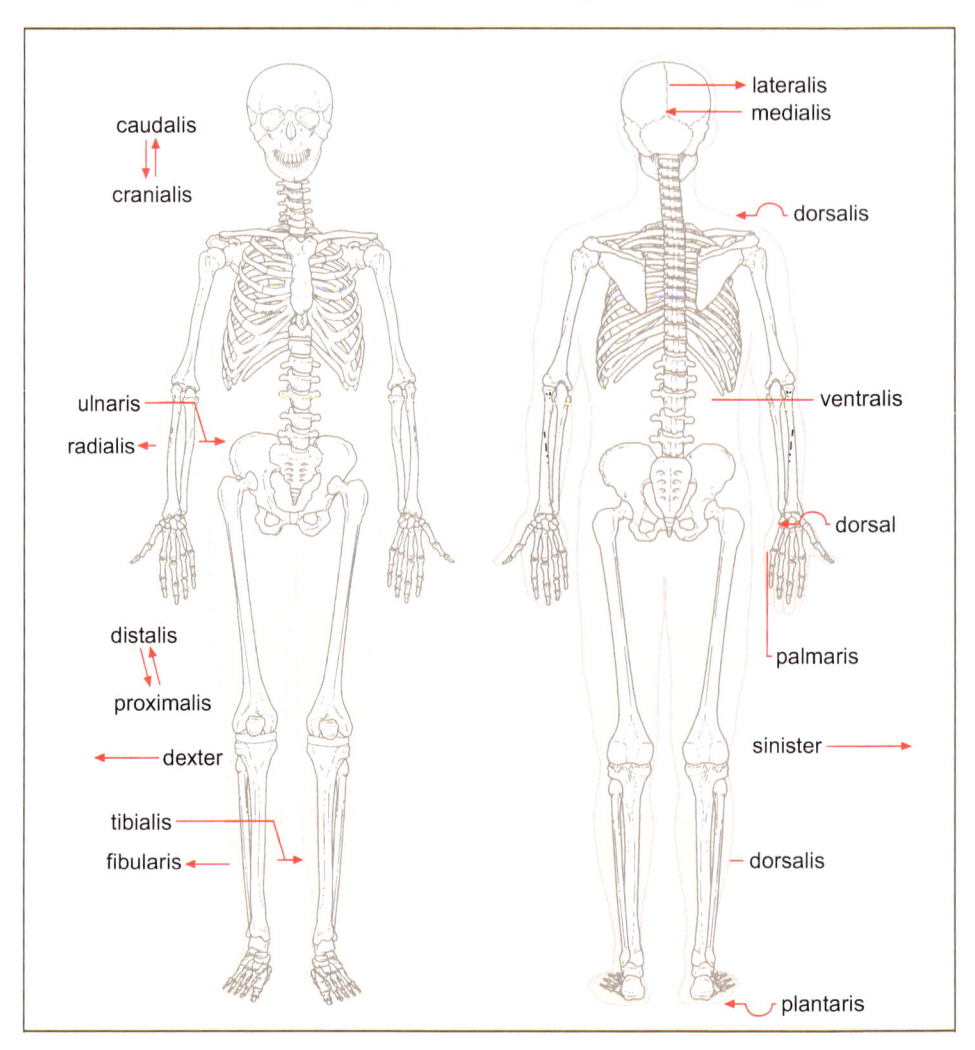

Abb. 16.1:
Orientierung am menschlichen Körper: Ansicht von ventral und dorsal.

sich in der medizinischen Fachsprache feststehende Begriffe herausgebildet, die Missverständnisse ausschließen. Für die Lokalisation von Verletzungen werden deshalb die lateinischen Bezeichnungen verwendet (Schünke et al. [2014]). Um die Funktion der Gelenke und der Wirbelsäule zu beschreiben, hat sich die sogenannte Neutral-Null-Methode durchgesetzt. Diese wird ausführlich in allen Lehrbüchern der Chirurgie und Orthopädie erklärt. Im Anschluss an das Glossar werden deshalb nur einige Hinweise zum Verständnis dieser Messmethode gegeben und die Normalwerte aufgeführt.

Richtungsbezeichnungen

Alle Richtungsbezeichnungen gehen von der betroffenen Person (dem Verletzten) aus

Lage- und Richtungsbezeichnungen des Stamms (Kopf, Hals, Rumpf)

cranial	in Richtung des Kopfs gelegen, zum Kopf gehörend
kaudal	in Richtung des Schwanzes (Steißbeins) gelegen
ventral	in Richtung des Bauchs gelegen
dorsal	in Richtung des Rückens gelegen
superior	der Obere
inferior	der Untere
anterior	der Vordere
posterior	der Hintere
medius	der Mittlere
transversus	der Quere
flexor	der Beuger
extensor	der Strecker
axillaris	auf die Achse bezogen
transversalia	quer zur Achse liegend
longitudinalis	längs verlaufend
horizontalis	waagerecht gelegen
verticalis	senkrecht gelegen
medialis	zur Medianebene hin
lateralis	von der Medianebene weg (seitlich gelegen)
medianus	in der Mitte liegend
intermedius	dazwischen liegend
centralis	im Mittelpunkt liegend (zum Inneren des Körpers hin)
profundus	tief liegend
superficialis	oberflächlich liegend
externus	außen liegend
internus	innen liegend

Lage- und Richtungsbezeichnungen am Kopf	
occipitalis	zum Hinterhaupt gehörend
temporalis	zum Schläfenbein hin
sagittalis	in Richtung der Pfeilnaht liegend
frontalis	zur Stirn gehörend

Lage- und Richtungsbezeichnungen der Extremitäten	
proximalis	zum Rumpf hin, rumpfnah liegend
distalis	vom Rumpf weg (zum Ende der Gliedmaßen hin)
radialis	speichenwärts (zur Speiche gehörend)
ulnaris	ellenwärts (zur Elle gehörend)
tibialis	schienbeinseitig (zum Schienbein gehörend)
fibularis	wadenbeinseitig (zum Wadenbein gehörend)
palmaris, volaris	zur Hohlhandseite gehörend
plantaris	zur Fußsohlenseite gehörend
dorsalis	zum Hand- bzw. Fußrücken hin

Abkürzungen	
A.	Arterie
V.	Vene
M.	Muskel
N.	Nerv
Lig.	Ligament (Band)

16.1.2 Die anatomische Normalposition – Ebenen und Achsen

Bei der Betrachtung eines stehenden Menschen von vorne unterscheidet man:

Ebenen

Sagittalebene: Die Ebene von vorne (ventral) nach hinten (dorsal) wird als Sagittalebene (Sagitta – der Pfeil) bezeichnet. Symbolisch steht hinter dem Begriff „sagittal" ein Pfeil, der die Person in vertikaler Richtung von vorne (ventral) trifft und nach hinten (dorsal) austritt.

Frontalebene: Die Frontalebene, die auch als koronare Ebene bezeichnet wird, bezieht sich auf alle Ebenen, die im Stand parallel zur Stirn verlaufen.

Transversalebene: Die Transversalebene bezeichnet alle auf den Stand bezogen horizontal verlaufenden Ebenen (Der Körper wird von Kopf bis Fuß in ‚Salamischeiben' zerlegt).

Achsen

Längsachse (Vertikal-Longitudinalachse): Diese Achse verläuft im Stand vom Scheitel bis zur Sohle, d. h. von cranial nach kaudal.

Sagittalachse: Die Sagittalachse verläuft von vorne (ventral) nach hinten (dorsal), so wie ein Pfeil einen Menschen durchdringen würde.

Querachse: Die Querachse (Transversal- oder Horizontalachse) verläuft von rechts nach links oder in Gegenrichtung.

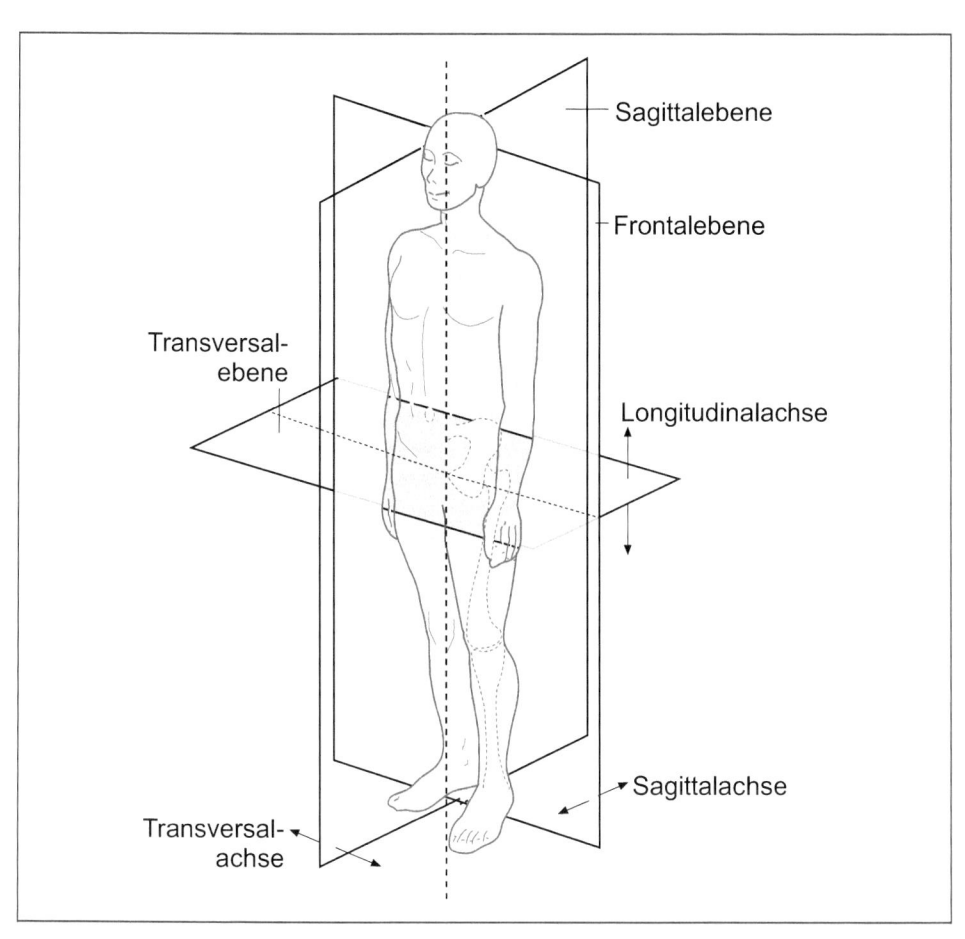

Abb. 16.2:
Ebenen und Achsen.

16.2 Die Dokumentation von Beweglichkeit und Funktion der Wirbelsäule und der Extremitäten nach der Neutral-Null-Methode

Um die Beweglichkeit und Funktion von Wirbelsäule und Extremitäten nach Verletzungen und Erkrankungen beurteilen zu können, sind die erhobenen Befunde mit den Normalwerten zu vergleichen. In den letzten Jahrzehnten hat sich ein verbindliches Verfahren der Dokumentation durchgesetzt: Die Neutral-Null-Methode.

Die Dokumentation von Beweglichkeit und Funktion der Wirbelsäule und der Extremitäten nach der Neutral-Null-Methode

Mit der Neutral-Null-Methode lassen sich die Bewegungsausschläge aller Gelenke und der Wirbelsäule dokumentieren. Die Normalbefunde und Funktionsstörungen der Gelenke werden in vergleichbarer Weise möglichst unabhängig von dem Untersucher erhoben. Allerdings sind die ermittelten Werte nur semiobjektiv. Auch bei subtiler Untersuchungstechnik sind Abweichungen von 10° bei mehrfachen Messungen zu erwarten. Arbeitet der Proband nicht optimal mit, spannt er zum Beispiel die Muskulatur an oder klagt über Schmerzen bei der Untersuchung, so geben die Messwerte anstelle objektiver Daten das subjektive Befinden wieder.

Ausgangspunkt ist ein aufrecht stehender Mensch, dessen Arme vom Körper herabhängen. Die Handinnenflächen sind dabei dem Körper zugewandt. Diese Position wird als Neutralstellung bezeichnet. Die Beweglichkeit jedes Gelenks und der Wirbelsäule wird in Winkelgraden ausgedrückt. In der Neutralposition betragen alle Winkel 0°.

Beispiel: Die Messung der Beweglichkeit des Handgelenks nach der Neutral-Null-Methode

Streckung
Die Hand kann im Handgelenk überstreckt werden. Der durchschnittlich erreichbare Winkel beträgt 60°.

Neutralposition
Betrachtet man das Handgelenk von der Seite, so befindet es sich bei gestreckter Position der Hand in der Neutralposition, 0°.
Das Handgelenk kann gebeugt werden. Der durchschnittlich erreichbare Winkel beträgt 60°.

Die Dokumentation von Beweglichkeit und Funktion der Wirbelsäule

Die Messung der Beweglichkeit des Handgelenks

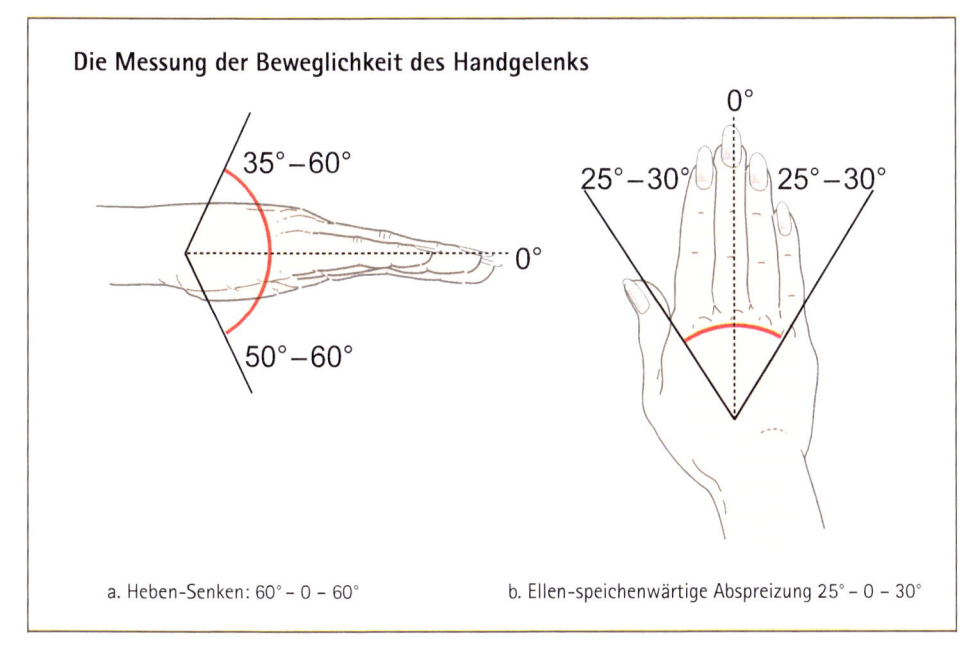

a. Heben-Senken: 60° – 0 – 60°

b. Ellen-speichenwärtige Abspreizung 25° – 0 – 30°

Abb. 16.3:
Werte der Neutral-Null-Methode am Handgelenk.

Pathologisch veränderte Werte	Ist die Beweglichkeit des Handgelenks nach einem Speichenbruch eingeschränkt, kann es z.B. nur bis 20° überstreckt und bis 30° gebeugt werden, dann lautet die Formel nach der Neutral-Null-Methode: Handgelenk: Strecken – Beugen: 20 – 0 – 30°.
	Ist die Beweglichkeit des Handgelenks so stark eingeschränkt, dass nur eine Abspreizung von je 10° möglich ist, so werden die Bewegungsausmaße folgendermaßen dokumentiert: Handgelenk: Abspreizung speichenwärts (radial) – ellenwärts (ulnar): 10 – 0 – 10°
Vollständige Einsteifung	Da bei der vollständigen Einsteifung der Seitwärtsbewegung keine Ulnar- oder Radialbewegung möglich ist, wird die Versteifung nach der Neutral-Null-Methode mit der Formel Handgelenk: Abspreizung speichenwärts (radial) – ellenwärts (ulnar): 0 – 0 – 0° beschrieben.
Beugekontraktur	Befindet sich das Handgelenk auf Dauer in einer gebeugten Position, aus der nur eine weitere Senkung möglich ist und die Neutralstellung nicht erreicht werden kann, so kann sich folgender Wert ergeben: Handgelenk: Strecken – Beugen: 0 – 10 – 30° Das Handgelenk befindet sich immer in einer Beugeposition von mindestens 10°, aus dieser ist eine Senkung bis 30° möglich. Steht der Wert „0" nicht in der Mitte, so wird die Neutralstellung des Gelenks nicht erreicht.

Ergänzt wird die Funktionsuntersuchung der Gelenke und der Wirbelsäule durch die Messung der Umfangmaße der Extremitäten. Nach längerer Schonung einer Extremität bildet sich die Muskulatur zurück. Die Muskelminderung ist ein indirektes Zeichen für die Funktionsbeeinträchtigung. Auch bei schmerzbedingten Störungen lässt sich eine Muskelverminderung feststellen. Eine weitgehend seitengleiche Entwicklung der Muskulatur spricht gegen eine wesentliche Funktionsstörung und Schonung der betroffenen Extremität.

Um bei der Messung vergleichbare Resultate zu erzielen, wurden folgende Messpunkte festgelegt:

Messung der Umfangmaße nach der Neutral-Null-Methode

a. Die Messung der Umfangmaße am Arm (s. S. 106) erfolgt:

- 15 cm oberhalb des äußeren Oberarmknorrens
- am Ellenbogengelenkspalt
- 10 cm unterhalb des äußeren Oberarmknorrens
- am Handgelenk
- an der Mittelhand

16.2.1 Bewegungsmessung nach der Neutral-Null-Methode: Durchschnittliche Bewegungsausschläge der Gelenke und der Halswirbelsäule

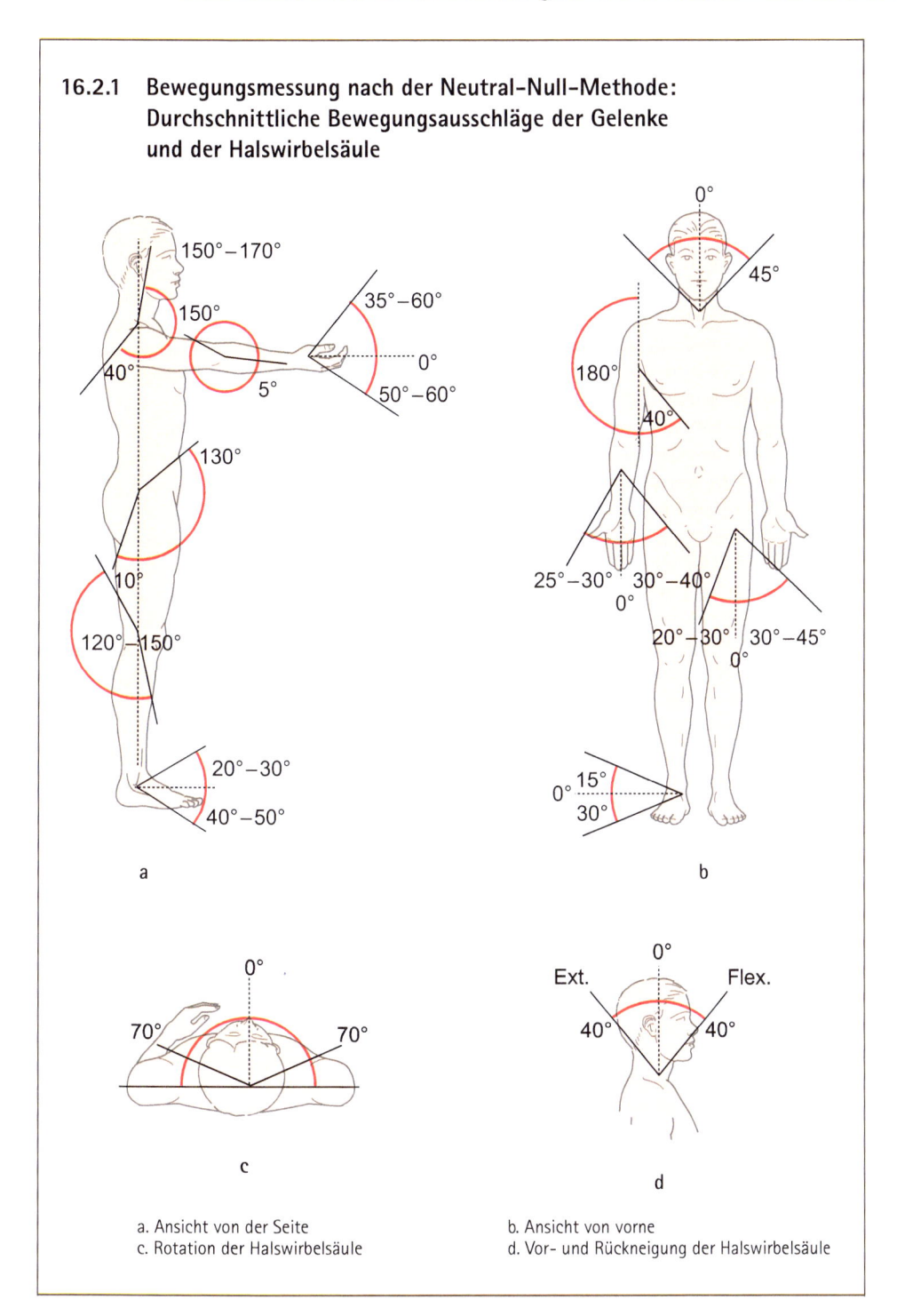

a. Ansicht von der Seite
c. Rotation der Halswirbelsäule
b. Ansicht von vorne
d. Vor- und Rückneigung der Halswirbelsäule

Abb. 16.4:
Werte der Neutral-Null-Methode an Gelenken und der HWS.

Medizinische Texte und Gutachten verstehen

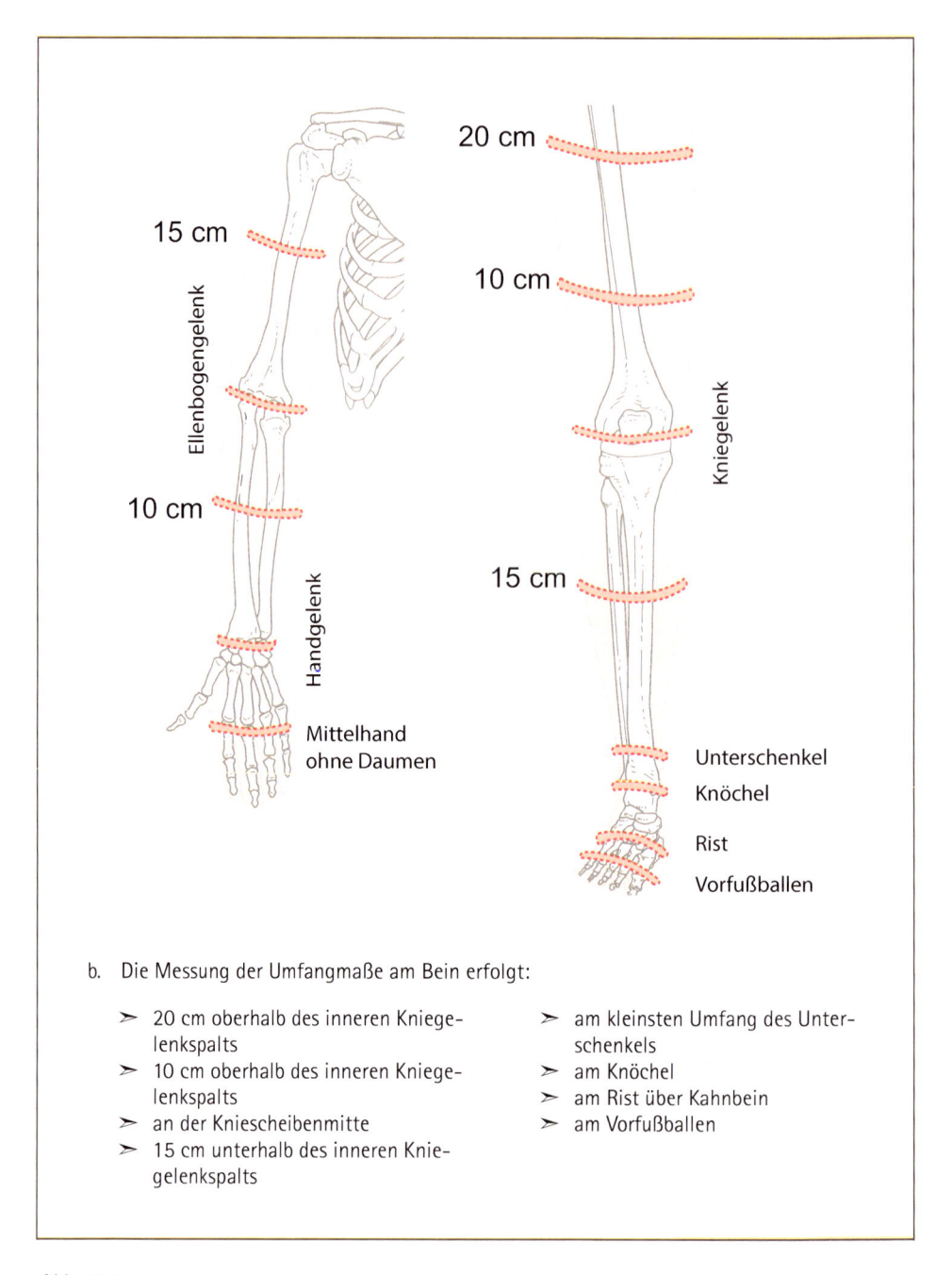

b. Die Messung der Umfangmaße am Bein erfolgt:

- 20 cm oberhalb des inneren Kniegelenkspalts
- 10 cm oberhalb des inneren Kniegelenkspalts
- an der Kniescheibenmitte
- 15 cm unterhalb des inneren Kniegelenkspalts
- am kleinsten Umfang des Unterschenkels
- am Knöchel
- am Rist über Kahnbein
- am Vorfußballen

Abb. 16.5:
Messung der Umfangmaße.

16.2.2 Die Erhebung der Befunde nach der Neutral-Null-Methode an der Wirbelsäule

An der Wirbelsäule werden zudem der Finger-Boden-Abstand (FBA) und die Beweglichkeit von Hals-, Brust- und Lendenwirbelsäule dokumentiert. Hierzu gehören die Rotation, die Vor- und Rückneigung und die Seitneigung. Angegeben wird die Zunahme der Messstrecke zwischen zuvor in Neutralposition festgelegten Markierungen in verschiedenen Wirbelsäulenabschnitten (Ott'sches Zeichen, Schober-Index).

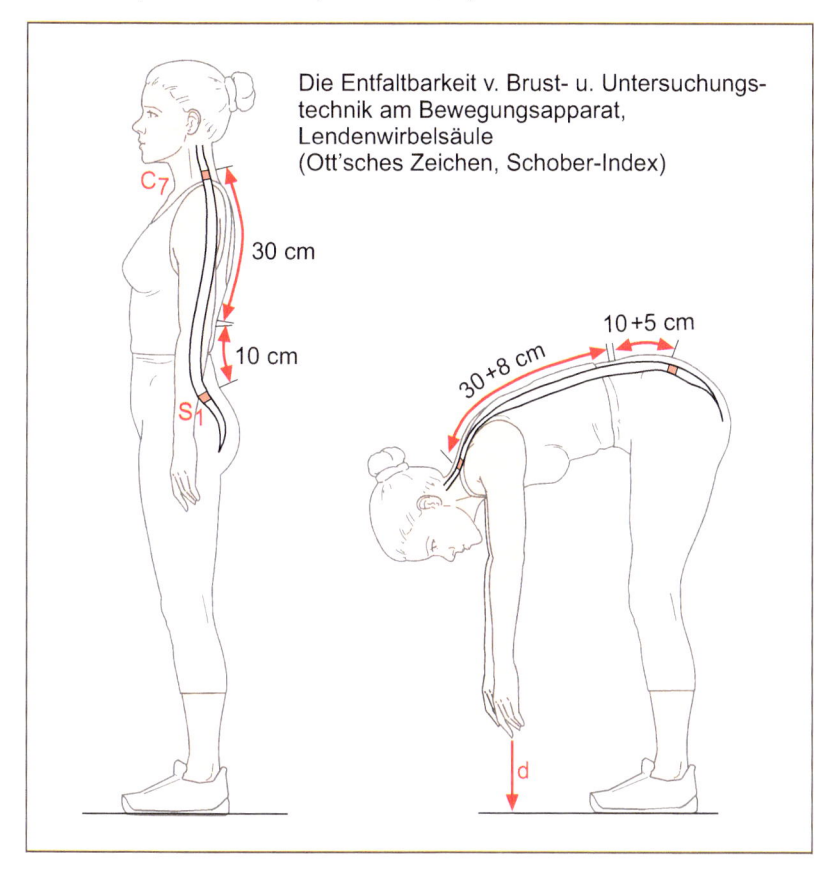

Abb. 16.6:
Messung der Entfaltbarkeit der Wirbelsäule: Ott'sches-Zeichen, Schober-Index

Zur Messung des Ott'schen Zeichens wird eine Strecke von 30 cm ab dem siebten Halswirbelkörper nach kaudal markiert. Nach Vorneigen des Oberkörpers verlängert sich diese Strecke um bis zu 10 cm.

Zur Messung des Schober-Index wird eine Strecke von 10 cm ab dem ersten Kreuzbeinwirbelkörper nach kranial markiert. Nach Vorneigen des Oberkörpers verlängert sich diese Strecke bei Gesunden um mindestens 5 cm.
Dokumentiert wird zusätzlich der Finger-Boden-Abstand bei maximaler Vorneigung (d).

16.2.3 Die Neutral-Null-Methode: Semiobjektive Werte

Bei allen Bemühungen um eine möglichst exakte Darstellung der Funktion der Wirbelsäule ist die durch Proband und Untersucher verursachte mögliche Messfehlerbreite noch größer als an den Extremitäten. Die an der Wirbelsäule zu erhebenden Bewegungsausmaße hängen stärker vom subjektiven Befinden als von objektiven Funktionsbeeinträchtigungen ab. Ausnahmen sind fortgeschrittene Einsteifungen bei entzündlich rheumatischen Erkrankungen sowie Folgezustände nach langstreckigen Versteifungen und komplexen Wirbelsäulenverletzungen. Bei einer unerwartet schlechten Beweglichkeit sollten bildtechnische Befunde und Laborergebnisse zum prüfenden Vergleich herangezogen werden. Zudem ist bei Hinweisen auf seelische Leiden oder soziale Einflussfaktoren an eine negative Befundverzerrung zu denken. Geringen Normabweichungen ist keine Bedeutung beizumessen.

Der Sachverständigenbeirat betonte, dass zur Beurteilung der Wirbelsäulenbeweglichkeit neben Funktionsbeurteilungen zur Beugung auch solche bei Rotation, Seit-, Vor- und Rückneigung sowie anamnestische und weitere klinische Befunde heranzuziehen seien, um die oft schwankenden Funktionsbeeinträchtigungen gutachtlich sachgerecht beurteilen zu können (Beirat 11/2000, vgl. Nieder et al. 2012).

Teil 17

Welche Informationen benötigt der medizinische Gutachter – wie sollte ein freies Gutachten aufgebaut sein

Die sorgfältige Dokumentation unfallbedingter Verletzungen, ihres Heilverlaufs, möglicher Komplikationen und des bleibenden gesundheitlichen Schadens ist eine wichtige Voraussetzung für die Entschädigung. In der gesetzlichen Unfallversicherung kommt den ärztlichen Dokumenten eine wichtige Rolle in der Heilverfahrenssteuerung zu. Durch das D-Arzt-Verfahren, – D-Arzt- und Nachschauberichte sowie die Abschlussuntersuchungen und Rentengutachten kann sich der Sachbearbeiter ein Bild über die Verletzung und den Heilverlauf machen. Sollte es zu einer juristischen Auseinandersetzung kommen, so ist auch der Anwalt des Geschädigten in der Lage, den Heilverlauf und mögliche Komplikationen zu beurteilen.

17.1 Erstbefunde haben einen hohen Beweiswert

Je mehr Informationen zu der Verletzung und Behandlung zur Verfügung stehen, umso besser lassen sich die Folgen beurteilen. Dabei sind alle medizinischen Dokumente, insbesondere die im späteren zeitlichen Verlauf erstellten Atteste, Befunde und Gutachten einer „Quellenkritik" zu unterziehen. Die Anspruchsvoraussetzungen können am besten anhand der Primärbefunde und des sorgfältig dokumentierten Verlaufs (Ausdruck aus der Behandlungsdokumentation der Ärzte) begründet werden. Den Primärbefunden kommt ein höherer Beweiswert als einem Bericht an eine Versicherung oder einem Attest zu. Bei allen nachträglich verfassten ärztlichen Befundberichten können subjektive Faktoren von Seiten des behandelnden Arztes oder des Geschädigten eine Rolle spielen. Dies bedeutet nicht, dass „subjektive Quellen" zu vernachlässigen sind. Der Stellenwert der Schilderung des Geschädigten darf nicht unterschätzt werden: Wie werden das Unfallereignis, der Verlaufs, die verbliebenen Funktionsbeeinträchtigungen und die Beschwerden geschildert? Die „Autobiographie" kann der Schlüssel zum Verständnis der Verletzung sein und zum Beispiel erklären, warum der Hilfebedarf nach einem Unfall größer ist als gemeinhin bei der Schwere der Verletzung zu erwarten gewesen wäre.

Je vollständiger die Dokumentation, umso besser lassen sich mögliche Ansprüche beziffern. Die Einholung der wegen einer Verletzung bereits erzeugter Befunde und Dokumente durch den Patienten bei den behandelnden Ärzten hat jedoch noch einen weiteren Vorteil: Sie ist kostenneutral. Im Allgemeinen wird der Arzt dem Geschädigten die Dokumente unentgeltlich oder gegen eine geringe Kopiergebühr zur Verfügung stellen. Für Atteste oder Gutachten fallen dagegen erhebliche Kosten an, die nach der Gebührenordnung für Ärzte zu honorieren sind.

Eine umfassende medizinische Dokumentation der Unfallfolgen kann dem Anwalt auch im Zweifelsfall helfen, seinen Mandanten sachgerecht zu beraten. Lassen die Primärdokumente erkennen, dass der Unfall weder einen körperlichen noch einen seelischen Schaden hervorgerufen hat und die geltend gemachten Beschwerden bereits vor dem Unfall bestanden, dann kann der Anwalt seinem Mandanten angesichts schlechter Erfolgsaussichten von einem Prozess abraten.

17.2 Atteste können subjektive Aspekte betonen

Der behandelnde Arzt steht in einem sehr engen Vertrauensverhältnis zu seinem Patienten. Er wird sein medizinisches Wissen und seine Erfahrung auf die individuellen Bedürfnisse des Patienten abstimmen. Die Therapie entsteht aus dem vertrauensvollen Zusammenwirken der Beteiligten. Die Verlässlichkeit und die Intimität, es sei nur an die Schweigepflicht erinnert, sind Voraussetzungen für eine erfolgreiche Behandlung. Der Arzt ist der „Anwalt seines Patienten". Sobald der Kranke bezweifelt, dass der Arzt sich mit allen Kräften für ihn einsetzt, sind das Vertrauensverhältnis und damit die Basis der Behandlung in Frage gestellt. Der Arzt bleibt für den Patienten auch dann eine Vertrauensperson, wenn die Krankheit geheilt oder die Verletzung längst überwunden ist. Zu seiner Rolle gehört es, seinen Patienten bei der Durchsetzung von Ansprüchen gegenüber dem Verursacher einer Verletzung oder dem Haftpflichtversicherer zu unterstützen. Er darf zwar keine Unwahrheiten attestieren, es ist ihm jedoch zum Beispiel freigestellt, die subjektive Seite einer Verletzung besonders zu betonen. Gerade nach geringfügigen Verkehrsunfällen sind die beklagten Beschwerden die einzigen „Befunde". Ein Hartspann der Schulter-Nackenmuskulatur nach einem Heckaufprall oder eine – subjektiv beeinflussbare – Bewegungseinschränkung der Halswirbelsäule wird man kaum als einen objektiven Befund bezeichnen können. Trotzdem wird ein Arzt, der mehrfach wegen HWS-Beschwerden konsultiert wurde, eine scheinbar abgesicherte Diagnose stellen. Dieser Prozess der „Diagnosefindung" muss, um vom Patienten angenommen zu werden, auch dessen Interpretation der Beschwerden berücksichtigen.

Die Erwartungen des Patienten spiegeln die für jede gesellschaftliche Gemeinschaft spezifischen Anschauungen über Entstehung, Verlauf, Behandlung und Konsequenzen von Beschwerden oder Krankheiten wider. Die meist unausgesprochenen Erwartungen wandeln sich im Laufe der Geschichte. Der behandelnde Arzt wurde im selben kulturellen Umfeld geprägt, er „spricht die gleiche Sprache" wie sein Patient. Damit seine Diagnose vom Patienten angenommen werden kann, muss sie konsensfähig sein. Das intuitive Zusammenspiel von Arzt und Patient kann am Beispiel eines Attestes nach geringfügigem Heckanprall verdeutlicht werden:

Auch wenn objektive Verletzungszeichen der Halswirbelsäule nach einem Verkehrsunfall durch medizinische Untersuchungen ausgeschlossen werden konnten, wird kaum ein Arzt die korrekte Diagnose „subjektive Beschwerden nach angegebenem Verkehrsunfall" stellen. Eine derartige Diagnose ist nicht konsensfähig, da sie den Interessen des Patienten zuwiderläuft. Im Gegensatz dazu findet die Diagnose „Schleudertrauma der Halswirbelsäule" die Zustimmung des Patienten. In Ländern, in denen geringfügige Unfälle ohne strukturelle gesundheitliche Schädigungen keine finanziellen Zahlungen privater oder gesetzlicher Versicherungen auslösen[1], ist diese Diagnose irrelevant. Folglich breitete sich die Diagnose „Schleudertrauma" erst nach dem Mauerfall in den neuen Bundesländern aus.

---

[1] Ferrari R, Russell, Richter M (2001) Epidemiologie der HWS-Beschleunigungsverletzung. Orthopäde 30: 551-558.

Ein nach einem *Bagatellunfall* durch den behandelnden Arzt erstattetes Attest sollte mit den Erstbefunden verglichen werden.

17.3 Entbindung von der Schweigepflicht: Voraussetzung für das Einholen unfallspezifischer Befunde

Aussagekräftiger sind Kopien der Aufzeichnungen des erstbehandelnden Arztes im Krankenhaus oder der Praxis im Hinblick auf die Verletzung. Nur diesen Aufzeichnungen oder der folgenden Dokumentation wird man die objektive Schwere der gesundheitlichen Schädigung und die subjektiven Beschwerden direkt nach dem Unfall entnehmen können. Diese Aufzeichnungen unterliegen der ärztlichen Schweigepflicht. Liegt eine konkrete Entbindung von der Schweigepflicht für einen Arzt vor, so ist es dem Schadensachbearbeiter möglich, *diejenigen medizinischen Primärdokumente anzufordern, die über die Verletzung und deren Folgen Auskunft* geben. In allen Fällen, in denen weitgehende gesundheitliche Schädigungen geltend gemacht werden, ist es unumgänglich, die Kopien der Originalaufzeichnungen, die sich auf den Unfall, die Verletzung und den sich daraus ergebenden Krankheitsverlauf zuzuziehen. Dies dient auch den Interessen des Geschädigten: Ein scheinbar geringfügiger Unfall kann zu gravierenden Verletzungen und Dauerschäden führen. Die Ablehnung berechtigter Ansprüche als Folge einer Fehleinschätzung von Seiten der Versicherung würde den Verletzten verbittern und unabsehbare finanzielle Folgen haben.

> Die Zuziehung von Kopien der medizinischen Originalunterlagen die sich auf den Unfall beziehen liegt sowohl in Interesse des Anspruchstellers/Versicherten als auch der Versicherung: Ein scheinbar geringfügiger Unfall kann zu gravierenden Verletzungen und Dauerschäden führen. Der Krankheitsverlauf kann in diesen Fällen anhand der Originalunterlagen rekonstruiert werden. Der Verletzte kann diejenigen Versicherungsleistungen erhalten, die ihm zustehen.

17.4 Gutachten vorbereiten und beauftragen

Neben der fachlichen Kompetenz, der Neutralität und Objektivität des Gutachters sind für die Qualität des Gutachtens auch die Informationen entscheidend, die dem Gutachter zur Verfügung stehen. Vor Erteilung des Untersuchungsauftrages sollten deshalb alle für die Primärverletzung und den Verlauf wichtigen Befunde eingeholt und dem Gutachter zur Verfügung gestellt werden. In den letzten drei Jahrzehnten haben die bildgebenden Verfahren bei der Diagnostik und Behandlung von Verletzungen eine wachsende Bedeutung erhalten. Neben der Röntgenuntersuchung sind die Computertomografie (CT) und die Kernspintomografie (MRT) zu erwähnen. Dem Gutachter sollten sowohl die schriftlichen Befundberichte als auch die Originalaufnahmen zur Verfügung gestellt werden.

Die Berufsgenossenschaften übersenden dem medizinischen Sachverständigen im Allgemeinen eine komplette Behandlungsakte. Ebenso gut ist die Datenlage bei Aufträgen des *Sozialgerichts*. In diesen Prozessen gilt – ebenso wie in gesetzlichen Unfallversicherung – der Amtsermittlungsgrundsatz. Das Gericht zieht alle Unterlagen bei und stellt sie dem Gutachter zur Verfügung. Im *Zivilgerichtsverfahren* reichen die Parteien, diejenigen Dokumente ein, die sie für aus ihrer Sicht für sachdienlich halten. *Fehlen Dokumente, so darf der Sachverständige nicht auf eigene Faust ermitteln, er teilt dies dem Gericht mit und bittet, die fehlenden Dokumente einzuholen.*

Anders ist die Situation bei Aufträgen für private Versicherungen. Gelegentlich erhält der Gutachter von einer privaten Unfallversicherung nur noch die Unfallmeldung. Es wird ihm aufgetragen, alle weiteren Dokumente selbst beizuziehen. Diese Praxis hat sich nicht bewährt: Hierdurch verzögert sich der Abschluss des Gutachtens, oftmals gelingt es dem beauftragten Arzt nicht, die Befunde zu erhalten. Im Zweifelsfall wird der Gutachter sein Urteil abgeben, ohne von wichtigen Befunden Kenntnis erhalten zu haben. Nachteile sind für den Geschädigten vor allem dann zu befürchten, wenn es sich um Befunde konsiliarisch zugezogener Fachgebiete handelt. So kann dem chirurgischen Hauptgutachter ein leichterer neurologischer Schaden entgehen, wenn in den dem Gutachtenauftrag beigefügten Unterlagen die neurologischen Befundberichte fehlen, aus denen sich eine Nervenschädigung entnehmen lässt.

Bei unzureichender Datenlage wird ein qualifizierter Gutachter den Probanden bitten, alle weiteren Dokumente und Befunde einzureichen, die über seine gesundheitlichen Einschränkungen Auskunft geben könnten. Hierzu gehört auch ein Bescheid nach dem Schwerbehindertenrecht, sofern das zuständige Versorgungsamt nach dem Unfall einen Grad der Behinderung (GdB) anerkannt hat oder ein vorbestehender GdB unfallbedingt erhöht wurde. Da die Begutachtung für die Geschädigten ungewohnt ist, vergessen manche Probanden „vor Aufregung" ihre Beschwerden oder befürchten, der Gutachter könne wichtige Aspekte ihres Leidens unberücksichtigt lassen. Um im Gutachten alle Aspekte der gesundheitlichen Schädigung berücksichtigen zu können, ist es hilfreich, wenn der Betroffenen den Unfallablauf, die erlittenen Verletzungen, Behandlungen und jetzigen Beschwerden aufschreibt und die Schilderung mit zur Untersuchung bringt. Die Aufzeichnungen können dem Gutachten als Anlage beigefügt werden.

Checkliste Begutachtung

Folgende Befunde und Dokumente sollten dem Gutachter zur Verfügung gestellt werden:

Berufsgenossenschaftlich versicherter Wegeunfall – Arbeitsunfall

- Aufzeichnungen des Geschädigten
- D-Arzt-Bericht
- Nachschaubericht
- Fachärztliche Berichte
- Abschlussbericht
- Kopien der Berichte über bildgebende Verfahren (CT, MRT)
- Weitere ärztliche Korrespondenzen mit der BG
- Rentengutachten
- Bescheide der BG
- Bildtechnische Befunde im Original

Privater Unfall

- Unfallanzeige
- Aufzeichnungen des Geschädigten
- Kopie des Erstberichts des Krankenhauses, des Facharztes
- Kopien der Folgeberichte
- Ausdruck der Behandlungsdokumentation des Hausarztes
- Ausdruck der Behandlungsdokumentation der konsultierten Fachärzte
- Kopien der Arztberichte der Fachärzte
- Kopien von Arbeitsunfähigkeitsbescheinigungen
- Kopien der Berichte über bildgebende Verfahren (CT, MRT)
- Atteste der behandelnden Ärzte (fakultativ)
- Bei schwereren Verletzungen – sofern vorliegend – Bescheid des Versorgungsamts
- Abschließender Befundbericht (fakultativ)
- Bildtechnische Befunde im Original

Haftpflichtfälle (ergänzende Dokumente)

- Schriftwechsel mit den Anwälten
- Verkehrsunfallanzeige der Polizei
- Unfallanalytisches Gutachten
- Kfz-Sachverständigengutachten

17.5 Die Qualität des Gutachtens

Die Qualität des Gutachtens hängt von einer Vielzahl von Faktoren ab, hierzu gehören unter anderem die fachliche Qualifikation des Arztes, seine Unvoreingenommenheit, die Erfahrung als Gutachter, ausreichende Zeit für die Auswertung der Befunde sowie für die Befragung, Untersuchung und Ausarbeitung des Gutachtens, die Bereitschaft, den Geschädigten in seinem Leiden ernst zu nehmen und dessen Beschwerden im Gutachten einen angemessen Platz einzuräumen.

Der behandelnde Arzt und der Gutachter spielen unterschiedliche Rollen. Der behandelnde Arzt ist der „Anwalt seines Patienten", er kann seine Aufgabe nur erfüllen, wenn er seine Kenntnisse und therapeutischen Fähigkeiten in den Dienst des Patienten stellt. Der Gutachter soll dagegen abwägen: Er ist weder Anwalt des Probanden noch Erfüllungsgehilfe der Versicherung. Er soll sein Urteil ausschließlich aus sachlichen Erwägungen heraus treffen und ist dabei seinem Gewissen verpflichtet. In allen Zweifelsfällen wird er sein Urteil vor Gericht begründen müssen.

Aus Platzgründen kann nicht im Einzelnen auf die Qualitätsprüfung von Gutachten eingegangen werden. Grundsätzliche Hinweise finden sich in dem Buch „Handwerk der ärztlichen Begutachtung"[2], beispielhaft erläutert wird die Begutachtung in der Veröffentlichung „professionelles Erstellen orthopädisch –unfallchirurgischer Gutachten"[3].

---

[2] Hoffmann-Richter U, Jeger J, Schmidt H (2012) Das Handwerk ärztlicher Begutachtung. Stuttgart.

[3] Thomann KD, Schröter F, Grosser V (Hg.) (2012) Professionelles Erstellen orthopädisch-unfallchirurgischer Gutachten. München 2012

Übersicht über Aufbau und Inhalt eines frei formulierten Gutachtens

Kurze Einleitung mit Auftrags- und Untersuchungsdatum, Angabe des Rechtsgebiets und der Fragestellung. Feststellung der Identität

Vorgeschichte nach Aktenlage
Jedes medizinische Dokument wird kurz dokumentiert. Dabei gilt folgende Reihenfolge: Datum – Quelle – Aussage

Vorgeschichte nach Angaben des Probanden – Eigenanamnese
Die Schilderung des Probanden wird sinngemäß in dessen eigenen Worten in indirekter Rede wiedergegeben. Alternativ können die Aussagen wörtlich dokumentiert werden. Der Text ist dann in Anführungsstriche zu setzen.

Beschwerden am Untersuchungstag
Die Beschwerden des Probanden werden sinngemäß in dessen eigenen Worten in indirekter Rede wiedergegeben. Alternativ können die Aussagen wörtlich dokumentiert werden. Der Text ist dann in Anführungsstriche zu setzen.

Untersuchung
Die Untersuchung erfolgt je nach Gutachtenauftrag so ausführlich wie erforderlich.

Technische Untersuchungsbefunde
Eigene Befundung der Originale. Eine Übernahme aus Vorbefunden ist mit Quellenangabe anzugeben.

Zusammenfassung und Beurteilung
Dieser Abschnitt ist der Kern des Gutachtens.
Zu Beginn wird kurz die Problematik zusammengefasst:

- Zum Beispiel: Der zum Zeitpunkt der Untersuchung ... alte Herr ... stürzte mit seinem Motorrad und zog sich dabei die nachstehenden Verletzungen zu:

    Behandlungsverlauf zusammenfassend kurz darstellen

    Eingehen auf Behandlungsabschluss

    Beschwerden

    Funktioneller Befund

    Bildtechnischer Befund

Hinweis auf adäquates Verhalten, Diskrepanzen (negative Befundverzerrung), ungeklärte Aspekte, Überschneidungen mit anderen Erkrankungen, einer Vorinvalidität (PUV) ... etc.

Zusammenfassend konnten die nachstehenden Diagnosen gestellt werden:
Funktionsdiagnose(n) mit Angabe der Klassifikation nach ICD-10 (bei psychiatrischen Diagnosen auch nach DSM-IV, DSM-5)
Die MdE ... Die Invalidität ... Die Leistungsfähigkeit ...

Bei Gutachten zur unfallbedingten Kausalität:

Unfallbedingte Diagnosen – Funktionsbeeinträchtigungen:
Funktionsdiagnose(n) mit Angabe der Klassifikation nach ICD-10

Unfallunabhängige Diagnosen – Funktionsbeeinträchtigungen:
Funktionsdiagnose(n) mit Angabe der Klassifikation nach ICD-10

Beantwortung der Gutachtenfragen – der Beweisfragen des Gerichts
Sofern noch kein Endzustand vorliegt, sollte auf die Möglichkeit einer Nachuntersuchung hingewiesen werden.

Der Gutachter sollte den Auftraggeber ermächtigen, das Gutachten dem Probanden oder dessen Rechtsvertreter zu überlassen.

- In jedem Gutachten für eine private Unfallversicherung ist zu einer möglichen Vorinvalidität Stellung zu nehmen. Der Arzt sollte zudem immer die Frage beantworten, ob unfallfremde Erkrankungen oder Gebrechen bei den Unfallfolgen mitgewirkt haben.

Unterschrift(en)

Teil 18

Tabellen für die Bewertung dauerhafter
Unfallfolgen in der gesetzlichen und
privaten Unfallversicherung,
im Sozialen Entschädigungsrecht und
im Schwerbehindertenrecht

> Die Einschätzung der MdE bei Verletzungen der inneren Organe sind auf den Seiten 466–467, die Einschätzung der MdE bei posttraumatischen seelischen Störungen auf den Seiten 527–528 abgedruckt.

18.1 Die Bewertung dauerhafter Unfallfolgen in der gesetzlichen Unfallversicherung – zugleich Anhaltspunkt für die Bewertung von Unfallfolgen in der Haftpflichtversicherung

Einschätzung der Minderung der Erwerbsfähigkeit (MdE) in der gesetzlichen Unfallversicherung[1]	
Ausheilungsergebnis des geschädigten Körperteils	**MdE in %**
Wirbelsäule	
Dornfortsatzbruch	0
Querfortsatzbruch	0
Stabil verheilter Wirbelbruch. Keine oder nur geringe Fehlstatik (Keilwirbel < 10°). Ggf. Höhenminderung der angrenzenden Bandscheibe ohne wesentliche segmentbezogene Funktionsstörung	unter 10 v. H.
Stabil verheilter Wirbelbruch. Leichter Achsenknick (Keilwirbel 10° – < 20°). Ggf. Höhenminderung der angrenzenden Bandscheibe mit mäßiger segmentbezogener Funktionsstörung	10 v. H.
Stabil verheilter Wirbelbruch. Statisch wirksamer Achsenknick (Keilwirbel > 20°). Ggf. Höhenminderung der angrenzenden Bandscheibe mit deutlicher segmentbezogener Funktionsstörung oder verheilter Wirbelbruch mit verbliebener segmentaler Instabilität (muskulär teilkompensiert) oder Versteifung von zwei Segmenten der LWS (einschließlich BWK 12/LWK 1) oder der HWS (unterhalb HWK 2). *Versteifungen von BWS-Segmenten wirken sich geringer, Versteifungen des kraniozervikalen Übergangs stärker aus.*	20 v. H.
Verheilter Wirbelbruch mit statisch wirksamem Achsenknick (Keilwirbel > 20°) und verbliebener segmentaler Instabilität (muskulär teilkompensiert). Operative Versteifung vom mehr als zwei Bewegungssegmenten, je nach Lokalisation und Begleiterscheinungen	20 – 30 v. H.
Grobe, muskulär nicht kompensierbare Instabilitäten und/oder schwerwiegende neurologische/urologische Unfallfolgen	> 30 v. H
Langstreckige operative Versteifung, z. B. nach schwerster Komplexverletzung oder nach unfallbedingt entstandener Anschlussinstabilität mit fünf und mehr Bewegungssegmenten, vorzugsweise an der HWS und LWS/Kreuzbein	40
Wirbelsäulenverletzungen mit Schädigung des Rückenmarks	
Vollständige Halsmarkschädigung (Vier-Extremitätenlähmung) mit Lähmung von Blase und Mastdarm	100
Vollständige Querschnittlähmung im Brust- oder Lendenwirbelbereich, Kaudaschädigung mit Lähmung von Blase und Mastdarm	100

---

[1] Angaben unter Berücksichtigung von: Schönberger A, Mehrtens G, Valentin H (Hrsg.) 9. Auflage 2017; Mehrhoff F, Ekkernkamp A, Wich M (Hrsg.) 14. Auflage 2019; Thomann KD, Grosser V, Schröter F †, 3. Auflage 2019; Ludolph E, Schürmann J, Gaidzik P W (Hrsg.) 2019; Schiltenwolf M, Hollo DF (Hrsg.) 6. Auflage 2013.

Einschätzung der Minderung der Erwerbsfähigkeit (MdE) in der gesetzlichen Unfallversicherung[1]

Ausheilungsergebnis des geschädigten Körperteils	MdE in %
Unvollständige Halsmarkschädigung mit ausgeprägten Teillähmungen der Arme und Beine und Entleerungsstörung von Blase und Mastdarm	80–100
Unvollständige leichte Halsmarkschädigung mit geringen motorischen Restausfällen ohne Störung von Blase und Mastdarm	30–60
Unvollständige Brustmark-, Lendenmark- oder Kaudaschädigung mit Teillähmung beider Beine und Störung der Blasen- und Mastdarmfunktion	60–80
Unvollständige Brustmark-, Lendenmark- oder Kaudaschädigung mit Teillähmung beider Beine oder Störung der Blasen- und Mastdarmfunktion	30–60
Brustkorb	
Mit geringer Verschiebung verheilte Brüche der Rippen, des Schlüsselbeins, des Schulterblatts, des Brustbeins – ohne relevante funktionelle Beeinträchtigung	0
Becken	
Beckenrandknochen-, Kreuz- und Steißbeinbruch (isoliert)	unter 10
Vordere Beckenringfraktur (ein- oder beidseitig)	unter 10
Schoßfugenerweiterung (unter 15 mm)	10
Instabile Beckenringfrakturen	
– ohne Schoßfugenerweiterung	unter 10
– mit Schoßfugenerweiterung unter 15 mm	10
– mit Schoßfugenerweiterung über 15 mm	15
– mit Arthrose in den Kreuzbein-Darmbein-Gelenken	20
einseitige Verschiebung einer Beckenhälfte im Kreuzbein-Darmbein-Gelenk über 10 mm	15
beidseitige Verschiebung im Kreuzbein-Darmbein-Gelenk jeweils über 10 mm	20
– mit zusätzlicher Arthrose	30
Bewertung von Verletzungsfolgen am Arm und der Hand	
Verlust beider Arme oder Hände	100
Verlust eines Arms im Schultergürtel oder in den Schultergelenken, kurzer Oberarmstumpf	80
Verlust eines Arms im Oberarm oder Ellenbogengelenk	70
Verlust eines Arms im Unterarm mit kurzem Unterarmstumpf	70
Verlust eines Arms im Unterarm mit langem Unterarmstumpf bzw. im Handgelenk	60
Verlust der ganzen Hand	60
Verlust aller Finger einer Hand jeweils im Grundgelenk	50
Verlust aller Finger beider Hände jeweils im Grundgelenk	100
Fingerverluste an einer Hand	
Verlust des Daumens im Grundgelenk	30
Verlust von 2 Langfingern (z. B. ZF + MF) jeweils im Grundgelenk	20

Einschätzung der Minderung der Erwerbsfähigkeit (MdE) in der gesetzlichen Unfallversicherung[1]	
Ausheilungsergebnis des geschädigten Körperteils	**MdE in %**
Verlust von 3 Langfingern (z. B. ZF, MF, RF) jeweils im Grundgelenk	30
Verlust von 4 Langfingern (z. B. ZF, MF, RF, KF) jeweils im Grundgelenk	40
Verlust aller Finger einer Hand	50
Fingerverluste an beiden Händen	
Verlust des Daumens an einer Hand und eines Langfingers an der anderen Hand, jeweils im Grundgelenk	30
Verlust des Daumens an einer Hand und von 2 Langfingern an der anderen Hand, jeweils im Grundgelenk	40
Verlust des Daumens an einer Hand und von 3 Langfingern an der anderen Hand, jeweils im Grundgelenk	50
Verlust des Daumens an einer Hand und aller Langfinger an der anderen Hand, jeweils im Grundgelenk	70
Verlust beider Daumen (mit und ohne zusätzlichen beidseitigen einzelnen Langfingerverlust), jeweils im Grundgelenk	60
Verlust von 4 Langfingern beider Hände, jeweils im Grundgelenk	80
Verlust von 4 Langfingern einer Hand und 5 Fingern an der anderen Hand, jeweils im Grundgelenk	90
Verlust aller 10 Finger, jeweils im Grundgelenk	100
Verlust eines Fingers im Zeigefingerendgelenk oder Fingerendgelenk	unter 10
Verlust eines Fingers im Zeigefinger- oder Fingermittelgelenk	unter 10
Verlust des ganzen Zeigefingers mit Mittelhandknochen	15
Verlust des ganzen Mittelfingers mit Mittelhandknochen	15
Verlust des ganzen Ringfingers mit Mittelhandknochen	15
Schultergelenk	
Versteifung der Schulter (30° Abduktion), freie Beweglichkeit des Schultergürtels	30
Versteifung von Schultergelenk und Schultergürtel	40
Schulter vorheben bis 90°, Einschränkung der Drehbewegung	20
Oberarmkopfprothese (gute Funktion)	20
Oberarmkopfprothese (stark eingeschränkte Funktion)	30
Ellenbogengelenk und Unterarm	
Ellenbogen, versteift im rechten Winkel: (0-90-90) und Verlust der Unterarmdrehbeweglichkeit (in günstiger Stellung)	40
Ellenbogen, versteift im rechten Winkel: (0-90-90) mit erhaltener Unterarmdrehbeweglichkeit	30
Vollständige Versteifung des Ellenbogens in Streckstellung (0-0-0), Unterarmdrehbeweglichkeit aufgehoben	50
Bewegungseinschränkung des Ellenbogens (0-30-120), freie Unterarmdrehbeweglichkeit	10

Einschätzung der Minderung der Erwerbsfähigkeit (MdE) in der gesetzlichen Unfallversicherung[1]	
Ausheilungsergebnis des geschädigten Körperteils	**MdE in %**
Bewegungseinschränkung des Ellenbogens (0-30-90), freie Unterarmdrehbeweglichkeit	20
In günstiger Stellung (20-40 Pronation – Innendrehung) versteifte Unterarmdrehung bei freier Scharnierbewegung des Ellenbogens	25
Handgelenk	
Versteifung des Handgelenks (10-10-0 bis 15-15-0, Ulnarabduktion 0-10) bei freier Unterarmdrehung	25
Versteifung des Handgelenks in Streckstellung (0-0-0) bei freier Unterarmdrehung	30
Speichenbruch mit Achsabknickung und Einschränkung der Handgelenkbeweglichkeit um insgesamt 40°	10
Speichenbruch mit erheblicher Achsabknickung und Einschränkung der Handgelenkbeweglichkeit um insgesamt 80°	20
FINGER	
Daumen	
Versteifung des Daumensattelgelenks in Spitzgriffstellung	10
Versteifung des Daumensattelgelenks in ungünstiger Stellung	20
Versteifung des Daumens im Grundgelenk	10
Versteifung des Daumens im Endgelenk	unter 10
Versteifung des Daumens im Grund- und Endgelenk	15
Versteifung des Daumens im Sattel- und Grundgelenk	20
Versteifung des Daumens im Sattel-, Grund- und Endgelenk	25
Durchtrennung beider Fingernerven der Handinnenfläche	20
Durchtrennung eines Fingernervs der Handinnenfläche ellenseitig	15
Durchtrennung eines Fingernervs der Handinnenfläche speichenseitig	10
Zeigefinger	
Versteifung des Zeigefingers in allen Gelenken	20
Durchtrennung beider Nerven der Handinnenfläche des ZF	10
Mittel-, Ring- und Kleinfinger	
Verlust eines Fingers im Grundgelenk	10
Verlust eines Fingers im Mittelgelenk	unter 10
Verlust eines Fingers im Endgelenk	unter 10
Versteifung aller drei Gelenke	15
Durchtrennung beider Nerven der Handinnenfläche des Fingers	10
Lähmungen an den oberen Extremitäten	
N. accessorius	20
N. axillaris	20

Einschätzung der Minderung der Erwerbsfähigkeit (MdE) in der gesetzlichen Unfallversicherung[1]	
Ausheilungsergebnis des geschädigten Körperteils	MdE in %
N. thoracicus longus	20
N. musculocutaneus	20
Komplette obere Plexuslähmung – vollständige Lähmung des Armes	75
Lähmung des oberen Armplexus	40
Lähmung des unteren Armplexus	50–60
Nn. medianus und ulnaris (Mittel- und Ellennerv)	50–60
Nn. medianus und radialis (Mittel- und Speichennerv)	50–60
Nn. ulnaris und radialis (Ellen- und Speichennerv)	50–60
N. radialis (Speichennerv), oberer	30
N. radialis (Speichennerv), mittlerer	25
N. radialis (Speichennerv), unterer	20
N. medianus (Mittelnerv), oberer	35
N. medianus (Mittelnerv), unterer	25
N. ulnaris (Ellennerv), oberer	25
N. ulnaris (Ellennerv), unterer	20
Läsionen der Rotatorenmanschette	
Geringe bis mittelgradige Funktionseinschränkung	10
Stärkere Funktionseinschränkung	20
Bewertung von Verletzungsfolgen an Bein und Fuß	
Verlust des Beins im Hüftgelenk	80
Oberschenkelkurzstumpf (bis zum kleinen Rollhügel) mit Sitzstabilität	70
Verlust im Oberschenkel, nicht kniegelenknah	60
Verlust des Unterschenkels im Kniegelenk	50
Unterschenkelkurzstumpf (Stumpflänge weniger als 10 cm)	50
Unterschenkelstumpf in Unterschenkelmitte	40
Verlust des Fußes im Sprunggelenk	40
Verlust des Fußes mit erhaltener Ferse (Pirogoff-, Syme-Stumpf)	30
Teilverlust des Fußes in der Fußwurzel (Chopart)	30
– in der Fußwurzel (Lisfranc)	25
– im Mittelfuß (Sharp)	20
Verlust der Großzehe	unter 10
Verlust einer Zehe	unter 10
Verlust der Großzehe und Verlust von 3–4 weiteren Zehen	10

Einschätzung der Minderung der Erwerbsfähigkeit (MdE) in der gesetzlichen Unfallversicherung[1]	
Ausheilungsergebnis des geschädigten Körperteils	MdE in %
Verlust aller 10 Zehen	20
Hüftgelenk	
Hüftversteifung in günstiger Stellung	30
Versteifung in ungünstiger Stellung (Beugung über 30°)	40–50
Bewegungseinschränkung der Hüfte: Streckung – Beugung: 0-10-90	10
Bewegungseinschränkung der Hüfte: Streckung – Beugung: 0-30-90	20
Totalendoprothese der Hüfte, gute Funktion	20
Totalendoprothese der Hüfte, Bewegungseinschränkung um 30°	30
Totalendoprothese der Hüfte, Bewegungseinschränkung um 80°	40
Hüftgelenkresektion – Operation nach Girdlestone	50
Kniegelenk	
Kniegelenkversteifung (0-10-10)	30
Knieversteifung (0-10-10)	30
Knieversteifung (0-20-20 bzw. 0-30-30)	40
Bewegungseinschränkung des Kniegelenks (0-0-80)	20
Bewegungseinschränkung des Kniegelenks (0-0-90)	15
Bewegungseinschränkung des Kniegelenks (0-0-120)	10
Lockerung des Kniebandapparats, muskulär kompensierbar	10
Lockerung des Kniebandapparats, unvollständig kompensierbar mit Gangunsicherheit	20
ausgeprägtes Wackelknie mit Knieführungsschiene	30
Totalendoprothese des Kniegelenks, gute Funktion	20
Kniescheibenbruch, knöchern verheilt, ohne wesentliche Behinderung	unter 10
Sprunggelenk und Fuß	
Versteifung des oberen Sprunggelenks in Gebrauchsstellung	20
Versteifung des oberen Sprunggelenks in Spitzfußstellung (mehr als 20°) oder in Hackenfußstellung (mehr als 10°, weniger als 20°)	30
Versteifung des unteren Sprunggelenks	10
Versteifung des unteren Sprunggelenks und des Vorfußes	25
Versteifung des oberen und unteren Sprunggelenks	25
Knöchelbruch in guter Stellung ohne Funktionseinbuße knöchern verheilt	0–10
Bewegungseinschränkung des oberen Sprunggelenks (0-0-30)	10
Versteifung des Chopart-Gelenks (Versteifung des vorderen Sprunggelenks)	10
Großzehenversteifung in leichter Streckstellung (10°)	unter 10
Großzehenversteifung in Neutralstellung oder leichter Beugestellung	10

Einschätzung der Minderung der Erwerbsfähigkeit (MdE) in der gesetzlichen Unfallversicherung[1]

Ausheilungsergebnis des geschädigten Körperteils	MdE in %
Fersenbeinbruch mit geringfügig erniedrigtem Tuber-Gelenk-Winkel und geringen sekundärarthrotischen Veränderungen des unteren Sprunggelenks	10
Fersenbeinbruch mit deutlicher Abflachung des Tuber-Gelenk-Winkels, Arthrose und schmerzhafter Wackelsteife des unteren Sprunggelenks	20
Fersenbeinbruch mit Aufhebung des Tuber-Gelenk-Winkels, ausgeprägter Fehlstellung des Rückfußes, Anschlussarthrosen des oberen Sprunggelenks und/oder der Fußwurzel	30
Traumatischer Plattfuß nach Mehrfachbrüchen von Mittel- und Fußwurzelknochen	10–30
Weitere Unfallfolgen	
Beinverkürzung bis 4 cm	10
Beinverkürzung bis 6 cm	20
Beinverkürzung über 6 cm	30
Achillessehnenruptur (geheilt)	bis 10
Postthrombotisches Syndrom, Schwellung, Tragen eines Kompressionsstrumpfes	10
Postthrombotisches Syndrom, Schwellung, leichte trophische Störungen	20
Postthrombotisches Syndrom, Schwellung, ausgeprägte trophische Störungen mit therapieresistenten Unterschenkelgeschwüren (Ulcera)	30–40
Lähmungen an den unteren Extremitäten	
Vollständige Lähmung des Beins (Beinplexuslähmung)	75
N. gluteus inferior (unterer Gesäßmuskelnerv)	20
N. gluteus superior (oberer Gesäßmuskelnerv)	20
N. ischiaticus (Ischiasnerv) oberer Bereich	60–70
N. ischiaticus (Ischiasnerv) ohne N. gluteus inferior	50
N. femoralis (Nerv des Schenkelstreckers)	30–40
Ausfall des N. cutaneus femoris lateralis (seitlicher Hautnerv am Oberschenkel, keine motorischen Störungen)	5–10
Nn. tibialis und peroneus communis (Schien- und Wadenbeinnerv)	45
N. tibialis (Schienbeinnerv)	25
N. peroneus superficialis (oberflächlicher Wadenbeinnerv)	15
N. peroneus profundus (tiefer Wadenbeinnerv)	20
N. peroneus communis (gemeinsamer Wadenbeinnerv)	20
Verbrennungen[2]	
Kleine fleckförmige Areale an Rumpf und Gliedmaßen bis zu 5% der Körperoberfläche	< 10
Areale entsprechend 9% der Körperoberfläche (z. B. Ausdehnung ein Arm/ein halbes Bein)	10
Areale 9–18% der Körperoberfläche (z. B. beide Arme, ein komplettes Bein)	20

[2] Angaben nach Jostkleigrewe F in: Thomann KD, Grosser V, Schröter F † (Hrsg.) 3. Aufl. 2019.

Einschätzung der Minderung der Erwerbsfähigkeit (MdE) in der gesetzlichen Unfallversicherung[1]	
Ausheilungsergebnis des geschädigten Körperteils	MdE in %
Areale 18–27% der Körperoberfläche (z. B. Rumpfvorderseite und ein Arm)	30
Areale, größer als 27% der Körperoberfläche	40
Niere, Milz, Darm, Bauchwand	
Vgl. Tabelle Kapitel 14.6, Seiten 466–467	
Männliche Geschlechtsorgane	
Verlust eines Hodens bei Gesundheit des anderen	10
Verlust beider Hoden vor Abschluss der körperlichen Entwicklung	50
Verlust beider Hoden nach Abschluss der körperlichen Entwicklung bis zum 60. Lebensjahr	30
Verlust beider Hoden nach dem 60. Lebensjahr	10
Verlust des Glieds (je nach Alter)	bis 40
Beischlafunfähigkeit (je nach Alter)	20–40

18.2 Einschätzung der Invalidität in der privaten Unfallversicherung[3]

Einschätzung der Invalidität in der privaten Unfallversicherung	
Ausheilungsergebnis des geschädigten Körperteils	Invalidität außerhalb der Gliedertaxe in %
Wirbelsäule	
Dornfortsatzbruch	0–2
Querfortsatzbruch	0–2
Stabil verheilter Wirbelbruch. Keine oder nur geringe Fehlstatik (Keilwirbel < 10°). Ggf. Höhenminderung der angrenzenden Bandscheibe ohne wesentliche segmentbezogene Funktionsstörung	5

A = Armwert
B = Beinwert
D = Daumenwert
F = Fußwert
Fi = Fingerwert
Gz = Großzehenwert
H = Handwert
Z = Zehenwert
ZF = Zeigefingerwert

---

[3] Angaben unter Berücksichtigung von: Lehmann R, Ludolph E (2018) Die Invalidität in der privaten Unfallversicherung. 5. Auflage. Weiterhin die Kapitel zur privaten Unfallversicherung, die von F Schröter und E Ludolph verfasst wurden und in folgenden Publikationen erschienen: Thomann KD, Grosser V, Schröter F † (Hrsg.) 3. Aufl. 2019; Ludolph E, Schürmann J, Gaidzik P W (Hrsg.) 2019; Schiltenwolf M, Hollo D F (Hrsg.) 6. Aufl. 2013.

Einschätzung der Invalidität in der privaten Unfallversicherung	
Ausheilungsergebnis des geschädigten Körperteils	Invalidität außerhalb der Gliedertaxe in %
Stabil verheilter Wirbelbruch. Leichter Achsenknick (Keilwirbel 10° – < 20°). Ggf. Höhenminderung der angrenzenden Bandscheibe mit mäßiger segmentbezogener Funktionsstörung	10
Stabil verheilter Wirbelbruch. Statisch wirksamer Achsenknick (Keilwirbel > 20°). Ggf. Höhenminderung der angrenzenden Bandscheibe mit deutlicher segmentbezogener Funktionsstörung oder verheilter Wirbelbruch mit verbliebener segmentaler Instabilität (muskulär teilkompensiert) oder Versteifung von zwei Segmenten der LWS (einschließlich BWK 12/LWK 1) oder der HWS (unterhalb HWK 2). Versteifungen von BWS-Segmenten wirken sich geringer, Versteifungen des kraniozervikalen Übergangs stärker aus.	20
Verheilter Wirbelbruch mit statisch wirksamem Achsenknick (Keilwirbel > 20°) und verbliebener segmentaler Instabilität (muskulär teilkompensiert). Operative Versteifung vom mehr als zwei Bewegungssegmenten, je nach Lokalisation und Begleiterscheinungen	20 – 30
Grobe, muskulär nicht kompensierbare Instabilitäten und/oder schwerwiegende neurologische/urologische Unfallfolgen	> 30
Langstreckige operative Versteifung, z. B. nach schwerster Komplexverletzung oder nach unfallbedingt entstandener Anschlussinstabilität mit fünf und mehr Bewegungssegmenten, vorzugsweise an der HWS und LWS/Kreuzbein	40
Wirbelsäulenverletzungen mit Schädigung des Rückenmarks	
Beachte: Die neurologischen Auswirkungen von Verletzungen des Rückenmarks im Bereich der Extremitäten sind nach der Gliedertaxe zu bemessen. Die Einzelinvaliditäten der oberen und unteren Extremitäten sind zu addieren.[4] Die Lähmung des Rumpfes bei einer Querschnittlähmung ist außerhalb der Gliedertaxe zu bewerten.	
Brustkorb	
Mit geringer Verschiebung verheilte Brüche der Rippen, des Schlüsselbeins, des Schulterblatts, des Brustbeins – ohne relevante funktionelle Beeinträchtigung	0 – 2
Nicht verheilte Brustbeinfraktur (Pseudarthrose)	5
Nicht oder in Fehlstellung verheilte Rippenfrakturen mit nachgewiesen Beeinträchtigung der Atemmechanik (Lungenfunktion)	5 – 10
Becken	
Verheilte vordere Beckenringfraktur, Beckenrandknochen-, Kreuz- und Steißbeinbruch (isoliert) ohne relevante Funktionsstörungen	0 – 3
Asymmetrisch verheilte Beckenringfraktur	5
Verheilte vordere Beckenringfraktur	0 – 3
Verknöcherung der Symphyse (Schoßfuge)	5
Symphysenerweiterung 10 – 15 mm	5

---

[4] Vgl. Widder B, Gaidzik P W (Hrsg.) 3. Aufl. 2018.

Einschätzung der Invalidität in der privaten Unfallversicherung	
Ausheilungsergebnis des geschädigten Körperteils	Invalidität außerhalb der Gliedertaxe in %
Symphysenerweiterung > 15 mm	10
Posttraumatische Arthrose eines Kreuzbein-Darmbein-Gelenks nach komplexer Beckenringfraktur mit objektivierbaren Beschwerden	10
Einseitige Verschiebung einer Beckenhälfte im Kreuzbein-Darmbein-Gelenk – mindestens 10 mm	15
beidseitige Verschiebung im Kreuzbein-Darmbein-Gelenk jeweils mindestens 10 mm	20
OBERE EXTREMITÄT	
Schultergelenk/Oberarm	
Versteifung von Schultergelenk und Schultergürtel	11/20 A
Versteifung der Schulter (30° Abduktion), freie Beweglichkeit des Schultergürtels	8/20 A
Schulter (mit Schultergürtel) vorheben bis 120° bei freier Rotation	2/20 A
Schulter (mit Schultergürtel) vorheben bis 90°, Einschränkung der Drehbewegung	4/20 A
Schulter (mit Schultergürtel) vorheben/abspreizen bis 60°	6/20 A
Schulter (mit Schultergürtel) vorheben/abspreizen bis 45°	7/20 A
Rezidivierende Schultergelenksverrenkung	6/20 A
Schultereckgelenkssprengung (Tossy II)	1/20 A
Schultereckgelenkssprengung (Tossy III)	2/20 A
Ellenbogengelenk/Unterarm	
Ellenbogen, versteift im rechten Winkel: (0-90-90) und Verlust der Unterarmdrehbeweglichkeit	10/20 A
Ellenbogen, versteift im rechten Winkel: (0-90-90) mit erhaltener Unterarmdrehbeweglichkeit	7/20 A
Vollständige Versteifung des Ellenbogens in Streckstellung (0-0-0), Unterarmdrehbeweglichkeit aufgehoben	16/20 A
Vollständige Versteifung des Ellenbogens in Streckstellung (0-0-0), Unterarmdrehbeweglichkeit frei	14/20 A
Bewegungseinschränkung des Ellenbogens (0-30-120), freie Unterarmdrehbeweglichkeit	3/20 A
Bewegungseinschränkung des Ellenbogens (0-30-90), freie Unterarmdrehbeweglichkeit	5/20 A
Versteifte Unterarmdrehung in günstiger Stellung (leichte bis mittlere Pronation) bei freier Scharnierbewegung des Ellenbogens	6/20 A
Einschränkung der Unterarmdrehung auswärts/einwärts (45-0-45)	4/20 A

Einschätzung der Invalidität in der privaten Unfallversicherung	
Ausheilungsergebnis des geschädigten Körperteils	Invalidität außerhalb der Gliedertaxe in %
Einschränkung der Unterarmdrehung auswärts / einwärts (80-0-40)	3/20 A
Ellenhakenfalschgelenk (Olekranonpseudarthrose) mit endgradiger Bewegungseinschränkung im Ellenbogengelenk	2/20 A
Handgelenk	
Versteifung des Handgelenks (Streckung / Beugung 10-10- 0, Ulnarabduktion 0-10°) bei freier Unterarmdrehung	6/20 H
Versteifung des Handgelenks in Streckstellung (0-0-0) bei freier Unterarmdrehung	8/20 H
Bewegungseinschränkung des Handgelenks konzentrisch zur Hälfte, Unterarmdrehung frei	3/20 H
Bewegungseinschränkung des Handgelenks konzentrisch zu 1/4	1/10 H
Daumen	
Verlust des Daumens im Sattelgelenk	9/20 H
Verlust des Daumens im Grundgelenk	1/1 D
Verlust des Daumens im Endgelenk	6/10 D
Versteifung des Daumensattelgelenks	5/10 D
Versteifung des Daumens im Grundgelenk	2/10 D
Versteifung des Daumens im Endgelenk	2/10 D
Versteifung des Daumens im Grund- und Endgelenk	4/10 D
Versteifung des Daumens im Sattel-, Grund- und Endgelenk	8/10 D
Instabilität des Daumengrundgelenks nach ellenwärtigem Bänderriss (Skidaumen)	2/10 D
Sensibilitätsstörung des Daumens	
Beide Nerven der Handinnenfläche	6/10 D
Handinnenfläche ellenseitig	4/10 D
Handinnenfläche speichenseitig	3/10 D
Beide Nerven der Daumenbeere	6/10 D
Daumenbeere Handinnenfläche ellenseitig	4/10 D
Daumenbeere Handinnenfläche speichenseitig	3/10 D
Zeigefinger	
Beide Nerven der Handinnenfläche des ZF	6/10 ZF
Ein Nerv der Handinnenfläche des ZF	3/10 ZF
Beide Nerven der Fingerbeeren	4/10 ZF
Ein Nerv der Fingerbeere	2/10 ZF

Einschätzung der Invalidität in der privaten Unfallversicherung	
Ausheilungsergebnis des geschädigten Körperteils	Invalidität außerhalb der Gliedertaxe in %
Mittel-, Ring- und Kleinfinger	
Verlust eines Fingers im Grundgelenk	1/1 Fi
Verlust eines Fingers im Mittelgelenk	7/10 Fi
Verlust eines Fingers im Endgelenk	4/10 Fi
Versteifung eines Fingers im Grundgelenk	3/10 Fi
Versteifung eines Fingers im Mittelgelenk	4/10 Fi
Versteifung eines Fingers im Endgelenk	2/10 Fi
Versteifung eines Fingers im Fingergrund- und -mittelgelenk	6/10 Fi
Versteifung eines Fingers im Fingermittel- und -endgelenk	5/10 Fi
Versteifung eines Fingers im Fingergrund- und -endgelenk	5/10 Fi
Versteifung aller drei Gelenke	9/10 Fi
Strecksehnenabriss an einem Langfingerendglied, je nach Ausheilung	1/10- 3/10 Fi
Sensibilitätsstörung von Mittel-, Ring- und Kleinfinger	
Beide Nerven der Handinnenfläche	6/10 Fi
Ein Nerv der Handinnenfläche	3/10 Fi
Beide Fingerbeerennerven	4/10 Fi
Ein Fingerbeerennerv	2/10 Fi
Lähmungen an den oberen Extremitäten	
Komplette Armplexuslähmung – vollständige Lähmung des Armes	1/1 A
Obere Armplexuslähmung	4/10 A
Untere Armplexuslähmung	5/10 A
N. accessorius	2/10 A
N. axillaris	2/10 A
N. thoracicus longus	2/10 A
N. musculocutaneus	3/10 A
Nn. medianus und ulnaris (Mittel- und Ellennerv)	7/10 A
Nn. medianus und radialis (Mittel- und Speichennerv)	6/10 A
Nn. ulnaris und radialis (Ellen- und Speichennerv)	6/10 A
N. radialis (Speichennerv), oberer	4/10 A
N. radialis, mittlerer	3/10 A
N. radialis, unterer	2/10 A
N. medianus (Mittelnerv), oberer	7/10 H

Einschätzung der Invalidität in der privaten Unfallversicherung	
Ausheilungsergebnis des geschädigten Körperteils	Invalidität außerhalb der Gliedertaxe in %
N. medianus, unterer	2/10 – 3/10 H
N. ulnaris (Ellennerv), oberer	4/10 H
N. ulnaris, unterer	3/10 H
Sehnenrupturen am Arm	
Traumatische proximale Bizepssehnenruptur – Riss der körpernahen, langen Bizepssehne mit vollständigem Funktionsverlust	1/20 – 2/20 A
Traumatische distale Bizepssehnenruptur – Riss/Ausriss der körperfernen, kurzen Bizepssehne mit vollständigem Funktionsverlust	1/14 – 4/20 A
UNTERE EXTREMITÄT	
Hüftgelenk	
Hüftversteifung in günstiger Stellung (30° Beugung)	8/20 B
Versteifung in ungünstiger Stellung einschließlich Beinverkürzung, Gehstock erforderlich	12/20 B
Bewegungseinschränkung der Hüfte: Streckung – Beugung: 0-0-90 bei freier Rotation	2/20 B
Bewegungseinschränkung der Hüfte: Freie Streckung und Beugung, aufgehobene Drehfähigkeit	2/20 B
Bewegungseinschränkung der Hüfte: Streckung – Beugung: 0-30-90 bei freier Rotation	5/20 B
Totalendoprothese der Hüfte, vgl. Tabelle S. 514	
Hüftgelenkresektion – Operation nach Girdlestone	14/20 B
Kniegelenk	
Kniegelenkversteifung (0-10-10)	10/20 B
Bewegungseinschränkung des Kniegelenks: (0-0-90)	2/20 B
Bewegungseinschränkung des Kniegelenks: (0-20-90)	7/20 B
Bewegungseinschränkung des Kniegelenks: (0-30-90)	9/20 B
Geringe Instabilität eines Bandes (+)[5]	1/20 B
Mäßige Instabilität eines Bandes (+ – ++)	2/20 B
Deutliche Instabilität eines Bandes (++)	3/20 B
Hochgradige Instabilität eines Bandes (+++)	5/20 B
Komplexe Instabilität, zum Gehen Knieführungsschiene immer erforderlich	10/20 B

---

[5] Bewertung der Bandinstabilität unter Berücksichtigung der Bandnachgiebigkeit (Vor-Rückverschieblichkeit des Schienbeinkopfes, Aufklappbarkeit des medialen oder lateralen Kniegelenkspalts: + = 3-5 mm; ++ = 6-10 mm; +++ > 10 mm.

Einschätzung der Invalidität in der privaten Unfallversicherung	
Ausheilungsergebnis des geschädigten Körperteils	Invalidität außerhalb der Gliedertaxe in %
Kniescheibenverlust mit guter Funktion	4/20 B
Vollständiger Verlust des Innenmeniskus	2/20 B
Sprunggelenk und Fuß	
Verlust des Fußes in der Fußwurzel (Chopart)	6/10 F
– in Höhe der Fußwurzel / Mittelfuß (Lisfranc)	5/10
– in Mittelfuß (Sharp)	4/10 F
Versteifung des oberen Sprunggelenks in Gebrauchsstellung	7/20 F
Versteifung des oberen Sprunggelenks in ungünstiger Stellung (15° oder mehr Spitzfußstellung, 10° oder mehr Hackenfußstellung). Beachte: Die Spitz- oder Hackenfußstellung wirkt sich auf die Funktion des Beins aus, deshalb ist auf den Beinwert abzustellen.	6/20 B
Versteifung des unteren Sprunggelenks (hinterer Teil) in Gebrauchsstellung	4/20 F
Versteifung des vorderen Teils des unteren Sprunggelenks (Chopart) in Gebrauchsstellung	4/20 F
Versteifung des unteren Sprunggelenks einschließlich Chopart-Gelenk in Gebrauchsstellung	7/20 F
Versteifung des oberen und unteren Sprunggelenks in Gebrauchsstellung	6/10 F
Bewegungseinschränkung des oberen und unteren Sprunggelenks um die Hälfte	7/20 F
Bewegungseinschränkung des oberen Sprunggelenks (Heben – Senken: 0-0-40)	4/20 F
Versteifung des Lisfranc-Gelenks (Versteifung der Gelenklinie zwischen Fußwurzel und Mittelfuß	3/20 F
Großzehenversteifung (Grund- und Endgelenk) in Streckstellung von 10° (günstig)	4/10 Gz
Großzehenversteifung (Grund- und Endgelenk) in Neutralstellung oder leichter Beugestellung (ungünstig)	3/20 F
Weitere Unfallfolgen	
Beinverkürzung bis 2 cm	1/20 B
Beinverkürzung über 2 cm bis 4 cm	3/20 B
Beinverkürzung über 4 cm bis 6 cm	bis 6/20
Beinverkürzung über 6 cm	8/20 B
Lähmungen an den unteren Extremitäten	
Vollständige Lähmung des Beins (komplette Beinplexuslähmung)	1/1 B
N. gluteus inferior (unterer Gesäßmuskelnerv)	5/20 B
N. gluteus superior (oberer Gesäßmuskelnerv)	5/20 B
N. ischiadicus (Ischiasnerv)	8/10 B

Einschätzung der Invalidität in der privaten Unfallversicherung	
Ausheilungsergebnis des geschädigten Körperteils	Invalidität außerhalb der Gliedertaxe in %
N. femoralis (Nerv des Schenkelstreckers)	5/10 B
Lähmung des N. cutaneus femoris lateralis (seitlicher Hautnerv am Oberschenkel, kein motorischer Ausfall)	1/20 B
Nn. tibialis und peroneus communis (Schien- und Wadenbeinnerv)	6/10 B
N. tibialis (Schienbeinnerv)	7/20 B
N. peroneus superficialis (oberflächlicher Wadenbeinnerv)	2/10 FW
N. peroneus profundus (tiefer Wadenbeinnerv)	5/10 FW
N. peroneus communis (gemeinsamer Wadenbeinnerv)	5/10 FW

Bemessung der Invalidität nach unfallbedingter Implantation von Endoprothesen nach Schröter und Ludolph[6]

Für die private Unfallversicherung hat sich die von Schröter und Ludolph eingeführte Bemessung der Invalidität bewährt. Im ersten Schritt erfolgt die Basisbewertung nach der Funktion (Beweglichkeit, Muskulatur, Beinlänge, z.B. 1/20, 2/20, 3/20). Danach wird zu dem Basiswert ein Prothesenzuschlag ermittelt.

Die Bemessung des Zuschlags (= Mindestsatz) orientiert sich an der derzeitigen Qualität endoprothetischer Versorgungen. Bei Schulter-, Ellenbogen- und Sprunggelenk-Endoprothesen sind jeweils um 1/20 höhere Zuschläge gerechtfertigt.

Zuschlag für Minderbelastbarkeit/Lockerungsgefahr und zu erwartenden Prothesenwechsel in Abhängigkeit vom Lebensalter	
Lebensalter (Jahre)	Zuschlag
15–20	11/20
21–25	10/20
26–30	9/20
31–35	8/20
36–40	7/20
41–45	6/20
46–50	5/20
51–55	4/20
56–60	3/20
61–65	2/20
66 und mehr	1/20

---

6 Schröter F †, Ludolph E: Bemessungsempfehlungen für die private Unfallversicherung. Vgl. Rompe G, Erlenkämper A, Schiltenwolf M, Hollo D F (Hrsg.) 5. Aufl. 2009. Schiltenwolf M, Hollo D F (Hrsg.) 6. Aufl. 2013. Thomann K D, Grosser V, Schröter F † (Hrsg.) 3. Aufl. 2019. Lehmann R, Ludolph E 5. Aufl. 2018.

18.3 Feststellung des Grades der Schädigungsfolgen und des Grades der Behinderung im Sozialen Entschädigungsrecht und im Schwerbehindertenrecht (SGB IX)[7]

Feststellung des Grades der Schädigungsfolgen und des Grades der Behinderung im Sozialen Entschädigungsrecht und im Schwerbehindertenrecht (SGB IX)	
	GdB/GdS in %
Wirbelsäulenschäden	
ohne Bewegungseinschränkung oder Instabilität	0
mit geringen funktionellen Auswirkungen (Verformung, rezidivierende oder anhaltende Bewegungseinschränkung oder Instabilität geringen Grades, seltene und kurz dauernd auftretende leichte Wirbelsäulensyndrome)	10
mit mittelgradigen funktionellen Auswirkungen in einem Wirbelsäulenabschnitt (Verformung, häufig rezidivierende oder anhaltende Bewegungseinschränkung oder Instabilität mittleren Grades, häufig rezidivierende und Tage andauernde Wirbelsäulensyndrome)	20
mit schweren funktionellen Auswirkungen in einem Wirbelsäulenabschnitt (Verformung, häufig rezidivierende oder anhaltende Bewegungseinschränkung oder Instabilität schweren Grades, häufig rezidivierende und Wochen andauernde ausgeprägte Wirbelsäulensyndrome)	30
mit mittelgradigen bis schweren funktionellen Auswirkungen in zwei Wirbelsäulenabschnitten	30–40
mit besonders schweren Auswirkungen (z. B. Versteifung großer Teile der Wirbelsäule; anhaltende Ruhigstellung durch Rumpforthese, die drei Wirbelsäulenabschnitte umfasst [z. B. Milwaukee-Korsett]; schwere Skoliose [ab ca. 70° nach Cobb])	50–70
bei schwerster Belastungsinsuffizienz bis zur Geh- und Stehunfähigkeit	80–100
Beckenschäden	
ohne funktionelle Auswirkungen	0
mit geringen funktionellen Auswirkungen (z. B. stabiler Beckenring, degenerative Veränderungen der Kreuz-Darmbein-Gelenke)	10
mit mittelgradigen funktionellen Auswirkungen (z. B. instabiler Beckenring einschließlich Sekundärarthrose)	20
mit schweren funktionellen Auswirkungen und Deformierung	30–40

---

[7] Die Tabelle zur Einschätzung des GdB und GdS beruht auf den „Versorgungsmedizinischen Grundlagen", der Anlage 2 der „Versorgungsmedizin-Verordnung", die vom Bundesministerium für Arbeit und Soziales im Einvernehmen mit dem Bundesministerium der Verteidigung erlassen wird. Die Verordnung kann aus dem Internet heruntergeladen werden. Die Einschätzung von GdS und GdB wird eingehend erläutert in: Nieder P, Losch E, Thomann KD (Hrsg.) 2012.
Das Bundesministerium hat eine „Sechste Verordnung zur Änderung der Versorgungsmedizin-Verordnung" vorbereitet, die zum Zeitpunkt der Drucklegung nach nicht verabschiedet worden war. Der Leser sollte sich im Zweifelsfall auf der Homepage des Ministeriums über die gültige Fassung der VersmedV informieren.

Feststellung des Grades der Schädigungsfolgen und des Grades der Behinderung im Sozialen Entschädigungsrecht und im Schwerbehindertenrecht (SGB IX)	GdB/GdS in %
Bei Beckenschäden sind neurologische, gynäkologische und urologische Funktionsbeeinträchtigungen sowie Hüftgelenksveränderungen ggf. zusätzlich zu berücksichtigen.	
GLIEDMAßENSCHÄDEN	
Schäden der oberen Gliedmaßen	
Verlust beider Arme oder Hände	100
Verlust eines Armes und Beines	100
Verlust eines Armes im Schultergelenk oder mit sehr kurzem Oberarmstumpf	80
Verlust eines Armes im Oberarm oder Ellenbogengelenk	70
Verlust eines Armes im Unterarm	50
Verlust eines Armes im Unterarm mit einer Stumpflänge bis 7 cm	60
Verlust der ganzen Hand	50
Schulter und Oberarm	
Versteifung des Schultergelenks in günstiger Stellung bei gut beweglichem Schultergürtel	30
Als funktionell günstig gilt eine Versteifung im Schultergelenk mit einem Abspreizwinkel um ca. 45° und leichter Vorhalte.	
Versteifung des Schultergelenks in ungünstiger Stellung oder bei gestörter Beweglichkeit des Schultergürtels	40–50
Bewegungseinschränkung des Schultergelenks (einschließlich Schultergürtel)	
Arm nur um 120° zu erheben, mit entsprechender Einschränkung der Dreh- und Spreizfähigkeit	10
Arm nur um 90° zu erheben, mit entsprechender Einschränkung der Dreh- und Spreizfähigkeit	20
Instabilität des Schultergelenks	
geringen Grades, auch seltene Ausrenkung (in Abständen von einem Jahr oder mehr)	10
mittleren Grades, auch häufigere Ausrenkungen	20–30
schweren Grades (auch Schlottergelenk), auch ständige Ausrenkung	40
Schlüsselbeinpseudarthrose	
straff	0–10
schlaff	20
Verkürzung des Armes bis zu 4 cm bei freier Beweglichkeit der großen Armgelenke	0
Oberarmpseudarthrose	
straff	20
schlaff	40
Riss der langen Bizepssehne	0–10

Feststellung des Grades der Schädigungsfolgen und des Grades der Behinderung im Sozialen Entschädigungsrecht und im Schwerbehindertenrecht (SGB IX)	
	GdB/GdS in %
Ellenbogen und Unterarm	
Versteifung des Ellenbogengelenks einschließlich Aufhebung der Unterarmdrehbewegung	
in günstiger Stellung	30
in ungünstiger Stellung	40–50
Versteifung in einem Winkel zwischen 80° und 100° (Neutral-0-Methode) bei mittlerer Pronationsstellung des Unterarms ist als günstige Gebrauchsstellung aufzufassen.	
Bewegungseinschränkung im Ellenbogengelenk	
geringen Grades (Streckung/Beugung bis 0-30-120 bei freier Unterarmdrehbeweglichkeit)	0–10
stärkeren Grades (insbesondere der Beugung einschließlich Einschränkung der Unterarmdrehbeweglichkeit)	20–30
Isolierte Aufhebung der Unterarmdrehbeweglichkeit	
in günstiger Stellung (mittlere Pronationsstellung)	10
in ungünstiger Stellung	20
in extremer Supinationsstellung	30
Ellenbogenschlottergelenk	40
Unterarmpseudarthrose	
straff	20
schlaff	40
Pseudarthrose der Elle oder Speiche	10–20
Hand und Finger	
Versteifung des Handgelenks	
in günstiger Stellung (leichte Dorsalextension)	20
in ungünstiger Stellung	30
Bewegungseinschränkung des Handgelenks	
geringen Grades (z. B. Streckung/Beugung bis 30-0-40)	0–10
stärkeren Grades	20–30
Nicht oder mit Deformierung verheilte Brüche oder Luxationen der Handwurzelknochen oder eines oder mehrerer Mittelhandknochen mit sekundärer Funktionsbeeinträchtigung	10–30
Versteifung eines Daumengelenks in günstiger Stellung	0–10
Versteifung beider Daumengelenke und des Mittelhand-Handwurzelgelenks in günstiger Stellung	20
Versteifung eines Fingers in günstiger Stellung (mittlere Gebrauchsstellung)	0–10

Feststellung des Grades der Schädigungsfolgen und des Grades der Behinderung im Sozialen Entschädigungsrecht und im Schwerbehindertenrecht (SGB IX)

	GdB/GdS in %
Versteifungen der Finger in Streck- oder starker Beugestellung sind oft störender als ein glatter Verlust	
Verlust des Daumenendgliedes	0
Verlust des Daumenendgliedes und des halben Grundgliedes	10
Verlust des Daumens	25
Verlust beider Daumen	40
Verlust eines Daumens mit Mittelhandknochen	30
Verlust des Zeige-, Mittel-, Ring- oder Kleinfingers, auch mit Teilen des jeweils dazugehörigen Mittelhandknochens	10
Verlust von zwei Fingern	
mit Einschluss des Daumens	30
II + III, II + IV	30
sonstige	25
Verlust von drei Fingern	
mit Einschluss des Daumens	40
II + III + IV	40
sonstige	30
Verlust von vier Fingern	
mit Einschluss des Daumens	50
sonstige	40
Verlust der Finger II bis IV an beiden Händen	80
Verlust aller fünf Finger einer Hand	50
Verlust aller zehn Finger	100
Nervenausfälle an den oberen Extremitäten (vollständig)	
Armplexus	80
Oberer Armplexus	50
Unterer Armplexus	60
N. axillaris	30
N. thoracicus longus	20
N. musculocutaneus	20
N. radialis	
ganzer Nerv	30
mittlerer Bereich oder distal	20
N. ulnaris proximal oder distal	30
N. medianus proximal	40

Feststellung des Grades der Schädigungsfolgen und des Grades der Behinderung im Sozialen Entschädigungsrecht und im Schwerbehindertenrecht (SGB IX)	
	GdB/GdS in %
N. medianus distal	30
Nn. radialis und axillaris	50
Nn. radialis und ulnaris	50
Nn. radialis und medianus	50
Nn. ulnaris und medianus	50
Nn. radialis, ulnaris und medianus im Vorderarmbereich	60
SCHÄDEN DER UNTEREN GLIEDMAßEN	
Amputationen	
Verlust beider Beine im Oberschenkel	100
Verlust eines Beins im Oberschenkel und eines Beins im Unterschenkel	100
Verlust eines Beins und Arms	100
Verlust eines Beins im Hüftgelenk oder mit sehr kurzem Oberschenkelstumpf	80
Verlust eines Beins im Oberschenkel (einschließlich Absetzung nach Gritti)	70
Notwendigkeit der Entlastung des ganzen Beins (z. B. Sitzbeinabstützung)	70
Verlust eines Beins im Unterschenkel bei genügender Funktionstüchtigkeit des Stumpfs und der Gelenke	60
Verlust beider Beine im Unterschenkel	80
bei einseitig ungünstigen Stumpfverhältnissen	90
bei beidseitig ungünstigen Stumpfverhältnissen	100
Teilverlust eines Fußes	
Absetzung nach Chopart	
einseitig, guter Stumpf	30
einseitig, mit Fußfehlstellung	30–50
beidseitig	60
Absetzung nach Lisfranc oder im Bereich der Mittelfußknochen nach Sharp	
einseitig, guter Stumpf	30
einseitig, mit Fußfehlstellung	30–40
beidseitig	50
Verlust einer Zehe	0
Verlust einer Großzehe	10
Verlust einer Großzehe mit Verlust des Köpfchens des I. Mittelfußknochens	20
Verlust der Zehen II bis V oder I bis III	10
Verlust aller Zehen an einem Fuß	30

Feststellung des Grades der Schädigungsfolgen und des Grades der Behinderung im Sozialen Entschädigungsrecht und im Schwerbehindertenrecht (SGB IX)	
	GdB/GdS in %
Beinverkürzung	
bis 2,5 cm	0
über 2,5 cm bis 4 cm	10
über 4 cm bis 6 cm	20
über 6 cm	mind. 30
Hüftgelenk und Oberschenkel	
Versteifung beider Hüftgelenke je nach Stellung	80 – 100
Versteifung eines Hüftgelenks	
in günstiger Stellung	40
in ungünstiger Stellung	50 – 60
Bewegungseinschränkung der Hüftgelenke	
geringen Grades (z. B. Streckung/Beugung bis zu 0–10–90 mit entsprechender Einschränkung der Dreh- und Spreizfähigkeit)	
einseitig	10 – 20
beidseitig	20 – 30
mittleren Grades (z. B. Streckung/Beugung bis zu 0–30–90 mit entsprechender Einschränkung der Dreh- und Spreizbewegung)	
einseitig	30
beidseitig	50
stärkeren Grades	
einseitig	40
beidseitig	60 – 100
Oberschenkelpseudarthrose	
straff	50
schlaff	70
Faszienlücke (Muskelhernie) am Oberschenkel	0 – 10
Kniegelenk und Unterschenkel	
Versteifung beider Kniegelenke	80
Versteifung eines Kniegelenks	
in günstiger Stellung (Beugestellung von 10 – 15°)	30
in ungünstiger Stellung	40 – 60
Lockerung des Kniebandapparates	
muskulär kompensierbar	10
unvollständig kompensierbar, Gangunsicherheit	20

Feststellung des Grades der Schädigungsfolgen und des Grades der Behinderung im Sozialen Entschädigungsrecht und im Schwerbehindertenrecht (SGB IX)	
	GdB/GdS in %
Versorgung mit einem Stützapparat, je nach Achsenfehlstellung	30–50
Kniescheibenbruch	
nicht knöchern verheilt ohne Funktionseinschränkung des Streckapparats	10
nicht knöchern verheilt mit Funktionseinschränkung des Streckapparats	20–40
Habituelle Kniescheibenverrenkung	
seltene Ausrenkung (in Abständen von einem Jahr und mehr)	0–10
häufiger	20
Bewegungseinschränkung im Kniegelenk	
geringen Grades (z. B. Streckung/Beugung bis 0-0-90)	
einseitig	0–10
beidseitig	10–20
mittleren Grades (z. B. Streckung/Beugung bis 0-10-90)	
einseitig	20
beidseitig	40
stärkeren Grades (z. B. Streckung/Beugung bis 0-30-90)	
einseitig	30
beidseitig	50
Ausgeprägte Knorpelschäden der Kniegelenke (z. B. Chondromalacia patellae Stadium II–IV) mit anhaltenden Reizerscheinungen	
einseitig	
ohne Bewegungseinschränkung	10–30
mit Bewegungseinschränkung	20–40
Schienbeinpseudarthrose	
straff	20–30
schlaff	40–50
Teilverlust oder Pseudarthrose des Wadenbeines	0–10
Sprunggelenk und Fuß	
Versteifung des oberen Sprunggelenks in günstiger Stellung (Plantarflexion um 5–15°)	20
Versteifung des unteren Sprunggelenks in günstiger Stellung (Mittelstellung)	10
Versteifung des oberen und unteren Sprunggelenks	
in günstiger Stellung	30
in ungünstiger Stellung	40

Feststellung des Grades der Schädigungsfolgen und des Grades der Behinderung im Sozialen Entschädigungsrecht und im Schwerbehindertenrecht (SGB IX)	
	GdB / GdS in %
Bewegungseinschränkung im oberen Sprunggelenk	
geringen Grades	0
mittleren Grades (Heben / Senken 0–0–30)	10
stärkeren Grades	20
Bewegungseinschränkung im unteren Sprunggelenk	0 – 10
Klumpfuß je nach Funktionsstörung	
einseitig	20 – 40
beidseitig	30 – 60
Andere Fußdeformitäten	
ohne wesentliche statische Auswirkungen (z. B. Senk-Spreizfuß, Hohlfuß, Knickfuß, auch posttraumatisch)	0
mit statischer Auswirkung je nach Funktionsstörung	
geringen Grades	10
stärkeren Grades	20
Versteifung aller Zehen eines Fußes	
in günstiger Stellung	10
in ungünstiger Stellung	20
Versteifungen oder Verkrümmungen von Zehen außer der Großzehe	0
Versteifung der Großzehengrundgelenke	
in günstiger Stellung	0 – 10
in ungünstiger Stellung (z. B. Plantarflexion im Grundgelenk über 10°)	20
Narben nach größeren Substanzverlusten an Ferse und Fußsohle	
mit geringer Funktionsbehinderung	10
mit starker Funktionsbehinderung	20 – 30
Nervenausfälle an den unteren Extremitäten (vollständig)	
Nervenausfälle (vollständig)	
Plexus lumbosacralis	80
N. gluteus superior	20
N. gluteus inferior	20
N. cutaneus femoris lateralis	10
N. femoralis	40
N. ischiadicus	
proximal	60
distal (Ausfall der Nn. peroneus communis und tibialis)	50

Feststellung des Grades der Schädigungsfolgen und des Grades der Behinderung im Sozialen Entschädigungsrecht und im Schwerbehindertenrecht (SGB IX)	
	GdB / GdS in %
N. peroneus communis oder profundus	30
N. peroneus superficialis	20
N. tibialis	30
Völlige Gebrauchsunfähigkeit eines Beines	80
Chronische Osteomyelitis	
Ruhende Osteomyelitis (Inaktivität wenigstens 5 Jahre)	0 – 10
Chronische Osteomyelitis	
geringen Grades (eng begrenzt, mit geringer Aktivität, geringe Fisteleiterung)	mindestens 20
mittleren Grades (ausgedehnterer Prozess, häufige oder ständige Fisteleiterung, Aktivitätszeichen auch in den Laborbefunden)	mindestens 50
schweren Grades (häufige schwere Schübe mit Fieber, ausgeprägter Infiltration der Weichteile, Eiterung und Sequesterabstoßung, erhebliche Aktivitätszeichen in den Laborbefunden)	mindestens 70

18.4 Anhaltspunkte für die Einschätzung der Minderung der Erwerbsfähigkeit bei psychoreaktiven Störungen in der gesetzlichen Unfallversicherung und im Sozialen Entschädigungsrecht

Nach Einführung der gesetzlichen Unfallversicherung im Jahre 1884 bildeten sich allgemein anerkannte Anhaltspunkte für die Einschätzung der Minderung der Erwerbsfähigkeit (MdE) nach bleibenden organischen Verletzungsfolgen heraus. Eingeschlossen sind darin auch die allgemein zu erwartenden psychischen Folgen und Schmerzen. In den letzten 100 Jahren ist die Einschätzung der MdE für vergleichbare Verletzungen nur geringen Änderungen unterworfen gewesen. Der Verlust des Armes im Schultergürtel wird nunmehr mit einer MdE von 80 v.H., die Amputation der ganzen Hand mit 60 v.H. bewertet.

Die Einschätzungen wurden und werden bis heute durch Sozialgerichte überprüft, sie spiegeln die gesellschaftliche Übereinkunft der Bewertung der Verletzungsfolgen in der gesetzlichen Unfallversicherung wider. In ähnlicher Weise gilt dies auch für das Bundesversorgungsgesetz und das Schwerbehindertenrecht. Bei der Festsetzung von Schädigungsfolgen nach dem Bundesversorgungsgesetz ist die Versorgungsmedizin-Verordnung (VersMedV) maßgeblich. Der in der Verordnung aufgeführte Grad der Schädigungsfolge (GdS, gleichbedeutend mit dem Grad der Behinderung – GdB) gilt als „antizipiertes Sachverständigengutachten", das für Sachverständige und die Gerichte bindend ist. Auch die gültigen Einschätzungen in der Versorgungsmedizin-Verordnung haben eine lange Tradition. Sie gehen auf die „Anhaltspunkte für die ärztliche Gutachtertätigkeit" zurück, die erstmalig nach dem Ersten Weltkrieg formuliert wurden. Die Bewertungen körperlicher Schäden haben sich bis heute nur geringfügig geändert.

Entsprechende Tabellen liegen auch für die private Unfallversicherung vor, hier wird die Einschätzung nicht in Prozent, sondern – im Rahmen der Gliedertaxe – in Bruchteilen der Gebrauchsfähigkeit der betroffenen Extremität vorgenommen.

Die MdE-Tabellen, die Versorgungsmedizin-Verordnung oder die Tabellen zur Einschätzung der Invalidität in der privaten Unfallversicherung bewerten die Folgen relativ eindeutig zu definierender organischer Folgezustände nach Verletzungen. Die Tabellen fördern die Rechtssicherheit und ermöglichen den Vergleich gutachterlicher Einschätzungen und gerichtlicher Entscheidungen. Angesichts vielfältiger subjektiver Beurteilungen von Verletzungsfolgen sind sie verlässliche „Landmarken", an denen sich Verwaltungen, Sachverständige und Gerichte orientieren können.

2007 machte eine interdisziplinäre Arbeitsgruppe um den Leiter der Sektion Forensische Psychiatrie und Psychotherapie am Universitätsklinikum in Tübingen, Prof. Dr. K. Foerster (Foerster et al. 2007), „Vorschläge zur MdE-Einschätzung bei psychoreaktiven Störungen in der gesetzlichen Unfallversicherung". Die Autoren weisen darauf hin, dass es in der gesetzlichen Unfallversicherung bisher für psychoreaktive Störungen keine differenzierten und allgemein anerkannten Erfahrungswerte für die Minderung der Erwerbsfähigkeit gebe. Die Arbeitsgruppe war auf Initiative der Berufsgenossenschaften gegründet worden, um entsprechende Empfehlungen auszuarbeiten. Dabei orientierten sich die Verfasser nicht an den Krankheitsbildern bzw. diagnostischen Klassifikationen, „sondern an konkreten, durch die entsprechenden Störungen bedingten Beeinträchtigungen und Funktionsausfällen". Diese seien vom Sachverständigen detailliert zu beschreiben. In begründeten Einzelfällen müsse die Störung höher oder niedriger als von der Arbeitsgruppe empfohlen bewertet werden.

Die in dem zitierten Aufsatz angegebenen MdE-Grade sollten lediglich als „allgemeine Hinweise und Anhaltspunkte" verstanden werden; sie stellten Eckwerte dar, die unter Berücksichtigung der individuellen Verhältnisse zu konkretisieren seien. Die Autoren stellen ausdrücklich fest: „Deshalb ist eine unmittelbare Übernahme oder schematische Umsetzung der vorgeschlagenen MdE-Sätze auf die konkrete Begutachtungssache und die einzelnen Verwaltungsentscheidungen nicht möglich." (S. 53)

Betont wurde: „Grundlage für die Einschätzung der MdE ist eine gesicherte und diagnostisch bezeichnete psychische Störung. Sie muss als Gesundheitsschaden gemäß den rechtlichen Kriterien des sog. Vollbeweises festgestellt werden können. Insbesondere reichen Verdachtsbefunde und pauschale Symptombeschreibungen sowie reine Beschwerdeschilderungen nicht aus. Diese Grundsätze gelten auch hinsichtlich der Funktionsbeeinträchtigung."

Die von Foerster et al. publizierte Arbeit enthält weitere differenzierte Bewertungskriterien, die vor der Einschätzung der MdE zu berücksichtigen seien. Die MdE bestimme sich nach dem individuell verbliebenen Leistungsvermögen im Erwerbsleben. Die Beeinträchtigung sei in drei Dimensionen zu erfassen:

1. psychisch emotionale Beeinträchtigung
2. sozial kommunikative Beeinträchtigung
3. körperlich funktionelle Beeinträchtigung

Die MdE ergebe sich aus der Gesamtschau dieser Beeinträchtigungen.

Die Vorschläge von Foerster, die auch Eingang in das grundlegende Werk von Schönberger, Mehrtens und Valentin (2017) gefunden haben, geben dem Gutachter wichtige Hinweise für die Beurteilung unfallbedingter seelischer Störungen. Allerdings lassen sich die Vorschläge zur MdE-Einschätzung bei *psycho-reaktiven Störungen* nicht mit den „antizipierten Sachverständigengutachten" der bewährten Tabellen zur Bewertung *körperlicher Beeinträchtigungen* in der gesetzlichen Unfallversicherung, der Versorgungsmedizin-Verordnung oder den Tabellen zur Einstufung der Invalidität in der gesetzlichen Unfallversicherung vergleichen. Die Bewertung psycho-reaktiver Störungen beruht auf einem gesellschaftlichen Konsens oder – sozialwissenschaftlich gesprochen – einem Konstrukt, das stärker von der je aktuellen gesellschaftlichen Einschätzung der Kausalität seelischer Störungen und der ihr beigemessenen Bedeutung abhängt, als dies bei der Beurteilung körperlicher Schäden der Fall ist.

Seelische Störungen beeinflussten die Festsetzung der MdE nach organischen Verletzungen bereits in den ersten Jahren nach Einführung der gesetzlichen Unfallversicherung. Schon nach wenigen Jahren erschloss sich den Berufsgenossenschaften und den Gerichten die dahinterliegende Problematik: Wenn bei der Einschätzung organischer Verletzungsfolgen subjektive Faktoren eine wesentliche Rolle spielten, dann war es nicht mehr möglich, objektive MdE-Werte zu bestimmen – ein Zusammenhang, der sich in Änderungen von Verwaltungspraxis und Rechtsprechung niederschlug. Zwischen 1900 und 1960 wurden psychische Störungen – mit wenigen Ausnahmen – weder in der gesetzlichen Unfallversicherung noch im Versorgungsrecht anerkannt. Die menschliche Seele wurde als „unbegrenzt belastbar" angesehen. Erst ab 1960 hat sich ein langsamer Wandel in der Einschätzung psychischer Erkrankungen nach Unfällen herausgebildet. Eine wesentliche Rolle spielten hierbei Störungen bei Menschen, die durch die Nationalsozialisten verfolgt wurden und als Folge einer jahrelangen KZ-Haft seelische Beeinträchtigungen davontrugen.

1980 wurde die „Posttraumatic stress disorder" auf Druck der Veteranenvereinigungen des Vietnamkriegs und der amerikanischen Psychiater in den Diagnostic and Statistical Manual of Mental Disorders (DSM-III) aufgenommen. 1992 fand die Posttraumatische Belastungsstörung Berücksichtigung in den ICD-10 der Weltgesundheitsorganisation. Seit der formellen Anerkennung posttraumatischer Störungen hat die Zahl einschlägiger Diagnosen kontinuierlich zugenommen. Ein Ende dieser Entwicklung ist nicht absehbar. Der Gutachter, der eine MdE für eine psycho-reaktive Störung vorschlägt, sollte sich der gesellschaftlichen Dimension seiner Empfehlung bewusst sein.

Die Vorschläge um die Arbeitsgruppe von Foerster sind zu begrüßen. Allerdings sollte bei ihrer Anwendung berücksichtigt werden, dass den MdE-Vorschlägen Krankheitskonzepte zugrunde liegen, die in weit höherem Maße von historisch-gesellschaftlichen Bewertungen abhängen als die MdE-Tabellen für die Einschätzung körperlicher Beeinträchtigungen.

Die Tabelle 1 gibt Hinweise für die Einschätzung psychischer Störungen in der gesetzlichen Unfallversicherung.

Tabelle 2 enthält die GdS/GdB-Werte für „Neurosen, Persönlichkeitsstörungen, Folgen psychischer Traumen" im Sozialen Entschädigungsrecht und nach dem Schwerbehindertenrecht.

Tabelle 1:
Richtwerte für die Einschätzung psychischer Störungen in der gesetzlichen Unfallversicherung

	MdE in %
Anpassungsstörung (ICD-10 F43)	
Stärkergradige sozial-kommunikative Beeinträchtigung, zusätzlich zur psychisch-emotionalen Störung, wie Depression, Angst, Ärger, Verzweiflung, Überaktivität oder Rückzug	bis 20
Stark ausgeprägtes Störungsbild	bis 30
Depressive Episode (ICD-10 F32 und F33)	
Verstimmung, die nicht den Schweregrad einer leichten depressiven Episode erreicht	bis 10
Beeinträchtigung entsprechend dem Schweregrad einer leichten depressiven Episode	bis 20
Beeinträchtigung entsprechend dem Schweregrad einer mittelgradigen depressiven Episode	bis 40
Beeinträchtigung entsprechend dem Schweregrad einer schweren depressiven Episode, auch mit psychotischen Symptomen	bis 80–100
Anhaltende affektive Störung (ICD-10 F34 und F38.8)	
Anhaltende affektive Störung mit psychisch-emotionaler Beeinträchtigung in leichter Ausprägung (entsprechend den Kriterien ICD-10 F34)	bis 10
Stärkergradig ausgeprägter und lange anhaltender depressiver Zustand mit psychisch-emotionaler Beeinträchtigung und auch sozial-kommunikativen Einbußen	bis 30
Schwere, chronifizierte affektive Störung mit massiv eingetrübter Stimmung, deutlicher Minderung der Konzentration, erheblich vermindertem Antrieb, Schlafstörungen und ggf. auch suizidalen Gedanken	bis 50
Posttraumatische Belastungsstörung (ICD-10 F43.1)	
Unvollständig ausgeprägtes Störungsbild (Teil- oder Restsymptomatik)	bis 10
Üblicherweise zu beobachtendes Störungsbild, geprägt durch starke emotionale und durch Ängste bestimmte Verhaltensweisen mit wesentlicher Einschränkung der Erlebnis- und Gestaltungsfähigkeit, und gleichzeitig größere sozial-kommunikative Beeinträchtigungen	bis 30
Schwerer Fall, gekennzeichnet durch massive Schlafstörungen mit Albträumen, häufige Erinnerungseinbrüche, Angstzustände, die auch tagsüber auftreten können, und ausgeprägtes Vermeidungsverhalten	bis 50
Panikstörung (ICD-10 F1.0)	
Zeitlich begrenzte Panikattacken mit mäßiggradiger Auswirkung	bis 20
Häufige Angstattacken mit stärkergradiger sozial-kommunikativer Auswirkung und emotionaler Beeinträchtigung	bis 30

	MdE in %
Generalisierte Angststörung (ICD-10 F41.1)	
Leicht- bis mäßiggradige körperlich-funktionelle Einschränkung und psychisch-emotionale Beeinträchtigung	bis 20
Stärkergradige Ausprägung der Einschränkung und Beeinträchtigung	bis 30
Schwerwiegende Ausprägung der Einschränkung und Beeinträchtigung	bis 50
Angst- und depressive Störung, gemischt (ICD-10 F41.2)	
Entsprechendes Störungsbild	bis 20
Agoraphobie und soziale phobische Störung (ICD-10 F40.0 und F40.1)	
Phobien mit leichtgradiger körperlich-funktioneller Einschränkung und psychisch-emotionaler Beeinträchtigung	bis 10
Stärkergradige Einschränkung und Beeinträchtigung mit ausgeprägtem Vermeidungsverhalten auf Grund erheblicher sozial-kommunikativer Auswirkung	bis 30
Spezifische (isolierte) Phobie (ICD-10 F40.2)	
Bei eng begrenzten und für die Arbeitswelt wenig bestimmenden Situationen (z.B. Flugangst)	bis 10
Bei zentralen Situationen der allgemeinen Arbeitswelt oder mehreren bedeutsamen, begrenzten Arbeitssituationen	bis 30
Dissoziative Störung (ICD-10 F44)	
Mit leicht- bis mittelgradiger körperlich-funktioneller Einschränkung	bis 10
Mit stärkergradiger körperlich-funktioneller Einschränkung und psychisch-emotionaler Beeinträchtigung	bis 30

(Quelle: Foerster et al. [2007]; Schönberger et al. [2017])

Tabelle 2:
Anhaltspunkte für die Einschätzung psychischer Störungen im Sozialen Entschädigungsrecht
(BVG, SVG, OEG) und nach dem Schwerbehindertenrecht

	Grad der Schädigungsfolgen (GdS) Grad der Behinderung (GdB)
Neurosen, Persönlichkeitsstörungen, Folgen psychischer Traumen	
Leichtere psychovegetative oder psychische Störungen	0 – 20
Stärker behindernde Störungen	
mit wesentlicher Einschränkung der Erlebnis- und Gestaltungsfähigkeit (z. B. ausgeprägtere depressive, hypochondrische, asthenische oder phobische Störungen, Entwicklungen mit Krankheitswert, somatoforme Störungen)	30 – 40
Schwere Störungen (z. B. schwere Zwangskrankheit)	
mit mittelgradigen sozialen Anpassungsschwierigkeiten	50 – 70
mit schweren sozialen Anpassungsschwierigkeiten	80 – 100

(Quelle: Versorgungsmedizin-Verordnung)

Teil 19

Anhang

19.1 Verzeichnis wichtiger medizinischer Fachbegriffe

Fremdwort	Erklärung
Abduktion	Abspreizen – Bewegung von der Mittellinie des Körpers nach außen
abszedierend	„einschmelzend", ein Abszess bildend
Abszess	bakterielle Infektion in den Weichteilen
AC-Gelenk	Acromioclaviculargelenk, Gelenk zwischen Schlüsselbein und Schulterdach
Aggravation	Lat. aggravare = „schwerer machen", bewusstes Übertreiben vorhandener Krankheitssymptome
Alveole	Lungenbläschen
Amaurosis	Blindheit
Aminoglykoside / Aminoglykosid-Antibiotika	hochwirksame, neuere Antibiotika (mögliche Nebenwirkung: Spontane Rupturen von Sehnen)
Anästhesie	Schmerzlosigkeit, Schmerzausschaltung, z. B. bei diagnostischen und operativen Eingriffen
Anästhetikum	Medikament zur Erzeugung einer Anästhesie
anterior	vorn liegend (identisch mit ventral)
Apex	Spitze
Aphasie	Sprachstörung, die betroffenen Personen möchten sich äußern, sind aber nicht in der Lage zu sprechen.
apikal	an der Spitze gelegen
Arthr-	Gelenk-, wird meist mit zusätzlicher Endung benutzt, z. B. Arthrose (Gelenkverschleiß), Arthritis (Gelenkentzündung)
Arthritis	entzündliche Gelenkerkrankung
Arthrolyse	Operation, mit der die Beweglichkeit eines Gelenks wiederhergestellt werden soll
Arthroplastik	Gelenkplastik, im Sinne eines rekonstruktiven Eingriffs, mit dem die Gelenkfunktion wiederhergestellt werden soll. Vgl.: Alloarthroplastik: Künstliches Gelenk
Arthrose	„Gelenkverschleiß", der das altersübliche Maß übersteigt (aus dem griechischen arthr = Gelenk und -ose = Endung für verschleiß- und überlastungsbedingte Erkrankungen)
ASS	Abkürzung für Acetylsalizylsäure (Aspirin)
asymptomatisch	„ohne Symptome", z. B. Krankheit ohne Krankheitszeichen
aszendierend	„aufsteigend", z. B. eine Harnwegsinfektion steigt von der Harnblase zu den Nieren auf
Ataxie	Störungen der Bewegungskoordination, z. B. beim Laufen. Ein ataktisches Gangbild erscheint unharmonisch, stampfend-tapsig.
Atlas	1. Halswirbel

Fremdwort	Erklärung
Atrophie	Lat. atrophia = Abmagerung, Auszehrung, Nahrungsmangel, Verkümmerung = Gewebeschwund
Axis	2. Halswirbel, bildet mit Atlas das untere Kopfgelenk, es ist mitverantwortlich für die Drehbewegung des Kopfes
Bandscheibenprolaps	Bandscheibenvorfall
Bandscheibenprotrusion	Bandscheibenvorwölbung
blande	schwach ausgeprägte Krankheitssymptome
Bradykinesie / Bradykinese	„langsame Bewegung" oft im Frühstadium der Parkinsonkrankheit
BWS-Syndrom	ein Sammelbegriff für Schmerzen, die von der Brustwirbelsäule ausgehen oder den Brustwirbelsäulenbereich betreffen
Caput humeni	Kopf des Oberarmknochens (Humerus)
Cauda	Schwanz
Chondroplastik	die Glättung oder Auffrischung degenerativ veränderten Knorpels
Chronifizierung	länger anhaltendes Leiden, Übergang von der vorübergehenden zur dauerhaften Erkrankung/Störung oder einem Symptom
chronisch	Lat. chrònos = „die Zeit", langanhaltende Erkrankung / Beschwerden
chronisch-progredierend	langanhaltende und zunehmende Beschwerden – Krankheitszeichen – pathologische Befunde
COPD (Chronic obstructive Pulmonary Disease)	Sammelbegriff für Lungenkrankheiten, die den Luftaustausch beeinträchtigen, z.B. chronisch obstruktive Bronchitis oder Lungenemphysem, häufiges Leiden bei Rauchern
Corpus	Körper
Cranium	Schädel
Defäkation	Stuhlgang, das Ausscheiden von Kot
degenerativ	abnutzungsbedingt (z.B. Gelenkverschleiß)
destruierend	zerstörend
deszendierend	absteigend
dexter	rechts
disloziert, dislozierte Fraktur	verschoben, verschobener Knochenbruch
distal	vom Körperzentrum weg gelegen oder verlaufend
Distorsion	Verstauchung
dorsal	rückenwärts gelegen
Dorsum	Rücken
Dysarthrie	Sprachstörungen
Dysplasie	Fehlbildung
epi-	oberhalb, z.B. Epikondylitis: Entzündung über dem Epikondylus (Oberarmknorren): Tennisellenbogen

Fremdwort	Erklärung
Epigastrium	Region zwischen Rippenbogen und Bauchnabel, Oberbauch
erektile Dysfunktion	fehlende Gliedversteifung
Erysipel	bakterielle Entzündung der Haut und des Unterhautgewebes durch Streptokokken
Extension	Streckung, z. B. eines Gelenks oder eines gebrochenen Gliedmaßenteils, um die Bruchfragmente einzurichten
Extremitäten	Arme und Beine
Facettengelenksyndrom	ein Schmerzsyndrom, das durch Degeneration (Verfall) der Wirbelgelenke, genauer gesagt durch Degeneration (Arthrose) der sog. kleinen Zwischenwirbelgelenke (Facettengelenke) entsteht, die sog. Spondylarthrose
Facettengelenksblockade	Bewegungsstörung der Wirbelsäule, die von den kleinen Wirbelgelenken ausgeht
Femur	Oberschenkelknochen
Fibromyalgie	„Schmerzen der Sehnen und Muskeln". Die Fibromyalgie ist eine Sammelbezeichnung für psychosomatische Störungen, die mit ausgedehnten Muskelschmerzen einhergehen. Sie wird den somatoformen Störungen zugerechnet (Schmerzen ohne organisches Korrelat).
Fibula	Wadenbein
Fixateur externe	Äußerer Spannrahmen, Verfahren, mit dem (offene) Frakturen operativ ruhig gestellt werden können. Besonders gut zur Primärversorgung, z. B. bei polytraumatisierten Patienten geeignet. Meist schließt sich nach einigen Tagen die definitive Versorgung (Platte, Marknagel) an.
Fixateur interne	innerer Spannrahmen, ein Schrauben-Stabsystem, das vor allem bei der Behandlung von Wirbelkörperfrakturen angewandt wird
Flexion	Beugung
Fraktur	Bruch
Gonalgie	Schmerzen im Knie
Gonarthrose	Kniearthrose
Granulom	knotige Entzündung
Hämodynamik	die Strömungsmechanik des Blutes
Hemiparese	Halbseitenlähmung, Lähmung einer Körperregion oder Körperhälfte
Hirnödem	Schwellung des Gehirns, führt zu erhöhtem Hirndruck
Humerus	Oberarmknochen
HWS-Syndrom	ein Sammelbegriff für Beschwerden der Halswirbelsäule
Hypalgesie	Herabsetzung des Schmerzempfindens
Hypästhesie	Herabsetzung der Berührungsempfindlichkeit der Haut
Hypertonie	(krankhafter) Bluthochdruck
Hyperurikämie	erhöhter Harnsäurespiegel, führt längerfristig zur Ablagerung von Harnsäurekristallen im Gewebe, begünstigt Sehnenrupturen

Verzeichnis wichtiger medizinischer Fachbegriffe

Fremdwort	Erklärung
hypotroph	schwach entwickelt, minderwüchsig
idiopathisch	ohne bekannte Ursache, z. B. idiopathische Skoliose (Seitausbiegung der Wirbelsäule)
Impingementsyndrom	Engpasssyndrom, häufig diagnostizierte Veränderung an der Schulter: Der Raum zwischen Schulterdach und Oberarmkopf nimmt an Höhe ab, dadurch wird die Rotatorenmanschette eingeengt. Die Patienten leiden unter Schmerzen, die Beweglichkeit der Schulter ist eingeschränkt.
inapparent	nicht in Erscheinung tretend
inferior	unterhalb liegend
infra	unten, unterhalb
intra-	innerhalb
intraartikulär	in die Gelenkhöhle hinein
ipsilateral / homolateral	auf der gleichen Seite befindlich
irreversibel	unumkehrbar
-itis	Entzündung
kaudal / caudal	zum Schwanz hin, unten
Koczygodynie	Steißbeinschmerzen
Kompartment-Syndrom	Zustand eines erhöhten Gewebedrucks in einem geschlossenen Haut- und Weichteilmantel. Hierdurch wird die Durchblutung beeinträchtigt, es kann zu Gewebeschädigungen kommen.
Kontraktur	lat. contrahere = zusammenziehen, Funktions- und Bewegungseinschränkung eines Gelenks
kontralateral	auf der gegenüberliegenden Seite befindlich
kranial / cranial	zum Schädel hin
Labrum	Gelenklippe an einem Kugelgelenk (Hüft- oder Schultergelenk), auch Limbus, Knorpellippe oder Pfannenlippe genannt
Labrumläsion / Labrumriss	ein Riss in der Gelenklippe an einem Kugelgelenk (Hüft- oder Schultergelenk)
lateral	seitlich
Liquor cerebrospinalis	Gehirn-Rückenmarksflüssigkeit
Lokalanästhetikum	Mittel zur örtlichen Betäubung
Lumbago	Schmerz in der Lendenwirbelsäule, „Hexenschuss"
Lumbalsyndrom	Sammelbegriff für Kreuzschmerzen
Lumbalgie	Schmerzen im Bereich der Lendenwirbelsäule
Lungenemphysem	nicht wieder umkehrbare (irreversible) Überblähung der Lungenbläschen (Alveolen)
Lungenparenchym	Lungengewebe
Luxation	Ausrenkung eines Gelenks

Fremdwort	Erklärung
LWS-Syndrom	ein Sammelbegriff für Schmerzen, die von der Lendenwirbelsäule ausgehen
Lymphödem	Flüssigkeitsansammlung im Zwischenzellraum, z. B. nach Verletzungen der Extremitäten. Häufige Begleiterscheinung eines hohen Übergewichts
Malazie	Erweichung
medial	zur Mitte hin gelegen
Meningen	Rückenmarkshäute
Morbus	Krankheit, meist in Kombination mit einem Eigennamen, abgekürzt M.
Muskuläre Dysbalance	Muskelungleichgewicht, im Allgemeinen ohne strukturelle Schädigung
Myelon	Rückenmark
Myo-	Muskel
Myofasziale Schmerzen	Schmerzen der Muskeln, Faszien und Sehnen, die Ursache ist meist funktionell
Nekrose	Gewebetod
Neuralgie	Nervenschmerz
Nichtsteroidale Antirheumatika (NSAR)	entzündungshemmende Schmerzmittel
Nukleotomie	Operation bei einem Bandscheibenvorfall, Entfernung der hervorgetretenen Bandscheibe
Ödem	Schwellung des Gewebes durch Einlagerung von Flüssigkeit
Olecranonfraktur	Ellenhakenbruch
Os	Knochen
Ösophagus	Speiseröhre
Osteochondrose	eine durch Abnutzung der Bandscheiben bedingte knöcherne Veränderung im Bereich der Wirbelsäule
Osteomalazie	Knochenerweichung
Osteoporose	Knochenkalksalzminderung, häufig im Alter, geht mit einer erhöhten Knochenbrüchigkeit einher
paravertebral	seitlich der Wirbelsäule liegend
Parese	Lähmung
-pathie	Krankheit, krankhaft
perforierend	durchbrechend, durchbohrend
peri-	um, herum
Periost	Knochenhaut
peripheres Nervensystem	Teil des Nervensystems, das außerhalb von Gehirn und Rückenmark liegt
Phalange	Finger- und Zehenknochen

Verzeichnis wichtiger medizinischer Fachbegriffe

Fremdwort	Erklärung
Phlebothrombose	Venenthrombose
Plattenosteosynthese	operative Versorgung eines Knochenbruchs mit einer Metallplatte und Schrauben
Polyarthrose	Arthrose vieler Gelenke
Polyneuropathie	Funktionsstörung der peripheren Nerven, Begleiterkrankung des Diabetes und von Stoffwechselstörungen, kann als Medikamentennebenwirkung auftreten
post, posterior	danach, hinten
posterior	hinten liegend
Postthrombotisches Syndrom	Auswirkungen eines venösen Gefäßverschlusses, einer Thrombose, z. B. Schwellung des Beins, trophische Störungen, Hautveränderungen
profundus	tief
progredierend	fortschreitend
Pronation	Einwärtsdrehen des Unterarms und der Hand
proximal	in der Nähe gelegen, zum Körperzentrum hin gelegen
pseudoradikuläre Beschwerden	Beschwerden, die von der Wirbelsäule ausgehen, jedoch nicht dem Verlauf eines Spinalnervs folgen
Radikulopathie	Reizung, Entzündung einer Nervenwurzel in unmittelbarer Nähe zur Wirbelsäule, die mit heftigen Schmerzen einhergehen kann, z. B. Lumboischialgie
Radius	Speiche
Reposition	Einrichten eines Knochenbruchs
Resektion	operative Entfernung von Gewebestrukturen
rezidivierend	wiederholt auftretend
Rotatorenmanschette	Sehnenplatten, die das Dach des Schultergelenks bilden und vom Schulterblatt zum Tuberculum majus bzw. minus des Oberarmknochens ziehen (größter Muskel: M. supraspinatus)
RR = Riva Rocci	Einheit, mit der der Blutdruck angegeben wird
Scapula	Schulterblatt
Schulter-Arm-Syndrom	Schmerzen, die von der Halswirbelsäule ausgehen und über die Schulter in den Arm ausstrahlen
Sensibilitätsstörung	Empfindungsstörung des Körpergefühls, Missempfindung
Sepsis	Blutvergiftung, z. B. nach offenen Verletzungen mit Ausbreitung von Bakterien
sklerosierend	verhärtend
Skoliose	Seitverbiegung der Wirbelsäule, die nicht selbsttätig korrigiert werden kann
Somatoforme Störung	körperliche Beschwerden ohne organische Ursache, verbreitete seelische Störung

Verzeichnis wichtiger medizinischer Fachbegriffe

Fremdwort	Erklärung
Spondylodese	eine Operation zur Versteifung von zwei oder mehreren Wirbelkörpern
Spondylolisthese	Wirbelgleiten
Stenose	Verengung
Subtrochantär	unterhalb des Trochanter (Rollhügel am Oberschenkelknochen)
superficialis	oberflächlich
superior	oben liegend
Supination	Auswärtsdrehen des Unterarms und der Hand
Supraspinatussehne	Sie befindet sich im Schulterbereich unter dem Schulterdach. Sie setzt außen am Oberarmknochen an und verbindet den Oberarmknochen mit dem Supraspinatusmuskel, der am oberen Teil des Schulterblatts aufliegt und für das Anheben des Arms zuständig ist.
Symphyse	Schambeinfuge
Symphysensprengung	traumatischer Riss des Faserknorpels der Schambeinfuge
Talus	Sprungbein
Tetraplegie	Lähmung aller vier Extremitäten als Folge einer Rückenmarkverletzung
Thorakal-Syndrom	Schmerzen im Bereich des Brustkorbs
Thorax	Brustkorb
Thrombose	Gefäßerkrankung, bei der sich ein Blutgerinnsel in einem Gefäß bildet
Thrombus	Blutgerinnsel
Tibia	Schienbein
Trachea	Luftröhre
Trigeminus (Nervus trigeminus)	Gesichtsnerv, besteht aus drei Ästen
Tuberculum majus	großer Knochenvorsprung seitlich am Oberarmkopf
Tuberculum minus	kleiner Knochenvorsprung am Oberarmkopf
Ulcus	Geschwür
Ulna	Elle
ventral	bauchseits (vorne, im Gegensatz zu dorsal, hinten, rückenwärts)
viszeral	die Eingeweide betreffend, zu den Eingeweiden gehörend
zellular	die Zelle betreffend
Zerebralparese	spastische Bewegungsstörungen, die ihre Ursache oftmals in einer frühkindlichen Gehirnschädigung hat (z. B. Geburtsschaden)
Zerebrum	Gehirn
Zervikal-Syndrom	Beschwerden der Halswirbelsäule, von Schultern und Nacken

19.2 Literatur

American Medical Association (2006, 2008) Guides to the Evaluation of Permanent Impairment. 5. und 6. Aufl. AMA Press, o. O.

AWMF (2012) Leitlinie Allgemeine Grundlagen der medizinischen Begutachtung. (Reg. Nr. 094–001).

AWMF (2012) Leitlinie Beschleunigungstrauma der Halswirbelsäule. (Reg. Nr. 30–095).

AWMF (2017) Leitlinie Ärztliche Begutachtung von Menschen mit chronischen Schmerzen (Leitlinie Schmerzbegutachtung). (Reg. Nr. 094–003).

AWMF (2018) Begutachtung psychischer und psychosomatischer Erkrankungen (Reg. Nr. 051–029).

Becher S, Ludolph E (Hrsg.) (2016) Grundlagen der ärztlichen Begutachtung. 2. Aufl., Thieme, Stuttgart.

Beickert R (2008) Die Begutachtung von Beckenverletzungen. Trauma Berufskrankh 10: 147–154.

Beikert R, Panzer S, Geßmann J, Seybold D, Pauly S, Wurm S, Lehmann L, Scholtysik D (2016) Begutachtung des Rotatorenmanschettenschadens der Schulter nach Arbeitsunfällen. Trauma Berufskrankh 18: 222–247.

Bichler KH (2012) Das urologische Gutachten. 2. Aufl. Springer, Berlin, Heidelberg, New York.

Bieresborn D (Hg.) Einführung in die medizinische Sachverständigentätigkeit vor Sozialgerichten. Referenz-Verlag, Frankfurt/M 2015.

Bitterling H, Stäbler A, Brückmann H (2007) Stellenwert der MRT-Diagnostik des Schleudertraumas – biomechanische, anatomische und klinische Studien. Fortschr. Röntgenstr: 179: 1127–1136.

Bletzer J, Gantz S, Voigt T, Schiltenwolf M (2017) Chronische untere Rückenschmerzen und psychische Komorbidität: eine Übersicht. Schmerz 31: 93–101.

Braunschweig R (2017) Radiologische Begutachtung. De Gruyter, Berlin.

Brettel H, Vogt H (2018) Ärztliche Begutachtung im Sozialrecht. 3. Aufl. Ecomed, Landsberg.

Bucur F, Schwarze M, Schiltenwolf M (2017) Begutachtung der HWS-Distorsion. Z Orthop 155: 157–164.

Bundesarbeitsgemeinschaft für Rehabilitation (2016) Gemeinsame Empfehlungen: Begutachtung. Frankfurt/Main.

Bundesärztekammer; Kassenärztliche Bundesvereinigung, Arbeitsgemeinschaft der Wissenschaftlichen Medizinischen Fachgesellschaften (AWMF) (Hrsg.): Nationale VersorgungsLeitlinie Nichtspezifischer Kreuzschmerz. Langfassung. 2010 www.kreuzschmerz.versorgungsleitlinie.de

Bundesministerium für Arbeit und Soziales (2017) Übersicht über das Sozialrecht 2017/2018. Bildung und Wissen, Nürnberg.

Bundesministerium für Arbeit und Soziales (Hrsg.) (2008) Anhaltspunkte für die ärztliche Gutachtertätigkeit im Sozialen Entschädigungsrecht und nach dem Schwerbehindertenrecht (Teil 2 SGB IX). Bonn.

Bundesministerium für Arbeit und Soziales (Hrsg.) (2019) Versorgungsmedizin-Verordnung – Versorgungsmedizinische Grundsätze. Eigenverlag.

Carragee EJ (2008) Validity of self-reported history in patients with acute back or neck pain after motor vehicle accidents. Spine J 8: 311–319.

Carragee EJ, Alamin T, Cheng I, Franklin T, Hurwitz E (2006) Does minor trauma cause back illness? Spine 31: 2942–2949.

Carragee EJ, Alamin T, Cheng I, Franklin T, van den Haak E (2006a) Are first episodes of serious low back pain associated with new MRI findings? Spine J 6: 624–635.

Carragee EJ, Alamin TF, Miller JL, Carragee JM (2005) Discographic, MRI and psychosocial determinants of low back pain disability and remission: a prospective study in subjects with benign persistent back pain. Spine J 5: 24–35.

Carstens C (2014) Was ist eigentlich ein „statisch wirksamer Achsenknick"? MedSach 110: 210–211.

Carstens S, Schröter F (2015) Die Mammareduktionsplastik – orthopädische Aspekte. MedSach 111: 76–79.

Castro WHM, Kügelgen B, Ludolph E, Schröter E (Hrsg.) (1998) Das Schleudertrauma der Halswirbelsäule. Beschleunigungseinwirkung – Diagnostik – Begutachtung. Enke, Stuttgart.

Castro WHM, Meyer SJ, Becke ME, Nentwig CG, Hein MF et al. (2001) No stress – no whiplash? Prevalence of „whiplash" symptoms following exposure to a placebo rear-end collision. Int J Legal Med 114: 316–322.

Claußen CF, Dehler D, Montazem A, Volle E (1999) Das HWS-Schleudertrauma – moderne medizinische Erkenntnisse. Uni-med, Bremen.

Deutsche Gesellschaft für Nervenheilkunde. Leitlinie Beschleunigungstrauma der Halswirbelsäule. Bearbeitet durch die Kommission Leitlinien der DGN (vgl.: Diener, HC [Hrsg.] 2012).

Deutsche Gesetzliche Unfallversicherung (DGUV) (2018) Grundlagen der Begutachtung von Arbeitsunfällen. Erläuterungen für Sachverständige. Eigenverlag, Berlin.

Deutsche Gesetzliche Unfallversicherung (DGUV) (2019) Konsensempfehlungen der MdE Expertengruppe.

Deutsche Rentenversicherung (Hg.) (2009) Leitlinie zur sozialmedizinischen Beurteilung der Leistungsfähigkeit für Bandscheiben- und bandscheibenassoziierte Erkrankungen. www.Deutsche-Rentenversicherung. de

Deutsche Rentenversicherung (Hrsg.) (2012) Sozialmedizinische Begutachtung für die gesetzliche Rentenversicherung. 7. Auflage. Springer, Heidelberg.

Deutsche Rentenversicherung Bund (Hrsg.) (2012) Leitlinien für die sozialmedizinische Beurteilung von Menschen mit psychischen Störungen. Berlin

Deutsche Rentenversicherung Bund (Hrsg.) (2017) Leitlinien zur sozialmedizinischen Begutachtung. Beurteilung der Rehabilitationsbedürftigkeit von Menschen mit muskuloskeletalen Erkrankungen, Berlin.

Diehl R, Gebauer E, Groner A (Hrsg.) (2012) Kursbuch Sozialmedizin. Deutscher Ärzte-Verlag, Köln.

Diener HC (Hrsg.) (2012) Leitlinien für Diagnostik und Therapie in der Neurologie. 5. Aufl. Thieme, Stuttgart.

Drechsel-Schlund C, Scholtysik D (2019) Die Weiterentwicklung der MdE-Bemessung aus Sicht der gesetzlichen Unfallversicherung. MedSach 115: 160–165.

Dreßing H (2016) Kriterien bei der Begutachtung der Posttraumatischen Belastungsstörung (PTBS). Hess Ärzteblatt 77:271–275.

Egle UT, Kappis B, Schairer U, Stadtland C (Hg.) (2015) Begutachtung chronischer Schmerzen. Elsevier, München.

Enax-Krumova E, Tegenthoff M (2017) Diagnosesicherung bei der Begutachtung des komplexen regionalen Schmerzsyndroms. MedSach 113: 222–225.

Erdmann H (1973) Schleuderverletzung der Halswirbelsäule. Enke, Stuttgart.

Ericson RV, Doyle A (2004) Uncertain Business. Risk, Insurance and the Limits of Knowledge. University of Toronto Press, Toronto, Buffalo, London.

Falkai P, Wittchen UH (Hrsg.) American Psychiatric Association: Diagnostisches und Statistisches Manual Psychischer Störungen. DSM-5. 2. Aufl. Hogrefe, Göttingen.

Freytag H, Krahl G, Krahl C, Thomann KD (2012) (Hrsg.) Psychotraumatologische Begutachtung. Referenz-Verlag, Frankfurt/M.

Fritze J, Mehrhoff F (Hrsg.) (2012) Die ärztliche Begutachtung, 8. Aufl. Springer, Heidelberg

Gay JR, Abbott KH (1953) Common Whiplash Injuries of the Neck. JAMA 152: 1690–1704.

Göpfert H (2000) MdE - Minderung der Erwerbsfähigkeit – Begutachtung in Deutschland seit 1871 – und zukünftig. Peter Lang, Frankfurt/M.

Greitemann B (2008) Aktuelle Fragen zur Beurteilung von Implantaten und Prothesen des Hüftgelenks – Auswirkungen auf die Leistungsfähigkeit – Fortschritte auf orthopädischem Fachgebiet. MedSach 104: 240–246

Grosser V (2005) Minderung der Erwerbsfähigkeit durch Arthrodesen. Trauma Berufskrankh [Suppl 1] 7: 96–99.

Grosser V, Kranz H-W, Wenzl M, Schmidt HFG, Jürgens C (2000) Zusammenhangsfragen bei der Begutachtung des sogenannten Verhebetraumas. Trauma Berufskrankh 2: 182–187.

Grotewohl JH (2006) Die Begutachtung von phlebologischen Erkrankungen. Med Sach 102: 32–35.

Hausotter W (2013) Begutachtung somatoformer und funktioneller Störungen, 3. Aufl. Elsevier, München, Jena.

Hausotter W (2016) Psychiatrische und psychosomatische Begutachtung für Gericht, Sozial- und private Versicherungen. Referenz-Verlag, Frankfurt/M 2016.

Hausotter W, Neuhaus KJ (2019) Die Begutachtung für die private Berufsunfähigkeitsversicherung. VVW, Karlsruhe.

Hempfling H (2007) Begutachtung von Handgelenkverletzungen. Obere Extremität 2: 222–232.

Hempfling H (2008a) Begutachtung des Diskusschadens am Handgelenk. Trauma Berufskrankh 10: 66–76.

Hempfling H (2008b) Begutachtung der SL- und LT-Band-Schäden. Trauma Berufskrankh 10: 286–299.

Hempfling H (2014) Begutachtung von Knorpelschäden. MedSach 110: 225–262.

Hempfling H (2015) Begutachtung von Ganglien. MedSach 111: 176–187.

Hempfling H, Krenn (Hg.) (2016/2017) Schadenbeurteilung am Bewegungssystem. 2 Bd., De Gruyter, Berlin.

Hempfling H, Krenn V, Weise K (2011) Texturstörung – oder Degeneration am Bewegungsapparat. Trauma und Berufskrankheit 1: 65–72.

Hempfling H, Wich M, Bultmann S, Ludolph E (2017) Schäden an Apro- und Epiphysen – ärztlich-gutachterliche und rechtliche Bewertung. Medsach 113 2017: 158–168.

Hepp R, Lambert G (2009) Die Begutachtung der Rotatorenmanschettenruptur im sozialgerichtlichen Verfahren – eine Zusammenarbeit von Richter und medizinischem Sachverständigen. MEDSACH 105: 181–191.

Hildebrand E, Hitzer K, Püschel K (2001) Simulation und Selbstbeschädigung – unter besonderer Berücksichtigung des Versicherungsbetrugs. Versicherungswirtschaft, Karlsruhe.

Himmelreich K, Halm W (Hrsg.) (2016) Handbuch des Fachanwalts Verkehrsrecht, 6. Aufl. Wolters Kluwer, München.

Hoffmann-Richter U (2005) Die psychiatrische Begutachtung. Eine allgemeine Einführung. Thieme, Stuttgart.

Hoffmann-Richter U, Jeger J, Schmidt H (2012) Das Handwerk ärztlicher Begutachtung: Theorie, Methodik, Praxis. Kohlhammer, Stuttgart.

Jaeger L, Luckey J (2017) Schmerzensgeld, 9. Aufl. Luchterhand, Köln.

Klemm HAT (2014) Invaliditätsbemessung von Unfallverletzungsfolgen an der Hand nach Heilentgleisung. MedSach 110: 32–35.

Koch SHR (2008) Magnetresonanztomographische, pathoanatomische und histologische Korrelation von Ligamenta alaria an humanen Präparaten nach gewaltsamem Tod Med Diss München.

König DP, Porsch M, Zirbes TH, Schmidt J (1999) Versicherungsrechtliche Beurteilung der traumatischen Achillessehnenruptur. Versicherungsmedizin 51: 80–82.

Koss M (1993) Spätschäden am Bewegungsapparat nach schweren Gliedmaßenverletzungen. Med Sach 89: 19–22.

Kügelgen B, Hanisch L (Hrsg.) (2001) Begutachtung von Schmerz. Gentner, Stuttgart.

Literatur

Kunze M, Ludolph E (2013) Apophysenlösung bei Jugendlichen als Arbeits-, Schulunfall? MedSach 109: 5–9.

Lehmann R (1998) Der Invaliditätsbegriff in der Privaten Unfallversicherung. Versicherungsmedizin 41: 197–200.

Lehmann R, Ludolph E (2018) Die Invalidität in der privaten Unfallversicherung. 5. Aufl. VVW, Karlsruhe.

Lindig R, Stahl K, Heine U (2004) Auswertung der sozialmedizinischen Begutachtung bei prothetischen Versorgungen mit dem elektronischen Kniegelenk C-Leg. Med Orthopäd Tech 124: 63–73.

Loew M (2000) Zur traumatischen Entstehung der Rotatorenmanschettenläsion. Orthopäde 29: 881–887.

Loew M, Habermeyer P, Wiedemann E, Rickert M, Gohlke F (2000) Empfehlungen zu Diagnostik und Begutachtung der traumatischen Rotatorenmanschettenläsion. Unfallchirurg 103: 417–426.

Ludolph E, Schürmann J (2016) Neubewertung der MdE bei Unfallchirurgisch-orthopädischen Arbeitsunfall- und BK-Folgen in der Gesetzlichen Unfallversicherung (GUV). MedSach 112: 60–71.

Ludolph L, Schürmann J, Gaidzik PW (Hrsg.) (1999–2019) Kursbuch der ärztlichen Begutachtung. Loseblattwerk. Ecomed, Landsberg.

Ludolph E, Schröter A, Krumbiegel A, Hempfling H (2014) Patelluxation (Kniescheibenverrenkung). MedSach 109: 212–233.

Ludolph E, Hempfling H, Meyer-Clement M, Klemm HT (2018) Der Achillessehnenschaden in der gesetzlichen Unfallversicherung. MedSach 114: 238–242

Magerl F (1984) Stabilisation of the lower throracic and lumbar spine with external skeletal fixation. Clin Orthop Res 189: 125–141.

Marcus O (2004) Das handchirurgische Gutachten. Trauma Berufskrankh 6: 134–139.

Mazotti I, Hein MF, Castro WHM (2002) Der isolierte traumatische Menikusriss – gibt es neue Erkenntnisse? Versicherungsmedizin 54: 172–175.

Medizinischer Dienst des Spitzenverbandes Bund der Krankenkassen (MDS) (2017) Begutachtungsanleitung Arbeitsunfähigkeit. Richtlinien des GKV-Spitzenverbandes. Essen (über Internet abrufbar).

Mehrhoff F, Ekkernkamp A, Wich H (2019) Unfallbegutachtung. 14. Aufl., de Gruyter, Berlin.

Moltenkin T (2011) Adoleszensspezifische Verletzungen im Sportunterricht – kein Einschluss in die gesetzliche Schülerunfallversicherung? MedSach 107: 192–195.

Nechemson A, Jonsson E (2000) Neck and Back Pain: The Scientific Evidence of Causes, Diagnosis and Treatment. Lippincott-Raven, Philadelphia.

Nieder P, Losch E, Thomann K-D (Hrsg.) (2012) Behinderungen zutreffend einschätzen und begutachten. Referenz-Verlag, Frankfurt/M.

Nusser A, Spellbrink W: Die Rechtsnatur der MdE-Tabellen im Recht der gesetzlichen Unfallversicherung – ein Plädoyer für eine Verrechtlichung. Die Sozialgerichtsbarkeit 10 2017: 550-556.

Püschel K, Hildebrand E, Hitzer K, Harms D (1998) Zur Beurteilung verstümmelnder Hand- und Fingerverletzung bei Ärzten im Zusammenhang mit der privaten Unfallversicherung. Versicherungsmedizin 50: 232–240.

Radas C, Pieper HG, Krahl H, Blank M (1996) Die Inzidenz der Rotatorenmanschettenruptur – Abhängigkeit von Alter, Geschlecht, Händigkeit und Beruf. Akt Traumatol 26: 56–61.

Raschke MJ et al. (2010) Achillessehnenrupturen. Trauma Berufskh 12 [Suppl 4]: 444–452.

Raspe H (2012) Rückenschmerzen. Gesundheitsberichterstattung des Bundes, Heft 53. RKI, Berlin.

Rauschmann M, Kafchitsas K (Hg.) Erkrankungen und Verletzungen der Wirbelsäule. Referenz-Verlag, Frankfurt/M 2015.

Rether JR, Weise K (2007) Begutachtung der körperfernen Speichenbrüche. Trauma Berufskrankh 9: 47–50.

Rickert M, Georgousis H, Witzel U (1998) Die native Reißfestigkeit der Sehne des M. supraspinatus beim Menschen. Unfallchirurg 101: 265–270.

Rickert M, Schröter F, Schiltenwolf M (2005) Empfehlungen zur Begutachtung von Sehnenschäden. Orthopäde 34: 560–566

Robert Koch Institut (Hrsg.) (2015) Gesundheit in Deutschland. Gesundheitsberichterstattung des Bundes. Berlin.

Rompe G, Niethard F (1980) Aktuelle Gesichtspunkte zum Thema Gliedmaßenverlust – Wirbelsäule – Fehlbelastung. Med Sach 76: 8–10.

Rompe G, Niethard F (1982) Probleme des Haltungs- und Bewegungsapparates als Folge der Amputation der unteren Extremität. Orthopäde Z Orthop 120: 294–296.

Schiltenwolf M (2002) Psychosomatische Gesichtspunkte in der orthopädischen Begutachtung. Z Orthop 140: 232–240

Schiltenwolf M (2004) Leitlinie zur Begutachtung von frischen Rotatorenmanschettendefekten. Erstellt unter der Moderation von M. Schiltenwolf von einer redaktionellen Arbeitsgruppe (Rickert M, Loew M, Rompe G, Schröter F, Kaiser V) unter Einbeziehung der orthopädischen und unfallchirurgischen Fachgesellschaften. Orthopädie Mitteilungen, Heft 1, o.JG.: 54–58.

Schiltenwolf M (2007) Begutachtung muskuloskeletaler Schmerzen. Z. Rheumatol. 66: 473–483.

Schiltenwolf M, Hollo D (Hrsg.) (2019) Begutachtung der Haltungs- und Bewegungsorgane. 7. Aufl. Thieme, Stuttgart.

Schiltenwolf M, Scholtysik D (2019) Die Weiterentwicklung der MdE-Bemessung aus Sicht des ärztlichen Gutachters. MedSach 115: 166-169.

Schönberger A, Mehrtens G, Valentin H (2017) Arbeitsunfall und Berufskrankheit. 9. Aufl., E. Schmidt, Berlin.

Schröter F (1992) Die Bewertung von Unfallfolgen an den Fingern. In: Hierholzer G, Ludolph E (Hrsg.) (1992) Gutachtenkolloquium 7, S. 107–115. Springer, Berlin, Heidelberg, New York.

Schröter F (1995) Bedeutung und Anwendung verschiedener Einteilungsschemata der HWS-Verletzungen. In: Kügelgen B (Hrsg.) Neuroorthopädie. Bd. 6, S. 23–44. Springer, Berlin, Heidelberg, New York.

Schröter F (2006) Gutachterliche Problemstellungen bei Osteoporose. Med Sach 102: 212–217.

Schröter F (2008) Methodik der Begutachtung beim „Schleudertrauma" der Halswirbelsäule. MedSach 104: 70–78.

Schröter F (2010) „HWS-Schleudertrauma" nach geringfügigen Unfällen. Konstrukt oder ernstzunehmende Erkrankung. Orthopäde 39: 276–284.

Schröter F (2013) Kausalitätsprüfung bei Apophysenschäden – ablösung versus Ausriss. MedSach 109: 10–15.

Schröter F (2017) Integrierende Invaliditätsbemessung bei der interdisziplinären Begutachtung für die private Unfallversicherung. MedSach 113: 244–247.

Schröter F (2015) Kausalitätsbeurteilung nach Achillessehnenruptur. Trauma Berufskrankh. 18: Suppl.: 66-73.

Schürmann J: MdE-Gruppe der Kommission „Gutachten" der Deutschen Gesellschaft für Unfallchirurgie (DGU): MdE nach Hilfsmittelversorgung oder Medikation. TraumaBerufskrankheit 26 2014: 204-210.

Schwarze M, Weber MA, Bucur M, Schiltenwolf M (2017) Gutachterliche Beurteilung des traumatischen Bandscheibenvorfalls. Z. Orthop 155: 288–296.

Seidler GH, Freyberger HJ, Glaesner H, Gehleitner S (Hg.) (2019) Handbuch der Psychotraumatologie. Klett-Cotta, Stuttgart.

Spahn G, Schiltenwolf M Hartmann B, Grifka J, Hofmann GO, Klemm HT (2016) Das zeitabhängige Arthroserisiko nach vorderer Kreuzbandverletzung. Orthopäde 45: 81-90.

Spellbrink W (2018) Rechtsprobleme bei der Verwendung von MdE-Tabellen. MedSach 114: 228-234.

Spitzer WO, Skovron ML, Salmi LR, Cassidy JD, Duranceau J et al. (1995) Scientific Monograph of the Quebec Task Force on Whiplash-Associated Disorders: Redefining „Whiplash" and Its Management. Spine 20 (Suppl.): 1S-73S.

Thomann K-D, Grosser V, Rauschmann M (2010) Begutachtung von Wirbelsäulenverletzungen. Orthopäde 39: 312-328.

Thomann K-D, Grosser V, Schröter F + (Hrsg.) (2019) Handbuch der orthopädisch-unfallchirurgischen Begutachtung. 3. Aufl. Elsevier, München.

Thomann K-D, Losch E, Nieder P (Hrsg.) (2012) Begutachtung im Schwerbehindertenrecht. Referenz-Verlag, Frankfurt/M.

Thomann K-D, Rauschmann M (2002) Begutachtungs- und Rehabilitationsprobleme bei Halswirbelsäulenschäden – aus orthopädischer Sicht. MedSach. 97: 86-96.

Thomann K-D, Rauschmann M (2003) Von der „railway spine" zum Schleudertrauma – Geschichte und aktuelle Bedeutung seelischer Störungen nach entschädigungspflichtigen Ereignissen. Z gesamte Versicherungswiss 92: 533-577.

Thomann K-D, Schomerus C, Sebesteny T, Rauschmann M (2010) „Isolierte Verletzung" der Ligamenta alaria. Kernspintomographische Diagnostik und operative Therapie. Orthopäde 39: 285-298.

Thomann K-D, Schröter F, Grosser V (Hrsg.) (2012) Professionelles Erstellen orthopädisch-unfallchirurgischer Gutachten. Elsevier, München.

Thomann KD, Weisz M, Grüner B (2018) Die kausale Bewertung der jugendlichen Hüftkopflösung in der gesetzlichen Unfallversicherung. MedSach 114: 244-250

Verband der Versicherungsunternehmen Österreichs (Hrsg.) Die Invalidität in der privaten Unfallversicherung. Referenzwerte für Bewertung typischer Verletzungsbilder und deren Dauerfolgen. 2. Aufl. Manz, Wien 2016.

Vogelberg W (1995) Zur Kausalitätsbeurteilung von degenerativen Schultergelenkerkrankungen nach langjährigem Gebrauch von Gehstützen und nach häufigen axialen Belastungen des Schultergelenks mit dem Körpergewicht. Med Sach 91: 200-202.

Weber M, Habermeyer P, Hertel G, Loew M, Ludolph E et al. (2004) Empfehlungen zur Begutachtung von Schäden der Rotatorenmanschette. Deutsche Gesellschaft für Unfallchirurgie – Supplement. Demeter, Stuttgart.

Weber M, Wimmer X (1991) Begutachtung von Wirbelsäulenverletzungen. Unfallchirurgie 17: 200-207.

Weise K, Schiltenwolf M (Hrsg.) (2008) Grundkurs orthopädisch-unfallchirurgische Begutachtung. Springer, Heidelberg, New York.

Wendler U (2019) Versorgungsmedizinische Grundsätze. Kommentar. Sozialmedizinischer Verlag, Niederkrüchten.

Werber A, Schiltenwolf M (2013) Diagnostik, Therapie und Begutachung chronischer Rückenschmerzen. Versicherungsmedizin 565: 68-72.

Wich M, Scholtysik D (2018) Minderung der Erwerbsfähigkeit in der gesetzlichen Unfallversicherung. Brauchen wir eine Neubewertung. Trauma Berufskrank 20 Suppl: 120-126.

Widder B, Dertwinkel R, Egle UT et al. (2007) Leitlinie zur Begutachtung von Schmerzen. Psychotherapeut 53: 334-346.

Widder B, Gaidzik PW (Hrsg.) (2017) Neurowissenschaftliche Begutachtung. 3. Aufl. Thieme, Stuttgart.

Widder B, Gaidzik PW (Hrsg.) (2018) Neurowissenschaftliche Begutachtung. 3. Aufl. Thieme,

Wiesel SM, Tsourmas N, Feffer HL, Citrin CM, Patronas N (1984) A study of computer-assisted tomography – I. The incidence of positive CAT scans in an asymptomatic group of patients. Spine 9: 545-551.

19.3 Abbildungsverzeichnis

Die Zeichnungen wurden erstellt von:

Frau Angelika Kramer, Stuttgart (www.grafikramer.de):

Kapitel 4: Nr. 1, 2, 3, 4, 6, 8, 11, 12, 14, 15, 17
Kapitel 6: Nr. 9, 11, 12, 13, 17, 20, 21, 24, 26, 28
Kapitel 8: Nr. 2, 3
Kapitel 9: Nr. 18, 20, 22, 25, 27, 29, 31, 33, 35, 37, 39, 41, 46
Kapitel 10: Nr. 1, 3, 5
Kapitel 11: Nr. 3, 7, 10, 11, 14, 16, 17, 19, 24, 31, 34, 37, 39, 42, 43, 45, 47, 51, 53

Frau Marie Hübner-Wolff, Frankfurt am Main (www.mariehuebner.de)

Kapitel 2: Nr. 8
Kapitel 4: Nr. 2, 5
Kapitel 5: Nr. 10,
Kapitel 6: Nr. 1, 2, 3, 5, 6, 7, 8
Kapitel 7: Nr. 2
Kapitel 9: Nr. 1, 2, 3, 4, 6, 12, 14, 42
Kapitel 11: Nr. 1, 20, 21, 29, 30, 50
Kapitel 12: Nr. 2
Kapitel 13: Nr. 1, 2, 3, 5, 8, 10

Frau Eveline Junqueira, Frankfurt am Main

Kapitel 11: Nr. 23, 28

Den Grafikerinnen sei für die verständliche Darstellung schwieriger medizinischer Sachverhalte, ihre Mühe und Geduld ganz herzlich gedankt!

19.4 Sachregister

A

Ablederung (Décollement) 30
Acetabulumfrakturen
　Einteilung 308
Achillessehnenruptur 391
Akute Belastungsreaktion (F43.0) 470
Akute Lumbalgie 184
Akuter Schiefhals – Tortikollis 183
Alkoholmissbrauch, Risikofaktor 53
Allgöwer-Apparat 409
Alter 51
Amputation
　Finger 292
Amputationen
　Fuß 435
　MdE-Werte 441
　obere Extremitäten 440
　untere Extremitäten 440
　Zehen 435
Anatomie 480
Andauernde Persönlichkeitsänderungen nach extremen Belastungen (F62.0) 472
Angst und depressive Störung gemischt 477
Anhaltende somatoforme Schmerzstörung 477
Anorexia nervosa 53
Anpassungsstörung (F43.2) 471
Antibiotikaträger, lokale 80
Anulus fibrosus 124
Anus praeter 465
Apallisches Syndrom 88
Arteria meningea media 97
Arteria vertebralis 127
Arthrofibrose 364
Arthrose 54
atlantoaxiale Dislokation 58
Atlas 127
Atlasfraktur 141
Außenbandruptur am Sprunggelenk 398
Axis 127

B

Bandscheiben 124
Bandscheibenvorfall 125, 185
　traumatischer 126, 171
Bandscheibenvorwölbung 185

Bauchspeicheldrüse
　traumatischer Diabetes mellitus 464
　Verletzungen 464
Bauchwand
　Verletzungen 466
Becken
　Anatomie 300
　Einteilungen 301
　Frakturen 301
Befindensstörungen 61
Begutachtung, Checkliste 496
Bennett-Fraktur 280
Bewusstlosigkeit 86
Bizepssehne, kurze
　Ruptur 228
Bizepssehne, lange 199
Blasenlähmung 446
Blasenruptur 301
Bluthochdruck, Risikofaktor 53
Bone bruise 368, 373
Brillenhämatom 98
Brüche der Querfortsätze 163
Brustkyphose 126
Brustwirbelsäule
　Frakturen 157

C

Cage 163
Cauda equina 446
Charcot-Gelenk 410
Charcot, Jean-Martin 410
Chondropathie 364
Chopartsches Gelenk 418, 421
Colles-Fraktur 268
Commotio cerebri 86
Computertomographie
　Fersenbeinfraktur 414
Conterganopfer 442
Contusio spinalis 59
CRPS 45

D

Darmbein 300
Darmverschluss 465
Degenerative Veränderungen 54
Delta V 57

Denis, Francis 138
Dens Axis 127
Dens-Frakturen 145
    Einteilung nach Anderson 145
Depressive Episode 476
Dermatom 448
Diabetes mellitus
    Komplikationen 410, 432
    Polyneuropathie 410
Diabetes, Risikofaktor 53
Dialyse 465
Distorsion 24
    Bechterewsche Erkrankung 58
    Enger Spinalkanal 58
    rheumatische Erkrankungen 58
Dornfortsätze 123
Drei-Säulen-Modell der Wirbelsäule 138
Drop-Arm-Zeichen 221
Ductus pancreaticus 464
Dünn- und Dickdarm
    Verletzungen 465
Durchblutungsstörungen
    Füße 436
Durchgangssyndrom 89
Dynamische Hüftschraube 330
Dysplasie 37

E

Einschätzungsempfehlungen
    Gesetzliche Unfallversicherung 500
    Haftpflichtrecht 500
    Private Unfallversicherung 507
    psychoreaktive Störungen im Haftpflichtrecht 523
    psychoreaktive Störungen in der gesetzlichen Unfallversicherung 523
    Schwerbehindertenrecht 499, 515
    Soziales Entschädigungsrecht 499, 515
Elastisch stabile Nagelung (ESIN) 334
Ellenbogengelenkluxation 249
Embolie 71
Engpasssyndrom der Schulter 223
Enzephalitis 114
Epidurale Blutung 100, 101
Exekutionshaltung 296

F

F32 476
F33 476
F41.0 476
F41.1 476
F41.2 477
F43.0 470
F 43.1 471
F43.2 471
F45 477
F45.4 477
F62.0 472
Falidrom 72
Fallhand 238, 455
Falschgelenk 73
Falx cerebri 85
Femurfraktur 333
Fersenbeinbruch 412
Fibulafraktur 385
Finger
    Amputation 292
    Replantation 293
Finger-Boden-Abstand 489
Finger, Frakturen 283
Fingergelenke, Luxationen 285
Fixateur extern 43
Fixateur externe 383
Fixateur intern 44
Fixateur interne 161, 163
Flexionsfraktur 268
Fraktur
    pathologische 129
Frakturen 40
    Fußwurzelknochen 418
    geschlossene 40
    Kahnbein (Fuß) 418
    Keilbeine 418
    Konservative Therapie 45
    offene 41
    pathologische 40
    Pseudarthrose 45
    Therapie 42
    Würfelbein 418
Frakturen, offene
    Einteilung 380
Frakturformen 41
Frontalebene 482
Fuß
    Anatomie 419
    Infektionen 430
Fußheberlähmung 386
Fußpflege
    Infektionen 432
    Komplikationen 432

Sachregister

Fußwurzel
    Luxationen 421

G

Galeazzi-Fraktur 265
Gay JR 130
Gehirnerschütterung
    Bewusstlosigkeit 95
Gehirnerschütterung (Commotio cerebri) 95
Gelenkverrenkungen 37
Generalisierte Angststörung 476
Gesichtsverletzungen 116
Glasgow-Coma-Scale (GCS) 87
Großhirn 84
Grünholzfrakturen 41
Gutachten, Aufbau 497
Gutachten, Kausalität 498

H

Halbseitenlähmung 103
Halslordose 126
Halswirbelsäule
    strukturelle Verletzungen 141
    unspezifische Beschwerden 177
Hämatom, chronisches epidurales 102
Hämatopneumothorax 190
Hangmans-fracture 149
Harnröhrenruptur 301
Hauttransplantationen 33
Heilung ausgewählter Verletzungen 48
Heilverlauf 48
    bei Vorerkrankungen 55
    verzögerter 55
Hernie 466
Hexenschuss 178
Hirndruck 87, 90
Hirnödem 87
Hirnstammsyndrom 88
Hohlhandphlegmone 77, 291
Homunculus 196
Hüftgelenkluxation 314
Hüftgelenkluxationsfraktur 308
Hüftgelenkpfanne
    Frakturen 308
Hüftkopffraktur
    Einteilung nach Pipkin 317
Hüftkopfnekrose 315, 323
    idiopathische 320
Humerusfraktur 238
Humerusfrakturen, proximale 233

Humerusfraktur, subkapitale 40
Humeruskopfnekrose 234
HWS
    Distorsion 56
    Frakturen der Wirbelkörper 3–7 152
    HWS-Distorsion 130
    Einteilung der Quebec Task Force 134
    Einteilung nach Erdmann 132

I

ICF 49
Ileosakralgelenke, Reizzustand 185
Ileus 465
Iliosakralgelenke (ISG) 300
Impingementsyndrom 223
Impressionsfrakturen des Schädels 98
Infektionen
    Finger 291
    Hand 291
Infektionen der Weichteile 77
Interkostalneuralgie 184
Intrakranielle Blutungen 100
Intrazerebrale Hämorrhagie 111
Ischias 125

J

Jägerhut-Patella 350
Jeffersen-Fraktur 142

K

Kahnbeinbruch 272
Kahnbeinpseudarthrose 274
Kalkaneusfraktur 412
K-Draht-Osteosynthese 43
Klavikulafraktur 200
Kleinhirn 84
Kneifzangenmechanismus 59
Kniegelenk
    Anatomie 358
    Aufklappbarkeit 368, 369
    Bänder 358
    Ruptur des hinteren Kreuzbands 364
    Ruptur des vorderen Kreuzbands 361
    Seitenbandverletzungen 368, 369
    Therapie 361
    Verletzung 358
Kniegelenkluxation 38
Kniegelenkverletzung
    Erstbefund 360
Knocheninfektionen 79

Knochentransplantation 80, 378
Kompartmentsyndrom 69, 383
Komplexes regionales Schmerzsyndrom (CRPS) 66
Konstitution 51
Kontextfaktoren 49
Kontusion 22
Konversionsstörung
    Beispiel einer 459
Kopfschwartenverletzung (Skalpverletzung) 91
Korbhenkelriss 372
Kortison 55
Krallenhand 456
Kreuzbandtransplantation 363
Kreuzbein
    Fraktur 166
Kreuzbeinbruch 166
Kreuzbein-Darmbein-Gelenk
    Verletzung 304
Kugelketten 80
Kyphoplastie 44
Kyphose 124

L

Längsachse 483
Lebensweise 52
Le Fort 116
Lendenlordose 126
Lendenwirbelsäule
Frakturen 161
Frakturen der Querfortsätze 163
Lhermitte-Phänomen 59
Ligamentum patellae 353, 363
Lig. calcaneofibulare 398
Lig. patellae 354
Lig. talofibulare 398
Liquor 84
Liquoraustritt 98
Liquorrhoe 114
Lisfrancsches Gelenk 418, 422
Lordose 124
Lumbalgie 178
Lumboischialgie 178, 184
Lungenembolie 72
Luxation
    Fingergelenke 285
Luxationen 37
Luxation, rezidivierende 216

M

Magerl, Fritz 139
Malum perforans 431
Mamma, Verletzung 23
Marcumar 72
Marknagel 43, 333, 381, 382
Mastdarmlähmung 446
MdE-Einschätzung 523
Medulla oblongata 84
Meiselbrüche 41
Meningitis 114
Menisken
    Anatomie 371
    Erkrankungen 371
    Verletzungen 371
Metallentfernung 44
Methotrexat 55
M. extensor pollicis longus 290
Milz
    Verletzungen 465
Mineralhaushalt 465
Mittelfuß
    Luxationen 421
Mittelfußknochenbrüche 426
Mittelgesichtsfrakturen 116
Mittelhandfrakturen 280
Monteggia-Fraktur 265
moral hazard 51
Morbus Bechterew 185
Morbus Scheuermann 186
Morbus Sudeck 45, 66
Musculus quadriceps 353
Musculus subscapularis
    Verletzung 220

N

Nagelumlauf 291
Nasenbeinbruch 116
Neer, Charles S. 224
Nekrose 30
Nervenwurzelreizung 173
Nervus axillaris 453
    Lähmung 455
Nervus ischiadicus
    Lähmung 457
Nervus medianus 453
    Lähmung 456
Nervus musculocutaneus 453
Nervus peroneus
    Lähmung 461

Sachregister

Nervus radialis 453
  Lähmung 241, 455
Nervus tibialis
  Lähmung 458
Nervus ulnaris 453
  Lähmung 455
Neutral-Null-Methode 484
N. femoralis
  Schädigung 323
Niere
  Verletzungen 465
Nierentransplantation 465
Nierenversagen, akutes 53
Nikotinabusus 432
Notch-Impingement 364

O

O-Bein 378
Oberarmfrakturen 243
Oberschenkelfrakturen
  Kinder 334
  körperferne 338
Oberschenkelschaftfraktur 333
Okklusionsstörung 117
Olekranonfraktur - Ellenbogenfraktur 254
Orbitabodenfraktur 118
Osetomyelitis 45
Osteitis 41. *Siehe* Osteomyelitis
Osteochondrosis dissecans 396
Osteomyelitis 41, 79, 431
  Therapie 80
Osteoporose 129
Ostitis 45
Ott'sches Zeichen 489

P

Panaritium 291
Panikstörung 476
Pankreatitis 464
Paronychie 291
Partizipation 50
Patella
  Anatomie 345
Patelladysplasie 350
Patellafraktur 345
Patellaluxation 349
Patellarsehnenruptur 353
Pauwels 323
Perilunäre Fraktur 276
Perilunäre Luxation 276

Perkondyläre Oberschenkelfrakturen 341
perniziöse Anämie 465
Peroneuslähmung 386, 460
Peroneusschiene 461
Pertrochantäre Frakturen 328
Per- und suprakondyläre Oberarmfraktur beim
  Kind 247
Pflegebedürftigkeit 60
Phantasie 372
Pilon-tibiale-Fraktur 387
Pipkin. *Siehe* Hüftkopffraktur
Plattenosteosynthese 43, 333, 381
Plexus brachialis 453
Plexuslähmung 454
Plexus lumbosacralis
  Lähmung 457
Pneumothorax 189
postthrombotisches Syndrom 73
Posttraumatische Belastungsstörung
  Definition 475
Posttraumatische Belastungsstörung (F 43.1) 471
Posttraumatische seelische Störungen nach dem
  DSM-IV 472
Präarthrose 347
Prellung 22
Pronation 261
Prothesen
  Ersatz der oberen Extremitäten 441
  Ersatz der unteren Extremitäten 442
Proximaler Femurnagel 330
Pseudarthrose 45, 73, 383
Pseudarthrose, atrophischen 73
Pseudarthrose, hypertrophe 73
Pseudoparalyse 221
Psychische Erkrankungen 61

Q

Quadrizepssehne 354
Quadrizepssehnenruptur 353
Quebec Task Force 133
Querachse 483
Querfortsätze 123
Querfrakturen 41
Q-Winkel 349

R

Radiusextensionsfraktur 268
Radiusfraktur, distale 268
Radiusköpfchenfraktur – Speichenköpfchenfraktur 257

Rahmenbedingungen, soziale 51
Rauchen, Risikofaktor 52
Reithosenanästhesie 164
Reklinationsmieder 163
Rezidivierende depressive Episode 476
Rippenfrakturen 188
Risikofaktoren 52
Rolando-Fraktur 280
Rotatorenmanschette 198
    Begutachtung 221
    traumatische Ruptur 215
Rotatorenmanschettenläsion 234
Rotatorenmanschettenruptur
    degenerative 223
Rotatorenmanschettenruptur, traumatische 220
Rotatorenmanschettenschaden
    degenerativer 212
Rückenmark
    Anatomie 446
Rückenschmerz, degenerativer 184
Rückenschmerzen
    chronische 181
    Epidemiologie 178
    Kontextfaktoren 181
Rumpfnerven Th1 bis Th12
    Verletzungen 457
Rundrücken 184, 186

S

Sagittalachse 483
Sagittalebene 482
Sakroiliakalgelenke (SIG) 300
Schädelbasisfraktur 98
Schädelfrakturen 97
Schädel Hirnschäden
    GdB 90
    GdS 90
Schädel-Hirn-Trauma, offenes 114
Schädel-Hirn-Traumen 84
    Einleitung 89
    Therapie 89
Schädel-Hirn-Traumen, Einteilung 86
Schädel-Hirn-Verletzung, offene 97
Schädelprellung (Contusio capitis) 93
Schambein 300
Schenkelhalsbruch 40
Schenkelhalsfraktur 322
    Einteilung nach Pauwels 323
Schienbeinkopfbruch 374

Schleudertrauma 183
Schleudertrauma der HWS 130
Schober-Index 489
Schrägfrakturen 41
Schraubenosteosynthese 43
Schulter
    Anatomie 196
Schultereckgelenkarthrose 224
Schultereckgelenksprengung 204
    Einteilung nach Tossy / Rockwood 204
Schulterluxation 215
    habituelle 216
Schulterprellung 57, 211
Schulterzerrung 211
    verzögerter Heilverlauf 56
Schwindel, zervikaler 135
Schwurhand 456
Seelische Störungen nach entschädigungspflichtigen Ereignissen 469
Sehnenverletzungen
    Finger 290
    Hand 290
Sexualfunktionen
    Querschnittlähmung 450
Sitzbein 300
Skapholunäre Dissoziation 276
Skidaumen 285
Skoliose 185
SLAP-Läsion 217
Somatoforme Störungen 477
Speichenbruch 40
Speichenköpfchensubluxation (Chassaignac-Lähmung) 253
Spinalkanal
    Stenose 182
Spinalkanalstenose, HWS 59
Spinalnerven 446
Spinalnervs 447
Spiralfrakturen 41
Spongiosaplastik 378
Spongiosatransplantation 389
Spontanfraktur 129
Spontanpneumothorax 189
Sprungbeinbruch 407
Sprunggelenk
    Distorsion 395
    Frakturen 400
Sprunggelenkfraktur
    Einteilung nach Weber 401
Stacksche Schiene 288, 289

Sachregister

Steißbein
    Fraktur 169
Steppergang 461
Sternoklavikulargelenk
    Luxation 208
Sternumfraktur 192, 193
Strecksehnenabriss
    Finger 288
Subakromialer Raum
    Einengung 225
Subarachnoidalblutung 109
Subdurale Blutung
    akute 105
    subakute 105
Subdurales Hämatom, chronisches 106, 107
Subtrochantäre Frakturen 328
Sudeck, Paul 66
Supination 261
Supinationsverletzung 395
Suprakondyläre Frakturen 338
Supraspinatussehne, Abriss 220
Symphyse 300
Syndesmose 385, 401

T

Tabatière 274
Talusfraktur 407
    Osteonekrose 407
Talusnekrose 409
Tarsaltunnelsyndrom 409
Tentorium 85, 88
Thorakalsyndrom 183
Thrombose 71
Thromboseprophylaxe 72
Tibiakopffraktur
    Komplikation 377
Tibiakopffraktur – Schienbeinkopfbruch 374
Tortikollis 183
Totalendoprothese (TEP) 323
Transversalebene 482
Traumatische Neurose 131
trimalleoläre Fraktur 402
Trommlerlähmung 290
Trümmerbrüche 41
Tuberculus majus 198
Tubergelenkwinkel 413
Tuberositas tibiae 353
    Abrissfraktur bei Kindern 354

U

Übergewicht, Risikofaktor 52
Ulcus cruris 73
Umfangmaße 488
Umwendbewegung, Unterarm 261
unhappy triad 363
Unterarmluxationsfrakturen 265
Unterarmschaftfraktur 261
Unterkieferfrakturen 118
Unterschenkelschaftbruch 380

V

Verbrennungen 32
Verletzung
    des älteren Menschen 60
Verletzungen, offene 26
Versicherungsbetrug
    Fingerverletzungen 296
Vertebroplastie 44
Vitamin B12 465
Volkmann, Richard 69
Volkmannsches Dreieck 401

W

Wadenbeinbruch 385
whiplash associated disorders 133
Whiplash-Injury 131
Winkelplattenosteosynthese 330
Wirbelbögen 123
Wirbelfraktur
    Osteoporose 129
Wirbelgleiten (Spondylolisthese) 186
Wirbelkörper 123
Wirbelkörperbrüche
    Einteilung nach Magerl 139
Wirbelsäule
    Anatomie 122
    MRT 125
Wirbelsäulenerkrankungen
    Überblick 183
Wirbelsäulenverletzungen
    operative Behandlung 141
    Systematik 138
Wirbelsäule, Verschleiss 54
Wundheilung, primäre und sekundäre 26

X

X-Bein 349, 378

Z

Zehen
  Infektionen 430
Zehenbrüche 428
Zerrung 24
Zervikalsyndrom 176, 183

Zervikobrachialgie 183
Zuggurtung 43, 347
Zwerchfell
  Verletzungen 466
Zyklops 364